Trajetórias

FUNDAÇÃO EDITORA DA UNESP

Presidente do Conselho Curador
Marcos Macari

Diretor-Presidente
José Castilho Marques Neto

Editor-Executivo
Jézio Hernani Bomfim Gutierre

Conselho Editorial Acadêmico
Antonio Celso Ferreira
Cláudio Antonio Rabello Coelho
Elizabeth Berwerth Stucchi
Kester Carrara
Maria do Rosário Longo Mortatti
Maria Encarnação Beltrão Sposito
Maria Heloísa Martins Dias
Mario Fernando Bolognesi
Paulo José Brando Santilli
Roberto André Kraenkel

Editores-Assistentes
Anderson Nobara
Denise Katchuian Dognini
Dida Bessana

PROGRAMA SAN TIAGO DANTAS DE PÓS-GRADUAÇÃO EM RELAÇÕES INTERNACIONAIS

Universidade Estadual Paulista – UNESP
Universidade Estadual de Campinas – Unicamp
Pontifícia Universidade Católica de São Paulo – PUC-SP

SEBASTIÃO CARLOS VELASCO E CRUZ

Trajetórias
Capitalismo neoliberal e reformas econômicas nos países da periferia

© 2007 Editora UNESP
Direitos de publicação reservados à:
Fundação Editora da UNESP (FEU)
Praça da Sé, 108
01001-900 – São Paulo – SP
Tel.: (0xx11) 3242-7171
Fax: (0xx11) 3242-7172
www.editoraunesp.com.br
feu@editora.unesp.br

Programa San Tiago Dantas de Pós-Graduação em
Relações Internacionais da UNESP, Unicamp, e PUC-SP
Praça da Sé, 108 – 3º andar
01001-900 – São Paulo – SP
Tel.: (0xx11) 3101-0027
www.unesp.br/santiagodantassp
www.pucsp.br/santiagodantassp
www.ifch.unicamp.br/pos
relinter@reitoria.unesp.br

CIP – Brasil. Catalogação na fonte
Sindicato Nacional dos Editores de Livros, RJ

C96t
Cruz, Sebastião Carlos Velasco e
  Trajetórias: capitalismo neoliberal e reformas econômicas nos países da periferia / Sebastião Carlos Velasco e Cruz. – São Paulo: Editora UNESP: Programa San Tiago Dantas de Pós-Graduação em Relações Internacionais da UNESP, Unicamp, e PUC-SP, 2007.
  Inclui bibliografia
  ISBN 978-85-7139-784-2
  1. Capitalismo. 2. Economia. 3. América Latina – Política econômica. I. Título.
07-3439.
CDD: 330.122
CDU: 330.342.14

Beneficiário de auxílio financeiro da CAPES – Brasil

Editora afiliada:

Asociación de Editoriales Universitarias de América Latina y el Caribe

Associação Brasileira de Editoras Universitárias

*À Arlete, minha mãe, à Margret,
e à pequenina Raquel, minha neta.*

Sumário

PREFÁCIO 9

PARTE 1
PERSPECTIVAS, ANÁLISE EXPLORATÓRIA E UMA NOTA METODOLÓGICA 17

1 ARGUMENTOS SOBRE AS "REFORMAS PARA O MERCADO" E O NEOLIBERALISMO 19

2 ELEMENTOS GERAIS E PARTICULARIDADES: AS REFORMAS ECONÔMICAS NOS PAÍSES EM DESENVOLVIMENTO 49
Critérios de escolha e apresentação dos países estudados 49

3 REFORMAS ECONÔMICAS NOS PAÍSES ESTUDADOS 73
Reformas "orientadas para o mercado": em que consistem e como serão tratadas 73
O tempo das reformas e os contextos em que são adotadas 78
A implantação das reformas 90

4 EXPERIÊNCIAS NACIONAIS DE REFORMAS. BALANÇO PARCIAL E INDICAÇÕES DE MÉTODO SOBRE OS ESTUDOS DE CASO 129
Comentários adicionais sobre a informação obtida 129
Nota sobre a natureza e o papel da comparação internacional na presente pesquisa 132
Seleção dos casos nacionais a serem estudados 136

PARTE 2

CASOS NACIONAIS 141

5 REFORMAS ECONÔMICAS EM PERSPECTIVA COMPARADA: O CASO INDIANO 143
Estado e economia: particularidades do padrão indiano de desenvolvimento 143
Esgotamento e crise do padrão de desenvolvimento: o contexto e reforma 170
Reformas econômicas na índia: discurso e processo 189

6 REFORMAS ECONÔMICAS EM PERSPECTIVA COMPARADA: O CASO COREANO 205
Particularidades do padrão coreano de desenvolvimento 205
O contexto das reformas na Coréia 246
Combates na retaguarda: o padrão coreano de reforma 267

7 REFORMAS ECONÔMICAS EM PERSPECTIVA COMPARADA: O CASO ARGENTINO 285
Particularidades do padrão argentino de desenvolvimento 285
O contexto das reformas na Argentina 310
Radicalismo de mercado: êxitos, catástrofe... um novo padrão de desenvolvimento? 337

PARTE 3

PROCESSOS NACIONAIS E SISTEMA-MUNDO 357

8 CONCERTO E DESCONCERTO DO MUNDO 359

9 REESTRUTURAÇÃO ECONÔMICA MUNDIAL, MUDANÇA GEOPOLÍTICA E REFORMAS NOS PAÍSES PERIFÉRICOS 389
Globalização 389
O fim da política de blocos e a nova problemática da segurança internacional 394
Interrogações. Configurações do poder mundial no pós-guerra fria 399
Mudança econômica, geopolítica e reformas nos países da periferia 405

REFERÊNCIAS BIBLIOGRÁFICAS 419

Prefácio

Este livro é uma versão ligeiramente modificada do volume que abre o relatório final do Projeto Temático Reestruturação Econômica Mundial e Reformas Liberalizantes nos Países em Desenvolvimento, levado a cabo, com apoio da Fapesp, entre 2003 e 2007.

Mas esta é apenas a parte oficial da história. Na verdade, as idéias que deram origem a esta obra começaram a brotar muito antes, em circunstâncias inteiramente diversas. Convém dizer uma palavra rápida sobre esses antecedentes para que o leitor tenha uma noção mais clara a respeito da natureza do trabalho que ora se oferece ao seu juízo.

O mais remoto — e, em muitos aspectos, o mais importante deles — situa-se no ano longínquo de 1982, ocasião em que saí do Brasil para uma estada na França que se estendeu até o início de 1986. Rito de passagem para os acadêmicos de minha geração, a temporada de estudos no exterior adiava a resposta a uma situação profissional mal resolvida e me concedia as condições de que necessitava para me devotar inteiramente à análise do material empírico de minha pesquisa sobre o empresariado e a transição política no Brasil, cujo levantamento acabara de concluir.

Esta era umas das razões fortes para escolher a França, e não os Estados Unidos, destino de tantos colegas que saíram do país para realizar os seus doutorados. Em qualquer universidade norte-americana eu seria obrigado a despender um tempo precioso no acompanhamento de cursos, e só poderia retomar a pesquisa depois de escrever muitos trabalhos para a obtenção dos créditos requeridos. Era um custo que eu não me dispunha em incorrer.

O mais atraente, porém, na idéia de estudar na França era a antecipação da experiência política que me aguardava. Vale a pena lembrar. Maio de 1981: depois da tentativa frustrada de formação de uma aliança para disputar o pleito legislativo de 1978, François Mitterrand rompia longo predomínio conservador ao se eleger presidente da República. Reafirmados no dia de sua posse os compromissos assumidos durante a campanha, o governo da Frente de Esquerda procedia de imediato a um amplo processo de nacionalizações — que envolveu as principais instituições bancárias e os grandes grupos industriais do país — e adotava uma política expansiva com o objetivo de dinamizar a economia e combater o grave problema de desemprego, tudo isso embalado em um discurso em que democracia e socialismo iam de mãos dadas. No contexto da crescente tensão internacional produzida pela política agressiva de Ronald Reagan e da ofensiva ideológica conduzida conjuntamente pelos Estados Unidos e a Inglaterra de Margareth Thatcher, a França nadava à contracorrente. Bem ou malsucedido, o experimento socialista francês prometia ser muito instrutivo, e eu desejava acompanhá-lo de perto.

No Brasil a essa altura os tempos eram sombrios. A abertura política fora golpeada severamente pela crise do Rio Centro que, depois de uma semana extraordinariamente tensa, fortaleceu no governo Figueiredo os setores mais duros do aparato militar. Em outro plano, sob o duplo impacto do choque do petróleo e da brusca elevação dos juros no mercado internacional, a política econômica adotava medidas amargas, com o propósito de desaquecer a economia, aumentar as exportações e aplacar as pressões inflacionárias. O resultado imediato dessas medidas é conhecido: depois de décadas de crescimento ininterrupto, em 1981 o PIB brasileiro sofreu uma queda de 4,3%. O regime autoritário se degradava a olhos vistos, mas nada fazia prever quando e como ele seria liquidado. O mais provável, parecia, era que a situação política híbrida em que vivíamos perdurasse, de uma forma ou de outra, ainda por bom tempo. O que apenas reforçava a intenção de viver no exterior uma experiência tão rica como prometia ser aquela.

Essa expectativa se confirmou amplamente, embora por razões inesperadas. Com efeito, em agosto de 1982 — quando cheguei a Paris — já estava em curso a reorientação da política econômica que levaria, alguns meses depois, ao alinhamento da França à norma internacional ditada pelos governos dos Estados Unidos e da Inglaterra. Como em tantos outros casos que serão objeto de exame atento neste livro, o determinante imediato do giro operado pelo governo Mitterrand/Mauroy foi a ocorrência de uma grave crise cambial. Com os fortes estímulos à demanda que a caracterizavam, a política de *"rélance"* adotada na "primavera" socialista havia logrado ativar a economia, mas os investimentos requeridos para sustentar o crescimento tardavam. No lugar deles, assistia-se a uma forte acentuação das pressões inflacionárias e a uma rápida deterioração das contas externas, provocada pela fuga de capitais e um aumento expressivo das importações provenientes, sobretudo, da Alemanha. Nesse contexto, já no início do segundo semestre de 1982 o governo Mitterrand/Mauroy tomava algumas medidas tímidas para estabilizar a economia, mas elas não produziram resultados sensíveis.

Com a situação agravando-se a cada dia, as opiniões na equipe socialista se dividem, a esquerda defendendo a saída temporária do "sistema europeu de moedas" — para corrigir unilateralmente a taxa de câmbio — e a adoção de instrumentos hábeis para proteger a indústria francesa e controlar os movimentos de capitais, enquanto seus oponentes — Mauroy e Jacques Dellors, seu ministro de Finanças, à frente — insistindo no respeito aos compromissos internacionais e na necessidade de medidas de contenção mais duras para reduzir a inflação e restabelecer o equilíbrio externo. Ao fim de uma semana dramática, em março de 1983, Mitterrand finalmente bate o martelo: confirmando Mauroy em seu cargo, dá-lhe carta branca para formar novo governo e aplicar sem contestação a política que defendia. O tempo da comemoração ficara para trás. Agora, na França cor-de-rosa, o "rigor" passava a ser a palavra-chave.

Não se tratava de mudança momentânea, ou localizada. A partir desse momento, os dias da Frente de Esquerda estavam contados — alguns meses depois, o Partido Comunista denunciava o governo e seus ministros deixavam seus cargos. Enquanto isso, ocorria um deslocamento significativo na arena político-ideológica, que era muito visível até mesmo para um observador pouco familiarizado com a vida francesa, como era o meu caso. Com os porta-vozes socialistas em apuros na tentativa ingrata de conciliar as exigências da nova política e seu discurso da véspera, a direita tomava a ofensiva atacando o governo pelos desacertos na economia, mas sobretudo pelo intervencionismo dito autoritário de suas políticas no plano da saúde, da educação, e no campo das relações de trabalho. Não deixa de ser curioso, ao tempo em que Mitterrand aplicava um programa econômico palatável para a direita, seu governo era atacado em manifestações de rua gigantescas por essa mesma direita, que desfraldava a bandeira da "escola livre" supostamente sob grave ameaça. Três anos depois ela colhia os frutos de sua pertinácia: vitoriosa nas eleições parlamentares de 1986, obrigava Mitterrand a conviver com um primeiro-ministro de oposição, inaugurando a experiência da "co-habitação", arranjo previsto na constituição da VI República, mas até então nunca ensaiado.

Sutil ironia. Eu chegara à França com a expectativa de observar *in locu* os conflitos que acompanhariam inevitavelmente um programa de reformas de cunho socialista, e o que se apresentava aos meus olhos era o oposto disso: o enquadramento do governo socialista, e a consagração crescente das teses de seus adversários.

Nem por isso a experiência foi menos instrutiva. Durante minha estada na França estive mergulhado na análise da ação dos empresários brasileiros, quando eles voltavam à cena mobilizados pela "campanha contra a estatização", que marcou a primeira metade do governo Geisel, e acompanhei intensamente o debate francês, quando Reagan era transformado em herói pela opinião de direita e o discurso neoliberal começava a se fazer ouvir, em suas versões mais belicosas. Essa dupla circunstância foi decisiva. Ela me preparou mentalmente para as situações que eu viveria no Brasil um ano depois de minha volta.

Refiro-me, naturalmente, à crise do Plano Cruzado, que sela o fracasso da política econômica da "Nova República" e abre caminho para o avanço do liberalismo econômico, no discurso do governo Sarney, na imprensa, na arena político-partidária e no universo dos empresários.

Esse, o tema privilegiado dos meus escritos da época, que deram origem a um projeto de pesquisa abrangente sobre os obstáculos encontradas pelas sucessivas propostas de política industrial do governo Sarney. Os resultados dessa pesquisa estão expostos em meu livro *Estado e economia em tempos de crise. política industrial e transição política no Brasil nos anos 80*, que veio à luz em 1997.

Chegamos, então, ao segundo antecedente a ser destacado. Tendo por objeto a matriz dos conflitos em conjuntura de transição de regime e crise econômica estrutural, o trabalho que resultou neste livro trouxe definitivamente para o topo de minha agenda de pesquisa a questão da ordem internacional. Não apenas porque o eixo da crise econômica que vivíamos nos anos 1980 era o problema da dívida externa, mas também — e disso fui me dando conta progressivamente durante a investigação — porque as políticas de desenvolvimento adotadas classicamente pelo Estado brasileiro estavam, grande parte delas, sofrendo impugnações cada vez mais fortes no plano internacional. Essas se faziam sentir contundentemente no plano das relações bilaterais, sob a forma de medidas retaliatórias tomadas pelos Estados Unidos contra o Brasil por práticas comerciais definidas unilateralmente como "desleais", e no âmbito das negociações multilaterais abertas em 1986 — a Rodada Uruguai do Gatt

Terminado este trabalho, procurei ampliar o enfoque da pesquisa, contrastando, em seminário desenvolvido na Pós-Graduação do IFCH/Unicamp, o caso brasileiro com os processos de reforma econômica em outros países da América Latina. Foi no decorrer deste seminário que as idéias mestras do presente trabalho se desenharam. Este o terceiro e último antecedente importante. Alguns meses depois, recém-chegado aos Estados Unidos, elas ganharam forma definida quando, a convite de um amigo, redigi uma comunicação sobre o tema para o Encontro Anual da International Studies Association (ISA), que se realizou em abril de 1996, em San Diego, Califórnia.

Dificilmente teria conseguido coligir os elementos necessários para escrever esse trabalho se não contasse com o acervo de uma biblioteca como a que eu tinha acesso como pesquisador visitante da Universidade de Stanford. Cerne do Projeto Temático antes referido, o texto em questão aparece no primeiro capítulo deste livro, que dá continuidade à linha de argumentação nele desenvolvida, mas o reproduz, sem nenhuma modificação, em sua integralidade. Com essa referência deixamos o terreno dos antecedentes e passamos à investigação com vistas ao produto que se apresenta ao público agora.

Formulado inicialmente como um programa pessoal de trabalho de longo prazo, o projeto que resultou desse texto previa o desenvolvimento combinado de cinco linhas de investigação, dispostas em dois grandes eixos:

O primeiro deles contemplava o exame das transformações sobrevindas na economia internacional nas últimas décadas, e de seu impacto, regionalmente diferenciado, nos países em desenvolvimento. O propósito não era o de analisar os aspectos estritamente "econômicos" daquele processo, mas de entender as mudanças verificadas no plano das instituições econômicas internacionais — "regimes" – e na pauta de conduta dos atores mais relevantes — empresas, também, mas principalmente Estados e organizações internacionais. Dada a vastidão do tema, o projeto previa a concentração do trabalho em quatro tópicos os quais, articuladamente, sintetizam muito do que vem sendo a "grande transformação" que marcou o final do século XX, a saber:

1) A desagregação do sistema monetário estabelecido em Bretton Woods; o processo de desregulamentação que alimentou a tendência à globalização financeira, com severas conseqüências para a autonomia dos Estados nacionais; a instabilidade daí decorrente — manifestada de forma dramática nas crises cambiais de 1997/98 — e o debate, desde então intensificado, a respeito da institucionalidade futura do sistema financeiro internacional.

2) A reorientação operada na política econômica internacional dos Estados Unidos, com apelo sistemático ao "unilateralismo agressivo" e a ênfase crescente nos acordos preferenciais de comércio (Nafta, Apec e Alca), em detrimento do multilateralismo.

3) As negociações que levaram à incorporação dos "novos temas" (serviços, investimentos e propriedade intelectual) na Rodada Uruguai do Gatt; os reposicionamentos verificados no seu decorrer, seus resultados finais; a criação da Organização Mundial do Comércio (OMC); a implementação dos acordos firmados e a conformação da agenda para a próxima rodada – a Rodada do Milênio.

4) Os conflitos no plano das idéias e dos princípios econômicos que permeiam os processos referidos nos itens precedentes.

O segundo eixo consistia no estudo comparado das experiências de reforma econômica nos países em desenvolvimento. Objeto específico da pesquisa, seu tratamento deveria efetuar-se em dois cortes: um apanhado abrangente dos processos de mudança nesses países, e um conjunto de estudos de caso. Incorporando os elementos de informação produzidos pelas demais linhas previstas no projeto, esses estudos deveriam confluir para uma interpretação do movimento de reestruturação em seu conjunto.

Com tal amplitude, o referido plano desenvolveu-se de forma dispersa enquanto se manteve como atividade estritamente individual. Ele só pôde se realizar como o previsto depois de se transformar em base de um projeto coletivo de pesquisa: o já mencionado Projeto Temático "Reestruturação Econômica Mundial e Reformas Liberalizantes nos Países em Desenvolvimento". Na divisão de trabalho estabelecida entre os "pesquisadores principais" da equipe, o estudo sobre a política comercial dos Estados Unidos ficou a cargo de Tullo Vigevani, e seu grupo; Reginaldo Moraes ocupou-se da análise das bases doutrinárias das posições que se confrontavam no debate econômico de longo prazo; a reconfiguração do sistema financeiro internacional era o tema de eleição do saudoso Eduardo Kugelmas. Além da coordenação geral da pesquisa, coube a mim a questão do regime internacional de comércio e o estudo das reformas nos países da periferia, cujos resultados estão expressos neste livro.

Além de esclarecer a intenção do livro — estudar as experiências de reforma econômica nos países periféricos, em suas similitudes e diferenças, como aspectos do processo envolvente de reestruturação da economia mundial —, a narrativa precedente ajuda a entender uma característica dele que pode intrigar o leitor: a escassa presença do Brasil em suas páginas.

Não estava programado para ser assim. Pelo contrário, ao elaborar o projeto a previsão era de que a pesquisa trataria o caso brasileiro em um nível de profundidade inalcançável nos outros estudos de caso. Em muitos sentidos foi assim, e não poderia deixar de ser. Mas isso não se reflete de maneira óbvia na estrutura do trabalho. É que o desequilíbrio entre o sabido e escrito por mim sobre o meu país e o pouco que pude aprender sobre os demais traduzia-se, no plano da exposição, em um problema dos mais intrincados. Com efeito, como voltar a falar sobre os mesmos temas e períodos já estudados sem me repetir? Como cobrir, no conjunto dos casos nacionais, os mesmos aspectos sem me estender exageradamente ao tratar da experiência brasileira, ou, alternativamente, sem me restringir a um apanhado de trivialidades? Ao facilitar a tomada de distância em relação à minha experiência pessoal e ao meu trabalho prévio, a solução dada ao problema permitiu-me concentrar a atenção em casos muito pouco conhecidos entre nós e falar sobre o Brasil, sem a necessidade de nomeá-lo. Depois que a encontrei, percebi que ela me levou a escrever um livro diferente daquele que imaginei originalmente. Mas não apenas isso: um livro — acredito — de maior interesse.

Tendo chegado a sua forma definitiva ao final de um processo tão longo, este livro incorpora no todo ou em partes trabalhos que foram levados ao público em momentos anteriores. Como já indicado, o primeiro capítulo retoma e amplia o ensaio "Argumentos sobre as reformas para o mercado", que saiu na coletânea Globalização, Democracia e Ordem Internacional publicada em parceria pela Editora da Unicamp e a Editora da Unesp. O mesmo acontece com o oitavo capítulo, versão reelaborada do artigo "Desencontros. O Brasil e o mundo no limiar dos 80", que veio a lume no mesmo lugar.

A quantidade dos débitos a saldar é outra implicação do tempo transcorrido nesse trajeto.

Para começar, devo agradecer ao CNPq, à Fundação Fulbright e, em especial, à Fapesp, o apoio que deram em diferentes etapas desse processo. Sem a disposição da Fapesp de apoiar uma proposta que parecia envolver elevada taxa de risco, este livro não teria sido possível — no lugar dele, haveria, na melhor das hipóteses, uma simples coletânea. E muito menos possíveis ainda seriam os outros trabalhos que resultaram do referido projeto coletivo, muitos deles já publicados sob forma de dissertações, teses, livros ou artigos, outros com publicação já acertada. À Fapesp, a expressão do meu reconhecimento, na dupla condição de autor deste livro e coordenador da pesquisa. Devo agradecer ainda à Unicamp, as condições propícias que oferece aos seus docentes para a realização de seus empreendimentos científicos e ao Cedec, que foi a base de operações da equipe.

Trabalhar com esta representou, para mim, um estímulo intelectual enorme e dos mais agradáveis. Durante mais de três anos, trocamos informações e idéias em uma série de seminários longos, densos, vivos, sempre bem humorados. Além de Eduardo Kugelmas, Reginaldo Moraes, Tullo Vigevani e de Pedro Paulo Zaluth Bastos — presença obrigatória em nossos debates, que muito se enriqueceram com seu brilho —, tomaram parte desse grupo Alessandro André Leme, Ana Maria Stuart, Ary César Minella, Cristiane Sanches de Souza Corrêa, Edna Aparecida da Silva, Feliciano de Sá Guimarães, Filipe Almeida Mendonça, Gabriel Cepaluni, Glauco Manuel dos Santos, Jaime César Coelho, José Marcos Novelli, Karen Fernandez, Krishna Monteiro, Luis Fernando Vitagliano, Luiza Carnicero de Castro, Marcelo Fernandes de Oliveira, Marcelo Pasini Mariano, Neusa Maria Pereira Bojikian, Olegário Franco dos Santos Neto, Ricardo Alaggio Ribeiro, Rodrigo Cintra, Rodrigo Obici Lambert e Thiago Lima da Silva. Como estávamos juntos na empreitada, não se trata exatamente de agradecer, mas quero congratular a todos pela experiência incomum que dividimos. As congratulações se estendem a Marleida Borges e a Sandro Alvarez que acompanharam a equipe, do início ao fim, assegurando o suporte técnico à pesquisa, no desempenho de um trabalho pouco visível, mas sem o qual a empreitada não teria sido viável.

Devo registrar, ainda, a participação de João Carlos da Silva, Bárbara M. de França Correa e Wagner de Souza L. Molina, que me auxiliaram na coleta e organização do material apresentado no segundo capítulo deste livro, e de Plínio Dentzien, que traduziu as numerosas citações em inglês constantes da obra.

Sou imensamente grato a Guillermo O'Donnell pela ajuda que me deu tantas vezes no passado e pela generosidade do comentário que me enviou, agora, depois de ter lido prontamente o capítulo deste livro sobre a Argentina.

Meu reconhecimento a Alain Rouquié pela maneira como me recebeu na Fondation Nationale des Sciences Politiques, e a Terry Karl e Phillippe Schmitter pela acolhida que me deram em Stanford.

Minha irmã, a historiadora Maria Cecília Velasco e Cruz, contribuiu para este trabalho com idéias e o rigor detalhista de sua crítica. Interlocutora privilegiada desde os tempos de escola, ela me apoiou ainda, como fez sempre, com seu estímulo confiante e sua irrestrita cumplicidade.

Margret Athuon esteve ao meu lado em todas as fases do percurso que ora se completa — e que não teria sido trilhado sem a segurança suave de sua companhia.

Parte 1

PERSPECTIVAS, ANÁLISE EXPLORATÓRIA E UMA NOTA METODOLÓGICA

1
ARGUMENTOS SOBRE AS "REFORMAS PARA O MERCADO" E O NEOLIBERALISMO

I

Comigo mesmo, virou reflexo condicionado a proteção à indústria nacional e a substituição de importações... Mas ... somente burro é que não aprende com o tempo e não muda de idéia... Que resultados, para nós, o povo, houve com a proteção? Que eu me lembre nenhum, a não ser produtos ultrapassados e de segunda categoria, a preços mais altos que lá fora, desprezo pelo consumidor e um parque empresarial (sic) tornado obsoleto pela desnecessidade de investir na modernização, pela docilidade de um mercado cativo e pela facilidade em transferir custos crescentes para preços.

Ao se manifestar assim, o romancista João Ubaldo Ribeiro (1994) estava expressando muito mais do que uma opinião pessoal. Com efeito, ao cabo de mais de uma década de crise, sujeito a sistemático ataque, o consenso produzido nos anos 1950 em torno da idéia de desenvolvimento como objetivo nacional prioritário e da convicção de que a montagem de um sistema industrial integrado era o único meio de alcançá-lo parece ter sido destruído.

E não apenas no Brasil. Com diferenças de grau e de intensidade, tal mudança está em harmonia com um clima intelectual disseminado em toda a América Latina e, mais genericamente, no assim chamado Terceiro Mundo. Em linhas gerais, esse discurso e os preceitos que ele comunica constituem o correlato ideológico da grande reviravolta ocorrida nesta parte do planeta nas duas últimas décadas.

Reviravolta. De fato, a extensão e a profundidade da mudança dificilmente poderiam ser exageradas. Para muitos dos países em desenvolvimento, os anos 1970 foram um período de auto-afirmação. Menos afetados pelo primeiro choque do petróleo, favorecidos logo a seguir por uma oferta excepcional de crédito barato, esses países mobilizaram todos os instrumentos a seu dispor para implementar ambiciosos planos de desenvolvimento cuja premissa básica era o poderio do Estado. Então, era de bom-tom falar em Nova Divisão Internacional do Trabalho (cf. Fröbel, Heirichs & Kreye, 1980) e defender a idéia de uma Nova Ordem Econômica Internacional – tese que, à medida que ganhava ímpeto, parecia refletir o conflito estrutural Norte/Sul (cf. Krasner, 1985).[1]

Ademais, completando a cena, os anos 1970 foram palco também do que parecia ser um deslocamento expressivo na correlação de forças entre os blocos, processo marcado pela derrota norte-americana no Vietnã e pelo aprofundamento das divisões domésticas provocadas pela guerra; pela expansão do orçamento militar soviético com vistas à obtenção de paridade nuclear com os Estados Unidos e seus aliados; pela derrota da diplomacia americana em Angola e pela ofensiva militar e diplomática da União Soviética na África; finalmente, pela derrubada do xá Reza Pahlevi, pelo seqüestro de cidadãos americanos e o fracasso na tentativa de libertá-los, e a negociação subseqüente com toda sua carga traumática.[2] No final da década de 1970, o mundo estava mergulhado em crise. Para muitos dos países em desenvolvimento, porém, a par dos riscos que envolvia, essa crise parecia ampliar seus graus respectivos de liberdade.

Cerca de dez anos depois, esse quadro havia mudado por completo. O conflito Leste/Oeste terminara, com a rendição incondicional da União Soviética, seguida de perto pela desagregação do próprio Estado soviético. Em conseqüência disso, os Estados Unidos surgiram como única superpotência no mundo, disposta a exercer desinibidamente sua ampliada liderança, como a Guerra do Golfo deixou claro.

No que tange aos países do Terceiro Mundo, eles haviam abandonado suas antigas veleidades e, tendo aceitado terapias penosas para estabilizar suas economias, buscavam agora o caminho da prosperidade por meio da "opção pelo mercado". Com efeito, a época da intervenção estatal direta para fortalecer a economia e guiá-la de acordo com concepções bem definidas do interesse nacional parecia definitivamente ultrapassada. No presente, os imperativos são outros: cortar gastos, eliminar subsídios, privatizar, abrir a economia, criar ambientes favoráveis aos investidores externos, na esperança de ganhar, com isso, acesso ao capital e aos mercados globais.

A questão se apresenta, portanto, com toda naturalidade: como entender tal ruptura?

Trata-se de uma interrogação complexa, mesmo se descartamos, na definição do problema, a dimensão estratégico-militar e os problemas relativos à transição de economias centralmente planificadas ao capitalismo, para nos concentrarmos no redirecionamento da política econômica dos

---

[1] Para uma competente avaliação crítica, cf. Rothstein, 1988.
[2] Para uma excelente análise dessa conjuntura e da reversão que logo depois ela sofre, cf. Halliday, 1986.

países em desenvolvimento.[3] Podemos torná-la mais tratável, contudo, se levamos em conta as observações a seguir:

a) Embora bastante geral, a tendência em direção às "reformas orientadas para o mercado" está muito longe de constituir um movimento ordenado, sincrônico, uniforme. Em alguns países, a experiência de reformas radicais nessa direção precede de muito o movimento global: na América Latina este é o caso do Chile e, cabe lembrar, o da Argentina sob a ditadura militar (1976-1983); em outros países, reformas segundo o figurino neoliberal ocorrem de forma muito limitada e muito tardiamente – a Índia é um bom exemplo.[4] A grande maioria fica em algum ponto intermediário, mais ou menos próximo de um ou outro desses extremos. E há ainda os casos curiosos da Coréia e de Taiwan, em torno dos quais defensores e críticos das ditas reformas vêm há muito travando intensa batalha de palavras e números, ambos os lados reivindicando essas experiências exitosas para apoiar seus argumentos.[5]

b) Embora o discurso corrente sobre "ajuste estrutural" faça alusão a um conjunto bem definido de prescrições, o conteúdo preciso das políticas realmente implementadas, mesmo nos países tidos como exemplares na realização das "reformas" – postas exatamente assim, sem nenhum adjetivo, para enfatizar o caráter auto-evidente do pacote – varia consideravelmente.[6] As chamadas "economias de mercado" distinguem-se umas das outras, no tempo e no espaço, de acordo com suas formas institucionais (relação salarial, manejo da moeda e do crédito, formas de competição, intervenção do Estado, inserção na economia internacional, composição e "governança" setoriais, por exem-

---

[3] Um poderoso argumento a favor desse ponto de vista pode ser encontrado em C. Offe, 1992. Para uma análise enfatizando a importância dos elementos da configuração institucional prévia no processo de constituição de novas formas socioeconômicas nesses países, ver Stark & Bruszt, 1996.

[4] Desde 1991, sob o governo do primeiro-ministro Narashiha Rao, a Índia vem adotando reformas liberalizantes. Mas a lentidão das mudanças, seu limitado alcance e as resistências que vêm suscitando justificam a afirmativa acima. Para uma apresentação condensada das características institucionais da economia indiana, ver Kurien, 1992; Mookherjee, 1995; e Agrawal et al., 1996; este último texto apresenta também um quadro abrangente das mudanças em curso nos últimos anos. Para uma apreciação crítica do programa liberalizante do governo Rao, cf. Paranjape, 1991, e Ptanaik, 1998. Sobre os obstáculos a mudanças de maior envergadura, ver Waterbury, 1992, e Economist Intelligence Unit, Country Report (India), 4° trimestre 1995.

[5] O ponto de vista liberal está bem representado nos trabalhos de B. Balassa et al., 1982; poderosa defesa do argumento contrário pode ser encontrada na obra de Amsden, 1989, *Asia's next giant*.

[6] Para um apanhado geral da experiência latino-americana com reformas "orientadas para o mercado", ver Edwards, 1995. Para uma avaliação mais crítica, ver Sainz e Calcagno, 1992.

plo).⁷ O rótulo "reformas orientadas para o mercado" serve para mobilizar um consenso negativo e para comunicar algumas diretivas gerais, pouco nos esclarece sobre o enquadramento institucional e o conteúdo positivo das políticas que prevalecem nos casos em que tais reformas foram introduzidas.⁸ E quando consideramos os casos em que as ditas reformas foram postergadas, parcialmente adotadas, ou ignoradas, simplesmente, as diferenças se tornam ainda mais patentes.

c) Os contextos macropolíticos e econômicos em que o processo de mudança na agenda política vem ocorrendo também diferem radicalmente. Em alguns países, a liberalização foi realizada por regimes autoritários; em outros, foi promovida por governos legitimamente eleitos no quadro de democracias bem estabelecidas (Nova Zelândia e Austrália, por exemplo); em muitos outros a mudança, se deu sob regimes híbridos, recém-saídos de longos períodos de autoritarismo. Entretanto, a experiência de crise socioeconômica severa parece ser um elemento comum à maioria desses países.

À luz desses comentários, a questão da qual partimos pode ser dividida em quatro partes:

1) Como entender a adesão quase universal à retórica do liberalismo econômico?
2) Como entender as diferenças entre os casos nacionais – no tocante tanto ao conteúdo das políticas quanto à magnitude e ao momento em que a mudança ocorre?
3) Como tais mudanças relacionam-se com as transformações políticas vividas pelos países considerados?
4) Para cada um deles, quais os principais pontos de tensão, as tendências dominantes, os cenários mais prováveis?

II

Embora a literatura sobre reforma econômica nos países em desenvolvimento seja enorme, o problema que nos ocupa neste livro permanece rela-

---

⁷ Por economia de espaço, apenas menciono algumas noções correntes representativas de diferentes escolas que enfatizam a diversidade dos padrões institucionais na análise das economias capitalistas. Com as expressões entre parênteses refiro-me à Escola da Regulação e ao programa de trabalho sobre setores industriais animado por P. C. Schmitter, W. Streeck e J. R. Hollingsworth. Sobre a escola regulacionista, ver Aglietta, 1976; Boyer, 1978 e 1986. Sobre "regimes setoriais", ver Streeck & Schmitter, 1985; Hollingsworth, Schmitter, Streeck, 1994; Campbell, Hollingsworth, Lindberg, 1991.
⁸ Sobre as diferenças nacionais na implementação do pacote neoliberal em sociedades capitalistas avançados, ver Pierson & Smith, 1993.

tivamente pouco explorado. Em boa medida, esse fato decorre da influência esmagadora que exercem nesse campo de investigação as análises conduzidas sob os auspícios ou sob inspiração de organismos como o Banco Mundial e congêneres, com a ênfase normativa que os caracteriza.

Indicações mais ricas podem ser encontradas em estudos que focalizam o tema das reformas econômicas de um ponto de vista crítico. Com efeito, a mera circunstância de nadar contra a corrente torna imperativa, para quem o faz, a pergunta inquietante: "Por que, de repente, as condições ficaram para nós tão difíceis?" Mas aqui, novamente, a prevalência desse tipo de interesse cognitivo – a necessidade de encontrar uma explicação que dê sentido à mudança e, ao mesmo tempo, ofereça razões adicionais para lutar contra ela – constitui-se como um obstáculo, desestimulando o pleno desenvolvimento da atividade reflexiva.

Seja como for, apresentados de modo sistemático ou surgindo fragmentariamente em análises dedicadas precipuamente a outros temas, de maneira geral podemos identificar na literatura três grandes grupos de argumentos.

O primeiro enfatiza as mudanças em curso no âmbito da economia mundial. Desde o final dos anos 1970, os avanços espetaculares nas tecnologias de comunicação e de informação vêm derrubando as barreiras institucionais que emperravam a integração dos mercados e o livre fluxo dos capitais. A conseqüente globalização dos mercados financeiros, aliada à tendência de globalização da produção que essas novas tecnologias viabilizam, intensificaram dramaticamente as pressões competitivas sobre as empresas e mergulharam o Estado Nação em crise profunda. Diminuídos em sua efetividade, debilitados, ademais, pelo impacto convergente das taxas de juros crescentes e da severa recessão que atingiu a economia mundial no início da década de 1980, os Estados nos países em desenvolvimento tiveram que se submeter à lógica implacável da economia global. Para eles, a escolha era bem clara: ou tentavam satisfazer as exigências dos atores principais, e participavam do jogo, ou seguiam o caminho dos "Estados bandidos" e se autocondenavam ao ostracismo.

O argumento esboçado acima aparece correntemente sob duas roupagens. Na primeira, ele se traduz na estória edificante da liberação do mercado e da gradual imposição de sua influência racionalizante em toda a extensão do planeta. Esta é a narrativa neoliberal.

A outra é mais sombria. Como acontece na primeira versão, as forças do mercado vencem. Mas o mercado não é pensado como o *locus* da razão e de todas as coisas boas que supostamente a ela se associam. Em vez disso, ele é mostrado em sua qualidade perversa, como origem de macroirracionalidades e como matriz de relações de dominação. Em linhas gerais, esse é o fulcro da "interpretação crítica".

Naturalmente, apesar de nossa retórica, entre as duas versões existem diferenças teóricas fundamentais. Permanece, contudo, o fato de que elas coincidem nestes pontos em particular: ambas são de natureza sistêmica; ambas oferecem explicações deterministas; ambas situam o foco da mudança na organização da economia em escala global.

O segundo argumento geral também aponta para as mudanças na economia mundial. No entanto, aqui, a ênfase é posta não tanto na dimensão propriamente econômica desse processo quanto na mobilização estratégica de recursos econômicos e políticos de poder por instituições internacionais e pelos Estados capitalistas centrais com o fim de impor aos países em desenvolvimento uma agenda global definida de acordo com suas prioridades. Nesse sentido, esses países foram pressionados a adotar, primeiro, medidas amargas para reduzir desequilíbrios externos e melhorar sua capacidade de pagamento – nesta fase, a maior preocupação dos países credores era a de afastar o fantasma da crise financeira, empurrando todo o ônus do ajuste para os devedores.[9] Mais tarde – desde meados da década passada – estes foram instados a realizar reformas de grande envergadura em suas economias sob as condicionalidades cruzadas do par FMI/Banco Mundial e violenta pressão exercida pelos Estados Unidos, seja pela ameaça de sanções unilaterais, seja pela ação de sua diplomacia econômica na arena das negociações sobre o comércio global – a Rodada Uruguai do Gatt.[10]

Nessa perspectiva, as tendências à globalização desempenham igualmente papel fundamental. Mas elas não são pensadas como emanações espontâneas do mercado. Pelo contrário, em grande medida, aparecem como resultados, desejados ou indesejados, de decisões políticas tomadas pelos protagonistas do sistema interestatal, antes de tudo pelos Estados Unidos.

Cabe esclarecer, por fim, que, dando peso maior ou menor a tais fatores, as versões mais elaboradas desse argumento incorporam a política doméstica e a dimensão cognitiva como elementos subordinados da análise.[11] Nesse sentido, elas avançam mais na direção de uma abordagem integrada para o problema do que sugere a apresentação feita aqui (cf. Stallings, 1992; Biersteker, 1992; Overbeek & Van der Pijl, 1993; Gill, 1993).

Os argumentos 1 e 2 diferem em muitos aspectos, mas compartilham uma característica: ambos oferecem explicações exógenas para o fenômeno em discussão: mesmo quando integram fatores internos, eles situam os

---

[9] Da enorme bibliografia sobre o tema, podemos destacar dois estudos particularmente interessantes: Haggard & Kaufman, 1988, e Stallings, 1992.

[10] Sobre a orientação da política econômica internacional dos Estados Unidos nesse período, ver: Cohen, 1988; Bhagwati, 1989 e 1988; Jerome, 1992; Hody, 1996; Parboni, 1988, e Lipkin, 1985. Sobre o significado político da Rodada Uruguai, ver: Vaitsos, 1989, e Agosin & Tussie, 1993. Sobre o processo de negociação na Rodada Uruguai e a constituição da Organização Mundial do Comércio, ver: Preeg, 1995; Hoeckman & Kostecki, 1995; Schoonmaker, 1995; Ramachandriah, 1994.

[11] Em conexão com esse tema, ver Kahler, 1990, e Woo, 1990.

determinantes básicos no sistema mundial. O terceiro tipo de argumento inverte a ordem de precedência: reconhecendo o impacto das condições externas, ele centra a explicação em processos endógenos.

Por razões facilmente compreensíveis, explicações dessa natureza raramente atacam o problema da mudança na agenda política em escala global, atendo-se quase sempre à experiência de dado país ou de uma região – a América Latina, por exemplo. De maneira geral, elas remetem a reversão nas estratégias de desenvolvimento à crise do modelo prévio de organização socioeconômica. Com esse fim, o argumento avança numa seqüência de operações bem-definida. O ponto de partida é o desenho de uma representação estilizada daquele modelo. No caso da América Latina, tais caracterizações salientam o papel central desempenhado pelo Estado; a crise seria, assim, essencialmente, a crise desse Estado doente de gigantismo. Por razões cuja definição varia de acordo com a visão particular de cada analista, os Estados latino-americanos foram acumulando ao longo do tempo tensões que eles não conseguiram absorver ou neutralizar. Essas tensões, ademais, emanariam, em grande medida, da natureza mesma desses Estados e de suas relações com as respectivas sociedades – do contrário, a convergência observada entre os casos seria fortuita. O argumento implica, portanto, a idéia de uma seqüência temporal no curso da qual os Estados considerados demonstrar-se-iam cada vez menos aptos a controlar os desequilíbrios econômicos e sociais, ou atenuar os conflitos por eles induzidos. O fator exógeno – seja uma grave recessão mundial, uma brusca elevação nas taxas de juros, a ação de organismos internacionais – em si mesmo não explica nada. Seu papel é o de detonar uma crise cujas premissas já estavam plantadas no próprio modelo.

Uma vez deslanchada, a crise aciona um processo com características bem distintas. Agora, na ausência de parâmetros mais definidos, a direção dos acontecimentos se torna cada vez mais incerta, seu curso dependendo do resultado de conflitos muitas vezes dramáticos. Contudo, enquanto as questões básicas subjacentes não forem decididamente atacadas, a crise não estará resolvida. Ora, na América Latina, o eixo da crise é este Estado agigantado, mas enfraquecido. Portanto, superar a crise significa, nesse contexto, reformar o Estado, liberá-lo de muitas de suas tarefas, privatizar empresas estatais, abrir novos espaços para a livre iniciativa.[12]

Embora iluminem aspectos importantes do problema, nenhum desses argumentos chega a ser inteiramente convincente.

O primeiro é o mais frágil, em nosso juízo. Com efeito, mesmo se aceitarmos a concepção nele implícita sobre o processo de globalização – o que está longe de acontecer no nosso caso – a simples constatação da natureza

---

[12] Argumentos dessa natureza aparecem freqüentemente, de forma fragmentária, no debate político. Para versões mais elaboradas dele, ver Bresser Pereira, 1996, e Cavarozzi, 1994.

contínua desse processo é suficiente para enfraquecer o argumento. Com efeito, a economia mundial não se transformou subitamente. O adensamento das relações entre as distintas economias nacionais, no que tange tanto ao comércio quanto aos fluxos de investimento, é algo que vem ocorrendo paulatinamente no pós-guerra, desde que foi concluído o período de reconstrução. Como entender, então, que a voga das reformas liberalizantes venha a se dar tão tardiamente? Como entender, por outro lado, que os anos 1970 tenham sido marcados, na semiperiferia capitalista, por algumas das manifestações mais enfáticas do Estado desenvolvimentista?[13] Evidentemente, muitos elos estão faltando nessa explicação.

O segundo argumento é muito mais poderoso. Ele comporta todos os elementos positivos porventura avançados pelo precedente, e acrescenta vários outros. De fato, ao salientar a intervenção de atores estratégicos, ele incorpora a dimensão temporal e chama a atenção do analista para as diferentes conjunturas.

Duas observações breves serão o bastante para ilustrar esse comentário.

1) Quando os países em desenvolvimento começaram a considerar o imperativo de mudar suas políticas econômicas de longo prazo, o determinante imediato dessa decisão não foi a ultrapassagem de um limite qualquer num suposto processo contínuo de globalização. O que impeliu os países latino-americanos a tomar esse caminho foi a profunda recessão de 1980-83, a mais severa crise da economia mundial desde o fim da Segunda Guerra Mundial. Ora, a recessão foi desencadeada pela decisão do Federal Reserve Board (o banco central americano) de pôr um termo nas tendências inflacionárias que vinham afligindo a economia americana mediante uma terapia que implicava brutal elevação das taxas de juro. Mesmo que tal medida seja inteligível apenas no contexto de uma economia fortemente desequilibrada, essa condição prévia não explica por que a decisão foi precisamente esta, e não outra, nem por que ela foi tomada exatamente nesse ponto do tempo.

2) Sob a influência dominante do monetarista Donald Regan, o governo americano manteve uma política de "dólar forte" durante todo o primeiro mandato de Reagan. Isso, a despeito de todos os problemas que tal orientação vinha gerando, em termos de grandes déficits comerciais e endividamento externo crescente. Ao mesmo tempo, o governo norte-americano recusava-se obstinadamente a debater a

---

[13] A coincidência no tempo e no conteúdo entre o II PND, no Brasil, o Plan Nacional de Desarrollo do governo Luis Echevarria, no México, e o Programa de Transição Industrial, com sua ênfase na indústria pesada e na indústria química, na Coreia Park Chung Hee, é mais do que mera coincidência.

questão da dívida do Terceiro Mundo, sob a alegação de se tratar de uma situação econômica que deveria ser resolvida pelo livre jogo das forças do mercado. A reforma ministerial que trouxe a figura de James Baker para o centro do palco está associada a dois eventos significativos: o Acordo de Plaza, que abriu caminho para a depreciação administrada do dólar, e uma nova posição diante da crise da dívida. A partir desse momento, foi oferecido aos países devedores um claro compromisso: reformas econômicas de longo prazo em troca de programas politicamente inspirados de redução da dívida (Planos Baker e Plano Brady). Oferta que se tornava ainda mais dificilmente recusável pelas pressões no mesmo sentido do FMI e do Banco Mundial.

A importância decisiva do fator internacional na virada latino-americana em direção às "reformas orientadas para o mercado" foi convincentemente demonstrada por Barbara Stallings em seu excelente estudo sobre crise da dívida, programas de estabilização e reformas estruturais (Stallings, 1992). E o argumento sai ainda mais fortalecido quando consideramos, adicionalmente, os acontecimentos que estavam ocorrendo ao mesmo tempo na esfera do comércio internacional, tema não abordado pela autora.

No início da década passada, o governo norte-americano lançou enorme campanha diplomática pela abertura de uma nova rodada de negociações no Gatt a fim de incluir na agenda desse organismo novos temas, tradicionalmente sujeitos à regulação doméstica (Serviços), ou tratados em outros fóruns (a questão da Propriedade Intelectual). Desde então, os países em desenvolvimento confrontaram-se com um desafio muito mais inquietante, em certo sentido, do que uma simples desativação aguda na economia mundial, ou mesmo do que o exercício do poder pelos Estados capitalistas centrais para impor seus pontos de vista sobre essa ou aquela questão em particular. O que esses países enfrentavam agora era algo muito maior. Tratava-se da tentativa de mudar as "regras constitucionais" sob as quais as Nações vinham comerciando e implementando suas políticas de longo prazo desde o final da Segunda Guerra Mundial.[14]

Para sintetizar, podemos dizer que os países latino-americanos vêm enfrentando, desde o início dos anos 1980, uma conjuntura severamente adversa do ponto de vista de sua autonomia nacional. Nesse contexto, a adoção do pacote de políticas defendido pelas organizações econômicas

---

[14] "Em suas características essenciais, a Rodada Uruguai difere substancialmente de suas predecessoras. As rodadas anteriores buscaram liberalizar o comércio através de concessões tarifárias recíprocas. A Rodada Uruguai envolveu discussões sobre políticas, práticas institucionais e regulações domésticas em escala sem precedente. Uma transformação dessa natureza no sistema de comércio é, em essência, uma obra constitucional. Pela primeira vez, a harmonização de práticas domésticas converteu-se em proposição negociadora internacionalmente" (Tussie, 1993, p. 69).

internacionais mais importantes e sustentado pela potência mundialmente hegemônica surge facilmente como o resultado de um simples cálculo realista de custos e benefícios.

Embora seja esclarecedor, esse argumento não é inteiramente satisfatório. Para começar, ele não dá conta de dois casos sumamente importantes: o Chile e a Argentina sob a ditadura militar (1976-83), onde planos ambiciosos de liberalização foram postos em prática anos antes de ter eclodido a crise da dívida. E nos dois países a adesão ao liberalismo econômico ocorreu em contexto de crise social e política profunda, determinado basicamente por processos endógenos.

Por outro lado, argumentos desse tipo não explicam os casos em que importantes defasagens subsistem duradouramente entre a adesão retórica à norma e a prática efetiva, ainda definida, em boa medida, pelas velhas instituições, com seus subentendidos.

Este último comentário nos remete à terceira classe de argumentos: mudanças estratégicas como resultado da crise geral do modo de organização socioeconômica predominante.

Como já vimos, os argumentos nessa linha situam, em regra geral, as raízes da crise no gigantismo do Estado latino-americano. Donde a conclusão: há que se "diminuir o Estado", "vender empresas estatais", "desregular", "liberar o mercado". Agora é preciso aduzir que, de acordo com a lógica do argumento, essa solução será necessariamente diferida.

Realmente, a primeira reação em face da crise será eminentemente conservadora, em especial naqueles países onde o velho modelo tenha sido exitoso no passado. Aos primeiros sinais da crise, os atores tenderão a recorrer a medidas tópicas na esperança de sanear a economia preservando, no essencial, suas bases institucionais. Ao longo do tempo, contudo, algumas pessoas tomarão consciência da inutilidade dessas tentativas, passando a defender mudanças mais abrangentes. E serão ajudadas em sua pregação pela própria renitência da crise. Finalmente, à medida que um número crescente de grupos vier a se render à evidência, as condições políticas para a implementação das reformas serão finalmente obtidas.

Convém salientar esse aspecto. O terceiro argumento é altamente normativo. Ele é construído de tal forma que os elementos descritivos e prescritivos se confundem inextricavelmente na análise, levando a uma conclusão que constitui em si mesma um programa político. Aqui reside muito de sua força, mas, igualmente, residem algumas de suas principais debilidades. Como já vimos, o argumento em causa parte de uma avaliação do estado geral da economia. O inconveniente é que essa avaliação não é nunca consensual. Em si mesmo, esse fato não é tão grave: enquanto o desacordo continuar manifestando-se apenas negativamente, pela recusa em aceitar as conclusões práticas do argumento, ele será facilmente classificado como um exemplo a mais da ignorância corriqueira nessas matérias, ou – o que é muito pior – como uma defesa disfarçada de interesses particularistas. Os problemas reais começam a surgir quando o argumento se vê confrontado com outros argumentos do mesmo tipo – i. e., avaliações alternativas da situação. Aqui, suas fragilidades intrínsecas ficam patentes. Porque esse argumento não deixa lugar para a diferença: a única atitude que ele admite quando esta se expressa é a tentativa de desqualificar o outro.

Nos termos desse argumento, o conflito é concebido como um incômodo, um embaraço, um obstáculo a superar tão rápido e completamente quanto possível. A mera idéia de que o conflito possa ser "produtivo", vale dizer, fonte de realidades duradouras e origem de soluções inovativas, parece estranha a essa linha de raciocínio.

Isso, ainda, não é tudo. O terceiro argumento minimiza sistematicamente o papel do fator internacional. A crise, como vimos, é estrutural, e no seu epicentro encontram-se as disfunções de um aparelho de Estado seriamente distorcido. Assim, mesmo quando esses dados são registrados em estado bruto, as propriedades emergentes na economia internacional, como a volatilidade de variáveis macroeconômicas fundamentais (preços básicos, taxas de câmbio, fluxos de capitais) e o exercício permanente de poder por parte de governos e de instituições internacionais, simplesmente não se ajustam à lógica do argumento.

Cabe mencionar, para concluir, esta outra limitação de natureza extrínseca: mesmo que forneça uma explicação plausível para a onda de reformas liberalizantes que tomou conta da América Latina nestes últimos anos, o argumento em pauta não nos informa por que movimentos análogos ocorreram, no mesmo período, em outros continentes. Ao desafio dessa questão, ele oferece ao investigador apenas a alternativa: ou estirar a caracterização do modelo de tal modo que este possa abranger o conjunto dos casos previamente desconsiderados (até mesmo um país tão remoto quanto a Nova Zelândia teve o seu momento "desenvolvimentista") – mas, aí, o que se ganha em extensão é exatamente o que se perde em poder explicativo; ou deflacionar as pretensões, reconhecendo que, na melhor das hipóteses, o argumento deixa de fora algumas dimensões significativas.

Seria possível seguir na listagem das críticas, mas não teríamos muito a ganhar com isso. Mais produtivo é usar o espaço restante deste capítulo para delinear os contornos de uma abordagem alternativa.

III

As proposições que se seguem buscam este objetivo limitado: indicar os contornos de uma abordagem alternativa, explicitando alguns dos princípios gerais que nortearam a análise. Não se trata aqui de expandir as idéias e fundamentá-las com copiosa documentação e argumentos adicionais cuidadosamente elaborados. Essa pretensão está expressa no corpo do trabalho. As proposições alinhadas a seguir valem mais ou menos pelo grau de sucesso que tenham em apresentar de maneira sintética um ponto de vista coerente sobre a matéria tratada, e por seus efeitos na conduta da investigação. Assim:

1) Como já insinuado nos comentários feitos ao longo da discussão, a alternativa requerida deve ser buscada na combinação da segunda e da terceira linha de argumentos. Em outras palavras, o nível nacional e o internacional devem ser integrados na explicação. Mas como fazer isso? Para evitar o expediente fácil de apelar alternativamente a cada um desses dois tipos de explicações excludentes, precisamos de algo muito diferente da simples adição de dois argumentos parciais. Para que a necessária integração seja possível, aqueles argumentos não podem ser tomados em sua forma original. Eles precisam ser redefinidos.

2) Nesse sentido, a primeira coisa a fazer é clarificar a natureza do problema e o tipo de produto intelectual que almejamos. Não precisamos nos estender muito sobre este ponto. Basta dizer que estamos lidando aqui com uma questão de natureza histórica. Em duplo sentido:
   a) nisto em que o nosso propósito não é o de avançar uma teoria geral da mudança nas políticas de desenvolvimento, putativamente válida para todos os casos que atendam às especificações feitas nas categorias empregadas para definir essa classe de fenômenos, mas o de explicar processos de mudança precisamente localizados no espaço e no tempo. Naturalmente, para este fim, devemos fazer uso da análise comparativa. Mas o papel da comparação, aqui, não é o de servir de meio para a produção de generalizações empíricas, que se tornariam cada vez mais ricas, complexas e abrangentes à medida que novos casos viessem a se agregar ao nosso estoque de conhecimentos. Ela opera, antes de tudo, como um instrumento de apoio para a formulação de juízos sobre conexões significativas entre constelações particulares de ocorrências. Nesse tipo de atividade, o analista deverá se valer permanentemente de seu repertório teórico. No entanto, ele poderá também ser obrigado a produzir novas teorias, como o artesão que cria para si próprio as ferramentas mais adequadas para suas necessidades. E há ainda a possibilidade de que esses instrumentos se tornem fins em si mesmos, ganhando vida própria como objeto de outro tipo de atividade intelectual.[15] Mas nem por isso devemos nos enganar: o pa-

---

[15] À guisa de ilustração, podemos mencionar a hipótese levantada por Tocqueville em *The ancient régime et la révolution* sobre os efeitos políticos da privação relativa. Cf. Davies, 1971.

pel dos elementos teóricos é auxiliar. Eles intervêm como "meios de conhecimento" para apoiar uma análise cujo objetivo é tornar inteligíveis cadeias particulares de fatos.

b) O estudo é histórico, além do mais, por se referir a eventos que não se relacionam uns com os outros externamente, como se dá no campo da história natural ou da geologia, mas, em grande medida, internamente – pela mediação da atividade intencional de indivíduos e grupos. Conseqüentemente, o objetivo que se coloca para a análise não é o de demonstrar que uma conexão dada de fatos pode ser deduzida de alguma lei, mas o de mostrar que ela é inteligível, à luz do que sabemos sobre os grupos concernidos e o contexto em que atuam.

3) Implícita na proposição acima está a recusa do viés objetivista que permeia grande parte da literatura sobre o tema, conduzindo a uma busca obsessiva de "fatores" explicativos e de seu respectivo peso na produção do resultado – em nosso caso, a adoção de reformas liberalizantes.[16] O problema com esse modo naturalista de pensar é que ele perde de vista este elemento característico da vida social, vale dizer, a reflexividade: o fato de que noções, crenças, saberes, valores, expectativas, intenções dos agentes são elementos constitutivos da realidade a que se referem. Dessa forma, ele obscurece a dimensão estratégica dos fenômenos considerados, pouca ajuda emprestando à análise das práticas efetivas do atores, seus cálculos, suas atividades táticas. Na mesma linha, ele afasta a atenção dos processos políticos localizados, alimentando uma atitude de distância olímpica em relação aos entrechoques de forças que marcam as conjunturas. Por esse motivo, quando perguntamos sobre perspectivas, sentimo-nos desamparados.

Para superar essas limitações seria necessário combinar duas abordagens: a histórico-estrutural e a estratégica. Seria preciso especificar a maneira pela qual as propriedades emergentes – p. ex., a globalização dos mercados financeiros, ou os novos regimes delineados na Rodada Uruguai do Gatt – compareçam no processo político estruturando os espaços onde se travam as lutas, condicionando os recursos mobilizáveis pelos contendores e delimitando, em cada momento, o âmbito de suas alternativas. Sem por isso desconhecer que esses elementos, ditos objetivos, são resultados cristalizados de lutas passadas e que, no presente, são mediados pela percepção dos atores, cujas escolhas são irredutíveis às condições subjacentes e têm o dom de criar, por si mesmas, novas realidades.

---

[16] Sobre a noção de objetivismo, cf. Bourdieu, 1972 e 1980. Lacroix (1985) discute esse tema na literatura de Ciência Política em "Ordre politique et ordre social".

Uma das implicações do que foi dito é que, tal como num jogo, o tipo de análise delineado aqui exige do observador que ele esteja munido de informação independente e confiável sobre as condições objetivas, e realize um esforço persistente no sentido de "ler" o que se passa de acordo com as perspectivas dos múltiplos atores envolvidos na trama.

4) Contudo, essa transformação na maneira de encarar o tema muda a própria definição do problema. Com efeito, na literatura corrente a questão levantada aqui aparece nos termos seguintes: como explicar o fato de que tantos países, em espaço tão curto de tempo, tenham rompido com venerandas tradições e optado pelas reformas orientadas para o mercado? Ora, todos nós sabemos que esses países diferem uns dos outros tanto no tocante ao conteúdo quanto ao *timing* das reformas. Mas se é assim, cabe perguntar: o que nos leva a pensar que essa experiência multifárea de mudança nos coloca diante de um único e mesmo problema, e que, se procurarmos diligentemente, poderemos achar, para ele, uma única e mesma solução? Uma vez feita a pergunta, fica fácil observar que a definição do problema envolve duas abstrações discutíveis: a primeira consiste em tratar diferentes combinações de políticas como manifestações de um único fenômeno – a opção pelo modelo neoliberal de reformas. A outra consiste em eliminar as defasagens temporais, tomando o conjunto dos casos como pertencentes a um período passível de ser pensado como um ponto no tempo.

Por essa via terminamos com um esquema simples em que a tarefa da análise é a de explicar o trânsito entre um ponto inicial – economias protegidas *cum* Estado intervencionista – e um ponto final – Estados comprometidos com o objetivo de uma economia de livre mercado.

Em nítido contraste com a perspectiva estática que informa essa definição, a abordagem histórica adotada neste trabalho nos leva a encarar as reformas econômicas nos países em desenvolvimento não como um evento, a ser explicado pela combinação hierarquizada de "fatores" ou "variáveis", mas como um aspecto do processo global de reestruturação em curso na economia mundial nestas duas últimas décadas. Processo esse que não tem precedente, pois ocorre num período em que o capitalismo expandiu-se por todo o planeta e no qual mudanças revolucionárias vêm abalando o sistema interestatal em cujas bases se assentou o capitalismo, desde o início.[17]

---

[17] Ao dizer isto, não estou repetindo o discurso globalista a respeito da crise do Estado. Refiro-me à situação inédita criada no mundo: 1) pela presença de uma superpotência, cuja supremacia militar tornou-se inquestionável, mas que vê cada vez mais contestada sua

5) Na medida em que colocamos no centro da análise as atividades dos atores estratégicos, seus recursos de poder, suas escolhas, somos levados a reconhecer que esse processo de reestruturação é essencialmente aberto, indeterminado, movido como ele é por projetos contraditórios e pelo choque de interesses incompatíveis. Nesse sentido, temos de questionar a própria idéia de um "estado final" quando aplicada às reformas econômicas nos países em desenvolvimento. Naturalmente, nem tudo é fluido, na economia ou na política. E nada há de errado em tratar configurações institucionais cristalizadas como "estados finais", em certo sentido. Nesse ponto, porém, a questão crucial passa a ser esta: como saber quando tal ou qual configuração pode ser tida como "cristalizada"? Trata-se de uma questão espinhosa, muito familiar ao estudioso das transições políticas (o tema da consolidação da democracia). Em nosso caso, poderíamos recorrer à noção trabalhada pelos regulacionistas e sugerir que a nova moldura institucional criada pela reforma econômica pode ser tomada como um "estado final" se, e apenas se, ela logre definir um novo regime de acumulação. Aqui, regime de acumulação é

> um conjunto de regularidades que asseguram uma progressão geral e relativamente coerente da acumulação de capital, ou seja, que permitam reabsorver ou diferir as distorções e desequilíbrios que nascem permanentemente desse processo" (Boyer, 1986, p.46).

Não estamos certos de que esta viesse a ser uma solução factível. Mas não importa. O simples ato de mencioná-la é bastante para apoiar a afirmativa seguinte: a questão de saber se dado complexo institucional pode ser tratado como um "estado final" é de natureza empírica. Tomá-la como respondida já na definição do objeto da investigação é incorrer em petição de princípio.

6) Na análise das reformas econômicas, devemos distinguir claramente o processo de mudança institucional e as idéias e discursos que o acompanham e justificam. Esses aspectos são comumente mesclados na literatura acadêmica, bem como no discurso político. É assim que expressões como "o projeto neoliberal", "as reformas neoliberais", "a ofensiva do neoliberalismo" ou o neoliberalismo *tout court* se generalizaram. Com o grau de imprecisão que são usadas, contudo, essas noções mais confundem do que esclarecem. Especificamente, elas: 1) suprimem as diferenças entre distintas variantes do liberalismo

---

liderança econômica; 2) pelos avanços no processo de integração em curso na Europa, que parece estar dando origem a uma organização política com características radicalmente novas; 3) pela desagregação da União Soviética, com a conseqüente proliferação de novas unidades políticas independentes na Europa Central e Oriental; 4) pelo crescente fortalecimento de alguns Estados fora da área cultural do capitalismo cêntrico. A questão é enorme, e sobre ela já correram rios de tinta. Voltaremos a ela nos últimos capítulos.

econômico; 2) ocultam o caráter "incompleto" e "contraditório" de muitas das políticas realmente implementadas em cada caso nacional; 3) obscurecem outras razões, de natureza não-ideológica, para seguir no caminho das reformas liberalizantes. Mais genericamente, essas noções afastam a atenção do fato de que as reformas econômicas nos países em desenvolvimento são episódios de um processo de reestruturação global cujos resultados, na medida em que se afirmam como novos dados institucionais, alteram duradouramente a relação de forças, criando novos constrangimentos e novas oportunidades para a totalidade dos agentes, independentemente de suas convicções íntimas e de suas preferências. Voltaremos ao tema mais adiante, ainda neste capítulo.

7) A reestruturação econômica global consiste num processo de mudança que ocorre simultânea e interdependentemente no nível nacional e internacional e nos diferentes setores de atividade. Nos três níveis, esse processo é fortemente afetado pela transformação das "condições objetivas", mas seus determinantes últimos são os atos mediante os quais a caducidade das velhas instituições é oficialmente reconhecida e novas instituições são postas em seu lugar. Embora em muitos casos atores privados (empresas, sindicatos etc.) possam estar na origem desses gestos, na esfera nacional a definição de um novo conjunto de regras institucionais requer quase sempre o endosso do Estado, sob a forma de leis, decretos, ou simples regulamentações baixadas por segmentos do aparelho estatal como matéria de rotina administrativa. Na arena internacional, essas mudanças emanam tipicamente de negociações, que sempre incorporam grupos privados, mas são conduzidas pelos Estados e/ou por instituições supranacionais (o FMI, o Banco Mundial, por exemplo) constituídas pelos Estados, onde reside o poder de decisão em última instância. O problema da reestruturação econômica global, portanto, exige do analista que ele transgrida sistematicamente fronteiras acadêmicas há muito cristalizadas para esboçar um quadro de referência com base no qual processos políticos internacionais e domésticos possam ser integrados num mesmo esquema explicativo.

8) Em seu conhecido artigo sobre a lógica do jogo, Robert Putnam faz grandes avanços nessa direção. Com efeito, focalizando processos de negociação internacional sujeitos a ratificação interna, Putnam mobiliza as noções de *win-set*, conflitos "homogêneos" e "heterogêneos", "reestruturação" e "reverberação" para construir um argumento esclarecedor sobre a lógica de processos políticos que atravessam as fronteiras tradicionais entre esses dois âmbitos. Para os propósitos deste trabalho, porém, a utilidade de seu esquema é limitada. Embora altamente consciente do irrealismo das cláusulas requeridas pela

teoria dos jogos, Putnam estrutura seu argumento com base nessa metáfora. Dado o problema que tinha à frente – como entender aquele tipo de negociação –, o expediente se revela profícuo. No entanto, não acreditamos ser possível alcançar idêntico resultado se tentarmos aplicar a metáfora do jogo na análise do processo global de reestruturacão econômica. Enquanto o referente de Putnam são processos isolados de negociação, o desafio para nós é o de representar sinteticamente o movimento geral de mudança que surge como resultdo de múltiplos processos de negociação conduzidos, simultânea e seqüencialmente, em distintos lugares e sobre diferentes temas (cf. Putnam, 1988).[18]

9) Não temos solução pronta para esse problema, mas acreditamos ser possível avançar em direção a ela com apoio em alguns elementos da teoria da guerra de Clausewitz. Estamos nos referindo principalmente à sua noção da guerra como uma "cadeia de embates" – da qual deriva o conceito de estratégia – e sua concepção do "teatro de operações", como uma fração relativamente independende do campo estratégico correspondente à área total da guerra. Os trechos citados a seguir tornarão mais claro o significado dessas noções.

> A condução da guerra... consiste no planejamento e condução da luta. Se a luta consistisse em um simples ato, nenhuma subdivisão adicional seria necessária. Contudo, ela consiste num número maior ou menor de atos simples, cada um completo em si mesmo, que ... são chamados de "confrontos" e que formam novas entidades. Isso faz surgir a atividade completamente diferente do planejamento e execução dos próprios confrontos, e da coordenação de cada um deles com os outros, a fim de promover o objeto da guerra. Uma foi chamada de tática, e a outra, de estratégia. (Clausewitz, 1976, p.128)
>
> Estratégia é o uso do confronto para os propósitos da guerra. O estrategista deve, portanto, definir um objetivo para todo o lado operacional da guerra que esteja de acordo com seu propósito. Em outras palavras, ele esboçará um plano da guerra, e o objetivo determinará a série de ações pretendidas para alcançá-lo; ele dará forma, de fato, às campanhas individuais e, dentro delas, decidirá sobre os confrontos individuais. (ibidem, p.177)
>
> "Teatro de operações" significa, em termos estritos, um setor da área total de guerra que tem fronteiras seguras e, assim, um certo grau de independência ... Um setor deste tipo não é apenas uma parte do todo, mas uma entidade subordinada em si mesma – dependendo da medida em que mudanças que ocorrem em outras partes na área da guerra o afetam não diretamente, mas apenas de maneira indireta. Um critério definitivo pode ser encontrado imaginando-se um avanço em um teatro simultaneamente com uma ofensiva em outro. (ibidem, p.280)

---

[18] Esse artigo inspirou a organização de um projeto sobre política interna e relações internacionais dirigido por D. Cameron, P. Evans, R. Putnam e Harold Jacobson, cujos resultados apareceram no livro editado por Evans, Jacobson & Putnam, 1993.

> Um país e as forças nele estacionadas é dividido de tal maneira que qualquer decisão obtida pela força principal num teatro particular afeta diretamente o todo e arrasta tudo com ela. Dizemos diretamente, uma vez que qualquer decisão alcançada num teatro operacional particular provavelmente também terá efeito mais ou menos remoto em áreas adjacentes. (ibidem, p.486)

Ao formular essas proposições, Clausewitz se contrapunha explicitamente às doutrinas dominantes em seu tempo que, inspiradas em uma versão particular da mecânica newtoniana, desenvolviam uma concepção rígida, geométrica, da guerra. Na representação que ele nos oferece, a guerra surge como um fenômeno não linear, cujo desenvolvimento depende do resultado de inúmeros combates travados em lugares distintos ao longo do tempo, e da maneira como eles se entrelaçam. Trata-se de um tipo especial de teoria de campo, uma vez que explica a ocorrência de variações no estado de alguns elementos mediante a referência às propriedades do campo e à posição nele ocupada pelo elemento considerado, sem fazer apelo à ação direta sobre o mesmo de outro elemento (ou variável).[19] Este é o elemento para nós mais valioso no esquema clausewitziano: a idéia de um processo fragmentado numa infinidade de unidades de ação, que ocorrem simultânea e sucessivamente em diferentes lugares, mas que se integram como partes de um movimento geral, pela intencionalidade que as informa.

IV

É desnecessário dizer que não podemos simplesmente extrair essas noções do texto de Clausewitz e aplicá-las, como tais, ao nosso problema. Para que essas categorias – e a imagem geral que comunicam – tenham alguma utilidade para nós, precisamos modificá-las. Antes de mais nada, temos de abandonar a idéia de unidade de comando, que desempenha papel central no pensamento de Clausewitz (o elemento responsável pela coerência da cadeia de embates no plano da guerra, cujo aspecto mais importante é a definição de seu objetivo político). Ademais, temos que reconhecer a assimetria entre os atores – a coexistência de atores internacionais, lado a lado com atores nacionais e locais – e sua heterogeneidade essencial em termos de composição de classe. Temos que especificar o conteúdo a ser dado à noção de "teatro" no caso que nos interessa. Finalmente, temos de considerar um problema nuclear no pensamento de Clausewitz: a diferença

---

[19] Para um estudo cuidadoso do tema, cf. Martin, 2003.

entre o conceito de guerra absoluta e a realidade das guerras, com base na qual toda a interpretação clássica de Raymond Aron foi construída (Aron, 1976. Para uma crítica aguda, cf. Dobry, 1976).

Invertendo a ordem dos elementos no parágrafo acima. Em seu conceito puro, a guerra para Clausewitz assumia a forma de um duelo, contraposição de vontades irredutíveis, em um conflito comandado pela lógica da ascensão aos extremos, que só terminava com a vitória total de um dos contendores, com o desarmamento conseqüente do derrotado. No entanto, a guerra assim entendida não corresponde à grande maioria dos conflitos bélicos conhecidos. Embora seja possível encontrar alguns exemplos próximos ao tipo ideal (a Segunda Guerra Mundial é um deles), a maioria das guerras são "impuras", imperfeitas: nelas a intensificação do conflito é obstada por uma série de fatores, os meios e os objetivos são limitados, as soluções de compromisso não estão nunca descartadas. Essa segunda figura guarda analogia maior com o processo que nos interessa. A reestruturação econômica também envolve conflitos de vontades, e, em seu curso, ganhadores e perdedores podem ser claramente identificados. O resultado dele, contudo, não é a aniquilação do outro, mas o redesenho das instituições, com a redefinição correspondente dos termos que presidem as relações entre grupos e classes. Implicando mudanças mais ou menos profundas nos modos de vida dos grupos considerados, esse processo deixa quase sempre abertas as margens para compromissos, acomodações, que oferecem aos perdedores saídas mais ou menos suportáveis.

Ao pensar em "teatros" o que temos em mente é a assincronia dos processos de mudança em curso no âmbito internacional, nos diferentes países e unidades subnacionais, de um lado, e, de outro, nos diferentes setores de atividade econômica. No cruzamento desses planos, temos uma multiplicidade de locais institucionalmente recortados, arenas de negociação e conflito, relativamente autônomos, mas interligados. Organizações internacionais; ramos e agências do aparelho de Estado; parlamentos e casas legislativas, com suas respectivas comissões temáticas. Quando observamos o processo de reorganização econômica em seu conjunto, vemos quão desencontrados podem ser os deslocamentos que se produzem nesses espaços, e como eles são mutuamente relacionados.

Uma ilustração rápida para tornar esse ponto menos abstrato. Por quase toda parte – nos países capitalistas desenvolvidos e na periferia – um dos ingredientes do pacote das reformas econômicas é a privatização dos serviços de infra-estrutura, entre eles água, saneamento e energia elétrica. Os países estudados diferem bastante na medida em que implantaram essas medidas. Veremos isso a seguir. No momento, o que desejamos salientar é o quanto esses programas dependem de avanços em outras áreas – liberalização financeira, proteção do investimento estrangeiro – para o seu sucesso (ver, a esse respeito, Santos Neto, 2007).

Em cada uma dessas arenas, o processo de mudança envolve subconjuntos diversos de atores, move-se sob o efeito de condicionamentos específicos, avança em ritmos e direções que lhe são próprios. Em cada uma dessas instâncias, a mudança resulta de negociações delicadas, em que conta, antes de tudo, o poder relativo das partes. Mas não só isso. Na disputa pela afirmação de seus interesses e na defesa das soluções institucionais a eles mais adequadas, em cada caso particular, os atores envolvidos invocam princípios mais ou menos amplamente aceitos, que funcionam como tópos, pontos de apoio firmes pelos quais os argumentos podem ser formulados e defendidos com maior ou menor eficácia. Contudo, esses princípios não são harmônicos, freqüentemente se acomodam com dificuldade, e não raro são de todo contraditórios. O fato de serem admitidos em bloco como balizamento torna o debate possível e dá ao mesmo forma estruturada. Ainda que muitos deles sejam rejeitados liminarmente por alguns, os atores que assim o fazem tendem a se posicionar à margem. A diferença entre os ocupantes das posições centrais no debate é marcada não pela impugnação desse ou daquele princípio, mas pela forma diversa de hierarquizá-los.

Assimetria e heterogeneidade. Alguns aspectos aqui são bastante óbvios. O processo de reestruturação econômica altera a composição e a relação de forças entre grupos e classes sociais. Além de heterogêneos, os atores nele envolvidos são muito desigualmente dotados de recursos de poder, o que é outra maneira de dizer que as relações que prevalecem entre eles são marcadamente assimétricas. Mas não é tudo. Atores existem estatais e não estatais; de alcance local, nacional, ou internacional – governos nacionais e subnacionais, e organizações intergovernamentais, de um lado; empresas, movimentos sociais, organizações civis, *think tanks*, de outro. As relações entre eles são contingentes; vale dizer, não dão lugar a blocos duradouros e coerentes. Mas não são aleatórias: apesar das variações observáveis ao longo do tempo e na passagem de uma questão a outra, é possível constatar a existência de certos padrões de alinhamentos, que tornam possível a identificação de campos diferenciados no espaço mais amplo onde o processo transcorre. Para essa convergência contribui decisivamente a operação dos meios de comunicação – principais órgãos internacionais da imprensa de negócios, agências internacionais de notícias –, cujas matérias são reproduzidas pelos congêneres em toda parte do mundo.

A existência facilmente reconhecível desses "campos" e a direcionalidade do processo de reestruturação econômica – conjunto de mudanças cumulativas em direção a uma ordem pautada pelo reforço dos direitos de propriedade, a mobilidade acrescida do capital e a mercantilização de um número crescente de esferas da vida social – suscitam a questão central no pensamento de Clausewitz da intencionalidade: a relação hierárquica expressa na fórmula consagrada "a guerra é a continuação da política por outros meios", e o suposto da unidade de comando necessária para que a vontade política se expresse por meio da conduta militar. Muitos autores procuram entender a referida direcionalidade do processo de reorganização econômica em escala mundial pela busca de um sujeito, um ator coletivo, capaz de desempenhar papel equivalente. Não temos condições nem precisamos examinar essa literatura aqui. Para nossos propósitos, basta dizer que consideramos ser esse um caminho equivocado. O processo em causa não é pautado por uma vontade unificada, embora seja movido pelo conflito de vontades. A direção que ele assume provém da relação de forças prevalente entre os campos acima referidos e do efeito de indução recíproca das mudanças introduzidas em esferas de ação interdependentes, com o efeito generativo das instituições que elas conformam. Nos dois planos, tem papel decisivo o esforço continuado de agências privadas e públicas que se dedicam a monitorar o processo e a pautá-lo.

Esta última afirmativa nos reporta ao tema antes aludido do neoliberalismo. A ele dedicaremos as últimas páginas deste capítulo.

No uso corrente, o termo "neoliberalismo" conjuga três elementos diversos: 1) uma doutrina; 2) um movimento; 3) um programa político.

Como corrente de pensamento, como doutrina, o neoliberalismo define-se pelas relações de afinidade ou de oposição que mantém com outras vertentes ideológicas e políticas – o conservadorismo clássico, o socialismo, a social-democracia e/ou o keynesianismo. Mas não só isso. Como variante teórico-ideológica muito particular, ele se caracteriza também por suas diferenças relativamente ao tronco comum representado pelo liberalismo econômico oitocentista.

Vale a pena salientar esse aspecto. Contra os seus antagonistas de sempre (os conservadores, "corporativistas", os socialistas, os "coletivistas") os neoliberais reiteram os velhos temas do liberalismo econômico. Mas não é aí que reside a sua especificidade. O que os torna diferentes é que eles não se limitam a essa operação, a rigor inócua. Os neoliberais se distinguem, primeiro, por sua atitude em face da realidade do capitalismo politicamente regulado do pós-Guerra – vale dizer, por sua disposição genuinamente "fundamentalista" de reafirmar as virtudes do capitalismo *belle époque* e de rejeitar os compromissos sociais que fundam a organização social do capitalismo contemporâneo. Nesse sentido, o neoliberalismo não é conservador, muito menos, progressista: ele é, pura e simplesmente, reacionário.

Mas o neoliberalismo não seria o que é caso se limitasse a tal atitude. Toda ideologia nasce e se conforma no embate com inimigos. No caso do liberalismo clássico, a figura do "inimigo" era representada pelas instituições e as políticas econômicas tal como racionalizadas pelos teóricos do mercantilismo. Confrontados com antagonistas distintos, criaturas de um mundo que pouca semelhança mantinha com aquele de Adam Smith ou David Ricardo, a atitude ultramontana dos neoliberais seria alvo de escárnio se mobilizasse apenas os temas clássicos do liberalismo. O que singulariza o neoliberalismo, em sua qualidade de variante teórico-ideológica, é sua capacidade de responder, com inovações conceituais, ao desafio posto pelos novos adversários.

Em parte por isso, em sua condição de movimento, o neoliberalismo nos remete a uma *success story* quase sem par. Se fosse o caso de narrá-la, haveríamos que retroagir ao final da Segunda Guerra Mundial para flagrar os primeiros sinais trocados entre intelectuais (grande parte deles oriunda da Europa continental) inconformados com o giro coletivista que o capitalismo vinha conhecendo desde a crise dos anos 1930, e dispostos a resistir organizadamente à maré montante "coletivista" no período de reconstrução que já se anunciava. Observaríamos com grande interesse os esforços desenvolvidos por esses personagens no tocante à criação de mecanismos indispensáveis à tarefa de aprofundar e generalizar os seus pontos de vista, de traduzi-los em linguagem passível de ser compreendida pelo cidadão comum e de propagar as mensagens assim produzidas entre públicos-alvos. E acompanharíamos, com interesse redobrado, o percurso que os levaria às ante-salas do poder, nos Estados Unidos e na Inglaterra.

Ação coletiva de grande envergadura, o neoliberalismo, como movimento, sempre teve – para falar como Gramsci – seus soldados (nos primórdios, dispersos e desmobilizados); seus sargentos (em número crescente, ao longo do tempo, e cada vez mais preparados); seus coronéis e generais (um punhado de intelectuais altamente aguerridos e sofisticados).

Como movimento, o neoliberalismo beneficiou-se, desde o início, das relações de "afinidade eletiva" que círculos das altas finanças mantinham com a doutrina que o inspirava. Com efeito, do primeiro e semi-secreto encontro, em um recanto bucólico, que deu o sinal de largada à sua longa marcha, até a consagração final, quando seus argumentos passaram a informar documentos de governo e vários de seus próceres foram aquinhoados com o Prêmio Nobel, a história do neoliberalismo é pontilhada de nomes de banqueiros, financistas, executivos de grandes corporações etc.

Com toda a antipatia que o leitor porventura alimente pelos animadores desse movimento, uma coisa não se lhes poderá negar: eles se bateram com garra para tornar vitoriosas as suas idéias. Contudo, o êxito que alcançaram não advém da intensidade do esforço empenhado, ou da inteligência com que foi dirigido. O sucesso do movimento neoliberal se verifica em um período em que o capitalismo central está em crise, e não seria plausível na ausência desta.

Mencionar esse ponto é preciso porque ele nos conduz à terceira acepção do termo: o neoliberalismo como "programa", um pacote de políticas – o receituário das ditas reformas. Esse é o sentido mais corrente do termo, e nesse plano a caracterização não parece colocar maiores dificuldades. Se perguntarmos a qualquer pessoa medianamente informada – sobretudo se esta pessoa tiver pendores de esquerda – o que entende por neoliberalismo, muito provavelmente ouviremos que o neoliberalismo é um programa que se caracteriza pelo esforço continuado no sentido de atacar os sindicatos, de reduzir os direitos conquistados a duras penas pelos trabalhadores; uma política que visa reduzir, tanto quanto possível, a presença do Estado na economia, mediante programas radicais de desregulamentação dos mais diversos setores de atividades e da privatização de empresas públicas; uma política que defende a estabilidade monetária a qualquer preço, mesmo que o significado deste seja a geração de índices brutalmente elevados de desemprego; uma política, enfim, que rejeita a idéia de controle social da economia e exalta o mercado auto-regulado como único mecanismo racional de coordenação econômica e como fundamento obrigado do regime político assentado no princípio da liberdade. Programa voltado para a generalização da lógica mercantil no interior de cada sociedade, em sua face externa o neoliberalismo aspira à constituição, em escala planetária, de um espaço econômico homogêneo onde bens e capitais (mas não pessoas) circulem livres de qualquer embaraço, indiferentes a considerações de caráter social, político ou cultural.

Mas a política de qualquer grupo, mesmo de um movimento ideologicamente definido, é sempre algo mais e algo menos que a simples transposição ao terreno das realidades mundanas de preceitos derivados logicamente da doutrina. Mais, no sentido de que envolve necessariamente uma infinidade de dados e circunstâncias impossíveis de dedução a partir de qualquer corpo fixo de proposições gerais (o elemento próprio da teoria é a generalidade; o da política é o particular, o específico, matéria de apreciação e juízo). Menos, nisto que implica, também necessariamente, um processo de "negociação com a realidade" cujo resultado final é algo distinto e aquém da imagem difusa do futuro desejável que se desenha como projeção da doutrina.

Se é assim, para caracterizar "a política do neoliberalismo", não basta ler os textos canônicos, é preciso ver como os grupos/tendências políticos identificados com essa perspectiva atuam, que problemas enfrentam, que alianças precisam estabelecer para se colocar em posição de implementar os seus projetos. É preciso examinar, enfim, como definem "programas de ação passíveis de se tornar politicamente efetivos". Tal constatação nos permite ver que a tarefa é muito mais complicada do que pareceria à primeira vista, pois ela significa dizer que não há uma resposta única para a pergunta. Assim como o marxismo, o neoliberalismo informa políticas distintas, que se diferenciam no tempo e no espaço, e que certamente traduzem – na relação entre os políticos "neoliberais" –, em termos de contradições, conflitos mais ou menos agudos de pontos de vista.

O que, por sua vez, nos põe face a face com o velho problema da delimitação do objeto: onde definir a fronteira, no âmbito das organizações e tendências políticas, entre o que é e o que não é neoliberalismo? Não cremos que haja resposta pronta e acabada para essa pergunta. Ou por outra, não acreditamos que ela possa ser respondida antecipadamente de forma precisa. O que podemos e devemos fazer de saída é fixar alguns critérios de método que orientem a análise e nos permitam evitar alguns escolhos conhecidos: 1) fiar-se na autodefinição do objeto, isto é, nas operações de reconhecimento/não-reconhecimento (comunhão/excomunhão) que possamos observar entre os diferentes grupos; 2) dar uma solução inteiramente "externa", isto é, que desconheça a autopercepção dos agentes (o que fazemos quando classificamos de "neoliberais", "marxistas", "socialistas" etc., pessoas e/ou grupos que não se vêem e não são vistos como tais por aqueles que assim se identificam).

No nosso caso, julgamos que essas indicações justificam a decisão pragmática que se segue: tomar como "neoliberais" pessoas e/ou grupos que mantenham vínculos continuados e expressivos com a rede de organizações neoliberais (isto é, organismos cuja razão de ser e objetivo assumido seja o de "travar o combate no terreno das idéias", difundindo os textos canônicos e fazendo proselitismo de seus princípios). Por esse critério, Margareth Thatcher é neoliberal; Ronald Reagan, nem tanto.

Dificuldade de ordem diferente surge a propósito da relação entre a política (como programa) e as "políticas" (*policies*), bem assim como as instituições a que elas eventualmente dão origem. Isso porque é uma tarefa interpretativa ingente (senão inglória) separar, em dada política (*policy*), o que se deve à "política" (como programa de ação informado por um conjunto integrado de idéias) e o que resulta da adaptação às circunstâncias, concessões a aliados e/ou a adversários, mero cálculo de oportunidade, ou ainda a fatores fortuitos (expedientes *ad hoc* adotados sob a pressão dos acontecimentos e posteriormente incorporados, porque exitosos, como elementos importantes de tal ou qual política). Exemplo acabado disso encontra-se na interpretação clássica de Furtado sobre a queima do café, no Brasil, em resposta à crise de 1929. Dificuldade também pelo efeito de "retroação", que esse exemplo mesmo sugere, entre a realidade inerentemente "impura" e a ação (vontade, percepções, interesses) empenhada em alterá-la.

Convém assinalar, embora os três significados do termo *neoliberalismo* estejam intimamente associados, eles não mantêm relações necessárias entre si. Naturalmente, não há como falar em movimento neoliberal sem um corpo doutrinário no qual ele se identifique; mas não podemos antecipar as formas organizacionais e as modalidades de intervenção do movimento com base no estudo exclusivo dos textos que o inspiram. Outro tanto podemos dizer da conexão entre movimento e políticas. Quando passamos de um significado a outro, novos elementos são introduzidos, e as formas de análise requeridas para lidar com os conjuntos que eles conformam, conseqüentemente, variam.

Segundo o significado que se tenha em mente, o neoliberalismo se reporta a sujeitos de tipos distintos. Como doutrina, ele remete a um punhado de autores talentosos e de grandes recursos: Von Mises, Hayek, Kopcke, Friedman, Tullock, Buchanan... Vários desses nomes reaparecem quando lidamos com o movimento neoliberal, mas ao lado deles, no desempenho de papéis de relevo, vamos encontrar agora indivíduos com inserção social muito diversa – políticos, empresários, jornalistas – e certa classe de atores coletivos – centros de estudo, associações, institutos. Quando transitamos para as políticas, os grandes autores desaparecem quase inteiramente; no lugar deles organizações governamentais e intergovernamentais, como o Banco Mundial e o FMI, com os tecnocratas que as dirigem, surgem como protagonistas.

Mas não é só isso. O termo *neoliberalismo* é usado também para referir uma situação objetiva, uma realidade moldada pela conjugação de idéias, movimentos e políticas – que se confrontaram com outras idéias, movimentos e políticas... e foram bem-sucedidas.

À medida que as idéias neoliberais ganharam predominância, passaram a informar decisões que mudaram a face da sociedade. Se falamos, porém, em neoliberalismo para nos referirmos ao estado de coisas vigente, devemos perceber que, nesta acepção, o termo não se reporta mais a este ou aquele sujeito definido. Em 1950, vivíamos o apogeu do keynesianismo, do Estado de Bem-Estar, do "Capitalismo Monopolista de Estado", para lembrar uma expressão que esteve em voga até os anos 1980 e depois, por motivos óbvios, caiu em desuso. Então, o neoliberalismo era uma doutrina e um movimento pequeno, isolado, que existia nas catacumbas, na semiclandestinidade de alguns centros acadêmicos mais ou menos periféricos na Inglaterra e nos Estados Unidos. Hoje, contudo, quando suas políticas traduziram-se em decisões e se converteram em normas institucionalizadas, porque expressas em comportamentos efetivos, o neoliberalismo não ocupa mais um lugar determinado: ele existe na atitude de cada indivíduo quando, em sua ação cotidiana, ele reproduz irrefletidamente um elemento da realidade que elas conformam. Vale dizer, nessa quarta acepção o neoliberalismo não existe fora de nós. Como as relações sociais capitalistas, que se reproduzem também pela ação do trabalhador "livre" dos meios necessários para subsistir como ser social por conta própria e por isso obrigado a sair em busca de um "trabalho", o neoliberalismo, como conjunto de formas institucionalizadas, é confirmado toda vez que, em cada encontro, cada situação de intercâmbio social, as regras operacionais que lhe dão corpo são naturalizadas, isto é, seguidas automaticamente, como se a possibilidade de condutas alternativas não fosse sequer imaginável.

A observação precedente nos devolve ao tema das reformas neoliberais. Se o neoliberalismo é uma doutrina, um movimento e um conjunto de políticas; se – como o exemplo que serve de fio condutor para esta reflexão sugere – as políticas neoliberais se difundem em escala planetária sob a impulsão de megagrupos econômicos e da ação estratégica dos Estados mais poderosos, sob a liderança da hiperpotência capitalista; se essas políticas passam a se traduzir em normas legitimadas pela adesão geral a organizações internacionais que zelam por sua observância; se, uma vez aplicadas em dado país, essas políticas se institucionalizam e passam a moldar comportamentos, o neoliberalismo se objetivou, transformou-se em realidade. Ele não está mais aqui ou ali. Está em todo lugar. Ele está também em nosso agir cotidiano. Porque vivemos essa realidade – fazemos (ou não fazemos) aplicações financeiras em modalidades antes não disponíveis, fazemos (ou não fazemos) seguros privados de saúde, mesmo sabendo que dessa forma estamos dando a nossa contribuição infinitesimal para a falência do sistema de saúde pública que gostaríamos de ver reforçado. No entanto, se é assim, devemos concluir que o neoliberalismo é pura positividade, algo que "está aí", algo que podemos lamentar ou aplaudir, mas do qual não temos como escapar?

Por tudo que foi dito antes, nossa resposta a esta pergunta é claramente negativa. Ela fica mais forte ainda quando levamos em consideração os aspectos relacionados a seguir.

Primeiro, a realidade a que nos referimos é sempre torcida, falha, contraditória, visto que resultado de processos econômicos e políticos diferenciados, que trazem as marcas das acomodações e soluções de compromisso produzidas no seu desenrolar. Nesse sentido, do ponto de vista doutrinário, ela é e será sempre uma obra inacabada.

Segundo, as tensões internas, as contradições são inerentes ao neoliberalismo, como a qualquer outra ideologia. Tome-se, por exemplo, o caso da propriedade intelectual. A criação de um novo regime de propriedade intelectual é um dos carros-chefes da reestruturação econômica mundial que vem se processando desde a década de 1980 sob a égide do neoliberalismo. Contudo, o que o direito de patente faz é criar algo antagônico a idéias caras ao liberalismo econômico. Monopólio temporariamente atribuído ao inventor, seus defensores sempre buscaram na tradição liberal argumentos para justificar o que, em princípio, se afigura como anomalia: falam, assim, em "direito natural do criador sobre os frutos de seu trabalho" e condenam a violação desse suposto direito como "pirataria". Mas provêm dessa mesma tradição os contra-argumentos usados para refutá-los: para que alguém seja proprietário de alguma coisa é preciso que seja capaz de possuí-la, mas quando o indivíduo comparte suas idéias, já não pode controlá-las, elas se tornam públicas; se as idéias ocorrem independentemente a várias mentes, elas não são de ninguém; como todo indivíduo se inspira livremente nas idéias de outros, não lhe cabe reclamar direitos exclusivos sobre "suas" idéias; se a propriedade intelectual fosse o reconhecimento de um direito natural, não poderia ser limitada, temporal e espacialmente.[20] Têm origem igualmente na vasta e diversa tradição liberal os argumento que se baseiam na utilidade para justificar o instituto que limita o acesso à obra e o uso da invenção. Nessa linha, a renda gerada pelo direito de propriedade intelectual é necessária para estimular a produção intelectual e artística e assegurar o fluxo permanente de inovações. No entanto, o revide que ele suscita brota também do solo daquela tradição: não há uma unidade de medida para a utilidade social de uma obra ou invento, e a contrapartida do interesse que a sociedade tem no surgimento continuado de inovações é o seu interesse em que as novas conquistas tenham difusão a mais ampla e acelerada.

Contudo, as contradições suscitadas pelo tema da propriedade intelectual não terminam aí. A proteção de direitos é tanto mais fácil quanto mais tangível é a coisa cuja propriedade deve ser protegida. Quando a forma predominante de riqueza é a de bens de raiz (tipicamente, a terra), a proteção é freqüentemente exercida pelos próprios interessados, que se dotam de meios físicos e humanos para exercer a violência requerida para esse fim. Com a generalização das relações mercantis e o rompimento conseqüente dos vínculos que prendiam os indivíduos a comunidades ancestrais, a proteção dos direitos sobre bens móveis – expressão mais importante de riqueza, agora que são produzidos como mercadorias – exige a intervenção de um corpo especializado, que opere no contexto de sistemas de vigilância e controle social incomparavelmente mais finos. Ora quando passamos a um universo no qual bens intangíveis (a informação em suas múltiplas formas) aparecem sob a forma por excelência da propriedade, e no qual a disseminação de instrumentos de tecnologia cada dia mais sofisticada permitem que a informação seja reproduzida de forma cada vez mais simples, a custo tendencialmente nulo, a tentativa de lhes dar proteção estrita esbarra em problemas praticamente insolúveis. Como evitar que, munido de um gravador de CD e de um computador, um adolescente qualquer selecione músicas de sua preferência e as ofereça gratuitamente a um auditório universal ao torná-las disponíveis via internet? Qual o sentido de proibir a fotocópia de livros, quando o interessado pode reproduzir a informação nele contida com a ajuda de um *scanner* e colocá-la em rede para o desfrute de leitores espalhados nos quatro cantos do globo? Como impedir violações a direitos de propriedade, quando os bens em questão se tornam, materialmente, de apropriação cada vez mais livre?

Sabemos a resposta que tem sido ensaiada, e ela tem implicações terríveis. Se as oportunidades de "violações" crescem exponencialmente, estas devem ser coibidas por meio de penalidades incomparavelmente mais severas – sob pressão do *lobby* da indústria de *software*, o Congresso dos Estados Unidos modificou a legislação pertinente para tratar a cópia não

---

[20] Esses argumentos são discutidos na obra de Penrose, 1974, p.22 ss.

autorizada, antes definida como infração menor, em crime grave, sujeito a multas astronômicas e a penas de até cinco anos de encarceramento (cf. Warshofsky, 1994, p.196) – e de um sistema de detecção cada vez mais intrusivo que entra em conflito flagrante com o princípio da liberdade individual, com seu corolário, a proteção à privacidade, um dos pilares do liberalismo.

Outra contradição, potencialmente mais explosiva, é a que se instala entre o objetivo de remover todos os obstáculos aos fluxos de bens e capital e o empenho simultâneo em controlar mais cerradamente o movimento de pessoas físicas entre as fronteiras nacionais. A justificativa para o primeiro é conhecida: a ampliação do espaço de livre circulação de bens e capital resulta em maior dinamismo econômico e, logo, em ganhos crescentes de bem-estar. De fundo utilitarista, o argumento se apóia em dois supostos: 1) que os indivíduos buscam maximizar os seus ganhos materiais, e 2) que os indivíduos, assim concebidos, constituem o referente normativo para a avaliação das políticas. As razões alegadas para controlar os fluxos migratórios também são conhecidas: o ingresso em grande escala de trabalhadores estrangeiros subverte as condições prevalentes em muitos segmentos do mercado de trabalho, pressiona financeiramente o sistema das políticas públicas (gastos incrementados na área de saúde, educação e seguridade social), eleva o nível de tensão social em decorrência dos conflitos culturais que acarreta, e – motivação que ganha importância máxima neste início de século – é passível de se traduzir em ameaças à segurança (crime internacional, terrorismo). As razões são compreensíveis, mas as bases em que se sustentam nada têm a ver com os supostos utilitaristas: o referente aqui não são os indivíduos, como tais, mas como membros de uma comunidade politicamente organizada, cuja integridade deve ser defendida.

Entre uma e outra ilustração um traço comum: a contradição entre uma doutrina que faz da denúncia do intervencionismo estatal o seu *leitmotiv* e a mobilização crescentemente intrusiva do Estado, necessária à implementação dos políticos que ela informa.

Terceiro, como no caso de seus predecessores, o capitalismo neoliberal é minado em sua legitimidade pelo desencontro entre a promessa que faz e os dados duros da realidade. Com o regime monetário regido pelo padrão ouro, o capitalismo competitivo oitocentista era afetado pela persistência de problemas intratáveis – grandes oscilações conjunturais, que levam a fortes variações nos rendimentos dos trabalhadores e em suas condições de vida; depressões mais ou menos prolongadas, com as conseqüências conhecidas: desemprego, destruição de bens socialmente necessários mas sem possibilidade de venda a preços remunerativos – manifestações de "irracionalidades sistêmicas" que alimentavam permanentemente a crítica social, de índole socialista ou corporativa. A partir de dado momento, o capitalismo organizado do pós-guerra padeceu de problemas típicos: inflexibilidade para baixo dos preços nominais; perda de autoridade nas empresas pelo relaxamento do mecanismo disciplinar do desemprego; tendência inflacionária crônica – alvos prediletos dos arautos do neoliberalismo. A economia capitalista que emerge das reformas por eles impulsionadas também tem as suas taras – aumento vertigionoso das desigualdades sociais, precarização das relações de trabalho, alienação social incrementada, crises crônicas e crises catastróficas em vários pontos da periferia.

Por todos esses motivos, o processo de reestruturação da economia mundial segundo este figurino é tortuoso, contestado, sujeito a inflexões e recuos mais ou menos pronunciados. É o que veremos ao examinar mais de perto as reformas nos países que compõem o nosso universo.

2
Elementos gerais e particularidades: as reformas econômicas nos países em desenvolvimento

CRITÉRIOS DE ESCOLHA E APRESENTAÇÃO DOS PAÍSES ESTUDADOS

O universo elipticamente referido pela expressão "países em desenvolvimento" tem limites duplamente difusos. Por um lado, a qualidade de país – entidade politicamente organizada, dotada de território próprio e de um grau não desprezível de autonomia – formalmente atribuída às unidades que o compõem é, em muitos casos, para lá de duvidosa – que se pense, por exemplo, em paraísos ficais como o Bahrain e as Ilhas Cayman, ou em uma cidade enclave como Macau. Por outro lado, sobre um número expressivo dos entes legitimamente batizados como "países" apenas por licença de linguagem, poderíamos dizer que estão "em desenvolvimento". Sem entrar em disquisições conceituais maiores, o conjunto vagamente delineado pela combinação desses dois termos abrange um total de cerca de cem unidades – excluídos aí os países que compunham o antigo "bloco socialista". De acordo com o plano traçado no projeto de pesquisa que deu origem a esta obra, tratava-se, para nós, antes de tudo, de buscar as informações requeridas para obter/fornecer, a respeito dos processos de reforma econômica nesse universo, uma visão panorâmica.

Dada a impossibilidade evidente de coligir informações qualitativas sobre todos e cada um desses países, e dado também o caráter pouco razoável de tal empreitada (a partir de certo ponto, a taxa marginal de redundância de cada caso adicional tende a crescer, até que o bom senso recomende dar por interrompida a série), resolvemos trabalhar com um subconjunto deles, que foi recortado pelo cruzamento de três critérios básicos:

1) Tamanho da população: incluir apenas países de população média ou grande, definido médio como um intervalo entre dez e cinqüenta milhões de habitantes, e grande como mais de cinqüenta milhões.

2) Nível relativo de riqueza: incluir países desigualmente situados na escala de distribuição internacional da renda. Para esse efeito, fizemos uso da classificação padronizada do Banco Mundial, que ordena os países em cinco categorias de renda: baixa; baixa média; média média; média alta, e alta.
3) Localização: incluir países de regiões geoeconômicas e geopolíticas diferentes.

A conjugação desses três critérios nos deixou com um grupo de 24 países, que passamos a listar, com suas respectivas populações (dados de 1999):

Tabela 1 – População

Países	População total (milhões)
Índia	997,51
Indonésia	207,02
Brasil	167,96
Paquistão	134,79
Nigéria	123,89
México	96,58
Filipinas	74,25
Turquia	64,38
Irã	62,97
Etiópia	62,78
Egito	62,65
Tailândia	60,24
Coréia	46,85
África do Sul	42,1
Colômbia	41,53
Argentina	36,58
Tanzânia	32,92
Argélia	29,95
Sudão	28,99
Marrocos	28,23
Venezuela	23,7
Malásia	22,71
Chile	15,01
Zâmbia	9,88

Fonte: World Bank Indicators, 2001.

A seguir, apresentamos alguns dados gerais sobre o perfil econômico e social de cada um deles.

Antes porém, cabe dizer uma palavra sobre a classificação desses países em termos de sua expressão econômica respectiva. O procedimento mais usual nesse tipo de exercício é ordenar os países pelo Produto Interno Bruto e por sua renda *per capita* medidos em moeda internacional, vale dizer, em dólares correntes. São esses os indicadores esgrimidos no debate público de questões econômicas; são eles que um autor de reconhecido mérito, como Giovani Arrighi, adota ao reconsiderar o tema da estratificação do poder econômico em escala mundial e das relações entre centro e periferia (Arrighi, 1997). No entanto, as dificuldades envolvidas na comparação internacional com base na utilização de uma moeda comum são bem conhecidas. Elas não se cingem às distorções ocasionadas pelas variações, muitas vezes acentuadas, das taxas de câmbio (que podem decretar o encolhimento brusco de uma economia, que não deixou de crescer no período considerado), mas às diferenças marcantes de níveis de preço que existem entre os países. Para obviar esses problemas, as agências internacionais, em particular o Banco Mundial, vêm divulgando já há alguns anos dados sobre produto interno e renda *per capita* com base em outro indicador: o de "paridade de poder de compra" (PPP, na sigla em inglês). Construído com base em pesquisa sobre preços de muitas centenas de bens e serviços no âmbito do International Comparison Project, esse indicador ajusta o valor das moedas locais para torná-las equivalentes em termos de poder de compra. Conceitualmente, os valores em PPP expressam o número de unidades da moeda de dado país requerido para adquirir no mercado local a mesma quantidade de bens e serviços comparáveis que poderiam ser comprados com um dólar americano em um país médio (World Resources Institute, 1998). São dois indicadores distintos para estimar algo que, por definição, escapa a qualquer mensuração precisa. Sua utilidade varia de acordo com o que se queira estudar. Como observam os autores de esclarecedora nota técnica,

> Para alguns tipos de análise, tais como a do peso da dívida externa, comparações baseadas no valor nominal do PIB são provavelmente apropriadas. O PIB nominal medido a taxas realizadas de câmbio das moedas nacionais reflete, na margem, a capacidade que um país tem de converter recursos domésticos na moeda estrangeira em que a dívida externa é denominada. No entanto, para analisar a relativa eficácia nacional em lidar com uma série de questões econômicas e sociais ... poderíamos argumentar que a especificação alternativa, do PIB real, gera melhor compreensão." (Mazundar, Traveers & Trikha, 1992, p.2367-8)[1]

---

[1] A metodologia em causa estava ainda em fase de elaboração quando Arrighi redigiu o seu ensaio. Ele faz referência aos "estudos em andamento com o objetivo de encontrar critérios de conversão que tornem as contas nacionais comparáveis em termos de poder de compra da moeda", mas desconsidera o impacto eventual de seus resultados para a sua própria análise com base no argumento seguinte: "Do nosso ponto de vista, entretanto, o

Como nossos objetivos, no momento, são basicamente descritivos, apresentaremos os dados sobre produto e renda *per capita* para os 24 países que estaremos considerando neste estudo segundo os dois indicadores (Tabela 2).

Tabela 2 – Produto Interno Bruto e renda *per capita*

País	PIB (constante 1995 bil. US$)	(PIB, PPC) (bi US$ correntes)	PIB PPC/PIB	Renda *per capita*
África do Sul	164,36	375,09	2,28	3170
Argélia	47,00	151,64	3,23	1550
Argentina	296,28	449,09	1,52	7550
Brasil	752,27	1181,98	1,57	4350
Chile	76,91	129,93	1,69	4630
Colômbia	93,90	238,79	2,54	2170
Coréia	566,33	736,25	1,3	8490
Egito	74,60	214,30	2,87	1380
Etiópia	7,04	39,41	5,6	100
Filipinas	84,49	282,55	3,34	1050
Índia	449,12	2242,03	4,99	440
Indonésia	199,12	591,54	2,97	600
Irã	99,92	348,33	3,49	1810
Malásia	102,78	186,41	1,81	3390
México	348,99	801,32	2,3	4440
Marrocos	38,38	96,54	2,51	1190
Nigéria	30,95	105,73	3,42	260
Paquistão	68,45	247,25	3,61	470
Sudão	..	..	..	330
Tailândia	163,70	369,44	2,26	2010
Tanzânia	6,19	16,48	2,66	260
Turquia	190,87	410,78	2,15	2900
Venezuela	76,18	130,26	1,71	3680
Zâmbia	3,84	7,47	1,95	330

Fonte: World Bank Indicators, 2001.

---

problema não se coloca porque nossa conceituação (centro orgânico, semiperiferia e periferia) se refere ao comando sobre as fontes econômicas mundiais e não a padrões reais de vida." Mas o argumento não é convincente. A correção introduzida pela medida da paridade de poder de compra não diz respeito unicamente à comparação interindividual da renda, mas à comparação entre os volumes totais de recursos que diferentes economias mobilizam em um dado período de tempo. O equívoco de Arrighi é não considerar que das "fontes econômicas mundiais" cujo comando ele quer estudar muitas delas não são comercializáveis no mercado internacional (*non tradables*).

Como se pode observar, são significativas as diferenças entre essas duas medidas. Mas o mais importante é que essa diferença varia de um país para outro: em nosso grupo, os dois fatores mais altos são o da Etiópia e o da Índia, e os mais baixos o da Coréia e o da Argentina.

É bastante visível também a heterogeneidade do grupo: entre o extremo superior e o inferior na escala de renda (a Coréia e a Etiópia). Essa enorme disparidade se reproduz, naturalmente, quando passamos a considerar outros indicadores socioeconômicos. É o que nos mostra a Tabela 3, na qual estão reunidos dados sobre urbanização, expectativa de vida e mortalidade infantil em nosso grupo de países.

Tabela 3 – Indicadores sociais selecionados

País	Taxa de urbanização	Expectativa de vida, ao nascer (anos)	Taxa de mortalidade infantil (por 1.000)
Argentina	89,6	74	18
Venezuela	86,6	73	20
Chile	85,4	76	10
Coréia	81,2	73	8
Brasil	80,7	67	32
México	74,2	72	29
Turquia	74,1	69	36
Colômbia	73,5	70	23
Irã	61,1	71	26
Argélia	59,6	71	34
Filipinas	57,7	69	31
Malásia	56,7	72	8
Marrocos	55,3	67	48
África do Sul	50,2	48	62
Egito	45,0	67	47
Nigéria	43,1	47	83
Indonésia	39,8	66	42
Zâmbia	39,5	38	114
Paquistão	36,5	62	90
Sudão	35,1	56	67
Tanzânia	31,7	45	95
Índia	28,1	63	71
Tailândia	21,3	69	28
Etiópia	17,2	42	104

Fonte: World Bank Indicators, 2001.

A diversidade é grande no comportamento das três variáveis. Como se poderia prever, os dados sobre urbanização acusam alta correlação com aqueles referentes à renda *per capita*. Já quando passamos a indicadores de bem-estar social, a relação não é tão nítida. Mais do que a dimensão e a eficiência da política social nesses países, o elemento que explica o descompasso no comportamento dos dois blocos de variáveis é o perfil da distribuição de renda.

Ainda nessa apresentação geral, convém introduzir informações sobre educação. E comecemos pelo indicador mais rombudo: o que nos dá a taxa de analfabetismo nas populações consideradas.

Tabela 4 – Taxa de analfabetismo total adultos (1999)

País	% da população acima de quinze anos	País	% da população acima de quinze anos
Etiópia	62,6	Brasil	15,1
Paquistão	55	África do Sul	15,1
Marrocos	52	Indonésia	13,7
Egito	45,4	Malásia	13
Índia	43,5	México	8,9
Sudão	43,1	Colômbia	8,5
Nigéria	37,4	Venezuela	7,7
Argélia	33,4	Filipinas	4,9
Tanzânia	25,3	Tailândia	4,7
Irã	24,3	Chile	4,4
Zâmbia	22,8	Argentina	3,3
Turquia	15,4	Coréia	2,4

Fonte: World Bank Indicators, 2001.

De novo, vamos encontrar nos dois extremos a Coréia do Sul e a Etiópia. No grupo, os países latino-americanos não se saem mal, mas entre estes o Brasil é o que ainda exibe a pior situação, com uma taxa de 15,1% de adultos analfabetos. A posição relativa do país é melhor nos indicadores relativos à escolaridade: em todos os níveis – da pré-escola ao terceiro grau – ele avança em relação ao grupo e aos países de sua região. No entanto, o que a Tabela 5 traz de mais notável é a enorme distância, em todos os níveis, que separa a Coréia do Sul de todos os demais.

Para completar este exame preliminar, apresentamos a seguir alguns dados referentes à estrutura econômica dos países contemplados no presente estudo, considerada esta pelo ângulo da participação de seus grandes setores no Produto Interno Bruto (PIB).

Tabela 5 – Matrículas (% total faixa etária)

País	Pré 1995	Ensino Fundamental 1995	Ensino Fundamental 1996	Ensino Médio 1996	Ensino Superior 1995	Ensino Superior 1996
África do Sul	34,9	132,8	...	...	18,9	...
Argélia	2,3	106,6	107,5	63,3	12	...
Argentina	54,5	112,8	113,3	76,8	...	...
Brasil	57,7	117,6	119,8	55,6	...	14,5
Chile	97,7	98,8	101,3	74,9	28,2	30,3
Colômbia	33,2	108,9	112,5	66,7	15,5	16,7
Coréia	87,7	95,3	94	102	52	60,4
Egito	8,9	99,8	100,5	74,9	20,2	...
Etiópia	1,4	37,5	42,9	12,3	0,7	0,8
Filipinas	10,9	114,1	116	77,3	29	...
Índia	5,2	100,2	99,8	49,4	6,6	6,9
Indonésia	18,7	113,4	112,7	55,7	11,3	11,3
Irã	10,5	101	98,4	76,7	17,2	17,6
Malásia	42,1	103,4	103,1	61,2	11,7	...
Marrocos	68,4	83,7	86	39,1	11,1	11,1
México	73,3	114,7	114,4	64	15,3	16
Nigéria	...	...	...	...	...	...
Paquistão	...	...	...	...	...	...
Sudão	22,8	50,1	50,9	21,2	...	...
Tailândia	62,5	86,5	86,9	56,4	20,1	22,1
Tanzânia	...	66,8	66,1	5,3	0,5	0,5
Turquia	7,6	106,7	107,4	58,2	19,5	21
Venezuela	44,4	89,5	91,3	39,5	...	...
Zâmbia	...	88,5	...	...	...	...

Fonte: World Bank Indicators, 2001.

Alguns aspectos chamam a atenção nesta tabela: 1) os altos valores referentes à participação da agricultura no PIB de países da África Sub-saariana como Etiópia (mais de 52%) ou Tanzânia (quase 45%), em forte contraste com aqueles relativos à Argentina, ao México, à Coréia e à Venezuela (todos no intervalo entre 4,5 e 5%); 2) a variação muito menos acentuada dos índices sobre a participação do setor de serviços – fato que se explica, em grande medida, pelo caráter residual dessa categoria, em que se mesclam atividades tradicionais, como prestação de serviços pessoais, e atividades estritamente vinculadas aos setores mais modernos da economia, como a indústria e as finanças; 3) com exceção da Índia, a elevada participação da indústria no PIB dos países asiáticos (com o pico atingido pela Malásia, com a marca de 46%); 4) o contraste entre a participação da indústria e da manufatura em alguns países, notadamente Argélia, Egito, Irã, Nigéria,

Tabela 6 – Composição setorial do PIB. Valor agregado (% do PIB)

Países	Agricultura	Indústria Geral	Indústria Manufatura	Serviços etc.
África do Sul	3,8	32,4	19,2	63,7
Argélia	11,4	50,7	9,6	37,9
Argentina	4,6	28,2	18,0	67,1
Brasil	8,6	30,6	23,1	60,8
Chile	8,4	34,2	16,4	57,4
Colômbia	12,8	26,0	13,5	61,2
Coréia	5,0	43,5	31,8	51,5
Egito	17,4	31,5	19,5	51,0
Etiópia	52,3	11,1	7,0	36,5
Filipinas	17,7	30,3	21,5	52,0
Índia	27,7	26,3	15,9	46,0
Indonésia	19,5	43,3	25,4	37,3
Irã	20,9	31,2	17,0	47,9
Malásia	10,7	46,0	31,5	43,4
México	5,0	28,2	21,1	66,8
Marrocos	14,8	32,7	17,3	52,6
Nigéria	..	..	..	..
Paquistão	27,2	23,5	15,6	49,4
Sudão	..	..	..	..
Tailândia	10,5	40,0	32,4	49,5
Tanzânia	44,8	15,4	7,4	39,8
Turquia	15,8	24,3	14,6	60,0
Venezuela	5,1	36,4	14,4	58,5
Zâmbia	24,6	24,5	12,0	50,9

Fonte: World Bank Indicators, 2001.

Venezuela, todos fortemente dependentes da exploração de um recurso natural, a saber, o petróleo. Antes de seguir adiante, convém dizer uma palavra sobre o Brasil: em 1999, a indústria contribuía com 30,5% do PIB, o que coloca o país em posição intermediária no grupo. Esse resultado reflete o viés antiindustrializante da reestruturação operada na economia brasileira na década de 1990: a participação da indústria no PIB sofreu uma redução de 28%, entre 1989 e 1999.

Para avançar na caracterização do setor produtivo desse conjunto de países, precisaríamos desagregar a indústria manufatureira e aferir o peso respectivo de seus diferentes segmentos. Infelizmente, os dados a que tivemos acesso não nos permitem ir muito longe nesta via: por um lado, os recortes que eles descrevem são excessivamente amplos; por outro, eles acusam grandes lacunas. Mesmo assim, as informações reunidas na Tabela 7 são bastante instrutivas.

Trajetórias

Tabela 7 – Estrutura da indústria manufatureira

País	Valor agregado total ($ milhões) 1990	Valor agregado total ($ milhões) 1998	Produtos alimentícios, bebidas, e tabaco (% do total) 1990	Produtos alimentícios, bebidas, e tabaco (% do total) 1998	Têxtil e confecções (% do total) 1990	Têxtil e confecções (% do total) 1998	Máquinas e equip. de transporte (% do total) 1990	Máquinas e equip. de transporte (% do total) 1998	Química (% do total) 1990	Química (% do total) 1998	Outras manufaturas (% do total) 1990	Outras manufaturas (% do total) 1998
África do Sul	24.040	23.255	14	17	8	7	18	19	9	10	50	48
Argélia	6.151	4.597	13	34	17	8	...	...	...	...	70	56
Argentina	37.868	53.322	20	...	10	...	13	...	12	...	46	...
Brasil	90.052	151.198	...	...	...	...	...	...	...	...	...	...
Chile	5.613	11.773	25	29	7	4	5	5	10	11	52	50
Colômbia	8.034	13.612	...	...	...	...	...	...	...	...	...	...
Coréia	72.837	97.866	11	9	12	9	32	41	9	10	36	32
Egito	7.296	14.403	...	...	...	...	...	...	...	...	...	...
Etiópia	497	426	62	52	21	18	1	2	2	4	14	23
Filipinas	11.008	14.254	39	33	11	9	13	15	12	13	26	29
Índia	48.793	59.654	12	10	15	10	25	25	14	21	34	33
Indonésia	23.643	23.774	27	16	15	18	12	20	9	9	37	36
Irã	14.503	19.684	...	...	...	...	...	...	...	...	...	...
Malásia	10.665	20.774	13	9	6	4	31	42	11	8	39	36
Marrocos	4.753	6.088	22	35	17	18	8	8	12	16	41	23
México	49.992	80.990	22	21	5	3	24	30	18	18	32	29
Nigéria	1.562	1.665	15	...	46	...	13	...	4	...	22	...
Paquistão	6.184	9.137	24	...	27	...	9	...	15	...	25	...
Sudão	...	868	...	...	...	...	...	...	...	...	...	...
Tailândia	23.217	34.360	24	...	30	...	19	...	2	...	26	...
Tanzânia	361	573	51	...	3	...	6	...	11	...	28	...
Turquia	26.896	27.957	16	12	15	18	16	18	10	10	43	42
Venezuela	9.809	13.657	17	28	5	5	5	10	9	12	64	45
Zâmbia	408	372	44	...	11	...	7	...	9	...	29	...

Fonte: World Bank Development Indicators, 2001.

Como se poderia antecipar, os países com menor grau de industrialização, e com menor peso relativo do setor manufatureiro, são também aqueles nos quais a indústria leve (alimentos, bebidas e fumo; têxteis e confecções) tem maior participação. Saliente-se, porém, a importância desses ramos em algumas economias altamente dinâmicas – as Filipinas e, sobretudo, a Tailândia – cujo crescimento vem sendo puxado há algum tempo pela exportação dessas categorias de bens. De outra parte, chama a atenção o tamanho relativo da indústria pesada (máquinas e equipamentos de transporte) em algumas economias: pela ordem, Coréia, México, Índia e Turquia. O Brasil se inscreve, certamente, neste grupo, embora os dados não estejam indicados na tabela. Gostaríamos de poder examinar ainda o espaço ocupado em cada uma dessas economias pela indústria de bens de capital, pelo papel que ela desempenha na difusão de padrões tecnológicos e, por isso mesmo, pelo que significa como indicador da profundidade alcançada no processo de industrialização. Não dispomos de dados suficientemente desagregados para proceder a esse exame com maior segurança. Entretanto, ainda assim, as informações contidas na Tabela 8 são bastante eloqüentes.

Tabela 8 – Participação de ramos selecionados no valor agregado (%)

	Máquinas não elétricas (382)		Máquinas elétricas (383)	
Argentina	3,2 (1985)	4,8 (1996)	3,2 (1985)	2,9 (1996)
Brasil	8,8 (1990)	5,8 (1995)	8,8 (1990)	6,8 (1995)
Turquia	4,4 (1985)	4,5 (1998)	5,1 (1985)	5,1 (1998)
México	3,4 (1985)	3,9 (1999)	6,5 (1985)	6,1 (1999)
Coréia	4,7 (1985)	9,1 (1999)	11,8 (1985)	15,3 (1999)

Fonte: Unido Country Industrial Statistics.

Além das informações que nos fornece sobre a posição relativa de cada um dos países desse seleto grupo, a tabela nos mostra também quão diferente é a maneira como eles reagem às transformações que a economia mundial vem atravessando nos últimos anos. Enquanto os países latino-americanos e a Turquia mal conseguem preservar os valores alcançados, para os dois segmentos, em meados da década de 1980, a Coréia eleva esses valores em cerca de 50% e de 100% no período considerado – o que nos sugere cautela ante os ensaios generalizantes que naturalizam a divisão internacional do trabalho e apresentam o encolhimento relativo da indústria como uma tendência característica da economia capitalista na dobra do século.

Até o momento, limitamo-nos a registrar alguns traços que diferenciam entre si, em dado ponto do tempo, os países considerados. A partir de agora, passaremos a trabalhar com séries temporais, a fim de estabelecer distinções entre eles no que diz respeito a padrões de inserção internacional e de desempenho econômico.

Começamos com a dimensão mais simples: o grau de abertura de suas economias. Tomando como critério o volume do comércio exterior, definido este como a soma das exportações e das importações de bens e serviços como fração do PIB, podemos distribuir os países em três grandes grupos com base nos valores médios desse indicador para o período de trinta anos (1970 a 1999) que estaremos considerando neste trabalho. Excluído da lista o Irã, por sua excepcionalidade (sanções comerciais depois da Revolução de 1979, e guerra contra o Iraque), além da Etiópia, o Sudão e a Tanzânia, para os quais os dados não estão disponíveis ou são muito incompletos, no primeiro grupo – economias mais fechadas – vamos encontrar a Argentina, o Brasil e a Índia, com médias inferiores a 20%; no grupo intermediário (com valores na faixa de 20% a 50%), encontram-se países de perfis muito diferenciados: de um lado, grandes exportadores de recursos minerais – África do Sul e Venezuela; de outros, países cuja pauta de exportação é mais variada – Chile, Colômbia, Indonésia, México, Paquistão e Turquia. No terceiro grupo (médias acima de 50%) vamos reencontrar casos de grandes exportadores de recursos minerais – Argélia, Egito, Marrocos, Nigéria – e uma classe muito especial de economias que, a partir de dado momento, passaram a fundar seu dinamismo em estratégias agressivas de conquista de mercados externos para diferentes categorias de bens manufaturados – Coréia, Filipinas, Malásia, Tailândia.

O comentário que fecha o parágrafo anterior introduz um aspecto adicional: as mudanças de padrão que podem se ocultar sob o efeito sintetizador das médias. Isso fica evidente quando comparamos os países em perspectiva temporal, buscando detectar similitudes e diferenças entre as suas respectivas trajetórias. E elas são notáveis, como as tabelas a seguir deixam transparente.

Sobre eles, algumas observações rápidas:

1) Independentemente do patamar em que se situem, há um nítido contraste entre países que mantiveram ao longo do tempo relativa continuidade em suas curvas de abertura externa (África do Sul, Argélia, Argentina, Brasil, Colômbia, Egito, Indonésia, Coréia, Marrocos, Paquistão, Venezuela, Zâmbia), e os que passaram por inflexões importantes durante o período (Chile, Índia, Malásia, México, Nigéria, Turquia e Tailândia).

2) No caso do Chile, a mudança se dá em 1974, logo após o golpe que derrubou Salvador Allende e inaugurou a mais longa e profunda

Tabela 9 – Comércio exterior (exportação + importação) de bens e serviços/PIB (1970-1984) Comércio (% do PIB)

País	1970	1971	1972	1973	1974	1975	1976	1977	1978	1979	1980	1981	1982	1983	1984
África do Sul	46,41	47,28	47,36	47,41	55,83	57,12	56,08	54,96	57,37	60,38	62,21	58,59	53,13	45,13	48,78
Argélia	51,04	46,00	46,05	56,94	73,74	76,46	69,91	72,13	65,55	63,96	64,68	65,43	59,92	53,72	49,03
Argentina	10,34	12,62	14,04	13,32	13,19	11,80	15,10	16,94	14,32	12,84	11,55	14,29	15,61	14,99	12,35
Brasil	14,48	14,55	16,10	17,77	21,90	19,04	16,47	15,17	14,54	16,30	20,36	19,22	15,88	20,43	21,47
Chile	28,63	23,05	23,06	29,12	40,09	52,85	45,92	43,04	44,51	49,38	49,80	43,17	40,62	45,33	49,58
Colômbia	30,13	29,51	29,01	29,61	30,09	29,87	31,00	30,17	30,35	28,68	31,79	27,29	26,11	23,67	24,35
Coréia	37,47	40,69	43,94	61,17	65,90	63,28	63,05	62,99	61,96	61,64	74,43	76,86	70,31	70,46	70,00
Egito	32,94	32,68	32,48	33,14	57,76	61,46	56,27	55,68	58,76	78,06	73,38	82,18	68,97	61,91	58,16
Etiópia	:	:	:	:	:	:	:	:	:	:	:	27,45	26,91	24,98	30,19
Filipinas	42,62	40,87	39,15	44,65	52,37	48,13	44,57	45,18	45,60	48,20	52,04	51,00	46,48	49,71	49,23
Índia	7,72	8,11	8,33	8,56	10,42	12,07	12,80	12,51	13,59	15,39	15,68	15,11	14,05	13,75	15,03
Indonésia	28,42	31,10	33,61	39,67	50,26	45,03	46,05	44,04	42,62	53,12	54,39	53,06	49,36	54,20	47,92
Irã	:	:	:	:	71,17	76,01	66,51	60,67	45,42	42,62	29,73	27,54	28,25	27,88	21,45
Malásia	78,72	75,04	69,26	73,00	90,98	85,56	87,98	87,58	91,20	101,66	110,96	109,26	108,90	106,51	105,09
Marrocos	39,22	36,68	37,80	42,94	55,75	55,82	54,64	54,22	46,44	46,87	45,27	54,92	52,96	51,56	58,25
México	17,40	16,36	16,90	17,88	18,99	16,51	18,36	20,54	21,51	23,64	23,68	23,34	25,65	28,42	26,93
Nigéria	19,62	24,46	22,76	31,27	39,75	41,17	42,14	47,40	43,31	43,88	48,57	49,11	38,65	31,14	27,80
Paquistão	22,44	19,93	28,76	29,83	34,46	33,25	30,10	28,31	27,72	33,45	36,59	35,33	31,71	34,90	33,70
Sudão	32,74	32,82	32,68	31,87	33,43	34,80	30,36	26,00	23,13	29,31	33,73	33,27	34,35	31,84	24,93
Tailândia	34,40	34,81	37,33	38,63	45,56	41,35	42,94	45,33	44,00	51,87	54,48	53,97	47,55	47,38	48,07
Tanzânia	:	:	:	:	:	:	:	:	:	:	:	:	:	:	:
Turquia	10,32	12,92	13,79	15,30	16,23	14,97	14,92	13,99	11,08	8,87	17,09	21,14	26,88	29,03	35,28
Venezuela	37,82	39,25	37,98	41,85	55,36	50,75	50,87	53,25	51,96	50,63	50,60	48,76	46,94	30,72	44,02
Zâmbia	90,47	86,91	86,04	82,45	91,26	92,85	81,72	81,27	70,48	81,86	86,80	69,78	64,16	64,41	68,30

Fonte: World Bank Indicators, 2001.

Tabela 10 – Comércio exterior (exportação + importação) de bens e serviços/PIB (1985-1999) Comércio (% do PIB)

País	1985	1986	1987	1988	1989	1990	1991	1992	1993	1994	1995	1996	1997	1998	1999	Média
África do Sul	53,48	52,04	47,99	50,05	47,47	43,05	39,93	38,63	39,31	42,02	45,06	47,72	48,14	50,10	48,30	53,20
Argélia	43,86	30,18	27,41	28,90	36,88	48,39	52,01	47,32	45,09	52,08	58,65	54,11	52,88	46,33	50,99	60,97
Argentina	18,01	14,49	15,45	15,74	19,64	14,99	13,75	14,73	16,28	18,15	19,77	21,51	23,28	23,34	21,33	13,55
Brasil	19,34	15,17	15,65	16,58	13,24	15,16	16,59	19,25	19,60	18,67	17,21	16,30	17,74	17,53	22,30	17,58
Chile	53,86	55,12	57,66	62,17	67,14	65,97	61,84	59,94	57,45	57,29	59,28	59,65	58,98	57,85	56,37	40,54
Colômbia	26,34	30,83	29,87	30,15	31,82	35,39	35,25	33,47	35,19	36,13	35,73	36,04	35,60	35,90	37,26	28,77
Coréia	66,05	68,44	71,62	67,94	61,95	59,35	57,72	56,79	55,03	56,79	61,88	63,12	70,47	85,45	77,37	61,61
Egito	51,96	41,33	35,32	52,48	50,24	52,76	63,61	60,86	58,39	51,08	49,95	46,14	45,06	40,15	40,40	56,26
Etiópia	24,33	26,91	24,86	24,49	24,00	20,26	18,60	15,20	25,28	29,79	35,67	40,54	42,21	43,46	43,12	27,38
Filipinas	45,85	48,68	52,90	55,27	58,78	60,80	62,18	63,16	71,17	73,96	80,54	89,81	108,25	110,32	101,38	46,65
Índia	14,18	13,84	14,34	15,55	16,91	17,24	18,07	19,93	21,69	23,14	25,73	25,36	25,60	25,31	27,12	12,21
Indonésia	43,04	39,14	45,26	44,87	45,69	49,06	49,90	52,85	50,52	51,88	53,96	52,26	55,99	92,90	61,84	44,86
Irã	15,96	9,17	8,96	14,66	22,91	45,52	38,86	35,90	50,35	50,74	38,99	39,43	36,97	32,81	37,65	45,20
Malásia	103,17	104,95	111,92	122,62	136,69	146,96	159,31	150,61	157,94	179,91	192,11	181,77	185,67	208,59	218,25	92,11
Marrocos	59,69	50,34	51,63	52,32	52,66	58,88	53,87	56,86	58,13	55,79	61,50	55,93	60,26	59,99	64,29	48,89
México	25,75	30,77	32,88	38,47	38,06	38,31	35,64	35,51	34,42	38,48	58,17	62,26	60,79	63,62	62,80	21,07
Nigéria	28,54	37,59	53,28	45,15	57,85	72,24	68,55	82,74	97,32	82,52	86,47	75,59	82,70	71,36	78,84	36,74
Paquistão	33,24	34,57	34,24	35,26	35,63	38,91	39,48	40,50	41,01	37,15	37,05	40,30	38,85	36,93	35,30	30,70
Sudão	17,63	12,96	16,66	:	:	:	:	:	:	:	:	:	:	:	:	31,02
Tailândia	49,16	49,17	57,23	67,41	72,41	75,78	78,47	77,95	79,38	82,35	90,31	84,71	94,47	101,28	102,20	44,51
Tanzânia	:	:	:	:	:	50,08	43,90	51,80	65,69	64,24	65,58	51,88	41,45	39,72	41,32	40,69
Turquia	34,83	29,41	33,34	36,21	33,98	30,85	30,48	31,74	33,02	41,75	44,24	48,99	54,97	52,25	50,11	17,45
Venezuela	40,78	40,30	43,72	47,93	55,21	59,63	57,59	55,25	54,13	53,18	48,92	57,84	50,14	40,88	37,38	46,05
Zâmbia	73,64	86,02	75,16	59,47	60,63	72,47	71,86	84,07	69,95	72,81	75,94	70,19	65,43	65,84	63,11	79,92

Fonte: World Bank Indicators, 2001.

experiência de reforma econômica liberal na América Latina, e quiçá no mundo.

3) Partindo de um nível extremamente baixo, a Índia começa a ampliar o volume de seu comércio externo em 1987, sob a vigência das políticas de liberalização timidamente ensaiadas no curto governo de Rajiv Gandhi; a partir daí, sua média segue em trajetória ascendente, passando da marca dos 14% a 27,12% no último ano da série.

4) O México, outra economia tradicionalmente voltada "para dentro", inicia seu movimento de extroversão em 1986, sob efeito das primeiras medidas de "ajuste estrutural" adotadas pelo governo de Real Madrid ainda no quadro da "crise da dívida". É a partir dessa época que se propagam as indústrias "maquiladoras", abrindo o caminho que levaria ao Acordo de Livre Comércio da América do Norte (Nafta, sigla em inglês), de 1993-94. Nesse meio tempo, o grau de abertura externa da economia mexicana passaria dos 25,7% (1985) a cerca de 62%, ainda que esses números devam ser lidos com muita reserva, dadas as distorções produzidas pela prática da dupla contagem, inevitáveis quando se mede o fluxo de comércio entre economias que se vinculam através de cadeias produtivas muito integradas.[2]

5) O comércio exterior ganha importância crescente na Turquia a partir de 1980, sob o efeito das reformas introduzidas por Turgal Ozal. No caso da Turquia, há uma inflexão forte em 1980 (salto de 8,87% para 17,09%), e outra em 1994 (de 33,02% para 41,75%); nos intervalos, o movimento da curva é mais suave, acusando em alguns anos oscilações para baixo. A abertura da economia turca também se dá no quadro de um processo de integração regional, desta vez com a União Européia, com a qual mantém, há muito, tratado de livre comércio e tratado de união aduaneira, desde meados da década passada.

6) Os casos extremos de abertura são representados pela Tailândia e pela Malásia. Ambos os países iniciam o período já em patamares elevados (cerca de 38% o primeiro, e quase 79% o segundo). Ainda assim, em momentos distintos, ambos apresentam sensíveis deslocamentos: em 1986, no caso da Tailândia, que passa de perto de 50%, no ano precedente, para mais de 100%, em 1989; e em 1987, no caso da Malásia, que pula de 104% em 1986 para 218% no final da série.

Não devemos, porém, tomar "grau de abertura", tal como definido, como equivalente a "nível de integração" na economia internacional. Para formular juízos abalizados a respeito desta última, seria preciso considerar, além do volume do comércio exterior, inúmeras outras dimensões. Na

---

[2] Essa armadilha metodológica é assinalada em texto de Dupas, 2002, p.15-6.

impossibilidade de fazer isso no presente estudo, limitamo-nos a abordar um aspecto, que nos parece crucial: a importância diferenciada dos fluxos de investimento direto para as economias em questão. Para esse efeito, faremos uso combinado de dois indicadores: investimentos líquidos em proporção ao PIB, e investimentos líquidos em relação à formação bruta de capital no mesmo período de tempo.

Embora fortemente associadas, a correlação entre essas variáveis está longe de perfeita. Isto fica evidente quando ordenamos os países pelos valores médios de cada uma delas. Relacionando os países em ordem decrescente e mantendo a exclusão da Etiópia, do Irã, do Sudão, e da Tanzânia, pelos motivos antes indicados, ficamos com o seguinte quadro comparativo, em que os países são separados em três grupos, segundo a importância assumida pelos investimentos diretos: para "investimentos como percentagem do PIB" – Alta, mais de 1,5%; Média, de 1,5% a 0,75%; Baixa, menos de 0,75%; para "investimentos como porcentagem da formação bruta de capital" – Alta, mais de 7%; Média, de 7% a 3%; Baixa, menos de 3%. As discrepâncias nos ordenamentos se explicam, naturalmente, pelas variações na relação formação bruta de capital/PIB, quando passamos de um país a outro.

Três observações pontuais sobre esses dados:

1) É notável o espaço que separa os pontos extremos da escala de importância assumida pelo investimento estrangeiro: entre a média mais

Quadro 1 – Importância relativa do investimento estrangeiro na economia

	Investimento (% PIB)		Investimento (% FBC)	
Alta	Malásia	3,89	Nigéria	13,19
	Nigéria	2,44	Malásia	12,23
	Chile	2,09	Zâmbia	11,73
	Egito	1,97	Chile	9,15
	Zâmbia	1,56	Egito	7,65
Média	Tailândia	1,37	Colômbia	6,45
	México	1,32	Argentina	6,32
	Colômbia	1,26	México	5,88
	Argentina	1,17	Brasil	5,12
	Brasil	1,10	Tailândia	4,88
	Filipinas	0,86	Venezuela	4,68
	Venezuela	0,80	Filipinas	3,85
Baixa	Indonésia	0,73	Indonésia	2,72
	Marrocos	0,49	Paquistão	2,44
	Paquistão	0,45	Marrocos	1,99
	Coréia	0,42	África do Sul	1,86
	África do Sul	0,38	Coréia	1,47
	Turquia	0,27	Turquia	1,32
	Argélia	0,22	Índia	0,70
	Índia	0,17	Argélia	0,51

alta pelo critério do PIB (a da Malásia, com 3, 86%), e a mais baixa (a da Índia, com 0,17%), o multiplicador é maior do que 20.
2) Não há relação necessária entre crescimento orientado para fora e absorção de investimento estrangeiro. Entre os países que se destacaram como casos típicos (e bem-sucedidos) de crescimento puxado pelas exportações vamos encontrar tanto a Malásia (maior volume relativo de comércio exterior e uma das duas economias de maior incorporação de investimento direto) quanto a Coréia (o mais maduro dos tigres asiáticos, por muito tempo apresentado ao mundo como modelo, e muito pouco dependente do investimento direto do exterior). Em posição intermediária, as Filipinas: segunda participação mais elevada do comércio exterior e posição intermediária no tocante ao peso relativo do investimento externo – situação inversa à do Brasil, que se apresenta entre os mais fechados, no que diz respeito ao comércio, e em posição intermediária na classificação por capital estrangeiro.
3) Como se pode observar, o grupo intermediário é formado, basicamente, por países latino-americanos. A rigor, dos seis integrantes da região em nossa lista, há tão-somente uma exceção: o Chile, que integra o estrato superior. Nessa categoria, vamos encontrar ainda dois países do Sudeste Asiático: a Tailândia e as Filipinas, cujo crescimento recente tem sido puxado pelas exportações industriais, viabilizadas pela crescente integração de suas economias em cadeias produtivas centradas em grandes firmas de capital japonês.[3]
4) Chama a atenção também a posição da Índia. Esta poderia ser exibida como um caso acabado de economia "fechada": baixo volume de comércio exterior, participação ínfima do investimento externo, seja qual for o indicador que tomemos para mensurá-la.

Muito mais do que os fluxos de comércio, o investimento direto tende a apresentar movimentos bruscos, oscilando ao longo do tempo segundo as conjunturas internas e externas. Quando o observamos em perspectiva diacrônica, algumas tendências e vários contrastes significativos são perceptíveis, como evidenciam os gráficos a seguir. Neles, os países estão agrupados de forma diversa, não pelos valores médios, mas pelos picos atingidos no decorrer do período. Preferimos essa forma de apresentação porque ela favorece a percepção visual e porque acentua as diferenças de trajetórias.

---

[3] Sobre a importância do investimento japonês nessas economias, cf. Alburo, 1998.

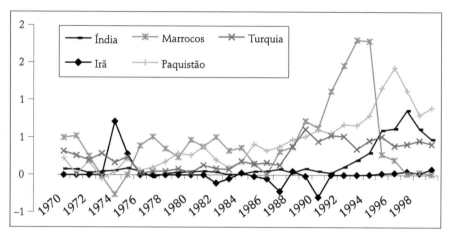

Figura 1 – Investimento direto estrangeiro líquido (% do PIB) – menos de 2

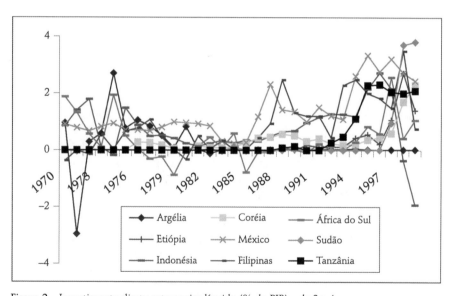

Figura 2 – Investimento direto estrangeiro líquido (% do PIB) – de 2 a 4

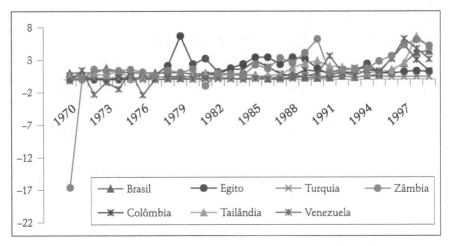

Figura 3 – Investimento direto estrangeiro líquido (% do PIB) – de 4 a 7

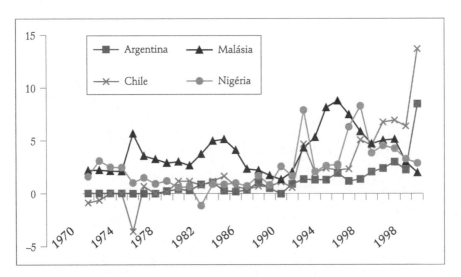

Figura 4 – Investimento direto estrangeiro líquido (% do PIB) – acima de 7

As imagens são bastante expressivas; no que se segue agregamos apenas alguns comentários sobre as mudanças contextuais implícitas em alguns dos movimentos que elas descrevem.

O primeiro é sobre o comportamento da inversão externa nos dois países latino-americanos com experiências mais radicais de reformas liberais. Na Argentina, ela se mantém em níveis muito próximos a zero por quase duas décadas (do início do período até 1987, na última fase do governo Alfonsín); a partir daí, mantém-se sempre acima de 1%, passa ao patamar de 2% em 1995, e chega à marca de 8,5% – a segunda maior entre todos os países – no último ano da série. Refletidos nesses dados, os efeitos da instabilidade política: o fato de que tenha terminado em tragédia não retira da "era Menem" a sua excepcionalidade. O contraste com o Chile não poderia ser mais eloqüente. Com níveis inferiores, como era de se prever, no início da série (durante o governo Allende), o investimento estrangeiro volta a fluir para o país já em 1978, e – com o breve intervalo de quatro anos que se segue à crise da dívida – situa-se em níveis muito altos desde então, até 1994, quando começa a escalada que o levaria à impressionante taxa de 13,67% em 1999.

O México, outro país já com longo histórico "reformista", apresenta comportamento mais discreto: embora conheça um aumento expressivo do investimento externo desde 1986, quando desencadeia o processo das "reformas estruturais", não ultrapassa jamais a casa dos 3%. Nesse particular, ele fica aquém do Brasil, o qual, depois de um período de cerca de 15 anos de moderada dieta (de 1980 a 1995), volta a surgir como um dos destinos preferidos dos fluxos globais de investimento direto, chegando a receber o equivalente a 4,33% em 1999.

O segundo diz respeito à tendência curiosa da inversão estrangeira no Egito. Ela cresce significativamente depois de 1977, acompanhando o realinhamento desse país na política de poder entre os blocos, que o levou, sob a batuta norte-americana, ao Acordo de Paz de Camp David com Israel. O intrigante é a diminuição relativa desse fluxo nos anos 90, quando o país mais avança na liberalização de sua economia.

O terceiro comentário se reporta à recorrência de taxas negativas no caso da África do Sul. Elas se concentram no período que vai de 1977 a 1993, quando esse país se converte em alvo de boicote internacional, pela insistência em manter o seu sistema de segregação racial, que agredia a opinião pública em todo o mundo. Com o fim do *apartheid*, já sob o governo do African National Congress, do presidente Nelson Mandela, a África do Sul volta a atrair o investimento direto, sem nunca atingir as taxas exuberantes ostentadas pelos campeões asiáticos ou latino-americanos.

Muito diferentes em sua estrutura e em suas relações, os países que compõem o universo de observação neste estudo não o são menos no que concerne ao desempenho de suas economias. Tomemos, para começar, uma dimensão muito sensível para nós brasileiros: a estabilidade monetária, ou o seu anverso, o comportamento da inflação. Quando buscamos nesse conjunto tão diverso dados relativos a esse fenômeno, o que surpreende é o quanto tem de excepcional a nossa própria experiência. Com efeito, contrariamente ao que se poderia imaginar, mesmo em países com vida política tão atribulada quanto a Colômbia, o Paquistão, a Etiópia, a Tanzânia, a Nigéria ou o Sudão, inflações de três dígitos, que se tornaram corriqueiras no Brasil nas décadas de 1980 e 1990, são inexistentes. Dos 24 países que estamos estudando, três (Indonésia, Turquia, Venezuela) tiveram picos inflacionários na faixa de 100% a 120%, dois (México e Zâmbia) chegaram a experimentar taxas de inflação entre 140% e 180%, e um (o Chile) atingiu a marca dos 600%, no período conturbado cujo ápice foi o golpe que derrubou o presidente Salvador Allende. Junto com o Brasil, apenas a Argentina travou contato com taxas de inflação de quatro dígitos.

Não caberia, neste relatório, tomar esses dados como bases para extrapolações a respeito da inflação, como fenômeno econômico. Nosso propósito ao apresentá-los é basicamente o de pôr em evidência contrastes entre os países. No entanto, convenha salientar, *en passant*, a dificuldade de acomodá-los a inúmeras noções que impregnam o discurso corrente no

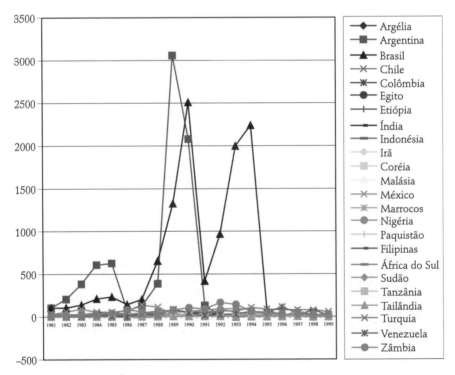

Figura 5 – Trajetória inflacionária

Brasil. Pensamos, por exemplo, na persistência de taxas de inflação comparativamente baixas em países tão pouco "orientados para o mercado" quanto a Argélia, ou o Egito. Pensamos, sobretudo, no desempenho invejável de um dos países mais "fechados" no universo com que estamos trabalhando, a saber, a Índia. Ao longo deste estudo, em muitos outros aspectos seremos surpreendidos por este país.

Diversidade. Ela fica reforçada quando introduzimos uma última dimensão: o crescimento econômico desses países. No que sucede, vamos examiná-la sob três ângulos: as taxas médias, a dispersão das taxas anuais e o crescimento acumulado no período. No Quadro 2 apresentamos os resultados obtidos com o cruzamento das duas primeiras variáveis, medidas em termos de médias de crescimento no período e coeficiente de variação das taxas anuais de cada país. Ele nos permite distinguir claramente

Tabela 11 – Inflação: médias qüinqüenais

País	1970-74	1975-79	1980-84	1985-89	1990-94	1995-99
Argélia	15,42	10,42	11,13	8,14	30,63	13,46
Argentina	39,63	220,84	278,78	854,69	444,61	–0,26
Brasil	22,79	45,04	130,47	510,94	1625,8	22,5
Chile	244,78	158,89	18,72	22,25	15,49	4,26
Colômbia	16,24	23,71	23,54	25,97	29,53	16,12
Egito	5,98	13,22	9,57	17,03	13,92	5,93
Etiópia	...	...	1,34	7,79	9,35	5,85
Índia	10,52	5,67	9,04	7,79	10,63	7,02
Indonésia	22,57	16,59	14,24	8,12	7,71	25,03
Irã	...	15,56	16,97	15,4	28,21	22,67
Coréia	18,92	21,64	11,99	5,25	8,63	3,52
Malásia	6,01	6,75	4,24	0,69	3,55	3,91
México	10,39	20,22	53,98	81,85	16,71	23,58
Marrocos	8,21	6,49	9,62	6,39	4,33	2,51
Nigéria	20,96	14,79	12,87	23,6	38,27	20,39
Paquistão	11,35	12,12	8,66	6,11	10,22	9,57
Filipinas	15,65	10,01	20,44	9,35	10,85	8,19
África do Sul	9,63	13,19	14,85	16,69	13,7	8,18
Sudão	13,36	15,69	28,28	48,09	82,08	32,26
Tanzânia	...	...	...	-	26,31	18,51
Tailândia	7,87	6,47	6,25	4,12	4,91	4,12
Turquia	17,84	36,26	46,54	53,23	71,09	75,73
Venezuela	15,15	9,69	13,57	30,88	37,19	50,81
Zâmbia	3,11	8,77	12,4	60,1	114,76	25,63

Fonte: World Bank Indicators, 2001.

dois tipos polares: países que cresceram de forma acentuada e relativamente regular ao longo do período, de um lado, e, de outro, países que cresceram pouco e de forma titubeante – os casos intermediários (baixo crescimento e baixa dispersão; e elevado crescimento e reduzida dispersão) são raros. O Chile é um deles.

O significado de constar em um ou outro desses grupos torna-se patente quando calculamos o crescimento acumulado dos países. As diferenças não poderiam ser mais gritantes: enquanto a Malásia e a Coréia chegam ao final da série com economias de dimensões sete e oito vezes maiores, respectivamente, do que tinham no início, a Argentina, a África do Sul, a Venezuela e a Zâmbia não chegam sequer a dobrar de tamanho no período. Durante a década de 1970 o Brasil inscrevia-se entre os três países de maior crescimento, em nosso universo de observação. A crise da dívida, os severos desequilíbrios que a acompanharam e o padrão de ajuste operado nos anos 1990 mudaram drasticamente essa situação. Mesmo assim, em termos comparativos, a economia brasileira se sai razoavelmente: no conjunto do período ela mais que triplicou o seu PIB.

Quadro 2 – Crescimento X Dispersão

C R E S C I M E N T O	4,11	Coréia Malásia Turquia Indonésia Egito Paquistão Índia Brasil Chile Tailândia	
		México Colômbia Marrocos Filipinas Tanzânia	Argélia Nigéria Sudão Etiópia África do Sul Argentina Irã Venezuela Zâmbia
	0	1,37 DISPERSÃO	

Mas não é apenas em suas condições sociais e econômicas que os países em exame vão diferir. Com forte predominância de regimes autoritários (apenas a Índia e a Venezuela atravessam todo o período como democracias representativas), parte dos países considerados neste estudo viveu processos mais ou menos exitosos de transição política nesse intervalo de tempo: África do Sul (1993-94), Argentina (1983), Brasil (1984-85), Chile (1989), Coréia (1992-93), Filipinas (1986), Tailândia (1992). Um deles – a Venezuela, por muito tempo tida como um exemplo de estabilidade constitucional na América do Sul – entra na década de 1990 em trajetória de crise, que a levaria ao experimento bolivariano de Hugo Chávez. Vários deles conviveram com situações de conflagração interna ou guerras civis (Colômbia, Nigéria, Sudão, Tanzânia, Etiópia).

Em outro plano, os países contemplados neste estudo divergem também pelos tipos de Estados que os vertebram: Estados dotados de história já prolongada como unidades políticas independentes (como os países latino-americanos que aparecem em nossa lista); Estados "novos", ainda imersos em conflitos intestinos para fixar o seu recorte espacial e definir uma identidade nacional aceitável para as populações que povoam seus territórios (boa parte dos países da África Subsaariana sob nosso foco); Impérios tradicionais (agrários ou comerciais), reconstituídos em suas estruturas e seus padrões de funcionamento pela ação metódica do colonizador – Ocidental (caso da Índia, de Java/Indonésia, da Malásia), ou Oriental (caso da Coréia, convertida que foi, de 1910 a 1945, em colônia japonesa); Estados antigos, que sem terem jamais perdido inteiramente o seu *status* de entidades políticas formalmente autônomas, viveram processos mais ou menos coercitivos de "ocidentalização" no século XIX, por meio de sua integração *de facto* na órbita do Império Britânico (caso da Turquia e da Tailândia, antigo Sião); um Estado – as Filipinas – que se constitui no curso de longo período de colonização por duas potências Ocidentais sucessivas: a Espanha, e – de 1898 a 1946 – os Estados Unidos.[4]

Com origens e trajetórias tão diferentes, esses Estados divergem igualmente no que tange à sua capacidade de mobilizar e direcionar recursos para fins definidos e de regular as relações sociais no âmbito de seus respectivos territórios – vale dizer, em seu poder infra-estrutural e despótico, para usar as sugestivas noções de Michael Mann (1984). Em um dos extremos vamos encontrar os Estados Desenvolvimentistas do Leste Asiático, aos quais talvez se possa adicionar o Chile, já no final do século XIX conhecido como a Prússia sul-americana; no outro, a categoria que Peter Evans

---

[4] Sobre a ocidentalização meio compulsória, meio voluntária, de muitas dessas sociedades, cf. Badie, 1992; Stavrianos, 1981. Sobre a Ásia, cf. Panikkar, 1969; Tipton, 1998. Especificamente sobre o Sudeste Asiático (Indonésia, Tailândia, Malásia), cf. Young, 1997. Sobre as Filipinas, Litonjua, 1994.

procurou recortar ao falar em "Estados Predadores": organizações políticas precariamente institucionalizadas, em que as relações de lealdade são altamente personalizadas e o poder tende a ser empregado em benefício próprio e imediato por seus detentores: esses traços descrevem alguns dos aspectos centrais da crise crônica vivida por muitas das sociedades africanas.[5] O Brasil, o México, a Turquia podem ser situados em uma categoria intermediária, na companhia, talvez, da Índia.

Culturalmente muito diversos, os países que examinamos são bastante díspares também no que diz respeito à sua inserção no espaço geopolítico: latino-americanos e asiáticos, com exceção da Índia, mantêm sólidos vínculos com os Estados Unidos, que se sedimentam em uma teia de acordos econômicos e militares. Nem por isso, porém, encontram-se em situação equivalente: a América Latina constitui esfera de influência direta daquela potência, a qual, desde a Segunda Guerra Mundial, nunca se viu duradouramente ameaçada nesse espaço por nenhum antagonista de peso – a crise dos mísseis, em 1962, serviu apenas para sacramentar sua primazia na região. Coisa muito diferente ocorre com os países asiáticos, ou com a Turquia: situados em áreas de fronteira com os protagonistas do bloco socialista, esses países cedo adquiriram para os Estados Unidos uma importância estratégica sem paralelo com a atribuída a seus aliados no Continente. Grandes produtores de petróleo, localizados em área de disputa aberta entre os dois blocos, e até hoje principal foco de tensão política no mundo, o Egito e o Irã sempre gozaram de *status* muito elevado nos jogos estratégicos das grandes potências.

Os parágrafos precedentes são apenas alusivos. Os temas que eles referem poderiam ser tratados de maneira mais abrangente e sistemática. Mas o esforço para fazer isso seria de parca utilidade. Assim como estão, eles contêm tudo de que necessitamos para apoiar a proposição fundamental para os propósitos do presente relatório: sob qualquer ângulo que o contemplemos, o que ressalta no grupo selecionado são as diferenças. Os países que o compõem diferem em quase tudo. Salvo nessa circunstância comum: compulsoriamente integrados, em momentos diferentes, na economia capitalista mundial, e tendo mantido relações mais ou menos adaptativas com ela, em distintos períodos históricos, todos eles permanecem muito sensíveis às transformações que nela se operam. As reformas empreendidas por esses países em passado próximo nos falam da maneira como eles tentaram responder a esse desafio. Antes de abordá-las, contudo, precisamos dizer uma palavra sobre o tema genérico das políticas de liberalização – ou das reformas orientadas para o mercado.

---

[5] Análise crítica, ampla e bem documentada da referida crise pode ser encontrada em Brown, 1997. Cf. também Carmody, 1998; Szeftel, 1998. Para uma análise contrastando a situação africana com a de outras regiões, cf. Hoogvelt, 1997.

3
Reformas econômicas nos países estudados

REFORMAS "ORIENTADAS PARA O MERCADO": EM QUE CONSISTEM E COMO SERÃO TRATADAS

Integração semicompulsória na economia internacional. Deixemos de lado as situações em que esta resultou do uso concentrado e direto da violência física, para nos fixarmos nos casos em que se operou mediante a combinação de incentivos e sanções de natureza político-econômica, envolvendo a ação voluntária das elites locais. Em diferentes situações históricas, quando estas decidem promover os seus interesses por meio da exploração das oportunidades que a inserção mais profunda na economia capitalista mundial lhes oferece, essas elites passam a defrontar-se com exigências cujo cumprimento depende de sua capacidade de mudar, em maior ou menor medida, a face de suas respectivas sociedades. Novos quadros materiais; novas instituições; usos e costumes, normas e valores renovados. Em todos esses planos, a ação transformadora de tais elites e dos grupos sociais que a elas se associam na empreitada passa pela incorporação maciça de recursos oriundos dos centros mais avançados. Deles provêm, em medida variável, os capitais mobilizados para a montagem da infra-estrutura de transporte e de comunicações requerida pelos "novos tempos" e para a edificação de um ambiente urbano condizente com os padrões, agora mais elevados, de "vida civilizada". Deles provêm os padrões de consumo e o estilo de vida a que esses grupos sociais passam a aspirar. Deles provêm ainda os modelos do que fazer para alcançar o estado de coisa almejado.

Não há novidade alguma neste parágrafo. O fenômeno a que ele alude é um tópico obrigatório no discurso nacionalista, e ocupa um lugar de destaque na reflexão da Cepal entre outras escolas. Começar por aí, porém, é conveniente porque nos permite introduzir esta idéia singela: a inserção de um país na economia internacional não é nunca uma obra acabada. Como esta última se altera permanentemente sob o efeito das variações na oferta e na demanda de bens e serviços e dos deslocamentos conseqüentes nas relações de força entre atores privados e Estados – deslocamentos que provocam, de tempos em tempos, mudanças de envergadura em seu arcabouço institucional –, os países em questão devem rever periodicamente a natureza das conexões que mantêm com ela. E os processos a que vamos assistir nesses momentos guardam similitude com aqueles que marcaram a definição dos termos da integração desses países em episódios pretéritos.

Tais processos, no entanto, guardam diferenças significativas também. No que nos concerne, a mais importante delas tem a ver com o fenômeno assinalado por Craig Murphy, a saber, o papel crescente das organizações formais na coordenação internacional da economia capitalista. Claramente esboçado no entre-guerras – quando são criadas, entre outras, a Organização Internacional do Trabalho, o Banco para Acordos Internacionais (BIS, sigla em inglês), a Liga das Nações e a Corte Permanente de Justiça Internacional) –, esse fenômeno ganha amplitude incomparavelmente maior no período da "reconstrução", quando a tarefa para os Estados Unidos e a Inglaterra era a de estabelecer os alicerces de uma nova ordem econômica internacional capaz de assegurar a expansão evitando comoções sociais que estiveram na origem do fascismo e do comunismo. Esse era o *moto*, em 1944, quando foi desenhado o sistema de Bretton Woods. Poucos anos depois, as instituições recém-criadas recebiam um novo mandato com o advento da Guerra Fria.

A partir daí, é no circuito das instituições internacionais voltadas ao financiamento e ao fomento das economias "atrasadas" que vicejam as concepções normativas sobre as mudanças necessárias para garantir o "desenvolvimento". O Banco Mundial aparece como protagonista nessa história. Como assinalam os autores de um estudo sobre a instituição,

> O Banco é significativo não só como fonte de conhecimento autorizado sobre desenvolvimento econômico, mas também por seu papel na formulação da agenda no debate internacional sobre o desenvolvimento. Isso deriva de sua posse de um orçamento sem rival para pesquisa e formulação de políticas quando comparado a qualquer outra organização voltada ao desenvolvimento. Ao mesmo tempo, o Banco Mundial é capaz de atrair um alto grau de atenção internacional para seus pronunciamentos e principais relatórios. Essa influência "intelectual" é reforçada diretamente por sua alavancagem econômica em todo o mundo junto aos governos que buscam investimentos, empréstimos e ajuda externa. (Berger & Beeson, 1998, p.492)

A trama, porém, envolve ainda vários coadjuvantes: bancos regionais, como o Banco Asiático de Desenvolvimento e seu congênere americano – o BID; agências especializadas das Nações Unidas, como a Unesco, o Unicef, a Unido e a Unctad, e outros organismos também vinculados à ONU, como a Cepal.

Esta última foi uma das principais animadoras de um debate que se desenvolveu no universo das instituições econômicas internacionais, envolveu círculos acadêmicos nos países centrais e polarizou os meios intelectuais e políticos em vários cantos do chamado Terceiro Mundo. Simplificando ao extremo, a controvérsia opunha os "ortodoxos" – que ofereciam a austeridade fiscal e monetária como receita para corrigir as distorções características das economias desses países, abrindo o caminho para a ansiada prosperidade – e diferentes tipos de reformistas – que atribuíam as mazelas dessas economias a fatores estruturais e se propunham mobilizar o Estado para superá-los. "Monetarismo" *versus* "estruturalismo" – na América Latina foi nesses termos que a discussão foi travada. Em outras partes do mundo (na Índia, na Turquia, no Egito ou na Argélia), onde o modelo soviético exerceu maior influência, o debate terá ganhado certamente outro colorido. Em todos os casos, porém, faz-se presente a idéia do manejo do Estado para "fazer as reformas" e dirigir a economia no rumo desejado.

Na década 1980, esse quadro vai sofrer uma transformação drástica. Não seria o caso de sugerir aqui uma interpretação para essa mudança, mas devemos assim mesmo registrá-la: em curto lapso de tempo, opera-se uma reviravolta no discurso econômico, ao cabo do qual a linguagem das reformas estruturais se consagra, mas agora com significado radicalmente distinto. Nessa nova versão, o Estado não aparece mais como fórmula salvadora, mas como parte essencial do problema. Ao interferir na operação do mecanismo de preços, o Estado é guiado pelos impulsos rentistas dos grupos sociais (aí incluídos seus dirigentes e sua burocracia) suficientemente poderosos para impor o atendimento de suas demandas de proteção, subsídios, favorecimento em contratos de fornecimento, entre outras benesses. E ao fazer isso, ele produz em larga escala ineficiências alocativas. Não se trata mais, por conseguinte, de usar o Estado para promover um projeto de desenvolvimento econômico, mas de encurtar o seu raio de ação para liberar no mercado o dinamismo nele contido.

Nessa nova perspectiva, austeridade fiscal e ortodoxia monetária não se contrapõem, como no passado, ao ativismo reformista. Pelo contrário, seguem de mãos dadas mostrando aos desavisados os dois lados do bom caminho.

Esse o sentido da famosa expressão cunhada por Williamson, *Consenso de Washington*: ao resumir numa lista de prescrições a visão predominante nas organizações sediadas naquela capital, o economista dá igual destaque aos dois componentes da nova sabedoria.

Entretanto, o artigo de Williamsom não se propõe analisar o processo de formação do pensamento hegemônico. Seu objetivo, muito modestamente, é o de retratar sua imagem, revelar-lhe as feições num dado instante. Importa sublinhar este ponto porque, no momento mesmo em que o autor discutia o seu *paper* com os demais participantes do seminário (novembro de 1989), em alguns locais do sistema do Banco Mundial já se encontrava em estágio avançado a reflexão que levaria pouco tempo depois a uma mudança no discurso da instituição e, apoiada nela, no referido consenso.

Pelo menos um desses locais pode ser brevemente referido: o escritório africano do Bird. A relação aqui é bem clara: a mudança de tom foi alimentada pela necessidade de lidar com os fracassos acumulados, durante a década de 1980, período em que o Banco Mundial esteve lançado na tentativa de aplicar o programa defendido com fervor missionário pelos técnicos que passam a definir a sua linha na presidência de William Clausen – entre eles a Chefe de seu Departamento de Pesquisa, a economista Anne Krueger. É assim que, oito anos depois da publicação do "manifesto" neoliberal *Accelerated Development in Sub-Saharian Africa: an Agenda for Action* – o Relatório Berg, como se tornou conhecido –, era outro o diagnóstico e outras as receitas oferecidas pelo Banco em documento de grande influência, o *Sub-Saharian Africa: from Crisis to Sustainable Growth*, de 1989. Nesse texto e em publicações "não oficiais" de seu autor, Pierre Landell-Mills, no lugar da crítica negativa ao intervencionismo estatal, a ênfase passa a recair nos aspectos políticos do desenvolvimento (legitimidade, participação, pluralismo), dimensões do novo conceito básico – *governance* – com o qual se acredita poder nomear o verdadeiro desafio.

Não é preciso rastrear os caminhos percorridos por esse conceito até sua consagração definitiva em meados dos anos 1990. Diremos apenas que ele prosperou no ambiente organizacional mais arejado que se seguiu à presidência de Clausen (1981-86), foi enriquecido pela contribuição de equipes distribuídas em diferentes segmentos do Banco (cf. Karda, 1993) e veio a traduzir-se, em termos práticos, no conjunto de reformas ditas de "segunda geração": geração de novas capacidades administrativas e regulatórias (montagem ou modernização de sistemas de coleta e tratamento de informações estatísticas, por exemplo); criação de dispositivos legais visando a reforçar a disciplina fiscal, incentivar o profissionalismo na administração pública e punir a utilização da mesma para fins de enriquecimento pessoal (a "transparência" como prioridade); mudanças no sistema judiciário com vistas a torná-lo mais eficiente, de mais fácil acesso e mais impessoal; por fim, o reforço da "sociedade civil" – tecido de grupos e organizações "modernas", isto é, fundadas no princípio da convergência de interesses ou valores, e não em laços comunitários – como condição necessária e produto da ordem de coisas em que esses objetivos estejam materializados.[1]

---

[1] Além dos textos já referidos, a apresentação que acabamos de fazer está baseada em Kahler, 1990; Krashe, 1996; Taylor, 1997; Wade, 1996; Williams & Young, 1994; Williams, 1996; Boas, 1998; Howell, 2000; Kiely, 1998; e Coelho, 2001.

Esse apanhado nos pareceu necessário porque nos permite localizar com precisão o objeto do exame que se fará neste trabalho. Nele vamos desconsiderar tanto as políticas de estabilização, que operam com horizonte de curto prazo, quanto as políticas voltadas para o tema geral da *governance*, para nos concentrar no núcleo duro das reformas orientadas para o mercado. Elas compõem um conjunto de políticas setoriais interligadas, cuja coerência é dada pelo princípio geral que as informa, vale dizer, o de transferir o maior número de atividades possível para o âmbito do mercado e minimizar, até o limite, as distorções no funcionamento deste, provenientes da intervenção do Estado. Embora sejam servidas como um "pacote fechado", essas políticas não mantêm entre si relações definidas, em termos temporais – um dos temas recorrentes nos estudos avaliativos dessas políticas consiste no cotejo da seqüência tida como ideal e aquela realmente observada nos países analisados. Por esse motivo, elas podem e devem ser tratadas separadamente.

Em conformidade com este último comentário, apresentaremos a seguir as informações coletadas ao longo desta etapa da pesquisa sobre a experiência de cada país em consideração com as políticas a seguir relacionadas: 1) abertura comercial e cambial; 2) liberalização financeira; 3) liberação de preços e salários; 4) liberalização do regime de investimento estrangeiro; 5) privatização; 6) reforma tributária; 7) reforma da seguridade social (especificamente do sistema de aposentadoria); 8) reforma das relações de trabalho. Antes de proceder à exposição deste material, contudo, devemos dizer uma palavra ainda sobre o tratamento que daremos a essas diferentes políticas como aspectos de uma estratégia mais geral.

Em um estudo de natureza política como o que se desenvolve neste projeto, a vinculação entre a implementação das distintas políticas setoriais e a adoção do "referencial normativo global" que as unifica é central, e para a análise desse nexo a dimensão temporal é de relevância máxima.[2] Tipicamente, a disposição de tomar o curso das "reformas" é assinalada por um marco simbólico: declarações formais de intenção; discursos dados como especialmente importantes, que desautorizam concepções sedimentadas sobre os objetivos e os meios da política econômica e enunciam os princípios articuladores da visão nova; compromissos solenemente assumidos com organismos multilaterais – por exemplo, acordos com o Fundo Monetário Internacional. O fato de que entre esses deslocamentos e a aplicação efetiva das políticas preconizadas pelo discurso agora dominante medeie um tempo maior ou menor nos informa muito sobre o processo dessas políticas e sobre as sociedades em que são plasmadas. Começaremos a exposição, portanto, fornecendo as indicações que pudemos obter sobre o momento, o contexto e as fases do processo de reforma nos países estudados.

---

[2] Esta afirmação fundamenta-se em análises expostas em Velasco e Cruz, 1997.

Dois rápidos esclarecimentos, para terminar. O material com que lidamos nesta parte é de natureza duplamente lacunar. Primeiro, porque não encontramos nenhuma fonte que nos fornecesse o conjunto das informações de que necessitávamos: foi preciso garimpar; segundo, porque a atividade de busca que deu origem aos elementos apresentados aqui está inconclusa, no sentido preciso de que poderia agregar informações adicionais relevantes se tivesse continuidade. Como estamos tratando aqui de uma etapa exploratória – que não se justifica por si mesma, mas pelo papel desempenhado na consecução dos objetivos precípuos da pesquisa – não vamos dar seguimento a ela, pois avaliamos que, embora limitados, os resultados já obtidos bastam para os referidos propósitos.

A apresentação das reformas se fará em dois momentos: comentários gerais introdutórios sobre cada uma das reformas, e o resumo da informação coligida sobre elas em quadros descritivos dispostos no final de cada tópico. As informações contidas nesses quadros provêm de uma infinidade de fontes, de natureza das mais variadas – artigos acadêmicos, documentos de organismos internacionais, como o Banco Mundial e o FMI, OCDE, textos de consultorias dirigidos predominantemente a público empresarial, textos de embaixadas etc., relatórios produzidos por órgãos de governo – União Européia, também, mas principalmente dos Estados Unidos. Particularmente úteis, nesse sentido, foram os *Country Studies* preparados pela Divisão Federal de Pesquisa da Biblioteca do Congresso, e os *Country Reports on Economic Policies and Trade Practices*, produzidos anualmente pelo Departamento de Comércio. As informações veiculadas por essas fontes são muitas vezes repetitivas, e nem sempre coincidentes, exigindo a realização de checagem sempre que possível. Na impossibilidade de montar um quadro legível com remissões permanentes a todas e cada uma das fontes de cada unidade de informação nele contidas, optamos por manter as referências usuais na apresentação comentada dos dados, e alinhar no final do trabalho todos os documentos usados para a composição dos quadros.

O TEMPO DAS REFORMAS E OS CONTEXTOS EM QUE SÃO ADOTADAS

Se tomamos como referência o momento em que o discurso das reformas estruturais se consagra no *establishment* econômico internacional, os países de nossa amostra podem ser classificados em três grupos: "reformadores precoces" (Chile, Argentina, Turquia); "retardatários" (África do Sul, Brasil, Colômbia, Coréia, Egito, Etiópia, Índia, Sudão, Zâmbia), e "conformados" (os demais).

A exceção é o Irã, que, tendo enfrentado durante oito anos uma guerra cruenta com o Iraque, e até hoje submetido a sanções comerciais pelos Estados Unidos, manteve-se à margem do movimento de liberalização econômica que se estende, nos anos 1990, por quase todo o mundo. Vencido o episódio da guerra, o governo iraniano usou toda a panóplia de controles diretos para reconstruir sua economia devastada, na ausência do tipo de ajuda internacional que facilitou essa tarefa na Europa de pós-Guerra, e evitando que se lhe escapasse o controle da situação. Com a eleição de Kathami para o cargo de presidente e o fortalecimento relativo da ala moderada do regime, algumas mudanças muito limitadas foram introduzidas na área do comércio exterior. Por enquanto, é tudo. E o futuro é incerto – para o Irã, como para os demais países da região.[3]

Entre os países do primeiro grupo, o Chile é o que mais se sobressai – pelo pioneirismo e pelo denodo na aplicação de reformas. Formulada e conduzida, a partir de 1975, por equipe de economistas doutrinariamente identificados com a pregação de Friedrich Hayeck e Milton Friedman, a reestruturação da economia chilena foi percebida, desde o início, como teste crucial pelos defensores, até então ainda marginalizados, do neoliberalismo.[4] Tendo iniciado o seu primeiro experimento liberal-reformista pouco depois da instalação da Junta Militar, em 1976, a Argentina tem lugar garantido nesse grupo. A Turquia parece constituir um caso limite: com medidas de abertura comercial introduzidas já em 1980, como núcleo do programa de liberalização do ministro Turgut Özal, que rompia com a ideologia do "estatismo" – quadro de referência normativo das políticas econômicas no país desde a década de 1930 –, a Turquia se aproxima dos seus colegas de grupo. Mas deles se distancia pelo caráter limitado das iniciativas propostas e pela maneira relativamente moderada com que foram perseguidas.

Entre os "reformadores tardios", o caso extremo é o da África do Sul. Excepcional pela natureza racial da intervenção do Estado na economia – subordinação dos instrumentos de política econômica ao imperativo de reforçar o sistema do *apartheid* – a despeito de algumas medidas de liberalização financeira no final da década de 1980, é sob o governo do ANC que o tema da reforma econômica ganha centralidade. E isso acontece de forma bastante peculiar. Líder de uma grande frente política, cujos pilares eram o Congresso Nacional Africano (ANC), o Partido Comunista, e a Cosatu (Confederation of South African Trade Unions), ainda em 1990 Nelson Mandela sustentava que a estatização das minas, dos bancos e dos mono-

---

[3] Cf. *Trade and foreign exchange policies in Iram:* reform agenda, economic implications and impacts on the poor. Social and Economic Development Group. Middle East and North Africa Region. Report n.22953-IRN, World Bank, 2001.
[4] Sobre a primeira fase das reformas no Chile e a orientação ideológica de seus condutores, cf., entre outros, Foxley, 1988.

pólios industriais era a política do ANC e que o abandono desses objetivos era impensável. Embora mantendo embora o compromisso político com uma estratégia de crescimento econômico calcada na redução das desigualdades sociais, dois anos depois os documentos programáticos da Frente não continham mais esses itens. Mais do que em qualquer um dos outros, a transição política na África do Sul envolve uma renovação completa das elites dirigentes, por meio da qual passam a ocupar postos de governo milhares de antigos ativistas, formados na dura escola da luta contra o Estado segregacionista. Ideologicamente anticapitalistas em suas origens, esses quadros vivem desde então um processo de "adaptação" a uma realidade que não está a seu alcance (não querem mais, dizem os críticos) suprimir. Apesar disso, a entronização do discurso das reformas vai esperar: ela se dará apenas em 1996, com a oficialização das metas e das recomendações contidas no Gear (*Growth, Employment, and Redistribution*), documento programático oriundo do Ministério das Finanças: disciplina fiscal, combate à inflação, estímulo às exportações – por meio da liberalização cambial, da privatização e da criação de um ambiente favorável ao investimento externo.[5]

No grupo intermediário – países que tomam, com maior ou menor relutância, o caminho das reformas durante a década de 1980 –, vamos encontrar situações muito diferenciadas. De um lado, os países asiáticos (todos, exceto a Coréia e a Índia): Filipinas (1986); Indonésia (1988); Malásia (1988); Paquistão (1988); Tailândia (1986). De outro – excluído o Irã – os grandes exportadores de petróleo: Argélia (1984), Nigéria (1986), Venezuela (1989). O México (1986), que na época tinha o petróleo como principal produto em sua pauta de exportações, também integra este grupo. A convergência entre esses países é notável: quase todos operam mudanças estratégicas em seus modelos de política econômica no curto espaço de cinco anos: de 1984 a 1988 (a Venezuela fica no limite; a reviravolta dada pelo recém-eleito Andrés Perez acontece em fevereiro de 1989). Dois elementos ajudam a esclarecer a coincidência. Primeiro: já sedimentado o modelo de negociação da dívida e contornado o risco de crise financeira sistêmica, é depois de 1983 que a pressão norte-americana pela adoção generalizada do pacote de reformas se faz sentir com maior intensidade. Esse elemento sozinho não explica, porém, a sensibilidade particular desses países. Para entender por que esses, exatamente, e não outros, devemos acrescentar pelo menos um segundo elemento: a depressão dos preços do petróleo e de outras *commodities* que se verifica em meados da década. Esse é um aspecto que gostaríamos de olhar mais de perto. Mas no que toca ao petróleo, o encadeamento é bem simples: os sucessivos "choques" produzidos ao longo

---

[5] Sobre a trajetória sul-africana em direção às políticas de liberalização econômica, baseamo-nos em Munck, 1994; Nattrass, 1994; e Bond, 2000.

dos anos 1970 (1973 e 1979) aceleraram a atividade de prospecção e tornaram rentável a exploração de reservas antieconômicas sob outras condições, como as descobertas no Mar do Norte. Em tal contexto, investimentos de vulto foram feitos em várias partes do mundo com esse fim, e no período em causa os novos projetos começavam a entrar em operação. O incremento na oferta leva à queda de preços, e esta tem um impacto direto nas condições socioeconômicas dos grandes exportadores do combustível. A explicação é confessadamente incompleta, mas ao lidar com o material referente ao conjunto desses países chama a atenção do observador a referência recorrente à mudança na conjuntura dos preços internacionais em conexão com a reorientação das políticas econômicas.

Esse comentário nos remete a outro aspecto que se salienta quando examinamos comparativamente a informação disponível sobre as condições em que se dá em cada país a opção pelas políticas de liberalização econômica. Vistos sob esse ângulo, esses países se diferenciam em dois grupos nitidamente distintos: o primeiro – que reúne a maioria deles – faz essa escolha em situação crítica, senão desesperadora, quase sempre sob o peso das condicionalidades cruzadas dos organismos internacionais (FMI e Banco Mundial), de cujo apoio necessitam vitalmente para reconduzir suas economias a uma situação pelo menos aceitável – nessa categoria vamos encontrar muitos países da África Subsaariana e casos bem conhecidos da América Latina. Outros parecem ter sido impelidos muito menos pelo sentimento de necessidade imperiosa e urgente, e muito mais pela percepção das vantagens a alcançar com a mudança empreendida. Mesmo que esses países enfrentassem dificuldades econômicas por ocasião da mudança, estas eram relativamente brandas e logo seriam superadas – todos os asiáticos se aninham nesse grupo.[6]

A Tabela 12 nos permite ir além dessa proposição demasiadamente rombuda. Com base nos indicadores conjunturais que ela reúne, podemos formar uma idéia menos impressionista do contexto prevalente em cada país no início do processo de reformas. Como se pode ver, o enunciado precedente fica comprovado, mas fica evidenciado também que a crise econômica assume intensidade e aspecto muito variáveis quando passamos de um país a outro, como o contraste entre a Argentina (com 3,057% de inflação; 7,50% negativos de crescimento; 0,38% do PIB de déficit público; 1,70% do PIB de déficit na conta corrente, e com 85,2% do valor exportado absorvido pelo serviço da dívida), de um lado, e a Malásia (com 3,62% de inflação; 9,94% de crescimento; 2,11% de déficit público; saldo de 5,29% do PIB na conta corrente, e 52,70% do valor exportado absorvido pelo serviço da dívida), de outro, ilustra com eloqüência.

---

[6] O tema da relação entre crise e reforma econômica ocupa lugar de destaque na literatura especializada. Para uma boa apresentação dos argumentos em tela e uma estimulante análise comparativa de dois casos emblemáticos, cf. Corrales, 1999.

Sebastião Carlos Velasco e Cruz

Tabela 12 – Conjuntura econômica no início do processo de reformas

País	PIB -1	PIB 0	PIB 1	Déficit orçamentário (% do PIB) -1	Déficit orçamentário (% do PIB) 0	Déficit orçamentário (% do PIB) 1	Inflação -1	Inflação 0	Inflação 1	Balança da conta corrente -1	Balança da conta corrente 0	Balança da conta corrente 1	Dívida externa -1	Dívida externa 0	Dívida externa 1
África do Sul	3,12	4,15	2,52	-5,32	-4,96	-3,13	10,25	8,33	7,83	-1,46	-1,31	-1,53	16,80	18,10	17,00
Argélia	5,39	5,59	5,60	...	...	...	6,86	6,90	4,64	-0,17	0,14	1,75	31,50	35,90	37,80
Argentina	-0,03	-2,02	6,93	...	...	...	197,7	438,3	159,4	...	1,27	1,98	14,72	18,14	20,80
Argentina2	-2,56	-7,50	-2,40	-1,88	-0,38	-0,36	388,49	3057,63	2076,79	-1,25	-1,70	3,22	49,5	85,2	44,0
Brasil	3,28	-4,30	1,30	-16,10	-5,82	-0,43	1322,51	2509,47	415,31	0,22	-0,82	-0,36	25,30	25,80	29,70
Chile	-0,82	-4,94	2,49	-12,50	-6,81	-5,32	85,54	414,01	665,38	...	...	...	30,70	23,50	33,73
Colômbia	4,01	2,40	3,89	-1,90	3,93	2,55	28,56	26,04	23,57	1,35	5,66	1,83	42,70	41,50	35,10
Coréia	5,44	5,49	8,25	-0,48	0,61	0,30	7,63	7,06	7,66	-1,25	0,29	-0,96	...	...	...
Egito	4,97	5,70	1,08	-5,37	-5,71	-0,96	9,04	12,78	31,14	-1,18	-1,47	10,33	115,00	76,30	88,20
Etiópia	-4,69	-5,14	13,36	-8,56	-7,00	-1,89	16,13	11,33	13,16	-9,92	-6,02	-7,95	171,40	167,70	155,00
Filipinas	...	...	...	...	...	...	...	...	...	...	...	...	86,50	94,50	89,90
Índia	3,68	5,47	4,87	-8,01	-8,76	-7,90	7,47	6,52	8,56	-2,00	-1,76	-1,69	18,00	19,80	20,40
Índia 2	5,66	0,42	5,42	-7,66	-5,48	-5,33	10,95	14,69	8,56	-2,58	-0,16	-1,21	26,5	32,0	34,9
Indonésia	5,30	6,36	9,08	-0,80	-2,93	-1,87	14,50	8,63	9,99	-2,66	-1,57	-1,09	66,70	60,90	58,50
Irã															
Malásia	5,39	9,94	9,06	-6,52	-2,11	-2,14	5,53	3,62	4,46	8,00	5,29	0,81	70,80	52,70	41,90
Marrocos	9,62	-0,56	4,34	-11,40	-7,75	-6,02	...	...	...	-12,11	-6,35	-7,72	...	...	...
México	2,59	-3,75	1,86	-7,51	-13,00	-14,20	56,74	73,62	139,66	0,43	-1,06	3,03	52,50	78,20	77,70
Nigéria	9,70	2,51	-0,70	...	...	...	3,69	-1,50	50,08	9,16	1,04	-0,31	65,50	109,80	123,00
Paquistão				-6,28	-7,40	-5,40									
Sudão	2,77	-0,44	5,99	...	...	...	54,39	62,36	80,95	-5,69	-9,86	-13,47	84,90	112,40	133,00
Tailândia	4,65	5,53	9,52	-5,24	-4,23	-2,23	2,18	1,65	4,72	-3,95	0,57	-0,73	44,90	42,90	40,40
Tanzânia				...	...	...				...	...	...			
Turquia	-0,69	-0,84	4,61	...	...	...	75,85	85,04	44,40	-1,54	-4,95	-2,73	17,30	27,90	27,30
Venezuela	5,84	-8,59	6,48	-4,79	-0,08	0,04	18,47	89,22	41,71	-9,65	4,96	17,04	57,60	74,40	68,30
Zâmbia	-0,48	-0,04	-1,75	...	...	...	106,39	92,65	165,58	-5,47	-18,08	-9,05			

Fonte: Elaboração própria.

O quadro referido nos proporciona ainda indicações sobre o grau relativo de sucesso das políticas adotadas no primeiro estágio do processo de reformas, mas essa dimensão do problema não será explorada aqui. Mencionamos o fato apenas porque ele põe em evidência a utilidade potencial desse instrumento em etapas futuras da investigação.

"Precoces" e "retardatários"; "enfermos" e "saudáveis". Entre os países estudados, há ainda uma terceira diferença para a qual devemos chamar a atenção do leitor: trata-se do caráter contínuo ou descontínuo do processo de reformas. Embora envolvam, em seu início, um ato de vontade expresso pelas mais altas autoridades, reformas econômicas não são obras de governo: elas se alimentam do agir descentralizado de um sem-número de agentes econômicos e das estratégias perseguidas por atores políticos e sociais. Por isso tendem a se estender no tempo, ultrapassando de muito o mandato dos governos que as introduziram. No entanto, como as reformas produzem efeitos contraditórios sobre os diferentes grupos na sociedade, e como seu êxito econômico e político não está nunca de antemão garantido, nem sempre isso acontece.

Em nossa amostra, o caso mais notável disso talvez seja o da Argentina de Vidella e Martinéz de Óz. A experiência de reestruturação econômica liberal na segunda metade da década de 1970 no país está associada a esses dois nomes: um general do Exército e um economista conservador. Sabemos como terminou sua história. Assumindo o governo em meio a grave crise econômica e política, a equipe do presidente Alfonsín reverte muitas das políticas implantadas no período anterior. Nos dois últimos anos de mandato deste, o tema da liberalização já havia voltado ao discurso da política econômica. No entanto, é apenas com Menem que as reformas serão efetivamente adotadas. Só então a linha ligando presente e passado – já não tão próximo – seria reatada.

A Venezuela (com o tormentoso pacote de Andrés Pérez, o repúdio das políticas de liberalização por Rafael Caldera, seu sucessor, o giro que este faz no meio de seu mandato, e logo em seguida, com o Projeto Bolivariano de Hugo Chávez) é outro caso interessante, de futuro dos mais incertos.[7] Menos dramáticas, descontinuidades marcam ainda a experiência das reformas liberalizantes na Argélia (1988-89) e na Índia (iniciado em 1986, o programa foi interrompido em 1988, depois do assassinato de Rajv Gandhi, para ser retomado anos mais tarde por Narashima Rao, em 1991).[8]

Em franca contraposição a esses casos, o Chile persevera no caminho das reformas há quase trinta anos – apesar da crise brutal que experimentou em 1982 e da transição política no final dos anos 1980. Com mudan-

---

[7] Sobre as marchas e contramarchas das reformas econômicas na Venezuela, cf. Crisp, 1998; Benavente, 1997; Corrales, 1999.

[8] Esta observação telegráfica contém uma simplificação consciente. Como registra um estudioso da política econômica indiana, as reformas saem da agenda nacional, mas continuam avançando em Maharashtra, o Estado mais rico da Federação. Cf. Jenkins, 1999, p.10.

ças e adaptações não desprezíveis, o Chile se destaca mais do que qualquer outro país de nossa amostra como exemplo de continuidade das políticas para o mercado.

Todavia, esse elemento está presente também na trajetória de muitos países, entre os quais o Brasil. Em grande medida, é ele que explica um episódio tão intrigante na política brasileira recente quanto a maneira tranqüila com que se resolveu a crise do governo Collor. No início do movimento pelo *impeachment,* não foram poucos os que previram o agravamento da crise econômica se as mobilizações ganhassem vulto, enquanto outros descartavam essa possibilidade porque não viam como prosperar uma campanha pela saída de um presidente cujo programa de longo prazo contava com tão forte apoio nas elites econômicas, no país e fora dele. O engano foi não ter percebido a tempo que o movimento pela derrubada de Collor não punha em questão as reformas econômicas: o consenso formou-se em torno do tema da "ética na política" e da probidade no trato com a coisa pública: a abertura comercial, a liberalização financeira, as privatizações e outros itens de seu programa foram mantidos zelosamente fora da pauta de discussão. Assentimento silencioso – não surpreende, portanto, que as reformas liberalizantes continuassem presentes como pontos prioritários na agenda dos governos que lhe sucederam.[9]

Apresentamos a seguir a síntese da informação sobre os contextos nacionais das reformas no Quadro 3. Feito isso, passamos ao exame, uma a uma, dessas políticas.

Quadro 3 – O contexto das reformas

País	
África do sul	Depois de transição política, que põe fim ao regime segregacionista, coalizão de esquerda que assume o governo com Nelson Mandela altera significativamente seu programa econômico ao aprovar as medidas de liberalização e austeridade contidas no documento Growth, Employment, and Redistribution Strategy, elaborado pela equipe do Ministério da Fazenda. Reforma tardia, lenta e gradual. Reforma pouco condicionada externamente. Salvo um empréstimo do FMI em dezembro de 1993, nenhum acordo maior com o FMI ou com o Banco Mundial. Em 1993, a África do Sul ingressa no Gatt, sendo definida, por proposta dos Estados Unidos, como economia "em transição", status similar ao dos países que integravam o bloco socialista na Europa Oriental.
Argélia	Início do processo de reforma: 1984, com a aprovação pelo Congresso da FLN das orientações básicas do Plano de Desenvolvimento de 1985-89, no segundo mandato de Chadli Ben Jedid, sucessor do presidente Houari Boumedienne. Aceleração em 1989, depois dos conflitos sociais de 1988 ("Outubro Negro", "Revoltas do Pão") e 1992. Interrupção do processo de reforma, com o governo constituído após o assassinato do escolhido pelo Haut Comité d'État para presidir o país: restabelecimento de controles estritos ao comércio exterior; reinjeção

Continua na página seguinte

---

[9] Este parágrafo retoma análise desenvolvida em Velasco e Cruz, "O *impeachment*: uma crise singular", 1997.

Quadro 3 – *Continuação*	
País	
	de recursos em empresas públicas não reformadas; suspensão de artigos da legislação de 1990 que abriam a economia argelina ao investimento estrangeiro. Término do hiato: agosto de 1993, com a demissão do primeiro-ministro Belayed Abdessalam. 1994: Short Term Stabilization Program (STSP) com FMI. Aceleração e aprofundamento das reformas. No período prévio à reforma, a economia argelina baseava-se no predomínio da empresa estatal e no planejamento centralizado. As empresas deviam cumprir as metas fixadas no plano central e suas necessidades financeiras, cobertas pelo Estado, de acordo com plano financeiro, sob forma de crédito dirigido. Pressões inflacionárias eram contidas mediante complexo sistema de controles de preço, subsídios e uma taxa de câmbio sobreavaliada. A Argélia não é membro da OMC, mas há movimento para sua entrada. Trade Compliance Center.
Argentina	A primeira rodada de liberalização ocorre em 1976, após o golpe militar que pôs fim à segunda experiência peronista. Entre 1976 e 1982, implementa-se programa de eliminação de controles diretos de importação e redução tarifária; liberam-se preços e salários; reduzem-se restrições a operações cambiais. Como outros países altamente endividados, entre os quais o Chile, a Colômbia e as Filipinas, a Argentina reverteu medidas prévias de liberalização, levantando barreiras não aduaneiras, incluindo proibição de importações e sistemas de concessão de licenças. Ademais, como parte de programa heterodoxo de combate à inflação, o governo Alfonsín impõe controles diretos sobre preços e salários. Diante das dificuldades enfrentadas na administração do Plano Austral, já em 1986 retomava-se a liberalização comercial, que se acelera em 1991, quando quase todas as restrições quantitativas foram removidas (salvo para automóveis). Nos dois últimos anos do governo Alfonsín, adesão ao discurso das reformas econômicas liberais não se traduz em medidas mais efetivas de política, que passam a ser adotadas a partir de 1989, desde o início do governo Menem.
Brasil	Esboçadas durante a segunda metade do governo Sarney, na conjuntura criada depois do fracasso do Plano Cruzado, as reformas liberalizantes (abertura comercial, privatizações, liberalização financeira, sobretudo) seriam adotadas efetivamente no início do governo Collor. Apesar da crise que apressou o fim deste último, o processo de reforma econômica teve continuidade na gestão seguinte, e ganhou amplitude e profundidade incomparavelmente maior nos dois mandatos do presidente Fernando Henrique Cardoso.
Chile	1973: Pouco depois do golpe que derrubou Allende, governo dá início à reconstrução liberal da economia chilena, começando com a liberação de preços, a desregulação de mercados financeiros, a eliminação do sistema de cotas de importação e programa de redução tarifária. Contudo, é a partir de 1975, com a passagem do comando da política econômica à equipe de economistas de orientação marcadamente neoliberal, que a reestruturação da economia chilena nessas linhas ganha impulso. A partir daí, implementa-se o programa de privatização de empresas estatais; aprofunda-se a desregulamentação do sistema financeiro; modifica-se a legislação trabalhista, e empreende-se ambiciosa reforma no sistema de seguridade social. Como outros países altamente endividados, entre os quais o Argentina, a Colômbia e as Filipinas, na crise precipitada pela moratória mexicana, em 1982, o Chile reverteu medidas prévias de liberalização, levantando barreiras não aduaneiras, incluindo proibição de importações e sistemas de concessão de licenças. Como conseqüência da crise bancária que se produziu no Chile nessa conjuntura, o Estado voltou a assumir o controle de inúmeros bancos e das empresas por estes controladas. A partir de 1985, sob o comando

Continua na página seguinte

Quadro 3 – *Continuação*

País	
	de equipe igualmente liberal, mas de inclinação mais pragmática, procede-se a novo ciclo de privatizações, reestrutura-se o sistema financeiro, agora com regulamentação mais fina, e aprofunda-se a reforma do mercado de trabalho.
Colômbia	Com longo e continuado histórico de preservação dos grandes equilíbrios macroeconômicos, entre 1982-83, a Colômbia reverteu, como outros países altamente endividados – entre os quais a Argentina, o Chile, e as Filipinas – medidas prévias de liberalização, levantando barreiras não aduaneiras, incluindo proibição de importações e sistemas de concessão de licenças. Em 1991, essas medidas seriam anuladas como parte da "Apertura", amplo programa de liberalização da economia colombiana lançado em fins de 1990 pelo presidente César Gaviria.
Coréia	Embora tenha sido apresentada sempre como um caso exemplar pelos advogados das reformas, o desenvolvimento da Coréia foi impulsionado por estratégia baseada em forte intervenção do Estado, que canalizava o crédito, por meio de bancos públicos, para firmas selecionadas, protegia a indústria local, e mantinha regime fortemente restritivo de investimento estrangeiro. Nos anos 1980, esse modelo começa a sofrer alterações, com a privatização de grande parte dos bancos estatais, no início da década, e a redução gradual de tarifas aduaneiras, no qüinqüênio seguinte. Apenas, porém, no período de transição política, com a eleição do oposicionista Kim Young Sam (dezembro de 1992), que as reformas econômicas seriam efetivamente introduzidas.
Egito	1991: Depois de longo período em que sua iniciativa esteve bloqueada pela tensão entre o componente nasserista e o legado da Infitah – a política de modernização de Anwar Sadat (1970-79) –, o governo Mubarak conclui Acordo Stand-by com o FMI e Empréstimo de Ajuste Estrutural (SAL, sigla em inglês) com o Banco Mundial, e dá largada a programa abrangente de liberalização econômica. 1996: Novo acordo com o FMI e aprofundamento das reformas. O Egito assumiu poucos compromissos na Rodada Uruguai do Gatt no tocante ao comércio exterior, limitando-se a consolidar as medidas de liberalização passadas e a torná-las mais transparente e menos discricionário esse regime. O único elemento novo foi a promessa de eliminar as restrições quantitativas à importação de têxteis e confecções, e de aves domésticas (poultry) O Egito mantém acordo de cooperação com a União Européia, e participa da "Europe-Mediterranean Partnerhip".
Etiópia	Tendo implantado uma das reformas agrárias mais radicais no continente, com estatização das terras rurais e urbanas como parte do projeto de organizar a economia em bases socialistas, o governo criado pela revolução que derrubou o imperador Selasié, em 1974, enfrenta o desafio do separatismo da Eritréia, que leva no final da década à guerra de Ogaden (1977-78). Já sob forte pressão fiscal, dados os vultosos gastos com defesa em que incorreu, o governo de Mengistu enfrenta em meados dos anos 1980 severa seca, com a crise de fome dela resultante, que atingirá, segundo as estimativas, cerca de oito milhões de pessoas, e levará um milhão delas à morte. Em 1988, o regime começa a tomar as primeiras iniciativas de liberalização, visando a atrair investimentos externos. Em 1990, dá como fracassada a experiência socialista. Em 1992, no contexto de acordos com o FMI e o Banco Mundial, o governo da Etiópia começa a implementar programa abrangente de reformas. Em meados de 1991, um novo governo foi instaurado, dando fim ao regime militar, que havia nacionalizado o setor bancário e instaurado sistema de planejamento centralizado. Começam as reformas econômicas, sob assistência do Banco Mundial e do FMI. Em 1997, governo da Etiópia rompe conversações com o FMI, que o pressionava a abrir o setor bancário ao investimento estrangeiro e a desmembrar bancos públicos, preparando-os para privatização. No ano seguinte, as partes chegam a acordo, sem que o governo tenha cedido nesses dois pontos. Questão levantada: supervisão, regulação do setor diante de agentes internacionais fortes e nem sempre idôneos.

Continua na página seguinte

Quadro 3 – *Continuação*

País	
Filipinas	1979 a 1982: Redução das exportações filipinas (em volume e valor) levam a colapso da economia, em 1980. Entre 1979 e 1982, governo adota estratégia exportadora no contexto de "empréstimo de ajuste estrutural" com o FMI e o Banco Mundial. Datam daí as primeiras medidas de liberalização na área comercial e financeira. Como outros países altamente endividados, entre os quais a Argentina, o Chile e a Colômbia, as Filipinas reverteram medidas prévias de liberalização, levantando barreiras não aduaneiras, incluindo proibição de importações e sistemas de concessão de licenças. O processo de reformas estruturais começa em 1986, no início do governo de transição de Coración Aquino. 1992: Ramos assume. Ele irá acelerar e acentuar ainda mais as privatizações, a liberalização das trocas, do investimento e do financiamento. Banco Central – julho de 1993, é criado o Bangko Sentral (BSG), que irá lidar com problemas macroeconômicos e monetários, não se envolvendo com o desenvolvimento bancário e financeiro. Antiga colônia espanhola, que teve sob seu controle formal o território por mais de três séculos, as Filipinas se tornaram, de fato, uma extensão do Império inglês até o final do século XIX, quando movimento nacionalista declara independência no contexto da guerra entre Espanha e Estados Unidos. O país, contudo, não chegou a viver como Estado soberano: logo foi convertido em domínio pelos Estados Unidos, que só lhe concederam independência em julho de 1946 (durante a guerra, as Filipinas tinham se convertido em colônia japonesa). A "independência" filipina, porém, sempre foi muito relativa. Já em 1950 o Congresso filipino aprovava lei (o Philippines Trade Act), prorrogando por oito anos as enormes vantagens comerciais gozadas pela antiga metrópole, os Estados Unidos. Antes disso, em 1947, fora assinado o Military Bases Agreement, assegurando por 99 anos o controle norte-americano sobre quinze bases militares na ilha, e prevendo ainda locais para mais sete.
Índia	Tendo adotado, logo depois da independência, o modelo de planejamento soviético como fonte de inspiração para a organização econômica do socialismo democrático que se pretendia implantar no país, a Índia conta – desde o final da década de 1960, quando foram nacionalizados os bancos comerciais e grandes empresas estrangeiras – com um amplo setor empresarial de Estado e um abrangente sistema de regulação administrativa da atividade econômica. As mudanças nesse sistema começam em 1986, com o primeiro ensaio de liberalização com Rajv Gandhi, interrompido em 1989, com o assassinato de seu promotor. 1991: Sob a liderança do primeiro-ministro Narasimha Rao e de seu ministro de Finanças Manmohan Singh o processo de reforma começa efetivamente.
Indonésia	Já em 1983, tarifas de importação sofrem pequena redução, mas a adoção de medidas mais abrangentes de liberalização ocorre e tem início em 1988, no contexto criado pela queda no preço do petróleo ocorrida em 1986. Daí em diante, vários pacotes de desregulação gradual, até a crise financeira de 1997-98. A partir daí, radicalização do processo de reformas, sob estrito monitoramento do Banco Mundial e do FMI.
Irã	Depois da revolução de 1979, assiste-se no Irã à constituição de amplo setor empresarial do Estado, com a expropriação dos bens dos derrotados. Durante a guerra contra o Iraque, a economia iraniana foi submetida a sistema de estrito controle centralizado, todas as energias estando voltadas para a vitória naquele conflito. Apenas no final da década de 1990, com o fortalecimento relativo da ala moderada do regime, algumas medidas muito pontuais de liberalização do comércio exterior começam a ser adotadas.

Continua na página seguinte

Quadro 3 – *Continuação*

País	
Malásia	1988: Reorientação da política econômica depois que a crise nos preços internacionais de commodities, em 1985-86, põe em evidência o fracasso da estratégia de desenvolvimento lançada pelo ministro do Comércio e da Indústria, Mahathir Mohamad, em novembro de 1980, que se baseava em grandes projetos de investimento pelas estatais coordenadas pela Heavy Industries Corporation of Malaysia (HICOM), entre as quais o Proton Saga, "carro nacional malásio". Nesse período, o governo praticou controle de preços, restrições às exportações de bens de capital, e procurou estimular o investimento em indústrias voltadas para o mercado interno. Como na Indonésia, um dos problemas políticos centrais na Malásia diz respeito às relações entre a população local e as colônias chinesas. Segundo Bowie, a inspiração principal da estratégia estatista de desenvolvimento era a promoção do elemento malásio na economia. A direção dos grandes negócios foi entregue a quadros étnicos. Com a virada ocorrida em 1988, a situação muda completamente.
Marrocos	Imerso em severa crise de endividamento externo, em 1983 o Marrocos dá início a programa de ajuste estrutural acordado com o Banco Mundial e o FMI. Saneadas as finanças, mas sem ter atingido as metas de crescimento econômico sustentável, a partir de 1990 inaugura a segunda fase de reformas, com a liberalização do setor financeiro.
México	Depois do período marcado pela mobilização empresarial contra o avanço da intervenção do Estado na economia, que se desencadeia em reação ao Plano Nacional de Desenvolvimento do presidente Echevarria (1970-76), a estatização dos bancos decretada pelo presidente López Portillo, na seqüência da moratória da dívida externa, em 1982, produz forte abalo na relação entre Estado e empresários no México, e cria as condições para as reformas liberalizantes que seriam adotadas a partir de 1986, nos governos de La Madrid e Salinas Gortari. No caso do México, a reforma econômica interna está intimamente associada à mudança em sua política econômica internacional, que se expressa, primeiro, na adesão do país ao Gatt, em 1986, e na negociação, pouco depois, do acordo de integração regional com o Canadá e os Estados Unidos, o Nafta.
Nigéria	Tendo enfrentado prolongado período de guerra civil (guerra de Biafra, 1967-70) apenas sete anos depois de sua independência, a Nigéria conhece surto de prosperidade com a tendência crescente dos preços de seu principal produto de exportação: o petróleo. A depressão dos preços do bruto em meados dos anos 1980 se traduz em crise econômica para a Nigéria. Em 1986, o governo nigeriano conclui acordo com o Banco Mundial para implementação de um programa de ajuste estrutural abrangente, combinando reformas comerciais e cambiais. Em 1993, as autoridades reintroduzem sistema de racionamento de câmbio.
Paquistão	1977: Governo de Mohammad Zia ul Haq inicia processo duradouro de parceria com a iniciativa privada. 1988: Início da primeira fase de reformas (1988-89/1991-92). 1990-93: Governo de Nawaz Sharif e aprofundamento de reformas. 1993-94: Início da segunda fase de reformas (1993-94 até os dias atuais).
Sudão	Primeiros passos para a privatização dados em Paris, em dezembro de 1983, durante negociações com Clube de Paris. O Sudão negocia com o Clube em 1979, 1982, 1983 e 1984. 1990: Anúncio de programa de reformas, em julho. 1992: Liberalização comercial. 1996: Publicação do "investment encouragement act". 1998: Nova Constituição. 1999: Publicação do novo "investment encouragement act", alterado em 2000.

Continua na página seguinte

Quadro 3 – *Continuação*

País	
Tailândia	1986-87: Adoção do modelo exportador. Entre 1980 e 1985, Tailândia vive pior crise desde 1960, sob o duplo impacto da elevação do preço do petróleo e da queda de preços matérias-primas. Neste ponto, torna-se claro que a agricultura não pode ser o "setor líder" da economia. 1997: Crise asiática (bath). 1997 (outubro): Nova Constituição. 1997 (novembro): Primeiro-ministro Chuan Leekpai é eleito pelo parlamento. 1998: Aprovação de medidas de resposta à crise do bath (1997). O processo de abertura econômica e liberalização financeira da Tailândia foi interrompido pela crise asiática, que obrigou o país a tomar medidas visando à obtenção de superávits fiscais e uma melhor supervisão dos fluxos financeiros. Na área de Trabalho e Previdência, ocorre exatamente o oposto do que vemos no Brasil, por exemplo: somente agora começa a ser implementada uma rede de proteção social, com apoio do Banco Mundial, entre outras organizações.
Tanzânia	Em 1986, governo lança programa de reforma para desmantelar sistema abrangente de controles estabelecidos na década de 1960, quando o país viveu experiência de implantação de "economia socialista" (Declaração Arusha, de 1967), e encorajar o setor privado. 1986: Economic Recovery Program: desvalorização do câmbio e início das reformas do setor público. Também revitaliza o setor de importações. 1986: Reforma Fiscal (diminuição de impostos) e incentivos para investimentos. 1988: A taxa de importação passa de 35% para 23% neste ano. 1988-90: Sistema geral de importações (licenças automáticas) e Owns Funds Facility. 1991: Banking and Financial Institution Act (BFIA): estabelecimento de bancos nacionais e internacionais no país e também permite ao Banco Central da Tanzânia (BOT) regular e supervisionar as instituições financeiras. 1995: BOT Act: dava mais poderes ao BOT para supervisionar e para conduzir a política monetária. 1993: A Parastatal Reform Commission é implantada, iniciando o processo de privatização. 1999: Reforma previdenciária: a idade para a aposentadoria sobe de 55 para 60 anos e taxa mínima passou de Tshs. 2.000 para 10.000.
Turquia	A primeira rodada de reformas data de janeiro de 1980, quando o primeiro-ministro Süleyman Demeriel lança o programa preparado pelo então vice-ministro Turgut Özal visando substituir a estratégia de substituição de importação pelo crescimento puxado pelas exportações, como forma de superar os desequilíbrios (dívida externa, inflação) causados pelos choques do petróleo e dos juros, em 1973 e 1979. Grande parceira comercial do Irã e do Iraque durante a guerra entre esses dois países (1980-88) (entre 1980 e 1985, as exportações da Turquia para o Oriente Médio cresceram cinco vezes), a economia turca é afetada negativamente pelo embargo decretado contra o Iraque ao fim da Guerra do Golfo. Em meio a déficits fiscais e pressões inflacionárias crescentes e a uma crise financeira que levaria o país à sua pior recessão desde a Segunda Guerra Mundial, o governo turco anuncia novo programa de austeridade, comprometendo-se a acelerar privatizações. Em janeiro de 1996, a Turquia conclui tratado criando União Aduaneira com a União Européia, com a qual mantinha acordo de associação desde 1963. A partir daí harmoniza quase todas as suas políticas comerciais e industriais com as normas em vigor na UE. Em junho de 1999, depois de breve governo liderado por Partido Islâmico Confeir (julho de 1997/novembro de 1998), período em que o país conclui Programa de Monitoramento com o FMI, governo de Ecevit aprova pacote aprofundando reformas estruturais. Pelo acordo celebrado em fevereiro de 2001 com o FMI, a Turquia se compromete a alcançar elevadas metas fiscais e acelerar reforma bancária e outras reformas estruturais.

Continua na página seguinte

Quadro 3 – *Continuação*

País	
Venezuela	Interrupção em 1994, no início do governo de Rafael Caldera, quando, em meio a grave crise financeira, são reinstituídos controles de preço e de câmbio e interrompido o programa de privatização. As reformas são retomadas pelo mesmo governo em 1996, mas com implementação bloqueada por baixa sustentação política.
Zâmbia	Depois de o presidente Kaunda ter rompido com o FMI, em 1986, e limitado unilateralmente o serviço da dívida externa a um percentual fixo do valor de suas exportações, seu sucessor, Frederick Chiluba, normaliza as relações do país com o órgão e anuncia programa abrangente de liberalização econômica. O processo de reformas econômicas e de liberalização ocorrido na Zâmbia é citado em vários textos consultados como um dos mais profundos e velozes programas de reforma na região e, talvez, no mundo.

A IMPLANTAÇÃO DAS REFORMAS

Abertura comercial

A abertura comercial tende a ser vista como um dos itens mais importantes na estratégia de reformas. O princípio que a orienta é o de avançar tanto quanto possível em direção a um regime neutro de políticas comerciais, isto é, políticas que provoquem distorções mínimas nos preços relativos. Nesse sentido, as medidas que ela abrange podem ser ordenadas segundo a sua importância e seu lugar em uma seqüência temporal canônica: 1) eliminação de cotas e vedações (produtos com importação – ou exportação – proibidas), com uso exclusivo da tarifa aduaneira como mecanismo de proteção; 2) racionalização da estrutura tarifária, com redução das alíquotas nominais e da dispersão tarifária; 3) redução continuada da tarifa média.

Pelo impacto distributivo que implica, a abertura comercial tende a ser considerada também uma reforma politicamente difícil (ver, entre outros, Rodrik, 1989). No entanto, é nesse terreno em que os resultados mais consistentes parecem ter sido obtidos.

Com efeito, dos 24 países que estudamos, todos eles (inclusive o Irã) adotaram políticas de liberalização nessa área. Naturalmente, nem todos sequer chegaram a se aproximar do ideal assintótico de um regime neutro de comércio externo. Todavia, como em outras políticas, não se deve perder de vista a diferença dos pontos de partida: embora a utilização de barreiras tarifárias e não-tarifárias fosse uma constante na trajetória prévia desses países, o nível e a abrangência delas variavam significativamente.

As tabelas a seguir dão uma idéia clara desses dois fatos: a tendência geral nesse campo, e as diferenças marcantes que existiam e continuam existindo entre os países.

Tabela 13 – Padrões nas tarifas médias para países em desenvolvimento e industriais, 1980-99 (não ponderadas, em %)

País	1980	1981	1982	1983	1984	1985	1986	1987	1988	1989	1990	1991	1992	1993	1994	1995	1996	1997	1998	1999
Argélia	44,4	...	...	...	22,6	21,7	27,0	23,1	23,8	24,6	...	...	22,9	24,8	...	...	...	...	24,2	...
Argentina	...	...	28,0	...	...	35,0	23,3	27,0	27,0	25,0	20,5	12,2	11,8	10,9	...	10,5	11,2	11,3	13,5	11,0
Brasil	44,0	49,0	48,0	48,0	49,0	51,0	51,0	51,0	41,0	35,0	32,2	25,3	21,2	14,2	11,9	11,1	...	11,8	14,6	13,6
Chile	...	...	...	...	35,0	20,0	20,0	20,0	15,0	15,0	15,0	11,0	11,0	11,0	11,0	11,0	...	11,0	11,0	10,0
Colômbia	...	...	...	...	61,0	...	33,6	29,4	27,3	27,3	27,0	21,1	11,8	11,5	11,5	13,3	11,7	11,7	11,6	11,8
Egito	...	47,4	...	...	...	...	42,8	42,8	...	33,5	...	42,2	...	...	28,3	28,1	...	35,5	26,8	20,5
Etiópia	...	29,0	...	...	...	...	...	...	29,6	...	...	...	...	...	28,8	16,3	...	...	...	...
Índia	...	74,3	...	...	...	...	100,0	98,8	...	...	81,8	79,2	53,0	47,8	47,8	41,0	38,7	35,0	30,0	32,2
Indonésia	29,0	...	...	...	37,0	27,0	31,5	...	...	25,2	20,6	20,3	20,0	19,4	...	...	13,2	...	9,5	10,9
Irã	20,7	...	...	...	...	...	...	20,7	...	...	...	...	...	8,3	...	...	...	...	7,6	7,5
Coréia	...	...	23,7	23,7	21,9	...	...	22,9	18,9	14,9	13,3	11,4	10,1	8,9	...	...	13,4	13,3	11,1	8,7
Malásia	...	10,6	...	...	...	...	15,8	13,6	13,0	17,0	...	16,9	12,8	14,3	13,0	...	8,7	9,1	7,1	...
México	...	...	27,0	24,0	23,0	25,2	22,6	11,3	11,3	13,1	11,1	13,1	13,4	...	13,5	13,1	12,6	12,6	13,3	10,1
Marrocos	...	...	54,0	36,0	33,0	27,0	23,0	20,8	24,0	...	...	...	...	22,8	24,4	25,7	...	22,1	...	...
Filipinas	41,4	34,6	31,4	29,5	28,8	27,6	27,9	27,9	27,9	27,6	27,8	26,0	24,3	22,6	21,7	20,0	14,3	13,4	10,7	10,1
África do Sul	...	...	...	...	29,0	...	...	22,0	12,7	...	11,0	10,5	9,9	10,0	9,7	6,2	8,8	8,7	7,2	8,5
Sudão	50,6	...	...	...	...	...	56,6	...	...	...	43,0	...	...	...	24,0	...	...	...	...	...
Tanzânia	...	...	23,9	...	...	...	32,1	...	29,8	28,2	29,7	...	33,0	27,5	27,5	24,5	24,4	21,8	21,6	16,1
Tailândia	...	32,3	...	...	...	41,2	...	...	...	40,8	39,8	37,8	...	45,6	23,3	23,1	...	...	20,1	17,1
Turquia	...	...	...	40,0	22,0	24,7	31,4	26,6	22,7	...	...	...	...	26,7	...	...	...	13,5	12,7	8,2
Venezuela	...	...	...	...	28,0	28,0	...	32,9	32,9	30,6	19,0	16,0	16,4	15,7	11,8	13,4	...	11,9	12,0	12,6
Zâmbia	...	...	...	...	...	...	...	29,9	...	...	...	...	...	25,9	26,9	23,8	13,6	13,6	6,8	...

Tabela 14 – Medidas não-tarifárias para todos os produtos em países em desenvolvimento, 1989-98 (em %)

País	MNT centrais		Licenciamento não-automático		Proibições	
	1989-94	1995-98	1989-94	1995-98	1989-94	1995-98
Indonésia	53,6	31,3	53,0	31,0	5,0	0,0
Coréia	50,0	25,0	32,0	0,0	0,0	0,0
Malásia	56,3	19,6	55,0	20,0	4,0	14,0
Filipinas	11,5	...	7,0	...	4,0	...
Tailândia	36,5	17,5	36,0	11,0	0,0	6,0
Índia	99,0	93,8	99,0	94,0	3,0	1,0
Nigéria	14,4	11,5	0,0	2,0	14,0	9,0
África do Sul	36,5	8,3	36,0	5,0	0,0	0,0
Zâmbia	...	1,0	...	0,0	...	1,0
Egito	57,3	...	14,0	...	53,0	...
Marrocos	58,3	13,4	51,0	13,0	0,0	0,0
Turquia	5,2	19,8	5,0	0,0	0,0	0,0
Argentina	3,1	2,1	3,1	1,0	0,0	0,0
Brasil	16,5	21,6	10,0	11,0	7,0	11,0
Chile	5,2	5,2	0,0	0,0	1,0	1,0
Colômbia	55,2	10,3	55,0	6,0	7,0	1,0
México	27,8	13,4	28,0	6,0	0,0	1,0
Venezuela	...	17,7	...	2,0	...	3,0

Fonte: Michalpopolus, 1999.

Tendência geral: em todos os países, tanto as alíquotas médias quanto as barreiras não-tarifárias caem significativamente no período. Diferenças: com uma tarifa média em torno de 32,2% e com 93,8% dos produtos que importa sujeitos a diferentes tipos de controle direto, a Índia se mantém como a economia mais fechada do grupo (excluído o Irã), em nítido contraste com a Argentina ou o Chile (alíquotas médias de 11% e 10% e barreiras não-tarifárias de 2,1% e 5,2%, respectivamente).

O Quadro 4 (p.93) resume a informação qualitativa que conseguimos coligir sobre as reformas na área do comércio exterior e do câmbio nos países considerados.

Liberalização financeira

Embora tenha entrado na agenda da política econômica dos países periféricos apenas nas décadas de 1980 e 1990, o tema da abertura comercial não tem nada de novo. A tese das vantagens universais do livre comércio é um dos pilares do liberalismo econômico e, como tal, um dos princípios normativos da ordem econômica internacional gestada no imediato pós-Guerra.

Quadro 4 – Abertura comercial e cambial

País	Redução de tarifas	Redução da dispersão tarifária	Eliminação/redução de barreiras não-tarifárias	Unificação do regime de câmbio	Eliminação/redução das restrições à saída de capital	Eliminação/redução das exigências de repatriação a receita de exportação	Eliminação de sobretaxas e depósitos prévios a importações	Outra informação
ÁFRICA	SIM. Começam a cair sensivelmente já a partir de 1988.	SIM	Diminuição da lista de produtos dependente de licença de importação.	13-3-1995: Eliminação do Financial Rand.	O governo mantém ainda muitos instrumentos de controle para evitar amplos movimentos de saída de capital.			
ARGÉLIA	Tarifas não sofrem reduções significativas.		Em 1991, são abolidas as licenças formais de importação.			Não. A exigência se mantém, mas as receitas podem ser depositadas em bancos no país, não necessariamente no Banco Central.		Eliminação dos monopólios estatais de importação.
ARGENTINA	SIM.	SIM.	SIM, com exceção do regime automotriz.	Mercado livre de câmbio. Plena convertibilidade desde abril de 1991.	SIM.			
BRASIL	Iniciada timidamente em meados de 1988, em 1990 lança programa	SIM.	SIM.	SIM.	SIM.		SIM.	

Continua na página seguinte

Quadro 4 – *Continuação*

País	Redução de tarifas	Redução da dispersão tarifária	Eliminação/ redução de barreiras não-tarifárias	Unificação do regime de câmbio	Eliminação/ redução das restrições à saída de capital	Eliminação/redução das exigências de repatriação a receita de exportação	Eliminação de sobretaxas e depósitos prévios a importações	Outra informação
	escalonado de redução tarifária, que teve continuidade nos governos subseqüentes. Em 1995, as tarifas sobre material de transporte foram elevadas como parte do programa de fomento à inversão na indústria automobilística.							
CHILE	SIM.	SIM.	Últimas restrições quantitativas eliminadas em 1979.		O Chile mantém regras que desestimulam os investimentos de curto prazo (depósito não remunerado para aplicações financeiras inferiores a um ano).			

Continua na página seguinte

Trajetórias

Quadro 4 – *Continuação*

País	Redução de tarifas	Redução da dispersão tarifária	Eliminação/ redução de barreiras não-tarifárias	Unificação do regime de câmbio	Eliminação/ redução das restrições à saída de capital	Eliminação/redução das exigências de repatriação a receita de exportação	Eliminação de sobretaxas e depósitos prévios a importações	Outra informação
COLÔMBIA	SIM.		Em 1983, as cotas foram convertidas em tarifas, que sofrem inicialmente pequena redução e depois se elevam.					
CORÉIA	SIM. As tarifas médias começam a cair mais expressivamente na segunda metade da década de 1980.		SIM. Mas até meados da década de 1990 foram mantidas para produtos agrícolas.					
EGITO	SIM.	SIM.	Quase total.	SIM.	SIM.			Desmantelamento dos controles de câmbio: SIM.
ETIÓPIA	SIM.		SIM.	Em 1993, introduz-se sistema de leilão de câmbio, que passa a ser usado paralelamente ao oficial (fixo), para importações críticas e serviço de débito externo. Entre 1993 e 1996, o sistema de câmbio foi liberalizado.				

Continua na página seguinte

95

Quadro 4 – *Continuação*

País	Redução de tarifas	Redução da dispersão tarifária	Eliminação/ redução de barreiras não-tarifárias	Unificação do regime de câmbio	Eliminação/ redução das restrições à saída de capital	Eliminação/redução das exigências de repatriação a receita de exportação	Eliminação de sobretaxas e depósitos prévios a importações	Outra informação
FILIPINAS	Em outubro de 1986, o governo assinou um acordo com o FMI concordando em liberalizar o controle para importações e eliminar barreiras em 1.232 produtos até dezembro do mesmo ano, sendo que em apenas 303 produtos não atingiram a meta. Em junho de 1990, iniciou-se um esquema de revisão de tarifas, em que seriam utilizadas apenas quatro taxas, variando de 3% até 30%.				SIM. O mercado cambial foi amplamente liberalizado no início dos anos 1990.			
ÍNDIA	SIM, embora o nível tarifário da Índia ainda seja um dos mais altos no mundo.	SIM.	SIM. Mas mantém-se o sistema de licença de importação (com duas listas:	SIM. No período prévio, foi ensaiado, durante um ano, um sistema de taxa dupla de câmbio.	SIM.		NÃO. Em 1998, o governo impõe taxa especial para importação.	

Continua na página seguinte

Quadro 4 – *Continuação*

País	Redução de tarifas	Redução da dispersão tarifária	Eliminação/ redução de barreiras não-tarifárias	Unificação do regime de câmbio	Eliminação/ redução das restrições à saída de capital	Eliminação/redução das exigências de repatriação a receita de exportação	Eliminação de sobretaxas e depósitos prévios a importações	Outra informação
			"restrita" e "licença aberta geral") para a maioria dos bens de consumo. Antes da reforma, as exportações de várias commodities estavam sob severas restrições quantitativas, via elaborado sistema de licenciamento.					
INDONÉSIA	SIM.	SIM.	SIM. Incluindo a eliminação dos monopólios de importação de plástico e de aço. Apesar da redução, em 1990, barreiras não tarifárias afetavam seiscentos itens. Junho de 1999, diminuição significativa dos requisitos de licenciamento para produtores					

Continua na página seguinte

Quadro 4 – *Continuação*

País	Redução de tarifas	Redução da dispersão tarifária	Eliminação/ redução de barreiras não-tarifárias	Unificação do regime de câmbio	Eliminação/ redução das restrições à saída de capital	Eliminação/redução das exigências de repatriação a receita de exportação	Eliminação de sobretaxas e depósitos prévios a importações	Outra informação
			de automóveis e extinção gradual do programa de conteúdo local nesta indústria.					
IRÃ	SIM.	SIM.						
MALÁSIA	SIM. Com eliminação de licenças de importação, as tarifas foram elevadas, para se reduzirem depois, de forma gradual.	SIM.	SIM.					
MARROCOS	SIM. Pela Lei de comércio Exterior, de 1992, o Marrocos se compromete com os princípios do livre comércio.	NÃO. As tarifas variam de 2,5% ao teto de 300%.	SIM.			NÃO. A exigência se mantém, mas as receitas podem ser depositadas em bancos no país, não necessariamente no Banco Central.		
MÉXICO	SIM.	SIM.	SIM.	SIM.	SIM.			
NIGÉRIA	SIM.	SIM.	SIM. Eliminação das licenças de importação e dos "agricultural marketing board".					

Continua na página seguinte

Quadro 4 – *Continuação*

País	Redução de tarifas	Redução da dispersão tarifária	Eliminação/ redução de barreiras não-tarifárias	Unificação do regime d.e câmbio	Eliminação/ redução das restrições à saída de capital	Eliminação/redução das exigências de repatriação da receita de exportação	Eliminação de sobretaxas e depósitos prévios a importações	Outra informação
PAQUISTÃO	SIM. Em 1999, a tarifa máxima para importação foi reduzida de 45% para 35%.						SIM. Foram sendo progressivamente reduzidas até a sua extinção, em fevereiro de 1999.	
SUDÃO			SIM. Em 1996, a lista negativa de importações foi reduzida aos produtos proibidos por questões religiosas, de segurança nacional e de saúde.	SIM, em 1992. Em 1995, o banco central do país licenciou operadores de comércio exterior para atuarem no mercado à vista.	SIM, bancos comerciais já podem transferir recursos a investidores ou financiadores internacionais, sem autorização prévia do banco central do país.			De maneira geral, esta atividade é regulada de acordo com o "Trade Act", de 1994. Obs.: Importações de Israel são proibidas. Eliminação dos monopólios estatais de importação: SIM, gradualmente. Na áreas de petróleo e "crude".

Continua na página seguinte

Quadro 4 – *Continuação*

País	Redução de tarifas	Redução da dispersão tarifária	Eliminação/ redução de barreiras não-tarifárias	Unificação do regime de câmbio	Eliminação/ redução das restrições à saída de capital	Eliminação/reducão das exigências de repatriação da receita de exportação	Eliminação de sobretaxas e depósitos prévios a importações	Outra informação
TAILÂNDIA	Até 1995, NÃO. Para grande parte dos bens importados, as tarifas parecem ter crescido ao longo da década. Neste ponto, torna-se claro que a agricultura não pode ser o "setor líder" da economia.	SIM. As informações obtidas vão até 1999. Era prevista uma revisão na estrutura tarifária em 2000. Se esta ocorreu, e em que medida, só comparando. 153 produtos de T.I. tiveram suas tarifas abolidas, em cumprimento a acordo da OMC. Outras reduções estão previstas em consonância a acordos regionais (Asean e Afta).	NÃO, pelo contrário...		SIM, entre 1990-91.			

Continua na página seguinte

Quadro 4 – *Continuação*

País	Redução de tarifas	Redução da dispersão tarifária	Eliminação/ redução de barreiras não-tarifárias	Unificação do regime de câmbio	Eliminação/ redução das restrições à saída de capital	Eliminação/redução das exigências de repatriação da receita de exportação	Eliminação de sobretaxas e depósitos prévios a importações	Outra informação
TANZÂNIA	SIM.		SIM.	Ao cabo de várias medidas de racionalização, o regime de câmbio foi unificado em 1993.				
TURQUIA	SIM. Mas até a criação da União Aduaneira com a UE, as tarifas foram mantidas em níveis elevados em termos comparativos com outros países em desenvolvimento.		Iniciada em 1981, e com avanço importante em 1984, sistema de listas de importação é gradualmente liberalizado; em 1990 todos os diferentes tipos de restrições quantitativas tinham sido eliminados.	Já em 1984 foram eliminadas quase todas as diferenciações entre taxas de câmbio.	No final da década de 1980 governo abre mão de controles diretos da taxa de câmbio.			
VENEZUELA	SIM.	SIM.						
ZÂMBIA	SIM. Redução tarifária drástica de um máximo de 100%, para 25%, 0% para 5% para bens brutos, primários, 15% para bens intermediários, 25% para bens de capital.							

Como já tivemos ocasião de assinalar, ao desenharem as instituições que lhe dariam forma, os arquitetos do sistema de *Bretton Woods* foram guiados pelo propósito de assegurar as condições para a expansão continuada do comércio internacional e de evitar a eclosão dos conflitos violentos que os desequilíbrios econômicos brutais do passado próximo haviam produzido. Esse sistema, cujo eixo era a convertibilidade do dólar, previa a liberalização gradual das trocas internacionais – por meio da adesão voluntária aos compromissos acordados em rodadas sucessivas de negociações no âmbito do Gatt – e controles generalizados sobre os fluxos de capital.

Sob a vigência desse sistema, os países da periferia puderam implementar, sem grande contestação externa, políticas de desenvolvimento baseadas na proteção do produtor local, no controle do câmbio e no manejo do mecanismo do crédito (financiamento segundo as prioridades do plano, tabelamento de juros, crédito subsidiado).

Tudo isso começa a mudar quando o governo Nixon decreta unilateralmente a inconversibilidade do dólar e, pouco depois, a adoção do regime de câmbio flutuante. A partir daí, sob o impulso da criação de novos instrumentos de crédito e das políticas de desregulamentação generalizadamente aplicadas nos países capitalistas desenvolvidos, desenvolve-se o processo que iria culminar na globalização financeira dos nossos dias (cf. Helleiner, 1994). Nesse novo contexto, os mecanismos de controle usualmente empregados nos países periféricos – antes tão bem aceitos – passam a ser apontados como fatores de atraso e até mesmo como práticas moralmente condenáveis – o novo jargão consagra a fórmula "repressão financeira" para referir-se a elas.

O processo de liberalização financeira a que assistimos desde então nesses países tem duas faces intimamente interligadas: interna e externa. Além da desregulamentação da atividade bancária, ela envolve também a diversificação e a internacionalização do mercado de capitais, e a liberalização do regime de câmbio é parte constitutiva desse processo. Com efeito, se no passado era possível tratar o regime de câmbio como capítulo da reforma do comércio exterior, hoje, quando as moedas operam como ativos financeiros e se convertem em objetos de intensa especulação, isso não faz mais nenhum sentido.

No Quadro 5, procuramos reunir dados sobre o conjunto desses aspectos. Embora ainda muito incompleta, a informação que ele contém nos sugere quão generalizada tem sido a aplicação de políticas liberalizantes nessa área, e como continuam existindo, ainda assim, diferenças acentuadas entre países de nossa amostra, como as que separam, por exemplo, a situação da Índia ou da Argélia, de um lado, da que prevalecia até recentemente na Argentina. Digno de nota igualmente é o mecanismo utilizado pelo Chile para restringir a volatilidade do capital especulativo: exigência de depósito compulsório, em fundo não remunerado, proporcional ao montante investido para aplicações inferiores a um ano.

Quadro 5 – Liberalização financeira

País	Eliminação ou redução dos programas de crédito dirigido	Eliminação de controles sobre as taxas de juro	Redução das reservas obrigatórias	Reforma da legislação de mercado de capitais	Reforma da legislação bancária	Melhoria da supervisão bancária
ÁFRICA DO SUL				Desenvolvimento de novos mercados (derivativos) e novos instrumentos financeiros (commercial papers, opções e contratos futuros, desregulação continua da Bolsa de Valores de Johanesburgo).		
ARGÉLIA		Taxas de juro são fixadas semanalmente por comitê governamental. Medidas de liberalização de juros começam a ser adotadas em 1990. As taxas de juro para depósitos foram liberadas em 1990; os últimos controles sobre as taxas de juro em operações de crédito foram abolidos em dezembro de 1995.	POUCO.	"A ausência de um setor moderno de serviços financeiros restringe o crescimento do setor privado e é um obstáculo ao investimento estrangeiro." Bolsa de Valores começa a operar em julho de 1999. Instituição, em 1995, de sistema de leilão para negociar Letras do Tesouro no mercado de capitais.	Bancos privados começam a operar no país em 1998. Na Argélia, a concorrência entre bancos é obstada pelo reduzido número de bancos e pela segmentação de suas atividades.	1990: Lei de Moeda e Crédito confere autonomia ao Banco Central.
ARGENTINA	SIM.	Algumas taxas são controladas.	MUITO.	SIM.	SIM.	SIM.
BRASIL		Algumas taxas são controladas.	SIM.	SIM.	NÃO.	SIM.
CHILE		Algumas taxas são controladas.	NÃO.	SIM.	SIM.	SIM.
COLÔMBIA	SIM.	SIM.	MUITO.	SIM.	SIM.	Era boa.
CORÉIA		SIM.	MUITO.	Começa em 1995 a liberalização do mercado de capitais, com a progressiva eliminação de barreiras a investimentos estrangeiro em carteira e à captação de recursos externos, sob forma de empréstimos, pelas empresas coreanas.		

Continua na página seguinte

Quadro 5 – *Continuação*

País	Eliminação ou redução dos programas de crédito dirigido	Eliminação de controles sobre as taxas de juro	Redução das reservas obrigatórias	Reforma da legislação de mercado de capitais	Reforma da legislação bancária	Melhoria da supervisão bancária
EGITO	Iniciada a desativação.	SIM.	MUITO.			
ETIÓPIA		1994: fim de taxas de juros específicas por setor, administradas pelo National Bank of Ethiopia (NBE) e substituídas por uma taxa de depósito mínima de 10% e uma taxa de empréstimo de 15%. Em 1998, taxas de juro em operações ativas (crédito) são liberadas. Redução das reservas obrigatórias.			SIM	SIM
FILIPINAS		Medida já introduzida no primeiro ensaio de liberalização financeira, no início dos anos 1980.	SIM.	SIM.	SIM.	SIM.
ÍNDIA		Com algumas exceções importantes, controles sobre as taxas de juros foram reduzidos.	MUITO.	SIM.		SIM.
INDONÉSIA		Tendo contado tradicionalmente com amplos programas de crédito dirigido, na carta de intenções apresentada ao FMI em março de 1999, o governo indonésio se compromete a simplificar os esquemas voltados para as cooperativas e pequenas e médias empresas, mantendo taxas de juro positivas mediante correção periódica às condições do mercado.			SIM. Lei n. 10, de 1998, altera a Lei Bancária n. 7, de 1992, amplia participação estrangeira autorizada em bancos nacionais e cria novas regras para dar mais transparência às práticas bancárias.	Lei n. 23, de 1999, que substitui a Lei n. 3, de 1968, concede independência ao Banco Central.

Continua na página seguinte

Quadro 5 – *Continuação*

País	Eliminação ou redução dos programas de crédito dirigido	Eliminação de controles sobre as taxas de juro	Redução das reservas obrigatórias	Reforma da legislação de mercado de capitais	Reforma da legislação bancária	Melhoria da supervisão bancária
IRÃ						
MALÁSIA			MUITO.			
MARROCOS		SIM.	POUCO.	SIM. Criação de mecanismo para negociação de títulos do Tesouro em 1983, convertido em sistema de leilão em 1989.	SIM.	SIM. Lei Bancária de 1993 estabelece bases legais para a plena operação de bancos múltiplos (universal banking). Maior autonomia do Banco Central.
MÉXICO	SIM.	SIM.	GRANDE.	SIM.	NÃO.	SIM.
NIGÉRIA		SIM.	MUITO.			Nova legislação adota padrões de Basle como novas regras prudenciais, mas proliferaram depois da reforma bancos setoriais e outras instituições financeiras não bancárias que escapam à supervisão do Banco Central.
PAQUISTÃO	SIM. Limitação das operações de crédito dirigido e das operações de crédito via instituições não bancárias, em 1992.	SIM. Introdução de taxas de retorno orientadas pelo mercado para regulação dos instrumentos de débito governamentais, entre 1987 e 1988. Em 1997-98, todas as contas públicas passam a ser administradas por meio de instrumentos orientados pelo mercado.	SIM, as reservas passam a ter base mínima semanal, e não mais diária.	SIM. Escalonamento dos títulos e bônus federais para curto e longo prazo. Adaptação destes para a negociação em mercados secundários.	SIM. "Privatização" de bancos estatais. Apenas três bancos comerciais permanecem estatais. Estrangeiros passam a ter mais acesso aos bancos do país.	SIM. Expansão do crédito passa a ser lastreada pelos depósitos. Administração dos bancos estatais passa a ser "profissionalizada", e são tomadas medidas para a consolidação das práticas de austeridade financeira e proteção destes bancos em relação a "interferências políticas".

Continua na página seguinte

Quadro 5 – *Continuação*

País	Eliminação ou redução dos programas de crédito dirigido	Eliminação de controles sobre as taxas de juro	Redução das reservas obrigatórias	Reforma da legislação de mercado de capitais	Reforma da legislação bancária	Melhoria da supervisão bancária
SUDÃO		A política monetária no Sudão prevê a regulação dos regimes de crédito, alocação de investimentos e das taxas de crédito.				
TAILÂNDIA		SIM, entre 1990-91. Neste ponto, torna-se claro que a agricultura não pode ser o "setor líder" da economia.		SIM.	SIM. Logo após a crise asiática (1997-98), o país proporciona maior abertura a investimentos estrangeiros no setor. Segundo projeções de 2002, ao final do processo de consolidação das reformas no setor financeiro, o número de bancos deverá cair de quinze para treze.	Sim. A participação e o regime de investimentos dos bancos nacionais e estrangeiros passa por regulamentação em ato governamental de 1997. Segregação entre instituições financeiras viáveis e inviáveis, reforço do controle e supervisão preventiva sobre as instituições remanescentes.
TANZÂNIA	SIM.	SIM.	MUITO.		SIM.	SIM.
TURQUIA		SIM. Entre 1980 e 1989, redução dos controles sobre as taxas de juro e a alocação do crédito levam a escândalos financeiros e a movimentos pendulares de desregulação/reregulação, mas a tendência geral é no sentido da liberalização. Em 1989 novo governo liberaliza conta de capital, decretando a plena convertibilidade da lira.	MUITO.	SIM.	SIM.	SIM.
VENEZUELA	SIM.	SIM.	GRANDE.	NÃO.	SIM.	SIM.
ZÂMBIA	SIM.	SIM.		SIM.	SIM.	SIM.

Liberalização do regime de investimentos estrangeiros

Em um mundo governado pelo mercado, a utilização de predicados políticos para qualificar agentes econômicos perde todo sentido. Nacional, estrangeira: o fato de uma empresa estar sediada neste ou naquele território é irrelevante; o que importa é saber se ela produz o que o consumidor demanda, e se faz isso melhor e mais barato que seus concorrentes.

A ordem econômica que vemos nascer depois da Segunda Guerra Mundial pouco tem a ver com essa imagem de mundo. Confronto de blocos, decomposição de impérios, afirmação do direito de autodeterminação dos povos, nacionalismos... na economia politizada do pós-Guerra os Estados davam tratamento distinto às empresas, sem nenhum acanhamento, segundo a sua origem.

Naturalmente, a desigualdade no trato do investidor nacional e do estrangeiro variava de um país a outro. Ela tendia a ser maior naqueles que saíam de experiências recentes de colonização, como a Coréia (que, até 1945, viveu quarenta anos traumáticos sob o jugo japonês) (c. Mardon, 1990), ou que acabavam de romper de laços de subordinação bem mais antigos, como a Índia. Na América Latina, ao contrário, onde a lembrança do passado colonial era mais remota, o capital estrangeiro tendia a ser visto com maior neutralidade, e quase sempre era bem acolhido.[10] Mas não a ponto de ter assegurado a desejada isonomia. Mesmo um país tão hospitaleiro quanto o Brasil vedava muitos setores de atividade ao investidor estrangeiro e limitava a empresas com participação majoritária nacional o acesso ao crédito de uma instituição pública, como o BNDES.

A partir do início dos anos 1980, esse estado de coisas começa a mudar. A liberalização dos regimes de investimento estrangeiro passa a constar do programa de reformas econômicas recomendado aos países em desenvolvimento e como item de negociação internacional no âmbito do antigo Gatt e sua sucessora, a OMC, bem assim como nos tratados de integração econômica regional, como o NAFTA e a Alca e outros fóruns. Envolvendo vasta gama de matérias, que se espalham por vários capítulos dos acordos em negociação – medidas comerciais relacionadas com investimentos, compras governamentais, mecanismos de resolução de conflitos –, o movimento em prol de um regime internacional de investimento estrangeiro tem como horizonte a criação de um espaço econômico global com as características evocadas no primeiro parágrafo deste item.

Os obstáculos que ele encontra não são desprezíveis, como o rotundo fracasso, em 1997, das negociações em torno do Acordo Multilateral de Investimentos na OCDE e, mais recentemente, o fracasso da Conferência da OMC em Cancun demonstram com eloqüência. Apesar disso, mudanças significativas na direção indicada vêm se verificando em quase todos os países. O Quadro 6 fornece elementos para uma avaliação da medida em que os países de nossa amostra avançaram nesse caminho.

---

[10] Retomamos aqui, por nossa conta, uma generalização histórica esboçada por Amsden em seu recente livro, *The Rise of "The Rest"*, 2001, p.119 ss.

Quadro 6 – Liberalização do regime de investimento estrangeiro

País	
ÁFRICA DO SUL	Permissão para bancos estrangeiros abrirem agências no país.
ARGÉLIA	"Não há barreiras absolutas ou limitações ao investimento estrangeiro. A legislação foi alterada em 1999 para permitir participação majoritária estrangeira em empresas de mineração."
ARGENTINA	Em 1977, como parte da reforma financeira empreendida pela equipe econômica da Junta Militar que governava o país, foram abolidas todas as restrições à entrada de novas instituições no setor bancário e a expansão das redes já existentes, tanto para nacionais quanto para estrangeiros. Na ocasião, a legislação argentina passou a assegurar tratamento nacional aos bancos estrangeiros. De acordo com o Decreto n. 1.852/93, que altera a legislação vigente até então, o regime de investimento estrangeiro na Argentina é regido por três princípios básicos: 1) Os investidores estrangeiros podem investir em qualquer atividade econômica – industrial, extrativa, agrícola, comercial, financeira ou de prestação de serviços – sem necessidade de nenhum tipo de aprovação prévia; 2) os investidores estrangeiros têm assegurado o direito de repatriar seus investimentos e remeter seus lucros em qualquer momento, a seu critério, ausente qualquer tipo de restrição nessa matéria (a antiga distinção entre "investimentos registrados" e "não registrados" tendo sido eliminada); 3) os investidores estrangeiros gozam de tratamento nacional (isto é, têm os mesmos direitos e os mesmos deveres conferidos pela Constituição aos investidores argentinos).
BRASIL	Por meio de reforma constitucional, vários setores foram abertos ao investimento externo, enquanto alterações de caráter regulamentar facultavam a empresas de capital estrangeiro o acesso às linhas de crédito do Banco Nacional de Desenvolvimento Econômico e Social, o BNDES. Persistem restrições à propriedade estrangeira em setores como "meios de comunicação" e bancos. Neste último, o estabelecimento de instituição estrangeira no país depende de decisão do presidente da República.
CHILE	O Decreto-lei n. 600, de 1977, elimina as restrições à participação estrangeira em empresas chilenas; assegura plena liberdade de conversão dos recursos estrangeiros destinados a investimento à taxa de câmbio definida pelo investidor; garante tratamento nacional a empresas estrangeiras. O Chile mantém restrições aos investimentos de curto prazo (portfólio), estabelecendo a exigência de um depósito de 30% do montante investido em um fundo que não rende juros, para os investimentos com prazo inferior a um ano.
COLÔMBIA	
CORÉIA	Extremamente restritivo durante toda a fase de implantação da indústria pesada, o regime de investimentos estrangeiros da Coréia começa a ser relaxado em meados da década de 1980. Em 1984, o governo substitui o "sistema de lista positiva" pelo "sistema de lista negativa", no qual os setores industriais não relacionados seriam automaticamente aprovados. Em 1989, caem as exigências de conteúdo local, volume de exportação e transferência de tecnologia. Em 1996, com o Five-Year Foreign Investment Liberalization Plan, número de "setores restritos" cai de 57 para dezoito, e fica liberada a aquisição e fusão de empresas por investidores estrangeiros, desde que com anuência da direção da empresa coreana.

Continua na página seguinte

Quadro 6 – *Continuação*

País	
EGITO	Em 1996, emenda na lei bancária permite associações com participação estrangeira superior a 49% do capital votante. De acordo com o Tratado Bilateral de Investimento EUA-Egito, de 1992, governo egípcio é obrigado a manter elementos básicos de um regime de investimento aberto: tratamento de "nação mais favorecida" ao investimento estrangeiro, liberdade de transferências financeiras, e padrões legais internacionais para expropriação e compensação. Em princípio, projetos de investimentos são aprovados automaticamente em setores que não aparecem em uma "lista negativa".
ETIÓPIA	O setor bancário continua vedado ao capital estrangeiro.
FILIPINAS	Embora o investimento externo – com predominância de capitais norte-americanos – tenha sido sempre um elemento fundamental na economia das Filipinas, a legislação do país continha muitos dispositivos restritivos. Na década de 1990, este regime foi alterado, por meio do Foreign Investment Act, de 1991, como parte de política de atração de investimento.
ÍNDIA	A Nova Política Industrial reduz consideravelmente o alcance do sistema de licenciamento industrial, liberando as empresas para decidir por conta própria sobre o dimensionamento e a localização de seus estabelecimentos; as restrições antigas passam a valer apenas para dezoito setores "centrais". São relaxados também os dispositivos da Lei de Monopólios e Práticas Comerciais Restritivas (MTTP), que inibiam as atividades das grandes empresas. A NPI abre ao investimento privado vários setores até então reservados a empresas públicas (que caem de dezessete para oito 8), e assegura aprovação automática a investimentos estrangeiros, em associação com o capital indiano, até o limite de 51%, em 34 indústrias (pelo Foreign Exchange Regulation Act, de 1974, o limite era de 40%). Em 10 de maio de 2001, governo indiano eleva, de 20 para 49%, o teto para a participação do capital estrangeiro no setor bancário. Aprovação automática para projetos com 100% de investimento estrangeiro passa a valer para mais dois setores: serviços de correio e transporte rápido de massa em áreas metropolitanas (metrôs) – até então a regra aplicava-se para dois setores: geração e transmissão de energia elétrica e construção/manutenção de estradas.
INDONÉSIA	Até 1989, o regime de investimento estrangeiro era bastante restritivo, com muitos setores fechados ao capital estrangeiro e com projetos na dependência de complicados processos burocráticos na agência de investimentos estrangeiros (a BKPM, na sigla em inglês). Em maio de 1989, as restrições foram significativamente reduzidas. Ali Wardhana, "Economic reform in Indonesia: the transition from resource dependence to industrial competitiveness". Contudo, até 1997, continuavam existindo barreiras ao investimento estrangeiro em muitas áreas, em especial no setor financeiro. Em 1994, governo liberaliza o regime de investimento estrangeiro, abrindo a este os setores de energia elétrica, telecomunicações, navegação, transporte aéreo, ferrovias, estradas de rodagem e suprimento de água. Em 1997, novo pacote liberalizante permite empresas que produzem no país a distribuir diretamente seus produtos.
IRÃ	
MALÁSIA	Desde a emenda na Lei de Coordenação Industrial. Em outubro de 1986, foram reduzidas as restrições, e ampliados os incentivos ao investimento estrangeiro na indústria. Em regra geral, no entanto, a participação estrangeira é limitada a 30%, sendo permitido o controle integral sob determinadas condições, em geral relacionadas às exportações. No setor de bancos comerciais, a participação do capital estrangeiro é limitada em 20%.

Continua na página seguinte

Quadro 6 – *Continuação*

País	
MARROCOS	Redução, em 1989, das barreiras à entrada estabelecidas pelo decreto de "Marrocanização", de 1973, que impunha o limite de 49% para a participação estrangeira em empresas de "setores estratégicos", aí incluído o setor bancário. Em meados da década passada, foi estabelecido um banco com 100% de controle estrangeiro.
MÉXICO	Maio de 1989: anúncio de Novas Regras para o Investimento Estrangeiro. Nova legislação permite a investidores estrangeiros controle de até 100% de ações de empresas mexicanas, participação em novas atividades, fabricação de novos produtos e operação de novos estabelecimentos sem autorização prévia. Mantêm-se restrições à participação estrangeira em certos setores, entre os quais petróleo e gás natural, refino de petróleo (áreas de monopólio estatal); radiodifusão e transmissão de TV (reservada a nacionais); construção civil, atividades agrícolas e serviços educacionais (participação limitada a 49% sem autorização do governo e de 100%, com autorização). Além, A. C. de "Abertura comercial e financeira no México nos anos 1980 e 90. Primeiros resultados". BNDES, 1996. Não há restrição à participação estrangeira no setor bancário. Em conformidade com o estabelecido nos acordos do Nafta, o México praticamente eliminou a distinção entre empresa nacional e estrangeira. Depois da crise financeira de 1994, alterações na legislação relativas à estrutura do capital social dos bancos e das sociedades de controle dos grupos financeiros, em fevereiro de 1995, tornaram mais favoráveis as condições para a participação estrangeira no setor. No entanto, para evitar a desnacionalização dos maiores bancos do país, a Secretaria de Fazenda e Crédito Público dispôs que um banco estrangeiro individual não poderia possuir mais que 6% dos ativos totais do sistema bancário interno.
NIGÉRIA	Encorajamento das atividades do setor privado mediante da simplificação do mecanismos regulatórios, reduzindo limitações ao investimento estrangeiro. Trends in developing economies. Em 1995, governo promulga o Nigerian Investment Promotion Commission (NIPC) Decree, liberalizando o regime de investimento estrangeiro; com esse instrumento, fica autorizada a propriedade estrangeira sobre 100% do capital de firmas fora do setor petrolífero.
PAQUISTÃO	Não há barreira formal ao investimento estrangeiro. Atual governo tenta atrair investimentos, oferecendo aos investidores incentivos, como isenção de impostos (tax holidays).
SUDÃO	
TAILÂNDIA	Sim. Abertura de vários setores à participação externa. As poucas áreas reservadas a nacionais podem ser abertas caso a caso mediante autorização do Ministério do Comércio.
TANZÂNIA	
TURQUIA	A Turquia manteve tradicionalmente regime de investimento estrangeiro relativamente liberal, ausentes regulações comuns em outros países em desenvolvimento, como as relativas a conteúdo local, emprego nacional e tetos para a participação acionária em empresas no país. Conclusão de Tratado Bilateral de Investimentos com os Estados Unidos, com entrada em vigor em maio de 1990, liberaliza regime de investimento estrangeiro. Uma vez aprovadas, empresas de capital estrangeiro recebem tratamento nacional na Turquia. Emenda constitucional no governo Ecevit (1999-) assegura concessionárias estrangeiras recurso a arbitragem internacional, que não vinha sendo aceito pelo Judiciário turco, criando situações problemáticas, particularmente nos setores de energia, telecomunicações e transportes.

Continua na página seguinte

Quadro 6 – *Continuação*

País	
VENEZUELA	Decreto n. 727, início de 1990. Mudanças principais: remoção de limitações ao reinvestimento e a remessas de lucro; eliminação de limites a pagamentos a título de royalties e transferência de tecnologia; permissão de controle majoritário em setores como serviços públicos, transporte e comércio. Pelo código, "indústrias básicas" (a critério do governo) continuam restritas a empresas de capital associado. Os setores de petróleo e financeiro continuam regidos por legislação especial.
ZÂMBIA	Sim, totalmente. As empresas estrangeiras são tratadas como nacionais. Sem transferência de tecnologia, sem restrições, participação estrangeira nas empresas privatizadas é irrestrita.

Outra perspectiva: a liberalização da conta de capital

Liberalização do sistema de crédito, do mercado de capitais, do regime de câmbio, e do regime de investimento externo. É possível tratar do conjunto desses elementos como aspectos de um único fenômeno: a liberalização da conta de capital. É o que fazem Nancy Brune e Geoffrey Garret em texto apresentado no Encontro anual da Apsa, em agosto de 2001. Intitulado *The political economy of capital account liberalization*, o trabalho aborda apenas uma das dimensões do problema que nos ocupa, mas faz isso mobilizando grande riqueza de dados e operando com um instrumental cuja sofisticação não tem paralelo com a que caracteriza nosso modesto exercício. O artigo historia um pouco o debate que vai culminar na vitória dos argumentos favoráveis à abertura da conta de capital, discute algumas das principais teses em confronto e procura avançar na análise dos determinantes das políticas de liberalização nesse campo, examinando estatisticamente correlações desta com variáveis como desenvolvimento econômico e natureza do regime político, entre outras. Entretanto – e aí reside o nosso interesse –, para fazer isso, os autores foram levados a construir um "índice de abertura da conta de capital". No que se segue, vamos nos ater a esse aspecto de seu estudo.

Trabalhando com o *Annual Report on Exchange Arrangements and Exchange Restriction*, publicação do FMI que fornece dados sobre as políticas nessa área para 173 países de todo o mundo, os autores constroem um "índice de abertura da conta de capital" com base em nove categorias de transações, a saber: 1) pagamentos por transações invisíveis; 2) rendas decorrentes de transações invisíveis; 3) controles sobre transações de mercado de capitais no país; 4) controles sobre transações de mercado de capitais no exterior; 5) controles sobre operações de crédito no país; 6) controles sobre operações de crédito no exterior; 7) controles sobre investimento estrangeiro direto e imobiliário no país; 8) controles sobre investimento direto e imobiliário no exterior; 9) controles sobre as disposições e a operação das instituições comerciais e de crédito. Cada categoria é codificada em termos binários:

"fechada" – casos em que ocorrem restrições significativas; "aberta" – casos em que o contrário se verifica. Atribuindo pontos a essas variáveis, os autores obtêm por fim um índice geral, com um espaço de pontuações possíveis que vai de 0 (inteiramente fechada) a 9 (inteiramente aberta). Com base nesses critérios, os autores pontuam os 173 países cobrindo um período de 27 anos (de 1973 a 1999).

Ainda que a operação de converter dados descritivos em índices numéricos contenha sempre um elemento expressivo de arbítrio e que, por isso, seus resultados devam ser encarados com máxima cautela, vale a pena transcrever alguns dos achados feitos pelos autores com emprego desse método.

> Em primeiro lugar, os países mais ricos sempre tiveram contas de capital mais abertas, e não há evidência de convergência no tempo entre esses grupos de países. Em segundo, enquanto houve uma tendência gradual, mas cada vez mais veloz, na liberalização das contas de capital desde os anos 1970 até o presente entre os países de renda mais alta, não houve aumentos agregados na abertura das contas de capital no grupo de renda baixa e média até 1991 – quando começou um período de liberalização rápida e dramática.
>
> A América Latina se assemelhava à Europa Ocidental nos anos 1970 em termos de abertura da conta de capital, mas a crise da dívida no início da década de 1980 forçou muitos países latino-americanos a imporem maiores restrições, que mantiveram até o início dos 90. Os exportadores de petróleo do Oriente Médio e do Norte da África há muito tinham contas mais abertas que a maioria dos países em desenvolvimento. Mas a onda de liberalização da década de 1990 foi menos visível nesses países do que em qualquer outra região.
>
> Embora a norma continue a ser contas de capital fechadas na África Subsahariana, alguns países da região abriram suas fronteiras ao capital internacional da década de 1970 à de 1990 – notadamente Congo, Uganda, Quênia e Zâmbia. Os dois países mais populosos do mundo – China e Índia – mantiveram restrições durante a década de 1990 sobre todos os tipos de transações de contas de capital monitoradas pelo FMI. (Brune et al., 2001, p.12-3)

Liberalização do sistema de preços e salários

Mercados são sistemas de coordenação *ex-post* de decisões tomadas isoladamente por multidões de agentes econômicos ligados entre si por cadeias de interdependência; o que assegura esse feito é o funcionamento do mecanismo de preços.

Nem sempre, contudo, a solução produzida por intermédio desse mecanismo atende ao que é tido, em sociedades dadas, como de "interesse social". Esse "interesse" pode ser definido em termos de ideais de justiça, ou em termos político-econômicos – por exemplo, o propósito de alterar a composição de fatores produtivos que caracteriza a economia em dado momento, em um processo cumulativo ao longo do qual esta venha a se tornar mais rica, mais competitiva e menos vulnerável. "Racionalidade formal" *versus* "racionalidade substantiva", para retomarmos os termos de Weber. Animados por esse ou aquele objetivo – em geral por uma combinação de motivos de ordem diferente –, os Estados nunca permitiram que o mecanismo de preços atuasse, em todos os mercados, livremente.[11]

Válida em termos gerais, essa proposição é mais verdadeira ainda para os países da periferia. Aqui – por muito tempo – a norma foi a do Estado ativo, o qual, operando tipicamente em quadro de graves problemas sociais e sendo informado muitas vezes por visão determinada de futuro, interfere propositadamente nos preços para tornar possível a consecução de fins definidos.

Um dos ingredientes do pacote de reformas para o mercado é o estabelecimento de regras para evitar que isso aconteça. Liberação geral de preços e salários. Como nem sempre isso é possível, pois os mercados são imperfeitos e não raro ganham feição de monopólio, a diretriz passa a ser a de restringir ao mínimo os casos em que o controle de preços é dado como aceitável.

A informação reunida no quadro fornece algumas indicações a respeito do quanto os países estudados se comprometeram com esse componente do pacote de reformas. De modo geral, todos eles reduziram significativamente os controles sobre preços e salários. Para algumas categorias de bens e serviços, porém, a administração de preços continua sendo amplamente praticada. Esse é o caso de produtos farmacêuticos, alimentos básicos, derivados de petróleo, transporte de massa e energia elétrica.

Reformas tributárias

Presença obrigatória no rol das políticas de liberalização econômica, a reforma tributária é também o componente menos preciso e mais controverso do pacote de reformas. É que a tarefa de redesenhar o sistema tributário põe o legislador ante o desafio de harmonizar objetivos contraditórios e acomodar interesses conflitantes, que atravessam o conjunto da sociedade. Por esse motivo, ao contrário do que acontece em outras matérias, não vamos encontrar aqui um modelo bem definido, de validade supostamente uni-

---

[11] Por vezes, a intervenção nesse campo se dá por demanda dos próprios capitalistas, os quais, depois de inúmeras tentativas infrutíferas, recorrem ao Estado para resolver problemas de coordenação que resultam em prejuízos para todos em determinados setores de atividade. Foi esse o caso do movimento pela regulação de várias indústrias nos Estados Unidos no início do século XX. Uma sugestiva interpretação histórica do movimento pela "racionalização da indústria" pode ser encontrada em Kolko, 1963; para uma análise rigorosa dos dilemas que impelem os capitalistas a essa atitude, cf. Bowman, 1989.

Quadro 7 – Liberalização do sistema de preços e salários

País	
ÁFRICA DO SUL	Preços e salários liberados. Exceções: alguns derivados de petróleo, eletricidade, serviços de transporte e certos bens agrícolas. Incentivos seletivos para promoção de investimentos e emprego.
ARGÉLIA	1990: Preços começam a ser liberados. Trends in developing economies, 1995. Entre 1969 e 1995, a participação dos preços liberados no índice de preços ao consumidor eleva-se de 10% para 80%. Redução de subsídios. Continuam subsidiados os alimentos básicos, a energia e o transporte público.
ARGENTINA	Desregulação de diversos mercados de bens e serviços, inclusive produção e distribuição de gás e petróleo, produção e comercialização de produtos agrícolas.
BRASIL	Na década de 1990, foram extintos quase todos os controles sobre preços e salários, mas alguns itens, como energia elétrica, combustíveis, telefonia fixa e transportes urbanos, continuam com preços administrados.
CHILE	
COLÔMBIA	
CORÉIA	
EGITO	Liberação de preços de quase todos os produtos industriais. Aumentos expressivos nos preços de pedágios, eletricidade, derivados de petróleo e gás natural. Todos os preços foram liberados, salvo produtos farmacêuticos, cigarros, açúcar racionado e óleo comestível racionado. O governo mantém o subsídio do pão para consumo de massa. O governo reduziu subsídios e transferências.
ETIÓPIA	Maioria dos preços ao consumidor foi liberada.
FILIPINAS	
ÍNDIA	O governo central ainda controla os preços de muitos produtos essenciais, entre os quais grãos alimentícios, açúcar, óleo comestível, remédios, fertilizantes, água e muitos insumos industriais. Mesmo depois de vários anos de reforma, verifica-se presença generalizada de subsídios, os mais importantes dos quais sendo os de alimentos e fertilizantes. O que se fez foi conter o crescimento do item subsídios no orçamento do governo central.
INDONÉSIA	Até 1997, governo mantém sistema de preços mínimos e máximos para certos produtos alimentícios, entre os quais o arroz. O pacote de reformas econômicas de novembro de 1997 reduz o número desses produtos.
IRÃ	
MALÁSIA	
MARROCOS	
MÉXICO	
NIGÉRIA	Eliminação dos controles de preços. Em 1998, governo desregulamenta mercado doméstico de combustíveis, permitindo aos distribuidores fixar preços de acordo com as forças de mercado.

Continua na página seguinte

Quadro 7 – *Continuação*

País	
PAQUISTÃO	
SUDÃO	Redução de subsídios.
TAILÂNDIA	
TANZÂNIA	
TURQUIA	O governo controla preços ao consumidor de vários itens básicos (especialmente energia e utilidades públicas) e apóia setor agrícola com insumos subsidiados e preços mínimos.
VENEZUELA	
ZÂMBIA	Todos os controles sobre preços foram abolidos; todos os subsídios sobre os itens de consumo foram abolidos.

versal. Em vez disso, o que obtemos são algumas diretrizes de caráter geral, como sejam as de buscar a simplificação do sistema, evitar a tributação em cascata, desonerar a produção, reduzir as alíquotas e ampliar a base tributária. No levantamento que deu origem ao quadro que se segue, procuramos registrar, principalmente, informações sobre a adoção nos países estudados dos preceitos mais característicos do programa liberal de reforma, a saber, a redução das taxas marginais de imposto sobre a renda das empresas e dos indivíduos. Sempre que possível, anotamos ainda outras informações.

Quadro 8 – Reformas tributárias

País	
ÁFRICA DO SUL	Ampliação da base tributária. Redução da taxa marginal de imposto de renda de pessoas físicas e de empresas.
ARGÉLIA	
ARGENTINA	Simplificação da estrutura impositiva, redução de taxas máximas para empresas e pessoas físicas.
BRASIL	Redução das taxas máximas para empresas e pessoas físicas.
CHILE	Redução das taxas máximas para empresas e pessoas físicas.
COLÔMBIA	Redução das taxas máximas para empresas e pessoas físicas.
CORÉIA	
EGITO	Dezembro de 1993: Parlamento aprovou nova legislação reduzindo taxas máximas para empresas e pessoas físicas. Anunciada introdução de Imposto sobre Valor Agregado em 1995.
FILIPINAS	Algumas medidas adotadas pelo governo: a maioria das taxas de exportação foi eliminada, as taxas sobre a receita total foram simplificadas e se tornaram progressivas, o sistema de incentivos ao investimento foi revisto, foram impostas taxas sobre artigos de luxo, e em 1988, os impostos sobre a venda foram substituídos por um acréscimo de 10% de imposto sobre o valor.

Continua na página seguinte

Quadro 8 – *Continuação*

País	
ÍNDIA	Ampliação da base tributária. Redução da taxa marginal de imposto de renda de pessoas físicas e de empresas. Aplicação do critério do valor agregado à maioria dos impostos de consumo.
INDONÉSIA	
IRÃ	
MALÁSIA	Em 1989, redução da taxa marginal de imposto de renda de pessoas físicas e de empresas.
MARROCOS	Em outubro de 1995, o Parlamento aprova o código de investimento, reduzindo taxas marginais para indivíduos e empresas.
MÉXICO	Redução das taxas máximas para empresas e pessoas físicas.
NIGÉRIA	Redução das taxas marginais para empresas.
PAQUISTÃO	Sim. Redução da tarifa máxima de impostos sobre a renda, de 30% para 25% (2002). Abolição de 55 (entre 170 existentes) cotas de impostos sobre a renda. Promoção da neutralidade tributária.
SUDÃO	
TAILÂNDIA	Descentralização tributária, a partir de 1997.
TANZÂNIA	
TURQUIA	
VENEZUELA	Redução das taxas máximas para empresas e pessoas físicas.

Privatizações

Ente intrinsecamente contraditório, em sua dupla qualidade de centro de acumulação de capital e instrumento de política de governo, a empresa pública surge como uma anomalia no quadro do liberalismo econômico. Nem por isso deixa de ocupar um lugar importante nas economias capitalistas realmente existentes. Seja como resultado de ações de resgate de setores em crise financeira profunda; seja por ter sido considerada a melhor solução institucional para segmentos em que as externalidades são elevadas e a tendência ao monopólio muito aguda (caso dos serviços de utilidade pública, por exemplo); seja ainda porque constava – como exigência republicana ou "socialista" – do programa de partidos políticos em acentuada ascensão, o certo é que a figura da empresa pública tornou-se, depois da Segunda Guerra Mundial, um dos traços definidores da chamada "economia mista".

Na experiência dos países periféricos, a esses motivos se adicionaram outros ainda, típicos de sua condição: a necessidade sentida de implantar indústrias cujos elevados requerimentos em termos de mobilização de capital e tempo de maturação deste excediam de longe a capacidade dos grupos locais e não logravam atrair o interesse do investidor estrangeiro (caso da siderurgia no Brasil e em tantos outros países); o imperativo político de conter dentro de certos limites o capital estrangeiro na economia do país, ou – caso de vários países na Ásia – de reforçar a posição econômica de grupos nativos *vis-à-vis* as minorias étnicas que tradicionalmente controlaram o comércio e a indústria (minorias chinesas), ou mesmo a adoção de modelos de desenvolvimento inspirados na industrialização soviética, baseados no planejamento central e na preponderância clara do Estado em todos os campos da economia – entre os países de nossa amostra, caso do Egito, da Argélia, da Índia e da Turquia, além da Nigéria e da Tanzânia, em alguns períodos.

No ambiente criado pelo movimento em prol da liberalização econômica nesses países, a figura da empresa estatal esteve sob forte ataque, desde o início. Contra ela foram levantados argumentos de ordem diversa, não raro contraditórios: focos de ineficiência econômica; ameaça à empresa privada por sua tendência à diversificação; um dos principais fatores responsáveis pelo déficit público. Para todos e cada um desses problemas, uma solução ideal: a transferência do controle dessas empresas ao setor privado. Na impossibilidade prática (política e/ou econômica) de realizar esse programa em toda a linha, abertura do capital das empresas controladas pelo governo e a adoção de padrões empresariais de operação e financiamento (desvinculação do orçamento do governo; contratos de gestão, entre outras fórmulas). No entanto, essas medidas são propostas como soluções transitórias: o objetivo final continua sendo a privatização plena.

Com exceção do Irã, todos os países de nossa amostra acolheram em alguma medida esses preceitos. Não necessariamente por terem se rendido aos argumentos que os justificam: na década de 1990, período em que foram mais intensas, as privatizações serviram como expediente fácil para atrair capital externo – atenuando, por essa via, problemas de balanço de pagamentos – e cobrir parcialmente rombos nas contas públicas. Os dados apresentados na Tabela 15 dão indicações valiosas sobre a importância das operações de privatização em cada país.

Esses índices são reveladores, mas devem ser encarados com certa cautela, pois seus valores dependem da importância prévia do setor empresarial do Estado, que difere muito de acordo com o país. Para ficar em um exemplo, embora tenha construído sua indústria com base em um modelo de desenvolvimento de marcado corte intervencionista, a Coréia não conferiu papel de maior destaque à empresa pública: no caso coreano, os elementos centrais foram o crédito dirigido e o controle fino das autoridades sobre o desempenho dos grupos privados, que cresciam exponencialmente com os recursos subsidiados que os bancos estatais lhes concediam.

Tabela 15 – Processo de privatização (bilhões de US$)

País	1990	1991	1992	1993	1994	1995	1996	1997	1998	1999	Média
ÁFRICA DO SUL	0,000	1,073	...	...	...	0,000	0,122	1,287	0,247	0,235	0,59
ARGÉLIA	0,000	...	...	...	...	...	0,009	...	...	0,046	0,03
ARGENTINA	7,560	2,841	5,742	4,670	0,894	1,208	0,642	4,366	0,510	16,156	4,46
BRASIL	0,044	1,633	2,401	2,621	2,104	0,992	5,770	18,737	32,427	2,880	6,96
CHILE	0,098	0,364	0,008	0,106	0,128	0,013	0,187	...	0,181	1,053	0,24
COLÔMBIA	0,000	0,168	0,005	0,391	0,170	0,000	1,851	2,876	0,518	...	0,75
CORÉIA	...	...	...	...	...	...	...	...	...	...	0,00
EGITO	0,000	...	...	...	0,393	0,262	...	0,855	0,539	0,857	0,58
ETIÓPIA	...	...	...	...	...	...	...	...	0,172	...	0,17
FILIPINAS	0,000	0,244	0,754	1,638	0,494	0,208	0,022	0,371	...	0,230	0,50
ÍNDIA	0,000	0,931	1,098	0,861	1,505	0,810	0,495	1,373	0,052	1,858	1,00
INDONÉSIA	0,000	0,190	0,014	0,031	1,748	2,031	1,008	0,141	0,122	0,850	0,68
IRÃ	...	...	...	...	...	...	...	...	...	...	0,00
MALÁSIA	0,375	0,387	2,883	2,148	0,798	2,519	0,214	0,704	...	0,130	1,13
MÉXICO	0,003	11,289	6,924	2,132	0,766	0,167	1,526	4,496	0,999	0,291	2,86
MARROCOS	0,000	...	...	0,273	0,347	0,240	0,271	0,716	0,092	1,163	0,44
NIGÉRIA	0,016	0,035	0,114	0,541	0,024	0,000	...	...	...	...	0,15
PAQUISTÃO	0,011	0,063	0,343	0,017	1,106	0,037	0,317	0,058	0,041	...	0,22
SUDÃO	...	...	...	...	...	...	...	...	...	...	0,00
TAILÂNDIA	0,000	...	0,238	0,471	0,242	0,000	0,291	0,048	0,353	1,344	0,43
TANZÂNIA	0,000	...	0,003	0,027	0,005	0,077	0,013	0,016	0,111	0,021	0,03
TURQUIA	0,437	0,212	0,780	0,483	0,354	0,572	0,297	0,466	1,016	0,038	0,47
VENEZUELA	0,010	2,278	0,140	0,036	0,008	0,039	2,017	1,387	0,112	0,046	0,61
ZÂMBIA	0,000	...	...	0,003	0,014	0,069	0,030	0,302	0,409	...	0,14

Essa característica do modelo coreano terá, mais adiante, uma conseqüência interessante: desde a primeira etapa das reformas econômicas – que coincide também com a fase crucial da transição política nesse país –, o ponto crítico na agenda de mudanças não será o da propriedade do capital, mas o das formas de concorrência. Razão pela qual, no lugar de privatização, o mote da reforma será o estabelecimento de fronteiras mais claras entre interesses privados e poder público, a luta contra as práticas viciadas dos grupos monopolistas.[12]

Para lidar com esse problema, precisaríamos dimensionar o setor empresarial do Estado em cada país, mas não dispomos dessa medida. Ainda assim caminhamos em terreno firme ao fazer as seguintes observações: 1) no conjunto de nossa amostra, os países latino-americanos foram os campeões em matéria de privatização (a Argentina em primeiro lugar, com média anual de 4,46 bilhões de dólares, ou 1,51% de seu PIB, em 1999, seguida do Brasil, que privatizou o equivalente a 6,98 bilhões de dólares, ou 0,93% do seu PIB, no mesmo ano, com pico de 33,427 bilhões, em 1998); 2) países com grandes setores de empresas estatais como a Argélia, o Egito, a Turquia ou a Índia privatizaram muito pouco, tanto em números absolutos, quanto em termos relativos.

O Quadro 9 resume as informações qualitativas que pudemos reunir sobre este tópico.

Reforma previdenciária

Teoricamente, em condições muito específicas, o mercado assegura a exata remuneração devida aos fatores que intervêm na vida econômica, aí incluída a força de trabalho. Como mercadoria fictícia, porém, esta última apresenta uma particularidade perturbadora: ela é indissociável de seu detentor – de suas disposições pessoais e de seu ciclo biológico. A economia capitalista de mercado pressupõe, portanto, a solução não mercantil de dois problemas: a motivação disciplinada do trabalhador, e a garantia de sua subsistência antes, durante e ao término de sua vida ativa.

Para fazer face ao primeiro desses problemas, os capitalistas inventaram inúmeros dispositivos, combinando em dosagens diferentes incentivos positivos e negativos de distintos tipos, mas assentados todos na ameaça de demissão como *ultima ratio*. Historicamente, as primeiras tentativas de responder ao segundo previam a mobilização de recursos de ordem

---

[12] Sobre o desequilíbrio entre o poder econômico e a ascendência social da grande burguesia coreana, cf. o estimulante ensaio de Eckert, "The South Korean bourgeiosie: A class in search of hegemony", 1993. Sobre a intensificação da campanha pela reforma dos *chaebols* nos últimos anos, cf. Jin Young Kim, 2002; Hall, 2002, e Lee, 2000.

Quadro 9 – Privatizações

País	
ÁFRICA DO SUL	Programa amplo, nos setores de transporte, telecomunicações e água (início gradual, mas lento, das privatizações).
ARGÉLIA	1987: Divisão das empresas agrícolas estatais e sua transformação em cooperativas privadas. Agricultores ganham autonomia para decidir sobre produção e investimentos e direito de reter lucros. 1991: Programa de reestruturação de empresas e bancos públicos. 1995: Governo dá autonomia a dois terços das 450 empresas estatais e institui sistema contabilidade de lucros em sua gestão. 1994: "Privatização parcial": abertura de empresas estatais à participação do setor privado, sem transferência de controle.
ARGENTINA	Não constava como parte importante das políticas de liberalização econômica dos anos 1970. Em 1989, o governo de Menem dá partida a programa radical de privatização.
BRASIL	Lançado no início do governo Collor, em 1990, o programa de privatização ganhou enorme amplitude na segunda metade da década com a venda de empresas públicas nas áreas de telecomunicações e energia elétrica.
CHILE	As privatizações no Chile aconteceram em duas etapas. A primeira, logo depois da derrubada de Allende, como parte essencial da "refundação" do Chile, como economia capitalista de mercado. A segunda, depois da re-estatização dos bancos e das empresas sob seu controle, em 1982-83, em conseqüência da crise da dívida externa. Não obstante o forte componente ideológico no processo de reforma econômica, o governo chileno manteve sob propriedade pública as minas de cobre.
COLÔMBIA	1991: Começa programa de privatização no setor de telecomunicações.
CORÉIA	Embora marcado por forte intervenção estatal, o modelo de desenvolvimento montado pela Coréia nos anos 60 não se caracterizou pela propriedade estatal de amplos segmentos do setor produtivo. As mais importantes privatizações ocorreram no início da década de 1980, quando foi transferida para os conglomerados privados a propriedade de vários bancos comerciais, antes sob controle do governo. Devido à série de falências causadas pela crise financeira de 1998, muitos desses bancos voltaram ao poder público: no presente, o Estado controla mais de três quartos do sistema bancário coreano. Entre 1987 e 1992, o programa de privatização (bancos e empresas no setor de utilidades públicas, principalmente) anunciado pelo governo coreano avançou muito pouco. Em 1993, o presidente Kim Young Sam anunciou novo Plano de Privatização e Reforma das empresas estatais, prevendo a venda de 68 empresas e a reestruturação de outras dez. Em 1997, apenas dezesseis operações de venda tinham sido concluídas. O programa de reformas adotado por seu sucessor, na conjuntura criada pela crise de 1998, previa a privatização de onze empresas públicas e suas subsidiárias, que respondiam por 75% do emprego e 60% do faturamento das empresas públicas, em março de 1998. Até o início de 2002, apenas duas dessas empresas tinham sido privatizadas.
EGITO	Reorganização do setor público empresarial em dezessete holdings financeiramente autônomas, desvinculadas do orçamento fiscal, com objetivo de submetê-las às condições de mercado e preparar a privatização de muitas delas. Até 1995, muito poucas transferências de controle acionário, o governo ainda mantendo controle de dois terços da indústria manufatureira. Até 1997, apenas dez empresas haviam sido vendidas. Início da abertura do setor de telecomunicações a agentes privados (Country Report, 1997. "Governo planeja vender até 20% da Egito TELECOM antes de novembro de 2000").

Continua na página seguinte

Quadro 9 – *Continuação*

País	
ETIÓPIA	Dadas como um dos principais componentes da reforma econômica lançada em 1992, as privatizações avançam em ritmo lento. Em fevereiro de 1994, cria-se a Ethiopian Privatization Agency (EPA), com a função de ordenar e acelerar o processo. A EPA inicia seu programa privatizando pequenas lojas de varejo e hotéis, assim como empresas de manufaturas e agroprocessamento de pequenas escalas, a fim de adquirir a experiência necessária para a privatização de médias e grandes empresas. No total, até o ano de 1998, 168 unidades tinham sido privatizadas.
FILIPINAS	Quando Aquino assumiu a presidência em 1986, ela estabeleceu o Asset Privatization Trust, para desfazer-se propriedades estatais e propriedades controladas pelo Estado. Em 1991, o Asset Privatization Trust já havia vendido 230 bens com um lucro de P14,3 bilhões.
ÍNDIA	O programa indiano continua baseado na privatização parcial, pela qual o Estado retém o controle acionário da firma, embora cinco empresas tenham sido vendidas nos últimos anos. Na média, o setor público continua empregando cerca de 70% dos trabalhadores do setor formal: mais de 80% nos setores de transporte, mineração, construção, eletricidade, e serviços; cerca de 40% no setor agrícola e menos de 40% na indústria manufatureira.
TANZÂNIA	Programa visando elevar a eficiência das empresas estatais e reduzir a sua pressão sobre o orçamento. O programa prevê a venda e a liquidação de empresas. A privatização de empresas governamentais ocorreu de maneira lenta. O Parastatal Sector Reform Commission, que foi estabelecido em 1993, havia listado cerca de quatrocentas corporações a serem privatizadas. O projeto havia sido programado para cinco anos, mas em dezembro de 1998 apenas metade das firmas havia sido privatizada.
TURQUIA	Na primeira rodada de reformas, foram liberados os preços praticados pelas empresas estatais e conferida maior autonomia a seus dirigentes, para aumentar sua eficiência e diminuir dependência de recursos orçamentários; foram limitados também os investimentos dessas empresas na indústria de manufaturas. Em meados da década, crise bancária leva à estatização de inúmeros bancos privados, com as empresas industriais por eles controladas. Em 1986, anunciado plano ambicioso de privatização (Lei n. 3291, que cria a Public Participation Authority e a Privatization High Board, órgãos responsáveis pela designação das empresas incluídas no programa), mas até 1995 pouco havia sido feito nessa área. Em 2001, governo estava preparando a privatização de dois bancos e a adoção de modelo de mercado no setor de utilidades públicas (águas, energia, telecomunicações), sendo previstas a privatização de empresas, a desmontagem das redes verticalmente integradas e a constituição de agências reguladoras setoriais independentes. No setor educacional, verifica-se nos últimos anos rápida expansão das universidades públicas.
VENEZUELA	
ZÂMBIA	Iniciado em julho de 1992, o programa de privatização teve como primeiro objetivo a recuperação financeira das empresas estatais, preparando-as para a segunda fase do plano, em que seu controle seria transferido a investidores privados. Até maio de 2000, a Zambia Privatization Agency (ZPA) havia privatizado 244 empresas, e preparava a privatização de várias outras, nos setores têxtil, químico, ferrovias, aeroportos, seguros e hotelaria.

moral: perante o próprio trabalhador – que deveria se imbuir das virtudes burguesas do autocontrole, da frugalidade, e da atenção cuidadosa consigo mesmo e com seus dependentes –, e os grupos mais favorecidos da sociedade – cujo sentimento de caridade cristã deveria se traduzir em ações filantrópicas. No entanto, a inadequação dessa resposta é patente e como tal foi denunciada, desde o início. A filantropia viola o pressuposto da autonomia e da igualdade entre os indivíduos, ao fazer a sobrevivência do pobre depender da boa vontade dos mais favorecidos.[13] Quanto às exortações ao comportamento previdente por parte do trabalhador, elas desconhecem a verdade comezinha de que o horizonte temporal dos indivíduos varia em função da segurança de suas condições de existência. Ora, como observava R. H. Tawney há mais de setenta anos, "ainda que alguns grupos possam organizar suas vidas em torno de um plano acordado com razoável confiança de que o plano será levado a efeito, outros vivem de ano a ano, semana a semana, ou mesmo dia a dia". Como resultado das ações e reações determinadas pela confluência desses dois motivos, desde o final do século XIX o Estado foi levado, cada vez mais amplamente, a assumir a responsabilidade por aquele problema. Assim, no mesmo texto, o autor podia fazer o balanço seguinte:

> Desde 1900 dezesseis nações européias e quatro domínios britânicos estabeleceram sistemas de pensões para idosos custeados por fundos públicos, ou por meio de seguros, ou por uma combinação dos dois, enquanto a América se move na mesma direção. (Tawney, 1964, p.164)

Não apenas os Estados Unidos. Na América Latina, em uma ou outra de suas versões, o sistema de seguridade social foi adotado pelo Chile, em 1924, pelo Uruguai, em 1928, e pelo Brasil, em 1934 (um ano antes de sua implantação nos Estados Unidos). Na África do Norte (Argélia, Egito e Marrocos), os programas abrangentes de proteção social datam da década de 1950. Na África Subsaariana e na Ásia –, onde o acelerado crescimento e a observância das obrigações sociais tradicionalmente atribuídas às famílias extensas até bem pouco tempo minimizavam o problema – os sistemas de seguridade são mais seletivos e mais recentes.

Um traço muito pouco liberal une todos esses programas: todos eles são de natureza compulsória, a premissa sendo geralmente aceita de que muitos trabalhadores não pouparim o suficiente para sua aposentadoria se

---

[13] Ainda no final do século XVIII, um autor justamente famoso propunha elaborado sistema de proteção social e calculava o número de homens na Inglaterra que, depois de cinqüenta anos de idade, "may feel it necessary or comfortable to be better supported that they can support themselves, and that not as a matter of grace and favor, but of right". E fazia questão de insistir: "This support ... is not of the nature of a charity, but of a right" (Paine, 1969, p.264-5).

pudessem agir por sua própria conta (Turner, 2001). Sobre essa base comum, os sistemas variam significativamente ao longo de três dimensões básicas: 1) o seu modelo de financiamento – que pode basear-se no princípio da repartição (a contribuição dos ativos cobre a despesa dos aposentados) ou da capitalização (cada trabalhador é titular de uma conta formada com base em contribuições próprias, da empresa ou do Estado, ou em alguma combinação entre essas alternativas); 2) a forma de atribuição dos benefícios – que pode fundar-se no critério da garantia de determinado nível de rendimento (definível com base na remuneração auferida pelo indivíduo ao longo de um dado período de tempo, ou no salário médio na economia), ou no valor das contribuições ao sistema efetuadas por cada indivíduo; e 3) a natureza pública ou privada da administração dos fundos previdenciários (cf. Schwart & Demirguc-Kunt, 1996).

Excetuadas as antigas colônias britânicas, várias das quais mantiveram até recentemente o sistema dos *provident funds* (cada trabalhador dispõe de uma conta, cujo valor reverte a ele quando as condições previstas para esse fim são preenchidas), o sistema básico na maioria dos países continua seguindo o tipo da repartição com benefícios definidos. Mas já há algum tempo esse quadro vem mudando: alimentado pelas projeções catastróficas quanto à viabilidade financeira no longo prazo desse modelo, e inspirado na reforma empreendida pioneiramente pelo Chile em 1981, ganhou corpo nas duas últimas décadas forte movimento em prol da transição para sistemas de seguridade social baseados nos princípios da capitalização, da administração privada, e da contribuição definida. Tese que, ao ser encampada pelo Banco Mundial, acabou por se converter em nova ortodoxia, embora encontre forte resistência nos Estados Unidos e em outros países centrais (cf. Munnell, 1999, para uma argumentação crítica competente). Os advogados da reforma costumam revestir seus argumentos de uma roupagem técnica, mas – como no passado remoto – o que assistimos aqui também é a um conflito de fundo normativo. Nas palavras de dois especialistas,

> A mudança do provimento público da previdência social obrigatória (que reflete uma responsabilidade coletiva que favorece a coesão, integração e inclusão sociais) para a provisão via mercado (que reflete a responsabilidade individual que favorece a escolha e produz direitos contratuais exigíveis) deslocou o discurso global sobre as políticas de previdência social para longe de questões de justiça social, inclusão social e igualdade de oportunidades na direção de questões técnicas relativas à demarcação das responsabilidades financeiras público-privadas. (Dixon & Kouzmin, 2001, p.63)

O Quadro 10 contém informações sobre as reformas previdenciárias nos países aqui estudados. Como se pode ver, a América Latina se destaca como o cenário das reformas mais ambiciosas e mais "comportadas" (além do

Quadro 10 – Reforma previdenciária

País	
ÁFRICA DO SUL	1994: Unificação dos regimes de pensão "africanos" e dos "brancos". Para dar conta dos custos, houve uma restrição dos beneficiários atendidos pelo esquema. Posteriormente, os custos crescentes inerentes a esta "unificação" levaram ao questionamento do modelo. Alteração do sistema de benefícios para o sistema de fundos de contribuição. Mudança nos regimes de valoração e provisionamento dos fundos de pensão, a fim de que a responsabilidade na administração do sistema passe do governo para as empresas e trabalhadores.
ARGÉLIA	
ARGENTINA	Aumento da idade de aposentadoria e aumento de contribuições. Criação de fundos privados de pensão, baseados no princípio da capitalização individual.
BRASIL	Aumento da idade de aposentadoria e aumento de contribuições.
CHILE	Em 1981, o Chile assume papel de inovador, em escala internacional, com a criação de fundos privados de pensão, baseados no princípio da capitalização individual.
COLÔMBIA	1993: Aumento da idade de aposentadoria e aumento de contribuições. Criação de fundos privados de pensão, baseados no princípio da capitalização individual.
CORÉIA	
EGITO	Esforços para reformar sistema de pensões, embora o programa seja atrasado.
FILIPINAS	
ÍNDIA	Plano de reforma com vistas à integração do sistema, à ampliação de sua abrangência e à incorporação mais ampla do princípio da capitalização ainda em fase de debate.
IRÃ	
MALÁSIA	Sendo uma ex-colônia inglesa, a Malásia irá utilizar o provident fund como pensão. A primeira lei que possibilita a instalação de um sistema de seguridade social é de 1951, que cria o provident fund; a lei atual criou o seguro para incapazes (1969) e o provident fund de 1991, que foi reformado em 1995. Este segundo provident fund funciona com dois tipos de arrecadação: o lump sum e os pagamentos periódicos e, além disso, há um sistema de seguro social apenas para os incapazes. Entretanto, o lump sum não protege contra o risco de um aposentado superar a sua renda, o que tem provocado uma série de problemas em países com provident funds.
MARROCOS	A criação da caixa de aposentadoria marroquina (CMR) inicia-se em março de 1930 para os funcionários franceses que trabalhavam na colônia. Em 1931, é criado um regime para os altos funcionários marroquinos. Com a independência em 1956, ocorre uma transferência desta caixa para o CMR. A partir de 1958, a CMR vai passar por uma perda de autonomia por causa de problemas de ordem jurídica, organizacional e financeira. Em 21/11/1996 vai ocorrer uma reforma para reabilitar a CMR: • Formação de quadro de funcionários próprios. • Reserva de caixa própria. • Ajuda do governo para arcar com a reforma.

Continua na página seguinte

Quadro 10 – *Continuação*

País	
MÉXICO	Aumento da idade de aposentadoria e aumento de contribuições. Criação de fundos privados de pensão, baseados no princípio da capitalização individual.
NIGÉRIA	
PAQUISTÃO	
SUDÃO	
TAILÂNDIA	
TANZÂNIA	Tanzânia tem três esquemas previdenciários: o Parastatal Pension Fund (PPF), para os empregados das organizações para-estatais, o National Social Security Fund (NSSF), para empregados do setor privado, e a Local Authorities Provident Fund, para empregados dos governos locais. Pressões por reformas nesse sistema levaram à proposição de emenda legislativa que deveria ser pelo parlamento em 4 de abril de 2000, para harmonizar estes esquemas de pensão. Principais problemas: diferença na idade de aposentadoria, e diferenças no valor dos benefícios entre os três esquemas.
TURQUIA	Aprovada em 1999 lei que reforma em larga escala o sistema de seguridade social turco. Alguns pontos: idade mínima de aposentadoria (58 e sessenta anos para os ingressantes; 52 e 56 anos para os trabalhadores já incluídos no sistema) e aumento do tempo de contribuição; aumento das taxas de contribuição; redução de benefícios.
VENEZUELA	
ZÂMBIA	Seguindo o princípio do "risco solidário", em regime mensal de capitalização. Ao menos nos anos iniciais do sistema, benefícios pagos devem ser "modestos". Fim do requerimento de aposentadoria após 22 anos de serviço; em geral, aposentadoria aos 55 anos (homem e mulher). Incentivo à adoção de planos de previdência privados complementares.

Chile, o México, a Argentina e a Colômbia adotaram o modelo da capitalização e da contribuição definida como base de seus *respectivos* sistemas de proteção aos idosos). O que prevalece na maioria dos países é a introdução de mudanças incrementais nos sistemas existentes (elevação dos requisitos para acesso aos benefícios, diminuição deles, e contribuições maiores dos beneficiários), conjugada a políticas que incentivam o recurso à seguridade complementar oferecida por fundos privados. Cabe registrar, contudo, que alguns países que realizaram "grandes reformas" nadaram contra a corrente: a Nigéria e a Indonésia transitaram dos *provident funds* para o sistema de repartição com benefícios definidos (ibidem).

Reforma do mercado de trabalho

Um dos tópicos centrais na análise neoliberal da crise vivida pelas economias capitalistas avançadas nos anos 1970, a rigidez do mercado de trabalho reaparece no discurso sobre as reformas nos países da periferia. Aqui, como lá, trata-se de "flexibilizar" as relações de trabalho, mediante a redução dos custos de demissão, a regulamentação de contratos temporários de trabalho, a diminuição de direitos trabalhistas legalmente definidos, o estímulo à negociação descentralizada – em suma, o aumento do poder empresarial sobre a força de trabalho.

No tocante aos países estudados, contudo, as mudanças nessa área parecem ter sido lentas e limitadas. Em alguns países, a legislação de trabalho sofreu ampla reformulação, como no Chile, sob a ditadura de Pinochet – novas regras que foram mantidas, no essencial, pelos governos da *Concertación* (cf. Taylor, M., 2002) –, ou, em menor escala, na Argentina. Mas essa não é a norma. Em nítido contraste: Chile, Turquia, Coréia – pelo menos até a crise de 1998.

A respeito desse tema, estudo sobre o andamento das diferentes reformas econômicas na América Latina conclui o seguinte:

> Em contraste com o que precede, as reformas em matéria trabalhista têm sido poucas e de menor alcance. Enquanto 23 países (de um total de 26) realizam profundas reformas comerciais, 24 liberalizaram de forma apreciável seus setores financeiros e quatorze efetuaram privatizações que em algum ano superaram 1% do PIB; somente cinco países fizeram reformas trabalhistas importantes desde meados dos oitenta: Argentina (1991), Colômbia (1990), Guatemala (1990), Panamá (1995) e Peru (1995). (Lora, 1998, p.40)

Com os dados precários de que dispomos, acreditamos poder generalizar para nossa amostra essa conclusão.

Isso não quer dizer que os mercados de trabalho nesses países tenham se mantido imunes aos ventos da mudança. Na verdade, eles têm se transformado profundamente, e o aumento da informalidade é apenas a face mais visível e mais desagradável desse fenômeno.[14] Talvez, mais do que qualquer outro, esse fator ajude a explicar a timidez das políticas de liberalização nesta área.

---

[14] Para citar apenas um trabalho – sobre caso pouco conhecido no Brasil – na copiosa literatura a respeito do tema, remetemos o leitor a Bhattacherjee, 1999. O tema da informalidade tem dominado boa parte da discussão sobre o mercado de trabalho no Brasil. Para uma análise comparativa no marco latino-americano, cf. Altimir, 1997; e Klein & Tockman, 2000.

Quadro 11 – Reforma das relações de trabalho

País	
ÁFRICA DO SUL	1995: Lei de Relações de Trabalho legaliza negociações centralizadas de contrato coletivo (salário e condições de trabalho) em nível setorial, ficando as questões relativas à produtividade e a reestruturação para negociação no nível da fábrica.
ARGÉLIA	Restrições à demissão não motivada; norma é a estabilidade no emprego.
ARGENTINA	1991: Teto para indenizações por demissão e redução do período de aviso prévio, independentemente da antigüidade do trabalhador. Facilitação de contratos temporários de trabalho.
BRASIL	Facilitação de contratos temporários de trabalho.
CHILE	Além da violenta repressão que impôs às organizações de trabalhadores – que incluiu a eliminação de centrais sindicais –, a ditadura chilena alterou profundamente a legislação trabalhista com o fim de assegurar à empresa pleno poder de gestão sobre a força de trabalho. Foi abandonado o modelo prévio de contrato coletivo; foram abolidas as disposições que inibiam a capacidade da empresa de deslocar trabalhadores entre diferentes funções e departamentos; foram praticamente eliminadas as restrições ao poder de contratação e demissão das empresas, às quais foi garantida, ainda, a capacidade legal de reduzir salários em situações de crise. A despeito dos compromissos com um modelo mais eqüitativo de crescimento, os governos civis preservaram o padrão de organização do mercado de trabalho estabelecido durante o regime militar.
COLÔMBIA	A Lei n. 50, de 1990, que reforma a legislação do trabalho, elimina a ação de reintegração para trabalhadores com mais de dez anos no emprego, autoriza contratos por período inferior a um ano, mas não flexibiliza de forma substancial a jornada de trabalho. Facilitação de contratos temporários de trabalho.
CORÉIA	A flexibilização do mercado de trabalho consta dos objetivos do programa de reforma econômica negociado com o FMI no contexto da crise financeira de 1998. Para esse efeito, foi criada comissão tripartite, composta de representantes das empresas, dos trabalhadores e do governo, visando a facilitar acordos de licenciamento, redução de salários e outros benefícios. Em fevereiro de 1998, a legislação trabalhista foi alterada para permitir que as firmas pudessem demitir trabalhadores redundantes em casos de "urgente necessidade gerencial".
EGITO	Para aumentar a eficiência no mercado de trabalho egípcio, algumas leis foram modificadas. Entre elas, a que garantia emprego vitalício ao trabalhador, e a que assegurava emprego aos graduados no ensino superior. Para atenuar as reações à reforma, foi criado o Social Fund Development (SFD), cuja função é a de facilitar a transição associada ao programa de ajuste e assistência a todos os desempregados. As duas leis mais importantes antes da implantação do Egypt Reform and Structural Adjustment Program (Ersap 91) foram a de demissão disciplinada e salário mínimo. No primeiro caso, um trabalhador contratado há três meses não podia mais ser demitido, a não ser em caso de falta grave, e o salário mínimo era especificado pela lei de acordo com o local, a indústria e a ocupação.
ETIÓPIA	

Continua na página seguinte

Quadro 11 – *Continuação*

País	
FILIPINAS	O impacto das reformas econômicas, de meados da década de 1980, sobre o mercado de trabalho pode ser analisado pelo impacto das relações industriais (IR) e sobre a gerência de recursos humanos (human resource management, HRM). O IR basicamente se concentra em ajuste de regras entre trabalho e gerência, e é guiado pela nova orientação de negócios e de prioridades da firma. Dois grupos podem ser formados com base nas mudanças nas relações de trabalho. O primeiro é o HRD – driven adjustments, cujas características são: • aumento de investimento nos trabalhadores (skills and technical upgrading); • aumento na comunicação, consultoria e cooperação para uma maior interação entre a relação trabalho-gerência; • cooperação para uma negociação estratégica; • inserção de valores corporativos nos funcionários. O segundo é o cost-driven, que se concentra na redução de custos. Refere-se a medidas de flexibilização do mercado de trabalho como: • arranjos de trabalho não regulares de subcontratação e temporários; • nova tecnologia; • corte nos salários; • reorganização do pessoal; • aversão aos sindicatos.
ÍNDIA	Falta de acordo entre os atores sociais e políticos relevantes bloqueia negociações visando a flexibilizar condições de contrato de trabalho. Desde a alteração, aprovada em 1976, no Industrial Dispute Act, empresas com mais de trezentos trabalhadores necessitam de permissão prévia para efetuar demissões.
INDONÉSIA	
IRÃ	
MALÁSIA	Tradicionalmente, trabalhadores se organizam por indústria. Em março de 1989, governo altera leis trabalhistas para estimular a criação de sindicatos por empresas, no estilo japonês.
MARROCOS	
MÉXICO	
NIGÉRIA	
PAQUISTÃO	
SUDÃO	
TAILÂNDIA	A Tailândia sempre teve um mercado de trabalho flexível, com pouco controle governamental sobre a contratação e a demissão de mão-de-obra, ou sobre salários mínimos. Neste ponto, torna-se claro que a agricultura não pode ser o "setor líder" da economia.
TANZÂNIA	
TURQUIA	
VENEZUELA	
ZÂMBIA	

4
EXPERIÊNCIAS NACIONAIS DE REFORMAS. BALANÇO PARCIAL E INDICAÇÕES DE MÉTODO SOBRE OS ESTUDOS DE CASO

COMENTÁRIOS ADICIONAIS SOBRE A INFORMAÇÃO OBTIDA

Quando tomamos alguma distância do material apresentado nos tópicos anteriores e nos perguntamos sobre o seu significado geral, a observação mais importante a fazer parece ser esta. Ao iniciar o presente estudo, selecionamos uma amostra de países que diferiam entre si sob os mais variados aspectos: em suas condições econômicas e sociais internas, em seu modo de inserção na economia internacional e no seu desempenho ao longo do tempo. No entanto, a despeito de sua enorme diversidade, todos esses países – com a exceção solitária do Irã – lançaram-se em processos de reformas econômicas orientadas para o mercado no período em consideração.

Essa constatação corrobora o comentário crítico que formulamos em capítulo prévio sobre um dos argumentos recorrentes na literatura pertinente ao tema da pesquisa, a saber, aquele que associa o desencadeamento das reformas econômicas liberalizantes à crise do modelo de desenvolvimento centrado no Estado que teria vigorado até então:

> mesmo que forneça uma explicação plausível para a onda de reformas liberalizantes que tomou conta da América Latina nesses últimos anos, o argumento em pauta não nos informa por que movimentos análogos ocorreram, no mesmo período, em outros continentes. Ao desafio dessa questão, ele oferece ao investigador apenas a alternativa: ou estirar a caracterização do modelo de tal modo que este possa abranger o conjunto dos casos previamente desconsiderados (até mesmo um país tão remoto quanto a Nova Zelândia teve o seu momento "desenvolvimentista") – mas, aí, o que se ganha em extensão é exatamente o que se perde em poder explicativo; ou deflacionar as pretensões, reconhecendo que, na melhor das hipóteses, o argumento deixa de fora algumas dimensões significativas.

Mas agora podemos ir muito além desse juízo sumário. Com efeito, nossa amostra reúne países cujos Estados, embora possam ser tidos como "desenvolvimentistas", dificilmente se conformam à caracterização esboçada nos trabalhos que atribuem as reformas liberalizantes à crise do Estado desenvolvimentista latino-americano – casos da Coréia, da Índia, da Indonésia, da Tailândia e da Malásia, por exemplo. Inclui, ainda, países com Estados de natureza muito distinta, que nem de longe caberiam naquela rubrica – caso da Argélia, da África do Sul e talvez do Egito. Abrange, por fim, países profundamente divididos por rivalidades étnicas, que viveram durante o período experiências dramáticas de guerra civil, e cuja organização política apenas formalmente se aproxima do que entendemos usualmente por Estado.

Tivemos, portanto, reformas econômicas sob os "modelos de desenvolvimento" os mais distintos, e mesmo na ausência de qualquer modelo de desenvolvimento sedimentado. Mas – como já vimos – tivemos reformas também, com crise e sem crise dos modelos prévios. Os países latino-americanos encontram-se, quase todos, na primeira categoria – o caso colombiano parece-nos duvidoso: país com gestão macroeconômica tradicionalmente conservadora, a Colômbia saiu-se relativamente bem da crise da dívida no início dos anos 1980, tendo mantido a inflação em patamares comparativamente baixos e recuperado, em tempo reduzido, suas taxas médias de crescimento (cf. Frenkel, 1995, p.22 ss.). Já os asiáticos povoam a segunda: a maioria deles opera uma mudança de modelo, mas esta não se dá em condições de crise. Pelo contrário, nesses países – Filipinas, Indonésia, Malásia e Coréia –, a crise sobrevém depois e, segundo muitos analistas, em grande medida como conseqüência da mudança do modelo.

Os elementos referidos invalidam definitivamente o argumento em consideração. Se países em tudo diferentes, em circunstâncias tão distintas, quebram seus antigos padrões de política econômica e passam a adotar modelos de idêntica inspiração, fatores internos a esses países não explicam esta mudança. Para entendê-la, temos que nos voltar para condições que os afetam conjuntamente.

Essa proposição, que reafirma um ponto de vista já exposto no primeiro capítulo deste estudo, fica ainda mais reforçada quando levamos em conta os elementos a seguir, que também constam do material levantado nesta fase exploratória da investigação.

1) Em grande parte dos países estudados, o giro em direção às reformas liberalizantes foi operado em meio a crises mais ou menos graves, no contexto de negociações com agências internacionais (FMI/Banco Mundial) e/ou grupo de credores (Clube de Paris), que incluíam essas reformas entre as suas condicionalidades. Esse foi o caso da Argentina, do Brasil, da Venezuela, do México e da maioria dos países africanos. Em todos eles, a coerção externa esteve presente, e foi um fator mais ou menos decisivo na mudança de estratégias.

2) É notável o papel desempenhado, em vários dos países examinados, por grupos de tecnocratas formados em centros propagadores da críti-

ca neoliberal às políticas de desenvolvimento previamente adotadas em seus respectivos países. Em alguns casos, esses grupos se distinguiram pela profundidade de suas conexões com redes internacionais de difusão ideológica e pela intensidade de sua militância: esse é o caso do Chile, onde os chamados "Chicago Boys" – que estiveram no comando da política econômica no período áureo da ditadura de Pinochet – provinham tipicamente de instituição universitária conservadora, cujo curso de economia fora montado sob supervisão direta de um dos fundadores do movimento neoliberal (o economista Milton Friedman), continuaram seus estudos no exterior com os mesmos mestres e mantiveram sólidos laços com estes quando de seu regresso (cf. Valdés, 1995; Montecinos, 1998; Silva, P., 1992; Huneeus, 2000, sobre esse grupo de economistas). Na Argentina, também, a presença de um núcleo tecnocrático ideologicamente identificado se faz sentir com nitidez, tanto no período da Junta Militar (1976-83) (Martinez de Óz, Jorge Alemán e outros) quanto no governo Menem, com Cavallo e a Fundação Mediterráneo etc. (cf. Teichman, 1997). Embora não de todo ausente, em outros países o componente doutrinário é menos pronunciado, e as reformas econômicas são conduzidas com doses maiores de pragmatismo. Este é o caso do Brasil, do México e da Coréia, entre outros. Mesmo assim, o elemento que destacamos neste parágrafo não deixa de se fazer presente: em todos os países mencionados, a influência de tecnocratas formados nos Estados Unidos e com fortes vínculos parece aí ter sido decisiva.[1]

3) Outro elemento a reforçar aquela conclusão diz respeito à reflexividade contida nesse processo global de mudança. Já fizemos menção às organizações internacionais (o Banco Mundial e o FMI, em particular) e à sua importância como produtoras de conhecimento autorizado e como formuladoras de diretivas para seus clientes. O que pretendemos salientar agora é o papel que essas organizações exercem no monitoramento sistemático das reformas. Todavia, no desempenho dessa função elas não estão sós: junto com elas, em relações de cooperação e/ou concorrência, vamos encontrar uma variada gama de agências – públicas e privadas – cujos materiais foram de grande valia nesta etapa de nossa pesquisa. O Departamento de Comércio dos Estados Unidos, que divulga relatórios anuais bem estruturados sobre as "Políticas Econômicas e as Práticas Comerciais" de quase todos os países do mundo, é um bom exemplo. Outro, de certa for-

---

[1] A esse respeito, consultar os trabalhos de Maria Rita Loureiro sobre o campo dos economistas no Brasil. Sobre o México, cf. Centeno, 1994 e Babb, 2003. Quanto à Coréia, esse é um dos aspectos salientados por Amsden em seu trabalho "The specter of anglo-saxonization is haunting South Korea", 1994.

ma ainda mais notável, é dado pelo grupo The Economist, cuja divisão de pesquisa e consultoria (*The Economist Intelligence Unit*) produz, também anualmente, estudos mais aprofundados sobre as condições e as políticas econômicas dos mais diversos países, em todas as regiões do globo. Entre as agências citadas predomina uma grande convergência no plano normativo. Nem sempre, porém, esse elemento se faz presente: a imagem do referido processo de monitoramento ficaria distorcida se a atividade, também constante, de organizações dissidentes ou contestatórias não fosse aludida.

À luz das considerações acima, não nos surpreendemos ao topar com observações como esta, que encontramos em documento sobre a economia turca:

> No setor de serviços de utilidade pública, onde surge a maioria das questões chave das políticas públicas, as autoridades estão caminhando na direção de um modelo de mercado à medida que posições dominantes estão sendo privatizadas, dividindo redes verticalmente integradas e formando agencias reguladoras setoriais. A experiência da OCDE mostra que assegurar competição adequada desde o começo é fundamental, pois muitas vezes é tarde demais para injetar competição quando posições privatizadas estão estabelecidas. (OCDE Economic Survey, 2001)

Embora ela pudesse, muito bem, referir-se ao Brasil... ou à Argentina Ao descartar a perspectiva que procura explicar as reformas econômicas tendo por base processos endógenos, esse exame sumário parece nos levar ao encontro de um ou outro dos dois argumentos sistêmicos que discutimos no primeiro capítulo: a mudança como resultante da globalização, ou como resposta às pressões do poder hegemônico. Porém, como foi igualmente antecipado nesse lugar, nenhum deles fornece resposta para a pergunta sobre as grandes diferenças que constatamos existir entre os casos nacionais de reforma econômica. Para avançar nesta questão, precisamos dar um passo adiante, abandonar a visão panorâmica e mergulhar no estudo comparado das trajetórias de um grupo menor de países.

NOTA SOBRE A NATUREZA E O PAPEL DA COMPARAÇÃO INTERNACIONAL NA PRESENTE PESQUISA

Antes de indicar os países que serão objeto de análise intensiva a seguir e de apresentar os critérios que informaram essa "segunda" seleção, convém dizer uma palavra rápida para afastar a dificuldade metodológica que pode ser exposta assim. Como método indutivo de pesquisa visando à formulação de generalizações de natureza causal, a análise comparativa pressupõe a independência dos casos em consideração. Mesmo sendo os seus objetos reconhecidamente partes de um mesmo universo, a análise tende a desconsiderar propositadamente suas interações. Essa é uma exigência lógica do desenho quase experimental que informa a maior parte dos estudos desse tipo. "Se dois ou mais casos do fenômeno – estipula a conhecida regra de Stuart Mill – têm apenas uma circunstância em comum, essa circunstância única em que todos os casos concordam é a causa (ou o efeito) do fenômeno" (Mill, 1984, p.198). Entretanto, se os casos interagem, se um deles influencia o outro, se a ocorrência do fenômeno no primeiro condiciona a manifestação do mesmo no segundo, a conclusão não se segue. Estamos diante do problema que entrou na literatura por meio da Antropologia com o nome de Galton: a constatação de que uma relação empírica se apresenta em várias sociedades não é suficiente para que se afirme a existência de uma conexão causal; ela pode ter se difundido espacialmente como resultado de processos históricos de aprendizagem. Em termos mais gerais: "Se uma unidade não é independente, não se obtém nova informação sobre (uma variável) estudando-a duas vezes, nem se obtém confirmação adicional de (uma teoria) contando-a duas vezes" (M. Zelditch Jr. Apud LIjphart, 1975. Uma discussão sucinta desse problema pode ser encontrada em Przeworki & Teune, 1970).

Ora, a conclusão que extraímos dessa primeira etapa do estudo é que os casos nacionais não são independentes, que as experiências nacionais de reforma são transmitidas e replicadas; mais importante ainda – que o processo de propagação de modelos de política econômica é impulsionado por ações emanadas de instituições vinculadas aos interesses predominantes em um sistema internacional fortemente hierarquizado. Reiteramos, assim, a conclusão formulada provisoriamente no primeiro capítulo, favorável a análises que desenvolvem argumentos de natureza sistêmica para dar conta daquele fenômeno. Ao fazê-lo, assumimos uma perspectiva familiar aos estudiosos das relações internacionais, os quais, embora tomem os Estados como unidades básicas, rejeitam o suposto da independência, centrando seus esforços na análise das interações entre as partes em que se decompõe o sistema internacional (cf. sobre abordagem característica dessa área em Waltz, 1979; numa perspectiva mais ecumênica, cf. Jervis, 1999). Como indicamos, porém, esta perspectiva não nos permite entender as diferenças entre os distintos processos de reforma econômica. Assim, o principal desafio teórico da pesquisa consiste na integração do nacional e do internacional em um esquema explicativo sólido. Na tentativa de fazer face a ele, a análise comparativa tem papel de destaque. Mas o que buscar na comparação entre os países? Como efetuá-la?

Sem a intenção de dar uma resposta cabal a essa pergunta, achamos conveniente avançar as seguintes indicações:

1) Quando falamos em "análise comparativa", temos em mente a comparação entre unidades macrossociais, tomadas estas como "casos", isto é, combinações particulares de características: configurações. A classe delimitada por esta afirmação exclui o que Hopkins e Wallerstein denominaram estudos multinacionais, em um texto bastante antigo mas digno de interesse, ainda hoje: estudos cujas proposições têm como referentes não as sociedades em que as observações são feitas – ou partes delas – mas indivíduos, pequenos grupos ou organizações, concebidos como "unidades últimas", em si mesmas. Como observam os autores, o fato de envolver observações em várias sociedades é incidental nesses estudos, visto que não requerido pelas hipóteses a serem testadas, nem refletido no enunciado de suas conclusões. Pelo contrário, a ambição desse tipo de trabalho é mostrar que as diferenças entre sociedades nacionais não afetam de nenhuma maneira significativa a verdade de suas proposições (Hopkins & Wallersteins, 1967). O oposto é verdade na análise comparativa, tal como entendida aqui. Nas palavras de um dos proponentes mais sofisticados dessa abordagem,
Não é como categoria de dados que as unidades macrossociais são importantes para os comparativistas, mas como categoria metateórica. O que distingue a ciência social comparativa é seu uso de atributos de unidades macrossociais em proposições explanatórias. Esse uso especial está intimamente ligado ao duplo objetivo da ciência social comparativa – explicar e interpretar a variação macrossocial (Ragin, 1989, p.5).

2) Nesse sentido, a análise comparativa, tal como definida, é de natureza histórica, uma vez que os referentes de seus enunciados são estruturas, atores e processos localizados no tempo e no espaço. E também porque reconhece que o tempo faz diferença, "que quando as coisas acontecem numa seqüência isso afeta como elas acontecem, que toda estrutura ou processo constitui uma série de pontos de escolha. Resultados num ponto dado de tempo limitam possíveis resultados em pontos de tempo posteriores"(Tilly, 1984, p.14).

3) Comparações históricas, pois. Antes de abordar a questão de como trabalhá-las, é preciso dizer uma palavra ainda sobre a noção de "caso". À primeira vista, esse cuidado pode parecer excessivo. É evidente: em se tratando de comparação internacional, cada país constitui um caso. Mas não é bem assim. Com o termo "caso" designamos um conjunto de elementos cuja configuração particular dá lugar a um todo distinto. Ora, essas configurações diferem uma das outras

não apenas na dimensão espacial, mas ao longo do tempo, igualmente. Dessa forma, o número de "casos" contemplados na análise equivalerá ao produto do número de países selecionados pelo número de cortes temporais que viermos a realizar ao longo da pesquisa.[2]

4) Convém frisar esse ponto porque ele chama a atenção para outro aspecto importante da pesquisa. Ao estudar intensivamente a experiência de reformas econômicas em um grupo limitado de países, o nosso propósito não é o de produzir narrativas múltiplas e desconectadas, mas o de identificar padrões, tipificar trajetórias contrastantes e explicar essas diferenças.

5) Para esclarecer como pensamos avançar nesse terreno, faremos apelo ao texto de Charles Tilly previamente citado. Mais particularmente à classificação que ele propõe das estratégias de análise comparativa. Ela tem por base um critério que nos parece ter sido particularmente bem escolhido: os diferentes tipos de proposições que se buscam alcançar com esse gênero de análise. Com um esquema em que se cruzam duas dimensões – *"abrangência"* (enunciados tendo como referente, em um dos extremos, um único caso, e, no outro, o conjunto de todos os casos) e *"multiplicidade"* (enunciados sobre uma propriedade comum ao universo considerado, ou sobre diferentes manifestações do fenômeno em causa) –, o autor obtém quatro tipos, que ele descreve assim:

a) *"comparações individualizantes"*, nas quais o objetivo é contrastar ocorrências específicas de dado fenômeno a fim de compreender as particularidades de cada caso;

b) *"comparações universalizantes"*, cujo objetivo é o de estabelecer que todas as ocorrências de um fenômeno seguem essencialmente a mesma regra;

c) *"comparações de variantes"* (*variation-finding comparisons*), que pretendem estabelecer princípios de variação quanto ao caráter ou à intensidade de um fenômeno, por meio do exame sistemático das diferenças entre as suas ocorrências;

d) *"comparações inclusivas"*, que definem a posição de diferentes ocorrências de um fenômeno no mesmo sistema, com o fim de explicar suas características como função das relações variáveis que mantêm com o sistema como um todo (Tilly, 1984, p.81 ss.).

---

[2] O trabalho de Gourevitch sobre o impacto das crises internacionais exemplifica bem esta afirmativa. Nesse livro, merecidamente aclamado, o autor estuda as respostas que quatro países (a Inglaterra, a França, a Alemanha e os Estados Unidos) deram a três grandes crises do capitalismo: 1873, 1929 e 1973-74. As comparações são feitas nos dois eixos: entre os países, em cada período; entre períodos diferentes, em cada país e na economia capitalista. Ele lida, portanto, com doze casos. Cf. Gourevitch, 1987.

Por meio do comentário de várias obras canônicas, Tilly mostra como diferentes autores operam essas estratégias, e como, quase sempre, elas se combinam hierarquicamente em seus respectivos trabalhos.

Não haveria de ser de outro modo neste trabalho. Como se verá a seguir, ela envolveu preponderantemente a primeira e a quarta daquelas modalidades.

SELEÇÃO DOS CASOS NACIONAIS A SEREM ESTUDADOS

No trânsito a este nível mais profundo, a comparação não apenas se torna mais rica, mais circunstanciada: ela muda inteiramente de angulação. O foco da análise estará voltado agora para as diferentes trajetórias e para os processos políticos que produzem, em cada uma delas, pontos marcantes de inflexão. É nesse plano, mais acentuadamente interpretativo, que a relação entre economia e política será explorada com maior intensidade e mais plenamente se realizará a vocação teórica deste estudo, com a ênfase conferida ao conflito de vontades, aos dilemas enfrentados pelos agentes e os seus cálculos, suas escolhas, e as bifurcações que, em momentos críticos, resultam delas. O objetivo da sondagem, contudo, não será o de produzir interpretações abrangentes e originais de cada uma dessas experiências, o que seria razoável esperar em estudos de caso. A função atribuída a ela no plano geral da investigação é, basicamente, a de instruir a análise do processo global de mudança, demarcando diferenças pertinentes entre trajetórias nacionais e introduzindo na discussão do problema geral das reformas econômicas informações sobre dimensões significativas comumente silenciadas nas análises correntes.

Na seleção dos "casos" nacionais, levamos em conta dois critérios básicos: 1) para evitar as distorções decorrentes do procedimento corriqueiro da "seleção pela variável dependente", como é conhecido na literatura de Política Comparada, esse subconjunto deve incluir países desigualmente empenhados em projetos de reformas liberais e, se possível, algum que as tenha rejeitado; 2) dada a natureza do problema levantado no trabalho, este subconjunto não pode estar adstrito a uma região, geoeconômica ou geopoliticamente definida, nem a uma única área cultural.

Quanto ao primeiro desses critérios, observamos desde já que a idéia de reter um país que tenha recusado em sua totalidade o programa de reformas está prejudicada: em nossa amostra, apenas o Irã talvez atenda a essa condição, mas as circunstâncias especiais a que está sujeito viciam qualquer comparação. Vamos nos ater, portanto, à versão mais branda desse critério, que prevê a seleção de países desigualmente empenhados nas reformas liberalizantes.

Os comentários formulados no tópico anterior apenas reforçam o segundo critério: se temos em vista a elaboração de "comparações inclusivas", não há como trabalhar com países situados na mesma área geoeconômica e geopolítica. Isso não quer dizer que devamos contemplar todas as regiões no subconjunto selecionado; o importante é que ele contenha uma diversidade de situações tal que permita proceder ao tipo de análise comparativa requerida pelo desenho da pesquisa.

Entretanto, devemos acrescentar ainda mais um balizamento. Enquanto na etapa exploratória baseamos a construção de nossa amostra no critério da diferença, na fase seguinte vamos privilegiar a semelhança. Nesse sentido, os países que iremos estudar fazem parte de uma classe muito particular, que denominamos "grandes países da periferia". Os países compreendidos nesta categoria partilham os seguintes atributos: 1) ainda que tecnologicamente dependentes, contam com tradição industrial, sua indústria é diversificada e tem peso significativo no PIB; 2) embora periféricos, têm peso econômico e político bastante para desempenhar papel de relevo no plano regional; 3) são dotados de população numerosa; 4) possuem Estados suficientemente sólidos para garantir o sentido de continuidade com o passado e para servir como quadro de referência a projetos plausíveis de futuro.

A combinação desses critérios nos deixa com um grupo relativamente pequeno de países, e com alguns casos duvidosos. Integram claramente o grupo os seguintes países: Argentina, Brasil, México, Turquia, Índia, Coréia e Tailândia. Os países que requerem consideração mais detida são os seguintes: Chile, África do Sul e Indonésia.

Antes de examinar esses casos, pode ser conveniente a atenção para esse aspecto: ao destacar, no conjunto da periferia, esses países não estamos operando um recorte arbitrário, que poderia ser inteiramente diferente se houvéssemos escolhido, por um ato livre de vontade, outros critérios. O grupo que temos em mente não é meramente convencional. Embora não exista como "grupo", no sentido forte do termo – isto é, um coletivo dotado de fronteiras definidas, que são conhecidas e aceitas como tais por seus membros –, ele corresponde a um estrato diferenciado no sistema internacional. Clara indicação disso encontramos no fato de boa parte dos países citados aparecerem, sob rubrica diferente, como integrantes da mesma classe em vários trabalhos recentes. Já tivemos oportunidade de citar dois deles: o de Gilberto Dupas (o qual, mediante cruzamento de duas variáveis – tamanho da população e PIB –, toma como "grandes países da periferia" a África do Sul, a Argentina, o Brasil, a Coréia do Sul, a Índia, a Indonésia, o México, a Tailândia e a Turquia) e o de Alice Amsden, que diferencia, com base no critério da tradição manufatureira e da diversificação industrial, o grupo que denomina *"the rest"* (China, Índia, Indonésia, Coréia do Sul, Malásia, Taiwan e Tailândia, na Ásia; Argentina, Brasil, Chile e México, na América Latina; e a Turquia, no Oriente Médio), daquele designado como *"the reminder"* – países com experiência manufatureira mais curta e com indústria menos diversificada. Podemos agregar agora o trabalho coletivo editado por Robert Chase, Emily Hill e Paul Kennedy, sobre os *"pivotal states"* e a política externa dos Estados Unidos. Trabalhando com classificação proposta em artigo precedente, em que sugerem fosse dada atenção especial aos países em desenvolvimento "cujos futuros estavam postos em conjunturas críticas, e cujos destinos afetariam a estabilidade regional e mesmo internacional". a Argélia, o Brasil, o Egito, a Índia, a Indonésia, o México, o Paquistão, a África do Sul e a Turquia (Chase, Hill, Kennedy, 2000). Propósitos distintos, outros critérios... mas, ainda assim, recorrências notáveis.

Passemos, agora, aos nossos três casos: o Chile atende ao primeiro e ao quarto de nossos critérios (industrialização e poder estatal), mas em relação ao segundo e ao terceiro (população e importância estratégica) sua posição é menos evidente. Quanto à África do Sul, ela preenche o segundo e o terceiro critério, mas sua situação é discutível no tocante ao primeiro e ao quarto: embora dotada de indústria relativamente complexa e de considerável peso no PIB, sua industrialização é mais recente, e a descontinuidade operada com o fim do *apartheid* torna difícil posicioná-la em face do quesito do enraizamento de sua organização estatal. Esta última observação talvez se aplique igualmente à Indonésia. A história da Indonésia como país independente data de 1949, quando se consuma finalmente a transferência de soberania entre a antiga metrópole e o novo governo. Espalhada por um arquipélago com cerca de três mil ilhas, sua enorme população (mais de duzentos milhões de habitantes) exibe forte diversidade religiosa (islâmicos, budistas, católicos, protestantes de variada sorte, hinduístas e animistas) e etnolingüística (mais de cem grupos distintos) (cf. Anderson, 1996, p.120). Constituída originalmente como federação e, pouco tempo depois, convertida em Estado unitário, a Indonésia tem uma história de conflitos internos de violência extrema. Não dispomos de elementos suficientes para aquilatar em que medida as marcas desse passado e os problemas que enfrenta no presente colocam em xeque a solidez de sua organização estatal. Sabemos que o sentimento separatista, que se afirmou com êxito em Timor Leste, continua vivo em vários locais. Mas sabemos também que a importância estratégica da Indonésia, por sua posição geográfica e sua condição de principal potência da região, torna difícil imaginar a hipótese de seu desmembramento (cf. Lloyd, 1999-2000).

Na dúvida, pareceu aconselhável manter esses países no grupo, o nos deixava com um total de dez países. Na impossibilidade de submetê-los todos à análise intensiva no tempo disponível, selecionamos seis deles – Argentina, Brasil, México, Turquia, Índia e Coréia do Sul – como objetos de estudos mais detalhados.

Desses, três – Índia, Coréia e Argentina – serão objeto de cuidadosa exposição. Por razões de tempo e espaço decidimos não apresentar da mesma forma os outros casos. Faremos alusões a eles em momentos determinados da análise, e voltaremos a eles nos comentários gerais sobre as trajetórias do conjunto de países que passaram na seleção.

Parte 2

CASOS NACIONAIS

5
REFORMAS ECONÔMICAS EM PERSPECTIVA COMPARADA: O CASO INDIANO

ESTADO E ECONOMIA: PARTICULARIDADES DO PADRÃO INDIANO DE DESENVOLVIMENTO

O objetivo buscado deveria ser máxima produção, distribuição eqüitativa e desemprego zero. Com a vasta população da Índia, isso não pode ser alcançado só com a grande indústria, nem só com indústrias de fundo de quintal (*cottage*).

> ... parece essencial ter tanto grandes indústrias como indústrias de fundo de quintal na Índia, e planejá-las de modo a evitar o conflito. A grande indústria deve ser encorajada e desenvolvida tão rapidamente como for possível, mas o tipo de indústria assim encorajada deve ser escolhido com cuidado. Deve ser indústria pesada e básica, que é o fundamento da força econômica de uma nação e sobre a qual outras indústrias podem ser construídas gradualmente. O desenvolvimento da energia elétrica é o pré-requisito do crescimento industrial. A construção de máquinas, a de navios, química, locomotivas, automóveis e assim por diante devem se seguir. Todas essas, e outras como elas, são indústrias produtoras de riqueza e de trabalho, que não criam desemprego em outros lugares. Indústrias mais leves não devem ser encorajadas no começo, em parte porque o capital de que dispomos é limitado e necessário para a indústria pesada, e em parte porque provavelmente entrarão em conflito com as de fundo de quintal, assim gerando desemprego. (Nehru, carta, 1946; Norman, 1965 apud Nayar, 2001, p.69-70)

No afã de construir as bases de uma economia moderna e vigorosa, o Estado indiano ergueu barreiras tarifárias e não-tarifárias para defender o produtor interno; estimulou o desenvolvimento de ramos de atividade selecionados por meio da abertura de linhas especiais de crédito e da concessão de subsídios, investiu pesadamente em obras de infra-estrutura, implantou setores industriais novos mediante a criação de empresas públicas, e buscou coordenar essas iniciativas como partes de um projeto coerente de transformação socioeconômica de grande envergadura.

Esses atributos, porém, são genéricos. Ao agir assim, o Estado indiano não se distingue de nenhum dos demais Estados contemplados no presente estudo – nem, aliás, de qualquer outro Estado desenvolvimentista (Evans, 1989, p.561-82). Mas na Índia o Estado fez muito mais. Ou, se preferirem, fez tudo isso de maneira muito peculiar. No que vem a seguir, nossa atenção estará concentrada nesses aspectos da trajetória indiana que a particularizam.

Alguns deles já se anunciam claramente nas palavras de Jawaharlal Nehru, arquiteto maior desse Estado, sob a forma de três imperativos: 1) prioridade absoluta à indústria pesada; 2) defesa da pequena produção artesanal como forma de ampliar a oferta de empregos; 3) planejamento. A esses, devemos agregar mais dois: 4) propriedade e/ou controle estatal dos setores estratégicos, e 5) espaço restrito reservado ao capital estrangeiro. Todos, como logo veremos, profundamente enraizados na experiência do povo indiano sob o Império Britânico e em sua luta para libertar-se desse jugo.

Planejamento e democracia

Invertendo a ordem da enumeração, tomemos para começar a exigência de dirigir o processo de transformação econômica pelos ditames de um plano rigorosamente concebido. Em meados da década de 1940, essa idéia não parecia esdrúxula. Pelo contrário, sob o efeito cruzado da grande depressão, do sucesso espetacular da industrialização soviética e da experiência da economia de guerra, logo a seguir, a idéia do planejamento econômico difundira-se por todo o mundo. Em vários países, contudo, o Brasil inclusive, ela provocou reações desencontradas, tendo sido atacada vigorosamente pelos defensores do liberalismo livre-cambista. Não assim na Índia. Na esteira de um movimento de massas que empolgou a nação e impactou a opinião pública esclarecida nos mais distantes rincões do planeta, às vésperas da independência a questão que se punha para os atores políticos e econômicos indianos não era a de adotar ou não o planejamento, mas a dos objetivos que deveriam animá-lo (cf. Patnaik, 1998, p.159-92).

A criação, no Partido do Congresso – organização velha de mais de meio século que dirigiu o movimento antiimperialista na Índia –, do Comitê Nacional de Planejamento, em 1938, e o fato de sua presidência ter sido exercida pelo próprio Nehru, são expressões desse consenso. Outra manifestação, tão ou mais significativa, do mesmo é o endosso que os grandes empresários indianos deram à tese quando apresentaram seus pontos de vista próprios sobre a dimensão econômica do futuro Estado Nacional no documento programático conhecido como Plano de Bombaim, de 1945, onde se encontram formulações tão "avançadas" como a que se lê a seguir:

> Nenhum desenvolvimento econômico do tipo que propomos seria exeqüível sem a base de um poder central dirigente, e além disso sem que, nos estágios iniciais do plano, rigorosas medidas de controle estatal fossem requeridas para impedir uma distribuição desigual dos custos envolvidos. Uma ampliação das funções positivas e também preventivas do Estado é essencial para o planejamento econômico de larga escala. Isso é inerente à idéia de planejamento e suas implicações devem ser plenamente admitidas. (Thakurdas, 1945 apud Nayar, 1989, p.165)

Quando empresários assim se pronunciavam, eles tinham em vistas a projeção futura de seus interesses, mas também o estoque de experiências acumuladas na última fase do governo colonial. Com efeito, durante a guerra as autoridades britânicas lançaram-se em uma política de estrito controle da atividade econômica na Índia, e alimentaram a idéia de planejamento por meio dos estudos desenvolvidos em inúmeras comissões, com participação destacada de homens de negócios indianos, com o fim específico de formular propostas para a transformação econômica do país na realidade que se abriria com o final da guerra. De acordo com Hanson, autor de um estudo clássico sobre o planejamento indiano, esses antecedentes foram tão marcantes que seria vã a tentativa de encontrar "algum objetivo fundamental ou métodos dos planos qüinqüenais dos anos 50 que não estivessem prefigurados nesse notável produto documental dos últimos dias do domínio britânico".[1]

Iniciada formalmente em 1951, com a aprovação do I Plano Qüinqüenal de Desenvolvimento, a experiência indiana de planejamento econômico é uma das mais longas e mais refletidas de que se tem notícia (cf. Chakravarty, 1987, p.14). Até a década de 1990, quando têm início as reformas liberais, foram ao todo sete planos. Desses, o segundo e o terceiro são de importância especial, por sua abrangência, por sua ambição, pelas expectativas que despertaram. Os economistas se dividem na avaliação desses experimentos, mas não vamos acompanhá-los nesse debate. No momento, devemos é chamar a atenção do leitor para três aspectos externos aos planos propriamente ditos, mas indispensáveis à inteligência de seu significado.

O primeiro tem a ver com o enorme investimento intelectual aplicado na atividade de planejamento na Índia, e a sua originalidade. País gigantesco e incrivelmente díspar, que rompia os vínculos com o passado colonial de forma pacífica em clara opção pela democracia, o futuro econômico da Índia foi visto, desde o início, como um desafio transcendente, de alcance universal. Não surpreende, assim, que logo depois da independência o país tenha se convertido em um verdadeiro laboratório para o que havia de mais avançado na inteligência econômica da época. A simples relação

---

[1] O autor se refere ao documento intitulado "Second Report on Reconstruction Planning", publicado em 1945 pelo Planning and Development Department, criado no ano anterior (cf. Hanson, 1966, p.38. Sobre o tema, cf. também, Tomlinson, 1979, p.98 ss.).

dos visitantes ilustres recebidos pelo Instituto Indiano de Estatística – casa de Mahalanobis, pai intelectual do II Plano – no início dos anos 1950 é reveladora. Nela constam os nomes de Oscar Lange, Ragnar Frisch, Charles Bettelheim, Jan Tinbergen, Nicholas Kaldor, Kenneth Galbraith, Paul Baran, Richard Goodwin, além de uma delegação completa de especialistas do Gosplan, o órgão central do planejamento soviético (cf. Byres, 1998, p.45). Esse movimento de economistas notáveis envolveu outros centros na Índia, e estendeu-se até os primeiros anos da década seguinte. Eles não vinham para ensinar. A interação que mantinham com seus pares indianos tinha mão dupla. No dizer de um observador participante,

> O surgimento da economia do desenvolvimento na década de 1950 como uma séria subdisciplina da economia coincidiu com a formulação dos três primeiros planos da Índia... Idéias dominantes da economia do desenvolvimento contemporâneas influenciaram a lógica dos planos da Índia, e, de modo correspondente, a teoria do desenvolvimento foi durante algum tempo influenciada em boa medida pelo caso indiano. (Chakravarty, 1987, p.4)

O segundo diz respeito ao papel desempenhado pelo planejamento na operação do Estado indiano. Podemos formar uma idéia de sua centralidade se atentarmos para a competência, a composição e o modo de funcionamento do organismo que coordenava todo o processo, bem como suas relações com as outras unidades do aparelho governamental. Criada em 1950, para funcionar como órgão consultivo, entre outras atribuições, cabia à Comissão de Planejamento (*Planning Commission*) formular o plano de desenvolvimento, programar os recursos necessários à conclusão de cada estágio de sua execução, definir os equipamentos requeridos para o mesmo fim, avaliar os avanços obtidos, identificar problemas e propor soluções (cf. Hanson, 1966, p.50-1). Formalmente, a Comissão de Planejamento produzia recomendações; a prerrogativa de decidir era do Gabinete. Na realidade ela desempenhou função diferente. Não por acidente. Presidida por Nehru – originalmente o único ministro entre seus membros –, no decorrer do tempo sua composição foi gradualmente ampliada, e ela passou a contar com inúmeros membros do Gabinete, entre os quais o ministro das Finanças. E a superposição de papéis não terminava aí: desde o início, o secretário do Gabinete respondia também pela secretaria da Comissão (Fankel, 2005, p.113). Nenhum deles estava ali para fazer figura. Como nos relata Hanson, autor no qual estamos nos apoiando para fazer esta descrição,

> A Comissão se reúne pelo menos duas vezes por semana ... e quando há uma emergência ou quando a pressão é considerável, ela se reúne diariamente. Embora a participação de ministros membros seja necessariamente irregular e a do Primeiro-Ministro limitada às reuniões onde devem ser tomadas decisões importantes, os membros não ministros gastam tempo considerável em discussões formais.

Normalmente a Comissão é presidida pelo Vice-Presidente, e só no caso de sua ausência de Delhi ou de sua indisponibilidade durante uma emergência a Comissão se reúne sem sua presença. (Hanson, 1966, p.56)

Apoiada em estrutura divisional complexa, ativada por corpo técnico altamente qualificado, composto de funcionários recrutados na elite do serviço público, a Comissão de Planejamento mantinha relações diretas com os ministérios, no âmbito dos quais se fazia representar em comitês assessores e institutos de pesquisa. Sua ascendência era tal que, em dado momento, foi estabelecida a regra geral obrigando os membros de Gabinete a submeterem à apreciação da Comissão qualquer projeto de política de maior significado econômico. À luz desses elementos, cremos não ser exagerado concluir que – até a reforma realizada pelo sucessor de Nehru, em meados de 1964[2] – a Comissão de Planejamento foi núcleo duro do aparelho econômico do Estado indiano.

O que não significa dizer que reunisse poderes absolutos. No âmbito mesmo do Executivo a implementação de suas diretivas era afetada pelas decisões de um organismo que ganharia peso crescente no decurso do tempo: o Conselho Nacional de Desenvolvimento, colégio onde se reuniam os ministros chefes dos estados da federação, cujo empenho era essencial à efetivação de grande parte das políticas definidas pela autoridade central.

O Lok Sabha era outro obstáculo incômodo no caminho do planejamento. Dada a folgada maioria desfrutada pelo Partido do Congresso, o Parlamento não era sede de contestações abertas. Contudo, mesmo nesse período, o governo perdia por vezes o controle do processo legislativo. Exemplo disso temos na pesada derrota infligida a Nehru pela ala conservadora de seu partido ao aprovar a décima sétima Emenda à Constituição, estabelecendo que a indenização dos bens desapropriados para fins de reforma agrária teria que ser feita a preços de mercado. Seis anos mais tarde, decisão da Corte Suprema sobre questão referida a esta emenda invertia a tendência de desenvolvimento constitucional indiano desde 1950 e feria de morte a proposta de reforma agrária, que era uma das peças axiais do plano (ibidem, p.224 e 400).

Esta última observação nos remete ao terceiro dos aspectos que gostaríamos de destacar: o fato de o planejamento na Índia ter se desenvolvido sob um regime político liberal-democrático. Veremos algumas de suas implicações em outras partes deste estudo. Por ora, devemos chamar a atenção para o que esse fato tem de inusitado: a combinação de planejamento e democracia política está ausente em todos os outros casos nacio-

---

[2] Entre as mudanças introduzidas pelo primeiro-ministro Lal Bahadur Shastri estavam a dissociação das Secretarias do Gabinete e da Comissão, e o fim do privilégio que os funcionários desta gozavam de manter os seus cargos por prazo indefinido. Cf. Frankel, 2005, p. 251.

nais considerados; o México poderia ser tido como um desmentido a esta afirmativa, mas lá o planejamento nunca foi tão abrangente, e a "democracia mexicana", até muito recentemente, era um eufemismo. Devemos agregar, ainda, o seguinte comentário.

Democracia liberal. Aqui, como em outros lugares, o presente se une ao passado por muitas vias. Uma delas é óbvia. Além de instituições e práticas econômicas, a sociedade indiana incorporou do colonizador britânico valores e modelos de organização social e política. Não é estranho que as primeiras tentativas de afirmação de identidade nacional própria na Índia tenham sido feitas no idioma do liberalismo. Esse era o quadro mental em que se moviam Gokale e os demais fundadores do *Indian National Congress*, em 1885. Por muito tempo, a posição moderada – ou conservadora – que eles partilhavam com as camadas intelectualizadas urbanas se viu reforçada pela política de incorporação gradual que o Império britânico passou a adotar a partir da aprovação da lei que permitiu ao governo da Índia introduzir o princípio eletivo na formação do Conselho Legislativo Central (o Indian Council Act, de 1892). Princípio que foi ampliado em sucessivas reformas que acabariam por levar o Partido do Congresso ao governo de oito províncias.

O liberalismo conservador, porém, não foi a única política do nacionalismo indiano. Enquanto predominou, este foi um fenômeno predominantemente cultural, com reflexos políticos muito tímidos. Na dobra do século, o surgimento da tendência radical do Congresso liderada por Tilak já anunciava o novo. Entretanto, o que muda verdadeiramente o cenário é a chegada de Gandhi à Índia, em 1915, e sua infatigável militância. Generalizando as lições acumuladas em seus vinte anos de exílio na África do Sul, Gandhi estabeleceu-se em Gujarat, e de lá tomou a frente de um amplo movimento cujos traços distintivos eram o forte poder de interpelação exercido sobre as massas camponesas e a técnica da *satyagraha*, método não violento de desobediência civil com profundas raízes na herança cultural indiana (cf. Wolpert, 1977, p.288). Poucos anos depois, Gandhi consagrava-se como a figura dominante no Partido do Congresso, e convertia a independência em uma causa verdadeiramente nacional.

A epopéia de Gandhi é bem conhecida. Menos sabido é o forte elemento de cálculo político que ela encerra. Ao contrário do que a legenda pode levar a crer, Gandhi foi um estrategista consumado. Essa, pelo menos, é a interpretação de Francine Frankel, autora de um estudo portentoso sobre a economia política da Índia que já tivemos oportunidade de citar. Em suas palavras:

> a relutância de Gandhi em usar greves de trabalhadores ou a campanha rural contra o arrendamento para propósitos políticos nacionalistas pode ser explicada em parte por seu temor de que a questão da classe, uma vez levantada, liberasse no

país forças explosivas que o Congresso talvez não fosse capaz de controlar. Uma vez mais, à parte sua aversão moral pela violência, Gandhi não podia deixar de concluir que a guerra interna beneficiaria os britânicos e retardaria substancialmente a Independência.

No entanto, mesmo com todas essas considerações, o compromisso de Gandhi com uma estratégia política não violenta parece deitar raízes mais que em sentimentos religiosos ou culturais, ou no cálculo pragmático de custos e benefícios políticos de curto prazo. Ao contrário, Gandhi acreditava firmemente que um ataque direto às classes proprietárias – em ações ou palavras – teria a longo prazo um efeito desastroso sobre o desenvolvimento político da Índia. (Frankel, 2005, p.44)

Dentro do Partido do Congresso e fora dele havia quem discordasse dessa visão e se mostrasse disposto a recorrer à violência revolucionária para levar a cabo a transformação social necessária para liberar a Índia do jugo britânico. E aqueles que pensavam assim não constituíam um fator desprezível no movimento nacionalista. Prova disso é a confirmação pelo voto, em 1938, do "radical" Subhas Chandra Bose como presidente do Congresso Nacional, a despeito da oposição cerrada que lhe moviam Gandhi e a velha guarda do partido.

O episódio foi superado pouco tempo depois com a renúncia de Bose, mas não vamos nos deter nesse fato, nem em seus desdobramentos.[3] Para efeitos da análise que esboçamos aqui, importa é assinalar que, embora contestada, a avaliação de Gandhi prevaleceu amplamente no Congresso Nacional, tendo sido abraçada também pela maioria dos jovens de orientação socialista, cuja expoente maior era Nehru.

A opção pela democracia liberal e por uma estratégia de mobilização popular controlada marcaria profundamente o sistema político indiano depois de vencidas as convulsões que se seguiram imediatamente à independência. Nesse sistema, a supremacia do Partido do Congresso Nacional era inconteste. Dono da maioria simples dos votos populares, sua expressão congressual era magnificada pelas regras que regiam o sistema eleitoral, a tal ponto que chegou a deter mais de 70% das cadeiras no Lok Sabha – a Câmara baixa do parlamento indiano. "Como o hegemon de um sistema de partido dominante, o Congresso estava sujeito à 'pressão pela margem' dos partidos de oposição. Mais do que tentar substituir os governos de turno do Congresso formando alianças ou fundindo-se, os partidos de oposição influenciavam as políticas do Congresso trabalhando com as facções deste que lhes eram afins" (Rudolph & Rudolph, 1987, p.129). Não

---

[3] Marginalizado no Congresso, ao eclodir a guerra, Bose tomou partido das forças do Eixo. Estabelecendo um governo livre em Cingapura, depois de uma viagem rocambolesca à Alemanha, formou um exército com tropas indianas capturadas pelos japoneses, comandou uma tentativa fracassada de ocupar parte do território indiano e acabou morrendo tragicamente em um acidente aéreo quando tentava escapar de seus inimigos.

obstante a universalização do sufrágio, nessa época a política indiana caracterizava-se pela baixa intensidade da participação popular, a maioria da população rural sendo incorporada subordinadamente ao processo político mediante sua inserção em redes clientelísticas – baseadas em laços de casta, parentesco e de dependência econômica – operadas pelos notáveis locais. A conjunção desses dois elementos – a posição dominante do Congresso e o enquadramento clientelístico dos setores populares – conferia uma feição agradavelmente "civilizada" à vida política indiana: "o governo do gabinete ... era uma realidade, o parlamento funcionava como um fórum importante de debate e de deliberação, a oposição era tratada com respeito..."(Kohli, 1994, p.91). Sob esse lustro, o paradoxo de uma ordem política votada à transformação radical da sociedade – sob a liderança de Nehru, o Partido do Congresso tinha como meta programática a transição ao socialismo –, mas sustentada em grupos que encarnavam a natureza desigual dessa sociedade.[4] Um dos reflexos dessa contradição foi o bloqueio do projeto de reforma agrária, que estava no centro dos primeiros planos de desenvolvimento.

Prioridade à indústria pesada

Para além da centralidade atribuída ao plano, o padrão indiano de desenvolvimento se diferencia também pelo papel desempenhado, desde o início, pela indústria pesada. Como se viu, o objetivo de implantar a indústria de base era afirmado enfaticamente por Nehru às vésperas da independência. Mas ele não falava apenas por si. Como a tese do planejamento, a idéia de assentar o processo de industrialização no dinamismo desses setores aparecia nos inúmeros documentos programáticos da época, entre eles o projeto desenhado pelos grandes empresários – o Plano Bombaim – e mesmo em algumas das propostas emanadas da administração do Estado colonial (cf. Hanson, 1966, p.37). Um dos pilares dos Planos Qüinqüenais de Desenvolvimento das décadas de 1950 e 1960, a prioridade conferida à produção de "bens de produção" é indicativa do impacto causado na imaginação dos círculos dirigentes indianos pelo sucesso da planificação soviética.

E, como podemos constatar a uma simples leitura da Tabela 16, a prioridade à indústria pesada não ficou apenas no terreno das intenções.

Nesse particular, a trajetória indiana difere nitidamente dos demais casos contemplados neste estudo, com a exceção possível da Turquia. Na Amé-

---

[4] Esse é o fulcro da interpretação desenvolvida por Francine Frankel no texto já várias vezes citado.

Tabela 16 – Distribuição da produção industrial por setores (1955, 1960, 1970 e 1980-81)

Setor/ano	1956	1960	1970	1980-81
Produtos básicos*	22,33	25,11	32,28	33,23
Bens de capital	4,71	xxx	xxx	14,98
Bens intermediários				
Bens de consumo				
Bens duráveis	xxx	5,68	3,41	3,81
Bens não duráveis				
Total	27,04	30,79	35,69	52,02

* Mineração e pedreiras, carvão, fertilizantes, produtos químicos pesados; cimento, ferro e aço; metais não ferrosos básicos; eletricidade.
Fonte: Sandesara, 1992, p.34.

rica Latina, e também na Coréia, a produção de bens de consumo não duráveis liderou o processo de substituição de importações em sua primeira fase, o salto à indústria de bens de capital vindo a se dar mais tarde, em grande medida como resposta a estrangulamentos externos que punham em risco o processo de acumulação. Os economistas se dividem na avaliação das vantagens e desvantagens desse caminho. A seu favor, registramos alegações como a que reproduzimos a seguir.

> a ênfase política precoce da Índia na indústria pesada pode ter permitido que ela experimentasse mais cedo e então gradualmente enfrentasse a crise do câmbio. A substituição planejada de importações também favoreceu um padrão de industrialização que dotou o caso indiano com um grau de autoconfiança raro entre países em desenvolvimento não comunistas que alcançaram uma ampla estrutura industrial durante o mesmo período histórico. A estrutura das indústrias de bens de capital na Índia é comparável à da China, mas, diferentemente da China, permitiu-se o desenvolvimento de uma base diversificada de indústrias de bens de consumo. (Gupta, 1990, p.250-1)

Contra ele temos um conjunto de objeções que, em grande medida, se confundem com a crítica a outros aspectos dos planos. Uma delas, porém, dirige-se especificamente à definição das prioridades. Ela põe em questão um dos supostos dos planejadores, a premissa segundo a qual a demanda de exportações indianas era inelástica (o "pessimismo exportador" de Mahalanobis), o que implicaria a necessidade de conter drasticamente as importações e criar as condições para suprir internamente a demanda projetada de insumos produtivos e de bens de capital. Rejeitado esse pressuposto, o que sobressaía no balanço que os críticos liberais faziam da experiência de planejamento era a realidade de uma indústria ineficiente e um padrão de crescimento sobremaneira desequilibrado (cf. Ghosh, 1999).

Melhor teria sido investir em outros ramos – a indústria têxtil, por exemplo – nos quais as vantagens comparativas da Índia eram muito maiores.

No entanto, a despeito de seu interesse intrínseco, esse debate passa ao largo da questão que nos interessa fundamentalmente neste trabalho: sólidos ou não, os argumentos econômicos que a apoiavam, como entender que a estratégia de desenvolvimento baseada na prioridade à indústria pesada tenha sido escolhida pelos dirigentes do Estado indiano, e que por tanto tempo eles tenham persistido nela?

É uma pergunta desse tipo que abre espaço para a interpretação política desenvolvida por Baldev Raj Nayar. Descartando a relevância da controvérsia sobre o "pessimismo exportador" – no seu entender apenas uma racionalização *ex post* – este autor encontra na pré-história do planejamento na Índia e no arrazoado do próprio Mahalanobis elementos suficientes para afirmar a seguinte tese: a opção pela indústria pesada deriva da perspectiva de longo prazo assumida pelos planejadores e pelo imperativo da independência econômica que os animava. Mahalanobis teria mobilizado a linguagem da economia para fornecer uma justificativa teórica elegante a objetivos que ele compartilhava com Nehru e com a maioria da *intelligentsia* em sua época.

> O que estava subjacente à estratégia econômica do Segundo Plano não era o poder da teoria econômica, pois Nehru não poderia ter acesso a ela antes que fosse formulada para os países subdesenvolvidos, mas uma teoria do poder... (Nayar, 1989, p.71)

Nayar complementa sua explicação apontando fatores nacionais e internacionais que deram viabilidade a essa estratégia, mas não vamos acompanhá-lo nesse passo. Em vez disso, chamaremos a atenção para outro argumento de natureza política que, no nosso entender, Nayar não valoriza devidamente, talvez por ter sido esboçado pelo economista de renome que ele elegeu como adversário. Por que não se buscou ampliar as exportações por meio do estímulo à indústria têxtil? Considerando inadequadas as explicações correntes em termos de ausência de base de recursos naturais ou de preferência pela maximização do consumo interno, Charkravarty pondera:

> A ênfase na exportação de têxteis teria requerido apoiar um grupo específico regional de industriais a expensas de outros. Além disso, havia o legado de Gandhi, que via o setor têxtil como fundamentalmente adequado à iniciativa em pequena escala. Isso se tornou uma questão no debate sobre a escolha de técnicas ao qual foram feitas notáveis contribuições. (Chakravarty, 1987, p.16)

Mencionar esse argumento nos parece útil, pois ele nos conduz diretamente a outra peculiaridade do padrão indiano de desenvolvimento: a defesa da pequena produção artesanal.

Uma combinação curiosa: grande indústria e fábricas de fundo de quintal

Em trabalho sobre as organizações econômicas na Índia, escrito no final da década passada, encontramos a afirmativa intrigante que passamos a transcrever.

> Na Índia, pequenas empresas, a maioria não registrada, usando métodos de artesanato tradicionais ou modernos, ainda são as principais empregadoras na indústria... O trabalho envolvido em tais empresas é freqüentemente por conta própria, mas de qualquer maneira não goza de proteção legal do emprego ou de qualquer previdência social... Contudo, o que é bastante paradoxal, a maior parte das exportações não agrícolas da Índia se origina no setor de pequenas indústrias. (Bagchi, 1999, p.23)

Feita a constatação, o autor passa a discutir a organização social desse setor e os fatores – por exemplo, o obstáculo imposto pelas relações de casta à generalização dos laços de solidariedade entre os agentes econômicos – que dificultam o desenvolvimento nele de "distritos industriais", nos moldes definidos por Sabel e Piori, entre outros, com base na experiência exemplar da Emilia Romagna e de outras regiões da Europa. Sua análise é rica e contém inferências relevantes para vários contextos nacionais. Nosso foco, porém, não está nas potencialidades da pequena indústria e em como melhor explorá-las. Na perspectiva deste estudo, o importante é tentar entender as condições que a levaram, na Índia, a desempenhar tamanho papel.

Carecemos de meios e de tempo para avançar muito nessa linha de indagação, mas é fácil perceber, naquele resultado, os efeitos distantes das orientações estratégicas que estamos comentando. Vamos nos limitar, portanto, a uma palavra breve sobre a razão de ser da importância que elas conferem à pequena indústria.

Quando nos reportamos ao movimento *sawedeshi*, que sacudiu a Índia na segunda e terceira décadas do século passado, a ênfase na pequena indústria deixa de causar surpresa. Prolongamento da tradição estabelecida pelo movimento de resistência à decisão britânica de dividir Bengala, no início do século, a ampla mobilização desencadeada pelo Partido do Congresso, em 1919, sob a liderança de Gandhi, conclamava os habitantes das grandes cidades a evitar os produtos importados, e a substituí-los por artigos indianos – preferencialmente, os produzidos pelas indústrias artesanais –, como parte de uma campanha mais ampla de boicote que atingia também os estabelecimentos de ensino, o Judiciário e as honrarias do Império Britânico (cf. Wolpert, 1977, p.302 ss.). A ênfase no movimento *sawadeshi* eram os artigos têxteis: as populações urbanas eram chamadas a aderir ao *khaddar* (roupa feita com tecido fabricado nas aldeias com roda de fiar). O boicote ao produto inglês tinha o objetivo claro de vulnerar duplamente as autoridades britânicas – diretamente, pelo simbolismo da rejeição, e indiretamente, pelos prejuízos causados aos produtores de Lancashire. Mas o significado que ele encerrava era muito mais amplo. A opção pelo produto artesanal derivava de princípios que estavam no âmago da economia moral pregada por Gandhi – princípios que o haviam levado a manifestar hostilidade profunda à indústria moderna. Em sua visão de mundo, o sistema fabril tinha efeitos intrinsecamente negativos – ele alimentava os impulsos aquisitivos, transformava o lucro em objetivo soberano, medida exclusiva de valor nas relações humanas, e corroía, ao fazer isso, os laços que davam unidade ao corpo social. Em um país como a Índia, onde a maioria esmagadora da população vivia de seu trabalho no campo, combinando no ritmo das estações do ano atividades agrícolas e artesanais, a máquina destruía os modos tradicionais de produzir e semeava a miséria por todos os lados.

No estudo que dedicou ao pensamento econômico de Gandhi, Ajit K. Dasgupta mostra como sua atitude em relação à máquina torna-se mais matizada ao longo do tempo, e discute os argumentos econômicos cunhados para apoiá-la. Um deles merece destaque: a noção, avançada em relação a seu tempo, de que a elasticidade da substituição de fatores (*factor substitution*) – medida em que os fatores de produção, capital e trabalho, são substituíveis – varia de acordo com a natureza dos bens considerados. Esse argumento, que viria a ser incorporado mais tarde na vasta literatura sobre a "escolha de tecnologias", abria a Gandhi o espaço para reconhecer a necessidade, em alguns casos, da tecnologia mecânica. "We want to cultivate hand processes to perfection but where it is found to be absolutely necessary let us not hesitate to introduce machinery"(Gandhi, Mohandas, *Young India,* apud Daguspta, 1996, p.74).

Precisa e esclarecedora, a análise que Dasgupta faz do pensamento econômico de Gandhi é iluminada pela teoria econômica contemporânea. Essa abordagem envolve, contudo, uma limitação grave: ela induz o estudioso a isolar o autor de seu contexto, e a desconhecer a presença constitutiva no seu discurso dos argumentos com os quais ele se confrontava. Ora, como sabemos, a rejeição manifestada por Gandhi à indústria moderna chocava-se frontalmente com a convicção profunda dos precursores do nacionalismo indiano (Naroji, Ranade, Dutt), mas, sobretudo, dos jovens intelectuais modernistas atraídos pelo marxismo e encantados com os feitos espetaculares da planificação soviética. E esses jovens ascendiam celeremente na hierarquia do Partido do Congresso. Um deles alcançou a Presidência do partido em claro desafio à liderança de Gandhi – Subhas Bose; um outro, sem abrir mão jamais de seus pontos de vista, manteve sempre os laços de lealdade que o prendiam ao grande líder da causa nacional, e acabou como seu principal legatário.

A unidade expressa na colaboração intensa entre Gadhi e Nehru supõe um movimento de acomodação de suas respectivas posições doutrinárias. Parte desse movimento se deve à relativa atenuação da recusa gandhiana à tecnologia mecânica. Facilitada pela rejeição compartilhada ao coletivismo soviético, pelo outro lado a convergência se dava por via da incorporação no programa do socialismo democrático indiano da defesa da indústria artesanal. Como observa Frankel, o resultado desse duplo movimento – e das especulações e esperanças que o alimentavam – é a idéia de uma concepção singular de socialismo, especificamente indiana, na qual os objetivos modernos de desenvolvimento econômico e os valores comunitários tradicionais seriam reconciliados. Esse o ideal vocalizado por Nehru na passagem que se segue.

> Seria possível organizar a sociedade moderna de tal maneira a manter tanto quanto possível homens e mulheres em contato com a terra e elevar o nível cultural das áreas rurais. A aldeia e a cidade deveriam aproximar-se em relação às amenidades da vida de tal modo que em ambas haveria plenas oportunidades de desenvolvimento corporal e mental, e uma vida plena. (Nehru, 1946, p.512 apud Frankel, 2005, p.17)

Podemos perceber os traços dessa concepção nos textos básicos do planejamento indiano e nas políticas que eles informaram. Assim, a Resolução de Política Industrial de 1948 prometia às indústrias locais (*cottage industries*)[5] salvaguardas contra a concorrência excessiva das grandes empresas; o relatório do Primeiro Plano anunciava a disposição do governo de criar "programas de produção comuns envolvendo, entre outras coisas, a reserva de esferas de produção às indústrias locais e o estabelecimento de limites à expansão das grandes indústrias (isto é, fábricas) competitivas" (Hanson, 1966, p.499). Quanto ao Segundo Plano, ele atribuía às indústrias caseiras, intensivas em trabalho, papel importante na contenção das pressões inflacionárias, e na geração de empregos e renda para os setores mais pobres da população, acenando com a limitação quantitativa da produção fabril nos gêneros industriais pertinentes, para que tal fim fosse alcançado (ibidem, p.126). Combinando em dosagens distintas ao longo do tempo políticas promocionais e proteção, o planejamento indiano continuou a consagrar atenção especial aos pequenos produtores. Foi assim com o Terceiro Plano Qüinqüenal (1961-66); o Quarto (1969-74); o Quinto (1974-79); o Sexto (1980-85) e o Sétimo Plano (1985-90). Quarenta anos depois dos primeiros programas, o apoio à pequena indústria continuava na agenda da política estatal. Como observa um especialista,

---

[5] O relatório do Primeiro Plano definia "cottage" ou "village" industry "as one engaged in the 'processing of local raw materials for local markets... with simple techniques". Cf. Hanson, 1966, p.498.

> O Sexto Plano continha uma vez mais o apelo, como o Segundo e o Terceiro, por uma política integrada para o desenvolvimento dos setores de pequena e larga escala, e essa abordagem foi ademais endossada no Sétimo Plano ... Na prática, porém, continuou a política de reservas. O número de itens reservados para a produção no setor de pequena escala está em torno de oitocentos em 1989. (Ahluwalia, 1997, p.266)

A avaliação desses programas não é unívoca. Os críticos apontam inúmeras distorções na política de reservas – entre elas a dificuldade que criaria para a escolha da escala ótima de cada unidade produtiva – e na política de incentivos fiscais, que resultaria em níveis exagerados de desconcentração de vários segmentos, pela resistência das pequenas empresas a ascenderem à categoria de médias, e pela tendência das grandes em se fragmentar para fazer jus aos benefícios (ibidem, p.266). De uma perspectiva comparada, contudo, o que se salienta é a decisão estratégica de preservar a pequena produção, limitando institucionalmente os efeitos corrosivos da concorrência capitalista. Se no longo prazo esse setor demonstra vigor e forte dinamismo, esse fato deve ser computado na lista dos méritos de tal política.

O espaço restrito do capital estrangeiro

Como tivemos oportunidade de verificar na primeira parte deste estudo, o fluxo de investimento externo para a Índia foi, tradicionalmente, muito reduzido – e continuou a sê-lo, mesmo depois das reformas liberalizantes introduzidas a partir da década de 1990, ainda que ele tenha aumentado consideravelmente neste último período. O comportamento "acanhado" da inversão externa tem como contrapartida um estoque pequeno. Combinadas, as duas variáveis indicam como é modesto, comparativamente, o papel do capital estrangeiro na economia indiana.

Aqui, como em outros domínios, a relação entre o estado de coisas observado e as políticas relativas a ele é complexa. Não só porque as políticas variam ao longo do tempo, mas também porque elas constituem apenas um elemento na constelação de fatores que concorrem para produzir o efeito considerado. A título de ilustração, é difícil entender as relações entre capital nacional e capital estrangeiro na Índia sem levarmos em conta dois traços significativos da ordem socioeconômica pré-independência, a saber.

1) A presença de um empresariado industrial nativo, cujo crescimento foi favorecido pela administração colonial – que o beneficiava mediante instrumentos tais como proteção tarifária (pelo menos contra concorrentes não ingleses); concessões para exploração de minas e

usinas elétricas; contratos de compras governamentais e subsídios de variada ordem para implantação de projetos de maior vulto, entre outros –, mas que não mantinha relações orgânicas com o capital britânico. Pelo contrário, formado por indivíduos oriundos de diferentes comunidades tradicionalmente dedicadas ao comércio (Parsis, Guajartis, Marwaris, Chettiars), esse empresariado contava com uma base própria de recursos econômicos, que para ele fluíam por laços de família e de casta, e tendia a encarar o capital metropolitano como rival privilegiado. Organizado em torno de grupos familiares (*business houses*, como são conhecidos), o vigor desse empresariado pode ser inferido do breve relato que se segue.

> A primeira fábrica de ferro e aço indiana de sucesso foi estabelecida no começo do século por Jamsetji Tata, comerciante e dono de fábrica de têxteis de Bombaim. Em 1899, Tata iniciou um projeto para construir uma usina de aço na Índia. Em três anos, obteve as licenças necessárias, contratou uma firma norte-americana para projetar a fábrica, e começou uma minuciosa busca de local... A fábrica não produzia ferro-gusa para exportação, mas aço para abastecer o crescente mercado indiano. Sua localização foi escolhida só depois que uma investigação detalhada garantiu a proximidade de todas as matérias-primas importantes, inclusive água. A plena cooperação do governo foi assegurada. Talvez o mais importante, a capacidade técnica foi importada, não só pela orientação de consultores estrangeiros, mas também no trabalho real de pessoal estrangeiro capacitado. (cf. Johnson, 1966, p.11-2)

Tendo entrado em operação em 1912, a Tisco (Tata Iron and Steel Company), expandiu-se rapidamente – em 1939, ela produzia três quartos do aço consumido na Índia, e era uma das maiores siderúrgicas no Império britânico.

Fundado na primeira metade do século XIX por um membro da elite parsi que abandonou o futuro sacerdotal a ele destinado para converter-se em negociante, o grupo Tata já era naquela altura a maior *business house* indiana, posição que ocupa até os dias de hoje. Com empresas distribuídas por vários ramos de atividade, o grupo Tata tinha também presença importante no campo da cultura, pelos incentivos que concedia à educação universitária e à pesquisa científica – o fato de I. G. Patel, um dos membros mais destacados da burocracia econômica indiana, ter feito seu doutorado em Cambridge com fundos do *Sir Dorab Tata Trust*, e de que o primeiro centro de pesquisa nuclear na Índia tenha sido o *Tata Institute of Fundamental Research*, criado pelo físico Homi Bhabha em 1945, são sinais eloqüentes disso (cf. Patel, 2002, p.7, e Lavoy, 1996, p.10-5).

Desde o final do século XIX, a crítica cerrada ao capital estrangeiro era um dos elementos básicos da ideologia econômica do nacionalismo indiano. Nas palavras de conhecido historiador, "os primeiros nacionalistas afirmavam que o desenvolvimento econômico genuíno só era possível se o capital indiano iniciasse e desenvolvesse por si próprio o processo de industrialização. O capital estrangeiro não se disporia nem poderia desempenhar essa tarefa" (Chandra, 1988, p.95). Isso não quer dizer que os empresários pensassem da mesma forma. Na verdade, a posição do empresariado diante do movimento nacionalista é motivo de forte controvérsia na literatura. Para alguns, a burguesia indiana era basicamente antiimperialista, por ter de lutar pela sobrevivência contra um Estado hostil e contra os interesses metropolitanos neles representados. Para outros, ela opunha-se aos capitais britânicos, mas mantinha relações ambíguas com o Estado colonial e com o movimento nacionalista. Há ainda quem rejeite os termos do debate, apontando a profunda heterogeneidade dos grupos empresariais, e questionando mesmo a existência de uma "burguesia indiana", como força política (cf. Chandra, 1992, p.57-81; Markovitz, 1985; 1988, p.147-59). Não vamos nos deter na polêmica. Para nossos propósitos, basta constatar a presença, no momento em que o Estado nacional indiano estabelecia os seus fundamentos, de uma burguesia industrial relativamente expressiva, disposta a aproveitar as oportunidades abertas pela ruptura política para conquistar novos espaços e ampliar o seu poder no espaço nacional e fora dele.

2) A natureza predominantemente financeira das empresas coloniais britânicas, e a facilidade com o que o seu controle foi revertido a grupos locais quando as dificuldades criadas pela Segunda Guerra Mundial tornaram menos interessante aos olhos dos investidores na metrópole a preservação daqueles ativos. Fazemos alusão, aqui, ao sistema de agenciamento (*agency system*), que foi a marca distintiva da organização empresarial da Índia britânica. Nesse sistema, investidores (ingleses, ou indianos) formavam um *pool* e, reunida a massa de capital requerida para dado projeto, contratavam um gestor – a agência de administração –, que se incumbia de organizar e gerir por conta própria o empreendimento. O significado dessa relação, do ponto de vista do controle da atividade econômica desenvolvida na Índia, fica transparente na passagem que reproduzimos a seguir:

> Supostamente projetado apenas para maximizar o talento, o capital e as capacidades gerenciais empresariais, cada companhia sob o sistema de agência gerenciadora [*managing agency system*] era em teoria funcional e legalmente independente, com seu próprio quadro dirigente. Na prática, contudo, era a empresa gerenciadora e não o quadro dirigente da companhia individual que exercia o controle real. Os contratos da agência gerenciadora eram assinados por longos períodos de vinte ou trinta anos, e muitos agentes-gerentes se garantiam contra a perda de contratos utilizando arranjos financeiros, de Ações e de votações para assegurar controle perpétuo. Desde seu início entre as empresas de seguros estabelecidas nos últimos anos de domínio da companhia da Índia Oriental, o sistema se

expandiu para navegação, mineração de carvão e açúcar sob as casas européias, e então para as novas fábricas indústrias têxteis de algodão e de juta que começaram nos anos 1850 e para as novas companhias de chá. A partir da década de 1870, tornou-se o "modo em geral mais bem aceito de dirigir corporações no país", tanto entre empresários estrangeiros quanto entre os nacionais. (Kochanck, 1974, p.14)

A "indianização" das empresas coloniais foi em muito facilitada pela exterioridade do proprietário com relação ao processo de produção que caracteriza tal sistema.

> Uma aquisição gradual de ações britânicas começou antes de 1947 e se acelerou durante e depois das duas guerras mundiais. Com seus escritórios centrais em Londres e Liverpool incapazes de investir além-mar, as agências britânicas precisavam mobilizar capital local como meio alternativo de financiar a expansão do tempo de guerra na Índia e de continuar as remessas para a Grã-Bretanha. Aqui, as casas de negócios indianas exploraram suas oportunidades. O influxo de capital local foi tão massivo em meados de 1948, de fato, que o empresariado indiano detinha, em média, mais de 85% do patrimônio líquido [*equity*] em agências gerenciadoras coloniais, com o restante de propriedade de estrangeiros. (Encarnation, 1989, p.57-8)

O padrão de relacionamento entre capital nacional e estrangeiro na Índia tem raízes, portanto, em processos de longa duração, gestados ainda sob a égide do domínio britânico. Isto posto, é difícil desconhecer o papel decisivo em sua conformação das políticas praticadas pelo Estado indiano.

Como já vimos, no momento da Independência, a Índia se preparava para lançar-se em um ambicioso projeto de desenvolvimento, que previa a expansão de ramos industriais já montados e a implantação de novos setores. Ora, não ocorria a ninguém – dirigentes nacionalistas ou líderes empresariais – que esses espaços devessem ser ocupados por firmas estrangeiras.

Isso não significa dizer que o Estado indiano tenha ostentado sempre uma atitude hostil ou reticente diante do investimento externo. É verdade, inúmeros documentos de política vão nesse sentido. É o caso, por exemplo, do Conselho Consultivo de Planejamento (*Advisory Planning Board*) do Governo interino, que se manifestava sobre a matéria em 1946-47 nos seguintes termos:

> as razões para manter as indústrias básicas do país livres do controle estrangeiro são óbvias. Não se deve permitir que o capital estrangeiro entre ou, onde já exista, se expanda – mesmo em indústrias não básicas, como a de bens de consumo. Se necessário, o país deve apelar para importações. A seu devido tempo, será possível restringir ou suspender as importações; mas os interesses estrangeiros, uma vez criados, são difíceis de desalojar. (Chandra, 1997, p.370)

Pouco tempo depois, a Resolução de Política Industrial, de 1948, dava um tratamento mais suave ao tema: reiterando o imperativo de regular o capital estrangeiro de acordo com o "interesse nacional", proclamava o objetivo de assegurar que a propriedade majoritária e o controle das empresas, como regra geral, permanecessem em mãos indianas. Tal intenção, contudo, não se traduziria em ato: no ano seguinte, o documento de política dedicado especificamente à questão (o *Foreign Investment Policy Statement*, de 1949) não incluía dispositivos legais visando a regular o capital estrangeiro (cf. Kumar, 1994, p.23).

As crises cambiais do segundo lustro da década de 1950 levaram o governo a uma posição mais flexível. Embora a Resolução de Política Industrial de 1956 reservasse vários setores de atividade ao Estado, com o objetivo declarado de promover a transição da economia indiana a um "padrão socialista", não especificava, nos setores atribuídos à empresa privada, o papel do capital estrangeiro. Nesse período, o governo passou a estimular a formação de *joint ventures* entre grupos locais e estrangeiros, visando a ampliar o acesso à tecnologia e assegurar as divisas requeridas para a implementação de projetos de interesse estratégico. Assim, divulgou, em 1961, uma lista de indústrias nas quais o investimento externo era bem-vindo, nela incluindo alguns dos ramos mais lucrativos (como produtos farmacêuticos, alumínio, equipamentos elétricos pesados, fertilizantes e borracha sintética), até então reservados ao setor público (ibidem, p.24). Cresce nesse período o interesse e a presença efetiva de empresas multinacionais na indústria indiana. Essa expansão, porém, se dá de forma controlada. Por um lado, continuam vedadas as aquisições de empresas locais por grupos estrangeiros (cf. Encarnation, 1989, p.58); por outro, o governo impedia a sua entrada em setores onde estes eram indesejados, como a indústria automobilística, por exemplo (Chandra, 1997, p. 371).

A partir do final da década de 1960, a política do governo sofre um novo giro, com a adoção de uma série de dispositivos legais que dotariam a Índia de um dos regimes de investimentos externos mais restritivos do mundo, fora do bloco socialista. Deles, os mais importantes são: 1) a lei do Monopólio e das Práticas Comerciais Restritivas (*Monopoly and Trade Restrictions Practices Act*), de 1969; 2) a Lei de Patentes, de 1970; e, principalmente, 3) a Lei de Regulação Cambial (*Foreign Exchange Regulation Act* — Fera), de 1973. A primeira sujeitava toda proposta de expansão de capacidade instalada das grandes firmas ao crivo de uma comissão criada para esse fim; aplicada indistintamente às *business houses* indianas e aos grupos estrangeiros, as injunções do sistema de licenciamento davam lugar a intensa atividade de *lobby*, na qual os grupos nacionais detinham inúmeras "vantagens comparativas". A segunda abolia as patentes de produtos nos setores de alimentos, remédios e produtos químicos, além de reduzir o prazo de vigência das patentes a processos, de dez para cinco anos, com o que diminuía as vantagens desfrutadas pelas firmas multinacionais sob a legislação prévia, estimulando a emergência e o crescimento de firmas indianas, especialmente nas indústrias química e farmacêutica. A terceira estabelecia o teto de 40% para a participação acionária estrangeira, forçando a diluição do controle das firmas no país, seja pela venda de participações a grupos locais, seja pela oferta pulverizada de ações nas bolsas indianas – por não aceitarem essa norma, a IBM e a Coca-Cola foram obrigadas a encerrar suas atividades no país.

E as restrições ao capital estrangeiro não terminavam aí. Mais ou menos na mesma época, o governo passou a regular estritamente a importação de tecnologia, por meio de listas que discriminavam os setores em que a "colaboração" estrangeira (isto é, o investimento) ainda era necessária; outros setores, onde apenas a colaboração técnica era admitida, mas assim mesmo com taxas de remuneração controladas; e outros, ainda, onde a base tecnológica era tida como suficientemente forte para dispensar aquisição externa de tecnologia (Athere & Kapur, 1999, p.6).

Na década de 1970, verifica-se um recuo generalizado na participação do capital estrangeiro na produção industrial, como indicam os dados reunidos na Tabela 17.

Tabela 17 – Participação das multinacionais nos mercados em 1971 e 1981

	1971	1981
Cimento	4	0
Têxteis	5	6
Papel	12	0
Equipamento de transporte	17	17
Metalurgia	18	11
Máquinas não elétricas	32	18
Produtos químicos	48	34
Máquinas elétricas	50	27
Borracha	75	50
Fármacos	75	49

Fonte: Encarnation, 1989, p.6.

O "gigantismo" do setor público

Ao mesmo tempo que protegeu a pequena indústria e restringiu o capital estrangeiro, o Estado indiano atribuiu às empresas públicas o papel dominante no conjunto da economia. Em contraste com os demais países estudados – com a exceção parcial da Turquia –, na Índia a construção do setor empresarial do Estado não resultou de decisões *ad hoc* tomadas em resposta a problemas circunstanciais, ou da necessidade de substituir o empresário privado, carente de recursos para explorar por conta própria certos ramos de atividade que permaneciam, assim, como "espaços vazios". A liderança da empresa pública obedecia a razões estratégicas, como parte nuclear do projeto de transformação social formulado pelos dirigentes nacionalistas.

Isso não quer dizer que, sobre essa matéria, tenha existido consenso na Índia. A necessidade de um Estado forte, capaz de promover políticas de proteção e fomento necessárias à industrialização do país era um traço saliente na obra dos precursores do nacionalismo indiano. Com efeito, desde meados do século XIX, autores como Telang, Renade, Naoroji, Dutt e seus seguidores advogavam em livros e artigos de jornais a preferência aos produtos indianos e um papel ativo do Estado na construção das bases de uma economia forte e moderna. Como observa o historiador Chattopadhyay, o papel do Estado para esses autores não se restringia à simples proteção contra a concorrência do produto inglês, mas deveria envolver também a responsabilidade por reformas sociais e um grau de reflexividade tal que já prenunciava a idéia de planejamento. É o que se pode ver nesta passagem, escrita – do alto de sua posição de presidente do Congresso Nacional Indiano – por Gopal Krishna Gokhale, em 1903.

> O que a situação realmente exige é que um grande e compreensivo plano para o bem-estar moral e material do povo seja esboçado com especial cuidado e previsão e que, então é preciso aderir firmemente a ele e seu progresso deve ser examinado de ano em ano. (Chattopadhyay, Raghabendra in Tripathi, D. (Ed.)., 1991, p.308-50)

Nutrida pelos estudos e pela experiência direta de muitos deles com os assuntos da administração pública, a concepção que esses intelectuais foram destilando gradualmente sobre a transformação da economia indiana reservava às empresas estatais um papel estratégico. No entanto, quase três décadas antes da independência, a natureza exata deste já era objeto de discordâncias. Elas ficam patentes no cotejo entre as duas passagens que citamos a seguir. A primeira, de autoria de M. Visvesvaraiya, engenheiro afamado pelas políticas de modernização que introduziu no principado de Misore, conferia à empresa pública o papel transitório de realizar os pesados investimentos requeridos para a implantação de certos setores de atividade, a serem transferidos para a iniciativa privada assim que possível.

> O governo provincial pode começar como pioneiro das maiores indústrias, como estaleiros, máquinas, motores, transporte motorizado, química, papel etc., e também algo das indústrias-chave necessárias, com o objetivo de torná-las um sucesso, para depois repassá-las para o povo. Há poucos segredos técnicos que não sejam prontamente disponíveis ou que não possam ser conseguidos gastando dinheiro. (Gopalakrishman, P. K. apud Chattopadhyay, R. 1991, p.318)

Muito diferente era a perspectiva expressa, mais ou menos na mesma época, por K. T. Shah, professor de Economia na Universidade de Bombaim, que tempos depois viria a ser o principal responsável pela redação de um dos documentos fundadores da Política Industrial do Estado Indiano.

> O verdadeiro perigo ... de uma ajuda estatal ativa para a construção de indústrias está [no problema] ... se a indústria se desenvolvesse sob a égide da empresa privada, um problema muito mais sério de justiça distributiva teria sido criado, do qual o liberal doutrinário não toma conhecimento ... A concentração da riqueza, em proporção cada vez maior, num número cada vez menor de mãos, demonstravelmente gerada pela ativa assistência da comunidade coletivamente, intensifica a clivagem de classe que é universalmente lamentada como a característica mais indesejável da indústria moderna. A única solução que consigo imaginar para evitar esse desastre seria francamente aceitar o princípio socialista da empresa coletiva, pelo menos em novas indústrias onde não estão envolvidos interesses estabelecidos. (Shah, K. T., apud Chattopadhyay, R., 1991, p.316)

No contraste entre os enunciados, duas perspectivas opostas sobre a natureza da economia futura. De acordo com a primeira, que refletia o ponto de vista universalmente abraçado pelos grandes empresários indianos, a intervenção do Estado tinha o papel instrumental de criar as bases para uma economia capitalista vigorosa e dinâmica, cuja liderança seria exercida pelo capital privado nacional. Para os intelectuais, funcionários de Estado e dirigentes políticos que sustentavam a segunda perspectiva – a começar por Nehru – a convivência entre setor público e privado seria um traço duradouro da economia indiana, que deveria, porém, evoluir gradualmente para um padrão socialista pelo crescimento mais que proporcional do primeiro daqueles setores.

Por mais de três décadas, a política industrial indiana foi marcada pela tensão entre essas duas perspectivas. Nos trabalhos do Comitê do Partido do Congresso (*All India Congress Committee*) no período imediatamente posterior à independência, o ponto de vista democrático-socialista foi claramente predominante. Isso se reflete na resolução de novembro de 1947, pela qual o partido comprometia-se a estabelecer uma estrutura econômica capaz de assegurar produção máxima sem a criação de monopólios privados e concentração de riqueza, como alternativa ao capitalismo privado e ao "regime de arregimentação do Estado Totalitário". E mais ainda no relatório, de janeiro de 1948, de seu Comitê de Programa Econômico que foi presidido por Nehru. Vale a pena registrar, naquilo que diz respeito diretamente ao nosso tema, a apresentação que Baldev Raj Nayar faz desse documento.

> suas propostas para a indústria soavam agourentas ao empresariado ... todos "os novos empreendimentos em defesa e serviços chave e de utilidade pública", e também aquelas indústrias em larga escala ou monopolísticas por natureza, deveriam

ser reservadas para propriedade pública. Quanto às empresas existentes nesses setores, "o processo de transferência da propriedade privada para a pública deveria começar após um período de cinco anos", quando seus preços deveriam ter baixado em parte como resposta às novas condições econômicas e em parte "sob a pressão da legislação adequada ou medidas administrativas". Além disso, e de modo importante, bancos e seguros deveriam ser nacionalizados. O que restasse de indústria no setor privado deveria ser "sujeito a todos os regulamentos e controles necessários para a realização do objetivo da política nacional de desenvolvimento econômico". Estes últimos deveriam incluir controles sobre o investimento, rendimento e dividendos, que deveriam ser limitados a um máximo de 5%. (Nayar, 1989, p.181)[6]

Entretanto, o otimismo transparente em formulações como essa não sobreviveu aos traumas da transição. Ainda sob o impacto da Partição, que custou a vida de milhões de hindus e mulçumanos; com a tarefa da consolidação do território nacional ainda por completar mediante negociações delicadas com antigos principados, que foram conduzidas pelo ministro do Interior, Sardar Patel, líder da facção conservadora do Congresso; diante do desafio de unir um país dilacerado por inúmeros antagonismos, em meio a dificuldades econômicas enormes, como primeiro-ministro de um governo de coalizão, apoiado em um partido heterogêneo cuja organização era controlada por seus adversários, Nehru maneja com moderação a política econômica nesse período. Assim, a Primeira Resolução de Política Industrial, de 6 de abril 1948, apaga o radicalismo do programa anunciado poucos meses atrás. Embora reafirme retoricamente o compromisso de estabelecer uma "ordem social onde a justiça e a igualdade de oportunidades esteja assegurada para todo o povo", o documento dá garantias ao capital privado e subordina claramente os objetivos redistributivos ao êxito no aumento da produção. Ao definir os papéis respectivos do setor público e privado na economia, a Resolução divide a indústria em três grandes categorias. A primeira, reservada a monopólios estatais, inclui apenas três itens: armas e munições; transporte ferroviário e energia atômica. A segunda, em que a abertura de novas empresas seria reservada ao Estado, contém seis segmentos: carvão, ferro e aço, indústria aeronáutica, construção naval, material de comunicação e óleo mineral. A Resolução não exclui a cooperação da empresa privada nesses setores. Resguardando para si o direito de promover sua encampação em casos de interesse nacional, o governo garante a operação das empresas privadas neles existentes por um período de dez anos. A terceira categoria, que abrange todo o restante da indústria, permanece aberta à iniciativa privada. Ainda aqui, porém, o

---

[6] A passagem citada resume documento contido em *Indian National Congress, Resolutions on Economic Policy Programme and Allied Matters (1924-1969)*. New Delhi: All India Congress Committee, 1969, p.18-32.

Estado se reserva o direito de "participar progressivamente" e de "intervir" na gestão das empresas em caso de desempenho insatisfatório (Nayar, 1989, p.184).

Tratava-se, como se vê, de uma solução de compromisso. Mais tarde – em outro contexto econômico e político e consolidada a vitória de Nehru sobre seus opositores no Congresso, bastante fragilizados pela morte prematura de Sardar Patel – a acomodação começou a se afigurar menos necessária. Assim, em julho de 1954, o Comitê do Partido do Congresso aprovava resolução sobre "planejamento e desenvolvimento", na qual fixava como objetivo de longo prazo a transformação progressiva da Índia em uma "economia socialista". Pouco depois, o compromisso seria reafirmado pela Lock Sabha na famosa resolução, de dezembro de 1954, segundo a qual o estabelecimento de um "padrão socialista de sociedade" constituía o objetivo último da política econômica do Estado. Se alguma dúvida existisse a respeito do significado dessa fórmula, ela poderia ser dissipada pela leitura do II Plano Nacional de Desenvolvimento (1956-61), que explicava didaticamente:

> Esses valores ou objetivos básicos foram recentemente resumidos na expressão "padrão socialista de sociedade". Isso significa essencialmente que o critério básico para determinar as linhas de avanço não deve ser o lucro privado mas o ganho social, e que o padrão de desenvolvimento e a estrutura das relações socioeconômicas devem ser planejados de tal maneira que resultem não só em aumentos apreciáveis na renda nacional e no emprego, mas também em maior igualdade de renda e de riqueza. As principais decisões relativas à produção, distribuição, consumo e investimento – e de fato todas as relações socioeconômicas significativas – devem ser tomadas por agências informadas por objetivos sociais.

E apontava as implicações desses princípios para o padrão de relacionamento entre o setor privado e o setor público da economia.

> O setor público tem que expandir-se rapidamente. Ele não tem apenas que iniciar desenvolvimentos que o setor privado não deseja ou é incapaz de realizar: ele também tem que desempenhar o papel dominante na formação de todo o padrão de investimento na economia... se o desenvolvimento deve proceder no ritmo previsto e contribuir efetivamente para alcançar os maiores objetivos sociais em vista, ... o setor público deve crescer não só em termos absolutos, mas também relativamente ao setor privado. (apud Nayar, 1989, p.196)

A Segunda Resolução de Política Industrial, de 30 de abril de 1956, reformulava a classificação dos grandes setores da indústria em consonância com esses princípios, aglutinando dezessete segmentos na primeira categoria, que seria de "responsabilidade exclusiva" do Estado (embora o concurso da empresa privada fosse admitido, salvo nos quatro organizados sob a forma de monopólios estatais); reunindo na segunda categoria doze segmentos que deveriam passar gradativamente à propriedade pública (alumínio, máquinas-ferramentas, produtos químicos básicos e intermediários, medicamentos essenciais e antibióticos, fertilizantes, borracha sintética, transporte rodoviário e transporte marítimo), e deixando aberta a terceira categoria, que abrangia todos os demais, à empresa privada.

Mais importantes, porém, do que documentos de política foram as medidas efetivas que começaram a ser adotadas na mesma época. Pensamos, sobretudo, no ciclo de nacionalizações que tem início nesse período – com a encampação, em maio de 1955, do *Imperial Bank of India*, o maior banco comercial do país, acompanhada no ano seguinte pela nacionalização das empresas de seguro de vida – e na emenda constitucional aprovada pelo parlamento em fevereiro de 1955 que lhe abriu o caminho ao estabelecer que a autoridade para decidir do valor da indenização a ser paga pelas propriedades adquiridas pelo Estado cabia ao Executivo, e não ao Judiciário (ibidem, p.195). Essa a arma que tornou possível as nacionalizações no primeiro governo de Indira Gandhi, entre meados de 1969 e primeiros anos da década de 1970, das quais a de maior impacto foi a nacionalização dos quatorze maiores bancos do país, em julho de 1969.

Aliado às prioridades setoriais do planejamento, traduzidas em decisões de investimento de vulto crescente, o efeito conjugado dessas medidas e orientações foi, como esperado, uma grande expansão relativa do setor empresarial do Estado indiano. Podemos intuir as dimensões desse fenômeno se olhamos para a participação de empresas públicas no universo das cem maiores empresas: seu número passa de 20 a 35, entre 1970 e 1980, e elas elevam de dois terços para três quartos a parcela sob seu controle coletivo no total dos ativos daquelas empresas (cf. Encarnation, 1989, p.40).

Temos uma noção mais precisa dele quando examinamos o comportamento do conjunto dos dois setores no período considerado. É isso o que nos permite a Tabela 18:

Tabela 18 – Empresas públicas e privadas na Índia

Ano	Número de Empresas (%)		Capital de Risco (%)	
	Setor Público	Setor Privado	Setor Público	Setor Privado
1960-61	0,5	99,4	30,1	69,9
1970-71	1,0	99,0	45,8	54,2
1980-81	1,3	98,7	69,9	30,0
1990-91	0,5	99,5	71,6	28,4

Fonte: 36 Annual Report on the Working and Administration of the Companies Act. Ministry of Industry and Company Affairs. Apud Sarma, 1995, p 302.

E formamos uma idéia mais rica do processo quando atentamos para a participação das empresas públicas em diferentes setores de atividade econômica. Nesse particular, dois aspectos chamam a atenção: o grau de dominância da empresa pública e a variada gama de setores em que ela se exerce.

Tabela 19 – Contribuição de empresas públicas para a produção total de segmentos selecionados

Item	Participação percentual do setor público
Indústria Alimentícia	
Panificação	65
Química e Produtos Químicos	
Acetamida	100
Anilina	100
Metanol	100
Fertilizantes	
Sulfato de Amônio	
Intrate	100
Nitrofosfato	100
Nitrogênio	42
Fosfático	29
Farmacêutica	
Penicilina	52
Sulfamilamide	100
Vitamina B1	100
Vitamina B2	100
Analgésicos Antipiréticos e Sedativos	100
Máquinas não elétricas:	
Máquinas-ferramentas	56
Tratores de esteira, Tratores para construção	95
Equipamentos elétricos e maquinaria	
Cabos de telefone	100
Telefones	100
Comércio Exterior	
Importação	76
Exportação	36
Bancos e seguros	
Bancos (depósitos)	92
Seguro de vida	100
Seguro em geral	100

Fonte: The Future of Public Sector in India. Section 2. Statistical Data and General Information 5-7. New Delhi, Documentation Centre for Corporate and Business Policy Research, 1979. Apud Sarma, 1995, p.297-301.

Para finalizar esse tópico, convém agregar ainda um comentário sobre a nacionalização já referida dos grandes bancos. Essa medida assegura ao governo o controle quase completo sobre os mecanismos de financiamento ao investimento de longo prazo na Índia. Estabelece-se, assim, entre o Estado e o grande capital privado, uma forte interligação, que vai além da mera conexão creditícia para estender-se às participações cruzadas no controle acionário e nas diretorias das empresas. De acordo com um especialista, em 1955, antes da nacionalização da Companhia de Seguros de Vida da Índia (LIC no acrônimo inglês) e da criação dos vários bancos de desenvolvimento, as instituições financeiras governamentais detinham apenas 0,20% de participação acionária das empresas não-governamentais; dez anos depois, essa participação ascendia a quase 20%. Desde então, novas nacionalizações aumentaram muito o peso do financiamento público ao setor privado, mas esta evolução não foi acompanhada de um incremento proporcional na participação acionária das instituições oficiais. Em geral, elas preferem influenciar a gestão das empresas por meio das diretorias que ocupam e da condição de fontes principais de crédito, deixando o planejamento empresarial e a gestão a cargo dos controladores privados. Apenas em caso de conflitos graves, elas tenderiam a converter créditos em participações e propriedade em controle (ibidem, p.42-4). Apesar disso, a interpenetração entre Estado e grande capital privado era muito elevada, como a passagem a seguir revela.

> em 1980 instituições financeiras públicas possuíam pelo menos dois quintos de todas as principais ações da maior empresa privada do país, a Tata Engenharia (Telco...), e um quarto de todas as ações da segunda maior empresa privada, a Tata Aços (Tisco...). Então, como a Telco e a Tisco em conjunto representam mais da metade do patrimônio líquido [equity] controlado por uma só empresa (Tata), as instituições financeiras estatais coletivamente possuíam aproximadamente um terço de todas ações dessa empresa gigantesca. De modo semelhante, em Birla e diversos outros conglomerados industriais, instituições públicas possuíam até um quarto de todo o patrimônio líquido. (ibidem, p.51-2)

Se levamos em conta a predominância de relações de colaboração entre governo e grandes grupos privados – padrão que incluía a circulação de quadros dirigentes entre os dois campos e, em alguma medida, a participação acionária de instituições privadas em empresas públicas – somos tentados a recorrer a uma velha fórmula e afirmar que, entre todos os outros, a Índia foi um caso exemplar de capitalismo de Estado.

Observações adicionais

Para completar a caracterização desse caso, restaria mencionar brevemente ainda dois aspectos.

O primeiro tem a ver com a importância decisiva dos controles administrativos no padrão indiano de desenvolvimento. Esse ponto já foi aludido em vários tópicos, mas convém dedicar-lhe uma palavra especial. Mais do que em qualquer outro dos países estudados, a intervenção econômica do Estado na Índia se fez mediante um sistema regulatório minucioso e rígido, a um ponto que encontra poucos similares no mundo. Esse traço justificou a expressão *Licence-Permit Raj*, cunhada por um crítico para caracterizar a hipertrofia do controle governamental no país.

O segundo refere-se a uma particularidade que soa muito estranha aos olhos latino-americanos que são os nossos. Apesar de toda a parafernália de mecanismos de intervenção econômica, a despeito de todo o gigantismo do setor público, por quase todo o tempo a Índia observou uma política monetária relativamente austera. Nos anos que mediam o Primeiro Plano Qüinqüenal e a inauguração do período de reformas liberalizantes, a economia indiana conheceu picos inflacionários, mas comparativamente eles parecem mais colinas do que montanhas, e nunca chegaram a compor nada remotamente parecido com a cordilheira dos Andes. Como teremos oportunidade de ver, a um repique dos preços seguia-se, sem muita demora, a adoção de políticas monetárias enérgicas, que produziam o efeito esperado de forma relativamente rápida, ainda que a elevado custo político. A esse respeito, o diálogo transcrito a seguir é elucidativo.

> Contivemos a inflação na Índia muito melhor que outros países em desenvolvimento.
> Isso foi assim historicamente. Nossa tolerância com a inflação é muito mais baixa e não temos indexação de salários pelo nível dos preços como nas economias latino-americanas. (Srinivasan, 2001, p.135)

O padrão institucional que acabamos de descrever garantiu a transformação profunda do sistema produtivo da Índia. Com crescimento relativamente baixo, porém. Sobretudo na década de 1960, tornou-se corrente entre os especialistas a fórmula depreciativa "padrão hindu de crescimento" (que não ultrapassaria a marca dos 3,5%). A média foi um pouco maior na década de 1950, e voltou a se elevar – agora mais pronunciadamente – nos anos 1980. Não importa, tendo como referência o desempenho dos "quase vizinhos" asiáticos, o crescimento relativamente reduzido da economia indiana sempre se afigurou como um problema e um argumento poderoso nas mãos dos críticos do modelo vigente. No outro lado da balança, os interlocutores punham daquele do mesmo as seguintes propriedades: regularidade – a economia indiana cresceu continuamente, praticamente desconhecendo a experiência infelizmente familiar na América Latina do crescimento negativo. Outro argumento forte deriva dessa constatação: por seu insulamento, pelos controles que impôs ao comércio externo e aos movimentos de capitais, por ter evitado "a armadilha da dívida externa", a

Índia suportou bem os solavancos da economia internacional. Nesse particular, é significativo que a década de 1980 – "década perdida" para a América Latina (e para a Turquia), década que começou com um susto na Coréia –, a despeito das convulsões políticas, foi para a economia indiana tempo de um grande salto à frente.

Esse salto termina em um grande questionamento de muitos dos atributos expostos neste trabalho. E na adesão ao discurso geral das reformas para o mercado. No que vem a seguir, veremos como e por que se produz essa ruptura no paradigma da política econômica e qual a profundidade dela.

ESGOTAMENTO E CRISE DO PADRÃO DE DESENVOLVIMENTO: O CONTEXTO E REFORMA

Seja qual for o juízo mais acertado sobre o padrão organizacional da economia indiana, a verdade é que no início da década de 1990 ele estava em xeque. Com efeito, em meio a uma crise externa aguda, assistimos nesse momento a uma inflexão profunda na condução da política econômica, que se traduziu em um amplo programa de reforma cujo fulcro era formado pelo par liberalização e abertura externa. Neste tópico, vamos examinar três questões interligadas: 1) como entender esse deslocamento? 2) Que circunstâncias levam a Índia a abraçar, nesse exato instante, a estratégia das reformas orientadas para o mercado? 3) Como elas foram (têm sido) concebidas e implementadas?

Uma conjuntura de crise

No registro das vítimas da Guerra do Golfo, costuma faltar um óbito. De fato, o efeito combinado do aumento dos preços do petróleo, da perda de um mercado importador expressivo e do estancamento do fluxo de remessas dos trabalhadores indianos no Iraque contribui para precipitar a crise cambial de 1991. Contudo, os desequilíbrios que a motivaram eram bem mais graves. Eles têm origem na política expansionista que vinha sendo seguida desde meados da década anterior, política que conseguira a proeza de jogar as taxas de crescimento para um patamar superior, mas à custa de déficits fiscais elevados, que no final do decênio chegaram a mais de 8% do PIB. Ao levantar recursos no mercado para financiar esse déficit, o governo indiano administrava a expansão da dívida pública, e tinha que arcar com uma conta de juros a cada ano mais pesada. A expansão concomitante da base monetária completava o círculo cuja manifestação mais inquietante era a subida dos índices inflacionários.

As tensões na frente externa estavam associadas a essa dinâmica. Em um regime de câmbio fixo, a inflação minava a competitividade das exportações indianas, ao tempo em que a ativação econômica propelia a demanda de produtos importados (principalmente petróleo e derivados). No início, o problema foi manejável. Escorado no bom conceito do país nos mercados financeiros, o governo não teve dificuldades para levantar os créditos de que necessitava na banca internacional. Entre 1985-86 e 1990-91, a dívida externa indiana mais do que duplicou... Para piorar as coisas, nas eleições gerais de 1989 o produto da insatisfação popular foi um Parlamento fragmentado, do qual emergiu um governo de minoria que tinha à testa um partido minúsculo, carente de apoio sólido. O leitor pode adivinhar o resto da história. Algumas manifestações de dúvida, primeiro; logo a desconfiança nervosa... Então, a ocorrência externa perturbadora que desencadeia a fuga precipitada. Quando o novo governo formado pelo Partido do Congresso, tomou as rédeas da situação, as reservas internacionais estavam reduzidas a pouco mais de um bilhão de dólares, o suficiente para cobrir apenas duas semanas de importações. A Índia estava às portas da moratória.

Sob a liderança do primeiro-ministro Narasimha Rao e de seu ministro de Finanças, Manmohan Singh, o novo governo indiano firma uma carta de intenção com o FMI e enfrenta a crise com um pacote de medidas convencionais: desvalorização da rúpia; aperto fiscal (cortes pronunciados nos gastos sociais); política monetária restritiva. Tudo muito familiar. Nada de incomum, tampouco, nas conseqüências imediatas dessas medidas: geração de superávits comerciais e recuperação de reservas, de um lado; de outro, queda acentuada no nível de atividade econômica... Mas não por muito tempo. Como se pode ver pela Tabela 20, a economia indiana vive um período curto de recessão e logo recupera sua trajetória respeitável de crescimento.

Tabela 20 – Indicadores macroeconômicos selecionados

Ano	Taxa de crescimento do PIB	Inflação	Déficit na conta corrente (% PIB)
1985	5,5	7,84	2,00
1986	4,9	6,52	1,76
1987	4,8	8,56	1,69
1988	9,9	8,06	2,43
1989	6,6	8,30	1,81
1990	5,7	10,95	2,58
1991	0,4	14,69	0,16
1992	5,4	8,56	1,21
1993	5,0	9,43	0,29
1994	7,6	9,50	1,90
1995	7,7	8,72	1,45
1996	7,2	7,74	1,26

Fonte: World Bank Indicators.

Fosse essa toda a história, a crise indiana de 1991 teria pouco interesse para o não-especialista. Entretanto, como sabemos, o mais importante ainda não foi dito. É que simultaneamente à adoção das medidas conjunturais referidas, o governo Narasimha Rao anunciava uma série de medidas de longo prazo que conformavam uma nova estratégia econômica. Elas abrangiam a reforma do comércio exterior – abolição quase completa da sistemática de licenciamento de importações; redução drástica de níveis e da dispersão das tarifas aduaneiras – e a reforma do regime regulatório, operada pelo *Industrial Policy Statement*, de 24 de julho de 1991. Reiterando embora a atualidade dos fundamentos da economia indiana moderna estabelecidos por Nehru e a linha de continuidade entre os sucessivos documentos de política industrial que procuraram dar corpo aos seus objetivos maiores – desenvolvimento industrial e agrícola acentuado; expansão rápida do emprego; redução progressiva das disparidades sociais e econômicas; remoção da pobreza e conquista da autonomia (*self-reliance*) –, esse documento rompe com a política de desenvolvimento pretérita ao comunicar que o sistema de licenciamento para projetos industriais seria quase inteiramente desmontado, exceto para quinze indústrias relacionadas a questões estratégicas e de segurança, ou de importância para a preservação do meio ambiente; que a legislação *anti-trust* seria liberalizada para facilitar a expansão e a diversificação das grandes empresas; que o mesmo ocorreria com o regime de investimentos externos e de importação de tecnologia, e que o número de indústrias reservadas ao setor público seria drasticamente reduzido (cf. Texto f New Industrial Statement, 1991. Para um comentário crítico sobre a reorientação enunciada aqui, cf. Paranjape, 1991, p.2472-81). Faziam parte do pacote ainda a racionalização do sistema tributário e a liberalização do sistema financeiro.

Para a equipe econômica do novo governo, estava claro que o simples ajuste fiscal e monetário era insuficiente. Para que o caminho do desenvolvimento sustentado fosse trilhado, era preciso reestruturar o conjunto da economia indiana. O sentido geral desse programa está claramente exposto no discurso feito por Monmohan Singh ao apresentar a peça orçamentária de 1991 na câmara baixa do Parlamento:

> A força do processo de reforma estaria em aumentar a eficiência e competitividade internacional da produção industrial, em utilizar para esse fim investimento e tecnologia estrangeiros em muito maior medida que no passado para aumentar a produtividade do investimento, em assegurar que o setor financeiro da Índia fosse rapidamente modernizado, e em melhorar o desempenho do setor público, de modo que os setores chaves de nossa economia fossem capacitados a atingir uma vantagem tecnológica e competitiva adequada numa economia global em rápida transformação. (apud Nayar, 2001, p.44)

Anos mais tarde, o mesmo Singh iria explicar a íntima conexão entre as duas séries de eventos que nos ocupam aqui: a reforma estrutural e a crise econômica do início dos anos 1990.

> A resposta tradicional a uma crise de balança de pagamentos é comprimir a demanda doméstica por meio de um programa de aperto fiscal. No entanto, numa economia caracterizada por rigidez salarial e engarrafamentos de oferta que impedem que os recursos se movam de um setor para outro, os programas tradicionais de estabilização acabam criando desemprego e capacidade ociosa. Inevitavelmente, esses programas encontram sérias dificuldades políticas... Para lidar com esse problema, projetamos um programa de estabilização que esperávamos que produzisse resultados positivos num período razoavelmente curto e, além disso, lançamos um programa de reformas estruturais para melhorar as respostas do lado da oferta. (Sing, 2001, p.89)

A associação dos dois fenômenos parece indiscutível, mas a natureza do nexo entre eles não está clara. Como vimos em outra seção deste estudo, a relação entre crise econômica e reformas liberais é observada em todos os países constantes de nossa amostra original de 24 casos nacionais. Contudo, na Índia, ainda que os atores possam tê-la vivido como um momento dramático, a crise foi bastante suave quando considerada comparativamente. E nem sempre, nos outros países, os problemas de balanço de pagamentos foram enfrentados, imediatamente, de forma análoga. Por outro lado, aquela não foi a primeira crise cambial na Índia, e em outras ocasiões a resposta que ela suscitou foi muito diversa. Mais do que uma "causa", um determinante, parece mais razoável, pois, pensar a crise como uma janela de oportunidade. É assim que ela aparecia no comentário do articulista da *The Economist* para o qual o corte inevitável no dispêndio público "poderia – apenas poderia – dar início à reavaliação do papel econômico do governo que há muito é aguardada" (apud Paranjape, 1991, p.2480). Todavia, se pensamos a crise como uma oportunidade, devemos identificar para quem ela se afigura assim, e indagar das razões por que ela é encarada dessa ou daquela forma. Essa observação um tanto prosaica abre o espaço para a afirmativa que iremos desenvolver no restante do presente tópico: a opção pela estratégia de reforma adotada na Índia no início dos anos 1990 é incompreensível se dissociada de quatro condições gerais, a saber: 1) a existência prévia no país de uma crítica econômica de corte liberal ao modelo de desenvolvimento inspirado por Nehru; 2) a convergência entre essa crítica – com as medidas por ela preconizadas – e as transformações em curso naquele momento no plano internacional; 3) a fragilização das instituições políticas indianas e a efetividade degradada do planejamento econômico; 4) as experiências precedentes de liberalização econômica. Vejamos, pela ordem, cada um desses elementos.

O trabalho da crítica

Embora o sistema de controle administrativo do abastecimento alimentar herdado do tempo de guerra e ampliado depois da independência tenha sido objeto de ataques, antes, com algumas vozes tendo defendido soluções de mercado para as distorções apontadas (cf. Ghosh, 1998), as primeiras objeções sistemáticas à estratégia de desenvolvimento esboçada pelo governo nacionalista manifestam-se em meados dos anos 1950, durante o processo de elaboração do Segundo Plano Qüinqüenal. Elas se fizeram ouvir no "painel de economistas", fórum criado pela Comissão de Planejamento em janeiro de 1955 para submeter a minuta do plano à análise de especialistas. Presidido pelo ministro das Finanças e composto de 21 membros, treze acadêmicos e oito tecnocratas, todos economistas de prestígio, o painel fez, provavelmente, o que dele se esperava: produziu um texto de consenso amplamente favorável ao documento, ao qual fazia restrições de detalhes. Esse encaminhamento, porém, não satisfez a todos os participantes. Dois membros do painel tinham divergências mais fundas que vieram a expressar logo a seguir sob formas diversas. Um deles era o diretor da Escola de Economia e Sociologia da Universidade de Bombaim, C. N. Vakil, que tornaria público o seu ponto de vista no livro *Planning for an expanding economy*, escrito em colaboração com P. R. Brahmananda, onde criticam a estratégia assentada no desenvolvimento da indústria pesada e propõem uma alternativa de conjunto ao modelo de Mahlanobis baseada no fomento à agricultura e à produção de bens salários em geral.[7] O outro era B. R. Shenoy, então um professor pouco conhecido fora da Índia, da Universidade de Gujarat. Em profunda discordância com a proposta em debate, Shenoy fez questão de expressar seu ponto de vista em uma *"Note of Dissent"*, que constitui um verdadeiro libelo contra o planejamento indiano. Denunciando o irrealismo das projeções que informam o plano, inalcançáveis a seu ver, "exceto em um regime totalitário", e dissociando-se explicitamente de seus colegas que criticavam as novas nacionalizações previstas com base em razões contingentes – escassez de pessoal administrativo e técnico; necessidade de canalizar a poupança para as metas do plano –, mas não as rejeitavam no terreno dos princípios, como ele, Shenoy fazia fogo cerrado contra o sistema de regulação microeconômica.

> Não estou convencido da importância econômica de manter os resíduos de controles. O relaxamento dos controles se demonstrou um sucesso digno de nota. Controles e alocações físicas não são acessórios necessários do planejamento. A distribuição de recursos produtivos, inclusive da proporção em que são usados, está

---

[7] Uma apresentação breve do argumento e das circunstâncias em que veio à luz pode ser encontrada na entrevista de Brahmananda in Balasubramanyam, 1996, p 26-41.

sujeita a variações e depende de diversas considerações tecnológicas, econômicas e de preços. É praticamente impossível levar em conta essas considerações complexas e em constante alteração e acertar qualquer coisa semelhante a uma alocação satisfatória de recursos. Há grandes vantagens em permitir liberdade à economia e ao sistema de preços no uso e distribuição das necessidades da produção. Sou incapaz de concordar com meus colegas em que é o caso de continuar com os controles remanescentes. Devem ser tomadas medidas para remover os controles o quanto antes possível. Controles e alocações são uma característica essencial do planejamento comunista. Não se adaptam muito bem ao planejamento numa economia de mercado de livre-empresa. (Shenoy, 1955 apud Bauer, 1988)

Mesmo encarando tais declarações com simpatia, os agentes do mercado eram mais moderados na crítica. Pelo menos é o que podemos depreender do posicionamento da Ficci (*Federation of Indian Chambers of Commerce and Industry*) diante do Segundo Plano. Tendo divulgado, a título de contribuição, proposta em que defendiam a idéia da industrialização rápida com ênfase na indústria de base, os dirigentes da FICCI reagiram acerbamente ao plano elaborado pelo governo. Questionando a compatibilidade do "planejamento total" com a democracia, e denunciando os grandes perigos implicados no "planejamento centralizado envolvendo a arregimentação da economia", eles advogavam o estímulo à expansão da indústria de bens de consumo de grande escala e condenavam o projeto de ampliar gradativamente o espaço ocupado pelas empresas públicas (Nayar, 1989, p.229).

Na verdade, a atitude de tomar frente ao governo de Nehru provocava fissuras na elite do empresariado indiano. De um lado, sob a liderança de G. D. Birla, fiel parceiro de Gandhi, estavam aqueles que defendiam uma política de "apoio crítico", buscando promover os interesses da indústria por meio de canais de influência internos ao Partido do Congresso; do outro lado, estava o "grupo de Bombaim", no qual se destacava a "casa dos Tatas", advogando uma posição mais assertiva, para influir sobre o governo mediante a mobilização da opinião pública em campanhas organizadas. Essa corrente criaria em 1956 o Fórum da Livre Empresa e participaria, três anos depois, da formação do Partido Swatantra (Partido da Liberdade), para contestar a hegemonia do Partido do Congresso em nome do princípio da propriedade e dos valores do liberalismo. Coisa que esse partido fez com relativo sucesso eleitoral, embora ao preço de muitas concessões no terreno do discurso, como se observa pelo comentário do especialista.

Aceitando o "socialismo" dos Tories na Grã-Bretanha, dos Social Democratas Alemães e assim por diante, os líderes da Swatantra chamavam Nehru alternativamente de "socialista do século XIX" por oposição aos "socialistas do século XX" da Swatantra, ou de "capitalista de estado reacionário" e de nenhuma maneira socialista. Embora esse conjunto de argumentos dificilmente possa ser considerado uma *tour de force* lógica, permitiu que os líderes da Swatantra argumentassem que o socialismo estava superado, não a Swatantra. Isso ilustra uma dimensão importante da história intelectual, a saber, a compulsão de responder ao forte e próximo desafio de Marx e do socialismo e à necessidade de aceitar, em certa medida, o vocabulário político do inimigo. (Erdman, 1967, p.199)

Em um contexto assim, o radicalismo doutrinário da crítica condenava Shenoy ao ostracismo.[8] Uma década, duas guerras, e uma crise cambial séria depois, o ambiente estava sensivelmente mudado. No início dos anos 1970, a estratégia indiana de desenvolvimento estaria sob o ataque pesado de críticos mais afortunados. Além do "pessimismo exportador" embutido nos pressupostos do modelo de Mahalanobis, o processo que eles moviam punha em tela de juízo o sistema de controles e regulações burocráticas, o qual, aliado ao gigantismo do setor público, emperraria o crescimento da economia indiana ao condená-la a um regime de baixa produtividade. O arrazoado é longo, e dele não podemos fornecer mais do que uma pequena amostra. Nesse sistema, as metas fixadas são freqüentemente erradas e as licenças beneficiam firmas que não são necessariamente as mais produtivas. Ao criar barreiras à entrada e restringir as importações, ele diminui a concorrência, o que se traduz em ineficiência, altos custos e baixa qualidade. Os obstáculos administrativos sufocam a iniciativa e incentivam comportamentos improdutivos voltados para obtenção de vantagens. As restrições ao capital estrangeiro e à importação de tecnologia tornam obsoleta a indústria. Com mercado cativo e taxas de câmbio valorizadas, as firmas não têm razão alguma para se aventurar no mercado externo. E não se pode sequer alegar que esse sistema atenda a objetivos sociais: ao induzir artificialmente o crescimento das indústrias intensivas em capital, pouco contribui para a geração do emprego e para a eliminação da miséria.[9] Como alternativa a essas mazelas, economistas tão bem-sucedidos, na Índia e fora

---

[8] O relato irônico de I. G. Patel – figura de proa na tecnocracia indiana e ardente defensor da liberalização econômica nos anos 1990 – sobre as desventuras de visitantes americanos ilustres em solo indiano contribui para dar um colorido mais vivo a nossa narrativa. "The presence of so many leftist advisers made the Americans urge that the Ministry of Finance allow some American advisers to balance the forces, so to speak. We thought we had the Americans hoist by their own petard when we agreed, with the proviso that there should be two advisers: one a distinguished academic and another with influence in Washington... But the Americans had the last word: they sent Milton Friedman ... and Neil Jacoby who was the former Chairman of the council of Economic Advisers under Eisenhower. Neil's opposition to planning and governmental involvement can only be described as totalitarian, that is, extreme, ideological and emanating from the guts rather than from reason. Soon Friedman was so embarrassed by Jacoby that he request they should be separated. ... Friedman tried educating Indian politicians and bureaucrats about the virtues of free private enterprise, but soon gave up as he was intelligent enough to see that his arguments fell on deaf ears." Patel, 2002, p.44-5.

[9] Nesse esforço "heróico" de condensação, valemo-nos da apresentação feita por Chaudhury, 1998, p.272-4.

dela, como Jagdish Bhagwati e T. N. Srinivasan, entre outros, preconizavam a adoção de um sistema comercial neutro – com unificação das taxas de câmbio, a remoção das restrições administrativas à importação, redução das tarifas aduaneiras e dispensa conseqüente dos incentivos às exportações – e desmontagem do sistema de licenciamentos. *Bem-sucedidos*, devemos sublinhar o adjetivo. Porque, além de celebridades acadêmicas internacionais, esses economistas – Bhagwati, talvez, mais do que todos – passaram a ter forte influência no debate e na gestão da política econômica indiana.

Se isso é verdade, encontramo-nos diante de uma situação que faz lembrar a fórmula cunhada por Cohen, March e Olsen para caracterizar os processos de escolha em organizações complexas: o "modelo da lata de lixo" (*garbage can model of organizational choice*). Referido aos padrões decisórios prevalentes em contextos organizacionais caracterizados pelas "preferências problemáticas", "participação fluida" e "incerteza agregada extrema", esse modelo rompe com a perspectiva racionalista ao desconectar, uns dos outros, problemas, soluções e tomadores de decisões, mostrando que estes não chegam a uma decisão específica trilhando um caminho simples cujo ponto de partida é o problema, mas que os três termos dessa equação resultam de processos independentes no interior da organização. Confrontados com um problema, os atores competem pela exata definição de seus termos e buscam soluções para ele em um repositório de fórmulas previamente existentes, sugeridas e postas de lado no passado (cf. Cohen, March, Olsen, 1989, p.294-334). Esse esquema se aplica como uma luva ao caso que estamos a considerar. No essencial, a plataforma das reformas liberalizantes vinha sendo defendida desde o início dos anos 1970, como solução para os problemas microeconômicos que obstariam o crescimento acelerado da economia indiana. No entanto, como programa geral, a proposta reformista não tinha sucesso. Quando isso ocorre, medidas pontuais já haviam atenuado os efeitos negativos dos problemas microeconômicos apontados, e a economia se expandia celeremente. Ainda assim, dessa vez o desequilíbrio externo justifica a adoção daquela plataforma. Além das receitas, os gestores da economia contavam no início dos anos 1990 com um manual indicando como aplicá-las. E mais, ao contrário do que vai se dar em muitos outros países, receitas e manual de instruções eram de fabricação caseira. Sem eles é difícil entender como o programa de mudança estrutural foi incorporado ao plano de estabilização de forma tão imediata.

Conexões com processos externos

A existência de um repertório de propostas e a advocacia dele no período anterior, porém, não explica aquele efeito. Pelo contrário, apenas nos leva de encontro aos argumentos sugeridos para explicar os fatores que entravavam a mudança. Um dos mais exitosos foi aquele proposto por Pranab Bardham, em uma série de conferências proferidas em meados dos anos 1980. Tomando como unidades básicas de análise as "classes dominantes proprietárias" e acentuando a lógica fortemente "rentista" (*rent-seeking*) de sua atividade econômica, Bardham procura demonstrar como os conflitos de interesses entre três atores fundamentais – os produtores rurais enriquecidos, os profissionais do setor público e os capitalistas industriais – resultavam em um "empate" que paralisava o Estado e perpetuava um estado de coisas que todos consideravam insatisfatório. Nenhuma dessas forças sendo forte o suficiente para dominar o Estado, a preocupação comum com os efeitos distributivos da transformação do sistema seria um inibidor estrutural à mudança.

> Se a patronagem e os subsídios ameaçam obstruir os canais de mobilização do excedente e do investimento público, a pergunta que surge é por que as classes proprietárias que tem tanto a ganhar com o crescimento econômico não agem em conjunto por seus interesses coletivos de longo prazo e cooperam para desobstruir esses canais. A meu juízo isso tem muito a ver com a dificuldade da ação coletiva em coalizões amplas e heterogêneas... (Bardhan, 1988, p.68)

Rejeitando o viés sociológico da análise de Bardhan, que o levaria a pressupor uma negociação prévia bem-sucedida e a sinalização por parte do governo de sua intenção de "mudar as regras básicas do jogo" como condições necessárias ao início do processo de reforma econômica, Jenkins interpreta este último como fruto da ação de segmentos das elites estatais governantes, hábeis bastante para explorar as divergências de interesses de forma tal a impedir que eles se conjugassem a tempo para bloquear a realização de seus propósitos (Jenkins, 1999, p.38-9). Mais adiante, voltaremos ao argumento desenvolvido nessa obra. Por ora, limitamo-nos a observar que ela não nos faz avançar no problema que nos toca. Pelo que nos relata Baldev R. Nayar, os adeptos da reforma eram minoritários no governo N. Rao (Jenkins, 1999, p.38-9). Ainda que aceitássemos a premissa estatista que a sustenta – o que não fazemos –, restaria a explicar por que, nesse momento, o comando da ação estatal foi exercido pelos setores da elite governante que se inclinavam pelo caminho das reformas. A convergência entre os pontos de vista sustentados por esses setores e o sentido das transformações internacionais em curso àquela altura é, certamente, um elemento importante na resposta a essa pergunta.

A incidência das mudanças no contexto internacional é forte em todos os processos nacionais de reforma econômica considerados nesta pesquisa. No entanto, os aspectos relevantes desse contexto cambiante variam a cada caso, como varia também o modo pelo qual se exerce a aludida influência. A globalização financeira, por exemplo, que costuma aparecer na literatura como um dos principais fatores explicativos da difusão das reformas neoliberais, não parece ter desempenhado papel de maior relevo no caso indiano. Tampouco as condicionalidades cruzadas do par FMI-Banco Mundial, que foram decisivas, como sabemos, nos processos de reforma latino-americanos. E é fácil entender por quê: fortemente protegida, com um setor bancário quase todo estatizado e com rígidos mecanismos de controle sobre o câmbio e sobre os fluxos de capital, o grau de integração da economia indiana no mercado financeiro internacional no início do processo de reforma era muito reduzido. Daí sua baixa vulnerabilidade às crises; daí também sua menor sensibilidade às pressões emanadas de governos e instituições econômicas internacionais.

No caso indiano, três aspectos das transformações globais parecem ter tido especial importância: a mudança na ideologia econômica dominante nos países centrais, com o descrédito do keynesianismo e a ascensão do discurso neoliberal; a mudança no quadro geopolítico com o fim da Guerra Fria, e a reformulação das bases normativas da economia internacional no desenrolar da rodada Uruguai do Gatt.

Não vamos nos deter aqui nos processos que levam à primeira daquelas mudanças. Para efeitos de argumentação, podemos tomá-los como conhecidos. O que desejamos salientar é a maneira como o novo "senso comum" econômico reforça, na Índia, os defensores de programas de reformas congruentes com ele. Isso, que já se daria em alguma medida pelo simples poder de irradiação das idéias germinadas nas instituições prestigiosas dos países centrais e da autoridade de que tendem a ser revestidas, fica acentuado na Índia em virtude de um fenômeno peculiar: as dimensões da diáspora e a participação relativamente muito elevada de profissionais altamente qualificados na "população não residente". Nas palavras do autor de um trabalho muito interessante sobre o tema,

> No caso da Índia, em contraste com as grandes migrações do século XIX, a migração além-mar em décadas recentes apresenta um forte viés de seleção, na medida em que envolve as elites socioeconômicas. Por exemplo, os indianos nos EUA tem uma probabilidade vinte vezes maior de ter educação superior do que os indianos na Índia. A posição estrutural e o enraizamento social da diáspora indiana e dos migrantes que retornam favorece a difusão de idéias, e parece provável que, mais que as remessas financeiras, as "remessas sociais" (ou o fluxo de idéias) desempenham papel importante na reformulação das políticas econômicas da Índia. (Kapur, 2004)

No artigo citado, vamos encontrar uma representação simplificada do mecanismo pelo qual idéias emanadas dos países de destino são difundidas e chegam a influenciar processos decisórios nos países de origem. O fator crucial nesse esquema consiste no retorno de migrantes com formação educacional ampliada, novas experiências de trabalho, outros mapas cognitivos. No modelo proposto, o impacto de tais elementos depende do tamanho da diáspora, das características socioeconômicas de seus integrantes, de onde estiveram e dos pontos de acesso que lhes estejam abertos na estrutura de poder do país que os recebe de volta. O grau dessa abertura, por sua vez, depende de regras formais e de procedimentos. Vale dizer, as instituições formais e informais no país de origem operam como "filtros" na difusão de idéias, ao regularem o acesso de burocratas internacionais, acadêmicos e outros intelectuais às arenas decisórias.

Essas breves indicações servem apenas para dar uma idéia aproximada do argumento desenvolvido pelo autor. O que nos interessa primordialmente em seu trabalho não são esses elementos gerais, mas o resultado da análise por ele instruída sobre o caso indiano. A esse respeito, convém ceder-lhe mais uma vez a palavra.

> Os tecnocratas desempenharam um papel importante nas reformas econômicas em todo o mundo nas últimas décadas. Comparados a outros programas de reforma em muitos países do mundo, as reformas da Índia geraram frutos mais ricos. Parte desse sucesso deve ser atribuído à medida que as reformas da Índia foram "plantadas em casa": elas refletiram a experiência de seus principais arquitetos, que tinham estudado e trabalhado no exterior, mas mantendo um olhar interessado nas realidades políticas e econômicas da Índia. A estrutura institucional da Índia – forte burocracia e sistema parlamentar – significa que o tecnocrata que retorna tem que passar algum tempo como consultor antes de assumir papéis de decisão. Isso cria confiança e também lhes dá uma melhor percepção das nuanças políticas cruciais para a adoção e implementação de políticas. (ibidem)

A observação bem documentada do autor sobre o cosmopolitismo dos economistas indianos nos suscita um comentário adicional. No presente, como no passado, entre os centros difusores e a produção local de idéias a relação parece ter duplo sentido: como vimos, nos anos 1950 a Índia foi um laboratório econômico de ponta, para onde se dirigiam notáveis de todo o mundo com intuito de ensinar, mas também de aprender com as experiências que lá se realizavam; ela permanece, hoje, como referência importante no debate internacional sobre as políticas de desenvolvimento. E pela inserção privilegiada que têm nos circuitos acadêmicos internacionais, seus economistas mais destacados dele participam como protagonistas.

Sobre o segundo dos aspectos assinalados, seremos breves. Fundadora e principal sustentáculo do movimento dos Países não Alinhados, a Índia sempre se moveu no plano das relações internacionais guiada pelo princípio básico da autonomia. Mesmo que para isso tivesse que arcar com custos significativos – como se deu nos anos 1960, quando sua posição crítica em relação à Guerra do Vietnã lhe valeu a antipatia do governo Johnson, que logo quebraria o compromisso de ajudar financeiramente um primeiro ensaio de reforma de seu comércio exterior. Pouco depois, duplamente pressionada pelos laços privilegiados que os Estados Unidos mantinham com o Paquistão e por sua nova aliança tácita com a China, a Índia aprofunda sua parceria com a União Soviética, que se converte em aliança estratégica no início da década de 1970. Com o fim da Guerra Fria, a Índia se encontra em um novo contexto geopolítico no qual não pode mais contar com o respaldo econômico, político e militar de sua antiga parceira e no qual, ausente a rivalidade entre blocos, a política do não-alinhamento perde todo sentido. Ameaçada de isolamento, com conseqüências potencialmente perturbadoras para a segurança nacional, a Índia é obrigada a reformular sua posição internacional, buscando novo *modus vivendi* com os países vitoriosos, em primeiro lugar, com os Estados Unidos. Ora, no plano econômico, o vetor principal da política norte-americana era dado na época por uma fórmula conhecida: globalização – redução do papel econômico do Estado; reforço dos direitos de propriedade intelectual; remoção de entraves à livre circulação de bens, serviços e de capitais; dissolução de fronteiras entre mercados nacionais; integração crescente de todos em uma economia única do tamanho do mundo. Em tais condições, a intransigência da Índia na defesa dos mecanismos institucionais criados no meio século passado para tornar possível o desenvolvimento de um capitalismo eminentemente nacional seria sinônimo de conflito aberto com a superpotência. Mesmo se inexistissem outras razões, a mera consideração do quadro estratégico recomendaria uma atitude mais prudente.[10]

A rigor, as condições indutoras de tal reposicionamento já estavam esboçadas em meados da década passada. Com essa afirmativa, fazemos referência a duas séries de eventos: às mudanças internas ocorridas na União Soviética sob o governo de Gorbachev, com seu desdobramento externo, o "novo pensamento", com o qual teve início a desmontagem da política de blocos, e a abertura de um processo de negociação que estava destinado a mudar radicalmente a arquitetura do sistema multilateral de comércio: a Rodada Uruguai do Gatt. Este é o terceiro dos elementos que gostaríamos de destacar.

A questão do comércio internacional e das transformações do regime criado para balizá-lo no imediato pós-guerra é decisiva na análise geral desenvolvida neste trabalho. Voltaremos a ela em outro lugar. Aqui, o importante é resgatar essa cadeia causal já apontada no primeiro capítulo, mas que está muito bem analisada no trabalho de Feliciano de Sá Guimarães (2005): a passagem de um regime que regulava o movimento entre fronteiras de bens, para um outro cujas disciplinas têm como objeto as políticas domésticas dos países-membros. Isso se dá em conseqüência do esforço bem-sucedido do governo estadunidense no sentido de forçar seus parceiros no Gatt a abrirem uma nova rodada de negociações, passados

---

[10] Inspiramo-nos nesse parágrafo no capítulo dedicado ao período pós-Guerra Fria da obra de Nayar & Paul, 2003.

apenas três anos do encerramento da rodada de Tóquio, em 1979, nela incorporando três novos temas: serviços, propriedade intelectual e medidas de investimento relacionadas ao comércio. A novidade – e o caráter ofensivo – da iniciativa patrocinada pelo governo Reagan, porém, não terminava aí. Além da ampliação da pauta, a campanha pela abertura da nova rodada vinha acompanhada da denúncia sistemática de um dos princípios inscritos desde o início, ainda que em posição secundária, nos estatutos da organização: o "princípio do desenvolvimento", que se traduziu, originalmente, no reconhecimento do conceito de "indústria nascente" e, mais tarde, na consagração do direito a tratamento especial e diferenciado dos países pobres, com a reforma do texto do Acordo Geral operada em 1965 (incorporação do Capítulo IV – Comércio e Desenvolvimento). As implicações desse lance são indicadas de maneira precisa pelo autor do estudo citado.

> os EUA e CE pressionam por alterações em regras já existentes, ou seja, buscavam a construção corretiva das regras. A implicação maior disso era a diminuição da preponderância do S&D. O fim do tratamento diferenciado ... faria com que as obrigações dos países em desenvolvimento fossem ampliadas pela necessidade de acatar regras já existentes. Os países ricos não pretendiam revolucionar as regras tradicionais, apenas ampliá-las ou reconstruí-las de modo a atingir todos os membros. Ato contínuo, a invalidação do S&D significava reformas efetivas na estrutura política e econômica dos países em desenvolvimento, pois a própria iniciativa de fazer valer uma política de substituição das importações significava não acatar a totalidade das regras tradicionais e permitir proteções setoriais de produtos tradicionalmente regulados (bens industriais). (ibidem, p.109).

O trabalho que viemos de citar reconstitui o processo da rodada em suas duas fases – a pré-negociação (que vai da reunião ministerial de 1982, em Genebra, à Conferência de Punta del Este, em 1986) e a fase da negociação propriamente dita, que se estende até o final de 1993 –, e analisa a maneira pela qual o desenrolar dos acontecimentos nessa arena condiciona a mudança de rumos que se dá na política externa brasileira no decorrer do período. Sobressaem nesse estudo a eficácia dos mecanismos de coerção manejados pelos Estados Unidos e a estreita interligação dos movimentos efetuados no plano multilateral e nas negociações bilaterais com o Brasil. Não temos condições para replicar esse tipo de análise para a Índia. Sabemos que ela dividiu com o Brasil a liderança da resistência à incorporação dos "novos temas" na agenda e da defesa das normas derivadas do princípio do desenvolvimento depois de iniciada a Rodada Uruguai. Mas não é só. Sabemos também que a Índia estava em posição muito menos vulnerável do que a do Brasil, com uma economia em rápida expansão, com baixa exposição às turbulências do sistema financeiro internacional. Ainda assim, acreditamos que o argumento de caráter geral esboçado no início deste livro se aplica igualmente à Índia. E somos reassegurados neste juízo pela palavra de um diplomata indiano que desempenhou papel proeminente no processo em causa.

> Como se deu essa reversão na posição dos países em desenvolvimento? O evento recebeu ampla cobertura da imprensa local indiana e em outros meios de comunicação do terceiro mundo ... Os EUA tinham elaborado a poderosa arma do "unilateralismo agressivo" desde 1984. Ela foi usada contra o Brasil antes dos eventos de abril de 1989. A Índia também era um alvo durante esse período e seu uso real aconteceu em maio de 1989. A situação política interna nos dois países era fluida e diminuía a vontade política para manter firmes as posições. A chave de braço acabou tendo efeito, e a coalisão Índia-Brasil enfraqueceu, levando a uma falta de consultas e coordenação que desgastou a confiança mútua. À medida que os dois países vacilavam, a oposição que laboriosamente tinham construído contra a iniciativa dos EUA também entrou em colapso. Os países industriais aproveitaram a oportunidade. (Schukla, 2002, p.264-5)

Shukla refere-se nessa passagem às pressões que levaram ao compromisso sobre o tema da propriedade intelectual, um divisor de águas na história da Rodada. Tratava-se de questão extremamente sensível para a Índia, e as resistências de amplas parcelas da opinião pública à assinatura do acordo correspondente chegaram a manifestar-se sob a forma de protestos coletivos organizados. Os críticos apontavam o conflito entre seus dispositivos e a legislação nacional, e denunciavam o acordo em geral por seus efeitos adversos sobre a soberania do país e suas prioridades de desenvolvimento (Siddiqi, 1994). Não precisamos insistir nesse ponto. O que desejamos salientar é que a participação no processo conflituoso de elaboração de normas internacionais com efeito direto sobre os dispositivos de políticas internas de fomento (proteção comercial, subsídios, incentivos a investimentos etc.) levava os atores a redefinir os valores dos elementos que levavam em conta em seus cálculos de custos e benefícios, e afetava, necessariamente, o seu juízo a respeito do possível e do desejável no tocante à estratégia de desenvolvimento.

Erosão institucional e efetividade declinante do planejamento

No momento em que a crise externa se manifesta, vários elementos combinados favoreciam, portanto, a adoção de um programa de reformas de longo prazo da matriz institucional da economia indiana. Sozinhos, porém, eles são insuficientes para explicar a mudança. Com efeito, eles pouco nos informam sobre os fatores que poderiam atuar na direção oposta. Para entender a inflexão ocorrida no início da década de 1990, devemos levar em conta a erosão das bases de sustentação política do antigo modelo.

Em alguma medida, ela decorre do reiterado insucesso na obtenção das metas estabelecidas pelo planejamento. Como vimos em outra parte deste estudo, o aparato de intervenção econômica do Estado indiano justificava-se pela necessidade de promover o crescimento acelerado, a expansão rápida do emprego, a redução progressiva das desigualdades sociais e econômicas, a eliminação da pobreza e a autonomia nacional. Ora, trinta anos depois do primeiro ensaio, no balanço do planejamento os resultados alcançados ficavam muito aquém das expectativas. O objetivo da autonomia fora por muito tempo negado pela dependência indiana da ajuda externa para alimentar a sua população; as taxas de crescimento, sempre inferiores às metas dos planos, tornavam-se mais frustrantes ainda quando comparadas com o desempenho de economias asiáticas, ou mesmo latino-americanas, e, apesar dos avanços obtidos, no início dos anos 1980 os indicadores sociais da Índia continuavam a ser um dos piores do mundo. Baldev R. Nayar é preciso ao indicar os efeitos de tais constatações.

> Por um processo de "aprendizado social" líderes-chave chegaram ao entendimento de que políticas anteriores tinham deixado de atender aos objetivos próprios da Índia, e haveria pouco mérito em persistir nelas ... Essa linha de causalidade envolvendo desencanto com o antigo regime de políticas remonta à mudança de curso econômico da Sra. Gandhi em 1974 e às medidas liberalizantes adotadas por seu governo na primeira metade da década de 1980. E continuou com Rajiv Gandhi, com seu ambicioso, embora frustrado, programa de liberalização. Seu impulso liberalizante é particularmente importante porque foi deflagrado sem nenhuma crise econômica e sem nenhum envolvimento dos IFIs. Mas a Sra. Gandhi e Rajiv Gandhi não foram os únicos importantes; também seus conselheiros econômicos, notadamente L. K. Jha, que procurou mostrar às elites econômicas os efeitos perversos das políticas econômicas anteriores. Um segmento importante, ainda que pequeno, das elites políticas e burocráticas da Índia convenceu-se da necessidade de mudança de rumo... (Nayar, 2001, p.146)

Aproximação de horizontes. É necessário salientar esse ponto: no início da década de 1980 as objeções que os críticos liberais faziam ao modelo econômico indiano começavam a ser parcialmente assimiladas pelos políticos e tecnocratas que ajudaram a construí-lo. No entanto, é preciso esclarecer em adição que, no entender destes últimos, o acúmulo de problemas que levava a tal resultado tinha sua origem na incapacidade política de reagir a tempo às dificuldades e imprimir às políticas do Estado as devidas correções. A observação de P. N. Dhar – um dos principais conselheiros econômicos de Indira Gandhi – sobre a atitude de Mahalanobis diante da legislação que beneficiava os trabalhadores do setor formal é bastante ilustrativa. Depois de citar trecho de artigo no qual Mahalanobis descreve as leis indianas como "provavelmente as mais protetoras dos interesses do trabalho – no sentido estreito – em todo o mundo", indicando que elas desvinculam quase inteiramente produto e remuneração e restringem fortemente o poder de contratação e demissão das empresas, Dhar agrega o seguinte comentário:

> Mahalanobis, antecipando o fenômeno da "doença industrial", propusera a criação de um Serviço de Reserva de Trabalho para absorver of operários industriais que poderiam ser considerados excedente e demitidos pelas empresas industriais existentes à sua discrição, e também para servir como reservatório a que outras empresas pudessem recorrer. O Serviço de Reserva de Trabalho serviria como amortecedor do desemprego. A proposta nunca decolou. (Dhar, 2003, p.102)

Nisso reside a força e o apelo do argumento já referido de Pranab Bardhan. Ele oferece uma resposta elegante ao enigma da paralisia do Estado indiano diante de problemas há muito reconhecidos, que se traduziam em entraves ao desenvolvimento e em obstáculos à consecução dos objetivos sociais universalmente proclamados. Muito de seu poder persuasivo se perde, contudo, quando constatamos – *a posteriori* – que, a despeito da lógica cerrada que o costura, o impasse foi superado e o desempenho da economia indiana atingiu um patamar que seria inalcançável, nos termos de sua análise. Acreditamos que P. N. Dhar acerta ao observar

> A coalizão de Bardhan de classes dominantes baseada em relações de patronagem e subsídios captura um aspecto crucial do sistema ... mas deixa de reconhecer a natureza transitória da coalizão que é essencialmente uma fase no processo de crescimento econômico e político. (ibidem, p.113)

Não temos tempo, nem os elementos necessários, para expor aqui o processo pelo qual o jogo cambiante das coalizões político-sociais resultou na situação de "empate" descrita por Bardhan e como possibilitou, mais adiante, que se encontrasse uma saída para ela. Registrando, de passagem, o impacto adverso de uma série de choques externos – grandes secas, seguidas de escassez generalizada de alimentos, em 1957 e 1966 e 1967; conflitos militares com países vizinhos (ocupação de território contestado pelas tropas chinesas, em 1962; guerra com o Paquistão, em 1965; novo conflito com esse país, em 1971, levando à sua partição e à criação do Estado independente de Bangala Desh; choque do petróleo, em 1973) –, limitamo-nos, no que vem a seguir, a apontar algumas condições históricas que contribuíram para a produção daqueles efeitos.

A primeira circunstância significativa a destacar é o fracasso do projeto original de transformação agrária, e a modernização capitalista da agricultura indiana que ocupou o seu lugar. Na concepção dos formuladores dos primeiros planos, a agricultura desempenharia papel crucial no processo de desenvolvimento industrial, como fonte provedora de mão-de-obra e de alimentos baratos para a imensa e crescente população do país. Esperava-se que esses objetivos fossem alcançados mediante os ganhos de produtividade derivados da mudança nas relações de propriedade e da reorganização da estrutura agrária centrada no estabelecimento de "módulos rurais", na disseminação de cooperativas e na edificação de um sistema público de comercialização de gêneros alimentícios, com preços controlados. Como observa Francine Frankel, além de sua contribuição para o aumento da produtividade agrícola com exigências mínimas de novos dispêndios de capital, a reorganização agrária "criaria uma conexão entre o setor industrial moderno e o vasto interior rural, pondo em marcha um processo dinâmico de incremento geral da renda, do consumo, do emprego, e da produção no núcleo do processo auto-sustentado de crescimento" (Frankel, 2005, p.119). Algumas medidas foram efetivamente tomadas nessa direção, mas a oposição conservadora, muito forte no próprio Partido do Congresso, obstou a plena realização desse projeto. Quais teriam sido os seus resultados caso tivesse sido posto em prática? É difícil avaliar. Seja como for, em meados da década de 1960 o balanço do desempenho da agricultura indiana era desalentador.

> O novo desenvolvimento da Índia atingiu o meio do Terceiro Plano quando a produção agrícola estagnava, o crescimento da produção industrial começava a arrefecer, a população continuava a crescer, e a taxas mais altas que as esperadas, o fluxo de excedentes de mercado de grãos começava a encolher, e o país se encontrava no meio de uma crise de alimentos, que assumiu uma nova severidade no corrente ano. (Dhar, 2003, p.50)

Defendida a tempos pelos especialistas do Banco Mundial, é nessa altura – na passagem entre o curto governo de Lal Bahadur Shastri, sucessor de Nehru, e o de Indira Gandhi, filha deste – que acaba por prevalecer definitivamente a visão tecnocrática da modernização agrícola, assentada na ampliação do sistema de irrigação, no uso difundido de inseticidas e fertilizantes químicos e na renovação das técnicas de cultivo. Era a "revolução verde", da qual se pode dizer que, embora pouco tenha ajudado a consecução dos objetivos sociais inscritos reiteradamente nos planos de desenvolvimento, teve pelo menos o mérito de eliminar a dependência da Índia da ajuda alimentar dos Estados Unidos.

No processo de transformação que se segue, o que nos interessa particularmente, aqui, não são os seus aspectos econômicos, mas suas implicações sociais e políticas. Pensamos, sobretudo, no surgimento que ela propicia de uma camada de agricultores prósperos, os quais — por seu peso próprio, pela capacidade de explorar vínculos de casta para criar redes de alianças extensas e de mobilizar em favor de suas demandas o apoio dos camponeses médios e pobres – transformaram-se rapidamente em uma das forças sociais mais importantes na Índia contemporânea. Vimos o destaque que Pranab Bardhan confere a ela. Restaria insistir no fato de que sua formação resulta em parte do insucesso na realização do programa agrário do nacionalismo indiano e de que, pelo poder corporativo que detém, ela passou a constranger significativamente a atuação dos gestores da política econômica.

Estreitamente associada a esse desenvolvimento, a outra circunstância que devemos mencionar é a progressiva debilitação do Partido do Congresso e a tendência conseqüente de desconcentração do sistema partidário indiano.

Vimos, no início deste estudo, a posição solar ocupada pelo Congresso no período imediatamente posterior à Independência. Dez anos depois, a situação não havia mudado fundamentalmente, a despeito dos avanços obtidos pelos partidos de oposição nas eleições gerais de 1957, sobretudo no plano regional (em Kerala, o Partido Comunista da Índia obteve a maioria simples dos votos, o que levou à formação do primeiro ministério comunista na história do país; em Bengala Ocidental, também, foram notáveis os progressos da esquerda). Os resultados do pleito de 1962 alteram de forma significativa esse quadro: com efeito, além de confirmar o enraizamento da esquerda comunista, eles revelaram a existência na Índia de uma direita política com expressão eleitoral, em suas duas vertentes: o liberalismo conservador representado pelo partido Swatantra, ao qual já reservamos uma palavra, e o radicalismo nacionalista hindu que se manifesta por meio do Jan Sang, nova expressão organizada da facção minoritária do movimento nacional em cujo seio se formou o assassino de Gandhi. Fundado em 1951, o programa desse partido centrava-se na proposta de construir um Estado nacional forte apoiado na revitalização dos ideais da cultura hindu, incluindo os preceitos religiosos da antiga tradição sânscrita. Já estava claramente desenhada nessa época uma estratégia que passaria a constar, desde então, como um traço fundamental da política indiana.

> Entre os sinais mais agourentos, quando todos os partidos de oposição exploravam queixas regionais, comunais e de casta em sua tentativa de construir um sentimento contra o Congresso, estava um aparente ressurgimento de lealdades políticas subnacionais. Em Madras, a Dravida Minnetra Kazhagan (Associação Progressista Dravidiana), articulando antigos ressentimentos da comunidade Tamil contra a dominação do norte, lançou um apelo a sentimentos de nacionalismo regional que não só atacavam o hindi como idioma nacional e demandavam quotas comunitárias no recrutamento para o serviço público, como levantava o clamor pela separação do Dravistão (Kerala, Andhra Pradesh, Mysore e Tamil Nadu) da União da Índia. (Frankel, 2005, p.205)

Humilhada pela China no campo de batalha, a Índia estava prestes a ingressar no período mais conturbado de sua história política. Embora abalado em sua liderança e fisicamente debilitado, Nehru ainda encontrou forças para presidir a inflexão à esquerda do Partido do Congresso, expressa formalmente no compromisso programático com a transição ao socialismo. Com a morte prematura de seu sucessor, em janeiro de 1966, a ascensão da herdeira de Nehru, Indira Gandhi, exaspera o conflito de tendências no Partido do Congresso, que acaba por se dividir, em novembro de 1969; depois de amargar outra derrota eleitoral severa – nas eleições de fevereiro de 1967 –, o Congresso é alijado do governo em oito estados. Presente nesses resultados, o agravamento das tensões sociais provocado pela crise econômica. Já fizemos alusão a ela ao falar das grandes secas de 1966 e 1967 e da escassez de alimentos daí decorrente. Resta dizer que esta se traduz em grave desequilíbrio externo que seria corrigido pela decisão traumática de desvalorizar a rúpia e adotar o programa de ajuste preconizado pelo Banco Mundial e o governo dos Estados Unidos. O episódio relatado no trecho que citamos a seguir expressa o caráter dramático da situação.

> O chefe do planejamento da Índia, Asoka Metha, visitou os EUA e expôs as propostas do Quarto Plano diante do presidente Lyndon Johnson e do presidente do Banco Mundial, George Woods, revelando uma profunda dependência, de um lado, e uma penetração altamente intrusiva no processo decisório da Índia, de outro. Os EUA e o Banco Mundial deram garantias orais de apoio sujeitas a uma declaração prévia sobre a desvalorização. Houve hesitação de última hora de parte da Índia, mas as compulsões da dependência da ajuda fizeram com que ela se lançasse e anunciasse, dia 6 de junho de 1966, a desvalorização da rúpia indiana em 58%, de Rs 4,75 para Rs 7,50 por dólar. (Nayar, 2001, p.101)

Denunciada pela esquerda e pela direita como ato de submissão ao *dicktak* da grande potência, a desvalorização da rúpia provocou reações iradas nos mais variados setores da vida nacional indiana. Reações que se tornaram mais intensas quando os efeitos daquela medida sobre o custo de vida se fizeram sentir e quando se soube que as promessas de apoio não seriam honradas pelos Estados Unidos. Enfraquecido pelos resultados das urnas, o governo do Congresso ainda tinha que se ver com a forte mobilização de estudantes e trabalhadores organizados nas cidades, e – mais preocupante ainda – com o acirramento das lutas no campo pela posse da terra. Compunha o quadro de radicalização geral a atuação do movimento naxalista que, apoiado pela China, lançava mão da estratégia da "guerra popular" para levar a revolução ao campo mediante a criação de "áreas libertadas".[11]

Nesse ambiente altamente saturado, a ruptura do Partido do Congresso joga o governo de Indira Gandhi para a esquerda, deslocamento que foi reforçado pela vitória estrondosa da primeira-ministra nas eleições gerais

---

[11] Originado da revolta de jovens de extrema esquerda diante da violenta repressão que pôs fim a uma rebelião camponesa na área de Naxalbari, em Darjeeling, distrito de Bengala Ocidental, desde 1969 o movimento passou a ser dirigido pelo recém-criado Partido Comunista Marxista Leninista. Segundo Francine Frankel, o partido contava com cerca de vinte a trinta mil militantes, oriundos em sua maioria do meio estudantil universitário e, mais genericamente, das classes médias urbanas. Frankel, 2005, p.380.

de 1971, à qual concorreu com a bandeira da "eliminação da pobreza" – *garib hatao*. É nesse período que ocorre a segunda onda de nacionalizações e que as políticas mais duras de intervenção econômica são adotadas. Sabemos como ele termina. Em 1973, a decisão da Opep de elevar o preço do petróleo agrava os desequilíbrios da economia indiana e acirra os conflitos distributivos ao se traduzir em novas pressões inflacionárias. Em julho de 1974, o governo adotava um plano de estabilização rigoroso; no ano seguinte fazia o Parlamento aprovar o Estado de Emergência, sob cuja legislação Indira Gandhi governou até as eleições de 1977, quando foi substituída por uma coalizão liderada pelo Bharatiya Janata Party, nova expressão partidária do nacionalismo hindu. Dois anos mais tarde, quando o Congresso volta ao governo, ainda sob a liderança de Indira, o tempo era de meditar: embora lentamente, o processo de revisão já estava em marcha.

REFORMAS ECONÔMICAS NA ÍNDIA: DISCURSO E PROCESSO

Abstração feita de certa cautela vocabular e de algumas barretadas aos princípios consagrados, o discurso das reformas econômicas na Índia guarda notável semelhança com o que vamos encontrar em outras partes do mundo. Aqui, como em outros países, as mudanças são tidas como necessárias para corrigir as distorções do mercado e, com isso, assegurar maior eficiência na alocação de recursos, base de uma trajetória de crescimento forte e estável. O cardápio das referidas reformas tampouco nos reserva maiores surpresas. A agenda é bem conhecida: liberalização comercial; liberalização financeira; privatização; desregulamentação; reforma das relações laborais. Todos esses pontos estão presentes no processo indiano de reforma. No entanto, a experiência da Índia difere sob muitos aspectos do padrão observado em outros casos nacionais. O presente tópico estará dividido em duas seções: na primeira, apresentaremos algumas informações essenciais sobre o processo de reformas econômicas na Índia, salientando suas peculiaridades; na segunda, partiremos da indagação sobre como entender a persistência desse mesmo processo para formular algumas conjecturas a respeito da emergência eventual de um novo padrão de desenvolvimento nesse país.

Particularidades do processo indiano de reformas

Neste ponto, apologistas e detratores estão de acordo: o gradualismo é o traço mais saliente do processo indiano de reformas. Gradualismo, contudo, é uma noção um tanto vaga. Podemos reduzir sua ambigüidade se acolhemos a sugestão de Ahluwalia e distinguimos nitidamente dois significados que ela recobre: a aplicação de um plano preestabelecido de forma escalonada, para minimizar riscos de retrocessos e diluir no tempo os custos nele envolvidos; e a condução compassada de um processo de mudança com base em consenso sobre a direção, mas na ausência de certeza e/ou acordo a respeito de caminhos a tomar. Segundo este autor, ambas as acepções se aplicam às reformas econômicas na Índia. Alguns casos, como o da abertura comercial, seriam ilustrativos do primeiro tipo; outros, como o da privatização, exemplificariam o segundo (Ahluwalia, 2005). De nossa parte, preferimos usar um termo que sintetiza esses dois significados mediante leve deslocamento de seu referente: falaremos, então, de pragmatismo para predicar, não tanto as políticas, mas a atitude predominante de seus gestores.

Com efeito, o pragmatismo é patente mesmo na reforma do comércio exterior, que parece apoiar-se em fundamentos teóricos e empíricos sólidos e ser guiada por um roteiro preciso. Como sabemos, no início dos anos 1990 as autoridades indianas promoveram a abertura comercial mediante a aplicação do pacote usual de medidas, que incluía a quebra do monopólio estatal de importação de 55 produtos (o regime foi mantido apenas para a importação de petróleo e de produtos agrícolas); uma ampla reforma tarifária, com redução significativa nos picos e na dispersão das alíquotas aduaneiras, e a drástica diminuição no número de bens cuja importação estava sujeita a restrições quantitativas ou outras barreiras não tarifárias. Assim, entre 1990-91 e 1997-78, a tarifa máxima caiu de 355% a 45%; a tarifa média ponderada, de 87% a 25,4%, no mesmo período; e em 2001 restavam apenas quatro grandes categorias tarifárias: 35%, 25%, 15% e 5% (Srinivasan, 2003, p.20). Quanto às barreiras não-tarifárias, já nos dois primeiros anos da reforma, elas foram praticamente abolidas para importações de matérias-primas industriais, insumos, componentes e bens de capital (Ahluwalia, 2000); afetando 93% dos bens comercializáveis no período anterior à reforma, elas passaram a incidir sobre cerca de 21% deles dez anos depois. Por fim, caberia mencionar a liberalização cambial, que assegurou a conversibilidade da rúpia nas operações correntes.

Esses resultados foram produzidos de forma escalonada, mas bem examinados os dados – e conjugados com outras informações –, é possível perceber que o movimento que eles descrevem encerra algo mais do que simples gradualismo. Primeiro, apesar da expressiva redução verificada no período, a Índia continua a exibir níveis de proteção tarifária muito altos, comparativamente.[12] Segundo, em determinando momento – mais precisa-

---

[12] "Taking all the product categories put together, the average applied tariff rate of 51,6 for India is not only the highest, but also nearly three time as high as the average level of 19,2 percent for the countries studied" (Srinivasan, 2003, p.22).

mente em 1997 –, a tendência à queda nas alíquotas tarifárias se interrompe e dá lugar a uma sensível elevação. Terceiro, as tarifas praticadas pela Índia distam muito do patamar em que se situam as suas tarifas consolidadas (isto é, alíquotas às quais têm o compromisso de não ultrapassar por força de acordo firmado em negociações multilaterais no âmbito do Gatt/OMC), que, para muitos produtos, estão até hoje entre as mais altas do mundo. A consideração do que aconteceu no tocante às barreiras não-tarifárias também é instrutiva: elas continuam a valer para a importação de bens de consumo e, principalmente, para produtos agrícolas. E não é só: grande parte do avanço obtido na remoção das mesmas se deu sob pressão da OMC, à qual a Índia resistiu o quanto pôde.

Em todas as situações aludidas, um traço em comum: a flexibilidade, a disposição de mudar de curso sempre que as circunstâncias assim o recomendem, a determinação de evitar compromissos com fórmulas pré-fabricadas que passem a operar como camisas-de-força. Essa atitude, que se traduz ainda na invocação de argumentos de prudência para justificar as escolhas efetuadas, transparece nos comentários de Manmohan Singh, condutor das reformas econômicas em sua primeira etapa e atual primeiro ministro indiano, sobre um tema tão sensível quanto o da independência do banco central.

> Como ministro das Finanças, pus fim ao caminho automático pelo qual o Banco Central financiava o governo. Acredito que por causa dos laços próximos entre as políticas monetária e fiscal, precisamos de um alto grau de coordenação entre as políticas fiscal e monetária. Dei muito peso aos conselhos do presidente do Banco Central. Mas não acredito que o Banco Central possa ser totalmente independente.
>
> Acredito que o Banco deve ter tanta autonomia quanto possível no sentido de que deve ser livre para dar seu conselho e, se o governo não aceitar seu conselho, deve ser levado ao conhecimento público que o conselho não foi aceito. Mas dizer que o Banco Central pode operar isoladamente do meio econômico como um todo, sem dar atenção aos outros objetivos da política econômica, não é possível. (Singh, 2001, p.94)

Reconhecemos a mesma atitude nas declarações de C. Rangajaran, ex-presidente do banco central e tido como expressão solitária do monetarismo na Índia, sobre o tema polêmico dos controles de capital.

> Penso que a ênfase em tentar restringir os fluxos de curto prazo está bem entendida. Desencorajar fluxos puramente de curto prazo é aceitável e penso que devemos fazê-lo ... Sim, controles de capital em relação a tipos específicos de fluxos de capital são compreensíveis e aceitáveis. Mas formas extremas de controle de câmbio podem resultar em vazamentos por subfaturamento ou superfaturamento. Não devemos voltar a esse tipo de situação. (Rangarajan, 2001, p.110)

Além de provirem de dois especialistas renomados, que tiveram papel decisivo no processo de reformas indiano, esses pronunciamentos são importantes para nós porque representativos, nesse país, da opinião liberal em matéria econômica. De fato, seria possível reproduzir formulações de teor análogo feitas por muitos outros economistas igualmente ilustres e de idêntica inclinação. O que nos leva concluir que, embora apresente estrutura similar, no eixo ortodoxia/heterodoxia, o espaço em que se desenvolve o debate econômico na Índia situa-se à esquerda daquele em que o mesmo debate é travado em outros países. Mas não se trata apenas de debates. Os juízos transcritos acima importam igualmente porque se materializam em instituições e práticas.

É o que constatamos ao nos voltar para outra vertente importante do processo de reforma: a liberalização financeira. Aqui, também, o pragmatismo dá a nota. O primeiro passo dado pelas autoridades indianas foi a liberalização gradual das taxas de juros, antes submetidas a estrito controle: elas reduziram significativamente as exigências incidentes sobre os bancos de aplicar em papéis do governo de baixa rentabilidade; desregularam as taxas de juros – inteiramente no tocante a depósitos, e em grande medida no que diz respeito a empréstimos. Por outro lado, modernizaram e fortaleceram os dispositivos de regulação e supervisão das práticas bancárias, seguindo de perto as recomendações do Comitê da Basiléia. Ademais, encorajaram a concorrência no setor mediante a remoção de barreiras às operações de crédito de instituições não bancárias e a concessão de licenças a bancos privados, nacionais e estrangeiros.

Contudo, mantiveram o percentual do crédito compulsoriamente canalizado para os setores prioritários (40%), e não transferiram ao setor privado (nacional ou estrangeiro) nenhum banco estatal: dez anos depois de inaugurado o programa de reformas, o governo – em seus dois níveis, central e estadual – ainda controlava 80% dos ativos dos bancos comerciais. Um comitê criado com o banco central para formular propostas de reforma bancária chegou a sugerir a venda de participações do governo nos bancos públicos até um teto de 33% do controle acionário, mas não obteve sucesso. A efetivação da proposta depende de emenda na Lei de Nacionalização Bancária, o que parece excluído por obstáculos políticos intransponíveis.[13]

O mesmo padrão vamos observar na administração das mudanças no regime de investimentos estrangeiros. A atração do investimento direto para acelerar a modernização da economia era um dos objetivos da reforma, e, nesse sentido, muitas das barreiras até então existentes foram suprimidas. O governo abandonou a política de exigir contrapartidas em

---

[13] Sobre a reforma bancária, cf. Alhluwalia, 2000, e Hanson, 2004.

termos de transferência de tecnologia e desempenho exportador em projetos de associação de empresas estrangeiras com empresas indianas; elevou o limite de participação acionária estrangeira permitida a 51% para a maioria dos setores industriais, e a 100% em alguns casos; quebrou monopólios públicos na área de infra-estrutura (geração de energia elétrica, construção de estradas e portos, telecomunicações, exploração de petróleo e gás) e empenhou-se fortemente em atrair investimentos externos para esses setores. Além do mais, reabriu ao investidor estrangeiro o setor de serviços. Entretanto, ao contrário do que constatamos em outros casos nacionais, o governo indiano sempre foi muito sensível à diferença entre investimento produtivo e aplicações financeiras de curto prazo, com o efeito potencialmente desestabilizador que elas encerram. Essas, até hoje continuam objeto de controles muito rígidos. O comentário de um observador participante de credenciais impecáveis é a esse respeito instrutivo.

> Em meados da década de 1990, havia ampla liquidez nos mercados mundiais, havia muita pressão do empresariado doméstico para liberalizar as políticas em relação a fluxos de capital. Isso é bem o que aconteceu no Leste da Ásia, e muito da instabilidade que lá surgiu em 1997 foi resultado dos enormes recursos ao endividamento externo de curto prazo. A Índia evitou esse problema porque sua decisão de liberalizar a conta de capital continuou essencialmente cautelosa.

Cautela, salienta Ahluwalia, não se confunde com hostilidade à idéia de mudança. Prova disso é que o Banco Central da Índia constituiu em fins de 1996 um comitê com a tarefa de estudar a conveniência de liberalizar a conta de capital e sugerir os modos mais adequados de fazer isso. Vale a pena acompanhar testemunho do autor.

> O relatório do comitê, apresentado antes da crise do Leste Asiático, recomendava que a Índia liberalizasse a conta de capital de maneira gradual, na seqüência apropriada. A seqüência proposta era primeiro liberalizar o investimento estrangeiro direto, por ser o menos volátil, e o investimento em portfólio, pois tal investimento é um pouco mais auto-regulado ... o relatório era enfático em que os fluxos de curto prazo não deveriam ser liberalizados até que o déficit fiscal fosse controlado e o sistema bancário fosse tornado muito mais forte. Esse foi um bom conselho seguido pelo governo. (Ahluwalia, 2005, p.9)

Nessas e em outras áreas, o pragmatismo se traduz em uma linha de conduta que rejeita a ordem unida. Em duas esferas, porém, as peculiaridades resultantes dessa abordagem se destacam: na reforma do regime de pequenas indústrias e nas políticas voltadas para o setor empresarial do Estado.

Vimos na primeira parte deste estudo a ênfase atribuída pelo planejamento indiano à pequena indústria, e mostramos como ela tinha raízes em vertentes importantes da ideologia econômica que inspirou o movimento nacional na luta pela independência. Vimos ainda que, além dos instrumentos comumente acionados em outros países para promover esse segmento – assistência técnica, linhas preferenciais de crédito, subsídios – o Estado indiano fez uso de um dispositivo especial, perturbador do ponto de vista do liberalismo econômico: a reserva de certas classes de produtos às "indústrias de pequena escala". E não fez isso esporadicamente. A política de apoio às pequenas indústrias é altamente institucionalizada, como o revela o fato de existir na estrutural organizacional do governo indiano um ministério dedicado especificamente ao tema – o *Ministry of Small Scale Industries*. A política de reserva foi introduzida pela Primeira Resolução sobre Política Industrial, de 1948, que previa a criação de um Comitê Consultivo sobre Reserva, com membros de vários ministérios. A primeira lista de produtos com manufatura reservada exclusivamente ao setor de "pequena escala" foi divulgada em 1967, e continha 47 itens. A partir daí, o número de produtos reservados aumentou progressivamente, chegando a 504 em abril de 1978. Com a adoção, nesse ano, de nova metodologia de classificação industrial, o número de produtos reservados pulou para 807. E a lista continuou crescendo até atingir a marca de 836, em 1989. Nesse ano, o processo de ampliação da lista foi detido. Em 1997, o governo começou a enxugá-la, dela retirando 37 itens. Contudo, vem fazendo isso muito lentamente: em outubro de 2004, 605 itens permaneciam com produção reservada exclusivamente ao setor (cf. *Reservation Policy*, no *site* do Ministry of Small Scale Industries, Government of India).

Para economistas liberais de epiderme sensível, que reagem de pronto à simples menção do termo política industrial, esse resultado é quase um ultraje. No entanto, os gestores da reforma econômica na Índia parecem conviver com ele sem muito sacrifício. Naturalmente – bem versados em teoria que são –, reconhecem os prejuízos em termos de eficiência microeconômica que ele envolve. Mas reconhecem também que o mundo é mais complexo do que a representação idealizada servida nos manuais. E concluem, corretamente, que os custos econômicos da tentativa política de "corrigir essa distorção do mercado" seria provavelmente muito maior do que os benefícios dela derivados.

O tratamento dado ao setor empresarial do Estado é outro ingrediente do processo indiano de reformas que causa espécie ao desavisado. Sabemos do gigantismo do setor na Índia. E conhecemos igualmente a receita aviada pela ortodoxia para enfrentá-lo. Restaria acrescentar que o desempenho das empresas públicas na Índia abastece de argumentos os que desejariam vê-la adotada. Com efeito, as análises correntes se repetem no apontar de suas mazelas: criadas com o fim precípuo de implantar novos ramos industriais e impulsionar o crescimento da economia, as empresas públicas disseminaram-se por todos os setores de atividades, e passaram a viver em crônica dependência dos cofres do Estado. Este fato já era claramente identificado pelos gestores da política econômica nos idos de 1980. Nas palavras de um deles:

> Parte da lógica de estabelecer empresas do setor público (PSEs) era que elas gerariam lucros que não seriam dissipados no consumo das classes mais ricas, mas seriam usados para alcançar níveis de investimento mais altos do que ocorreria de outra maneira. Estava muito claro na década de 1980 que os lucros do setor público consistentemente ficavam aquém dos níveis projetados em planos sucessivos. Muitas empresas do setor público estavam sofrendo grandes perdas, enquanto outras eram apenas marginalmente lucrativas. As únicas empresas que obtiveram lucros substanciais foram as do setor petrolífero. Excluindo esses lucros, o resto do setor público em seu conjunto sofreu uma perda líquida ... A maioria das empresas do setor público era incapaz de gerar os recursos de que precisavam para modernizar e atualizar a tecnologia e se tornava cada vez mais claro que não seriam capazes de sobreviver sem apoio especial de orçamentos governamentais e acesso preferencial aos bancos do setor público. (Ahluwalia, 2002, p.6)

A resposta que os dirigentes indianos conceberam para esses problemas tinha ampla aceitação internacional na época: trava-se de instilar novos modos de operação nas empresas públicas mediante vários mecanismos, dos quais o mais importante era o *Memorandum of Understanding* (MOU), que seguia a linha do nosso conhecido "contrato de gestão". Por meio dele, o Estado continuaria na condição de proprietário das empresas, mas, fixadas as metas, estas passariam a ser geridas com tal autonomia que seu comportamento se assemelharia àquele das empresas privadas.

A literatura aponta várias razões para explicar a frustração dessas expectativas. A presença de representantes de ministérios nos conselhos de administração das empresas; a obrigatoriedade de aprovação de seus planos de investimento pelo governo e a interpretação prevalente na Suprema Corte de que as decisões das empresas públicas estavam sujeitas, constitucionalmente, a recurso legal das partes lesadas, inclusive de seus funcionários, são algumas que mencionamos a título de ilustração. Para o argumento que expomos aqui, mais importante do que dissecar essa política é salientar a prudência da escolha feita pelas autoridades indianas depois de constatado o seu relativo fracasso.

Os tempos agora são outros. Primeiro lustro da década de 1990: a Índia oficialmente lançada em ambicioso programa de reforma econômica; no pano de fundo o desmanchar vertiginoso das economias socialistas. Então, funcionários travestidos de filósofos evocam o tema do fim da história, enquanto jovens e talentosos economistas percorrem o mundo a vender suas receitas garantidas de bem-estar e prosperidade. Em todas, como ingrediente básico, a privatização das empresas públicas.

Convém frisar este ponto: além do significado econômico universal que lhe era atribuído – condição necessária à retomada de investimentos e à elevação da produtividade agregada da economia –, a privatização adquiriu nessa quadra histórica um halo de moralidade. Naturalmente, não foi ele o determinante principal das grandes ondas de privatização a que assistimos em vários dos países – entre os que selecionamos, particularmente, a Argentina, o Brasil e o México. Em todos esses casos, a deterioração das contas públicas teve peso decisivo na detonação do processo. Entretanto, a argumentação no terreno dos princípios – econômicos e ético-políticos – desempenhou nele papel não desprezível, como meio de grande eficácia para silenciar vozes discrepantes, adrede acoimadas de retrógradas.

Aludir, ainda que telegraficamente, à atmosfera da época é preciso para realçar o significado das escolhas que prevaleceram na Índia. Gestores de um dos sistemas empresariais públicos mais vastos e diversos fora do bloco socialista, os dirigentes indianos preferiram trilhar caminhos próprios. No lugar de grandes programas de privatização, procuraram reestruturar aquele sistema mediante uma política cautelosa de "desinvestimento" – venda de participações, sem transferência de controle sobre as empresas consideradas.

A decisão por esse tipo de programa foi tomada em 1991, logo depois da eleição que devolveu o governo ao Partido do Congresso. De acordo com as regras estabelecidas na ocasião, as ações seriam transferidas em leilões, com participação limitada a instituições financeiras locais. Dada a ausência de qualquer norma a impedir que tais instituições transferissem as participações recém-compradas, a emergência de grupos de acionistas puramente privados era tida como certa. Mesmo assim, o sistema foi alvo de crítica pela baixa transparência dos procedimentos previstos e pelo caráter restritivo de suas regras. Em 1995, ainda sob o governo de Narasimha Rao, o universo dos compradores potenciais foi ampliado pela decisão que permitiu a venda de ações nos mercados internacionais em troca de recibos de depósitos globais de ações (*global depository recipts,* GDRs). Contudo, a resposta alcançada não foi animadora: nos cinco anos em que teve vigência, a política de desinvestimento rendeu ao governo indiano, em média, menos de um quarto do PIB por ano (ibidem, p.14).

O governo da Frente Unida, que substituiu o Congresso, em 1996, aprofundaria essa política com o estabelecimento nesse mesmo ano da Comissão de Desinvestimento. Dotada de presidente a ela dedicado em tempo integral e composta por especialistas e acadêmicos, essa comissão sugeriu a transferência de 37 empresas ao setor privado, 29 delas para "sócios estratégicos", escolhidos com base em sua capacidade para gerir a empresa, as oito restantes ao comprador que oferecesse melhor preço pelas ações ofertadas. Todavia, apoiado em uma coalizão débil, o governo da Frente Unida não durou o bastante para pôr em prática essas recomendações: em 1998, os resultados das eleições gerais levavam ao governo a Aliança Nacional Democrática, liderada pelo Bharatiya Janata Party, o partido do nacionalismo hindu. É a partir desse momento que o tema da privatização entra com todas as letras na agenda da política indiana. Esse fato, que já se manifestava na criação de um Ministério do Desinvestimento para implementar as decisões governamentais nessa área, seria confirmado a seguir pela privatização de algumas empresas, entre elas a *Modern Foods India Ltd.*, padaria com treze estabelecimentos espalhados pelo país, e mais de dois mil empregados. De significado econômico maior foram as privatizações da VSNL, que detinha o monopólio das operações internacionais de telecomunicações, da *India Petrochemical Ltd.* (IPCL), e, sobretudo, da *Maruti Udyog*, maior fabricante de automóveis da Índia, uma *joint-venture* entre o governo indiano e a japonesa *Suzuki Motor Corporation*. Na operação, o governo cedia o controle acionário ao sócio japonês, guardando a prerrogativa de vender mais adiante suas participações para o público.

A privatização estava consagrada finalmente como um dos eixos da política governamental, com o necessário respaldo da interpretação dominante na Suprema Corte. Mas nem por isso deixava de suscitar controvérsias. Pelo contrário, sindicatos, partidos de esquerda e parcelas expressivas da opinião pública continuavam resistindo à idéia da transferência maciça de ativos ao setor privado. Podemos intuir o quanto o tema era sensível quando observamos que a alternância de governo ditada pelos resultados das eleições gerais de 2004 trouxe consigo uma sensível redefinição da posição oficial sobre ele, como vemos resposta de Chidambaram, ministro de Finanças do governo formado pelo Partido do Congresso, quando interpelado sobre o assunto em debate com acadêmicos e consultores realizado em Londres.

> Bem, há uma mudança de política. O governo anterior se dedicou à privatização como um fim em si mesmo, mas o nosso governo de coalizão não compartilha essa visão e não vou entrar num debate sobre se estamos certos ou errados. Estou simplesmente respondendo a uma pergunta e declarando a política. A política é que o setor público ocupará um lugar importante na economia da Índia. Empresas lucrativas do setor público como regra geral não serão privatizadas...
>
> Empresas aparentemente lucrativas, que só são lucrativas porque funcionam em situação de monopólio, serão examinadas caso a caso e serão candidatas a desinvestimento estratégico, o que significa trazer um parceiro estratégico para dirigi-las e expandir o negócio. Empresas do setor público que geram perdas, perdas crônicas, serão vendidas. (Chindambaram, conferência proferida no The Foreign Policy Centre, Londres, em 3 de fevereiro de 2005)

A Índia não é o único caso de gestão pragmática de reformas orientadas para o mercado. Desses países diz-se com freqüência tratar-se de casos de transição incompleta. Por tudo que vimos até aqui, no entanto, essa fórmula nos parece equivocada. Com efeito, ela pressupõe a existência de um modelo extrínseco que nos permitisse dizer se (ou quando) o processo de transição teria terminado. Reafirmando um juízo que formulamos no início desta obra, sustentamos que esse tipo de padrão carece de qualquer fundamentação teórica. A mudança é um traço inerente ao capitalismo. O que importa é indagar se, aqui ou ali, a configuração institucional da economia assegura o processamento relativamente suave dos desequilíbrios que surgem cotidianamente no processo de acumulação e se, por isso mesmo, é razoável esperar que ela apresente grau mais ou menos elevado de estabilidade. Será esse o caso da Índia? Faremos alguns breves comentários sobre o tema na parte final deste capítulo.

Um novo padrão de desenvolvimento?

Forma indireta de abordar o problema aflorado no parágrafo anterior é considerar a questão da continuidade do processo de reforma. Com efeito, de 1991 a 2005, já se contam catorze anos desde o momento em que o programa de reformas foi iniciado. Nesse intervalo de tempo, a Índia viveu vários testes – externos e internos. O mais evidente deles foi a crise financeira que se abateu na Ásia, em 1997, estendeu-se à Rússia em meados do ano seguinte, ao fim do qual bateu em nossas portas. Como sabemos, a turbulência levou de roldão economias sabidamente frágeis, como a Indonésia, e organismos cujo vigor era tido, até então, como exemplar – caso da Coréia. A Índia não deixou de sentir esse abalo sísmico – em 1997 a taxa de crescimento do PIB indiano sofre uma queda de três pontos, embora mesmo assim tenha se situado em invejáveis 4,8% –, mas absorveu relativamente bem o tranco e no ano seguinte já havia recuperado o seu dinamismo anterior, sem ter conhecido no meio tempo nenhum dos acontecimentos traumáticos que afetaram os seus vizinhos.

Tão ou mais importantes para a discussão encetada aqui são os testes políticos pelos quais o processo de reformas passou com sucesso. Estamos nos referindo às mudanças de governo ocorridas ao longo do período. Ao todo, foram três. O primeiro se deu em 1996, quando o resultado das urnas acabou traduzindo-se no governo da Frente Unida, composta, sob a liderança do ex-ministro-chefe de Karnataka, Dave Gowda, pelos catorze partidos desejosos de evitar um novo pleito, entre eles os dois partidos comunistas do país. O programa mínimo comum do governo da Nova Frente Unida foi acolhido com surpresa pelo "mercado", que temia um retrocesso no processo de liberalização. Em vez disso, ele acenava com o seu aprofundamento: dava um passo adiante no processo de reforma das empresas públicas, como já vimos; prometia abrir o setor de seguros ao investimento privado; proclamava a intenção de atrair o investimento estrangeiro na infra-estrutura e comprometia-se a usar apenas instrumentos fiscais para desencorajar a entrada de "multinacionais de baixa prioridade" no mercado indiano. E a ação do governo não frustrou as expectativas que esse programa gerava. A despeito da cerrada oposição dos dois partidos comunistas, o governo esforçou-se para levar a cabo sua política de liberalização interna (desregulação e reforma do setor público), e – com sucesso maior – de abertura externa (reforma tarifária, relaxamento das regras restritivas e incentivo ao investimento estrangeiro).

O segundo teste ocorreu dois anos depois, quando os resultados eleitorais devolveram o poder ao BJP (*Bharatiya Janata Party*), no comando de uma coalizão de dezoito partidos. Como já tivemos ocasião de apontar, o traço mais forte desse partido era a prática de uma política identitária calcada na rejeição do secularismo. Contudo, sua negação do consenso sobre o qual se edificou o Estado independente não se restringia a esse plano: o BJP impugnava também o modelo de desenvolvimento adotado pelo Partido do Congresso, tanto na versão socializante predicada por Nehru e seus seguidores, quanto na versão liberalizante ensaiada por Narasimha Rao. Na verdade, o discurso do BJP rejeitava tanto o comunismo quanto o capitalismo por suas origens forâneas. Contra ambos, opunha a visão de uma economia organicamente integrada à sociedade, supostamente em harmonia com as tradições ancestrais da cultura indiana. Na formulação programática que serviu de plataforma para sua campanha nas eleições de 1998, esse princípio não se traduzia no compromisso com a imagem idílica de uma economia tradicional de subsistência, mas sim na disposição de fazer prevalecer o interesse nacional na escolha dos meios para garantir o desenvolvimento econômico. Essa posição levava o BJP a uma atitude seletiva diante das reformas: ao tempo em que aprovava as medidas de liberalização interna, criticava a abertura externa e seu complemento – a ideologia da globalização. Compreende-se, pois, a inquietude produzida por sua vitória em certos setores. A apreensão, contudo, não durou muito. Sob o comando do primeiro-ministro Atall Behari Vajpayee, o governo da Aliança Democrática Nacional enfrentou a oposição militante do núcleo duro do BJP – a Rashtriya Swayamsavac Sang, organização política religiosa da qual se originou – e impôs a implementação de um programa que previa o aprofundamento do processo de reforma econômica em suas duas faces, interna e externa.[14]

O terceiro teste está em curso, e consiste na experiência de governo da UPA (*United Progressive Alliance*), governo de coalizão formado pelo Partido do Congresso em 2004, que depende do voto comunista para se sustentar. Vimos no item anterior que ela já envolveu uma correção de rumos no tocante à política de privatização. Tendo, porém, como primeiro-ministro Manmoham Singh, o pai das reformas, e como ministro das Finanças Shri P. Chindambaram, que fez o possível para aprofundá-las no governo da Frente Unida, entre 1996 e 1998, não há nenhum risco de que o governo venha a alterar a orientação geral do processo.

---

[14] Para uma análise detida da experiência do BJP no governo, cf. Nayar, 2001, p.223-58, de onde a informação contida neste parágrafo foi extraída.

A continuidade das reformas liberalizantes em contexto político altamente competitivo, que oferece a seus opositores amplas condições para contestá-la, é o tema central do trabalho de Rob Jenkins, *Democratic politics and economic reform in India*, que já tivemos oportunidade de citar. Rebatendo os liberais dogmáticos que se aprestam a condenar o padrão conciliatório da política indiana pela lentidão das reformas, Jenkins inverte os termos da questão e demonstra como as características da democracia indiana – a natureza de suas instituições formais e informais, o elevado grau de socialização dos dirigentes no jogo democrático etc. – permitem à liderança reformista a realização exitosa de jogos táticos que tendem a fragmentar e/ou cooptar os opositores e a neutralizar sua resistência às reformas. Desenvolvida em perspectiva comparada e informada por uma visão metodológica sofisticada, além de desvelar as regras tácitas e as práticas informais que pavimentam o caminho da mudança econômica na Índia, a obra de Jenkins lança luz sobre o processo geral das reformas liberalizantes ao mostrar como ele gera permanentemente incentivos materiais e simbólicos cujo acesso (nem sempre por vias legais) é um dos móveis que impulsionam os atores a ele associados. Nesse sentido, a sabedoria conservadora de Jenkins em sua crítica ao discurso da sociedade civil e da boa governança difundido pelo Banco Mundial é sumamente salutar.

Do nosso ponto de vista, o que limita sua contribuição é o fato de tomar o processo da reforma em si mesmo como um dado não problematizado. Daí a pouca ênfase na caracterização dos atores políticos e sociais envolvidos, e na reconstituição dos problemas e das alternativas com que eles se viam (vêem) confrontados. Daí também o silêncio sobre as conexões significativas entre as reformas na Índia e as mudanças em curso na economia política internacional. Por não dar maior atenção a esses elementos, Jenkins ignora em sua reflexão o fato de que outros países – com organização e tradições políticas muito diferentes da Índia – vêm persistindo também, a despeito das mudanças de conjuntura e de governo, no caminho das reformas.

Mesmo diante de resultados às vezes desastrosos. Essa condição se aplica a muitos dos países contemplados na presente pesquisa. Mas não à Índia. Pelo contrário, na divisória entre os países que optaram pela reforma por desespero e aqueles que o fizeram pela percepção das vantagens a alcançar, a Índia situa-se claramente no segundo grupo. É exatamente essa circunstância, e o fato de não ter sido frustrada em suas expectativas, que traz à baila, no caso da Índia, a pergunta sobre um novo padrão de desenvolvimento.

Conforme o prometido, terminaremos este texto com um comentário sobre ela. Antes, porém, convém fornecer ao leitor alguns dados.

Começamos por aqueles concernentes ao crescimento do produto, à inflação e às taxas básicas de juro no período.

Trajetórias

Tabela 21 – Tendências de preços e produtos (% por ano)

Ano	Taxa de crescimento do PIB real de custo de fator					Índice de preços por atacado							Participação nos lucros
	PIB real custo de fator	Agricultura e correlatos	Indústria	Serviços	Inflação de todas as commodities	Manufaturados (peso 63,75)	Combustível, energia, lubrificante (peso 14,2)	Produtos primários (peso 22)	Produtos alimentícios (peso 15,4)	Juros de títulos do Governo	
90-1	5,6	4,6	7,4	5,6	10,3	8,4	12,3	13	11,9	11,41	0,538
91-2	1,3	-1,1	-1	5,7	13,7	11,3	13,2	18,1	20,2	11,78	0,553
92-3	5,1	5,4	4,3	5,4	10,1	10,9	14,1	7,4	12,4	12,46	0,567
93-4	5,9	3,9	5,6	7,7	8,4	7,8	15,5	6,9	4,9	12,63	0,579
94-5	7,3	5,3	10,3	7,1	12,5	12,2	8,9	15,7	12,7	11,9	0,589
95-6	7,3	-0,3	12,3	19,5	8,1	8,6	5,1	8,3	8,4	13,75	0,596
96-7	7,8	8,8	7,7	7,2	4,6	2,1	10,4	8,4	12,4	13,69	0,601
97-8	4,8	-1,5	3,8	9,8	4,4	2,9	13,8	2,7	3	12,01	0,602
98-9	6,5	5,9	3,8	8,4	5,9	4,4	3,2	12	12,7	11,86	0,601
99-00	6,1	0,6	5	10,1	3,3	2,7	9	1,1	3,8	11,77	0,598
00-1P	4,4	-0,4	6,5	5,7	7,2	3,3	28,5	2,9	3	10,95	
01-2Q	5,6	5,7	3,2	6,5	3,6	1,8	9	3,6	3,4	9,44	
02-3R	4,3	-3,2	5,7	7,1	3,4	2,8	5,6	3,4	1,7	7,34	

Nota: 1) Taxas de inflação calculadas a partir de valores indexados pelo preço por atacado, com base 1993-94 = 100.

Fonte: Apud Parikh & Radhakrishna, 2005, p.193.

Em relação à primeira daquelas dimensões, chama a atenção nesses números a evolução invejável do PIB, o crescimento mais do que proporcional do setor de serviços, o comportamento muito positivo da indústria, e o fraco desempenho da agricultura. Na verdade, de maneira geral, eles desenham uma tendência que já se fazia sentir desde a década anterior, como se pode ver pela Tabela 22.

Tabela 22 – Média anual/Crescimento do PIB

	1981-82 a 1990-91	1992-93 a 2001-02	1992-93 a 2002-03	1997-98 a 2001-02	1997-98 a 2002-03
PIB	5.6	6.1	5.9	5.5	5.3
Agricultura	3.8	3.3	2.7	2.0	1.2
Indústria	7.0	6.3	6.4	4.6	5.0
Serviço	6.7	7.8	7.8	8.1	8.0

Fonte: Apud Parikh & Radhakrishna, 2005, p.22.

Entre uma década e outra, a diferença mais significativa está na substituição da indústria pelo setor de serviços no papel de acelerador do crescimento. A esse respeito, vale a pena citar o comentário do relatório do qual extraímos esses dados.

> A renovação da indústria parece ser a chave para a consecução de uma meta de crescimento mais elevada. Seria difícil manter taxas de crescimento de 7 a 8% sem uma forte expansão da indústria manufatureira. Vale a pena notar que o forte desempenho da economia em meados da década de 1990 foi generalizado. Ele foi liderado pelo setor industrial, que cresceu cerca de 10%, seguido do setor de serviços, que cresceu cerca de 8%. (Parikh & Radhakeishna, 2005, p.22)

Julgamos conveniente reproduzir esse comentário menos pelo que ele esclarece a respeito do comportamento passado da economia indiana do que pelo que revela a respeito do horizonte com o qual os analistas trabalham quando projetam o seu futuro. Podemos começar a entender o otimismo implícito nele quando consideramos os dados sobre os níveis de poupança e de investimento que têm caracterizado a economia indiana.

E avançamos na compreensão dele quando levamos em conta as outras dimensões contempladas na primeira dessas três tabelas. No tocante à evolução dos preços, os números que ela exibe confirmam o padrão indiano de inflação controlada e atestam o êxito de sucessivos governos no sentido de mantê-la alinhada à norma internacional. Quanto aos juros pagos pelos títulos públicos, embora elevados, eles acusam forte tendência à queda nos últimos anos. Isso, a despeito do insucesso reiterado na meta de redução do déficit fiscal, que já aparecia como objetivo central desde o

Tabela 23 – Poupança e formação de capital

Ano	Poupança doméstica bruta					Formação bruta de capital				Formação de capital bruto doméstico
	Famílias	Setor corporativo privado	Setor público	Total	Setor privado	Famílias	Setor corporativo privado	Setor público	
1990-91	19,3	2,7	1,1	23,1	15,5	10,6	4,1	9,4	26,3
1991-92	17,0	3,1	2,0	22,1	13,5	7,5	5,7	8,8	22,6
1992-93	17,5	2,7	1,6	21,8	15,5	8,8	6,5	8,6	23,6
1993-94	18,4	3,5	0,6	22,5	13,0	7,4	5,6	8,2	23,1
1994-95	19,7	3,5	1,7	24,9	14,7	7,8	6,9	8,7	26,0
1995-96	18,2	4,9	2,0	25,1	18,9	9,3	9,6	7,7	26,9
1996-97	17,0	4,5	1,7	23,2	14,7	6,7	8,4	7,0	24,5
1997-98	17,6	4,2	1,3	23,1	16,0	8,0	8,4	6,6	24,6
1998-99	18,8	3,7	-1,0	21,5	14,8	8,2	6,6	6,6	22,6
1999-2000	20,8	4,4	-1,0	24,2	16,7	9,2	6,4	6,9	25,2
2000-01	21,6	4,1	-2,3	23,4	16,1	11,2	4,9	6,4	24,0
2001-02	20,8	4,0	-2,5	24,0	16,1	11,3	4,9	6,3	23,7

Fonte: Apud Parikh & Radhakrishna, 2005, p.29.

pacote de reformas de 1991. Na ocasião, o déficit fiscal bruto conjunto do governo central e dos governos estaduais era de 9,4% do PIB; depois de cair até 6,4% em 1996-67, ele voltou a crescer, para atingir o pico de 10% do PIB em 2002-03.

Os especialistas divergem na solução desse enigma da coexistência de déficits elevados e economia saudável. Não precisamos acompanhá-los (cf. Goyal, 2005, p.171-90). Para nossos propósitos, basta afirmar que ele reforça a suspeita de que a economia indiana encontrou um padrão sustentável de crescimento elevado.

Seria necessário fazer outra pesquisa para que pudéssemos caracterizar o padrão de desenvolvimento que imaginamos estar ganhando forma na Índia. Alguns dos seus traços são bem conhecidos – por exemplo, o papel dinâmico da produção de serviços de informática. Outros são menos alardeados. Terminaremos este texto com a indicação sumária de alguns deles: a importância fundamental da agricultura como fonte geradora de empregos; a solidez dos grupos econômicos privados locais; a predominância do capital produtivo na composição deles; a persistência de um vasto setor empresarial do Estado e o fato de que, combinados, o setor público e o privado alicerçam um vigoroso capitalismo nacional.

6
REFORMAS ECONÔMICAS EM PERSPECTIVA COMPARADA: O CASO COREANO

PARTICULARIDADES DO PADRÃO COREANO DE DESENVOLVIMENTO

Uma das características essenciais de uma economia moderna é sua forte tendência à centralização. A empresa gigante – considerada indispensável, neste momento, para nosso país – desempenha não só um papel decisivo no desenvolvimento econômico e elevação do padrão de vida, mas além disso gera mudanças na estrutura da sociedade e da economia. Quanto ao espantoso poder da empresa gigante, apenas com o lucro privado sob a auto-afirmação de contribuir para o desenvolvimento nacional, não há livre concorrência ... Portanto, os problemas-chave diante de uma política econômica são coordenação e orientação supervisora, pelo estado, da força econômica gigante. (cf. Amsden, 1989, p.50)

Diferentemente do Ocidente, o capitalismo na Coréia não se funda em princípios democráticos. Seu sistema econômico transitou na rota do Japão e da Alemanha do pré-guerra e, como muitos estados Latino-Americanos, permitiu uma aliança não santa entre o poder do estado e um punhado de magnatas dos negócios. Essencialmente, é um sistema de capitalismo "ditatorial-monopolista". (Kim, D. J., 1996)

Uma história disputada

Por muitos anos, antes da crise financeira que derrubou várias economias asiáticas e abalou os mercados por todo o mundo, a Coréia do Sul esteve no centro de um intenso debate internacional, na companhia de alguns de seus vizinhos. O que motivou a controvérsia foi a trajetória intrigante de tais países. Como entender o sucesso invejável de suas economias? Como explicar o contraste entre o desempenho delas, e aquele constatado em outras regiões do globo, com destaque para a América Latina? Que lições caberia extrair da experiência desses países? Até que ponto são generalizáveis as receitas que deram certo nessa parte do mundo?

O primeiro lance nesse embate foi efetuado pelos economistas liberais encarregados de monitorar o comportamento dos países em desenvolvimento, com os instrumentos de observação potentes ao seu alcance como funcionários do Bird. Foi no âmbito dessa instituição que se desenvolveram os primeiros estudos sistemáticos que comparavam as trajetórias dos "tigres asiáticos" (Coréia do Sul, Taiwan, Cingapura e Hong Kong) e a marcha claudicante dos países latino-americanos (cf. Balassa, 1982). Dando origem a um vasto programa de pesquisa, esses trabalhos chegaram a alguns resultados singelos, que foram amplamente difundidos em publicações especializadas e na mídia internacional, acabando por se converter em verdades inatacáveis na opinião dos leitores cativos da revista *The Economist* ou de suas congêneres. A diferença básica entre os dois grupos em questão estaria no grau de conformidade (ou inconformidade) com a lógica virtuosa do livre mercado. Os "tigres" cresceram de forma exemplar porque perseguiram estratégias extrovertidas, que respeitavam os sinais de mercado e preservavam os equilíbrios macroeconômicos; os países latino-americanos, por sua vez, optaram por estratégias de substituição de importações, de forte viés estatista, que perpetuavam fatores de ineficiência microeconômica e alimentavam as pressões inflacionárias – nenhuma surpresa, pois, nos resultados colhidos.

De maneira mais desagregada, para explicar a diferença de desempenho seriam particularmente importantes as seguintes características: a) ao contrário do que ocorre na América Latina (com exceção parcial do Brasil), os países do leste asiático não discriminam as exportações; b) a estabilidade das políticas nesses países permite aos exportadores planejar com confiança o futuro; c) a atividade econômica neles é muito menos embaraçada por controles administrativos; d) o mercado de trabalho é muito menos regulado e o poder sindical é reduzido; e) a operação dos mercados de capitais é mais livre; f) a política fiscal é marcada pela prudência, o que tornou possível aos países da Ásia de Leste trabalhar com taxas de juros reais baixas, ainda que positivas (cf. Balassa & Williamson, 1987, p.2-16).

Com farto recurso ao instrumental econométrico e grande riqueza de dados estatísticos, esses estudos têm forte conteúdo normativo. A lição que eles tiram da análise dos casos estudados apenas confirma o ensino dos manuais de economia. Nesse sentido, eles se inscrevem em uma tradição veneranda, dos livros que vendem receitas garantidas para o sucesso.

Até certo ponto, o mesmo pode ser dito de seus oponentes, mesmo que a abordagem destes seja muito mais complexa e suas implicações normativas bem mais difusas. A diretriz geral comum aos estudos nessa linha é a disposição de "abrir a caixa-preta", investigar com atenção as políticas efetivamente postas em práticas nos países considerados, desvendando suas bases institucionais e seus condicionantes políticos. Desse esforço resulta uma representação do capitalismo coreano – e leste asiático

– muito distinta daquela sugerida pela narrativa de inspiração neoclássica. Nesses países, o Estado interfere pesadamente no funcionamento dos mercados, exerce sem constrangimento seu enorme poder indutor sobre as decisões dos empresários. Sua virtude não é a de respeitar a verdade dos preços, como apregoa a vulgata neoliberal, mas de distorcê-los – *"make the prices wrong"*, na expressão lapidar de Alice Amsden. E de fazer isso com grande competência. Em suma, o que distingue esses Estados é, a um tempo, a disposição e a capacidade de afastar a atividade econômica do curso que seria o seu se fosse guiada espontaneamente pelas forças do mercado, e de direcioná-la para objetivos politicamente definidos. Elemento crítico nessa operação é a capacidade desses Estados de disciplinar o comportamento dos capitalistas. Mais do que isso: de obter deles a adesão ativa às suas políticas mediante uma combinação bem dosada de estímulos e punições. Estado e empresa: esse nexo está no coração do Estado Desenvolvimentista, sujeito oculto dos feitos surpreendentes da região.

Resposta alternativa à interrogação sobre a trajetória das economias da Ásia oriental, a tese do Estado Desenvolvimentista tem como *locus classicus* o caso japonês,[1] que serviu não por acaso de matriz para as demais experiências bem-sucedidas na região. Além de iluminar as particularidades históricas do processo de transformação econômica nessa parte do mundo, a referida a literatura veicula também uma tese de alcance bem mais geral sobre o desenvolvimento do capitalismo, da qual se derivam orientações de política econômica em clara dissonância com o receituário aviado pelo liberalismo.[2] De certa forma, o que presenciamos nesse embate é a reedição atualizada da *methodstreit* que dividiu a opinião de historiadores e economistas alemães na dobra do século XIX.

De nosso ponto de vista, essa literatura é de longe mais relevante – e caberia assinalar de saída o débito com ela contraído –, mas padece de uma série de limitações que a tornam insatisfatória para os propósitos desta pesquisa. Ela tende a tomar o crescimento acelerado como *explicandum*, e o Estado desenvolvimentista como princípio explicativo. Nesse sentido, ela avança necessariamente em duas direções: no desenho de uma represen-

---

[1] Cf. a obra seminal de Johnson, *MITI and the Japanese miracle...* (1982). Para um balanço do debate provocado por essa obra e de seu papel na literatura sobre os "tigres asiáticos", cf. Woo-Cumings, "Introduction: Chalmer Johnson and the politics of nationalism and development", e Johnson, "The developmental State: odissey of a concept", ambos em Woo-Cumings, 1999, p.1-31 e 32-60, respectivamente.

[2] Esse argumento geral é patente na obra de Amsden, *Asia's next giant: South Korea and late industrialization* (1989) e no livro de Robert Wade sobre Taiwan. Os trabalhos de Ha Joon Chang, autor relativamente conhecido no Brasil, filiam-se a essa corrente de pensamento, que vem sendo estudada no âmbito do projeto temático que deu origem a este livro Reginaldo C. C. Moraes. Cf. Wade, 1990; Chang, 2002; Chang & Grabel, 2004.

tação estilizada desse Estado e na conexão entre o comportamento econômico observado e as propriedades desse ente político. Restam pouco esclarecidas as condições históricas que assistem à emergência de tal configuração, suas contradições internas, os fatores determinantes das transformações operadas pelos Estados concretos ao longo do tempo. Por isso, não é de estranhar a perplexidade dos expoentes dessa corrente diante do abandono das políticas características daquele Estado, que se revelaram tão exitosas outrora, e da denúncia pronunciada contra elas por grandes empresários e tecnocratas, exatamente os seus protagonistas. Este o tema da última parte do presente estudo. Nele, a ordem dos elementos antes apresentados será invertida: o que constitui problema para nós é o padrão de desenvolvimento – com a centralidade nele reservada ao Estado – e suas transformações; o crescimento econômico, com seus correlatos (urbanização, alterações na estrutura de classes, nas formas organizacionais, nos modos de pensar e agir dos grupos sociais), surge nesta perspectiva como um elemento a levar em conta para entender as mudanças daquele padrão.

Estado e Capital no desenvolvimento coreano

Mesmo a um observador pouco atento duas particularidades chamam a atenção no caso coreano: o grau excepcionalmente elevado de concentração do capital e a estreita relação de complementaridade entre o Estado e os grandes grupos econômicos. É a conjugação dessas características que justificava o dito segundo o qual a Coréia devia ser tratada como uma empresa: a *Korea Inc*.

Naturalmente, a alta concentração de capital e o peso dos grupos econômicos não são peculiaridades coreanas. Como observava Gerschenkron, em seu famoso trabalho comparativo sobre a industrialização, os países que ingressaram tardiamente nesse processo tiveram que realizar investimentos vultosos para implantar setores produtivos caracterizados por elevadas economias de escala, segundo a norma de produção internacionalmente vigente. E, com nomes diferentes, em todos eles vamos observar a presença dessa forma organizacional: os grupos econômicos. No caso da Coréia, porém, esses traços têm uma saliência particular. "A indústria coreana – escreve Alice Amsden – é ainda mais concentrada do que a do Japão.... a Coréia tem uma das economias mais concentradas do mundo" (Adsdem, 1989, p.121). No centro dessa estrutura empresarial estão alguns grupos gigantescos, vários deles conhecidos internacionalmente, como Hyundai, Samsung, Daweoo, Kia e Lucky-Goldstar. São os *chaebols*. A Tabela 24 dá uma idéia do significado crescente desses entes na economia coreana.

Tabela 24 – Participação dos grupos econômicos na produção e no emprego da indústria manufatureira, 1977-1994

Chaebols	Vendas			Emprego		
Maiores grupos	1977	1980	1985	1977	1980	1985
5	15,7	16,9	23,0	9,1	9,1	9,7
10	21,2	23,8	30,2	12,5	12,8	11,7
20	29,3	31,4	36,4	17,4	17,9	15,5
30	34,1	36,0	40,2	20,5	22,4	17,6

Fonte: Koo, 2001, p.37.

Tabela 25 – Peso dos grupos econômicos em países selecionados

Países	Vendas dos dez maiores Grupos Econômicos (% PIB)
Argentina	11,1
Brasil	7,5
Colômbia	27,9
Índia	5,8
Indonésia	24,5
Coréia do Sul	48,6
México	10,4
Taiwan	18,6

Fonte: Guillén, 2001, p.72.

Podemos aquilatar melhor o poder econômico concentrado nos *chaebols* quando comparamos sua posição relativa na economia coreana com a aquela ocupada por grupos análogos em outros países em desenvolvimento. Apesar dos problemas de dupla contagem envolvidos no uso do indicador "participação das vendas no produto", a Tabela 25 nos fornece uma medida aproximada da posição privilegiada de que eles desfrutam.

"Conjunto de firmas com atuação em diferentes mercados de produtos, sob controle empresarial e financeiro comum",[3] a diversificação é um traço inerente aos grupos econômicos, como às grandes empresas industriais modernas. Em ambas as estruturas organizacionais, as transações internas substituem parcialmente as transações com outras firmas independentes, em ambas o mecanismo de mercado dá lugar à hierarquia. O que diferencia os grupos econômicos da grande corporação multidivisional é o grau de centralização do gerenciamento e o padrão de diversificação das atividades:

---

[3] Inspirada em artigo pioneiro de Nathaniel Leff, a definição é de Jang-Sup Shing. Cf. Shing & Chang, 2003, p.26.

ramificando-se também por integração vertical e horizontal de atividades, os grupos econômicos crescem tipicamente pela exploração de negócios escassamente relacionados uns com os outros.

Não faltam na literatura especializada explicações sobre essa forma de organização econômica. De maneira geral, elas identificam aspectos que asseguram vantagens relativas a tal estrutura nas condições particulares das economias em desenvolvimento. O trabalho já citado de Sup e Chang, por exemplo, relaciona os seguintes fatores: 1) capacidade de mobilização de recursos financeiros na ausência de mercados de capitais vigorosos: "o grupo empresarial é um mecanismo para aumentar o volume do capital tanto quanto os bancos universais no século XIX"; 2) operação como equivalente desse mercado para as firmas integrantes: "Recursos financeiros podem ser mobilizados através de empresas membros por subsídio direto, empréstimo corporativo, garantias de empréstimos... e podem ser dirigidos para projetos que o grupo considere estrategicamente importantes"; 3) economia de recursos empresariais e outros recursos não financeiros, como "habilidades de engenharia" e "capacidade de marketing": "A estrutura do grupo reduz a quantidade dos recursos requeridos por unidade de atividades econômicas através de transferência intragrupo". Por todos esses motivos, a estruturação em grupos é uma arma dos fracos diante dos poderosos.

> Em termos de concorrência internacional, o grupo empresarial pode ser entendido como uma "inovação institucional" que permitiu aos chegados tardiamente no final do século XX competirem com os que os precederam em termos mais equilibrados – da mesma maneira como o banco universal permitiu que a Alemanha competisse de modo mais eficiente com a Grã-Bretanha. (Shing & Chang, 2003, p.26-8)

Na produção desse efeito, a diversificação de atividades pelo grande grupo econômico desempenha papel crucial, ao diluir o risco dos empreendimentos – sempre elevado nas condições de incerteza comuns em países periféricos, mas que se torna maior ainda quando se tenta ingressar em novos setores produtivos. Aqui, a dependência tecnológica assume especial relevância. Traço constitutivo das economias em desenvolvimento, o fato de operar com tecnologia importada aumenta sobremaneira a vulnerabilidade das empresas locais, expostas que se encontram ao risco de perda de competitividade em decorrência de inovações originadas em centros externos, e à ameaça sempre presente de mudanças nas estratégias das empresas de cuja assistência dependem. A resposta dos grupos empresariais a essa circunstância está exposta na formulação sucinta de Alice Amsden.

> Sem tecnologias proprietárias sobre as quais capitalizar, e com os riscos inerentes à especialização numa estreita gama de produtos cuja tecnologia é contro-

lada exogenamente, empresas líderes na América Latina, Ásia, Oriente Médio e Sul da África tenderam a se diversificar amplamente em indústrias tecnológicas de "tecnologia média". (Amsden, 1989, p.340)

Característica geral dos grupos econômicos, a diversificação de atividades para ramos pouco relacionados entre si ganha expressão sabidamente pronunciada no caso coreano. Esse fato, que aparece comumente de forma impressionista nos relatos de jornalistas e visitantes ocasionais, está bem retratado nos números da Tabela 26. Como se pode observar, as filiais não relacionadas aos setores da matriz representam mais de metade do tamanho dos vinte maiores grupos – 80% dos dez primeiros, e 50% dos dez grupos subseqüentes; seu peso relativo diminui à medida que se reduz o tamanho dos grupos.

Tabela 26 – Padrão de diversificação dos *chaebols*, 1984

Grupos econômicos	(Percentual tamanho do grupo, %)			
	Única	Dominante	Relacionada	Não relacionada
10 maiores (213)	0	10	10	80
11-20 maiores (123)	0	20	30	50
21-50 maiores (206)	0	30	47	23
51-108 maiores (246)	21	36	33	0
	21	31	34	24

Fonte: Amsden, 1997, p.341.

Dados os condicionantes gerais antes assinalados, os grupos diversificam seus campos de atuação sob o impulso de motivações que podem ser muito diferentes. Em alguns casos, o que justifica a expansão é a existência de demanda não atendida de certos produtos; em outros, a disposição de assumir o risco de ingressar em um novo mercado, pela expectativa de alta lucratividade alimentada por seu dinamismo; a diversificação pode se dar pelo desenvolvimento de novos produtos, ou pela conveniência de internalizar a provisão de bens necessários à fabricação de uma linha dada de artigos. O relato do herdeiro de um dos mais bem-sucedidos *chaebols* é bastante ilustrativo dessa mescla de motivos.

> Meu pai e eu começamos uma fábrica de cosméticos em fins da década de 1940. Naquela época, nenhuma empresa podia fornecer-nos tampas plásticas de qualidade adequada para potes de creme, de modo que tivemos que começar um negócio de plásticos. Tampas de plástico por si sós não eram suficientes para movimentar a fábrica de moldagem de plásticos, e então acrescentamos pentes, escovas de dentes e caixas de sabonetes. O negócio de plásticos também nos levou a fabricar pás para ventiladores elétricos e caixas de telefones, que por sua vez levaram à manufatura de produtos elétricos e eletrônicos e equipamento de telecomunicações. O negócio de plástico também nos levou ao refino de petróleo, que precisava de

uma empresa de navios-tanque. A refinaria sozinha pagava um prêmio de seguro que montava a mais da metade de todo o rendimento da maior seguradora da Coréia. Assim se iniciou uma empresa de seguros. Essa evolução natural passo a passo por negócios relacionados resultou no grupo Lucky-Goldstar (agora LG) que vemos hoje. (Cha-Kyung Koo, filho do fundador do grupo LG, apud Milgrom & Roberts, 1992, p.542-3)

Mas não só isso. Seu depoimento sugere, ademais, outra característica dos *chaebols*, que tampouco é uma especificidade coreana: o caráter familiar desses grupos. Samsung, Hyundai, LG, Daweoo, todos eles se erguem sobre os ombros de um fundador mítico e são (foram até recentemente) mantidos sob controle estrito de sua família. Os instrumentos usados para preservar o poder de comando nas mãos do grupo familiar são os mesmos que lhe asseguram vantagens no plano da concorrência econômica: participações cruzadas, subsídios internos, combinação bem dosada de abertura de capital e controle fechado do capital nos nódulos da rede de empresas.

Tabela 27 – Participação interna no controle acionário dos maiores *chaebols* (%)

Chaebol	1983	1987	1989	1990
30 maiores	57,2	56,2	46,2	45,4
Família	17,2	15,8	14,7	13,7
Subsidiárias	40,0	40,4	31,5	31,7
5 maiores	n.d.	60,3	49,4	49,6
Família	n.d	15,6	13,7	13,3
Subsidiárias	n.d	44,7	35,7	36,3
Hyundai	81,4	79,9	n.d.	60,2
Samsung	59,5	56,5	n.d	51,4
Daweoo	70,6	56,2	n.d	49,1
LG	30,2	41,5	n.d	35,2

Fonte: Lim, Haggard, Kim, 2003, p.5.

Para completar a apresentação sumária que fazemos aqui, resta agregar ainda uma característica dos *chaebols*: a atrofia de seu órgão financeiro. Com efeito, até o final da década de 1980, quando se encerra o período que nos ocupa nesta parte do estudo, as atividades dos *chaebols* estão concentradas na indústria e em certos segmentos do setor de serviços. É por essa particularidade que eles se distinguem tanto do *zaibasu* japonês, em que se espelharam, quanto do perfil comumente encontrado nos grupos econômicos dos países em desenvolvimento. Sem a devida menção a ela, a relação que os grupos coreanos mantêm com o Estado seria de todo incompreensível. Podemos intuir a qualidade de tal relação nas entrelinhas desta curta narrativa.

> Quando Park decidiu que a Coréia do Sul precisava de um estaleiro de larga escala, escolheu a Hyundai para construí-lo. No início da década de 1970, a Hyundai construiu o maior estaleiro do mundo no porto oriental de Ulsan, aceitando encomendas mesmo antes de completar o estaleiro. Banqueiros britânicos, suíços e franceses recusaram financiamento a Chung. Não é difícil ver por quê. A própria Hyundai não tinha experiência de construir navios, e nenhuma empresa coreana tinha jamais construído um navio de mais de dez mil toneladas. Mas Chung queria um empréstimo de sessenta milhões de dólares para construir um estaleiro que fosse capaz de produzir navios-tanque de óleo cru de 260.000 toneladas. (Clifford, 1998, p.116)

A história é instrutiva. Instado pelo ditador, a quem se ligava por laços de conveniência e de afinidade, Chung Ju Yung, dono do grupo Hyundai, saiu em campo em busca do financiamento necessário para levar a cabo projeto de tal monta. Sem muito sucesso, como sabemos. Os bancos e as agências internacionais não acreditavam na viabilidade do empreendimento. Por fim, o grupo obteve um empréstimo na Inglaterra e quase simultaneamente recebeu de um armador grego sua primeira encomenda: dois grandes navios-tanques, sob a condição de que fossem cópias idênticas de embarcações produzidas na Escócia pelo estaleiro *Scotlithgow*. Assistido por três firmas estrangeiras (entre elas o referido estaleiro), a Hyundai se lança, então, em frenética corrida contra o tempo. Na ausência de pessoal qualificado em número suficiente na filial responsável pelo projeto, o grupo desloca para reforçá-la grupos de engenheiros com densa experiência em campo tecnicamente correlato, adquirida em outra de suas empresas: a Hyunday Construction. Segundo o relato de Amsden, as jornadas de trabalho em alguns momentos começavam às seis horas da manhã e terminavam às três horas do dia seguinte; e, de acordo com Clifford, a quilha do primeiro navio foi colocada antes que o cimento no chão do cais onde ele estava sendo montado estivesse seco. Mas a vontade não pode tudo. Não obstante o esforço realizado, problemas derivados de um aprendizado ainda incompleto retardaram a obra, impedindo que as embarcações fossem entregues dentro dos prazos contratualmente estabelecidos.

Foi então que soou a hora do perigo. Final de 1973, demanda mundial em queda vertical sob o efeito do primeiro choque do petróleo, o cliente grego faz valer os seus direitos legais para rejeitar a mercadoria. E não apenas ele: pouco depois, seu exemplo seria seguido por outras firmas. A lição está no desfecho do caso. Convém passar a palavra nesta altura a Alice Amsden, que o estudou meticulosamente.

> Foi nessa conjuntura que o grupo Hyundai se integrou verticalmente para adiante e fundou a Companhia Hyundai de Marinha Mercante. A HMMC tinha dois propósitos: primeiro e acima de tudo, prover serviços de transporte marítimo para a *trading* geral recentemente fundada pela Hyundai; segundo, absorver os navios não entregues pela HHI ... A estratégia de integração para adiante da HHI foi

amplamente apoiada pelo governo. Como dono da refinaria de petróleo da Coréia, o governo determinou que todas as entregas de óleo cru para a Coréia fossem transportadas por navios de propriedade coreana, isto é, os da HMMC. (Adsden, 1989, p.278)

Em outras palavras. Tendo induzido, por razões estratégicas, o grupo Hyundai a ingressar em um setor de atividades que lhe era inteiramente estranho, o governo Park lhe deu ampla cobertura quando as circunstâncias se tornaram adversas, pondo em risco o sucesso da iniciativa. Trata-se de uma lição pouco ortodoxa, é certo. Mas ela não estaria completa sem este epílogo: a *Hyundai Heavy Industries* converteu-se por conta disso na maior construtora naval do mundo, e ostenta até hoje esse título.

Mas a lição envolve, além do mais, um subentendido. Vimos, pouco antes, uma série de razões econômicas para o padrão de diversificação que caracteriza os *chaebols*, sobretudo os maiores entre eles. Constatamos agora a importância de um outro fator explicativo: a ação decidida do Estado coreano.

Ela não está limitada à canalização do investimento privado a metas de longo prazo fixadas pelo planejamento estratégico; ao acompanhamento detido da marcha dos projetos e à oferta de sólida garantia contra os riscos incorridos nos empreendimentos – funções que justificam a caracterização desse Estado por Amsden como sucedâneo do empresário schumpeteriano. Além de estabelecer objetivos e supervisionar a sua execução, o Estado fornecia aos grupos econômicos os meios necessários para alcançá-los; oferecia a esses grupos, portanto, as condições essenciais ao seu sucesso econômico.

O estrito controle do crédito era o mecanismo empregado para esse fim. O governo podia exercê-lo com facilidade em sua dupla condição de proprietário de todo o sistema bancário – que foi estatizado em 1961 e se manteve sob esse regime jurídico por mais de vinte anos – e de avalista dos empréstimos levantados pelas empresas no exterior, papel que assumiu com a alteração da Lei de Estímulo ao Capital Estrangeiro, de 1962. Com esses dois elementos à mão, o governo coreano passava a controlar todos os fluxos de capitais no país, salvo os que se verificavam no mercado paralelo (*curb market*). E empregava esse poder para praticar uma política de juros subsidiados, racionando o crédito e canalizando-o para empresas e indústrias de sua escolha. E, convém dizer, excetuadas as linhas de crédito dirigidas à exportação, de caráter universal, a seleção das empresas agraciadas obedecia a critérios a um tempo econômicos e políticos – demonstrações de apoio ao regime e disposição de contribuir financeiramente para o partido do general-presidente.

Podemos aquilatar a importância desse mecanismo pela comparação das taxas de juro praticadas nesses dois segmentos do mercado.

Tabela 28 – Taxas de juro real do sistema bancário e do mercado paralelo

Ano	Empréstimos bancários (gerais)	Mercado paralelo (curb market)
1962	-3,4	--
1963	-14,3	23,1
1964	-15,0	31,4
1965	20,2	52,6
1966	11,9	44,2
1967	10,8	30,8
1968	9,1	39,9
1969	8,0	36,4
1970	7,2	35,2
1971	11,6	30,1
1972	-7,2	19,7
1973	-1,2	26,0
1974	-14,6	8,0
1975	-9,7	16,6
1976	-1,5	22,8
1977	-1,9	21,8
1978	-2,0	21,1
1979	-0,7	23,1
1980	-6,3	19,2

Fonte: Song, 2003, p.190.

Só começamos a vislumbrar o seu significado político-econômico, contudo, quando o contemplamos em sua articulação com os outros elementos do quadro introduzidos anteriormente. Com efeito, sabemos que os *chaebols* desfrutavam de enormes vantagens em relação às empresas individuais, pela possibilidade que tinham de diluir riscos e assimilar por longo tempo prejuízos localizados, pelo suporte que a empresa em causa recebia do conjunto do grupo. Sabemos também que os *chaebols* tendiam a fazer uso desse poder de mercado para diversificar suas atividades ingressando em quaisquer ramos de negócio que lhes parecessem atrativos. Essas qualidades, decantadas por seus admiradores, tinham, porém, uma contrapartida: elas submetiam as empresas isoladas ao risco permanente de sua incorporação pelos grandes grupos econômicos. Ora, esse risco se torna muito maior ainda quando esses grupos têm acesso a linhas de crédito com juro subsidiado, enquanto o pequeno capital tem que se socorrer no mercado não regulado, pagando pelos recursos tomados taxas extorsivas. Tocamos aqui em uma linha de tensão inerente ao padrão coreano de desenvolvimento, que se manifestaria com força na década de 1990, mas cuja tradução política já se fazia ouvir no programa de Kim Dae Jung, líder oposicionista que ameaçou a segunda reeleição de Park Chung Hee no longínquo ano de 1971.

Entretanto, o Estado coreano não favorecia o grande capital local apenas em relação às pequenas e médias empresas: ele o protegia também da concorrência dos capitais estrangeiros. Para uma economia votada à "missão" da conquistar fatias cada vez maiores do mercado mundial às suas exportações, como parte essencial de um projeto ambicioso de desenvolvimento econômico, o concurso do capital estrangeiro não podia ser refugado. Ele era vital para alimentar o impulso exportador e para garantir o acesso à tecnologia e ao *know-how* indispensáveis à implantação de novos segmentos produtivos. Ao contrário, porém, do que se observa nas experiências latino-americanas, o meio preferencial adotado com vistas a esse desiderato não foi a atração do investimento externo direto, mas a conclusão de acordos de assistência técnica e licenciamento de tecnologia. Em sua estratégia de desenvolvimento, o Estado reservava um espaço ao investimento estrangeiro. Mas um espaço modesto e estritamente regulado, segundo o princípio de complementaridade com o capital coreano.

Essa afirmativa é verdadeira para todo o período que termina no final dos anos 1970, e parcialmente correta para a década subseqüente – quando o governo fez alguns ensaios malsucedidos de liberalização do regime de investimento estrangeiro. Nesse longo interregno, a legislação referente à matéria sofreu inúmeras modificações, naturalmente. Não podemos nos deter no assunto, mas parece oportuno apresentar ao leitor alguns elementos característicos deste regime a título de ilustração.

Todo investimento estrangeiro na Coréia precisava ser negociado com o governo, que podia estabelecer, entre outras, as seguintes condições para sua aprovação: que o projeto especificasse o valor do capital, os níveis de produção e os percentuais a serem exportados, bem como o nível e o tipo da tecnologia a ser transferida; que o projeto fosse feito sob a forma de *joint venture* com sócio coreano, e incluísse a previsão do período dentro do qual este assumiria o controle financeiro e operacional do empreendimento.

O controle sobre a entrada de capital e de tecnologia na Coréia foi exercido no período pelo Comitê Deliberativo sobre Capital Estrangeiro *(Foreign Capital Deliberation Committee)*, organismo vinculado ao Conselho de Planejamento Econômico (ou EPB, acrônimo em inglês pelo qual é mais conhecido), sobre o qual diremos uma palavra mais adiante. Russell Mardon, autor do trabalho em que nos apoiamos neste momento, descreve os procedimentos adotados pelo órgão, mas não precisamos seguir sua apresentação. Basta reter este dado capital: todos os ministros com assento nesse colégio precisavam aprovar o projeto de investimento para que ele fosse autorizado.

O regime em questão deixava amplo espaço para a decisão casuística. Segundo informação da imprensa econômica da época, nos trabalhos preparatórios para a emenda introduzida em 1966 na Lei de Incentivo ao Capital Estrangeiro, surgiu a proposta de limitar a participação de capital externo de qualquer origem em um dado projeto a um máximo de 30%. A idéia não teria vingado por ser tida como excessivamente restritiva, mas o governo fazia saber que tentaria aplicar tal política por meios administrativos *(Far Eastern Economic View*, 18.8.1966, apud Bishop, 1997, p.33).

Seja como for, apesar das mudanças que sofreu, com suas normas formais e suas regras não escritas, o regime de capital estrangeiro operou como escudo para o grande capital coreano de forma muito efetiva. É isso o que a leitura da passagem a seguir nos permite concluir.

> A fim de proteger e facilitar a propriedade e a produção, o Estado coreano não aprovava um investimento estrangeiro se ele fosse concorrer com um produtor doméstico. Em paralelo a essa política, nenhuma firma estrangeira poderia assumir o controle ou comprar uma firma coreana ... Se uma empresa coreana quisesse vender sua operação, o Estado requeria que o comprador fosse nacional da Coréia. No curso da pesquisa para este estudo, só consegui documentar um caso de firma coreana comprada por investidor estrangeiro. (Mardon, 1990, p.111-38)

O salto efetuado pela economia coreana nos trinta anos considerados nesta parte do estudo é impressionante. Mal encerrado o período de reconstrução, depois da guerra que devastou o país entre 1950 e 1953, a renda *per capita* da Coréia era de oitenta dólares, o que a situava entre uma das nações mais pobres do mundo; ao ingressar na última década do século passado, ela tinha multiplicado esse valor mais de sete vezes, e se transformara em objeto de disputa ideológica, como exemplo de sucesso de relevância universal. No meio tempo, sua estrutura econômica e sua forma de inserção externa haviam se transformado radicalmente. País predominantemente rural, dotado de indústria leve, fortemente intensiva em recursos naturais, a Coréia converte-se em nação industrializada, com a presença majoritária em sua estrutura produtiva das indústrias química e metal-mecânica. Exportadora de bens primários e produtos manufaturados leves no início da série, a Coréia terminava o período como competidor dinâmico em ramos seletos, como automobilística e produtos eletrônicos de consumo (ver Tabelas 29 e 30).

Grande parte dessas mudanças ocorreu no âmbito dos *chaebols*, que cresceram vertiginosamente e se transformaram de forma correspondente. Como antecipamos no início deste capítulo, não buscaremos estabelecer as conexões causais que podem existir entre essas séries correlatas de even-

Tabela 29 – Estrutura da indústria manufatureira (%)

	1960	1965	1970	1980	1990
Alimentos e bebidas	36,5	26,1	29,3	20,2	13,1
Têxteis e couro	25,2	28,3	20,8	17,7	11,6
Produtos de madeira	3,4	3,2	3,3	1,5	0,8
Produtos de papel	5,8	7,6	5,1	3,7	4,3
Produtos minerais não metálicos	4,9	4,4	4,8	5,0	5,3
Produtos químicos	9,7	13,9	18,1	23,1	14,6
Metais básicos	2,7	3,9	1,0	6,4	8,9
Produtos de metal e máquinas	10,3	11,3	14,4	20,5	38,6
Outras manufaturas	1,5	1,3	3,2	1,9	2,8
Total	100	100	100	100	100

Fonte: Song, 2003, p.134

Tabela 30 – Setores líderes em exportação (milhões de dólares)

1960	1987
1) Produtos minerais (1,372)	1) Confecções (7.537)
2) Alimentos processados e bebidas (4,146)	2) Produtos eletrônicos de consume (3.608)
3) Têxteis (3,800)	3) Têxteis (3.382)
4) Arroz, cevada e trigo (3,762)	4) Calçados (2.756)
5) Outros produtos agrícolas (3,080)	5) Automóveis (2.748)
6) Produtos florestais e pesca (2,636)	6) Tubos de vácuo (thermionic valves) 2.386
7) Aço e produtos metálicos (1,504)	7) Ferro e aço (2.158)
8) Produtos químicos e borracha (0,591)	9) Máquinas de escritório (1.599)

Fontes. Primeira coluna: Krueger, 1982, p.59; segunda coluna: Cooper, 1994, p.268.

tos: transformação econômica-ação do Estado, que fez dos *chaebols* o instrumento privilegiado de sua política de desenvolvimento. Na análise da trajetória da economia coreana, muitos outros fatores, de natureza diversa, teriam que ser considerados. No entanto, perderíamos de vista nossos propósitos se tentássemos realizar tal exercício. A questão decisiva para nós é outra. Ela pode ser enunciada assim: se os grandes grupos econômicos protagonizaram o processo de metamorfose da economia coreana, e se a ação do Estado foi crucial para que eles pudessem funcionar assim, como entender que a sintonia fina entre o Estado e esses grupos tenha sido possível?

Autonomia estatal e seus fundamentos

É essa qualidade especial que Peter Evans tentou capturar com a noção de "autonomia inserida" (*embedded autonomy*). A autonomia do Estado coreano – não apenas deste, mas deste em particular – não residia tanto na capacidade de formular e implementar políticas pouco afetadas pela miopia dos interesses econômicos privados, sempre contraditórios de resto, mas no fazer isso em estreita coordenação com os principais agentes econômicos, que aderem a tais políticas entusiasticamente. Uma das condições para esse resultado já foi vista: o Estado coreano dispunha de instrumentos poderosos para premiar o comportamento colaborativo e punir os recalcitrantes (estrito controle do mecanismo do crédito, por exemplo). Todavia, esse elemento isoladamente nada esclarece, pois os referidos instrumentos poderiam muito bem ser utilizados de forma desencontrada, ou em obediência ao cálculo político de curto prazo dos detentores do poder, em uma estratégia clientelística de compra de apoio. Para que o efeito virtuoso aludido naquela noção se produzisse, o Estado precisaria estar dotado de capacidade para projetar estrategicamente as suas metas de desenvolvimento e garantir a coerência de suas ações. Precisaria, ademais, dispor de canais institucionalizados de comunicação com os grupos estratégicos para obter deles as informações indispensáveis à elaboração de suas políticas e o necessário concurso para sua efetivação. No período considerado, o Estado coreano reunia ambas as condições.

Dois de seus aspectos aparecem com saliência na literatura: a alta qualificação dos quadros burocráticos e a clara hierarquia entre os distintos segmentos da administração econômica.

Com raízes plantadas na tradição cultural confuciana, o primeiro está associado à valorização do serviço público, que se traduz no emprego generalizado de exames meritocráticos para a seleção de funcionários de carreira, e na elevada recompensa material e simbólica oferecida aos escolhidos.

O segundo encontra expressão na centralidade conferida a dois organismos: o já mencionado Conselho de Planejamento Econômico (EPB), e na assessoria econômica da Presidência da República. Responsável pela elaboração do orçamento e pelo controle de sua execução, o EPB tinha ademais a responsabilidade pela formulação dos planos de desenvolvimento, a autorização de projetos de investimento e pela aprovação de todas as operações de crédito requeridas para a sua implantação, cuja garantia dava ao órgão prerrogativa de auditar e supervisionar as atividades das firmas devedoras (cf. Haggard, Cooper & Moon, 1993, p.294-331). No âmbito desse ministério funcionavam órgãos colegiados, que asseguravam a coordenação com outros ramos da burocracia econômica, a exemplo do Comitê de Estímulo ao Capital Estrangeiro, já referido. A posição do órgão foi reforçada em 1963, quando o seu responsável passou a ostentar o título de primeiro-ministro adjunto. Contando com quadro de economistas de elevada formação técnica, grande parte dele com pós-graduação em universidades norte-americanas, o EPB funcionava como centro nevrálgico do aparelho econômico do Estado coreano.

Não poderia exercer este papel, contudo, se não contasse com apoio integral do chefe do Estado, o general Park Chung Hee, que acompanhava diariamente o desenrolar dos projetos mais importantes e a evolução dos indicadores econômicos por meio de sua própria assessoria (cf. Jones & Sakong, 1980, p.59). Esse elemento é decisivo: na Coréia, ao tomar o poder, em 1961, os militares elegeram o desenvolvimento como a prioridade número um, e deram plena sustentação aos tecnocratas que geriam a política econômica. O Estado era fortemente militarizado, mas, segundo um padrão não muito diferente do que prevaleceu no Brasil, mais ou menos na mesma época, os oficiais incorporados na administração civil concentravam-se em outros setores do aparelho governamental, em particular os ministérios de Assuntos Internos e de Construção.[4]

---

[4] De acordo com os autores de um estudo sobre a administração pública coreana, "Despite the centralization of economic functions, the EPB and the other economic ministries did not constitute the totality of the economic bureaucracy. Park continued to rely on, and to seek support from, the military. No military personnel held the Ministry of Finance under Park Chung Hee, but 11 out of 16 transportation ministers, nine out of 13 ministers of home affairs and six out of 15 construction ministers were military men" (Cheng, Haggard & Kang, 1998, p.87-111).

Quanto ao presidente, este se envolvia intensamente com a gestão da economia. Talvez a manifestação mais eloqüente desse fato consista no papel exercido por Park nos Encontros Nacionais de Promoção das exportações. Congregando ministros, altos burocratas, economistas, representantes das associações empresariais e altos executivos das empresas exportadoras, para avaliar o comportamento do comércio exportador coreano e discutir medidas para impulsioná-lo, suas reuniões mensais eram religiosamente seguidas pelo próprio Park, que tinha a última palavra sobre os assuntos controversos ou duvidosos (cf. Haggard, 1990, p.71).

A referência aos representantes de associações empresariais demanda um esclarecimento, com o qual terminaremos essa rápida caracterização. Essas entidades, entre as quais se destacavam a Kotra (Korea Trade Promotion Corporation), a KTA (Korean Trade Association), a Kofoti (Korean Federation of Textile Industries) e a Kosami (Korea Society for Advancement of the Machine Industry) (Michell, 1988, p.64), tinham caráter semioficial. Criadas muitas delas por expressa determinação do governo, tais organizações funcionavam como condutos entre os agentes econômicos e os gestores da política econômica. De novo, o paralelo com o Brasil sob o regime militar é notável. Lá, como aqui, a escolha da presidência dessas associações era tida como questão de Estado.

Com a adição desse elemento, o quadro estaria completo.

A harmonia entre Estado e grupos econômicos na Coréia seria explicada pela natureza do primeiro termo da relação: um Estado autônomo, mas "inserido", decididamente pró-capitalista, mas dotado de forte poder disciplinador. O problema é que nem sempre foi assim. As instituições mencionadas acima foram criadas no início da década de 1960. Ora, se recuarmos um pouco no tempo, o que vamos encontrar na Coréia é um Estado com características muito distintas daquelas que acabamos de descrever. No lugar da burocracia meritocrática, a administração reservada como sinecura aos apaniguados do poder; em vez de apoio a empresas sob condição de bom desempenho, a concessão discricionária de favores aos homens de negócio em troca de retribuições monetárias ao presidente e seus afilhados, ou a seu partido político. Para continuar com a tipologia aludida, o Estado coreano no período precedente nada tinha de desenvolvimentista; pelo contrário, ele apresentava muitos dos traços da estilização contraposta, que Peter Evans batizou de Estado Predador. Essa constatação é importante, pois sugere que para esclarecer adequadamente a questão levantada precisamos analisá-la de uma perspectiva diacrônica.

Não podemos fazer isso aqui, mas devemos indicar alguns dos aspectos que tal análise deveria contemplar, necessariamente. Relacionados todos às circunstâncias que levaram à divisão do país quando do término da Segunda Guerra Mundial, os mais importantes deles, a nosso ver, são os seguintes:

a) **Dissolução das formas embrionárias de organização política criadas pelo movimento nacionalista e preservação do legado colonial japonês (administração pública, polícia e judiciário)**

Um dos Estados mais antigos do mundo, com mais de dois mil anos de existência independente contínua até o início do século XX, a Coréia foi incorporada à ordem econômica internacional de forma coercitiva no curso de um conflito triangular entre o Japão, a Rússia e a China, no qual o primeiro acabou prevalecendo sobre os seus rivais. Protetorado japonês em 1905, a Coréia foi anexada cinco anos depois, assumindo a condição jurídica de colônia. Em seus 35 anos de existência, o Estado colonial atravessou três fases: a primeira, em que predominou a política de exploração do território anexado como fornecedor de produtos primários. A segunda, aberta em resposta às grandes mobilizações nacionalistas de março de 1919 (amplas manifestações antijaponesas em cuja repressão milhares de coreanos perderam a vida), incluiu, de um lado, um claro movimento de liberalização, com o reconhecimento de direitos civis à população local; de outro, a reorientação da política econômica colonial, no sentido da transformação da Coréia em uma plataforma industrial continental do Império japonês. A partir de 1937, já em fase de preparação para a guerra que se avizinhava, tem início a terceira etapa, que combinava dois traços: o projeto de assimilação cultural da Coréia, uma tentativa radical de anulação da identidade nacional coreana, e o aprofundamento da estratégia de industrialização da colônia, que, além das antigas fábricas têxteis, passa a sediar também importantes plantas nos setores siderúrgico, químico e em diversos outros segmentos da indústria pesada. Montada pelos conglomerados japoneses, os "*zaibatzus*", que lá instalaram parte de seus complexos produtivos, a economia coreana reproduzia as particularidades institucionais da economia metropolitana, e era gerida diretamente por pessoal provindo da metrópole. Não apenas dela: em diferentes ramos, especialmente na polícia e no Exército, o Estado colonial integrava contingentes não desprezíveis de nativos. O mesmo ocorria nas atividades empresariais. Embora o capital japonês fosse esmagadoramente predominante, em vários setores de atividade, incluso na indústria, grupos econômicos coreanos conquistavam espaços significativos, o mais importante dos quais, o grupo Kim Yônsu, foi objeto do estudo clássico de Carter J. Eckert (1991).

Apesar da influência modernizadora, em grande parte por causa dela, o jugo japonês sempre despertou reações vivas na Coréia, que não se extinguiu com a repressão ao Movimento de Primeiro de Março, que eclodiu logo após a rendição alemã, em 1919. Em parte por causa dela, pois junto com a dominação o império japonês era também matriz para as ideologias contestadoras, que forneciam as linguagens pelas quais se expressava o sentimento irredentista dos coreanos. Como o marxismo, introduzido na Coréia por jovens que o aprenderam em suas temporadas de estudo no Japão. Dado este substrato, em 15 de agosto de 1945, quando a notícia da derrota japonesa foi anunciada, assistiu-se na Coréia a um processo acelerado de auto-organização política, de marcado conteúdo nacionalista e forte sentido reformador. Tendo por base uma iniciativa do governador-geral Abe, que, antes da chegada das tropas americanas, necessitava transferir a responsabilidade pela manutenção da ordem a algum tipo de autoridade constituída para evitar um vácuo de poder de conseqüências eventualmente fatais para seus concidadãos, foi criado por um grupo de intelectuais nacionalista o Comitê Para a Preparação da Independência Coreana, que libertaria imediatamente todos os presos políticos (cerca de trinta mil, segundo estimativas autorizadas) e tomaria medidas hábeis para manter a ordem.

Um mês depois, era proclamada a República Popular da Coréia. Frente coabitada por nacionalistas e comunistas, a RPC nascia com um programa que combinava a erradicação da presença japonesa na Coréia, a realização da verdadeira democracia e um programa avançado de reforma social. Entre as cláusulas constantes na plataforma da RPC, incluíam-se o confisco sem compensação de todas as terras detidas pelos japoneses e pelos "traidores nacionais" e sua distribuição aos camponeses que nela trabalhavam; a nacionalização das minas, das fábricas, das ferrovias, da marinha mercante, dos meios de comunicação e dos bancos, e a regulação estatal do pequeno negócio. O documento fundador da RPC garantia as liberdades de palavra, de reunião e de credo e assegurava o sufrágio a todos os homens e mulheres com mais de dezoito anos de idade; comprometia-se com a eliminação de todos os privilégios, inclusive a "completa emancipação das mulheres", previa uma legislação de trabalho generosa, manifestava a disposição de estabelecer estreita colaboração com os Estado Unidos, a União Soviética, a Inglaterra e a China, e a repelir toda tentativa de interferência estrangeira nos assuntos internos (cf. Cumings, 2002, p.88).

Não se tratava de uma ficção política capaz de pesar sobre os acontecimentos apenas por seu simbolismo. A notícia da derrota japonesa e da criação do Comitê para a Preparação da Independência da Coréia desencadeara um processo frenético de mobilização política que Bruce Cumings descreve vividamente na passagem que se segue.

> Dia 17 de agosto, os coreanos em todo o país souberam formalmente do estabelecimento do CPIC e cinco dias mais tarde viram uma longa lista de coreanos que o lideravam. Mas a notícia tinha viajado longe e amplamente antes disso por comunicações informais: correios, boca para ouvido, ligações telefônicas. Ramos e organizações associadas ao CPIC brotavam em todo lugar do dia para a noite. Existiam 134 ramos na Coréia do Sul e do Norte ao fim de agosto. Esse foi um aspecto da explosão de participação que atingiu a Coréia nesses dias de paz, porém. Uma população antes passiva, controlada por uma ditadura com aparente facilidade durante várias décadas, repentinamente saltou na ação e organização políticas. (ibidem, p.73)

Movimento de tal ímpeto e de tal natureza não poderia deixar de suscitar em grupos sociais conservadores sentimentos profundos de ameaça. Não é de estranhar, portanto, que esses setores tenham se lançado quase simultaneamente em contramobilizações e que estas tenham dado origem em poucos dias a uma organização política de direita, o Partido Democrático Coreano. Reunindo proprietários rurais, empresários, intelectuais de prestígio e ex-funcionários coreanos do Estado colonial, esse partido e os círculos sociais com ele identificados é que seriam adotados como interlocutores pelo comando das tropas de ocupação norte-americanas, quando estas chegaram a Seul, em 8 de setembro, três semanas depois que a experiência de autogoverno tinha começado.

É com essa matéria social que o comando norte-americano vai preencher os vazios criados na estrutura estatal existente pela exclusão dos japoneses, e é com ela (em especial a polícia, cujo contingente aumenta significativamente, e se reforça com equipamentos e armas) que ele vai proceder à destruição metódica da jovem República e seus Comitês Populares.

b) Eliminação das bases materiais da aristocracia *yangban* por meio da reforma agrária, e a constituição de uma burguesia industrial pela transferência das propriedades japonesas

Não vamos nos alongar sobre o primeiro desses pontos, pois a importância da reforma agrária na gênese do Estado Desenvolvimentista coreano é bem conhecida. Entretanto, alguns de seus aspectos menos óbvios devem ser registrados.

A radicalidade da reforma: a legislação aprovada pela Assembléia Nacional da Coréia do Sul em 1949, sob forte clamor interno e pressão intensa dos Estados Unidos, estabelecia um limite máximo para as propriedades rurais, e este era muito reduzido: 7,5 acres, o equivalente a três hectares, aproximadamente (cf. Lie, 1998, p.9).

Seu caráter diferido: podemos falar em medidas de reforma desde o primeiro ano da ocupação, quando a autoridade militar norte-americana limitou consideravelmente a renda em produto tradicionalmente cobrada pelo proprietário. Não sendo sancionada, essa regulamentação foi amplamente desobedecida. O segundo ato, também de responsabilidade do Governo Militar Americano, foi a transferência aos camponeses das terras japonesas que passaram à sua posse. Assim, informa o autor de um estudo clássico sobre o período, "Em setembro de 1948, 487.621 acres tinham sido vendidos a 502.072 arrendatários, deixando apenas 18.620 acres de terra japonesa não alienada" (Henderson, 1968, p.156). Pelas expectativas que despertou, essa medida prepararia o terreno para o terceiro ato: a legislação de 1949 que já foi mencionada. Mas ela não chegou a produzir efeitos reais significativos, dada a predominância dos interesses agrários no Legislativo e no aparelho de Estado. O programa radical de reforma agrária na Coréia é um subproduto da guerra. O elemento detonador foi a redistribuição de terras em grande escala realizada pelas tropas do Norte durante os três meses em que ocuparam a Coréia do Sul, entre junho e setembro de 1950. Quando foram empurradas de volta para atrás do paralelo 38, o serviço já estava bem adiantado: o comando militar americano avaliou corretamente que não podia reverter o processo (Cumings, 1984, p.1-40).

As conseqüências políticas desse fato e seu papel na constituição do padrão coreano de desenvolvimento não poderiam ser exageradas. Recorremos novamente aqui à palavra autorizada de Bruce Cumings, que as indica de forma condensada.

> A Guerra e a revolução, limpando o setor agrário, eliminaram o forte controle social sobre o poder central que deriva das oligarquias e do latifúndio ... mas a pronunciada hierarquia e a consciência de classe que eram resíduos de milênios de dominação aristocrática continuavam a existir, embutidas até mesmo nas formalidades da língua. De qualquer modo, a oligarquia agrária da Coréia acabou nas cidades, tentando recuperar o domínio perdido pela política e pelas ubíquas facilidades educacionais que dotam o capital; como bons cavalheiros confucianos, isso era mais seu ofício do que o comércio e a indústria, nem havia muito que pudessem fazer com coalizões populistas com o trabalho organizado. Assim foram facilitados tanto a industrialização quanto o governo autoritário. (idem, 1989, p.5-32)

Embora menos ventilado, o segundo tema também pode ser exposto de forma breve. Como indicamos no item anterior, a partir da década de 1920, a política colonial voltou-se para a tarefa de transformar a Coréia em plataforma continental do sistema produtivo japonês. Vimos também que isso foi feito mediante o transplante das formas organizacionais características da metrópole, que trouxe para a colônia seus conglomerados industriais estruturados em torno de grandes bancos. A posição dominante do capital japonês na economia coreana pode ser aquilatada pelos dados fornecidos nesta passagem:

> Em 1945, a propriedade japonesa, em sua maioria em mãos dos *zaibatzus*, constituía 81,7% de todo o capital das empresas industriais na Coréia: 97% na indústria química, 93% em metal e máquinas, 97% em cimento, 94% em madeira. Mesmo em indústrias leves como têxteis e moinhos, as proporções eram de 80 e 81%, respectivamente. Assim, de todos os "novos países industrializados" de hoje, a Coréia tinha o capital doméstico mais fraco, combinado com o mais forte impulso industrial. (Woo, 1991, p.40)[5]

---

[5] Para um estudo mais detido desse e outros aspectos da economia coreana no período colonial, cf. Chung, 2006.

Assim como a terra e a infra-estrutura de transporte e comunicações, com a derrota no campo de batalha, as propriedades industriais e comerciais japonesas na Coréia passaram todas ao controle do Usamgik (U. S. Army Military Government in Korea). Tratava-se de um patrimônio respeitável, composto por mais de 2.500 empresas (cf. Jones & Sakong, 1980, p.30). Em agosto de 1948, essas propriedades foram transferidas ao recém-criado governo coreano, que passou a ser pressionado por Washington para que procedesse rapidamente à sua privatização.

Não por muito tempo. Em meio a uma situação caótica, desprovido de bases sociais sólidas, atacado pela antiga oligarquia agrária, que se organizava no Partido Democrático Coreano, Syngman Rhee não recebia os conselhos de seus protetores norte-americanos como um incômodo, mas como parte da solução dos problemas que o assaltavam. Velho dirigente nacionalista que voltou de longo exílio nos Estados Unidos para assumir a liderança das forças anticomunistas e logo depois a Presidência da República, Rhee manejou a transferência dos ativos estatais para constituir um gigantesco sistema de clientela, em cujo núcleo estava um seleto grupo de velhos e novos empresários.

Além da transferência quase gratuita de propriedades públicas, esse sistema envolvia ainda a garantia de lucros aos grupos favorecidos, pela concessão de crédito a taxas de juro negativas e pela conclusão de contratos sem concorrência e em condições privilegiadas. A operação toda era financiada pelos recursos da ajuda externa, que vinham em doses maciças diretamente do governo dos Estados Unidos, ou por intermédio de diferentes agências da ONU. Podemos intuir o significado político desses recursos quando examinamos os dados apresentados na Tabela 31.

Tabela 31 – Ajuda externa e sua importância: 1953-1960 (US$ milhões)

	1953	1954	1955	1956	1957	1958	1959	1960
Valor	201,2	179,9	236,7	293,7	382,9	331,3	222,2	254,4
Ajuda como % importações	58,3	73,9	69,3	76,1	86,6	84,9	73,1	71,4
Importações como % do PNB	n.d.	8,8	11,2	13,0	14,3	11,7	9,3	10,4

Fonte: Krueger, 1982, p.67.

Assistimos, assim, na Coréia à formação, em ritmo acelerado, de uma burguesia industrial altamente concentrada, umbilicalmente ligada ao poder político. Apesar da instabilidade e das taxas relativamente baixas de crescimento econômico, boa parte dos *chaebols* que constavam da lista dos cinqüenta maiores em 1983 foi fundada nesse período.

Tabela 32 – Data de fundação dos cinqüenta maiores chaebols (1983)

Classificação	Antes de 1910	Período Colonial Japonês (1910-45)	Ocupação EUA (1945/jul. 48)	Regime de Rhee (ago. 1948/60)	Regime de Park (1961/79)
(Números de Chaebols)					
1-10	0	1	3	5	1
11-30	1	1	4	8	6
31-50	0	3	4	7	6
Total	1	5	7	20	13

Fonte: Hanguk Ilbo, 1984, Apud Kim, 1997, p.126.

c) **A interiorização do conflito global, o impacto da guerra civil e a militarização da sociedade**

Outro elemento indispensável à compreensão do modo de relacionamento entre Estado e capital na Coréia do Sul é a posição do país como região de fronteira entre os dois mundos que se defrontavam na Guerra Fria. Esse confronto, que se expressou imediatamente após a derrota japonesa na divisão do território nacional, marcaria profundamente a vida dos coreanos em todos os seus aspectos. A Coréia do Sul, assim como Taiwan, não se constitui como um Estado "normal". Parte de uma nação mais ampla que se dividiu em resposta à ameaça da revolução social, um dos traços mais importantes de sua constituição histórica, observa um analista arguto, é a ausência de qualquer receptividade popular à idéia de uma identidade nacional no interior dos limites estatais estabelecidos (cf. Halliday, 1980).

Resultado de uma escalada de tensões cujo início pode ser localizado na decisão do comando militar norte-americano de desconhecer as formas de autogoverno elaboradas pelos coreanos no imediato pós-Libertação, a guerra civil que eclodiu em junho de 1950 é a manifestação mais brutal dessa tragédia. Em seus três anos de duração, o conflito deixou um saldo macabro de quatro milhões de mortos, dois milhões dos quais civis, que sofreram particularmente no primeiro ano quando eram muito fluidas as linhas de batalha. Em uma população de pouco mais de vinte milhões, quase um milhão de civis e mais de trezentos mil soldados sul-coreanos foram mortos. Vinte e cinco por cento da população da Coréia do Sul foi obrigada a refugiar-se, e teve que viver de ajuda humanitária. Os dados relativos à destruição material não são menos impressionantes: a capital, Seul, cujo controle mudou quatro vezes de mãos durante o conflito, perdeu cerca de 80% de suas indústrias e de sua infra-estrutura; no conjunto do país, em 1951, quando os Estados Unidos conseguiram empurrar as tropas inimigas para o Norte, a produção industrial reduzira-se à metade e 68% das plantas estavam arruinadas (cf. Minns, 2006, p.139).

Já pudemos ver como o conflito fez explodir padrões multisseculares de dominação social, abrindo espaço para a reorganização da economia coreana em bases radicalmente novas. Caberia indicar agora o peso determinante que ele teve na constituição do Estado. Aqui, o elemento decisivo foi a montagem em tempo recorde de um aparelho militar moderno de proporções desmesuradas: em 1980, com uma população de 37,6 milhões de habitantes, a Coréia do Sul mantinha mobilizados cerca de 650 mil homens e dedicava 6% do PIB ao orçamento de suas forças armadas (Halliday, 1980, p.8). E não era só isso: na Coréia, a formação militar era generalizada, pois todos os homens eram obrigados a prestar serviço militar durante três anos (muito criticado pelos pacifistas, o sistema atual admite a prestação de serviços alternativos e prevê, nas funções militares, o enquadramento do jovem por 22 meses). As dimensões adquiridas pela organização castrense e sua centralidade na vida social tinham como contrapartida a ascendência dos militares no aparelho de Estado, elemento que já foi aludido neste estudo. Por todos esses motivos, não parece exagerado dizer, com Halliday, que na Coréia do Sul encontrávamos, então, não apenas um regime militar, mas também uma "sociedade militarizada".

Importante em si mesma, essa característica estrutural tinha ainda uma implicação de vastas conseqüências para o padrão de relacionamento que o Estado coreano passa a estabelecer com o grande capital nacional depois do golpe militar de maio de 1961: em uma sociedade ainda fortemente marcada pelos valores e os preconceitos de sua tradição aristocrática, esse aparelho militar era composto, em todos os seus escalões, por indivíduos oriundos de famílias camponesas ou de outros estratos populares. Os traços dessa origem social, que se faziam notar nas orientações e na forma de comportamento dos oficiais que assumiram o comando do Estado com o golpe, eram visíveis também em sua experiência de vida. Descendente de um camponês morto pela repressão movida contra o movimento *Tonghak* (Saber Oriental) – sublevação popular que tomou conta de várias províncias coreanas no final do século XIX –, Park Chung Hee, por exemplo, chegou a ser preso em 1946 e quase foi fuzilado por suposta colaboração a um levante esquerdista.

Forjados na guerra fratricida, esses oficiais eram fanaticamente anticomunistas. Mas não tinham nada de conservadores: viam-se como revolucionários e eram profundamente nacionalistas. Aos seus olhos, os homens de negócio e os burocratas que prosperavam com as sinecuras criadas pelo governo de Syngman Rhee, muitos deles notórios colaboracionistas, personificavam o mal. Na tarefa de reconstrução nacional a que se devotavam, esses elementos nocivos precisavam ser banidos.

O radicalismo desses militares se faz sentir desde início com a promulgação da chamada Lei contra Fortunas Ilícitas, que punia com as penas mais severas todos aqueles que, entre 1° de julho de 1953 e 15 de maio de 1961, respondessem por delitos tais como "ter obtido lucro superior a cem milhões de hwans por meio de compra ou arrendamento de propriedades públicas", "ter obtido empréstimo ou contrato de compra em valores superiores a cem mil dólares do governo ou em câmbio em instituições bancárias", ou "ter transferido ilegalmente suas riquezas ao exterior" (cf. Woo, 1991, p.83). Essa lei, que chocava os mais sensíveis pelo primitivismo de sua redação, punha todos os grandes capitalistas no banco dos réus, ao criminalizar retroativamente suas práticas cotidianas. Sob o seu manto os militares procederam a um expurgo na máquina da administração pública, que atingiu segundo estimativas mais de 35 mil funcionários (Cheng et al. apud Evans, 1998, p.73). Quanto aos empresários, "aproveitadores" como foram batizados, foi-lhes reservado um tratamento exemplar: presos, os doze maiores e mais conhecidos entre eles foram expostos à execração pública, obrigados a desfilar por avenidas em Seul portando cartazes nos quais reconheciam sua condição de "parasitas".

Foi nessas circunstâncias extremas que o compromisso histórico foi celebrado. Depois de ter se oferecido para doar "voluntariamente" toda sua fortuna ao governo, Lee Byung Chull, fundador do grupo Samsung e homem mais rico da Coréia, intermediou o pacto pelo qual os empresários comprometiam-se a empenhar-se nas atividades produtivas obedecendo às diretrizes fixadas pelo Estado, que lhes daria em troca recursos subsidiados e proteção nas horas difíceis.

Acordos, porém, mesmo quando cercados de solenidade, nem sempre sobrevivem. Para entendermos por que esse pacto serviu de base para um padrão sólido de relacionamento entre capital e Estado, em vez de degenerar em uma reedição do clientelismo político, temos que nos voltar para outro elemento essencial ao sucesso da fórmula, ele também contido nas condições iniciais da história que estamos reconstruindo.

d) O papel atribuído à Coréia na grande estratégia dos Estados Unidos

Sua importância pode ser aferida pelo custo que a superpotência dispunha-se a suportar para manter suas posições nesse terreno. Vimos a magnitude desse custo em termos de ajuda financeira. Temos uma idéia mais precisa dele quando levamos em conta que na guerra da Coréia morreram cerca de 42 mil soldados norte-americanos.

As apostas eram elevadas, pois. Mas esta constatação não nos leva muito longe. O que importa é perceber como o apostador se comporta, e de que maneira o seu jogo contribui para a produção do efeito que nos interessa.

Talvez valha a pena esclarecer que a decisão de se lançar nesse jogo não foi tomada de imediato, nem contou com apoio unânime. Como os arquivos revelam, durante dois anos o governo norte-americano hesitou a respeito do tipo de envolvimento a manter na Coréia, e várias figuras importantes no Pentágono insistiram na conveniência de uma prudente retirada. Por fim, acabou prevalecendo a opinião de Kennan e de Acheson, os defensores do *containment*. Na concepção desses formuladores, a Coréia devia cumprir o duplo papel de linha de batalha na guerra incruenta contra o comunismo, e como base de apoio para a operação decisiva na conquista da Ásia Oriental: a reconstrução da economia japonesa.

Segundo Jung-em Woo, derivam dessa distribuição de papéis muitos dos desencontros entre o governo de Washington e o de Syngman Rhee. Apesar da situação de extrema dependência em que se encontrava, Rhee não se conformava com a idéia de ver a economia coreana especializada na exportação de bens primários para o Japão, que nela encontraria um mercado cativo para suas manufaturas, segundo o esquema neocolonial de divisão de trabalho que os estrategistas americanos lhe propunham. Movido por forte sentimento de hostilidade ao antigo colonizador, Rhee empregou toda sua decantada habilidade em um jogo de intrigas com os diferentes setores do governo norte-americano para extrair deste os recursos necessários à consolidação de seu poder pessoal e à concretização de seus planos ambiciosos de industrialização do país.

Em boa medida, seu esforço foi bem-sucedido. Muito embora o preço que ele teve de pagar tenha sido uma inflação ascendente, que acabaria por minar sua resistência e o levaria a aceitar as receitas de austeridade e liberalização dos conselheiros norte-americanos. A crise desencadeada por tais medidas deve ter contribuído bastante para a explosão do protesto estudantil que levaria de roldão o seu governo em abril de 1960.

Quando, um ano depois, os militares derrubaram o seu débil sucessor, a atitude do governo norte-americano era outra. Recebido com manifestações eloqüentes de regozijo pela solução dada ao impasse político que se instalara nesse pedaço crítico do "mundo livre", o "Conselho Revolucionário" liderado por Park Chung Hee recebeu forte apoio dos organismos financeiros e de assistência técnica mantidos pelos Estados Unidos. A expressão institucional mais importante desse estreitamento nas relações entre os dois países foi o Comitê Conjunto Estados Unidos-Coréia de Cooperação Econômica, formado em julho de 1963. Foi no âmbito desse fórum que surgiram os projetos de reorganização administrativa, antes aludidos, e que foram traçadas, pouco depois, as linhas mestras da estratégia de desenvolvimento puxado pelas exportações que alcançou tamanho sucesso.

Parte importante desse projeto dependia da normalização das relações econômicas e políticas com o Japão. Inteiramente bloqueadas no período de Syngman Rhee, as negociações que resultaram no Tratado de Normalização, de junho de 1965, foram abertas três anos antes, sob o governo militar de Park Chung Hee, ainda despido da cobertura legal que lhe seria dada mais tarde pela eleição presidencial de outubro de 1963.

Nessa ocasião, tanto o contexto econômico quanto a perspectiva do governo dos Estados Unidos haviam mudado consideravelmente. Por um lado, o processo de reconstrução da economia japonesa ganhara um alento enorme com a guerra da Coréia e no começo dos anos 1960 já estava plenamente realizado; por outro, a equipe de assessores formada por Kennedy tinha uma visão muito mais ousada a respeito da gestão econômica, como mostra oblíqua, mas eloqüentemente, a passagem que se segue:

> Você é citado dizendo que os economistas convencionais sempre subestimam a demanda pelos produtos necessários a uma economia que cresce, que a Coréia não deve se preocupar com capacidade ociosa porque a demanda é sempre subestimada, que estimativas de requisitos devem ser feitas da maneira ordinária e então tudo deve ser dobrado, e que o desenvolvimento econômico é uma questão séria demais para ser deixada para economistas que não o entendem adequadamente. (Woo, 1991, p.99)

Quem se queixava assim era Joel Bernstein, diretor da missão da Usaid na Coréia. O destinatário da lamúria era Walter Rostow, autor do célebre "manifesto não comunista" *As Etapas do Crescimento Econômico*, na época chefe de Planejamento de Políticas (*head of Policy Planning*) no Departamento de Estado. O ano era 1966, e o otimismo, de um lado e outro do Pacífico, com a evolução das operações militares no Vietnã ainda estava intacto.

A Guerra do Vietnã foi para os coreanos o que foi para os japoneses a Guerra da Coréia: uma injeção de adrenalina em ambos os casos. Alguns poucos dados são o bastante para que se tenha uma idéia da dimensão desse efeito. Embora as exportações para o Vietnã fossem pequenas em comparação com aquelas destinadas ao Japão e aos Estados Unidos, sua composição era muito diferente: o Vietnã absorvia 94,29% das exportações coreanas de aço, 51,7% de equipamentos de transporte, 40,77% de máquinas não elétricas e 40,87% em "outros" produtos químicos, o que ajudou a consolidar na indústria coreana setores mais intensivos em capital e de tecnologia mais avançada. No tocante aos setores de construção civil e de serviços, o impacto foi ainda maior: chegando a gerar mais de quarenta milhões de dólares, em 1967, os contratos obtidos durante o conflito no Vietnã tiveram peso determinante na ascensão de vários grupos econômicos, como se deu notadamente com o Hyunday. E não é só isso. A Coréia enviou grande quantidade de técnicos, trabalhadores e mais de trezentos mil soldados. As remessas efetuadas pelo pessoal civil e militar, em 1967, ultrapassaram a marca dos setenta milhões de dólares, perfazendo cerca de 10% do total das receitas externas do país naquele ano (ibidem, p.93-7).

***

Os quatro fatores destacados têm como pano de fundo comum o conflito geopolítico que marcou o mundo ao fim da Segunda Guerra Mundial. A autonomia excepcional do Estado coreano só pode ser entendida no contexto da Guerra Fria e nas condições muito peculiares nas quais ela foi travada naquele território.

Pois o mesmo pode ser dito a respeito de outro aspecto menos conhecido do padrão coreano de desenvolvimento: seu regime característico de relações de trabalho. É o que veremos no próximo tópico.

A outra face do "milagre". Trabalho, coerção e desenvolvimento

Desde o final dos anos 1980, nas raras vezes em que aparecem nas telas de nossas TVs, os trabalhadores coreanos costumam ser encontrados em manifestações de rua, não raro lançados em confrontos com a polícia que chamam a atenção pela agressividade. Embora fugazes, essas imagens sugerem uma idéia sobre esses trabalhadores, suas organizações, seus padrões de ação coletiva. Ao contrário do que se verifica em outros países do leste asiático, os trabalhadores coreanos parecem se expressar por intermédio de um movimento sindical autônomo e forte.

Essa idéia, porém, tem muito de enganosa. E a parte de verdade nela contida corresponde a realidades que emergiram apenas no final do período que nos ocupa agora.

Para a caracterização do regime de relações de trabalho embutido no padrão de desenvolvimento prévio às reformas, mais pertinente é a imagem do trabalhador veiculada nos textos de administradores e economistas como parte da explicação para o sucesso econômico coreano. Essa literatura enfatiza outros atributos, como a dedicação, a industriosidade, a disciplina, a docilidade. A exemplo do que acontece presentemente na China, o crescimento econômico excepcional da Coréia se deve em grande medida, reza o argumento, à qualidade da mão-de-obra e à sua disposição para o trabalho. O trecho transcrito a seguir, comparando o processo de trabalho na indústria eletrônica nos Estados Unidos e na Coréia, é bastante ilustrativo a esse respeito.

> A despeito do maior uso de trabalho, a produtividade por trabalhador parece ser mais alta devido em parte ao aprendizado mais rápido (tem sido repetido que o treinamento de mulheres coreanas toma no mínimo duas semanas menos que o das americanas) mas principalmente à maior disciplina e atenção em toda a linha de montagem. (Ranis, 1973, p.402-3)

Com freqüência, esses estudos oferecem uma interpretação dos referidos atributos em termos de herança cultural: o padrão de comportamento que eles conformam estaria enraizado na tradição confuciana, a qual – com seu culto ao amor filial, sua valorização do respeito devido aos superiores e sua aceitação da desigualdade como parte da ordem natural das coisas – atuaria como poderoso reforço à autoridade empresarial.

Independentemente da avaliação que possamos fazer de tal interpretação, é preciso reconhecer desde logo alguns elementos reais que dão a ela certa dose de plausibilidade.

O primeiro diz respeito à extensão das jornadas de trabalho predominantes na Coréia que estavam entre as maiores do mundo no período considerado.

Tabela 33 – Horas semanais de trabalho na indústria manufatureira – Coréia

Ano	Horas
1970	53,4
1971	52,0
1972	51,7
1973	51,4
1974	49,9
1975	50,5
1976	52,5
1977	52,9
1978	53,0
1979	52,0
1980	53,1
1981	55,7
1982	53,8
1983	54,4
1984	54,3
1985	53,8
1986	54,7
1987	54,0

Fonte: Kim, C., 1994, p.185.

O segundo tem a ver com dados que expressam o custo humano envolvido no trabalho em tal extensão, nas condições de segurança em que ele se efetuava. As estatísticas relativas aos acidentes de trabalho dão uma idéia aproximada do sacrifício incorrido pelos trabalhadores coreanos naquela quadra histórica.

Tabela 34 – Acidentes de trabalho na indústria, 1970-1985

Ano	Número de acidentes	Número de acidentados	Número de óbitos
1970	35.389	37.752	639
1975	79.819	80.570	1.006
1980	112.111	113.375	1.273
1985	140.218	141.809	1.718

Fonte: Koo, 2001, p.55.

O terceiro consiste nas evidências que parecem indicar a conformidade dos trabalhadores coreanos com essa carga de trabalho, que seria certamente vista como excessiva em outros lugares. Indicação eloqüente dessa atitude aquiescente pode ser vista na passagem que citamos a seguir, embora ela seja extraída de um documento de protesto, exatamente contra a extensão abusiva da jornada de trabalho.

> Por favor, deixem-nos trabalhar só doze horas por dia. Somos forçados a trabalhar mais de doze horas por dia. Sabemos que a lei trabalhista prescreve o dia de oito horas, mas considerando a situação da empresa queremos trabalhar até 12 horas. Mas mais de doze horas é simplesmente demais para que suportemos... Por cima de tudo, somos freqüentemente convocados para turno duplo e forçados a trabalhar dezoito horas em dias consecutivos, sofrendo enormes dores físicas e mentais.[6]

Esse dado qualitativo parece ser corroborado pelas estatísticas referentes aos conflitos de trabalho. Apesar da enorme pressão que os trabalhadores coreanos sofriam para cumprir as metas de produção dos estabelecimentos que os empregavam, foi reduzida durante todo o período a ocorrência de greves, sendo curta sua duração média e baixo o número de trabalhadores nelas envolvidos.

Esse dado torna-se mais expressivo ainda quando levamos em conta a brutalidade com que esses trabalhadores freqüentemente eram tratados. O relato que transcrevemos a seguir é apenas um dos muitos depoimentos selecionados pelo autor da obra importante que é um dos suportes desta parte do presente capítulo.

> A jornada de trabalho em Kuje Sangsa ia das 7h50 da manhã às 6h30 da tarde, mas essa é apenas uma regra formal e, freqüentemente, quando ficamos aquém do objetivo da produção, temos que vir trabalhar mais cedo de manhã e ficar mais tempo à tarde. Temos que fazer trabalho noturno de duas a cinco vezes por semana e, durante a principal estação, do outono à primavera, temos que fazer até quinze horários noturnos. A linguagem abusiva e violenta do gerente é incrível... Se precisamos nos ausentar to trabalho um dia por motivo de doença, somos chamados ao escritório e recebemos uma repreensão dura, e até castigo corporal. (ibidem, p.51-2)

Vistos a distância, pois, o trabalhador coreano parecia realizar sua tarefa diligente e conformadamente, apesar do tratamento autoritário que sofria e da carga excessiva que lhe era imposta. A suposição é fácil e confortável. Se agia assim, de forma tão distinta de seus congêneres em outros países – a Argentina, por exemplo –, é que vinha de outra cultura, possuía outra formação, em uma palavra, tinha estofo diverso.

---

[6] Apelo dirigido ao Escritório de Trabalho do governo coreano pelos trabalhadores de uma panificadora em 1976. Apud, Koo, 2001, p.2-3.

Tabela 35 – Conflitos de trabalho

Ano	N. de greves	Trabalhadores envolvidos (milhares)	Jornadas perdidas (milhares)
1960	256	64	
1961	122	16	
1962	0	0	
1963	70	20	
1964	7	1	2
1965	12	4	19
1966	12	31	41
1967	18	3	10
1968	16	18	63
1969	7	30	163
1970	4	1	9
1971	10	1	11
1972	0	0	
1973	0	0	
1974	58	23	17
1975	52	10	14
1976	49	7	17
1977	58	8	8
1978	102	11	13
1979	105	14	16
1980	206	49	61
1981	186	35	31
1982	88	9	12
1983	98	11	9
1984	114	20	20
1985	265	64	64
1986	276	72	72

Fonte: Deyo, 1989, p.60-1.

A cultura, porém, é um aspecto da realidade social dotado de elevado grau de permanência. Ela se transforma, por certo, mas em ritmo lento, sempre em descompasso com os movimentos às vezes bastante rápidos da conjuntura econômica e política. O legado cultural não pode explicar a docilidade suposta do trabalhador coreano e, no momento seguinte, sua combatividade.

Mais sólidos parecem os argumentos que buscam explicar a maleabilidade do trabalhador no processo de industrialização coreano com base nas condições objetivas do mercado de trabalho. Aqui, duas observações são decisivas. Primeiro, ao contrário do que ocorreu na Argentina, a indústria coreana contou durante muito tempo com uma reserva abundante de mão-de-obra, disposta, por falta de alternativa, a trabalhar em troca de remunerações baixas. Essa condição parece ter se alterado no começo dos anos 1970, fato que explicaria, segundo alguns analistas, a emergência de tensões crescentes no mundo do trabalho, com implicações políticas de monta (cf. Im, 1987). Os dados reunidos na Tabela 36 dão uma boa idéia desse processo.

Tabela 36 – Distribuição setorial dos trabalhadores assalariados (em milhares)

	1963	1970	1975	1980	1985	Taxa de variação: 1985/63
Agricultura	725 (30,0)	743 19,6)	677 (14,1)	551 (8,3)	447 (5,4)	0,6
Manufatura	417 (17,3)	995 (26,3)	1.782 (37,1)	2475 (38,2)	3.146 (38,9)	7,5
Serviços e Comércio	1.272 (52,7)	2.049 (54,1)	2.344 (48,8)	3.459 (53,3)	4.507 (55,7)	3,5
Total	2.414 (100)	3.787 (100)	4.803 (100)	6.485 (100)	8.090 (100)	3,4

Fonte: National Statistical Office, Annual Report on the Economically Active Population, 1972, 1985. Apud Koo, 2001, p.35.

A segunda observação refere-se à evolução dos salários na indústria coreana. Com taxas reduzidas, senão negativas, de crescimento no início dos anos 1960, eles dão um salto na segunda metade da década, quando as exportações industriais passam a liderar o crescimento da economia. Embora significativos, porém, os incrementos salariais permanecem abaixo dos ganhos de produtividade. Assistimos, assim, na Coréia à operação do círculo virtuoso que faz o sonho de tantos economistas: elevando a lucratividade das empresas, o aumento da produtividade impulsiona o processo de acumulação ao mesmo tempo que propicia melhoras sensíveis na remuneração do trabalho. Esta a outra ponta do argumento: o trabalhador coreano não obedece por ter sido educado para fazer isso, mas pelos incentivos que recebe.

Ainda que uma explicação desse tipo soe mais convincente, há uma dificuldade envolvida nela. O problema está na relação endógena existente entre o fenômeno em causa (a dedicação obediente do trabalhador) e as variáveis chamadas a explicá-lo. Com efeito, a produtividade é em boa medida resultante da disposição e da regularidade com que o trabalho é efetuado. Sendo o aumento da produtividade o fator que possibilita os ganhos "saudáveis" de salários, andamos em círculo quando apontamos esses ganhos como razão para o comportamento observado no processo de trabalho.

Tabela 37 – Taxa de incremento dos salários reais e da produtividade na indústria manufatureira, 1962-1979 (%)

Ano	Salários reais	Produtividade
1962	−1,2	2,4
1963	−7,9	10,0
1964	−6,5	8,8
1965	0,8	17,5
1966	10,9	4,0
1967	10,9	17,7
1968	14,1	19,9
1969	19,3	26,5
1970	9,3	12,6
1971	2,4	9,7
1972	2,1	8,7
1973	14,3	8,8
1974	8,8	11,4
1975	1,5	11,6
1976	16,8	7,5
1977	21,5	10,4
1978	17,4	12,0
1979	8,7	15,8

Fonte: Choi, 1989, p.299.

Para escapar desse defeito, precisamos introduzir outros elementos na análise, e um dos que mais chamam a atenção, imediatamente, é a segmentação do mercado de trabalho. Sabemos da importância atribuída a essa dimensão na literatura especializada: a desigualdade nas condições de contratação cria divisões muitas vezes profundas entre os trabalhadores, dificultando a comunicação e a emergência de laços de solidariedade essenciais à ação de classe. No caso coreano, dois cortes são especialmente relevantes neste particular. O primeiro é o que separa as indústrias leves – compostas em geral por empresas menores e mais frágeis – e as indústrias pesadas – nas quais os estabelecimentos têm grande dimensão e predominam os *chaebols*; o outro é o que divide a força de trabalho por gêneros. Como os números constantes da Tabela 38 indicam, há uma forte superposição entre esses dois planos: é nas indústrias leves, de papel decisivo na dinâmica exportadora da economia coreana, que se concentra a mão-de-obra feminina, e é nela que se verificam no período as condições mais opressivas de trabalho.

De acordo com Hagen Koo, a maioria absoluta dessas trabalhadoras eram solteiras, pouco qualificadas, e muito jovens – em 1966, quase 90%

Tabela 38 – Participação de mulheres empregadas na produção em segmentos selecionados das indústrias leves (1980) e no conjunto da indústria (1978)

Têxteis	69
Confecções e calçados	78
Plásticos	57
Aparelhos elétricos	56
Equipamentos profissionais e científicos	49
Indústria	49,6

Fontes: Deyo, 1989, p.184 (indústrias leves), e Koo, 2001, p.36 (total da indústria).

das mulheres empregadas na produção fabril tinham menos de 29 anos, e não chegava aos vinte a idade de metade delas. As longas horas de trabalho desencorajavam as mulheres casadas, e contra elas pesava um tratamento fortemente discriminatório, pois os empregadores preferiam tipicamente trabalhadoras novas e mais dóceis àquelas mais experientes e dotadas de recursos próprios. Assim, conclui o autor, "... as operárias constituíam um grupo muito homogêneo, caracterizado por sua origem predominantemente rural, juventude, *status* simples, baixo nível educacional e em geral o pesado encargo de sustentar a família" (Koo, 2001, p.36).

É muito provável que as informações impressionistas que alimentavam a imagem de docilidade do trabalhador coreano viessem desse universo. Mas é irônico que nele tenham surgido também as primeiras manifestações de rebeldia que dariam substância, algum tempo depois, à imagem oposta.

O marco tragicamente simbólico do movimento de resistência operária que eclodiu no início dos anos 1970 foi a auto-imolação de um jovem. Impotente diante da violência empregada pela policia para dissolver a manifestação que fazia com um punhado de colegas de uma pequena fábrica de confecções, na zona oeste de Seul, Chun Tae Il – tal o seu nome – ateou fogo às vestes. "Não somos máquinas", "Deixem-nos descansar aos domingos", "Respeitem o Código do Trabalho". Devemos prestar atenção às palavras que ele gritava enquanto as chamas lambiam-lhe o corpo porque sua combinação nos dá a chave para entender o segredo desse regime de relações de trabalho.[7] Quando nos debruçamos sobre ele, somos levados a recuar no tempo e a reconsiderar as políticas que o governo de ocupação militar dos Estados Unidos pôs em prática na Coréia.

***

---

[7] O sacrifício de Chum Tae Il é uma referência obrigatória nos estudos sobre as relações de trabalho na Coréia. Não foi um gesto isolado: como observa Hagen Koo, a auto-imolação transformou-se em tema recorrente nas lutas sociais na Coréia nas décadas de 1970 e 1980. Na obra já referida, o autor faz um relato pungente do episódio.

Tendo em vista os elementos de informação avançados no tópico anterior, podemos tratar o tema de forma relativamente sumária. O ponto de partida obrigatório da exposição que devemos fazer aqui é o quadro econômico caótico produzido pela notícia da capitulação japonesa, em agosto de 1945. Como os grupos nipônicos detinham o controle do sistema de transporte e comunicações, bem como da esmagadora maioria das empresas industriais na Coréia, a debandada de seus funcionários criou um vazio que levou a economia à beira do colapso. Gregory Henderson, diplomata norte-americano que é o autor de uma obra clássica sobre o período, nos dá uma descrição vívida desse impacto.

> A partida de setecentos mil civis japoneses excluiu quase toda a capacidade técnica e habilidades gerenciais do país e seus recursos industriais. Quase 90% da propriedade industrial e grande parte da propriedade urbana real da Coréia ficaram repentinamente sem dono e abandonadas e, como propriedade do inimigo, passaram ao controle do Governo Militar Norte-Americano. As tropas norte-americanas não sabiam nada de economia, nem estavam equipadas para operá-la. Não existia nenhuma organização coreana que pudesse mesmo começar a lidar com o problema. Forças de trabalho se pulverizaram e começaram a viver canibalizando suas fábricas. A Companhia Samhwa de Minas de Ferro foi desmantelada pelos trabalhadores e por vândalos, e diversos de seus fornos foram deixados esfriar com sua carga de metais fundidos ... Estradas de ferro completadas em 90% foram abandonadas, apenas uma acaba de ser terminada ... Até 1947 não houve um inventário básico da propriedade industrial e outras: nenhum levantamento para servir de base para a reabilitação tinha sido completado no encerramento da ocupação. (Henderson, 1968, p.137-8)

Essa, porém, é somente uma parte da história. Como a vida social abomina o vácuo, formas mais ou menos espontâneas de organização tendem a emergir para eliminá-lo. Vimos como isso aconteceu no domínio da segurança e da administração pública com a multiplicação por todo país dos comitês populares. Embora em menor escala, algo parecido se deu no plano da produção, com a formação de Comitês de Trabalhadores que passaram em muitos casos a gerir os estabelecimentos por conta própria. É o que Bruce Cumings relata no trecho que se segue.

> Logo depois do 12 de agosto, sindicatos de trabalhadores (*nadong chohap*) foram organizados nas fábricas e locais de trabalho por toda a Coréia. Muitos deles tiveram sucesso na tomada das fábricas de seus donos japoneses e coreanos. Em alguns casos, os membros do *chophap* dirigiam de fato as fábricas, enquanto em outros solicitavam propostas de gerentes potenciais e contratavam aqueles com a competência necessária. Um oficial norte-americano que mais tarde teve acesso aos registros do Departamento de Trabalho disse que "praticamente todas as maiores fábricas" foram tomadas dessa maneira. ... Onde os sindicatos não conseguiram de fato tomar os locais de trabalho, às vezes entravam em greve e em operações tartaruga..." (Cumings, 2002, p.77)

Frutos de iniciativas dispersas, esses comitês não obedeciam a nenhum comando, nem contavam a princípio com nenhum mecanismo para assegurar a coordenação de suas atividades. Essa situação, no entanto, não perdurou muito. No final do ano, representantes deles reuniam-se em Seul para criar um organismo que lhes desse unidade. Foi assim que surgiu o Conselho Nacional dos Sindicatos de Trabalhadores Coreanos, mais conhecido como *Chônpyông*, seu título no original abreviado. Com um corpo executivo de dez membros, todos eles egressos de prisões japonesas onde se encontravam por delitos políticos, essa entidade declarava formalmente seu apoio à República Popular da Coréia, e proclamava contar com mais de 570 mil afiliados.

Aos olhos da autoridade militar norte-americana, esse movimento operário nascente – liderado por ativistas de esquerda e dotado de forte conteúdo nacional – surgia como uma clara ameaça. Para vencê-la e "normalizar" a situação no campo das relações de trabalho, recorreu a uma série de expedientes.

Um deles foi o estabelecimento de regras jurídicas incompatíveis com a natureza e a forma de atuação dos corpos estranhos que desejava eliminar. Como a que tornava obrigatória a arbitragem em casos de conflitos de trabalho, a que assegurava a "todos os indivíduos" "o direito ... de aceitar emprego e de trabalhar sem ser molestado" (institucionalizando, assim, a figura do "fura-greve"), ou a que proibia as greves e criava a Junta Nacional de Mediação do Trabalho (ibidem, p.199-200). Talvez mais importante ainda tenha sido o dispositivo legal que restringia o direito de negociar aos sindicatos reconhecidos pelo governo e condicionava o reconhecimento ao registro prévio do sindicato (cf. Ogle, 1990, p.9).

O segundo expediente usado foi a designação de antigos funcionários coreanos dos grupos econômicos japoneses como administradores das empresas que estes controlavam – algum tempo depois, muitos deles seriam beneficiados pelo processo de privatização dessas empresas e se converteriam em proprietários.

Outro meio largamente empregado foi o estímulo à criação de sindicatos concorrentes nas empresas e o apoio dado a estes pela ação da Polícia Nacional e pela carta branca concedida aos grupos de extrema direita – que recrutavam jovens desgarrados e delinqüentes aos milhares – para o uso que faziam da violência metódica.[8]

---

[8] Vindo de fonte insuspeita, o relato a seguir nos dá uma idéia mais precisa sobre esses grupos. "USAMGIK (governo militar dos Estados Unidos na Coréia) itself was not immune to the fever. About middle of 1946, it set about secretly to form a national youth association backed by some five million dollars in official funds, American Army equipment, and an American lieutenant colonel as training advisor. As head, Military Government selected "General" Yi Pŏm-sôk, former commander of the Second Branch Unit of the Korean restoration Army in China. His selection was probably based on the fact that, in China,

O ponto culminante nesse confronto foi a greve geral de outubro de 1946. Desencadeado por uma manifestação de ferroviários em greve na cidade de Pusan, reprimida com extrema brutalidade, o movimento rapidamente se propagou pelas cidades vizinhas, e em poucos dias tinha tomado conta de todo o sul da Coréia.

A velocidade da mobilização e sua amplitude não foram, porém, os únicos traços distintivos do Movimento de Outubro nem os mais chocantes para a sensibilidade dos militares norte-americanos por ele desafiados. À medida que se disseminava, a rebeldia ganhava outras camadas da população para se transformar, enfim, em uma típica revolta camponesa – com todos os ingredientes de que esse fenômeno usualmente vem acompanhado: explosão de ódios longamente acumulados; violência dirigida contra tipos sociais bem definidos, com intensidade ilimitada e requintes de crueldade. Quando as tropas norte-americanas conseguiram suprimir os últimos focos de resistência, no final do ano, o balanço que se podia fazer do conflito era espantoso: mais de mil mortes, das quais duzentos de policiais e mais de trinta mil detenções – entre as quais cerca de doze mil de trabalhadores ligados aos sindicatos independentes, segundo o *Chônpyông*, seu órgão central (cf. Cumings, 2002, p.379).

Bruce Cumings estuda este movimento com enorme cuidado. Dois aspectos ressaltam em sua análise: 1) a forte correlação entre as áreas sublevadas e aquelas onde ocorreram movimentos abertos de resistência ao colonizador japonês no passado; 2) o efeito catastrófico exercido sobre as condições de vida de camponeses e trabalhadores urbanos pela reforma efetuada pelas autoridades norte-americanas no sistema de produção e distribuição do arroz, com a adoção neste setor – sujeito antes a regulação estrita – do princípio do livre mercado. Mas não vamos nos deter neles. De nossa perspectiva, o importante é a interpretação do autor sobre o significado do movimento para os grupos sociais que dele participaram.

> A maior perda para os camponeses coreanos depois do levante foi o fim efetivo dos órgãos locais que defendiam seus interesses. O dobre dos sinos pela morte da maioria dos comitês e sindicatos camponeses da maioria foi ouvido em todo o sul da Coréia. Os líderes da maioria das organizações importantes da esquerda nos níveis nacional e local acabaram mortos, presos, cassados ou na clandestinidade. Milhares de seus seguidores abandonaram a política ou se radicalizaram. Para os camponeses, a simples racionalidade aconselhava a volta ao cultivar passivo. (ibidem, p.381)

---

he had worked actively with American intelligence. ... He placed the Wuwông training center under the spiritual leadership of Dr. An Ho-sang, a graduate of Jena during the Nazi era, a student of Hegel, and an open admirer of Hitler's Jugend. Anti-communist political indoctrination was part of its training. By July 1947, some 70,000 had received training, and the objective by the end of that year was 100,000" (Henderson, 1968, p.141).

O que Cumings diz a respeito dos camponeses vale também para os trabalhadores assalariados. Com suas lideranças batidas, perseguidas, permanentemente sujeitas à violência da polícia e de suas extensões na sociedade, os sindicatos independentes foram rapidamente suprimidos, deixando em seu lugar um grande vazio, ocupado aqui e ali por organizações domesticadas, que funcionavam como representantes do poder patronal na empresa e linhas auxiliares do partido oficial. Congregadas na Federação geral dos Sindicatos Coreanos (*No chong*), essas organizações acabaram por ser integradas formalmente, como uma de suas cinco organizações sociais, nas estruturas do Partido Liberal, que dava sustentação ao regime autoritário de Syngman Ree (cf. Ogle, 1990, p.12).

A Coréia não foi o único país em que as forças americanas de ocupação tiveram que lidar com os problemas colocados pela mobilização explosiva dos trabalhadores no imediato pós-guerra. Fenômeno da mesma ordem ocorreu na Alemanha e no Japão, mas nas circunstâncias muito distintas desses países as soluções encontradas foram outras. No caso alemão, a incorporação dos sindicatos se deu pelo restabelecimento de seus laços com o Partido Social Democrata e sua integração em um sistema de relações de trabalho que tinha raízes na Constituição de 1923, que vigorou durante a República de Weimar. No Japão, o sindicalismo de classe foi batido mediante uma combinação bem dosada de repressão e cooptação política. O resultado dela foi o pacto que consagrou o modelo de sindicatos por empresas, de um lado, e, de outro, um conjunto de direitos sociais, entre os quais a promoção por tempo de trabalho e a estabilidade no emprego, reservados, porém, aos trabalhadores "permanentes", em um mercado de trabalho fortemente segmentado (cf. Armstrong, Glyn, Harrison, 1984).[9] Na Coréia, o que prevaleceu foi a repressão, a desmobilização pura e simples dos trabalhadores assalariados. A Tabela 40, elaborada por Jang Jip Choi, põe em evidência essa diferença.

Tabela 40 – Crescimento dos sindicatos na Coréia e no Japão de 1945-1948

	Coréia		Japão	
	N. de sindicatos	N. de sindicalizados	N. de sindicatos	N. de sindicalizados
Nov. 1945	1.194 (*Chônpyông*)		75	68.530
Dez. 1945	1.980 (*Chônpyông*)	553.408	509	385.677
Set. 1947	13 (*Chônpyông*) 221 (*No chong*)	2.465 (*Chônpyông*) 39.786 (*No chong*)	23.333	5.692.179

Fonte: Choi, 1989, p.200.

---

[9] Uma análise em profundidade desse processo no Japão pode ser encontrada em Halliday, 1975, p.205-34.

No entanto, a desorganização do sindicalismo independente não era a única face da política do governo militar dos Estados Unidos na Coréia para a questão do trabalho. Terminada a guerra, o dono da vitória era um Estado que conhecera pouco tempo antes uma crise econômica e social sem precedentes e que dela saíra adotando um conjunto de políticas inovadoras, que reservavam papel proeminente às políticas sociais. Como os trabalhos de Charles S. Maier, Ruggie, Ikenberry e outros demonstram, o impulso dominante na política externa dos Estados Unidos para a reconstrução da Europa consistiu na tentativa de exportar a fórmula testada no New Deal, apresentando a "política de produtividade" como solução dos problemas que tinham conduzido à guerra e via de acesso a um modelo de crescimento econômico democrático (cf. Maier, 1978; Ruggie, 1998; Ikenberry, 1993).

Esse ensaio de "exportação" era mais plausível para a Europa, dadas as similitudes estruturais entre as sociedades concernidas. Na Coréia – como em outros países da periferia – a aplicação do modelo era mais complicada, pois as peças que deveriam ser redispostas de acordo com ele muitas vezes não estavam disponíveis. Ainda assim, aquele impulso se fez sentir. Com efeito, assessorado por especialistas em relações de trabalho cuja carreira profissional fora construída durante o *New Deal*, o governo militar norte-americano voltava-se sistematicamente para essa experiência em busca de fórmulas para lidar com os problemas que enfrentava. Isso transparece na legislação sobre a matéria produzida no período da ocupação – e sob o governo coreano que a seguiu. Já fizemos alusão a algumas dessas fórmulas, quando nos referimos atrás aos tribunais de arbitragem. A presença delas é muito mais ampla e sistemática na Constituição de 1948, e nos três diplomas legais promulgados já no final da guerra civil: a Lei Sindical, a Lei de Padrões de Trabalho e a Lei de Arbitragem de Conflitos de Trabalho. Além de consagrar os três direitos básicos do trabalhador em sua forma canônica: liberdade de associação, negociação e greve, a Lei Sindical de 1953 replicava a legislação do *New Deal* ao listar as maneiras pelas quais o empregador poderia cercear na prática a realização dos direitos. Jang Jip Choi observa que essa lei inspira-se no *Wagner Act*, de 1935, e não é o único a fazer esse comentário. Mas é dele também a observação de que durante o regime de Rhee ela era meramente decorativa (Choi, 1989, p.85).

Isso não quer dizer que esses textos legais fossem irrelevantes. "Os padrões de trabalho – diz um especialista – eram tão altos que, se todas as condições estipuladas no estatuto fossem observadas por um empregador, ele seria incapaz de gerir o seu negócio. Como conseqüência – continua ele – a delinqüência tornou-se lugar comum na aplicação da lei do trabalho: o empresário tornou-se um infrator, o líder sindical tornou-se um 'capacho' (*sweetheart*) que não exerceria os seus direitos garantidos em lei, o funcionário do governo tornou-se culpado de negligência deliberada na execução da lei" (Kim, S., 1994, p.628). Para propósitos da análise desenvolvida aqui, é indiferente saber se é correto ou não o juízo embutido na primeira frase do trecho citado. O importante nele não é a explicação sugerida, mas a constatação do fato: o sistema de trabalho em vigor na Coréia no período que estamos considerando é marcado por esse descompasso abismal entre a norma estabelecida em lei e as práticas realmente adotadas pelas empresas para disciplinar os trabalhadores e deles extrair o máximo de energia no cumprimento de suas tarefas.

A tomada de consciência desse hiato é constitutiva da experiência do movimento operário coreano que vai ganhar forma no início da década de 1970. É sobre esse hiato que se exercerá o didatismo dos ativistas católicos e protestantes, de enorme importância na fase formativa desse movimento. É a consciência dele que se expressa nas palavras de Chung Tae Il, cuja revolta não foi despertada pela leitura de textos de doutrina ou agitação anticapitalista, mas do contato com as leis que supostamente estariam em vigor em sua terra.

Mas entre uma coisa e outra – os princípios gerais de direito e as práticas cotidianas na gestão do trabalho – há uma série de mediações (normas legais "inferiores", regras e procedimentos administrativos, formas organizacionais), e estas variaram ao longo do tempo, em consonância com as mudanças que marcaram a vida política coreana no período considerado. Foram muitas, mas as mais importantes podem ser brevemente indicadas: a derrubada do regime de Rhee, pela revolta estudantil de abril de 1960; o golpe militar de 16 de maio de 1961, que pôs o poder nas mãos do Conselho Supremo de Reconstrução Nacional, sob a liderança de Park Chung Hee; a emenda constitucional de dezembro de 1962, que restabeleceu as associações civis e políticas dissolvidas depois do golpe e abriu caminho para a eleição presidencial na qual Park conquistou uma vitória apertada; a Lei Provisória Excepcional sobre Sindicatos e a Resolução de Conflitos em Empresas Estrangeiras, de 1969; a Lei de Segurança Nacional, de dezembro de 1971; o Decreto Presidencial de Emergência para a Estabilidade e o Crescimento Econômico, de agosto de 1972, depois da terceira eleição de Park, e dois meses mais tarde a nova Constituição Yushin (Revitalização), que removia as restrições à reeleição do presidente e aumentava ainda mais os poderes que ele enfeixava. Com a Constituição de 1972, rompem-se os tênues fios que ainda ligavam o regime coreano ao modelo político liberal-democrático.

Essas mudanças afetaram a organização sindical e, em termos mais gerais, o sistema de relações de trabalho, como já dito. No entanto, alguns elementos centrais desse sistema atravessaram todo o período. Entre eles, caberia destacar:

1) ausência de sindicatos ou controle dos sindicatos existentes pelos dirigentes das empresas. Essa característica já podia ser entrevista nos

dados da Tabela 40, que mostram a drástica redução no número de sindicatos e de sindicalizados no final do governo de Ocupação. Nos anos seguintes, a situação não se alterou muito. Os poucos sindicatos existentes eram organizados por empresas e foram mantidos por muito tempo sob controle destas. Na década de 1970, a resistência dos trabalhadores levaria à constituição de alguns sindicatos independentes, e é um tributo a Chung Tae Il o fato de que o primeiro e mais importante entre eles tenha sido o Sindicato Têxtil de Chunggyee, que representou durante cerca de dez anos – até sua extinção legal no regime ultra-repressivo de Chun Doo Wan – mais de vinte mil trabalhadores do Mercado de Pyunghwa, local onde Chung Tae Il trabalhava e onde realizou o seu sacrifício. No decorrer do tempo outros sindicatos independentes surgiram, alguns evoluindo para essa situação com base em organizações antes controladas pelas empresas, outros sendo criados como tais, mediante lutas travadas em empresas em que nenhuma organização prévia existia. Mas a maioria dos sindicatos continuava em situação de heteronomia (cf. Choi, 1989, p.115 ss.).

2) Controle mais ou menos direto do processo de seleção de dirigentes sindicais de segundo e terceiro nível pelos órgãos estatais competentes. A forma em que esse controle foi exercido variou: de 1963 até o final da década, ele se fazia indiretamente, pela manipulação das condições que levavam à vitória desse ou daquele dos pretendentes aos postos. Sob a constituição Yushin, o governo passou a exercer um controle mais rígido sobre a designação dos dirigentes sindicais. "Em termos gerais, quanto mais alto o nível do posto na hierarquia oficial do sindicato, maior o controle da agência de inteligência do Estado sobre os líderes sindicais que o ocupam" (ibidem, p.155).

3) Uso do aparelho repressivo como eixo do sistema de controle dos sindicatos. No Brasil e em vários países em que prevaleceu o "corporativismo estatal", as atividades sindicais foram controladas mais ou menos estritamente por órgãos administrativos especializados. No caso brasileiro, esse órgão foi sempre o Ministério do Trabalho. O que diferencia a Coréia – tanto de países como o Brasil quanto de outros como o México, onde os sindicatos foram integrados no partido político oficial – é a atribuição do papel de supervisão e controle à polícia política – a famigerada Agência Central Coreana de Inteligência, criada em 1962 segundo o modelo da CIA. Nas palavras de Choi,

> Na Coréia, o tipo de incorporação do trabalho aproxima a forma de incorporação pelo Estado, é claro. Mas nas circunstâncias reais, o tipo específico de incorporação pelo Estado e o nível de cooptação dos líderes sindicais é um resultado de

condições estruturais e conjunturais específicas. Na Coréia, vale observar duas características. Primeiro, o trabalho organizado foi incorporado na máquina de Estado mais elaborada e poderosa, a KCIA... A segunda característica é o pequeno alcance da cooptação dos líderes sindicais. Um elemento-chave na implementação do sistema controlado pelo Estado é o "quadro organizador", promovido pela agência de inteligência, e que se tornará a chave da estrutura sindical colaboracionista. (ibidem, p.204)

No topo das aludidas circunstâncias encontram-se, certamente, as feridas deixadas pela guerra civil, a crispação permanente criada pela divisão da nação coreana em dois Estados inimigos, o sentido agudo de ameaça e – em parte como resultado disso – a exacerbação da ideologia anticomunista.

4) Em plano mais geral, a centralidade do Estado na gestão das relações de trabalho. O papel desempenhado pelo Estado nessa esfera durante o período em questão foi tão grande que, no dizer de um especialista, na Coréia não se deveria falar em relações capital-trabalho, mas governo-trabalho ("o que existiu na Coréia foram relações trabalho-governo mais do que relações trabalho-gerência"(Kim, S., 1994, p.628)). A manifestação extrema desse padrão foi o Saemaul Undong (Movimento Nova Comunidade), esforço concentrado pela mobilização das energias dos trabalhadores por meio de uma campanha de produtividade que fez uso generalizado de técnicas sociais desenvolvidas no Japão, como o "defeito zero", o *just in time*, e os "círculos de qualidade". A diferença é que em seu local de origem, e em todos os demais centros do mundo para os quais elas seriam exportadas anos mais tarde, essas técnicas foram aplicadas pelas empresas. Na Coréia, ao contrário, elas foram disseminadas por um movimento nacional organizado pelo Estado, que formava equipes, encarregava-se de assegurar os necessários incentivos materiais por meio de suas políticas estatutárias de salários e – numa sociedade onde a cultura tradicional desvalorizava fortemente o trabalho manual – cuidava de levantar a auto-estima dos trabalhadores qualificando-os de "guerreiros" (cf. Choi, 1989, p.173-92).

Esta última observação nos remete de volta à dimensão simbólica e ao argumento sobre o peso da cultura nas disposições do trabalhador coreano. O elemento cultural é importante, mas ele não opera da maneira suposta por aqueles analistas. A cultura não é um dado que constrange e molda espontaneamente o comportamento dos agentes. Ela deve ser vista, antes de tudo, como um repertório que esses agentes mobilizam seletivamente para lidar com os problemas que enfrentam. Como os referidos agentes não fazem isso na solidão de suas individualidades, mas nos coletivos reais que eles constituem, e como entre esses coletivos as relações são marcadamente assimétricas, a apropriação dos recursos culturais para a elaboração de planos de ação e de vida é sempre objeto de acirrada disputa.

> Devemos fazer uma distinção cuidadosa entre dois fenômenos, a antiga influência da cultura tradicional... e a cultura política contemporânea que regenera a cultura tradicional como resultado de políticas. Essa cultura tradicional é virtualmente reproduzida pela política deliberada do Estado: as elites do Estado selecionam normas e valores culturais particulares e doutrinam o povão a fim de consolidar o regime autoritário. (ibidem, p.194)

O foco deste comentário era a importância da tradição cultural coreana na formação do Estado burocrático-autoritário coreano, mas ele se aplica perfeitamente ao tema que nos ocupou nesta parte do estudo.

O CONTEXTO DAS REFORMAS NA CORÉIA

Uma nova era

25 de fevereiro de 1993: "Estamos reunidos aqui hoje para abrir uma era civil e democrática." Começava com essa declaração o discurso proferido por King Young Sam, na cerimônia de sua posse como presidente da República.

Ele era o primeiro civil a ocupar esse cargo desde o golpe militar de 1961, que pôs fim ao breve interregno democrático aberto pela revolução estudantil de abril de 1960. Jovem parlamentar que se destacara na crítica ao regime de Syngman Rhee, Kim Young Sam converteu-se mais tarde em um dos principais representantes da oposição aos governos militares de Park Chung Hee e Chun Doo Hwan. Foi nessa condição que disputou a eleição para a Presidência da República em 1987, no início da abertura política coreana. Concorriam com ele Kim Dae Jung, seu grande rival na liderança do Novo Partido Democrático, e o braço direito do ditador Chun, o general Roh Tae Woo, que acabou se elegendo. Agora, cinco anos depois, Kim Young Sam obtinha a vitória contra Kim Dae Jung, à frente de um partido que unia antigos opositores e os políticos ligados ao regime passado.

Muitos o chamaram de traidor por esse acordo. Não importa. Os tempos eram de mudança, e ele prometia ao público um governo de reformas. A "nova Coréia" projetada por ele seria uma sociedade mais livre e mais maduramente democrática. Mas não apenas isso: seria dotada também de uma "nova economia", na qual o governo garantiria "a autonomia e a concorrência em vez de regulações e proteção ao setor econômico". Essa a receita para a economia coreana recobrar sua vitalidade (cf. Oh, 1999, p.130).

No mês seguinte, o novo governo divulgava o Plano de Cem Dias, um pacote de medidas tópicas para atacar os problemas de curto prazo que vinham afligindo a economia nos últimos dois anos: queda na taxa de crescimento, aumento da inflação, intensificação dos conflitos de trabalho. A mudança de rumo da política econômica, porém, ganhou contornos mais nítidos algum tempo depois, com o Novo Plano de Desenvolvimento, anunciado em julho de 1993. Resultado do trabalho de revisão do Sétimo Plano Qüinqüenal de Desenvolvimento, que veio à luz no final do governo anterior, esse documento programático previa mudanças nos mecanismos de regulação da oferta monetária e no provimento de crédito aos grandes grupos econômicos e às pequenas e médias empresas; previa ainda, entre outras medidas, a liberalização do mercado de capitais e de seguros e modificações no sistema tributário com vistas a aumentar a arrecadação do governo e diminuir desigualdades entre grupos de renda. Prevendo a manutenção das altas taxas de crescimento econômico alcançadas em passado próximo, o Plano estabelecia como objetivos gerais para a ação do governo na área a "melhoria das condições de vida da população", "a liberalização econômica", a consolidação da democracia e a integração da Coréia na economia globalizada. A idéia de ruptura com o padrão pregresso de organização socioeconômica fica bem clara nessas passagens.

> O motor do crescimento econômico adotado pelos regimes anteriores não pode mais contribuir para o crescimento contínuo no novo ambiente democrático na Coréia e na cena econômica internacional em rápida mudança...
> O ano de 1993 será um ponto de inflexão fundamental, marcando uma mudança do mecanismo de desenvolvimento sob um regime dirigido pelo governo na direção de um novo mecanismo sob a democracia. A mudança fundamental vai requerer reformas institucionais em muitos campos, incluindo reformas nas áreas administrativa, fiscal e financeira, com o objetivo de reduzir o controle governamental sobre as atividades econômicas privadas. (Kong, 2000, p.146)

Parece estranho à primeira vista que um político de centro, eleito com o apoio decidido das forças que governaram a Coréia durante décadas, assumisse o governo prometendo afastar-se tão radicalmente do modelo econômico sob cuja vigência seu país se convertera em exemplo para o mundo de sucesso quase inigualável.

Com efeito, em que pesem as dificuldades antes aludidas, o balanço que se podia fazer da trajetória da economia coreana até então era impressionante. Iniciada sob o signo tormentoso da crise da dívida externa, a década precedente – "década perdida" para a América Latina, e até certo ponto para a Turquia também – representou um tempo de consagração para a Coréia. Tendo recorrido amplamente ao crédito externo para financiar o seu plano de implantação da indústria química e pesada, a Coréia foi duramente atingida pela brusca mudança nas condições de operação do sistema financeiro internacional verificada em 1979. Quarto maior devedor entre os países em desenvolvimento – superada apenas pelo México, o Brasil e a Argentina, nessa ordem – a Coréia viu-se repentinamente lançada em uma recessão profunda, expressa na taxa de –4,8% de crescimento que obteve em 1980. Mas o ajuste, um longo e penoso processo para os países latino-americanos, ocorreu na Coréia em velocidade estonteante: já em 1981 ela voltava a crescer cerca de 6% ao ano.

Esse resultado foi obtido pela combinação de um programa de equilíbrio de contas rigoroso e da plena utilização da capacidade exportadora do país. No entanto, essa é apenas uma parte da história. A outra é que, enquanto os países latino-americanos se viam tragados pela ciranda da renegociação da dívida, que os obrigava fazer vultosas remessas líquidas de capital e a aceitar as condicionalidades cruzadas das instituições financeiras internacionais, as portas do financiamento externo continuavam abertas para a Coréia. Vamos voltar ao tema mais adiante. Por ora, o que importa é registrar esse fato em estado bruto: a economia coreana recupera seu dinamismo de um ano para outro, e cresce na década de 1980 como nos melhores momentos do passado.

Tabela 41 – Indicadores selecionados de crescimento da economia coreana 1985-1992

Ano	Renda *per capita*	RNB (%)	Inflação	Desemprego
1985	2.242	5,4	4,1	4,0
1986	2.568	12,3	2,7	3,8
1987	3.218	12,8	3,7	3,1
1988	4.295	12,4	5,9	2,5
1989	5.210	6,9	5,3	2,6
1990	5.883	9,6	9,9	2,4
1991	6.757	9,1	10,8	2,3
1992	7.007	5,0	7,7	2,4

Fonte: Song, 2003. p.84-5.

Entretanto, não se tratava apenas de expansão quantitativa. Contornados os problemas de superprodução, amadurecidos os projetos deslanchados na vigência do plano de desenvolvimento da indústria química e pesada, a economia coreana ingressava em uma nova etapa caracterizada pela ponderação cada vez maior dos setores intensivos em capital e em conhecimento. A expressão mais emblemática dessa mudança talvez seja a indústria automobilística. Não só pelo peso que veio a adquirir, como também pelo fato de ter sido implantado na Coréia por grupos de capital nacional – malgrado as elevadas barreiras à entrada que são um traço distintivo dessa indústria – e pelo esforço precoce e bem-sucedido que esses grupos fizeram para conquistar espaços no mercado internacional. Kia, Daweoo, Hyundai... essas marcas se tornariam mundialmente conhecidas, feito que nenhum outro país em desenvolvimento conseguiu replicar. A trajetória exportadora da indústria automobilística, porém, não constitui um fato isolado. A mudança no perfil da indústria foi acompanhada da alteração correspondente na pauta de exportações do país, pela qual passaram a ter peso crescente os produtos de alto valor agregado.

Houve variações significativas nas estratégias adotadas pelos diferentes grupos econômicos envolvidos – um deles, o Hyundai, demonstrou empenho bem maior que o dos outros em preservar a autonomia empresarial e em criar capacidade tecnológica própria –, mas de maneira geral a indústria automobilística coreana foi muito dependente de tecnologia importada (cf. Havenhill, 2003). Aliás, de acordo com os críticos, essa seria uma característica genérica do modelo estatista de desenvolvimento coreano e uma das fontes mais importantes de sua vulnerabilidade. Essa crítica, contudo, deve ser vista com alguma reserva, pois qualquer avaliação sobre a matéria tem que ser relativa. Se a Coréia pudesse exibir o grau de autonomia tecnológica dos Estados Unidos, da Alemanha ou mesmo do Japão, ela seria uma economia capitalista desenvolvida, e a discussão sobre o referido modelo não teria nenhum sentido. A referência comparativa mais relevante são os países que enfrentaram problemas similares aos seus, e nesse confronto a Coréia se saía muito bem no período: além da façanha já mencionada de projetar marcas nacionais em uma indústria de concorrência tão acirrada quanto a automobilística, a Coréia fez avanços consideráveis no tocante ao investimento em desenvolvimento tecnológico, como os dados constantes da Tabela 42 indicam.

Tabela 42 – Recursos despendidos em pesquisa e desenvolvimento, 1975-1990

	1975	1980	1985	1990
P&D/PIB	0,42	0,77	1,58	1,95
N. de pesquisadores (total)*	10.275	18.434	41.473	70.503
Inst. de pesquisa governamentais	3.086	4.598	7.542	10.434
Universidades	4.534	8.695	14.935	21.332
Setor privado	2.655	5.141	18.996	38.737

Fonte: Kim & Linsu, 2003, p.99.
* Não incluídos assistentes de pesquisa, técnicos e pessoal ocupado em outras atividades de apoio.

Podemos tomar como estabelecido esse dado: na década de 1980 a economia coreana superou uma crise ameaçadora e retomou rapidamente sua trajetória de crescimento, completando um processo de transformação estrutural que a situaria em uma posição próxima à das economias capitalistas maduras. Tudo isso se deu sob a égide de um regime autoritário que acabaria forçado a se abrir, mas que não conheceu a experiência do colapso, nem teve que amargar uma nítida derrota política. A opção clara pelas reformas liberais produziu-se na Coréia ao fim desse período. Assim, a perplexidade do observador se justifica: como entender a decisão de mudar quando o modelo seguido até então tinha produzido resultados tão positivos?

A lenta dissolução do padrão coreano de desenvolvimento

Antes de abordar a questão, convém fazer um esclarecimento. Falamos anteriormente em "modelo" e "opção", mas essa linguagem é equívoca. Não houve na Coréia um modelo fixo que teria se tornado disfuncional em certo momento e por essa razão sido substituído. Em 1993, quando foi oficialmente arquivado, o padrão que estudamos na primeira parte deste capítulo já estava bastante desfigurado. Como vimos, ele compreendia dois eixos – a relação simbiótica entre Estado e capital, de um lado, e o sistema repressivo de controle do trabalho, de outro. Dois eixos que se constituíram e se mantiveram ao longo do tempo em condições internas e externas bastante específicas. Veremos agora como esse padrão vai ser gradualmente erodido por suas contradições intrínsecas e pela mudança concomitante daquelas condições. Poderemos perceber, então, que a decisão tomada em 1993 – pois houve uma decisão, no sentido exato do termo – foi muito menos dramática do que sugere a exposição esquemática que fizemos até aqui.

Tensões na relação entre Capital e Estado

A primeira mudança a considerar é a redução paulatina da capacidade do Estado de disciplinar os grandes grupos econômicos e de subordiná-los às suas diretivas. Dois elementos se conjugam na produção desse resultado. De um lado, esses grupos ganham crescente autonomia à medida que se consolidam, movem-se em direção a setores situados na fronteira tecnológica e ampliam sua presença no mercado internacional. Por outro lado, chamada a lidar com problemas de gestão cada vez mais complexos, a burocracia econômica passa a ser tensionada por conflitos de interesse e perspectivas, e muito de sua antiga unidade tende a ser perdida.

Manifestação evidente da autonomia nova dos *chaebols* encontramos na atitude do grupo Hyundai, por exemplo, que no final da década de 1970 sofreu forte pressão governamental para alterar a estratégia que vinha seguindo no ramo automobilístico. No entender dos economistas do EPB, os planos originais para o setor tinham sido superdimensionados e ele precisava passar com urgência por um processo de reorganização. No esquema esboçado pelos planejadores, não havia espaço para a ambição que marcava os projetos da Hyundai. Inicialmente, foi sugerido ao grupo que abandonasse a indústria automobilística em favor da associação Daweoo-GM. Diante de sua recusa em optar entre a produção de automóveis e outro de seus ramos importantes de atividade – equipamentos de geração de energia elétrica –, o governo tentou induzir o grupo a negociar uma *joint venture* com a mesma GM. O esforço, porém, foi frustrado porque a Hyundai não abria mão do controle do empreendimento. Não foi o único insucesso dos planejadores no setor.

> A tentativa de consolidação da indústria em 1980-81 mostrou novamente os limites da capacidade de o Estado impor a mudança quando existe significativa resistência por parte do setor privado. O número de montadoras foi reduzido de três para duas, mas mesmo a eliminação da Kia acabou sendo de curta duração... Ao final de 1984, o governo decidiu permitir que a Kia retornasse à produção de automóveis, decisão anunciada no ano seguinte. Uma vez mais, o governo parecia estar mais seguindo que liderando o setor privado na indústria automotiva. (Ravenhill, 2003, p.119-20)

Para Jong-Chan Rhee, autor de uma obra imponente sobre os limites do Estado autoritário coreano, essa incapacidade tem alcance bem mais geral, e está na origem da crise que cercou o plano de desenvolvimento da indústria química e pesada e levou a um final trágico o governo de Park Chung Hee.

Decidido a implantar em curto espaço de tempo aqueles setores, por razões econômicas e de segurança – terminada a Guerra do Vietnã, uma das expressões da política de *détente* seguida pelo governo Nixon foi a doutrina Guan, que antecipava uma redução significativa do comprometimento norte-americano na região –, o Estado coreano multiplicou incentivos para induzir a adesão dos grandes grupos econômicos aos programas de investimento desenhados em seus escritórios de planejamento. O efeito foi produzido, mas não na exata medida. Movidos pela promessa de ganhos vultosos contida nas projeções feitas para esses setores, e pelo significado econômico imediato das vantagens concedidas, os grandes grupos se lançaram em forte concorrência para consolidar posições nesses espaços nobres, para o que fizeram extenso uso de seu poder de convencimento das agências pertinentes da burocracia pública. Com isso, conseguiram corrigir para cima as metas originais – tidas elas mesmas por irrealistas pelos críticos – e investiram mais do que deviam. Esse fato teve como contrapartida a geração de capacidade ociosa em várias indústrias e a emergência de fortes pressões sobre os mercados de bens e de trabalho, com a tendência conseqüente de aumento de preços.

Desde 1978, os economistas do EPB vinham advertindo para o problema e propondo medidas para saná-lo. Voltaremos ao tema mais adiante. Por ora, basta assinalar que as medidas sugeridas apontavam para a necessidade de reestruturar várias indústrias – a automobilística entre elas – e pôr um freio no crescimento da economia. Principal responsável pelo Plano e entusiasta dele, o presidente Park resistiu longamente a esses conselhos, mas acabou por ceder. Em março de 1979, ele autorizou a elaboração de um programa antiinflacionário; no mês seguinte, o primeiro-ministro adjunto Shin Hyun-Hwak anunciava as "Medidas Abrangentes para a Estabilização Econômica", que poriam fim à tendência inflacionária velha de mais de trinta anos, criando as bases para a estabilidade de longo prazo da economia coreana (Rhee, 1994, p.98-9).

Acertadas ou não, do ponto de vista dos imperativos econômicos gerais, essas medidas representavam uma séria amputação nas expectativas de lucro dos grandes grupos econômicos. O trecho que passamos a transcrever dá uma medida do mal-estar que elas criaram nesses círculos.

> Dia 4 de janeiro de 1979, o grupo de dirigentes da Federação Coreana das Indústrias (FKI), grupo de interesse dos grandes empresários, em sua entrevista coletiva para a imprensa, audaciosamente criticou o gerenciamento econômico do governo. O grupo demandava a participação de empresários no processo de tomada de decisões econômicas por oposição à política econômica de cima para baixo e sua implementação pelo governo; além disso, defendiam uma mudança de administração econômica, de uma "liderada pelo governo" para uma "iniciada pelo setor privado".

E não ficavam aí. Sugerindo a criação de um organismo permanente reunindo empresários e funcionários do governo para a discussão de alternativas antes da adoção de medidas de política econômica, os representantes da Federação Coreana das Indústrias demandavam aumentos de preços para os seus produtos, liberalização financeira, incluindo a privatização dos bancos comerciais e a não-intervenção do Estado em suas decisões de investimento (ibidem, p.103).

A crítica dos grupos econômicos ao governo por decisões que afetam negativamente os seus interesses não surpreende. Esta é a reação esperável de qualquer grupo em situação semelhante, em qualquer época e em qualquer lugar. Todavia, nas condições peculiares vividas pela Coréia na época, a resposta empresarial ao plano de estabilização do governo Park adquiria um significado político maior: além de externar na arena pública uma autonomia até pouco tempo desconhecida, estabelecia uma agenda da qual, no futuro, o grande capital coreano não se afastaria jamais.

Outro elemento que veio para ficar no universo da política econômica durante o período é a crítica ao padrão estatista de desenvolvimento emanada do próprio aparelho governamental. Vimos ainda há pouco que os primeiros sinais de alerta sobre as distorções na implementação do Segundo Plano Qüinqüenal de Desenvolvimento partiram do órgão central no sistema de planejamento coreano. Vimos também que de lá saíram os estudos que embasaram o plano de estabilização adotado em 1979. Cabe agregar agora que os seus autores não o viam como uma ação tópica, para resolver problemas de percurso na aplicação de um roteiro essencialmente correto. A insistência desses economistas na necessidade de medidas corretivas produziu tensões no aparelho de Estado, colocando em campos opostos as equipes situadas no EPB e no Ministério de Finanças, de um lado, e de outro, as que trabalhavam no âmbito do Ministério da Indústria e do Ministério de Obras Públicas, principalmente. Muitos dos temas em torno dos quais se travava o embate podem parecer a distância insignificantes. O autor do estudo antes referido menciona um deles: a discussão a respeito da meta de exportação para o ano de 1979, as opiniões divididas entre dois valores: quinze bilhões, número defendido pelo EPB, e 15,3 bilhões de dólares, meta proposta pelo MCI (ibidem, p.97). Contudo, as aparências são enganosas. O que estava em jogo nos grandes e nos pequenos embates eram visões muito distintas sobre o futuro do capitalismo coreano.

Para os economistas do EPB, o pacote antiinflacionário era parte integrante de uma estratégia de longo prazo de liberalização, única forma, em seu entender, de assegurar o crescimento sustentado com estabilidade econômica. No diagnóstico desses economistas, o intervencionismo estatal nos anos passados era a verdadeira causa da alta inflação crônica. A eficiência econômica seria recobrada apenas por intermédio de políticas que restaurassem a livre concorrência: as mercadorias deveriam ter os seus preços regulados pelas forças do mercado; os juros bancários deveriam flutuar de acordo com a oferta e demanda de crédito; o Estado deveria transferir gradualmente para o setor privado o controle de seus bancos comerciais e relaxar a regulação das atividades bancárias no país.

Muitos analistas acentuam a intervenção desses tecnocratas formados nos Estados Unidos e imbuídos dos ensinamentos ministrados em suas mais prestigiadas escolas de Economia, atribuindo a ela um peso significativo na mudança do paradigma da política econômica coreana. Os dados fornecidos por Alice Amsden são eloqüentes: entre 1970 e 1990, obtiveram doutorado em economia nos Estados Unidos 801 estudantes coreanos, número mais de duas vezes e meia superior ao de estudantes japoneses no mesmo período (301) (Adsden, 1994, p.92). A informação fornecida por Jang-Sup Shin e Ha-Joon Chang complementa esse dado e sugere uma idéia mais forte ainda do grau de americanização da Economia acadêmica coreana: embora a Coréia responda por apenas 0,75% da população mundial, os seus economistas eram autores de cerca de 10% dos artigos anualmente publicados por uma revista autorizada como a *Journal of Economic Literature* (Shin & Chang, 2003, p.136). Esses economistas formaram-se sob uma atmosfera dominada pela ideologia do livre mercado e, embora uma parte deles tenha se radicado nos Estados Unidos, a maioria terá voltado ao país, passando a desempenhar papéis de liderança em agências governamentais e no ensino universitário. Os autores reconhecem o impacto da crise do regime militar na erosão da ideologia desenvolvimentista, mas salientam: "O fator decisivo no processo foi a crescente conversão da elite intelectual, especialmente a elite burocrática, ao neoliberalismo." Convencidos das virtudes do "livre-mercado", um número crescente de pessoas cultivadas, dentro e fora do governo – continuam – passaram a criticar as idéias desenvolvimentistas como expressões de uma ideologia "atrasada" e "errônea". E eles delimitam o fenômeno no tempo, datando a hegemonia da ideologia neoliberal entre o final da década de 1980 e início da década seguinte (ibidem, p.68).

A preponderância de grupos identificados com as idéias do liberalismo econômico nas elites burocráticas e em setores estratégicos da sociedade é um traço que aparece em todos os casos estudados. No entanto, é apenas em sua combinação com outros elementos que esse fator ganha força causal. No início, a opinião expressa pelos economistas liberais na Coréia era minoritária, e eles sofreram inúmeras derrotas no jogo sempre sinuoso das lutas interburocráticas. A ascensão desse grupo está associada aos problemas reais de regulação da economia coreana, e aos deslocamentos políticos correlatos, um dos mais importantes dos quais é a expressão pública da crítica empresarial. Tal convergência, porém, entre esta e a crítica da ala liberal da tecnocracia econômica não terá passado despercebida ao leitor. Mas essa convergência estava longe de ser completa. Como observa Rhee:

> as idéias básicas do ... grande empresariado estavam refletidas na estratégia de longo prazo do EPB (sigla em inglês de Conselho de Planejamento Econômico) de janeiro de 1980 sobre a administração da crise econômica. Os interesses de longo prazo dos administradores do Estado, contudo, eram incompatíveis com os do grande empresariado em termos de seus propósitos e de sua compreensão da liberalização econômica. Em geral, a Federação Coreana das Indústrias enfatizava a autonomia das empresas em investimento, financiamento e decisões sobre marketing a fim de maximizar os interesses orientados ao crescimento dos grandes empresários, contra a política de estabilização econômica, enquanto a EPB focava nas garantias oferecidas pelo governo de oportunidades e condições justas de competição entre firmas grandes, médias e pequenas para realizar a estabilidade econômica a longo prazo através da liberalização. (ibidem, p.137)

Convém registrar esta idéia: coibir práticas monopolistas, garantir condições favoráveis à concorrência entre grandes grupos e pequenas e médias empresas – no decorrer do tempo ela se converteria em uma das questões centrais no processo coreano de reformas.

Mesmo que, contraditoriamente, no seu curso boa parte das medidas de liberalização adotadas tenha produzido efeitos contrários. O melhor exemplo disso é a privatização bancária. Em 1981, o governo coreano decidiu transferir os bancos comerciais à iniciativa privada. O sistema manteve-se sob cerrado controle do governo, que continuava regulando estritamente as atividades bancárias e exercia poder de fato sobre a nomeação dos dirigentes daqueles bancos. Mas no momento não é isso que interessa. O importante é que esse segmento do setor bancário continuou vedado ao capital externo e passou ao controle dos *chaebols*. Assim, o resultado da medida foi a concentração adicional do poder econômico, e não o incremento da competição, como gostariam de ver os economistas liberais. Não vamos nos estender sobre o assunto, mas os estudos disponíveis mostram que não se trata de um fato isolado.

O efeito acumulado desses desencontros é curioso: as políticas de liberalização implantadas gradualmente na década de 1980 aumentam o poder e a autonomia dos grandes grupos econômicos, que pedem sempre mais espaço para decidir de seus negócios em nome da liberdade do mercado. E os tecnocratas liberais apontam o fortalecimento desmedido desses mesmos grupos como provas de que um regime de liberdade econômica só existirá de fato quando o poder desses grupos for reduzido, o que supõe determinadas formas de intervenção do Estado. Voltaremos ao tema em outro lugar.

Transição política e novo sindicalismo

As fissuras aludidas no tópico anterior tiveram papel não desprezível na crise aberta dramaticamente pelo assassinato de Park Chung Hee, em 26 de outubro de 1979. A narrativa parece saída de um texto de ficção, mas os fatos são reais. No clima de tensão provocado por manifestações populares contra as medidas de austeridade recentemente anunciadas e pelo insucesso das medidas repressivas tomadas para coibi-las, o presidente Park reúne-se com colaboradores mais próximos em uma sala tradicional na sede da Agência Central Coreana de Inteligência, ao lado da Casa Azul, sua residência oficial. A certa altura, Kim Chae Gyu, chefe da KCIA, pede licença e se ausenta por alguns minutos. Ao voltar, traz um revólver na mão e faz os disparos que atingem mortalmente o presidente e Cha Chi Chol, seu braço direito, ex-pára-quedista, célebre por sua brutalidade.

A partir daí os acontecimentos se precipitam. O lugar de Park é ocupado por um presidente interino civil, que promete rever a Constituição para promover a democracia e convocar eleições sob o novo texto constitucional; manifestações de rua se multiplicam, os ares da abertura política tomam conta da Coréia. Como em 1960 – mas agora mais cedo –, esse interregno foi interrompido por um golpe militar: em 12 de dezembro de 1979, as rédeas do poder passam às mãos do general Chun Doo Hwan, responsável pelo Comando de Defesa e Segurança e líder de uma associação secreta formada quase vinte anos antes, com seus colegas de turma da Academia Militar. Podia ser um fim melancólico, ou o começo de um período de instabilidade, pelo entrechoque das forças favoráveis à democracia e da recomposição autoritária. A princípio, os acontecimentos pareciam seguir nesta última direção. Assim, tendo revogado várias "medidas de emergência" decretadas por Park, em fevereiro de 1980 – já sob o mando efetivo de Chun Doo Hwan, portanto – o governo restaurava os direitos civis de centenas de professores e líderes religiosos punidos por motivos políticos e de estudantes presos por se manifestarem contra o regime passado (Oh, 1999, p.75). Em sentido contrário, o governo recorria, em maio do mesmo ano, à Lei Marcial para conter o descontentamento que as suas medidas liberalizantes ajudavam a se expressar. Podia ser um capítulo a mais de uma transição conturbada, repetimos. Entretanto, o trauma de Kwangju imprime outro rumo à história.

Capital de uma província com longa tradição de rebeldia, empobrecida por sua exclusão dos planos de industrialização do Estado desenvolvimentista, e base de sustentação política do principal dirigente oposicionista coreano, Kim Dae Jung, que em 1971 quase derrotou o general Park nas eleições presidenciais, Kwangju foi palco de intensos protestos contra a referida Lei Marcial. Eles começaram já em 18 de maio, um domingo, dia seguinte à promulgação da medida. Relativamente pacífico no início, o movimento ganhou outra qualidade no terceiro dia, quando trezentos pára-quedistas que faziam a guarda do palácio do governo provincial dispararam contra os manifestantes concentrados em frente ao prédio. A partir daí, o que era um protesto estudantil converteu-se em um levante popular, que galvanizou a cidade e só foi sufocado cinco dias depois mediante impressionante mobilização de força militar (mais de vinte mil homens, tanques helicópteros e armamentos pesados), e de um banho de sangue no qual perderam a vida – homens, mulheres e crianças – mais de dois mil habitantes daquela cidade.[10]

Demonstrada sua disposição implacável de impor-se pela força contra qualquer resistência, Chun Doo Hwan lançou-se em um programa dito de "purificação" nacional, que incluiu o expurgo de três mil agentes da KCIA, a demissão de número bem maior de funcionários públicos, a proscrição das atividades políticas de oitocentos políticos profissionais, a expulsão de universitários de suas escolas (segundo um autor, 124.600 estudantes foram atingidos por essa pena entre 1980 e 1987 (Cho, 1989, apud Lie, 1998, p.133)), a internação de cerca de 37 mil jornalistas, estudantes e ativistas sindicais em "campos de purificação" em áreas remotas, onde os detentos eram estimulados a realizar um exame de consciência por meio de castigos físicos severos e a preencher cadernos com a confissão de seus vícios passados.

---

[10] O "massacre de Kwangju" é um episódio obrigatório em todo relato sobre a política coreana moderna. Na redação deste parágrafo, baseamo-nos em Oh, 1999, p.81 ss.; Lie, 1998, p.120-1; Clifford, 1998, p.157 ss.; Cumings, 1997, p.377-8; Choi, 1993.

Além da violência policial direta – expressa por meio do encarceramento e da banalização da tortura contra ativistas sindicais –, o governo adotou uma série de dispositivos legais para coibir a ação coletiva dos trabalhadores assalariados: modificou a legislação sindical, reservando aos sindicatos de empresa o direito de negociar salários e condições de trabalho; condicionou a iniciação de todo movimento reivindicatório à aprovação prévia da autoridade competente; promulgou uma lei proibindo a "participação de terceiros" em conflito de trabalho – com a intenção manifesta de barrar o apoio que o movimento dos trabalhadores recebia de estudantes e religiosos.

O resultado da combinação dessas medidas não se fez esperar: a partir de então, o número de sindicatos sofreu uma queda brutal; reduziu-se igualmente o número de greves.

É difícil traduzir em números o efeito econômico do enrijecimento político, mas esse aspecto não pode ser silenciado. Vimos ainda há pouco que a Coréia saiu-se da crise da dívida com relativa facilidade. Vários fatores contribuíram para isso, entre eles as condições favoráveis para o país de acesso ao crédito externo e sua capacidade exportadora, aumentada que foi pela significativa desvalorização cambial operada em 1980. O ponto a salientar aqui é que os efeitos inflacionários da desvalorização do won foram atenuados pela compressão dos custos salariais, como se pode ver nos dados apresentados na Tabela 43.

Tabela 43

Ano	Crescimento salário real %
1976	24,0
1977	29,1
1978	17,7
1979	8,3
1980	–4,1
1981	–0,5
1982	8,1
1983	7,4
1984	6,4

Fonte: Song, 2003, p.101.

Esse resultado foi obtido mediante uma política salarial que dava diretivas para empresas privadas e ameaçava de punição com corte de crédito oficial àquelas que as desrespeitassem, bem como por uma sistemática contenção de aumentos salariais para funcionários públicos (Haggard, Cooper & Collins, 1994, p.13). Contudo, é difícil imaginar a aplicação efetiva de tais medidas em um contexto em que a legitimidade do poder político fosse exposta à forte contestação e as organizações dos trabalhadores estivessem livres de amarras.

Seja qual for a importância do fechamento político para o êxito da gestão econômica, ele teve um custo ponderável. Embora tenha contado a princípio com o apoio das classes altas e médias, assustadas com o levante popular em Kwangju (cf. Choi, 1993, p.31-2), o governo de Chun Doo Hwan assistiu no período subseqüente ao crescimento na população de forte sentimento oposicionista, que encontrava no movimento estudantil sua expressão mais radical. Com longa tradição de protagonismo na vida política coreana, os estudantes resistiram à repressão do regime com estratégias de luta que envolviam a ação semiclandestina e a construção de pontes com os trabalhadores assalariados, visando a forjar a aliança operário-estudantil que habitou os sonhos de seus congêneres em outras plagas. Nesse período, o discurso marxista ganhou enorme influência nos meios estudantis e nos setores sociais próximos a eles, expostos igualmente à poderosa força de atração do *minjung*, movimento cultural de forte teor nacionalista, que exaltava as virtudes do povo e buscava resgatar suas raízes nas diferentes esferas da produção artística e cultural (cf. Koo, The State, minjung, and the working class in South Korea, in Koo, 1993, p.131-62, e os estudos reunidos em Wells, 1995). Entre todas as correntes e tendências que confluíam para produzir o clima ideológico da oposição estudantil, um denominador comum: o antiamericanismo. Para além de seu papel histórico na divisão do país, os Estados Unidos eram responsabilizados também por sua cumplicidade no massacre de Kwangju, tema sobre o qual ainda diremos uma palavra.

Nessa atmosfera, as medidas coercitivas adotadas pelo regime tinham, freqüentemente, efeitos indesejados. Muitos dos estudantes banidos das salas de aula ou excluídos das melhores oportunidades de trabalho, por terem seus nomes registrados nas listas negras, entregavam-se à militância política em tempo integral. E assistimos, assim, a um fenômeno também observado em outros países, mas que na Coréia assume nessa época uma grande escala: a emergência da figura "intelectual operário", indivíduo que se integra ao trabalho fabril movido por forte sentido de missão, e não por razões profissionais – de acordo com um estudioso, em meados da década de 1980, cerca de três mil estudantes coreanos tinham efetuado esse trajeto (Koo, 2001, p.105).

Contudo, os efeitos imprevistos não eram produzidos apenas pelas medidas repressivas. O próprio sucesso econômico do regime tendia a minar sua legitimidade. Isso acontecia pela enorme expansão de segmentos profissionais das classes médias, cujos anseios e horizontes culturais tinham pouca afinidade com a ideologia oficial, e pelo peso cada vez maior no mundo do trabalho dos operários das indústrias modernas. Não é difícil entender as implicações desse fato. Como vimos na seção precedente deste capítulo, o sindicalismo independente surgiu no início da década de 1970 em ramos tradicionais, pouco concentrados, em que a participação feminina era preponderante e as condições de trabalho das mais precárias. O caráter extremo das formas de luta que caracterizam essa fase do movimento operário coreano tem muito a ver com essas condições: era expressão da resistência desesperada de setores que viviam circunstâncias de alta privação, detinham parco poder de barganha, e se sentiam isolados. Em meados da década seguinte, a configuração de forças nesse universo estava alterada. Agora a dianteira na criação de organizações autônomas e na luta por direitos era tomada pelos trabalhadores qualificados das indústrias recentemente implantadas sob os auspícios do Plano de Desenvolvimento da Indústria Química e Pesada. Elo importante na engrenagem dos grandes grupos econômicos, esses trabalhadores – homens em sua esmagadora maioria – contavam com recursos incomparavelmente maiores para fazer valer sua vontade coletiva. E não apenas recursos econômicos: tendo aprendido sua lição nos três anos de serviço militar obrigatório, eles estavam preparados para enfrentar a polícia e a segurança das firmas com as mesmas armas.

Seja como for, eleito indiretamente em fevereiro de 1981, depois de ter obtido a aprovação em referendo das reformas constitucionais produzidas por um parlamento sob seu estrito controle – o que em si já constituía uma tentativa de conferir um mínimo de legitimidade a seu mando –, três anos depois Chun Doo Hwan ensaiava os primeiros gestos de distensão: a proscrição dos políticos pré-golpe foi levantada, os controles sobre os *campi* universitários foram relaxados e grande número de prisioneiros políticos foram libertados (Kong, 2000, p.117).

Nada disso serviu para aplacar a oposição. A exclusão de Kim Dae-Jung e Kim Young Sam da lista dos políticos beneficiados com a medida antes referida mostrava os limites da abertura esboçada. Em outro plano, continuavam rotineiros os atos de intimidação e a tortura contra estudantes e operários, que se aproveitavam dos novos espaços criados pelas medidas de liberalização para desafiar as autoridades em demonstrações públicas e para confrontar o poder patronal no chão das fábricas.

Podemos formar uma idéia do efeito dessa conjugação de elementos sobre a conjuntura política por meio do relato de Bruce Cumings que transcrevemos abaixo:

> Em 1985, uma grande e longa greve na fábrica de automóveis Daewoo abalou a confiança do regime, uma vez que agora se organizavam os trabalhadores mais bem pagos nas melhores e mais novas indústrias. Kim Dae Jung retornou em fevereiro de 1985 e eu tive a sorte de participar de uma delegação norte-americana que o acompanhou de volta a Seul de seu exílio nos Estados Unidos, na esperança de que nossa presença evitasse outro assassinato no aeroporto como o que eliminou Benigno Aquino em Manila, em 1985. (Cumings, 1997, p.381)

As eleições legislativas de fevereiro de 1985 constituíram um marco na abertura política coreana. Embora mantivesse o controle da Assembléia Nacional devido às distorções do sistema de representação adotado, o partido do governo, ironicamente batizado de Partido da Justiça Democrática, obteve apenas 35%. Era o começo de um período conturbado que culminaria em 1987 com a reforma da Constituição e a eleição do sucessor de Chun Doo Hwan pelo voto direto.

Sob constante pressão, interna e externa, para aprofundar a abertura política o governo abre conversações com aposição, buscando dividi-la. Quanto a esta, insiste na tese da reforma constitucional, ao mesmo tempo que critica sistematicamente o governo pelo caráter concentrador de suas políticas econômicas e pelo conluio entre grandes grupos econômicos e Estado.

Em abril de 1987, os entendimentos entre governo e oposição são interrompidos pela declaração extemporânea de Chun Doo Hwan, que descartava a hipótese de reforma política e renegava o compromisso solene de deixar a Presidência ao final de seu mandato.

Na seqüência diária de protestos que se seguiram, a morte em sessão de tortura de um estudante universitário leva milhões de coreanos às ruas, no dia 26 de junho, na "Grande Marcha do Povo pela Paz". Advertido por diplomatas norte-americanos de que a repressão conduziria o país à guerra civil e a um quadro de grave ameaça à sua segurança externa, o chefe de Estado acaba por reconhecer a derrota: três dias depois da gigantesca manifestação, ao fim de longa conversa com Chun Doo Hwan, o general Roh Tae Woo, seu companheiro dileto, faz a sua famosa "Declaração de Democratização e Reformas". Na condição de candidato oficial do Partido do governo à sucessão presidencial, Roh Tae Woo anuncia para breve a reforma da Constituição e da legislação complementar para possibilitar a realização de eleições diretas em dezembro de 1987, uma ampla anistia política, a revisão ou abolição da lei de imprensa, e o respeito aos direitos básicos (sobre a "declaração" de Roh Tae Woo, cf. Oh, 1999, p.98 ss.).

Assim se fez: em 29 de outubro foi aprovado o texto da Constituição reformada. Menos de dois meses depois, em 16 de dezembro, a divisão do campo oposicionista entre os dois líderes rivais, Kim Young Sam e Kim Dae Jung, deu a Roh Tae Woo a vitória na disputa pela Presidência, com 36,6% dos votos válidos.

Entrementes, a opinião pública coreana foi abalada pela eclosão de uma onda de greves. Entre julho e setembro, explodiram mais de três mil conflitos de trabalho, número superior ao total acumulado das duas décadas passadas. Pela descrição sintética de Hagen Koo podemos imaginar o impacto provocado pelo episódio.

> A agitação dos trabalhadores varreu o país com velocidade e ferocidade alarmantes, paralisando a produção industrial em quase todas as grandes indústrias.

Quase nenhuma região, setor industrial ou escala de empresa ficou imune à agitação do trabalho. A gigantesca escala em que centenas de milhares de trabalhadores foram mobilizados quase simultaneamente em todo o país trouxe um novo sentido de identidade coletiva e de consciência de classe aos trabalhadores industriais da Coréia. (Koo, 2001, p.153)

Era o início de um período conturbado para o sistema coreano de relações de trabalho. Não podemos nos deter no tema, mas, antes de considerar a importância da dimensão externa no contexto que leva às reformas, precisamos fazer os registros que se seguem.

1) Eminentemente espontâneo, o movimento grevista de 1987 – cujo epicentro foram os setores industriais mais concentrados e mais intensivos em capital – logo estendeu-se por outros ramos industriais e outras esferas de atividade econômica, abrindo um longo ciclo de mobilizações na esteira do qual intensa atividade organizativa foi efetuada. Seu resultado mais visível foi o Congresso Nacional dos Sindicatos, central independente criada em abril de 1990, para confrontar-se à Federação Coreana de Sindicatos, organização de cúpula formada e controlada pelo Estado. Como no Brasil, a transição na Coréia foi dinamizada pela emergência dos trabalhadores assalariados como um ator coletivo de peso. No entanto, ao contrário do que se deu entre nós, os trabalhadores mobilizados não conseguiram marcar sua presença no espaço da representação partidária. Este continuava estruturado em termos da competição entre partidos com raízes nos grupos conservadores, na grande burguesia e nas classes médias. Só muito mais tarde é que a Confederação dos Sindicatos Coreanos, herdeira do antigo Congresso Nacional, conseguiu articular apoio suficiente para criar um partido de esquerda, o Partido Democrático Trabalhista, que ficou em terceiro lugar, com 13% dos votos válidos, nas eleições legislativas de 2004, quarto ano de sua existência.

2) Não obstante isso, aliando reivindicações materiais e demandas políticas, por mudanças no padrão autoritário de gestão e por liberdade de organização nos locais de trabalho, o movimento produziu efeitos significativos sobre as empresas e as políticas do Estado (ibidem, p.136 ss.; para uma visão mais pessimista, cf. Buchanan & Nicholls, 2003). As primeiras foram forçadas a fazer concessões que aumentaram significativamente o custo da força de trabalho – na opinião de alguns analistas esse fator teria contribuído para a mudança nas estratégias empresariais, que passavam a enfatizar as atividades intensivas em conhecimento (Minns, 2006, p.159). No tocante à ação governamental, a mobilização dos trabalhadores traduziu-se em uma prioridade nova conferida às políticas sociais e ao bem-estar dos mais necessitados. Dois sinais eloqüentes: a introdução do salário míni-

mo, em 1988, e o salto no gasto público em "desenvolvimento social", que atinge o pico de 10,2% do PIB em 1991, três pontos percentuais acima da faixa em que se encontrava em 1987 (Kong, 2000, p.29). Em outro plano, a criação de dispositivos institucionais para incorporar os trabalhadores assalariados no sistema político entra na agenda da transição coreana para ficar.

3) Contudo, a irrupção dos trabalhadores na cena política tem igualmente efeitos de tendência contrária. Seguida de uma alteração negativa no quadro econômico (inflação ascendente e redução na taxa de crescimento), setores crescentes das classes médias que antes, no período de resistência à ditadura, haviam encarado com simpatia a luta dos trabalhadores, passavam agora, sob intenso assédio da mídia, a olhar o movimento sindical com animosidade. Esse deslocamento está bem descrito na passagem que transcrevemos a seguir.

> Tanto o governo como os principais meios públicos de comunicação levaram o público a acreditar que as dificuldades econômicas correntes eram causadas principalmente pela agitação dos trabalhadores, e que um forte movimento dos trabalhadores acabaria com a vantagem competitiva da Coréia nos mercados de exportação.
>
> O novo objetivo e o clima simbólico devem ter tido um impacto sobre a disposição dominante das classes médias, que se tornaram cada vez mais conservadoras e orientadas à estabilidade. Pesquisas realizadas em 1989 indicam que a maioria de entrevistados de classe média tinha atitudes críticas em relação a greves de trabalhadores... (Koo, 1991, p.487)

À luz desses desenvolvimentos, a fusão do partido de Kim Young Sam com o partido do governo na nova organização denominada Partido Liberal Democrático não surpreende. Com base nessa aliança é que o antigo líder oposicionista conquistaria a presidência, em 1992, e é com ela que daria curso a seu programa de reformas.

A dimensão internacional

Embora tenhamos nos concentrado até aqui na reconstrução de processos internos, em vários pontos do relato foi necessário fazer menção a circunstâncias externas à Coréia. Quando passamos a considerá-las, mesmo sumariamente, constatamos que a trajetória antes descrita só se torna inteligível como parte do processo de transformação econômica e política que se desenvolve em escala global, e que tem como protagonista os Estados Unidos.

Podemos perceber claramente esta conexão nos primórdios do período sob análise nesta parte: a crise do regime Park Chung Hee, e a reconcentração subseqüente do poder, cujo marco inaugural é o massacre de Kwangju.

Não precisamos nos estender sobre o primeiro desses aspectos. Basta lembrar que as atribulações da economia coreana no final dos anos 1970 não se deviam exclusivamente a fatores domésticos. Fortemente dependente da importação do óleo cru para manter em funcionamento o seu parque produtivo, a Coréia foi fortemente atingida pelo segundo choque do petróleo que ocorreu na esteira da revolução iraniana, em 1979. Todavia, não apenas por ele. Como todos os grandes países devedores, a Coréia foi atingida mais severamente ainda pela alta da taxa primária de juros determinada pelo banco central dos Estados Unidos, que produziu uma recessão aguda nos países desenvolvidos, e manteve a América Latina prostrada por toda uma década.

Vimos que a Coréia escapou a esse destino ingrato, e indicamos algumas das razões que explicam esse feito: sua capacidade exportadora, o acesso continuado ao crédito externo. A situação peculiar da Coréia a esse respeito fica bem salientada neste comentário extraído de um estudo cuidadoso da gestão do balanço de pagamentos coreano na década.

> A Coréia não parece ter tido nenhuma dificuldade de tomar empréstimos durante esse período. Levantar fundos externos era uma grande preocupação de alguns funcionários no Ministério das Finanças... No início da década de 1980, os banqueiros chegaram a eles... Em 1984, tiveram que viajar aos principais centros financeiros... Mas, ao descrever a situação, as políticas correntes e os planos para o futuro, a Coréia foi capaz de tomar os empréstimos prontamente. De fato, depois da crise da dívida mexicana, tomar empréstimos ficou mais fácil para a Coréia. (Cooper, 1994, p.283)

O autor explica esse fato com base em fatores de mercado. Ainda que menores, os países da Opep continuavam a acumular saldos em dólares, que precisavam reciclar por meio dos bancos internacionais. Estes, por sua vez, diante da crise dos países latino-americanos, adotavam uma linha de conduta mais cautelosa, buscando na Ásia clientes confiáveis. E a Coréia tinha credenciais para se qualificar nesta categoria. Quarto maior devedor entre os países em desenvolvimento, no final de 1983, a Coréia ocupava o décimo quinto lugar, apenas, no tocante à relação serviço da dívida externa e valor das exportações, e representava para os bancos credores, portanto, um risco relativamente baixo.

O problema com esse raciocínio é o momento escolhido para a comparação: em 1983, enquanto os países latino-americanos estavam no auge da crise, a Coréia tinha superado as suas dificuldades e crescia perto de 12% ao ano, com suas exportações embaladas na recuperação da economia dos Estados Unidos, já claramente esboçada no final do ano anterior. Para a Coréia, o ano-chave é 1980, quando se produz o efeito combinado da deterioração das contas externas (entre 1978 e 1980, o déficit comercial coreano passa de 2.261 milhões a 4.587 milhões de dólares; a relação entre a dívida externa e o produto nacional bruto salta de 32,9% para 44,7%, e a relação serviço da dívida externa/valor das exportações eleva-se de 1,5 a 20,7%)(dados sobre a dívida extraídos de Park, 1985, p.320; dados sobre déficit comercial, de World Bank, 1995b), tensão social e crise política. É para esse momento crítico, quando o processo se bifurca entre futuros alternativos, que devemos olhar atentamente para entender as razões do contraste tão acentuado entre a trajetória coreana e a dos países latino-americanos.

Quando fazemos isso, percebemos que – nesta conjuntura específica – a diferença entre economia e política não faz nenhum sentido. Com efeito, basta pensar no que poderia ser a evolução do processo coreano se os Estados Unidos tivessem vetado a decisão que produziu o massacre de Kwangju. Não houve o veto, e essa é uma das razões principais do antiamericanismo tão forte que se disseminou nos meios estudantis no período. A reação é compreensível, porque o governo norte-americano tinha meios para evitar a carnificina, ou para punir os seus perpetradores, se assim desejasse. Apesar da hipertrofia de seu aparelho militar, a Coréia do Sul era, como continua a ser, uma peça no sistema de segurança internacional dos Estados Unidos, que nela mantinham mais de trinta mil soldados, em bases militares equipadas, algumas delas, com artefatos nucleares. E essa era apenas uma face da moeda. A outra era a dependência da Coréia em relação ao mercado importador americano, o que implicava grande vulnerabilidade a sanções comerciais por parte do governo dos Estados Unidos.

No entanto, sob o trauma da revolução iraniana, tudo o que a presidência democrata de Carter não queria naquele momento era outra crise em uma área de importância vital para os interesses de seu país. Assistia-se, então, a um reposicionamento na estratégia de segurança dos Estados Unidos, que envolveu uma forte redefinição de papéis na condução da política externa e um claro declínio da agenda dos direitos humanos, que foi a marca daquele governo em seu início.

As implicações desse deslocamento para a Coréia são significativas. A política coreana original do governo Carter previa uma redução do comprometimento americano na península. No quadro do agravamento das tensões que desembocou na chamada "segunda Guerra Fria", a Coréia voltava a ocupar um lugar de destaque na estratégia de segurança dos Estados Unidos.

> Esse novo mapa da segurança mostrava uma triangulação da área em duas zonas... Uma dessas zonas triangulares era composta por relações de segurança Estados Unidos-China e Estados Unidos-Japão, completadas por relações econômicas sino-japonesas com mínima cooperação em segurança... a segunda zona é menos conhecida: um triângulo de relações de segurança de Estados Unidos-Coréia do Sul e Estados Unidos-Japão, ligada à cooperação de segurança (grifo no original) entre Coréia do Sul e Japão mediada pelos Estados Unidos. Esses dois triângulos se baseavam nas relações de segurança EUA-Japão, ligando assim a dependência de segurança entre China e Japão em relação aos Estados Unidos ao destino de sua aliada, a Coréia do Sul. (Woo, 1991, p.185)

Os pormenores desse desenho não nos interessam. O importante para a nossa análise é este registro: por razões estratégicas, em um momento crítico o governo Carter abandonou suas veleidades e apoiou um governo resultante de golpe militar, culpado da prática de crime contra a humanidade, à luz das definições de sua própria política. Ampliado no governo Reagan, como se poderia imaginar, esse apoio teve uma contraparte financeira: além das facilidades dele derivadas para o levantamento de empréstimos em bancos internacionais – como observa Jung-en Woo, em 1980, no meio da crise, a Coréia não encontrou dificuldades maiores para levantar mais de seis bilhões de dólares, a maioria em empréstimos de longo prazo –, os Estados Unidos estimularam o governo coreano a fazer uma vultosa solicitação de ajuda financeira ao Japão, em 1982. Cifrado em dez bilhões de dólares, o pedido foi posteriormente abatido para seis bilhões de dólares, e acabou por se traduzir em um aporte de quatro bilhões de dólares, em 1983 – 1,85 em empréstimos governamentais e 2,15 em *supplier credits* do Exim Bank japonês. Esta soma equivalia a 3% da dívida líquida coreana, a mais de 5% do PIB e quase 20% dos investimentos totais da Coréia naquele ano (ibidem, p.187).

Como se daria um pouco depois com os grandes devedores da América Latina, diante das dificuldades externas a Coréia operou um ajuste recessivo. No entanto, ao contrário do que se deu aqui, diante das tensões sociais internas a política econômica rapidamente reverteu ao padrão tradicional – investir pesadamente para manter o ritmo de atividade, gerar ganhos de produtividade e evitar o desemprego. É muito duvidoso que esse exercício pudesse ter sido realizado com êxito em condições de instabilidade política e sem o devido suporte financeiro internacional. E o apoio dos Estados Unidos foi fundamental para que essas duas condições fossem atendidas.

Esse apoio, porém, não era geral e irrestrito. Com o governo Reagan, os Estados Unidos confrontam o mundo com dois movimentos complementares: a intensificação do combate ideológico – que em algumas regiões, como na América Central e no Afeganistão, estendeu-se ao plano militar, embora por procuração – à União Soviética e seus aliados: a chamada Segunda Guerra Fria; e a política do "tudo ao mercado", que tinha no Banco Mundial e no FMI dois de seus principais instrumentos. Ora, à luz desses preceitos, a despeito dos êxitos alcançados no passado e dos elogios recebidos, o padrão coreano tinha ares esdrúxulos. Assim, ao mesmo tempo que apoiava política e financeiramente, o governo norte-americano requeria de seu aliado mudanças significativas na arquitetura de sua organização econômica. A princípio, as exigências contraditórias envolvidas nesses dois impulsos atenuaram no caso coreano o peso das cobranças. A partir de certo momento, vencida a premência ditada pelo ritmo da Segunda Guerra Fria, elas se tornaram mais intensas. Mas a agenda não mudou.

Ela previa, para começar, o desmonte do sistema de controle estatal do setor financeiro. A liberalização financeira, iniciada muito timidamente com a privatização dos bancos, atendia simultaneamente às pressões do governo norte-americano – exercidas diretamente, ou por meio das organizações internacionais sob seu controle – e aos interesses expressos dos *chaebols*, que foram os seus grandes beneficiários como já vimos. Entre esses dois blocos, porém, a convergência estava longe de ser completa. Ambos propugnavam a redução da presença estatal no setor, mas enquanto para os grupos coreanos o significado dessa demanda era maior liberdade para conduzir os seus negócios segundo critérios próprios, para os interesses expressos na política do governo dos Estados Unidos o conteúdo dessa demanda era, antes de mais nada, a internacionalização do mercado financeiro coreano. A privatização bancária foi conduzida com o propósito explícito de evitar esse resultado. O que significa dizer, também, que as pressões externas pela abertura do setor continuariam ao longo de tempo, e se estenderiam ao conjunto de seus segmentos: bancos, seguros,[11] e mercado acionário – o que envolvia a questão sensível do controle estrangeiro das indústrias coreanas.

Esse constituía outro tema crítico na relação entre os dois países. Como sabemos, o regime coreano de investimento estrangeiro era extremamente restritivo. Desde o final da década de 1980, ele foi sendo gradualmente desmontado, em resposta às exigências da USTR – instituição especializada na promoção internacional dos interesses econômicos das firmas norte-americanas.

Foi essa agência que conduziu o ataque dos Estados Unidos ao regime coreano de comércio exterior, em seus múltiplos componentes: barreiras tarifárias; restrições quantitativas e obstáculos administrativos às importações;[12] compras governamentais;[13] subsídios; propriedade intelectual – área estratégica, dada a importância da cópia e da "engenharia reversa" no esforço do país para obter acesso aos segmentos industriais de tecnologia de ponta.

---

[11] Sob a ameaça das sanções previstas na Seção 301 da *U. S. Trade Act*, a Coréia firmou um acordo, em 1988, comprometendo-se a abrir à concorrência externa o seu mercado de seguro de vida. Mas essa decisão foi acompanhada de medidas administrativas que neutralizavam em grande medida o seu efeito. Cf. Kirky & Harris, 1996, p.249.

[12] Para evitar sanções comerciais, em maio de 1989, a Coréia foi levada a firmar acordo prometendo aceitar os padrões e os certificados aceitos internacionalmente e a informar ao Gatt toda mudança em seus procedimentos e em suas regras comerciais que estivesse em conflito com as normas internacionais (ibidem, p.249).

[13] Em 1990, a Coréia se viu forçada a subscrever o Código de Compras Governamentais produzido na rodada Tóquio do Gatt, e a adotar medidas de liberalização, em conseqüência, especialmente no campo das telecomunicações (ibidem, p.249).

Como nos demais casos estudados (com destaque para o Brasil), a ofensiva dos Estados Unidos se desdobrava em duas frentes: no plano bilateral – em que o foco voltava-se para questões desagregadas e a ameaça de adoção de medidas retaliatórias estava sempre presente –, e no âmbito multilateral – no qual se buscava o assentimento do país a uma mudança geral no regime de comércio internacional incompatível com as instituições e as práticas que pavimentaram a industrialização coreana. Esses dois movimentos se cruzam no final da década de 1980, quando são tomadas as decisões fundamentais na rodada Uruguai do Gatt.

> até 1985, o envolvimento dos Estados Unidos na Coréia apoiava o estado desenvolvimentista. Motivado por considerações estratégicas, esse apoio se estendia à tolerância com as políticas comerciais não liberais da Coréia. Com o declínio da Guerra Fria a partir de 1985, os Estados Unidos começaram a mudar sua benigna atitude anterior. Essa mudança foi acelerada com o fim da Guerra Fria em 1991. Questões econômicas, em particular o estabelecimento de um esquema supranacional de instituições favoráveis ao comércio internacional e aos fluxos de capitais, vieram excluir as questões de segurança da agenda diplomática. Como em episódios anteriores, mudanças na orientação global dos Estados Unidos trouxeram pressões pela adaptação correspondente por parte da Coréia. (Kong, 2000, p.151)

COMBATES NA RETAGUARDA: O PADRÃO COREANO DE REFORMA

Para guardar fidelidade estrita a seu objeto, o substantivo que abre o subtítulo deste tópico deveria vir no plural. Sim, pois o processo coreano não exibe um, mas dois padrões claramente diferenciados de reforma. O primeiro – que recobre a chamada política de globalização (*segyehwa*) do presidente Kim Young Sam (1993-97) e estabelece forte continuidade entre esta e o período de "proto-reforma" inaugurado no início da década anterior – é marcado pela prudência, pelo descompasso entre as grandes transformações aludidas no discurso oficial e a natureza incremental das mudanças efetivamente implantadas. O segundo – correspondente ao mandato de seu sucessor, Kim Dae Jung, figura emblemática da resistência ao regime dos generais – sugere ao observador a idéia do *big bang*, um conjunto de mudanças radicais comprimidas em breve lapso de tempo. Entre os dois momentos, este elemento comum: a centralidade da questão das formas de concorrência. A separá-los, um evento dramático: a crise financeira que varreu a Ásia no segundo semestre de 1997.

O gradualismo reticente no encaminhamento da liberalização econômica durante o primeiro período pode ser constatado em todas as áreas. Tome-se, por exemplo, a reforma do comércio exterior. Como já se viu, ela era uma das contrapartidas ao programa de ajuda firmado com o FMI no início da década de 1980. Seguindo o roteiro conhecido, em 1983 o Ministério de Finanças elaborou um esquema de liberalização comercial a ser implementado de forma escalonada em cinco anos, que previa a eliminação progressiva das restrições quantitativas e a redução subseqüente da proteção tarifária. Os avanços realizados nessa direção durante o governo Chun Doo Hwan foram inegáveis. O percentual dos itens sujeitos a restrições quantitativas caiu de 20% para 5%, entre 1983 e 1988. No mesmo período, a taxa tarifária média foi reduzida de 23,7% para 18,1% (cf. Haggard, 1994, p.99) – e no ano seguinte desceu ainda mais, atingindo a marca de 13% (Gokarn, 1995, p.47).

Esse programa foi implementado cuidadosamente: começou pelos segmentos mais competitivos, e cada etapa foi anunciada previamente para minimizar o seu impacto adverso sobre setores determinados da economia. Mesmos assim, sofreu forte oposição de vários setores sociais, com destaque para os produtores agrícolas e os pequenos e médios empresários, tornando-se um dos temas centrais da campanha que o movimento estudantil movia contra o governo ditatorial de Chun Doo Hwan. Em plena crise política, no segundo semestre de 1997 a implementação do programa foi interrompida, para ser retomada apenas no ano seguinte, quando o governo de transição encabeçado por Roh Tae Woo deslanchou outra rodada de liberalização econômica (cf. Haggard, 1994, p.99).

Gradualismo, pois. Entretanto, para o grande parceiro comercial da Coréia, ele não constituía problema. Inaceitável era a resistência das autoridades em atacar as formas indiretas e menos tangíveis de protecionismo. Três casos ilustram bem a natureza desses obstáculos institucionais e o tipo de reação que eles suscitam na diplomacia comercial norte-americana.

O primeiro diz respeito à definição de padrões e certificados industriais considerados discriminatórios pela USTR. Sob ameaça de sanção prevista na Super 3001 da Legislação Comercial dos Estados Unidos, a Coréia do Sul se compromete a aceitar os padrões e certificados aceitos internacionalmente, em maio de 1986.

O segundo refere-se à utilização do poder de compra do setor público como instrumento de política industrial. Pelas mesmas razões presentes no caso anterior, em junho de 1990 a Coréia assinava o Código de Compras Governamentais da Rodada de Tóquio, obrigando-se a liberalizar algumas políticas de compras, especialmente no campo das telecomunicações.

O terceiro tem a ver com o setor emblemático da trajetória exitosa da industrialização coreana: o automobilístico. Vimos como a Coréia se singulariza entre os países em desenvolvimento pelo sucesso na montagem de uma indústria automobilística assentada no capital nacional e dotada de grande capacidade exportadora. Podemos apontar agora a outra face desse feito: a quase total impermeabilidade do mercado coreano aos produtos fabricados em outros países. Esse fato poderia ser explicado pela austeridade dos padrões de consumo da população coreana, mas para as autoridades comerciais norte-americanas a inapetência diante das máquinas possantes que saíam de seu parque industrial traía uma indisfarçável distorção dos princípios do "comércio justo" (*fair trade*). Nesse momento, o primeiro Bush estava empenhado em uma cruzada pela abertura do mercado japonês, usando a noção de "impedimentos estruturais ao comércio" como mote para as negociações bilaterais abertas com o Japão para aquele efeito. A pressão sobre a Coréia foi intensificada no governo Clinton. Em meados de 1995, registram os autores de um competente estudo sobre as reformas econômicas e política na Coréia, a USTR estava ameaçando a Coréia pelos obstáculos criados à importação de automóveis. O trecho que citamos a seguir é bastante esclarecedor quanto à natureza dos referidos dispositivos.

> Seul reagiu de maneira limitada a reduzir a confusão de tarifas, taxas e direitos de licenciamento impostos aos carros estrangeiros que os tornavam duas vezes mais caros que os modelos domésticos. Em janeiro de 1995, o governo reduziu as tarifas de importação de todos os carros para 8% em modelos custando mais de $ 89.000, e levantou a proibição de anúncios de televisão para carros estrangeiros. O governo também concordou em remover barreiras comerciais não tarifárias – por exemplo as que requeriam que auditores fiscais visitassem pessoas que comprassem veículos estrangeiros. (Kirby & Harris, 1996, p.251)

O mesmo padrão combinando gradualismo cauteloso na introdução de mudanças e disposição renitente de conservar instrumentos efetivos de intervenção no funcionamento do mercado pode ser visto na reforma do sistema financeiro. Como sabemos, ela começa, entre 1981 e 1983, com a privatização dos principais bancos públicos. Por muito tempo, porém, o governo continuou controlando estritamente o crédito bancário, tarefa facilitada pela prerrogativa que continuou exercendo de nomear os dirigentes das entidades de cuja propriedade formal se desfazia.

Estranho como possa parecer, esse imenso poder de interferência se explica, em grande medida, pelas circunstâncias em que o processo de privatização bancária foi levado a cabo. Elas já foram aludidas na seção precedente deste estudo: no final da década de 1970 a economia coreana enfrentava os problemas criados pelo volume excessivo de investimentos e a redundância de projetos em fase de implantação nas áreas incentivadas pelo Plano de Desenvolvimento da Indústria Química e Pesada. Fonte de desequilíbrios macroeconômicos inquietantes, em outro plano esses problemas se traduziam em fator de crise para as instituições financeiras, que tinham alimentado os investimentos dos grandes grupos econômicos e agora se viam carregadas de créditos não recuperáveis. Salvos de falência pela intervenção providencial do Estado, os bancos agora privatizados estavam à mercê da política do Banco da Coréia (cf. Rhee, 1994, p.210).[14]

Nesse período, porém, o sistema financeiro coreano atravessava uma fase de grande mudança, com a quase total eliminação do mercado paralelo de dinheiro (*curb market*) e o crescimento explosivo das instituições financeiras não bancárias, que operavam com investimentos, seguros, ações e títulos de toda ordem. A queda da participação do crédito bancário no total do crédito expressa bem esse fenômeno: ela caiu de 63% para 55% entre 1980 e 1984 (ibidem).

Tratava-se de um desenvolvimento previsto e desejado. Desde o início da década de 1960, o primitivismo do sistema financeiro tinha sido identificado por consultores internacionais como uma das maiores fragilidades da economia coreana. Sob o regime de "repressão financeira" vigente, a artificialidade das taxas de juro (baixas nas linhas oficiais de crédito e excessivamente elevadas no mercado paralelo) era uma fonte importante de ineficiência e um obstáculo ao desenvolvimento do sistema financeiro amplo, diferenciado e capilar requerido pela complexidade da economia moderna. Vinte anos depois, no bojo da crise, essa avaliação era formalmente incorporada nos documentos oficiais do governo coreano, e se convertia em diretiva de ordem prática.

> Outros esforços serão feitos para promover a operação eficiente do mercado financeiro. Atenção especial será dada à desregulamentação e desenvolvimento das instituições financeiras. O aprofundamento financeiro deverá se acelerar, aumentando o fluxo de fundos mediante instituições financeiras não bancárias e o mercado de ações.[15]

Para os formuladores do plano, além dos ganhos de eficiência esperados, a liberalização financeira tinha a função de reduzir a concentração do poder econômico, ao franquear às pequenas e médias empresas novas e mais atraentes fontes de crédito. Não foi exatamente esse o resultado obtido. Embora o Ministério de Finanças tivesse o poder para ditar as taxas de juros praticadas pelas entidades financeiras não bancárias, sua proliferação criava espaço para que os *chaebols* contornassem as regras sobre

---

[14] Os dados a seguir dão uma idéia mais precisa do tamanho do rombo. "Even after Chun scaled down the heavy and chemical industrialization drive and subsided mergers and acquisitions with relief loans and loan write-offs in 1981, 11 percent of total loans of the five major commercial banks were still nonperforming in 1984. By 1985, 78 firms with a total debt of 9,8 trillion won (25 percent of the deposit money banks' loans and discounts) were failing. In the next two years, his regime generously rescheduled or wrote off 74 percent of the non-performing loans, financed through special assistance of three trillion won from the central bank." Kim, B.-K., 2003, p.59.

[15] *Summary Draft of the Fifth Five-Year Economic and Social Development Plan, 1982-1986*, p. 31, apud Kong, 2000, p.76.

empréstimos e propriedade bancários. Sob o incentivo adicional dos altos juros decorrentes da política monetária restritiva adotada pelo governo no período, os *chaebols* desenvolveram uma política agressiva de compras, e no final da década exerciam o comando sobre a metade do universo total das instituições financeiras não bancárias (cf. Bernard, 1997, p.229).

Os grandes grupos econômicos deram outra demonstração de seu poder de fogo ao manobrarem com êxito para assumir o controle dos bancos privatizados. O governo tentara evitar esse efeito por meio de uma série de mecanismos, entre os quais o estabelecimento de um teto inferior a 10% à participação de cada acionista individual no total das ações dos bancos comerciais. Todavia, o governo não tinha como impedir a transação com títulos de propriedade. Em alguns anos, os bancos privatizados estavam nas mãos dos *chaebols* – não mais conglomerados industriais, como no passado, mas grupos empresariais híbridos nos quais a lógica da acumulação financeira falava cada vez mais alto.

Vamos encontrá-los na linha de frente da campanha pelo aprofundamento da reforma. Interessando-os, como capitalistas financeiros – sequiosos de maior liberdade para gerir os seus negócios –, a liberalização financeira era importante para eles, também, em sua qualidade de grupos industriais. Dadas a internacionalização crescente de seus negócios e as elevadas somas de capital requeridas para a realização dos programas de reestruturação que projetavam; dados ainda os diferenciais entre as taxas de juro domésticas e as vigentes no mercado internacional, a facilidade para captar recursos no exterior tornava-se para os grandes grupos econômicos coreanos um bem de primeira necessidade.

As demandas de abertura externa aumentavam também no plano internacional. Elas surgiam no contexto da grande transformação operada no sistema financeiro internacional no final da década de 1970, com a quebra do padrão ouro-dólar e as políticas de desregulação conduzidas pelos governos Thatcher e Reagan. Assistia-se, então, a uma verdadeira explosão de novos instrumentos e novos agentes financeiros, todos altamente interessados na ampliação dos espaços para a colocação lucrativa de investimentos. A princípio, a pressão sobre a Coréia não foi muito forte. Ela cresce partir de 1985, com a derrubada dos obstáculos geopolíticos a seu exercício. E ganha intensidade máxima nos anos 1990, quando os administradores dos fundos de investimento, baseados nos países capitalistas desenvolvidos, passam a reclamar a abertura do mercado coreano de ações, apoiados sistematicamente pela diplomacia econômica norte-americana.

Na confluência entre esses dois movimentos (interno e externo), distintas alianças se formam em torno de distintos aspectos da liberalização financeira. Conjuntamente, elas empurram e aprofundam o processo de reforma na área por mais de dez anos (ibidem, p.232).

Ela se desdobrou em várias etapas: 1988, 1991, 1993, 1995... Nesse momento, o governo civil de Kim Young Sam já havia lançado o seu projeto de globalização (*segyehwa*) e preparava o país para pleitear o ingresso na OCDE. Em março de 1995, a Coréia apresentava formalmente sua candidatura. Um ano e meio depois, em outubro de 1996, era convidada a associar-se. A entrada nesse clube seleto testemunhava os avanços produzidos na harmonização de seu quadro institucional àquele vigente nas economias capitalistas avançadas. A esta altura, as taxas de juro estavam quase totalmente desreguladas; os bancos tinham adquirido liberdade para aumentar o capital, estabelecer agências e explorar outras atividades financeiras; as "corretoras de valores" podiam fazer operações de câmbio, que tinham sido significativamente liberalizadas; a bolsa de valores estava aberta aos investidores estrangeiros, que estavam autorizados também a negociar com títulos públicos e privados, ao passo que os residentes podiam investir em ações no exterior e tomar empréstimos comerciais no mercado externo sem autorização prévia.

Apesar disso, o mercado financeiro coreano continuava relativamente fechado aos investidores estrangeiros. A participação deles no capital social das empresas cotadas em bolsa estava sujeita ao teto de 20%, com participações individuais limitadas em 5%; os investimentos externos em títulos domésticos também estavam sujeitos a restrições quantitativas; a moeda coreana não era conversível, e o governo desencorajava o desenvolvimento de mercados externos com instrumentos denominados em won. Ao ingressar na OCDE, o governo coreano usou amplamente o mecanismo da exceção e aceitou apenas 65% de seus códigos de liberalização na área de serviços financeiros (contra a taxa média de 89% de aceitação vigente no organismo). Na avaliação do autor do estudo de onde extraímos esses dados, mesmo com o plano de liberalização financeira anunciado no final de 1995, "o sistema financeiro da Coréia do Sul permanecia entre os mais reprimidos na Ásia" (Noland, 2005, p.17).

Como sói acontecer nesses casos, o caráter mitigado da reforma financeira coreana reflete, em primeiro lugar, divergências de fundo no aparelho de Estado. Já fizemos menção a eles na seção anterior deste capítulo. Cabe observar que as tensões entre liberais e "intervencionistas" – desejosos de articular reforma financeira e políticas industriais indutivas – voltam a se manifestar na década de 1990, agora sob a forma de um conflito entre o Ministério das Finanças e o EPB (*Economic Planning Board*), curiosamente transformado em bastião do ultraliberalismo. Em dezembro de 1994, o presidente Kim Young Sam procura sanar as desavenças fundindo os dois órgãos no superministério de Finanças e Economia. Segundo Michael Bernard, ao fazer isso ele pretendia garantir a supremacia do antigo EPB, mas os quadros do MOF teriam conseguido se impor, frustrando os defensores da abertura financeira radical (Bernard, 1997, p.232).

Seja como for, esse resultado só se torna compreensível quando recolocamos em cena os *chaebols*. A abertura financeira era essencial para eles, como já vimos. Mas ela encerrava igualmente riscos enormes, que estavam dispostos a evitar. Estruturas empresariais de base familiar, operando tipicamente com alto coeficiente de endividamento e baixa sensibilidade às expectativas dos acionistas, em um ambiente desregulado esses grupos poderiam se converter em vítimas fáceis de tentativas de aquisições hostis. Dada sua posição de força no país, essa ameaça só podia vir de fora. As regras restritivas ao investimento estrangeiro eram medidas cautelares que preveniam eventualidades desse tipo.

Contudo, era apenas na esfera financeira que o enorme poder dos grupos econômicos punha obstáculo ao aprofundamento das reformas liberais. Por vias completamente distintas, elas limitavam também o alcance da reforma do setor público. Ingrediente básico do modelo internacionalmente difundido, ela constava do pacote coreano de reformas, naturalmente. No segundo semestre de 1993, o governo criou um Comitê de Reforma Administrativa, que emitiu milhares de medidas de desregulamentação no ano seguinte, principalmente na área econômica. Como se poderia imaginar, a alfândega foi um dos principais focos da iniciativa (cf. Kirby & Harris, 1996, p.254). O programa de reforma do setor público previa, além disso, a privatização de empresas públicas. Nesse campo, porém, a concentração do poder econômico embaraçava a ação dos reformadores, como fica patente no comentário abaixo citado.

> Em março de 1994 o governo iniciou seu programa para transferir 68 das 133 empresas públicas ao setor privado através de leilões em um período de quatro anos. Entretanto, em pouco tempo o programa começou a enfrentar dificuldades. Tornou-se claro que os *chaebols* eram os únicos grupos empresariais em condições de comprar essas companhias. Assim, uma parcela cada vez maior do poder econômico do país acabaria concentrada em suas mãos. (ibidem, p.256)

A maneira pela qual o governo coreano procurou contornar o problema foi típica: baixou uma medida impedindo os trinta maiores grupos econômicos de participar dos leilões – o que despertou reações acerbas e previsíveis da Federação Coreana das Indústrias. No entanto, a insuficiência dessa ordem de expediente era óbvia. Pouco depois, ao elaborar o grande programa de investimento em infra-estrutura necessário para preparar a economia coreana ao ambiente de concorrência acirrada que se anunciava após o encerramento da Rodada Uruguai do Gatt, o governo via-se diante do mesmo dilema. Obrigado a se valer dos fundos privados para levar a efeito os seus planos, como evitar que os *chaebols* acabassem, mais uma vez, como os maiores beneficiados? (ibidem, p.256).

O problema da alta concentração do capital e das formas de concorrência estava na agenda do governo coreano desde o início dos anos 1980. Assim, já em setembro de 1980, com o *Strengthening of Business Firms Financial Status*, ele procurava restringir o recurso abusivo à especulação imobiliária pelos grupos econômicos, alterava o sistema de liquidação corporativa e introduzia o sistema de auditagem externa nas sociedades anônimas por ações. Essas medidas foram acompanhadas da edição do *Monopoly Regulation and Fair Trade Act*, que proibia formalmente práticas tais como discriminação de preços, obstrução da entrada de firmas rivais no mercado e formação de cartéis. Em 1984, essa lei foi emendada para limitar a estratégia de participações cruzadas características dos *chaebols* (Rhee, 1994, p.155).

No entanto, essas iniciativas não produziram grandes efeitos. Além das inúmeras brechas existentes nos textos legais, a agência criada para implementar suas disposições – a Comissão Coreana de Comércio Leal (*Korea Fair Trade Commission*) – tinha *status* secundário no organograma da administração e encontrava parco apoio no EPB, onde estava alocada, para levar adiante sua missão (Kim, B.-K., 2003, p.60-1).

Para os militares que derrubaram o governo interino e promoveram a investida brutalmente repressiva que conhecemos, a tomada de distância, ainda que simbólica, dos grandes grupos econômicos era uma necessidade política. No período de transição democrática, as razões para manter essas distâncias se multiplicaram. Na ocasião, os *chaebols* estavam no centro do debate político, expostos à crítica cruzada dos economistas liberais – que os condenavam como expressões de uma forma de organização empresarial ultrapassada, mantida à custa de rendas monopolistas e créditos subsidiados dos bancos estatais – e da opinião pública, que os via como fator de desagregação da estrutura igualitária da sociedade coreana e principais culpados pelos escândalos de corrupção que abalavam a cena política intermitentemente.

O governo do general Roh Tae Woo respondeu a essas pressões com medidas que davam continuidade às iniciativas de seu antecessor – entre elas, a realização de gestões com vistas à especialização setorial dos *chaebols* – e políticas voltadas para uma questão social das mais delicadas: o custo crescente do solo urbano e a crise crônica de moradias nas grandes cidades – duas pontas de um problema cujo elo central eram os *chaebols*. Um estudo desenvolvido pela agência governamental criada para lidar com a questão dá uma boa medida do tamanho do problema: entre 1974 e 1989, o preço da terra tinha aumentado catorze vezes (três mais do que o crescimento do PNB), e 1.080 pessoas detinham a propriedade de 70% delas (Kwon, 1990, p.31 apud Kong, 2000, p.125). Para enfrentar a crise, o governo adotou uma série de dispositivos visando a coibir os investimentos imobiliários especulativos dos *chaebols* e um amplo programa de construção habitacional dirigido aos setores populares e à classe média.

Tratava-se de medidas cosméticas, que em nada alteravam os padrões de concentração do poder característicos da economia coreana. O mesmo se pode dizer das iniciativas tomadas na presidência de Kim Young Sam. Como vimos, os *chaebols* continuavam incólumes, e seu predomínio seguia limitando em muitos campos as pretensões reformistas do governo... Até que tudo explodiu com crise financeira de 1997.

Desencadeada pela queda do baht, moeda tailandesa, em julho, a crise bateu na Coréia, em plena campanha presidencial, em novembro daquele ano. O relato dos economistas registra a deterioração prévia das contas externas da economia coreana, que vinha acumulando déficits comerciais crescentes desde meados da década, e cuja dívida vinha aumentando aceleradamente. Contudo, esses fatores, isolada ou combinadamente, não abalavam a confiança em sua decantada solidez. Os déficits comerciais tinham caráter cíclico, sendo razoável esperar que fossem revertidos sem maiores dificuldades com o passar do tempo; quanto ao endividamento externo, os indicadores de vulnerabilidade (relação dívida/PNB, e a relação do serviço da dívida) estavam confortavelmente situados dentro das faixas de segurança utilizadas em suas análises pelos organismos internacionais e as agências de avaliação de risco.

É verdade, a quebra, em janeiro de 1997, do maior produtor siderúrgico do país (o grupo Hanbo) – com os escândalos de corrupção que vieram em sua esteira – e, mais importante, a notícia, em abril, de que a Kia Motors – terceiro maior fabricante de automóveis e peça axial do oitavo maior grupo econômico coreano – avançava pelo mesmo caminho podem ser tidos retrospectivamente como sinais precursores. Com efeito, eles expunham uma área de vulnerabilidade perturbadora (alguns meses depois, dezenas de *chaebols* e instituições financeiras associadas compartiam a sorte dos grupos acima mencionados) e punham em foco o aspecto que estaria no centro de todas as atenções desde o advento da crise: a concentração excessiva do capital, as formas distorcidas de concorrência, os padrões de organização e as práticas características dos grupos econômicos.

Entretanto, os referidos sinais não foram devidamente captados. Ainda em novembro, analistas internacionais acreditados continuavam a afirmar que os precedentes do México ou da Tailândia não serviam como referência comparativa para a economia coreana.

A esta altura, a depreciação do won já estava em curso. Ela foi muito rápida – queda de mais de 50% em dois meses. O colapso da moeda tem como contrapartida a quebra da bolsa de valores. Entre as duas ocorrências, um elemento em comum: a fuga precipitada do capital especulativo. Para fazer face a ela, as autoridades monetárias queimam reservas – treze bilhões de dólares no período, cerca de dois terços do total das reservas. Na iminência do *default,* em 21 de novembro de 1997, o governo coreano faz um pedido formal de assistência financeira ao FMI.

Menos de duas semanas depois, em 3 de dezembro de 1997, o acordo emergencial era assinado, e juntamente com o apoio ansiosamente esperado (57 bilhões de dólares, logo seguidos de um crédito suplementar de dez bilhões), o governo coreano engolia a receita amarga convencionalmente aviada pelo FMI em circunstâncias parecidas. Os críticos condenam o pacote pelo efeito recessivo das medidas de curto prazo que ele continha (aperto fiscal e elevação de juros para conter as pressões inflacionárias decorrentes da depreciação do câmbio). Não lhes falta razão: nos dois últimos meses de 1997, a taxa de desemprego deu um salto, passando de 2,6% para 5,9%, e o PIB sofreu uma queda de 6,7% no ano seguinte. Do outro lado, os defensores do programa de estabilização argumentam que a severidade era necessária para restabelecer a confiança externa e que a rápida recuperação econômica provaria o acerto daquelas medidas – já em 1999, a Coréia crescia a 9%; em 2000, ela repete o feito, e depois mantém taxas anuais de crescimento respeitáveis, embora distantes do patamar em que se situavam no período pré-crise. Ao que os seus interlocutores retrucam afirmando que esse comportamento não decorre das supostas virtudes do programa, mas da guinada dada pelo governo no meio tempo, ao adotar políticas expansionistas para debelar a crise.

Não vamos nos deter nessa polêmica, parte do debate de caráter mais geral sobre a qualidade das políticas do FMI e o papel desta instituição, que adquiriu intensidade inédita com a crise asiática. No pacote do FMI, o que nos interessa são as cláusulas relativas às reformas estruturais. E elas não podiam ser mais draconianas.

Com efeito, além de medidas adicionais de abertura externa, o programa do FMI previa a implementação de reformas de grande envergadura no sistema financeiro, na organização empresarial e no mercado de trabalho, de acordo com um cronograma estrito, todas elas voltadas para o objetivo de promover a internacionalização da economia e reforçar a disciplina do mercado, nos seus mais diversos aspectos.

Um simples apanhado de algumas das principais medidas adotadas nos primeiros anos do mandato de Kim Dae Jung em conformidade com esse programa será o bastante para dar uma idéia da profundidade da mudança proposta.

No tocante ao sistema financeiro, a reforma aprovada em 29 de dezembro de 1997 previa o fechamento das instituições em situação falimentar e a reestruturação daquelas tidas como viáveis. Seguindo esse roteiro, em menos de um ano o governo, que naquele momento já tinha fechado nove bancos de investimento, suspendeu cinco bancos e encerrou as atividades de 88 instituições financeiras não bancárias. Além disso, reestruturou alguns grandes bancos falidos e os pôs a venda, em seguida.

Mas essas eram medidas emergenciais. Para atacar os fatores identificados como causas estruturais da crise, a reforma contemplava um conjunto de medidas de grande alcance, que mudavam drasticamente a organização do sistema financeiro e da indústria coreanas. Os controles sobre as taxas de juros foram inteiramente abolidos; foram levantadas as limitações à propriedade estrangeira de instituições bancárias, sendo facultada aos sócios estrangeiros a indicação de diretores para elas; foi promovida a plena abertura do mercado para negociação de todos os tipos de instrumentos financeiros de curto prazo; e foi também completamente aberto o mercado de ações, com a eliminação dos tetos para a participação acionária dos investidores estrangeiros. Complementando essas medidas, o governo estabeleceu regras prudenciais e dispositivos de supervisão sobre o sistema financeiro, tendo reforçado, ainda, os padrões contábeis e as regras de publicidade (*disclosure*) para ajustá-las à prática internacional. A partir da reforma, os balanços das instituições financeiras coreanas seriam auditados por firmas internacionais de reputação reconhecida (cf. Kim, J.-Y., 2002).

Em outro plano, para atacar o lado "real" da crise financeira, os gestores da reforma retomaram a velha receita do redesenho setorial dos grupos econômicos, só que agora apoiados em poder coercitivo incomparavelmente maior. Frustrada mais de uma vez no passado pela resistência tenaz dos *chaebols*, desta feita a reestruturação industrial foi promovida com sucesso, ainda que muitas vezes sob o ranger de dentes. Operando por meio de entidades especificamente voltadas para esse fim, dos quais a mais importante era o Kamco (*Korea Asset Management Corporation*, antiga subsidiária do Banco de Desenvolvimento Coreano), o governo buscou sanear a situação dos grupos econômicos mediante a troca de ativos, a montagem de esquemas de associação entre empresas, ou a simples transferência do controle, em muitos casos para grupos internacionais.

O Quadro 12 resume as informações mais importantes sobre essas operações, tal como se desenvolveram nos quatro anos que se seguiram à crise.

Contudo, aos olhos dos condutores da reforma e de seus conselheiros internacionais, a recomposição societária não era suficiente. Boa parte dos problemas de fundo que levaram à crise provinha, em seu diagnóstico, da forma característica de organização dos grupos econômicos coreanos. Para superá-la e abrir o caminho em direção a um novo modo de desenvolvimento, era preciso alterá-los, em sua estrutura e em seus padrões de atuação. Numa palavra, era preciso quebrar os *chaebols*.

Essa a idéia reguladora do programa de reforma corporativa esboçado depois do encontro de Kim Dae Jung com os líderes dos vinte maiores *chaebols*, em janeiro de 1998. Nele foram estabelecidos cinco princípios para a reestruturação dos grupos econômicos, todos eles pouco compatíveis com o seu modo de ser e agir: transparência, redução das garantias cruzadas de débito; diminuição do coeficiente de endividamento; enxugamento de atividades; prestação de contas (*accountability*).

Quadro 12 – O estado dos "grandes negócios"

Tipo de indústria	Conteúdo do acordo em dezembro de 1998	Estado ao final de 2001
Automóveis/eletrônica	Troca de negócios entre a Motores Samsung Motors e a Daewoo Electronics	Samsung Motors foi vendida para a Renault Venda da Daewoo Electronics para investidores ou fabricantes estrangeiros está em andamento Daewoo Motors a ser vendida para a General Motors*
Semicondutores	Aquisição da LG Semiconductors pela Hyundai Electronics	Hyundai Electronics assumiu a LG Semiconductors em junho de 1999 Hynix (novo nome da empresa) posta à venda para a Micron Technology
Refino de petróleo	Aquisição do negócio de refino de petróleo da Hanwha Energy pelo Hyundai Oilbank	Hyundai Oilbank concorda em assumir o negócio de refino de petróleo da Hanwha Energy em abril de 1999 Diligências completadas em junho de 1999
Petroquímica	Estabelecimento de uma empresa mediante fusão entre a Hyundai Petrochemical e a Samsung General Chemicals	Devido ao atraso da fusão causado pela hesitação do consórcio japonês o negócio foi praticamente desfeito
Geração de energia	Venda do espólio da Hyundai Heavy Industries e da Samsung Heavy Industries para a Korea Heavy Industries, empresa de propriedade do Estado	Espólio da Hyundai Heavy Industries e da Samsung Heavy Industries vendidos à Korea Heavy Industries em novembro de 1999
Motores Marítimos	Venda da divisão de motores da Samsung Industries para a Korea Heavy Industries	As duas empresas concordaram com a fusão numa base de investimentos de 6:4 em novembro de 1999
Vagões ferroviários	Hyundai, Daewoo e Hanjin estabelecem uma empresa conjunta	As três empresas investiram numa base 4:4:2, estabelecendo a Korea Railway Vehicle Co. em julho de 1997
Aeroespacial	Estabelecimento da Korea Aerospace Industries por meio da fusão da divisão aeroespacial da Samsung Aerospace, Daewoo Heavy Industries e Huyndai Space & Aerospace	As divisões aeroespaciais das três empresas foram fundidas na Korea Aerospace Industries em outubro de 1999.

* O negócio foi finalizado em abril de 2002.
Fonte: MOCIE website, Ser (2001a apud Shin, Jang-up & Há-Joon Chang, 2003, p.89-90).

Não tardou muito e esses princípios foram transformados em disposições legais e em regulamentações administrativas de caráter fortemente constritivo para os *chaebols*.

Exemplo disso foi a consagração do entendimento segundo o qual todas as transações internas ao grupo econômico – que por definição são reguladas por preços de transferência, não pelos de mercado – configurariam "práticas desleais de comércio", sendo passíveis, portanto, de sanção judicial. De acordo com ele, a *Fair Trading Commission* abriu investigações sem precedentes contra os maiores *chaebols*, que no período 1998 e 2000 foram multados em cerca de duzentos milhões de dólares (Shing & Chang, 2003, p.94).

Outro golpe poderoso contra os *chaebols* foi a liberalização de fusões e aquisições. A pretexto de impor a disciplina do mercado aos grupos econômicos, o governo suprimiu as regras que limitavam essas operações. Nesse sentido, duas medidas merecem destaque: a que aboliu as restrições sobre o percentual que uma companhia podia ter no capital social de outra – forte obstáculo às aquisições hostis – e a abertura desse mercado a estrangeiros (ibidem, p.99).

Entre as providências que objetivam reduzir o poder discricionário dos controladores devem ser mencionadas ainda a exigência de publicação de balanços consolidados dos grupos, a exigência de nomeação de diretores externos (25% do quadro de diretores da empresa) e o estabelecimento de comitês de auditoria, com reforço correspondente dos direitos dos acionistas minoritários.

Nesta breve exposição sobre as medidas adotadas em consonância com o estabelecido no acordo com o FMI, deve ser aludido ainda o programa de reforma do setor público (mais desregulamentações e privatização de onze empresas – entre as quais a Posco, a Korea Heavy Industries, a Korea Telecom e a Korea Gas – que respondiam, em seu conjunto, por cerca de 75% do emprego e cerca de 60% do faturamento do setor público empresarial (ibidem, p.4)), e a reforma trabalhista, que facilitou acordos sobre demissões, redução de salários e redução de jornada – essas medidas eram tidas como indispensáveis para dar maior flexibilidade ao mercado de trabalho e viabilizar a reestruturação das empresas em dificuldades.

A recuperação da economia coreana foi surpreendentemente rápida. Mais uma vez puxada pelas exportações, já em 2000 ela reencontrava o caminho do crescimento, e voltava a exibir taxas invejáveis, embora bem menores do que as colhidas em tempos passados. Mas agora, ao contrário do que se dera na crise dos anos 1980, ela saía da crise com um perfil drasticamente alterado.

Com a retomada do crescimento, a taxa de desemprego voltou rapidamente ao nível vigente antes da crise. A estrutura do emprego, porém, não era mais a mesma: o número de trabalhadores irregulares (temporários e diaristas) aumentou em 10,9% entre 1997 e 2000, passando de 46,8% para 52,3% da força de trabalho no período (ibidem, p.11). Com a reforma, aumentou significativamente também a desigualdade de renda: no mesmo período, o índice de Gini passou de 0,283 para 0,317; os 20% mais ricos, que ganhavam 4,32 vezes mais do que os 20% mais pobres em 1997, ganhavam 5,57 vezes mais em 2000 (ibidem, p.14).

O que impressiona mais, entretanto, é o avanço na internacionalização da economia. Como já pudemos ver na segunda parte deste relatório, o investimento externo na Coréia aumentou significativamente no período pós-crise, mas esse dado só ganha pleno significado quando levamos em conta a maneira como esse investimento se efetua. Ora, o que informações apresentadas na Tabela 44 indicam é que a maior parte dos recursos internalizados dirigiu-se a operações de fusões e aquisições de ativos, não para empreendimentos novos, ou à ampliação da capacidade produtiva.

Tabela 44 – Investimento externo e operações de fusão aquisição de empresas na Coréia

	1995	1996	1997	1998	1999	2000	2001
Fluxo de Investimento Externo	1.776	2.325	2.844	5.412	9.333	9.283	3.198
Fusões e Aquisições	192	564	836	3.973	10.062	6.448	3.648

Fonte: UNCTAD apud Sohn, 2002, p.576.

De acordo com o autor do estudo do qual extraímos a tabela, as empresas estrangeiras expandiram de tal forma sua participação no mercado coreano por meio dessa política agressiva de compra de ativos que passaram a responder por mais de 50% da produção de produtos petroquímicos, papel, fármacos e produtos alimentícios, e mais de 70% dos mercados de ácido acético, papel de alumínio, guardanapos de papel, absorventes femininos e materiais poliuretanos (Sohn, 2002, p.576). A Tabela 45 fornece uma imagem mais detalhada do espaço que o capital estrangeiro ocupava nos diversos ramos industriais quando a economia coreana estava saindo da crise.

Nos anos seguintes, a participação estrangeira aumentou, estendendo-se a outros ramos importantes, como a indústria automobilística. E sua presença não ficou restrita à indústria. No sistema bancário, ela se tornou tão ou mais importante, como sugerem os dados reunidos na Tabela 46.

À luz desses dados, talvez não haja exagero no juízo que encerra o trecho transcrito abaixo.

o capital estrangeiro fez uma entrada significativa na bolsa de valores. Como parte do programa de reformas, a bolsa foi completamente aberta aos estrangeiros a

Tabela 45 – Presença estrangeira no setor manufatureiro

Setor	Indústria	Participação no mercado (%)	Empresa estrangeira
Petroquímica	Ácido acético MDI Carbono black	83,8 73,6 69,0	BP (Inglaterra), Basf (Alemanha), Mitsui Chemicals (Japão), Degu (Alemanha), Columbian Chemicals (EUA)
Máquinas	Alumínio prensado	80,0	Alcan (Canadá), Alcoa (EUA)
Papel	Papel para jornal Fraldas Absorventes higiênicos	73,0 76,8 75,6	Papko, Bowater (EUA), P&G (EUA), Kimberly Clark (EUA) P&G (EUA), Kimberly Clark (EUA)
Farmacêutica	Insecticidas	55,0	SC Johnson (EUA), Clorox (EUA)
Alimentos	Sementes Cerveja Refrigerantes	59,2 51,0 57,1	Seminis (EUA), Novartis (Suíça) Inter Blue (Bélgica) Coca-Cola (EUA)
Outras	Filmes Dry cell DB	57,8 98,0 70,0	Eastman Kodak (EUA), Agfa (Alemanha) Gillette (EUA) Oracle (EUA), Sybase (EUA)

Fonte: Yoo, 2000, p.21 apud Lee, S.-J. & Han, 2006.

Tabela 46 – Internacionalização do sistema bancário

Nome do banco	Status atual	Principal investidor estrangeiro	(%)
Kookmin Bank	9,33% das ações do governo coreano estão em processo de venda pública	Us Capital Group ING	5,01 3,87
Shinham Holding Co.	Controla 100% do Shinaham Bank e 80% of Chonung Bank	BNP Paribas	4
Hana Bank	A Korea Deposit and Insurance Corporation é a maior detentora de ações para 21,66%, mas o City Bank surge como novo parceiro	Allianz	8,16
Foreign Exchange Bank	Koea Export –Import Bank controla 14%	Lonestar Komertz	51 14,75
Hanmi Bank	O Carlyle Fund está em processo de vender suas ações	Carlyle Consortium Standard Charters	36,6 9,76
Korea First Bank	A Korea Deposit and Insurance Corporation tem 51,4%, mas a New Bridge controla a administração	Newbridge Capital	48,6
Woori Holding Co.	Planeja privatização pela venda de 86,84% das ações detidas pela Saving Corporation	Lehman Brothers	2,8

Fonte: Seri, 2003, apud Lee, S.-J. & Han, 2006.

partir de maio de 1998. Como resultado, o peso das ações de propriedade estrangeira na capitalização de mercado da Bolsa Coreana de Valores (KSE) elevou-se de 14,6% ao fim de 1997 para 21,9% em 1999, para 30,1% em 2000 e para 36,8% em 2001. Hoje, ações de propriedade estrangeira atingem mais de 50% em muitas das principais empresas coreanas, incluindo a Eletrônica Samsung, Posco, Motores Hyundai e o Banco Kookmit. Se olharmos para a estrutura da propriedade das principais empresas e bancos comerciais coreanos, a Coréia é hoje dominada pelo capital estrangeiro, um giro de 180 graus de seu modelo "nacionalista" de gestão econômica do passado. (Shing & Chang, 2003, p.1008-9)

Apesar de tudo, os *chaebols* continuam compondo a paisagem econômica dessa "nova Coréia". Favorecidos pelas condições criadas com a recuperação econômica, eles adotaram uma série de estratagemas para contornar as regras adotadas para destruí-los, sem afrontá-las, e empregaram todo o poder de barganha que lhes restava para ampliar suas oportunidades de ganho sem abrir mão da forma de organização que lhes era própria. Sobreviveram, mas como fruto de vitórias obtidas em combates travados na retaguarda. Com a crise, os *chaebols* sofreram uma derrota estratégica. Outrora detentores de um poder incontrastável, ainda fazem pesar seus interesses, mas agora na condição modesta de uma "burguesia interna" – para usar a expressão cunhada por Poulantzas para caracterizar nos anos 70 do século XX a burguesia européia.

O que dizer diante desse quadro? Coréia, uma economia desenvolvida, finalmente "normalizada"? Os críticos afirmam que não. Para estes, a Coréia continua padecendo de insuficiências e fragilidades graves – necessitada, portanto, de um Estado com funções desenvolvimentistas, embora com políticas ajustadas às condições de integração mais funda na economia internacional, ela mesma profundamente mudada.

Não vamos entrar nesse debate. Terminaremos este capítulo com uma reflexão que nos remete ao argumento esboçado em suas primeiras páginas. Os críticos têm toda razão quando identificam no programa do FMI o interesse da comunidade financeira internacional em forçar a abertura da Coréia e recompor sua economia segundo os padrões do "capitalismo patrimonial" característicos do assim chamado "modelo anglo-saxão". Seria um equívoco, porém, atribuir as transformações realmente observadas à aceitação passiva ao *dicktat* de um poder externo. Como pudemos indicar em várias passagens deste estudo, a reforma liberal da economia coreana resultou inicialmente de um jogo complexo de pressões, à frente do qual – junto com os tecnocratas neoliberais – estavam os *chaebols* com seus representantes intelectuais e políticos. No segundo tempo, o jogo se inverte, os grupos econômicos são postos na berlinda e a reforma passa a ser conduzida por Kim Dae Jung, um crítico notório de suas práticas obscuras e suas ligações constitutivas com o Estado. Boa parte das medidas adotadas no calor da crise, com a retórica antimonopolista que as justificava, constava havia muito da plataforma desse político – as passagens citadas em epígrafe dão ao leitor uma boa mostra. Na crise, essa retórica ganha caráter oficial. Assistimos, então, a uma verdadeira "demolição discursiva" do modelo coreano de desenvolvimento, na feliz expressão de um observador avisado (Hall, 2002). A abertura – com a tentativa de desmonte dos *chaebols* nela envolvida – tem profundas raízes domésticas, pois. Mas fica de pé o problema. Como entender essa reversão, que transforma de um dia para outro os grandes grupos econômicos de senhores em vítimas de um processo que eles próprios iniciaram?

Escrito anos antes da crise de 1997, a hipótese de Carter J. Eckert – ao lado de Cumings, um dos maiores especialistas norte-americanos em estudos coreanos – nos dá a chave para o enigma. No seu entender, a grande burguesia coreana era uma classe em crise crônica de legitimidade. Nascida no período colonial, manchada pela colaboração com o poder japonês, esta burguesia continuava suspeita pela relação privilegiada que mantinha com o Estado, terreno onde vicejava todo tipo de negócios escusos. Herdeira de uma classe de aristocratas – os *yangbans* – essa burguesia trazia para o mundo da economia moderna os resquícios do desprezo tradicional pelo trabalho físico e dos padrões autocráticos que presidiam as relações de seus antepassados com escravos e camponeses. Essas e outras razões tornam inteligível a situação expressa no juízo que se segue: "a despeito de sua riqueza e crescente influência política, a burguesia coreana continua uma classe decididamente não hegemônica, alienada da própria sociedade em que continua a crescer" (Eckert, 1993, p.96).

Eckert concluía seu ensaio com uma nota de cauteloso otimismo. Embora salientasse a distância que ainda a separava desse estado, ele não descartava a possibilidade de que a burguesia coreana viesse a se tornar hegemônica no futuro. Todavia, indicava as condições dentro das quais esse desfecho surgia como plausível: não um triunfo político sobre o Estado, mas uma vitória ideológica, exprimindo o fato de que "os capitalistas sul-coreanos conseguiram finalmente identificar-se mais estreitamente com as aspirações e valores de um amplo espectro de classes e grupos em sua sociedade" (ibidem, p.130).

Os acontecimentos posteriores deslocaram para um futuro muito distante qualquer expectativa nesse sentido. O penúltimo ano do governo Kim Young Sam foi marcado pela discussão sobre a reforma da legislação do trabalho. As posições confrontadas no debate não surpreendem: de um lado, a frente tecnocrático-patronal advogando a causa da flexibilidade do mercado de trabalho, em nome da qual alguns direitos dos trabalhadores organizados deveriam ser abolidos; de outro, os sindicatos, defendendo essas mesmas vantagens e reivindicando os direitos sociais e políticos que, na prática, nunca lhes tinham sido reconhecidos. Nesse debate, o particularismo e a miopia da grande burguesia coreana se manifestaram mais uma vez, com toda força. A parte mais forte fechada a qualquer concessão, o acordo revelou-se impossível. A reforma foi aprovada mesmo assim, em dezembro de 1996. Mas com enorme custo político. O ano fatídico de 1997 é inaugurado na Coréia por uma onda de greves, que abala a autoridade de seu presidente e lança dúvidas sobre a solidez de sua economia.

Seria arriscado estabelecer uma relação direta entre os dois fenômenos, mas a deterioração do quadro não é um elemento estranho à conjuntura que leva à crise na Coréia. Este é o argumento de Haggard e – dentro desses limites – ele nos parece de todo convincente (cf. Haggard, 2000).

Seja como for, uma coisa parece certa: quando a crise sobreveio, os grandes grupos econômicos coreanos tornaram-se alvo de ataques cruzados e foram obrigados a se defender sozinhos.

7
REFORMAS ECONÔMICAS EM PERSPECTIVA COMPARADA: O CASO ARGENTINO

PARTICULARIDADES DO PADRÃO ARGENTINO DE DESENVOLVIMENTO

A Argentina será uma verdadeira potência se alcançar o auto-abastecimento energético e se promover sua siderurgia e suas indústrias básicas ... Os Estados Unidos resolveram o mesmo problema com o concurso do capital estrangeiro ... Uma vez estabelecidos os itens essenciais da economia que interessa promover – petróleo, aço, carvão, energia elétrica, petroquímica, celulose – e determinado o desenvolvimento correlato das áreas e prover em função exclusiva do intresse nacional, a incorporação do capital estrangeiro ... não submete, mas liberta. (Arturo Frondizi; cf. Gerchunoff & Llach, 2003, p.252)

Se o Estado assume funções empresariais que não pode cumprir, não defende a soberania. Pelo contrário, debilita o aparato produtivo e, portanto, o Estado nacional que nele se sustenta. O gigantismo do setor público resulta em um Estado fraco e débil naquilo que é essencial: seu poder de autodeterminar-se politicamente. (Arturo Frondizi; cf. ibidem, p.276)

Antes, quando a Nação dependia, em grande medida, da iniciativa e do esforço de seus habitantes, e dos "planos individuais de desenvolvimento" de cada um deles, para seu progresso foram construídas estradas de ferro e portos, fundaram-se empresas de navegação, fundaram-se por toda a parte novas e belas cidades, com os serviços públicos adequados. Em suma, o que era praticamente um deserto transformou-se, em menos de quarenta anos, em uma das nações mais prósperas do Novo Mundo. Nos últimos trinta anos, ao contrário, sob a égide de planos de desenvolvimento e de intervenção governamental, produzimos pouco, exportamos menos e vivemos em geral muito pior que há trinta anos ou mais. (Frederico Pinedo, *La Prensa,* 12.6.1961 apud Altamirano, 2001, p.335-6)

Um padrão fático

Devemos começar este capítulo com a expressão de uma dúvida: cabe falar em padrão de desenvolvimento prévio às reformas quando tratamos da Argentina? Incômoda como possa soar, a pergunta brota espontaneamente da constatação da enorme instabilidade que marcou a trajetória desse país na segunda metade do século XX. Se não, vejamos.

No intervalo de pouco mais de vinte anos que medeiam a deposição de Perón, ocorrida em setembro de 1955, e a instalação da Junta militar encabeçada pelo general Vidella, em março de 1976, a Argentina conheceu nada menos que doze presidentes, dos quais apenas quatro chegaram a esse cargo por meio de eleições livres, e nenhum deles concluiu seu mandato. Durante quase a metade desse período, o país foi governado por militares – o que nunca foi garantia de estabilidade política, como a rápida passagem de generais pela presidência (Lonardi (agosto-dezembro de 1955); Aramburu (1956-8); Ongania (1966-70); Levingston (1970-71); Lanusse (1971-73) sugere. Mas não é só isso: tendo convivido até o início dos anos 1990 com a presença ativa das Forças Armadas em sua vida política, a Argentina conheceu nesse intervalo de tempo momentos de aguda conflituosidade, cujo ápice foi atingido em meados dos anos 1970, quando os confrontos armados entre a guerrilha urbana e os paramilitares de direita abriram o caminho para a ditadura mais sangrenta de que se tem notícia no subcontinente sul-americano.

No tocante à economia, o balanço não é menos impressionante. Nesse meio tempo, o comando da política econômica passou pelas mãos de trinta ministros (o que nos deixa com a média de oito meses e alguns dias para cada), e com a dança dos ministros variou também a partitura executada. Desvalorizações cambiais; alterações nos mecanismos de fixação de preços (com a prevalência alternada de dispositivos mais ou menos rígidos de controle e ampla liberdade de mercado); mudanças bruscas nas políticas salarial, tributária e de fomento..., um suceder de programas desencontrados que alteravam significativamente os preços relativos de bens e serviços no país, e se traduziam em taxas de crescimento erráticas e taxas de inflação permanentemente altas, com alguns repiques hiperinflacionários (129,5%, em 1959, e 440% em 1976).

O contraste com a situação prevalecente na passagem para o século XX não poderia ser mais gritante. Então, a Argentina parecia ter encontrado a solução definitiva para o duplo problema de seu papel na economia internacional e de sua organização interna, surgindo como uma história de sucesso sem igual que espalhava inveja por todos os cantos do mundo.

"A experiência argentina é um episódio da expansão da economia européia nos fins do século XIX, e particularmente da economia britânica"

(Ferrer, 1974, p.91). Com efeito, poucas nações terão sido tão profundamente marcadas pela forma de sua inserção no mercado capitalista mundial quanto a Argentina. Uma vez estabelecidos os requisitos institucionais indispensáveis à incorporação do país à dinâmica das metrópoles européias,[1] a Argentina passa a receber dali os impulsos que a levariam a ocupar produtivamente as terras férteis do pampa úmido, recentemente tomadas ao índio, e os recursos (capital, tecnologia e homens), requeridos para uma empresa de tal magnitude. Assim, a partir de 1862, ganha corpo na Argentina um processo de rápidas e profundas transformações estruturais que tornariam irreconhecível sua fisionomia ao cabo de algumas décadas.

Os dados reunidos na Tabela 47 dão uma idéia aproximada do sentido e da amplitude das mudanças a que nos referimos.

Tabela 47 – Argentina: indicadores de crescimento econômico antes de 1930

	Médias Anuais			Taxas Anuais Cresc. %	
	1865-69	1910-14	1925-29	1865-69 1910-14	1910-14 1925-29
Extensão das linhas de ferro (km)	503	31.104	38.435	18,4	1,4
População (milhões)	1.709	7.212	10.970	3,3	2,8
Exportações (milhões de pesos-ouro)	29,6	431,1	–	6,1	–
Importações (milhões de pesos-ouro)	38,0	410,0	–	5,4	–
Área semeada (milhões de hectares)	0,58*	20,62	25,18	8,3	1,3

Fonte: Diáz Alejandro, 1970, p.2.

* Refere-se a 1872.

De 1860 a 1930, a Argentina cresceu a taxas que encontram poucos paralelos na história econômica. O elemento-chave para a explicação desse crescimento é a exportação de produtos agropecuários, possibilitada pelos volumosos aportes de capital dos países europeus em forma de investimentos diretos e de títulos de dívida pública,[2] de um lado, e, de outro, pelo

---

[1] Com a reincorporação da província de Buenos Aires à União e a eleição de Mitre como presidente do país, em 1862, consuma-se finalmente o processo de organização nacional. A superação dos conflitos interprovinciais permite ao governo assegurar a paz interior e, assim, garantir aos imigrantes que passam a afluir em volume cada vez maior condições mínimas de segurança. Por outro lado, com a centralização, o governo passa a contar com os instrumentos necessários para empreender o saneamento das finanças públicas e conquistar nas praças européias a credibilidade indispensável para a captação dos recursos a serem canalizados para as tarefas da modernização do país.

[2] Entre 1860 e 1913, o total dos capitais externos investidos na Argentina ascendia a doze milhões de dólares atuais, correspondendo a 895% do total do capital exportado no mundo, 33% das inversões estrangeiras na América Latina e 42% do total exportado pelo Reino Unido (cf. Ferrer, 1974, p.104).

enorme afluxo de imigrantes, atraídos pelas perspectivas que lhes parecia oferecer uma nação jovem, dotada de solo escassamente povoado e excepcionalmente rico. Pode-se imaginar o significado da integração da economia argentina no mercado mundial se observamos que, em 1929, as exportações agropecuárias representavam 70% da produção total da região pampeana, as exportações totais situavam-se em torno de 25% a 30% do produto bruto, e o mesmo se dava com as importações. Se lembrarmos, ademais, que em 1917, o capital estrangeiro contribuía com uma parcela de 45% para a formação do capital fixo total; que respondia pelo essencial do sistema ferroviário, da infra-estrutura de energia e comunicação; controlava a quase totalidade dos frigoríficos e tinha presença dominante nos circuitos financeiros do país. Ou se registrarmos, por fim, que em 1914 30,3% da população total do país era constituída de estrangeiros, e que na Grande Buenos Aires, de 1899 a 1947 – quando já se interrompera o fluxo migratório – essa relação flutuou entre 40% e 50% (cf. Germani, 1965, p.247 ss. Sobre a população estrangeira na Argentina, consulte Germani, 1955).

A incorporação de mão-de-obra estrangeira no campo argentino efetuou-se sob duas modalidades claramente diversas. Em Entre Rios e Santa Fé – províncias que foram alvo de políticas dirigidas de colonização –, o imigrante cultivava cereais em pequenas e médias propriedades, como produtor independente. Já na província de Buenos Aires, que ocupava a maior parte do pampa, predominava a grande propriedade, e o trabalhador de origem estrangeira dedicava-se à agricultura como arrendatário dos estancieros, cuja atividade principal nunca deixou de ser a pecuária.

A natureza social dessa classe de grandes proprietários tem sido objeto de aceso debate. Contra a visão corrente em certos meios de que ela seria marcada por traços pré-capitalistas – o que explicaria o baixo dinamismo da economia rural argentina quando esgotado o movimento de incorporação de novas terras –, os trabalhos de Sábato e Schvarzer acentuam a modernidade desse grupo e a predominância em sua ação econômica da lógica comercial e financeira, à qual as exigências da produção sempre estiveram subordinadas (cf. Sábato, 1988, e Sábato & Schvarzer, 1988). Recentemente, essa interpretação vem sendo desafiada por vários pesquisadores, que a contestam em sua base empírica e seus fundamentos conceituais (cf. Sawers, 1994; Palácio, 1996; Hora, 2002; Hora, 2000; e a polêmica com J. Schvarzer em *Desarrolo Econômico* n.161, 2001). Não é preciso acompanhar esse debate. Para os propósitos deste estudo basta reter do assunto os dois pontos que se seguem:

1) A sofisticação econômica da burguesia agrária argentina e a diversificação de suas frentes de atividade. Bunge y Born, Tornquist, Menéndez y Braum, Bemberg, Robert... com interesses que se estendiam das

finanças à indústria, do transporte marítimo ao comércio exterior, essa burguesia tinha em seu núcleo poderosos grupos econômicos que deixariam marcas profundas na história econômica e política do país e atravessariam o tempo, alguns deles precocemente lançados em estratégias bem-sucedidas de internacionalização (cf. Sábato, 1988, p.181-201; Lewis, 1990, p.48-78, 165-8, 350-6).
2) O alto grau relativo de tecnicização da agricultura argentina e o nível elevado de salários com o qual ela devia operar. Os modelos clássicos da teoria de desenvolvimento pressupunham uma oferta ilimitada de trabalhadores oriundos do campo, com produtividade marginal tendente a zero. Na observação precisa de um analista arguto,

> O fato de que o setor agropecuário pampeano fosse de alta produtividade e absorvesse trabalhadores, por muitas décadas, teve, seguramente, conseqüências importantes. Os salários que a indústria teve que pagar durante um longo período inicial foram muito mais altos do que em outros países atrasados. Além disso, no primeiro período da industrialização tornou-se muito difícil a formação de indústrias grandes, pois a existência de um mercado interior rico e a falta de trabalhadores especializados incentivaram os trabalhadores das fábricas a criar suas próprias oficinas. (Fodor & Abreu, 1985, p.35)

Caberia mencionar em adição que a existência dessa grande burguesia agrária e do próprio sistema socioeconômico que a contém torna-se incompreensível se não levamos em conta a ação continuada e estruturante do Estado argentino. Na realidade, a constituição daquela economia e desse Estado são dois aspectos de um mesmo processo, que apenas analiticamente logramos separar. Com efeito, a renda oriunda das atividades econômicas ligadas ao comércio exterior, extraída sob a forma de direitos cobrados pela aduana do porto de Buenos Aires, foi um dos fatores decisivos na solução da guerra prolongada que se seguiu à vitória do movimento de maio de 1810 sobre as forças de Espanha. Sabemos que esse conflito opôs a elite de Buenos Aires aos caudilhos do interior e do litoral, em um jogo complexo de alianças, de geometria variável. Convém esclarecer, porém, que a noção de "interior" é empregada aqui em sua acepção meramente física, pois os contornos da unidade política que viria a ser a Argentina de hoje não estavam dados. A solução daquele conflito, que significou também o estabelecimento das fronteiras do território argentino, se deu em três etapas: a) imposição da supremacia de Buenos Aires sobre poderes regionais dispersos; b) aglutinação dos núcleos regionais em uma confederação, que derrota Buenos Aires no campo de batalha, mas não chega a subjugá-la; c) integração de Buenos Aires na federação, e unidade nacional mediante pacto político interoligárquico sob hegemonia portenha; d) e autonomização paulatina do Estado nacional, que passa a dotar-se de aparato militar e burocrático próprio, independentemente da disposição, boa ou má, dos grupos com poder de mando nas províncias. Esse processo tem um marco simbólico: a nacionalização da aduana de Buenos Aires, em 1866. Em seu curso, o Estado nacional em formação redefiniu os quadros que balizavam as atividades econômicas e sociais mediante um conjunto de ações, entre as quais cabe destacar o ordenamento do sistema jurídico, com a regularização e a proteção dos direitos de propriedade; a construção de um sistema monetário integrado, com a centralização do poder de emissão no Banco da Província, sob estrito controle da comunidade financeira de Buenos Aires;[3] a ampliação da infra-estrutura de comunicação e transportes, mediante investimento em obras públicas e garantias de lucro a agentes privados (caso, por exemplo, das ferrovias); a transferência quase gratuita de vastas extensões de terras públicas conquistadas nas campanhas contra os índios ao patrimônio privado de membros da oligarquia.[4]

Em linhas gerais o processo de industrialização na Argentina obedece ao padrão comumente definido como de substituição de importações: apoiado numa base industrial preexistente, respondendo a impulsos gerados no exterior (no caso, as duas grandes guerras e a crise dos anos 1930), expande-se no país inicialmente a indústria leve e, em etapas posteriores, ramos de complexidade crescente, com destaque para a produção de bens de consumo duráveis e de bens de capital.

Embora seu impacto sobre a atividade industrial seja discutível,[5] costuma-se tomar a crise geral da década de 1930 como o marco inicial da industrialização substitutiva. Até então, contava-se com um setor industrial nada desprezível (em 1925-29, a indústria de transformação respondia, sozinha, por 13,2% do Produto Interno Bruto e ocupava 20% da força de trabalho), mas a nota dominante continuava sendo dada pelas exportações de produtos primários, de cujo volume dependia o dinamismo do sistema econômico em sua totalidade. Nesse contexto, a indústria desempenhava papel modesto, embora não desprezível. Se excetuarmos os ramos diretamente vinculados ao setor exportador, a atividade industrial no período concentrava-se nos produtos de alta perecividade e naqueles cujo reduzi-

---

[3] Sobre o processo de criação das bases institucionais da ordem capitalista na Argentina, em sua dupla face – a constituição das estruturas estatais e a formação da grande burguesia –, veja-se a análise extraordinariamente rica de Adelman, 1999.

[4] Para o tema geral desse parágrafo, ver Oszlak, 1997. Nesse estudo notável, colhemos esta informação precisa: "em virtude das leis de 1878 e 1882 o Estado nacional vendeu uma superfície equivalente a mais de 20 milhões de hectares em Buenos Aires, La Pampa, Córdoba, Rio Negro, Mendoz e San Luis" (p.230).

[5] Em artigo de grande repercussão, Villanueva desenvolve uma crítica sistemática à periodização então corrente que apresentava a década de 1930 como ponto de partida da industrialização acelerada no país. Cf. Villanueva, 1972.

do valor unitário fazia incidir mais pesadamente os custos de transporte e as tarifas aduaneiras, tornando competitivos os similares nacionais.[6]

Configuram-se, assim, dois segmentos distintos na indústria argentina: o primeiro, produzindo para o consumo interno, caracteriza-se pela baixa composição média do capital, pelo alto grau de dispersão de suas unidades, pela tecnologia rudimentar que emprega; o segundo consiste em indústrias vinculadas à produção para o mercado externo, altamente concentrado. É grande nesse segmento a participação do capital estrangeiro. Em ambos os segmentos, a presença do elemento não nacional é predominante.

A Argentina viveu a década de 1920 na condição de uma das nações mais prósperas do mundo. Extraindo o maior proveito possível da posição que lhe cabia na divisão internacional do trabalho, gastava as divisas geradas pela exportação de produtos agropecuários na aquisição dos bens de capital, matérias-primas e produtos intermediários indispensáveis ao funcionamento de seu aparelho produtivo, e na importação dos bens de consumo que atendiam à demanda insaciável de suas elites e de sua florescente classe média. Enquanto isso, os governos valiam-se do crédito internacional quase inesgotável que desfrutavam para financiar os gastos necessários à construção do suporte físico do mundo faustoso em que viviam, e cuja expressão maior era Buenos Aires, Rainha do Prata, "capital de um império que não chegou a ser", como a definiu, tempos depois, um ministro de Estado francês, que era também um literato.

A bem da verdade, já não se vivia mais o clima de euforia dos anos anteriores à guerra. Ao desorganizar as relações de troca com o exterior, o conflito criara uma escassez de produtos básicos com reflexos imediatos no funcionamento da economia, e o declínio das exportações nos primeiros anos de pós-guerra provocou outros tantos abalos. Mas nada disso foi suficiente para alterar substancialmente o quadro: com os resultados positivos no comércio exterior que começam a despontar a partir de 1922, a confiança é rapidamente recuperada. A crise dos anos 1930, entretanto, põe um fim nessa situação evocada com nostalgia pelo ministro Pinedo, e inaugura uma nova etapa.

Quando levamos em conta esse passado luminoso somos tentados a seguir o exemplo do referido ministro e a representar esquematicamente a trajetória de longo prazo da economia argentina em termos de dois momentos contrapostos: um período de abundância sustentado em uma

---

[6] Seguimos aqui a hipótese de Ruth Sautu, segundo a qual o fato de as tarifas aduaneiras serem cobradas por tipos de artigos sem que se levasse em conta seu preço ou qualidade (para mercadorias de cada tipo aplicava-se uma medida específica, como quilo ou litro, para a determinação de seu valor convencional), sobrecarregava o artigo ordinário (valor por unidade) tornando pouco competitiva a sua importação. Cf. Sautu, 1968.

organização coerente, onde o Estado limita-se às funções clássicas de fiador da ordem gerada espontaneamente pelas relações de mercado, e uma crise duradoura, no contexto da qual o Estado intervém pesadamente, mas constitui um fator a mais de desordem. Entre um momento e outro, a experiência peronista – episódio dramático que cindiu a sociedade argentina em dois campos hostis, marcando indelevelmente seu desenvolvimento histórico.

Ao iniciar, em 1946, seu primeiro mandato presidencial, Perón encontra a Argentina numa situação em muitos aspectos invejável: exportadora tradicional de produtos primários, assistia então a uma alta contínua nos preços desses artigos no mercado internacional, sob a pressão da demanda que se mantivera reprimida por toda a guerra; tendo apresentado, repetidamente, saldos positivos em suas transações com o exterior, a Argentina saía do conflito com reservas cambiais acumuladas que ascendiam a mais de 1.600 milhões de dólares. Nesse contexto, a política econômica governamental vai orientar-se em direção a dois objetivos fundamentais: 1) levar às últimas conseqüências o processo de substituição de importações em curso e 2) manter os níveis de emprego urbano alcançados, garantindo-os contra os eventuais efeitos negativos da cessação das hostilidades. Como o regime encontrava nos setores populares seu principal suporte, esses objetivos serão perseguidos nos marcos de uma política fortemente distributiva.

Durante o triênio 1946-48, a política econômica foi marcadamente expansiva. Segundo Aldo Ferrer, "a oferta monetária aumentou em 25%, as despesas públicas passaram de 16% para 29% do produto interno bruto, os salários e os benefícios sociais foram drasticamente aumentados" (Ferrer, 1974, p.234), elevando a participação dos assalariados na renda interna do país de 46%, em 1946, para 56,9% em 1952, quando atinge o ápice. Por intermédio de medidas fortemente protecionistas, o governo procurou defender os ramos industriais recentemente implantados da concorrência de competidores externos; e manipulou com grande liberdade o mecanismo do câmbio com o fito de carrear para essa indústria parte da renda gerada pelo setor agroexportador.

Mas não é tudo. A essa interferência crescente do Estado no comportamento da economia se sobrepõe uma série de alterações no quadro institucional que, no seu conjunto, consubstanciam uma redefinição radical nas relações entre política e economia, Estado e setor privado. Assim, já em maio de 1948, o governo assume o controle dos recursos financeiros do país, pela nacionalização do Banco Central, então uma sociedade de economia mista administrada por representantes do poder público e dos bancos comerciais, que detinham posição majoritária; as Comissões e Juntas Reguladoras – que até esse momento (maio de 1945) eram entidades autárquicas e incorporavam representantes dos grupos econômicos a elas afetos – são colocadas sob a superintendência do Banco Central e logo vêem suas funções e atividades repartidas entre o Banco da Nação e o recém-criado Banco de Credito Industrial; as empresas vinculadas à infra-estrutura básica de serviços (transportes e comunicações) são estatizadas, e, finalmente, com a criação do Iapi (Instituto Argentino de Promoción del Intercambio), instituiu-se o monopólio estatal do comércio exterior.

Pela amplitude de suas funções e pelo caráter controvertido de sua atuação, este último órgão merece um comentário à parte. Teoricamente destinado a afastar da comercialização dos produtos agropecuários a ação especulativa dos açambarcadores, com benefícios simultâneos para produtores e consumidores, bem como a adequar a estrutura de importações às reais necessidades do desenvolvimento nacional, esse organismo monopolizava o comércio externo, impunha rígido controle às operações de câmbio, e fixava os preços internos dos produtos primários. Com base nisso, é fácil entender o papel desempenhado pelo Iapi na estratégia peronista de fortalecimento da indústria substitutiva: em suas mãos estavam reunidos os instrumentos necessários para alterar a estrutura dos preços relativos no país e, dessa forma, para operar a transferência de renda de um setor para outro, por ela requerida. Na realidade, esse é o sentido que adquire, pelo menos até 1949, a administração dos preços internos dos produtos agropecuários e a manipulação das taxas múltiplas de câmbio, com o intrincado sistema de cotas, *permissos* e *cupos* que a acompanha.

O quadro sumário da política peronista ficará completo se adicionarmos uma referência breve a mais um aspecto que a marcou, sobretudo em sua primeira etapa. Referimo-nos ao fechamento acentuado da economia argentina: as nacionalizações dos serviços públicos que mencionamos (e que atingem sobretudo o capital estrangeiro), aliadas às restrições às remessas de lucros e ao controle das inversões externas, conduzem a uma redução drástica no papel desempenhado pelo capital estrangeiro no conjunto da economia. Nas palavras de Ferrer, "o capital estrangeiro, que em 1915 equivalia a 50% do ativo fixo total existente no país, caiu para 5% em 1955. As remessas de lucros para o exterior, entre 1910-14 e 1955, declinaram de 58% para 2% sobre o valor das exportações" (ibidem, p.234).[7]

---

[7] Esses dados devem ser lidos com alguma reserva. A perda de importância do capital estrangeiro na Argentina não deve ser debitada à atuação do governo peronista. Os aportes de capital estrangeiro diminuem drasticamente durante a Primeira Guerra Mundial, e não se recuperam mais nos anos seguintes. Essa tendência se acentua com a crise de 1930. Então, no lugar de investimentos líquidos crescentes, assiste-se a um processo de repatriação do capital radicado no país. Cf. Altimir et al.,1967.

Elogiada por alguns por ter conseguido "resgatar a indústria argentina da catástrofe que teria caído sobre ela, caso fossem retomadas as práticas econômicas de pré-guerra" (Di Tella, 1970, p.213), a estratégia "nacional populista" do governo Perón foi duramente criticada pela legião de seus opositores – no país e fora dele –, cujos argumentos reapareceriam mais tarde, de forma mais refinada, na literatura acadêmica. Nesta, uma das vozes mais autorizadas continua sendo a de Carlos Díaz Alejandro.

Postulando, para efeitos de análise, a obtenção de uma taxa de crescimento de 5% ao ano como objetivo de política econômica, Diáz Alejandro indica duas formas pelas quais ele poderia ser alcançado nas circunstâncias enfrentadas pelo governo peronista: 1) expandir as exportações promovendo a substituição de importações somente à medida que os produtos exportáveis (novos ou tradicionais) esbarrassem em demandas mundiais de tal forma inelásticas que impedissem a consecução daquele objetivo, ou 2) manter as exportações nos níveis existentes (ou mesmo reduzidas) e colocar toda a ênfase na substituição de importações. Segundo o autor, esta estratégia seria mais custosa e menos eficiente, mas, mediante medidas coerentes, poderia conduzir também à meta e afastar o risco do estrangulamento externo. Para tanto, porém, seria imprescindível um planejamento cuidadoso, especialmente atento aos aspectos referentes à obtenção de bens de capital e à produtividade das novas indústrias. No limite, essa estratégia culminaria numa estrutura industrial verticalmente integrada. Mas o governo peronista não fez nem uma coisa nem outra. Segundo Diáz Alejandro, ele optou por uma linha de ação que combinava os "defeitos" de cada uma daquelas estratégias, sem apresentar nenhuma de suas virtudes: no lugar de promover as exportações, ampliou o consumo interno dos produtos exportáveis; em vez de fomentar a produção de bens de capital, continuou batendo na tecla já gasta da indústria leve. A resultante foi uma severa crise no balanço de pagamentos, assim que a tendência de melhoria nos termos de troca foi revertida e os preços relativos dos manufaturados voltou a ascender no mercado internacional, o que se deu a partir de 1948.[8]

Um dos alvos principais da crítica é a política cambial e de controle de preços desenvolvida pelo Iapi. Diáz Alejandro denuncia seus efeitos desastrosos para a atividade agrícola, que era impedida de desfrutar da conjuntura excepcionalmente favorável que se seguiu ao término da guerra, além de ver dificultada sua modernização pelos obstáculos levantados por aquele órgão à importação das máquinas e fertilizantes de que tanto necessitava.

---

[8] Temos em vista dois dos ensaios – "The Argentine economy since 1931" e "Stages in the industrialization of Argentina" – reunidos em seu influente livro: cf. Diáz Alejandro, 1970. O segundo aparece, com algumas alterações marginais, na coletânea organizada por Brodersohn, 1970.

Aos olhos de Alejandro, a política de proteção à indústria não se sai melhor: com sua ênfase *à outrance* na "defesa da indústria nacional", o sistema de subvenções erigido pelo peronismo discriminava sistematicamente aqueles ramos de atividade mais necessários ao país, visto que capazes de diminuir a demanda de produtos importados, submetendo-os a taxas negativas de proteção – isso se verificava não somente com relação à indústria pesada, mas também com a exploração do petróleo, recurso abundante no subsolo argentino.

Finalmente, a essas distorções geradoras de "macroineficiências", somam-se outras tantas "microineficiências" geradas pelos obstáculos à concorrência e a conseqüente criação de situações quase monopolísticas no mercado. As microineficiências surgem também em quase todos os setores como resultado das deficiências dos serviços públicos e das mudanças na legislação e nas relações de trabalho.

A crítica, ensinava Weber, é uma arte difícil e complexa. Do ponto de vista metodológico, é duvidoso o mérito de um exercício dessa natureza cuja sabedoria consista em contrapor à ação observada um critério exterior escolhido mais ou menos arbitrariamente, sem maior preocupação com os objetivos que possam ter presidido as decisões em causa, nem ao contexto no qual elas são efetuadas. É provável que, tal como sugere Kenworth (1970), nas condições da Argentina no imediato pós-guerra, o racional em economia e o racional em política estivessem lamentavelmente divorciados. A rigor, é questionável a abstração que nos conduz a falar em "racionalidades" – "econômica" e "política" – como qualidades essenciais, distintas e separadas. No mundo em que o curso de ação criticado se efetivou, precisamente, esses dois planos eram indissociáveis. Não há como atribuir o atraso da indústria pesada ao descaso da política econômica peronista quando se sabe que, durante e depois do conflito, a Argentina foi alvo de boicote sistemático do governo norte-americano, que encarava os planos de industrialização desse país com manifesta hostilidade. É enganoso raciocinar com preços internacionais relativos, quando os países com os quais a Argentina tinha saldos comerciais pagavam suas importações com moedas inconversíveis, quando a divisa de curso universal (o dólar) era racionada, e a regra, por toda parte, era o comércio administrado. Não é razoável criticar a centralização do comércio exterior argentino pelo Iapi e silenciar o fato de que o mercado de produtos agrícolas era dominado por um monopsônio, herdeiro do *Combined Food Board*, organismo criado pelos Aliados durante a guerra.[9]

---

[9] A observação é feita por Jorge Fodor, em artigo que comenta criticamente a interpretação de Diáz Alejandro, com a acuidade característica e com grande riqueza de informações históricas. Cf. Fodor, 1975.

Esse contexto, que contrariava frontalmente os supostos da estratégia econômica internacional do governo peronista, foi precipitado pelo colapso da libra, em agosto de 1947, episódio que evidenciou as insuficiências do sistema laboriosamente alinhavado nos Acordos de Bretton Woods e pôs em xeque os planos norte-americanos e ingleses de restaurarem em outras bases o sistema liberal de comércio (cf. Gardner, 1956). O final da história é conhecido: na escalada de tensões que marcou o início da Guerra Fria, os Estados Unidos anunciaram em 1948 um plano ambicioso de reconstrução européia. Esse plano foi plenamente exitoso em seus objetivos. Mas ele não contemplava as necessidades da Argentina. Pelo contrário, suas exportações agrícolas foram excluídas do Plano Marshall.[10]

Seja como for, premido pela crise econômica, que se traduzia em déficits crescentes no balanço de pagamentos e por uma elevação significativa no patamar inflacionário, a partir de 1952 o governo peronista reorienta sua política econômica: em conjunção com um programa de estabilização de corte ortodoxo, cria novos incentivos aos produtores agrícolas, relaxa os mecanismos de controle, concede nova ênfase à busca de eficiência e procura atrair capitais externos.

A esta altura, contudo, Perón já havia dissipado muitos de seus recursos políticos. Pouco a pouco, a coalizão que sustentava o regime foi desintegrando-se, e – depois de um conflito de razões obscuras com a Igreja – seu apoio estava reduzido à classe trabalhadora. Nessas circunstâncias, Perón prefere abandonar o país sem luta quando, em setembro de 1955, a sublevação militar se alastra.

Peronismo. Com a inclusão deste último elemento, o quadro fica completo. Teríamos então uma série com três termos: um passado de boa organização e prosperidade, um período anômalo, e, a seguir, um longo suceder de tentativas frustradas de criar as bases para a retomada do crescimento sustentado.

A tentação de acolher esse esquema existe, mas devemos resisti-la por várias razões. Primeiro, ele desvia nossa atenção dos momentos de calma relativa em que a economia argentina foi poupada de maiores choques e pôde crescer de forma regular e a taxas respeitáveis – isso aconteceu entre 1963 e 1973, "primavera nada curta", no dizer de dois estudiosos, durante a qual ela cresceu como nunca fizera antes – as estimativas mais recentes apontam um crescimento anual médio de 6,7% no período (Gerchunoff & LLach, 2003, p.309-10). Segundo, esse esquema nos condena à conjun-

---

[10] As dificuldades criadas pelas restrições externas, o significado político delas e seu impacto sobre a economia argentina têm alimentado um rico debate. Cf., além do artigo já citado de Fodor, Escudé, "US political destabilisation and..." e Di Tella, G. "Argentina between the Great Powers...", todos na coletânea organizada por Di Tella & Watt, 1989; Rapoport, 1984.

tura, levando-nos a perder de vista as mudanças cumulativas que ocorrem na estrutura social e econômica, em tempo mais longo, mudanças que fazem da Argentina do último governo Perón (1973-76) um país muito diferente daquele que o mesmo Perón foi obrigado a abandonar em 1955.

Com efeito, a partir desse momento, a economia argentina sofre transformações qualitativas importantes que acabam por alterar substancialmente sua fisionomia. Essas transformações afetam principalmente o setor industrial e giram em torno de três tendências básicas, a saber: 1) desenvolvimento de ramos dinâmicos (indústria automobilística, petroquímica, maquinaria pesada etc.) que passam a coexistir ao lado de indústrias vegetativas, das quais se distinguem pela utilização mais intensa de capital, pela complexidade maior da organização social do trabalho, por seus maiores índices de expansão e suas faixas de remuneração mais elevadas; 2) aumento do índice de concentração (entre 1957 e 1966, a participação das cem, cinqüenta e vinte maiores empresas no total das vendas passa de 20,5, 17,5 e 11,9% para 23,7, 23,1 e 16,2%, respectivamente); 3) implantação e crescente participação de empresas estrangeiras, em sua maioria americanas, processo que se intensifica entre 1959 e 1963 (entre as cem maiores empresas, o número de firmas nacionais diminui de 85, em 1957, para cinqüenta, em 1966).

Essas três tendências interpenetram-se e podem ser tomadas como aspectos de um único processo – a internacionalização do mercado interno argentino: é no setor dinâmico que se verificam os índices de concentração mais elevados e para ele se orienta o grosso das inversões estrangeiras (Skupch, 1971). Podemos aquilatar a dimensão assumida por esse processo se levarmos em conta mais este dado: no final da década de 1950 o investimento direto estrangeiro ascendia a cerca de 20% do investimento total na indústria manufatureira – quando não passava de 3% no início da década – e se distribuía setorialmente de forma muito concentrada (Katz & Kosakoff, 2000a, p.36-57; 2000b, p.298-9), conforme indicam as informações apresentadas na Tabela 48.

Tabela 48 – Investimento estrangeiro por indústria, 1954-61 (000s dólares)

Alimentos	8.622
Têxteis	7.516
Madeira e móveis	1.447
Papel	3.266
Química	15.896
Petroquímica	38.169
Maquinaria e equipamentos	29.044
Veículos	109.037

Fonte: Altimir et al., 1967 apud Katz & Kosakoff, 2000b, p.299.

De 1955 a 1966, diversifica-se a estrutura produtiva da economia argentina, aumenta sua integração vertical, eleva-se a produtividade do trabalho, avança mais alguns estágios o processo de substituições de importações. Tudo isso fica borrado naquela esquematização.

Embora muito sumárias, as indicações acima nos levam concluir pela existência de um conjunto de regularidades na economia argentina no período considerado (1955-76), as quais – a despeito da instabilidade conjuntural já apontada – nos permitem discernir um padrão definido que devemos caracterizar.

Essa inferência fica reforçada quando observamos o que acontece no plano econômico no início do período, quando o governo militar se lança em uma política decidida de erradicação do peronismo da vida nacional. Não precisamos nos estender sobre o assunto. Basta lembrar que essa política envolveu o expurgo de funcionários públicos comprometidos com o regime deposto; a extinção do Partido Justicialista e a exclusão de seus dirigentes reconhecidos do processo eleitoral; a revogação da Constituição de 1949, substituída pela antiga Carta de 1853, alterada apenas pela inclusão de um artigo sobre direitos sociais, e a repressão violenta dirigida contra a resistência peronista, que se traduziu – depois do levante rapidamente sufocado, em junho de 1956 – no assassinato clandestino de civis e no fuzilamento de dezessete militares, por ordem expressa do general Pedro E. Aramburu, no exercício da Presidência da República.

Pois bem, para a grande frustração de muitos setores que a apoiaram, a "Revolução Libertadora" se pautou por uma linha de conduta moderada no campo da política econômica. "Os anúncios de grandes mudanças nas relações do Estado com a atividade econômica – observa um analista – não deram lugar, durante o governo de Aramburu, a maiores modificações do esquema vigente durante a década anterior" (Sidicaro, 2004, p.74-5). É certo, o Banco Central recuperou, em 1956, parte de sua antiga autonomia (mas agora com uma diretoria nomeada pelo presidente, inexistente a fração indicada pelo setor privado que prevalecera antes do governo peronista), e o Iapi foi extinto (ainda que nos últimos meses da gestão Aramburu). Mas não houve privatizações de empresas públicas, e o sistema de controle de preços, o subsídio aos bens de consumo essenciais e as restrições quantitativas foram preservadas (cf. Gerschunoff, s.d. apud Sikkink, 1991, p.83). Não por acaso, como explica didaticamente um observador distante e dotado de fino poder de análise:

> A despeito da tentação de ressuscitar a velha estratégia exportadora em sua forma mais primitiva, os novos líderes da Argentina não o fizeram. Reconheceram que um retorno repentino à economia política pré-peronista estaria cercado de riscos, e entre esses os custos políticos imediatos de uma drástica redução do consumo por cima do expurgo e reorganização do movimento sindical por parte do governo. Ademais, a economia Argentina em 1955 diferia muito mais da de 1930

do que os proponentes da estratégia exportadora gostariam de admitir. Não era só que a classe trabalhadora tivesse crescido em tamanho, força e militância sob Perón. A Argentina tinha agora um setor industrial ampliado com crescente demanda por energia e importação de matérias-primas, e tinha se tornado parte de uma economia mundial que testemunhara a decadência pós-guerra da Grã-Bretanha (tradicional parceiro comercial do país), a ascensão dos Estados unidos, um embrionário mercado comum europeu e uma nova ordem financeira internacional. (Wynia, 1978, p.146)

Nos quadros dessa nova economia, o Estado continuava a ocupar um lugar central. Como já vimos, além dos instrumentos clássicos de política monetária e fiscal, ele preservava boa parte da panóplia de controles diretos em uso no passado, e continuava operando um vasto universo de empresas, com posição fortemente predominante no setor de serviços públicos, e presença expressiva no setor financeiro e em alguns ramos da indústria. Mais especificamente, o Estado detinha completo controle da geração e distribuição de energia elétrica e de gás; respondia por dois terços da produção de petróleo e cerca de 80% do refino; controlava a quase totalidade da infra-estrutura de comunicações, todos os serviços portuários, o conjunto do sistema ferroviário e cerca da metade dos serviços de transporte aéreo e marítimo; atuava no setor financeiro por meio de bancos, instituições financeiras e companhias de seguro; e mantinha posição de liderança na indústria siderúrgica.

Mas não é só isso; durante todo o período, o Estado argentino exerceu forte ação sobre a economia por seus programas de fomento, baseados na canalização de generosos incentivos fiscais e creditícios para as regiões e setores contemplados, usando para o mesmo fim a política de compras governamentais. E entre as metas dessa política, além da já mencionada implantação das indústrias dos complexos metal-mecânico e petroquímico, incluía-se a geração interna de inovações tecnológicas.

Em poucas palavras, nesse particular o Estado argentino não se distinguia de nenhum outro Estado desenvolvimentista. O que o diferenciava era o elevado grau de incoerência e de descontinuidade das políticas que adotava. Sobre as mais variadas esferas, essa é a observação que colhemos nos estudos especializados (cf. Adler, 1987, p.150 ss.; Schvarzer, 1993, p.381 ss.; Lavagna, 1999; Rougier, 2004, p.329 ss.). A esse respeito, a generalização que encontramos no final de um excelente estudo de caso sobre o *Banco Nacional del Desarrollo*, antigo *Banco Industrial de la República Argentina*, é bastante reveladora. Embora longo, vale a pena citar o trecho em que ela aparece.

> a instabilidade político-institucional da Argentina arrastou suas instituições e com elas a estabilidade econômica ... Este quadro de instabilidade não impediu que se criassem organismos burocráticos ou que eles fossem redefinidos (como no caso do BND), mas fez com que tais redefinições fossem constantes, custosas e pouco efe-

tivas, na medida em que deixavam intactas suas características "inerciais", sujeitas a pressões políticas, empresariais, sindicais etc. que somavam novas ineficiências prontamente "descobertas" e aproveitadas por demandantes cada vez mais experimentados, especializados e entrelaçados por redes de interesses. Estas relações não se institucionalizavam, mas se individualizavam: pequenos grupos de industriais se ligavam, fragmentariamente, com grupos igualmente pequenos de burocratas, em geral através de alguns funcionários que atuava como pivô, conferindo grande precariedade e arbitrariedade ao conjunto do sistema. (Rougier, 2004, p.336)

No tópico que se segue, trataremos de examinar algumas das condições que levam a tal resultado.

Desarticulação da estrutura produtiva, conflito distributivo e instabilidade

Como muitos outros países de industrialização tardia que avançaram nesse caminho por meio da substituição de importações, a Argentina cedo esbarrou em um problema a respeito do qual Prebisch, principal teórico associado a tal estratégia, vinha alertando desde os idos dos anos 1940: o descompasso entre a demanda crescente de importações (bens de capital, insumos, matérias-primas) criada pela expansão da indústria substitutiva e o fraco desempenho do setor exportador, incapaz de gerar divisas no montante necessário para financiá-las. Os desequilíbrios decorrentes nas contas externas são experiências corriqueiras nesses países (Brasil incluso), que lançaram mão de inúmeros expedientes pouco ortodoxos para enfrentá-las. A Argentina, como se viu, não foge à regra.

No caso argentino, porém, o referido problema assumiu extraordinária gravidade. Uma das razões para que tenha sido assim já foi aludida: em um momento decisivo, o processo de industrialização no país se viu tolhido pela política dos Estados Unidos e da Inglaterra, que criaram obstáculos severos à aquisição das máquinas e equipamentos requeridos pelos projetos de implantação da indústria pesada. As dificuldades nessa esfera não se reduziam, porém, ao veto político. Durante décadas, o comércio externo argentino se deu em um esquema triangular: exportação de bens primários à Inglaterra e compra de produtos industriais nos Estados Unidos. A perda da Inglaterra como parceira solvente foi sinônimo de crise porque a economia do país que ocupava a outra ponta do circuito não era complementar à da Argentina. Pelo contrário, os Estados Unidos protegiam com unhas e dentes sua agricultura e concorriam intensamente pelo domínio dos mercados de gêneros alimentícios – a decisão de excluir a Argentina da lista de fornecedores do Plano Marshall obedece a um tempo à lógica política e àquela dos interesses comerciais.[11]

[11] Para uma crítica da interpretação eminentemente geopolítica de Escudé, cf. Rapoport, 1984.

Outra razão tem a ver com o forte movimento migratório do campo para a cidade que se observa desde a década de 1930 e ao impacto das políticas distributivas do governo peronista. A ela se vinculam dois desenvolvimentos.

Primeiro, a expansão das indústrias ditas "vegetativas" – alimentícias e têxteis –, em geral de tamanho pequeno, de tecnologia pouco sofisticada, e fortes geradoras de empregos urbanos. Trata-se de efeito espontâneo do mercado. Mas não só: a política do Estado – sob o regime peronista e depois dele – favoreceu significativamente este setor pelo do mecanismo do crédito, como se pode ver pelos dados reunidos na Tabela 49.

Tabela 49 – Banco industrial – composição dos empréstimos segundo grupo industrial (% sobre o total)

Grupo	1946	1947	1953	1954	1958	1959
Alimentos, bebidas e tabaco	29,1	20,1	16,0	15,4	16,0	18,3
Têxtil e confecções	10,1	24,6	29,4	24,3	18,1	27,0
Metais e manufaturas de metal, exclusive máquinas	10,8	15,1	12,0	10,4	20,4	12,8
Veículos e máquinas	12,5	12,5	20,6	30,2	10,8	14,8

Fonte. Altimir, Santamaría, Sourrouille, 1967, p.898 ss.

O segundo dos processos aludidos tem a ver com a queda expressiva na produção de cereais, que teve como correlato uma sensível redução da área cultivada (entre 1939 e 1948, a área cultivada com trigo, linho e milho caiu de 16.817 milhões para 10.396 milhões de hectares). Para muitos, a responsabilidade por este fato cabe à política econômica peronista. De acordo com os críticos – de ontem e de hoje –, ao discriminar o agro, por meio das políticas já descritas do Iapi e de medidas de cunho social, como os novos direitos reconhecidos aos arrendatários, o governo suscitava nos proprietários rurais um descontentamento generalizado que se traduzia em forte desestímulo ao desenvolvimento normal de suas atividades. Adaptação às condições de mercado, ou resposta coletiva a uma orientação de política tida como francamente hostil aos seus interesses – em ambas as hipóteses, a ação do governo peronista é que provoca aquela resposta.

Plausível como possa parecer à primeira vista, a interpretação esboçada anteriormente acomoda com dificuldade alguns dados. Um deles é o aumento da produção e da área dedicada ao cultivo de gêneros agrícolas que atendiam ao crescente mercado interno. Outro é o crescimento significativo da produção pecuária. Examinando-os com atenção, Jorge Fodor formula uma explicação alternativa para o fenômeno em causa.

[enquanto o comércio exportador de cereais estava em crise] As exportações de carne, ao contrário, permaneceram comparativamente estáveis. Essas condições relativamente favoráveis para o gado explicam por que o gado cresceu a expensas dos cereais. A mudança também explica o que aconteceu com a terra. O declínio total da área cultivada em Buenos Aires, Santa Fé, La Pampa e Entre Rios entre 1936-37 e 1946-47 foi de 7,2 milhões de hectares. Entre 1937 e 1947, o gado cresceu, nessas mesmas províncias, em 7,4 milhões de cabeças, uma adição, em termos de terras, de pouco mais de 8 milhões de hectares.

De acordo com esta interpretação, no lugar de retrocesso, teria havido uma recomposição do setor rural no período.

Não importa, seja qual for a explicação, o fato de que o crescimento da indústria argentina dependesse de uma oferta de divisas que se ampliava muito lentamente tinha uma implicação nada auspiciosa: a manutenção por longo tempo de elevadas barreiras protecionistas, tarifárias e não tarifárias, injustificáveis do ponto de vista dos objetivos de política industrial; baixa produtividade, preços industriais elevados, incapacidade de competir nesse plano no mercado internacional (cf. Di Tella, 1967; Diamand, 1972; Katz & Kosacoff, 2000).

Em meados da década de 1960, desenhava-se entre os economistas um consenso a respeito da necessidade de romper aquele ciclo vicioso, e para esse fim a trilha mais indicada parecia ser o crescimento das exportação mediante a diversificação de sua pauta. Mais adiante voltaremos ao tema. Por ora, devemos chamar a atenção para os efeitos perversos dessa configuração no que tange às relações entre classes e grupos sociais na Argentina. A chave para isso é o exame da operação do principal dispositivo de regulação das relações da economia doméstica com o exterior, vale dizer, o mecanismo do câmbio.

A desvalorização do peso exerce sobre a economia argentina desse período um duplo efeito: por um lado, ela se configura com o principal mecanismo inflacionário – mais importantes, segundo Ferrer, do que os gastos públicos; por outro, é também o mecanismo regulador das crises do balanço de pagamentos. Do ponto de vista de suas relações interclasses, sua operação tem como conseqüência direta a transferência de rendas para o setor agroexportador, que o inscreve como item permanente em sua pauta de reivindicações. Indiretamente, acarreta um conflito agudo do qual participam todas as classes e setores objetivando a manutenção ou melhoria de suas respectivas posições relativas no processo de repartição social. Vejamos tudo isto mais de perto.

Tomemos como ponto de partida o modelo proposto por Oscar Braun. Segundo este autor, a economia argentina poderia ser descrita em temos de algumas poucas características essenciais:

a) um volume fixo de produção agropecuária.
b) uma demanda interna de produtos agropecuários insensível às variações dos preços relativos, mas de elasticidade maior que zero com

respeito a modificações na renda e sensível a mudanças em sua distribuição.
c) uma demanda de importações inelástica com respeito a mudanças nos preços relativos e elástica com relação a variações no volume da produção industrial.
d) exportações compostas exclusivamente de produtos não industriais.

Num sistema assim estruturado, a reativação do ciclo econômico produz uma demanda maior de bens importados, e ao mesmo tempo uma redução no volume das exportações, pois se eleva paralelamente a demanda interna de produtos alimentares. Em conseqüência, diminuem as reservas cambiais, agrava-se o estrangulamento externo, sobrevém a crise da balança de pagamentos. Tem lugar então a aplicação de políticas monetárias e fiscais restritivas, com o objetivo manifesto de reduzir a demanda interna e eliminar empresas ineficientes, mas que provoca a transferência de rendas em favor dos produtores de bens agropecuários. Ao encarecer as importações e os alimentos exportáveis destinados ao mercado interno (tradicionalmente o preço interno dos produtos agropecuários é condicionado pelos preços de exportações, em pesos), as desvalorizações alimentam a inflação, enquanto os programas de contenção diminuem a produção e a demanda. O resultado são os anos de recessão, que coincidem com os anos de mais alta inflação e maiores redistribuições negativas de renda, como indica a tabela a seguir.

Tabela 50 – Séries temporais econômicas selecionadas

	Mudanças anuais no PIB, a pesos constantes (em % sobre o ano anterior)	Inflação anual ((%) sobre o ano anterior)	Salários	Mudanças no volume de reservas (US$ milhões)
1955	6,9	12,3	44,1	–175
1956	3,0	13,4	41,9	–19
1957	5,2	24,7	40,5	–60
1958	6,0	31,6	41,7	–217
1959	–6,3	113,7	35,2	113
1960	7,9	27,8	35,3	161
1961	7,1	13,5	38,1	–57
1962	–2,3	28,1	37,4	–234
1963	–3,0	24,1	36,6	202
1964	10,0	22,1	36,5	–11
1965	8,9	28,6	38,1	139
1966	0,8	32,3	41,0	53

Fontes: Colunas 1 e 3 : Banco Central de La República Argentina, Origen dei producto y distribuición dei ingresso, jan. 1971; colunas 2 e 4: Diáz Alejandro, 1970.

Em trabalhos que marcaram o debate sobre o tema, Guillermo O'Donnell salientou o impacto distributivo desses movimentos e colocou-o no centro de sua análise sobre a crise crônica da política argentina no período. As informações reunidas na Tabela 51 dão ao leitor uma idéia sobre a magnitude de tais deslocamentos.

Esses dados ressaltam uma particularidade perturbadora do contexto socioeconômico argentino, a saber: a instabilidade extrema dos níveis de renda dos diversos setores da população. Temos aí uma clara ilustração da afirmativa que fizemos atrás sobre a queda absoluta nos ganhos da burguesia agroexportadora durante o período peronista e sua recuperação subseqüente, bem como sobre as vantagens proporcionadas tanto a trabalhadores quanto a industriais na mesma época. Em relação aos assalariados, das cinco categorias, apenas uma conseguiu superar os níveis médios de 1949; das categorias empresariais não vinculadas ao setor agrário, apenas uma – transporte – consegue mais tarde resultados superiores aos alcançados naquele ano. No entanto, se tomarmos como referência o ano base de 1953, nossa ênfase será outra: neste período o que se salienta é: 1) uma oscilação bastante acentuada na posição dos empresários agrícolas; 2) uma relativa estabilidade nos ganhos dos empresários do setor industrial, do comércio e transporte; 3) depois de uma queda geral em 1959, melhoria mais ou menos expressiva na posição de todas as categorias da força de trabalho; 4) perdas contínuas para duas categorias: aposentados e rentistas.

Tabela 51 – Índice de renda média anual em moeda constante, tomando como unidade famílias nos setores incluídos (1953:100)

	1946	1949	1953	1959	1961	1965
Empregados						
Indústria e mineração	88	199	100	90	115	146
Construção	106	137	100	96	108	118
Transporte e Comunicação	106	128	100	95	106	110
Comércio e Finanças	85	111	100	94	111	112
Serviços	84	113	100	91	103	109
Empresários						
Agrários	111	82	100	141	89	117
Inds. Min. e Construção	115	148	100	124	133	143
Comércio	162	175	100	161	169	155
Transportes	86	104	100	150	143	179
Serviços	109	132	100	98	105	109
Aposentados	105	130	100	79	96	97
Rentistas	150	122	100	56	49	39
Total dos Setores	103	126	100	108	112	124

Fonte: O'Donnel, G. A., 1972, p.152.

Os primeiros trabalhos de O'Donnell acentuavam a conjugação do processo inflacionário e de uma economia semi-estagnada, que precipitaria uma competição desenfreada entre os diversos atores do sistema em circunstâncias próximas às de soma-zero, acarretando uma politização exacerbada de todos os setores sociais.

> Politização – explica o autor – porque era evidente que na decisão e implementação de políticas públicas se encontrava o instrumento mais eficaz para produzir as rápidas realocações de recursos requeridas pelos competidores. Politização também porque no aparato coercitivo do Estado podiam se encontrar os meios necessários para impor essas realocações aos setores gue deviam "pagar" por elas com o descenso de seus níveis de renda. (O'Donnell, 1972, p.524)

Dado o papel muito secundário do Parlamento, dos partidos políticos e dos governos subnacionais na alocação de recursos econômicos – segue o argumento –, as demandas políticas, cada vez mais intensas e urgentes, tendiam a concentrar-se na Presidência, debilitando ainda mais as outras instituições como canais para a expressão e a solução de conflitos. Como, nesse contexto, os instrumentos de pressão direta sobre a Presidência adquirem máxima importância, os militares passam a ser convocados a intervir cada vez mais freqüentemente sobre as decisões do governo federal, o que significa transferir para o interior da corporação os conflitos que rasgam a sociedade civil. Por essa via, desenvolve-se um processo de fracionamento crescente nos quadros das Forças Armadas, que em última instância chegam a pôr em risco sua própria integridade organizacional.

Dentro desse marco, observa O'Donnell, a classe operária ocupa uma posição singular: desprovida de canais de acesso direto aos centros de decisão, ela dispõe de outros recursos para defender seus interesses: entre outras coisas, pode lançar mão do protesto social, da paralisação da atividade produtiva por meio da greve ou da ocupação de estabelecimentos. Os dados que apresentamos a seguir dão uma pálida idéia de como esses recursos foram empregados.

Greves, conflitos de rua, protesto social; "pronunciamentos", tentativas de golpe militar – bem ou malsucedidos – reforçam-se mutuamente, enfraquecendo o governo e levando ao pretorianismo de massa, vale dizer, à instabilidade política.

Pouco tempo depois de sua publicação, os trabalhos que comentamos foram criticados com base nos dados atualizados do Banco Central da República Argentina, que revisavam para cima as estimativas de crescimento econômico no período: à luz da informação mais confiável, o emprego da noção de soma-zero estaria desautorizado. Na nota que escreveu em resposta a essa crítica, O'Donnell minimiza sua importância, observando convincentemente que ela não chega a tocar na estrutura do argumento. Com efeito, mesmo com algum crescimento a inflação alta pode gerar a cadeia de relações identificadas.

Tabela 52 – Número de greves, trabalhadores afetados e jornadas perdidas no período 1955-56

Anos	Casos	Trabalhadores	Jornadas perdidas
1955	21	11.990	144120
1956	52	853.994	5167294
1957	56	394.209	3390509
1958	64	277.381	6245286,5
1959	45	1.411.062	10078138,5
1960	26	130.044	1661519,5
1951	43	236.462	1755170
1962	15	42.386	268748,5
1963	20	207.216	312395,5
1964	27	144.230	60630295
19G5	32	203.596	590511
1966	27	235.913	1003710

Fonte: M. dei Trabajo, 1971, p. 241.

Pode gerar, convém repetir, mas não o faz necessariamente. Cabe, então, perguntar: em que condições o jogo de influências recíprocas antes descrito se estabelece? Dito de outra forma: em que contextos a inflação atua sobre o político da forma especificada? E – mais importante – por que não se verificam tentativas mais conseqüentes de romper os parâmetros dessa situação paralisante? Ou – na medida em que são feitas – por que as tentativas neste sentido redundam sempre em fracassos?

Alguns anos mais tarde, O'Donnell desenvolveria um argumento complexo para responder a esse tipo de questões. Estado e alianças de classes na Argentina (O'Donnell, 1972): assumindo uma perspectiva comparada e abordando o problema em horizonte de longo prazo, nesse ensaio O'Donnell parte de alguns elementos já aludidos aqui – as especificidades da incorporação da Argentina ao mercado mundial; a oferta limitada de força trabalho e o nível elevado dos salários vigentes no campo e na cidade; a pujança da burguesia pampeana e sua articulação orgânica com o Estado nacional, em uma estrutura federativa altamente centralizada – para explorar a dimensão política do padrão de conflito distributivo que nos ocupa neste tópico. Muito esquematicamente, podemos dizer que ele resulta da operação do mecanismo macroeconômico estabelecido pela elevada elasticidade-renda das importações e a dependência para seu financiamento das exportações de bens salários – como no modelo de Oscar Braun – combinado com duas circunstâncias características: 1) "a emergência na Argentina de um setor popular, no qual tem peso importante a classe operária, dotado de recursos econômicos e organizativos significativamente maiores que os do resto da América Latina", e 2) o grau "comparativamente inusitado de centralidade econômica e política" que a burguesia pampeana logrou conservar, não obstante ter perdido havia muito sua "condição de vanguarda dinâmica do capitalismo argentino". É a ponderação singular desses dois elementos que torna inteligível o jogo pendular das alianças que se confrontam permanentemente no cenário argentino – de um lado, a aliança ocasional entre a burguesia pampeana e a grande burguesia urbana; de outro, a aliança defensiva, que unia os setores débeis da burguesia urbana aos setores populares –, bem como o resultado reiteradamente inconclusivo de seus embates.

Na explicação da lógica que leva a tal desfecho, uma das premissas de O'Donnell é a de que a exigência de maiores excedentes exportáveis requeria um salto na produtividade das explorações agrícolas (o que se faria com sua transformação em *agrobusiness*, intensivo em tecnologia e capital).

Haveria, em princípio, duas formas de perseguir esse objetivo. A primeira delas consistiria em alterar duradouramente os preços relativos em benefício dos empresários agrícolas de forma tal a garantir-lhes remuneração satisfatória – isto é, que justificassem a realização de investimentos requeridos para aquele salto. Esse o sentido atribuído explicitamente às depreciações cambiais que costumavam acompanhar os planos de estabilização do período e cujos efeitos distributivos já foram apontados. O'Donnell observa que para os setores oligopolizados da burguesia urbana o impacto de tais políticas era perfeitamente suportável, pois embora o faturamento de suas empresas fosse afetado pela recessão, essas frações contavam com acesso preferencial ao crédito interno e internacional, o que lhes permitia atravessar os períodos de "vacas magras", e mesmo tirar proveito deles mediante o aumento da concentração e da centralização do capital. Estariam dadas, assim, as bases para "uma aliança de longo prazo entre a grande burguesia urbana e a burguesia pampeana, que poderia empreender a 'modernização' do capitalismo argentino pela via simultânea do aumento da concentração do capital no setor urbano e da conversão da última em um agribusiness". Essa possibilidade, porém, não chega a materializar-se. Em face das reações provocadas pelas políticas recessivas, que levam mais adiante a seu abandono em prol de programas de reativação econômica, a grande burguesia urbana é atraída pelas oportunidades de ganhos no curto prazo abertas pela retomada do crescimento, e deixa a sós, com suas lamúrias, os antigos sócios.

A segunda forma de promover a reestruturação do capitalismo rural argentino, com a geração conseqüente de maiores excedentes exportáveis, seria a criação de dispositivos tributários que penalizassem a utilização pouco produtiva da terra. O'Donnell menciona a existência de inúmeros projetos de "imposto sobre a renda potencial da terra", todos, porém, malogrados. O fator decisivo aqui era a capacidade de reação – ativa e passiva – da burguesia pampeana, expressão de sua conhecida centralidade.

De um lado e de outro, os caminhos para a reconversão do capitalismo argentino se viam bloqueados. O grau de organização e a disposição de luta dos setores populares contribuíam de duas formas para tal resultado: a um tempo, criavam condições para que os setores mais débeis da burguesia urbana endurecessem sua oposição às políticas econômicas de cunho recessivo, e provocavam fissuras no campo de seus adversários. Ao longo do período, a coalizão que eles integravam acumulou inúmeras vitórias. Mas esta era eminentemente defensiva: suficientemente poderosa para exercer o seu poder de veto, ela carecia dos recursos materiais e ideacionais necessários para galvanizar o país em torno de um projeto alternativo viável.

A interação entre esses elementos dava forma a um jogo peculiar em que as rodadas se sucediam, reservando aos distintos contendores vitórias e derrotas sempre provisórias. Nele, a grande burguesia urbana desempenhava papel singular.

> Ao pendular em um momento em direção à burguesia pampeana e, momentos depois, ao apoiar o lançamento de uma nova fase ascendente do ciclo, a grande burguesia não apenas otimizou em cada fase os seus interesses econômicos de curto prazo. Logrou também ser o único membro estável da aliança governante. É claro que em uma fase ela era tal em conjunção com a burguesia pampeana e na outra se apoiava sobre a aliança defensiva. Não deixou de ser a fração dominante, mas as condições particulares que resenhamos implicaram que sua dominação se deslocasse continuamente nesse movimento pendular. Ao mesmo tempo, e pelas mesmas razões, os canais de acumulação entravam em repetidos curto-circuitos. Nessas condições, o capitalismo argentino tinha que girar mordendo o próprio rabo, em espirais cada vez mais violentas. Estas chaves permitem entender a Argentina como algo menos surrealista... do que a imagem que aparece na superfície de sua "instabilidade política" e de seu "desenvolvimento" errático.

Embora esteja longe de fazer justiça à riqueza interpretativa do ensaio de O'Donnell, acreditamos que a apresentação precedente registra com fidelidade aceitável seus principais resultados. No que vem a seguir, vamos tomá-los como dados adquiridos. No entanto, ao fazê-lo, precisamos delimitar o âmbito de sua validade.

Como assinalamos, eles são produzidos ao longo de um exercício analítico voltado para a elucidação dos aspectos políticos do entrechoque de interesses econômicos característicos da sociedade argentina naquela fase histórica. Contudo, nem todos os conflitos que a sacudiam então tinham origem nesses interesses e obedeciam à mesma lógica cerrada. Especificamente, não decorrem deles as crises que levaram à deposição do general Lonardi, em 1955, à derrubada de Frondizi, em 1962, nem ao golpe que alijou do poder o presidente Illia e inaugurou a assim chamada "Revolução Argentina". Todas essas conjunturas – assim como o período extremamente conturbado do mandato-tampão do presidente José Maria Guido (1962-64) – foram marcadas pelo acirramento de conflitos eminentemente políticos. A consideração detida dos impasses que neles se manifestam nos distanciaria muito do tema deste trabalho. Mas não podemos entender plenamente a matriz dos conflitos distributivos, que nos interessa mais de perto, se os desconhecermos. Por isso, terminaremos este tópico com uma breve palavra sobre o problema de fundo que está em sua base.

Ele já estava claramente delineado no primeiro governo da "Revolução Libertadora". Com efeito, uma vez destituído Perón, a coalizão que ascende ao poder se defronta com o problema político criado pela existência de um movimento de massa enquadrando largas parcelas da população que se mantinham fiéis ao esquema derrotado. A grande questão para os vencedores, portanto, era a de encontrar meios capazes de neutralizar a ameaça potencial que essa presença no espaço político implicava, ou seja, dar uma resposta à questão: como esvaziar o peronismo, decompô-lo, impedir que ele voltasse a se constituir em fonte de distúrbio para a nova ordem?

Em sua fase áurea, o peronismo representou uma coalizão entre frações da burguesia industrial, setores católicos de direita, facções militares e setores da antiga liderança sindical, com sólido apoio na classe operária. Esta coalizão vai se desagregando à medida que os problemas decorrentes das políticas implementadas pelo regime e as reações que estas suscitam ganham magnitude. Por fim, a base social do regime fica praticamente restrita ao movimento operário, e ele não se mostra capaz de opor resistência séria ao movimento militar de setembro de 1955, que lhe põe um ponto final. Esta, porém, é uma caracterização sociológica, verdadeira apenas em seus traços gerais. Na realidade, ainda em 1955, e mesmo depois, o peronismo abrange dois segmentos bastante distintos: o setor sindical, centralizado pela CGT e – a partir de 1957 – pelas "62 organizações", e o setor político, que congregava empresários como Gelbard, Miguel Miranda, Jorge Antonio, além de quadros intelectuais e políticos de variada procedência – radicais, socialistas, nacionalistas de direita e mesmo comunistas (por exemplo, Puiggros).

Segundo Torcuato Di Tella, o caráter explosivo do peronismo não provinha do movimento operário. Apesar de toda sua força, seu vigor organizacional, o grau de institucionalização que atingiu, por razões de ordens diversas, o movimento operário argentino não teria conseguido ultrapassar o nível de consciência trade-unionista, isto é, a percepção da importância da luta econômica e de suas implicações políticas diretas, desacompanhada, entretanto, da elaboração de um projeto hegemônico próprio. Tendo por base essa observação, Di Telia concluía que, ao se desvencilhar dos elementos burgueses aos quais esteve historicamente ligado, este movimento operário buscaria canais de articulação política num partido trabalhista de tipo europeu, ou num dos partidos burgueses existentes, segundo o padrão norte-americano. O que dava ao peronismo sua feição revolucionária – é ainda Di Tella que argumenta – era a combinação desse movimento operário, em si mesmo reformista, com contra-elites informadas por ideologias nacionalistas de direita, que dispunham de condições para mobilizar os recursos de poder para mudar pela força as regras do jogo político, tendo assegurado antecipadamente para esse fim o apoio popular de que necessitavam. Nessa interpretação, o movimento operário, por si mesmo, não representaria um desafio à ordem existente. Tornava-se uma ameaça apenas ao figurar como arma brandida por um dos contendores de uma luta que não era a dele, em outras palavras, por seu papel instrumental num conflito que era basicamente intra-elite.

Desde o momento em que o artigo de Di Tella veio à luz até hoje, muito se escreveu sobre o peronismo e suas relações com os segmentos organizados das classes populares. Limitamo-nos a essa referência porque, além de seu conteúdo informativo, ela nos serve também como expressão de um entendimento corrente em sua época. Se esta apreciação está correta, podemos afirmar que o problema colocado pela existência do peronismo como movimento político depois de 1955 se desdobrava em dois: 1) o de impedir que a combinação explosiva antes aludida voltasse a se efetuar, e 2) que representava também uma garantia em relação ao primeiro – o de colocar sob controle o movimento sindical, mediante o expurgo das lideranças peronistas ou de sua cooptação. Não temos condições de explorar o assunto neste lugar.[12] Para os propósitos que nos animam aqui, basta assinalar que esta dualidade de métodos – a aplicação da força ou a busca do compromisso – vai marcar a política da nova coalizão dominante em relação a ambos os problemas e será, ela própria, durante todo o período que nos ocupa, fonte de dissenso, de disputas acerbas e sentimentos de violenta animosidade.

O CONTEXTO DAS REFORMAS NA ARGENTINA

> Na atualidade, como resultado da intensa campanha de privatizações e diante do importante crescimento da atividade privada em ramos como automotores, siderurgia, petroquímica..., o peso relativo das indústrias de origem estatal deve ter diminuído. (cf. Dorfman, 1983, p.533)

Essa observação foi feita por Adolfo Dorfman, no início da década de 1980. Iniciar esta parte do estudo com ela é conveniente, porque – vinda de um dos mais respeitados historiadores da industrialização argentina – sua palavra nos adverte para uma particularidade do processo de reformas nesse país: o fato de ele ter se desdobrado em dois tempos: uma primeira "onda", no período 1976-82; e outra, muito mais ampla e radical, na década de 1990.

---

[12] Fizemos isso no trabalho *Instabilidade política* (Velasco e Cruz, 1976).

Essa circunstância produz uma conseqüência levemente incômoda para a exposição. Ao focalizar o contexto das reformas, devemos falar não de uma, mas de duas configurações. O fato de a primeira delas referir-se a uma situação de crise econômica e política que desaguaria na ditadura mais sanguinária que o país jamais conheceu torna a exposição, nos limites que ela deve observar, ainda mais difícil. Deve ficar claro, então, que não pretendemos dar conta desses episódios trágicos. Tudo que faremos é selecionar neles os elementos imprescindíveis para a inteligência dos aspectos que nos ocupam aqui: vale dizer, a ruptura do equilíbrio que manteve as escolhas de política econômica circunscritas durante tanto tempo a um espaço compatível com o padrão descrito na seção anterior.

E não é só isso. Conjugadas às políticas de curto prazo, as mudanças institucionais implantadas no primeiro período condicionaram fortemente o contexto da segunda rodada de reformas. Não poderão, portanto, ser desconhecidas nesta parte do estudo. Como o tema do padrão das reformas econômicas na Argentina será tratado na terceira seção, não vamos nos deter na análise daquelas mudanças. Elas serão aludidas aqui, somente à medida que a referência a elas seja indispensável à compreensão dos fatores que conduzem às reformas do governo Menem.

O leitor poderá indagar, entretanto: se o interesse está na análise das reformas econômicas que marcaram a Argentina na década de 1990, por que não se ater ao estudo do contexto em que elas se dão, recuando no tempo quando necessário para tornar inteligíveis alguns de seus elementos?

Embora tal procedimento pudesse facilitar a exposição, não caberia adotá-lo por duas boas razões: 1) a ruptura com o padrão de política econômica prevalente desde meados do século XX aconteceu bem antes, e a crise prolongada que levou a ela afetou a sociedade argentina como um todo, condicionando pesadamente as escolhas de política econômica efetuadas nos períodos subseqüentes; 2) seguindo de perto o experimento chileno, a mudança de rumo na Argentina precede de muito a onda de reformas liberais que tomaria conta dos países em desenvolvimento a partir de meados da década de 1980; esse fato capital ficaria obscurecido se a análise se concentrasse nos determinantes das reformas de Menem. Pelos dois motivos, o contexto que desemboca na primeira rodada de reformas requer um tratamento independente.

A revanche dos liberais

Como já pudemos observar, embora a industrialização na Argentina tenha avançado desde os anos 1930 pela via da substituição de importações – sob o impacto de circunstâncias externas, mas impulsionada também por políticas de Estado, inspiradas em projetos mais ou menos elaborados de desenvolvimento de longo prazo –, nunca se conformou em seus círculos dirigentes um consenso mais sólido em torno dessa trajetória. Nesse particular, a Argentina se distingue marcadamente de todos os outros casos estudados neste trabalho. A passagem de Frederico Pinedo citada em epígrafe ao presente capítulo dá uma idéia do teor e da intensidade das objeções levantadas pelos críticos desse processo. Curiosamente, quando ocupou a pasta de Economia no governo de Ramón Castillo, o mesmo Pinedo patrocinou a formulação de um projeto de lei moderadamente industrializante que foi bloqueado pelo voto da bancada ruralista, sob argumento de que ele prejudicaria as exportações argentinas ao estimular artificialmente a concorrência interna aos produtos de seu principal cliente – a Inglaterra (cf. Llach, 1984). O artigo que contém o trecho mencionado foi escrito em 1956, pouco depois da deposição de Perón. Ele se inscreve em um debate sobre os caminhos da política econômica da "Revolução Libertadora", cujo desfecho já conhecemos: as propostas dos liberais – que defendiam um corte profundo com o passado recente, e a retomada da filosofia que dera à Argentina tantos anos de inigualável prosperidade – foram derrotadas. Prevaleceu a voz da prudência, e com ela a linha da continuidade.

Na ocasião, o debate opunha dois campos nitidamente demarcados: de um lado, os liberais – que atacavam a intervenção do Estado nos mercados e brandiam o argumento das vantagens comparativas para defender a integração mais profunda da Argentina na economia internacional; de outro, os nacionalistas, que privilegiavam a autonomia e a geração de empregos, e faziam uso de ambos para defender a proteção do produtor interno em face de seus concorrentes externos, a exclusão do capital estrangeiro em certas áreas de atividade, e o comprometimento decidido do governo com o fomento à indústria, inclusive, mediante empresas estatais.

Essa divisão, cabe observar, não recobria a disjuntiva peronismo/antiperonismo, que cindia a sociedade argentina nessa quadra histórica. O nacionalismo dava a tônica igualmente do discurso econômico do radicalismo, em suas duas vertentes, a UCRP, de Ricardo Balbín, e a UCRI, dissidência liderada por Arturo Frondizi. Partido-movimento que forçara a implosão da ordem política oligárquica e chegara ao poder com Yrigoyen, em 1916, desde a Declaração de Avellaneda, de abril de 1945, o radicalismo havia adotado uma plataforma que aliava a defesa do liberalismo político a um programa econômico de cunho nacionalista com tonalidades socialistas.

No final da década de 1950, o quadro ficou mais complexo, com a emergência de um novo discurso: o "desarrollismo". No léxico argentino, esse termo ganhou uma acepção mais restrita do que no uso hoje corrente, passando a designar a visão propagada por uma corrente ideológica e política específica. A citação de Arturo Fondizi, também em epígrafe, sintetiza o núcleo de sua proposta: para vencer os obstáculos que entravam a economia argentina e garantir sua autonomia é preciso ampliar significativamente a oferta interna de energia (leia-se petróleo), desenvolver os ramos dinâmicos da indústria (siderurgia, petroquímica, mecânica e eletrônica) e assegurar a modernização agrícola com máquinas e implementos produzidos localmente; para tornar factíveis tais objetivos, cumpre estimular fortemente o investimento estrangeiro.[13]

Essas idéias foram postas em prática entre 1959 e 1962, durante a conturbada presidência de Frondizi, com resultados já conhecidos. Não precisamos insistir neste aspecto. O que devemos assinalar aqui é a convivência mais ou menos forçada entre liberais e *desarrollistas* no comando da política econômica desse governo, e a existência entre eles de uma nítida divisão de trabalho: apesar das pressões militares – que forçaram a demissão de Frigério, principal ideólogo *desarrollista* e homem de sua estrita confiança – Frondizi preservou o controle sobre a implementação de seu programa de longo prazo; em contrapartida, a política monetária foi deixada a cargo dos liberais, cuja expressão maior no governo era o ministro da Economia, Álvaro Alsogaray.

Liberais, nacionalistas, *desarrollistas*. Balizado por essas três posições, o debate econômico na época era ainda mais complicado pelas divergências sobre questões de política que se manifestavam no interior de cada um dos campos, e pela presença, entre os economistas, de posições sem contrapartida exata no terreno da disputa política e ideológica. O estruturalismo de inspiração cepalina é uma boa ilustração. É bem conhecida a ironia que cerca a intervenção do fundador da escola, Raúl Prebisch, em sua intervenção no processo de formulação da política econômica argentina. Chamado pelas autoridades da "Revolução Libertadora" para estudar a situação da economia e formular um programa para sua regeneração, Prebisch – a esta altura mundialmente conhecido pela heterodoxia de suas teses industrializantes – foi atacado rudemente em sua terra natal por seus vínculos pregressos com o regime conservador (ao qual serviu, como presidente do Banco Central) e pelo teor supostamente antinacional e antiindustrialista de suas propostas. A despeito dos mal-entendidos, a influência estruturalista fez-se sentir significativamente no universo dos economistas, expressando-se em instituições privadas de ensino e pesquisa, como o Instituto Torcuato Di Tella, e em organismos estatais de previsão e planejamento, como o Conade (*Consejo de Desarrollo Económico*), órgão criado por Frondizi no final de sua gestão, que ganharia importância expressiva na presidência de Illia (1963-66), e em periódicos como a revista

---

[13] Para uma análise circunstanciada do *desarrolismo*, em perspectiva comparada, cf. Sikking, 1991.

Desarrollo Económico.[14] Contudo, por um conjunto de razões, entre as quais os referidos mal-entendidos, o estruturalismo cepalino não chegou a ter na Argentina o impacto sobre a gestão da política econômica que se observa em um país como o Brasil (cf. Sikking, 1991).

Neiburg & Plotkin (2004, p.238) referem-se ao desenvolvimentismo, em acepção ampla, como "sistema hegemônico de pensamento" nesse período. Apesar disso, a presença dos liberais no comando da política econômica não foi uma peculiaridade do governo Frondizi. Podemos constatá-la antes (na presidência de Aramburu), e depois, no mandato-tampão de José Maria Guido.

Pinedo, Alsogaray, Roberto Alemán, Martínez de Hoz, Krieger Vasena... Quem são esses "economistas liberais? O que representam?

Não podemos nos deter nesse tema, mas devemos fazer a seguinte indicação: "intelectuais tradicionais" no sentido gramsciano do termo – por sua origem social, seu *habitus*, suas conexões – esses economistas derivam seu "poder simbólico de suas relações naturais com os círculos de poder político e econômico do país" e de "sua descendência dos "pais fundadores da pátria" (Beltrán, 2005, p.44). Membros por títulos próprios da grande burguesia argentina, com assento cativo nos conselhos de suas organizações de classe (Sociedade Rural Argentina, União Industrial Argentina, Aciel, Fiel), operam no espaço de convergência entre as duas frações dominantes, no jogo de alianças de que nos falava Guillermo O'Donnell.

Essa simples referência é o bastante para sugerir que o universo dos economistas liberais estava longe de ser homogêneo. Um dos traços marcantes do cenário argentino do período era o lugar de destaque ocupado nele por uma vertente doutrinária do liberalismo econômico, que se municiava dos argumentos de Von Mises e Hayek para denunciar como desvio inaceitável as modalidades de intervenção estatal preservadas no pós-peronismo. No entanto, nem todos os liberais tinham a pureza dos princípios em tão elevada conta. Assim, no início dos anos 1960, muitos deles estavam persuadidos do acerto das teses sustentadas nas páginas da prestigiosa revista *Panorama de la Economía Argentina* pelo dr. Carlos Moyano Llerena, que advogava o uso mais abrangente dos controles de preço e de salários como instrumento eficaz de combate à inflação. José Alfredo Martínez de Hoz, mais tarde convertido aos olhos da opinião pública em expressão extremada do liberalismo econômico, estava entre eles, ao lado de Roberto Alemán e Adalbert Krieger Vasena (cf. Wynia, 1978, p.169).

---

[14] Fundada em 1958 pela Junta de Planificación Econômica de la Província de Buenos Aires, organismo criado por Aldo Ferrer quando ministro de Economia dessa província, essa revista mantinha sólidas conexões com o Instituto Torcuato Di Tella, cujos pesquisadores colaboravam regularmente com artigos e tinham presença dominante em seu conselho de direção. Cf. Neiburg & Plotkin, 2004.

Este último viria a representar, mais do que qualquer outro, a perspectiva própria da ala pragmática dos liberais argentinos. Dono de credenciais impecáveis, em sua múltipla condição de doutor em economia, ex-ministro do governo Aramburu, consultor regular das Nações Unidas (ibidem, p.177), assessor e membro do conselho de administração de grandes empresas (inclusive filiais estrangeiras), com extensa rede de relações com bancos e financistas internacionais (O'Donnell, 1982, p.121), Krieger Vasena desenvolveu um programa muito pouco ortodoxo nos dois anos e meio em que ocupou a pasta de Economia e Trabalho, no governo militar do general Ongania (janeiro de 1967 a junho de 1969). Um dos componentes de sua política já foi aludido: o amplo regime de controle de preços e salários. Mas não era apenas aí que ele fugia ao roteiro de seus colegas mais rígidos: votado ao objetivo de modernizar o capitalismo argentino, Vasena buscou o caminho da eficiência na concessão de generosos incentivos para atrair o investimento estrangeiro, ao mesmo tempo que fazia uso desinibido das empresas públicas para elevar a taxa de investimento agregado e preencher espaços vazios. Por outro lado, procurou estimular o aumento e a diversificação das exportações mediante a concessão de incentivos fiscais, uma forte correção cambial – acompanhada da imposição de uma taxa (*retención*) sobre o setor para evitar a apropriação integral da renda gerada por aquela medida – e uma política de desvalorização gradual do peso. Tudo isso com apoio decidido das instituições financeiras internacionais (o FMI e o Banco Mundial) e do governo dos Estados Unidos, que foi de grande valia para criar as condições externas favoráveis ao plano e contrabalançar as resistências que ele suscitava em setores poderosos no país (ibidem, p.140; Smith, 1989, p.84).[15]

Não obstante os resultados positivos que acumulou no *front* econômico (controle da inflação, taxa de crescimento do PIB etc.), a experiência liberal pragmática não resistiu à onda de protestos sociais que marcou o final da década de 1960 na Argentina, cujo epicentro foi a sublevação operária e estudantil ocorrida em Córdoba, em maio de 1969 – estendendo-se por quase uma semana, a rebelião só foi debelada pela ocupação da cidade por tropas do Exército em operação que deixou muitos mortos e feridos. Uma análise da quadra histórica dramática aberta por esses acontecimentos foge ao escopo deste estudo. Mas alguns aspectos dela precisam ser comentados, ainda que brevemente, para que os rumos da política econômica no período que nos ocupa se tornem inteligíveis.

O primeiro deles refere-se ao contexto geral em que foi plasmada a experiência de política econômica regida por Krieger Vasena. Vimos na

---

[15] Depois de sua experiência ministerial, Krieger Vasena viria a desempenhar o cargo de vice-presidente do Banco Mundial para a América Latina.

parte anterior alguns dos fatores subjacentes à fragilidade institucional na Argentina. Apoiado de forma tácita ou explícita pela maioria dos segmentos sociais organizados – inclusive os sindicatos peronistas –, o golpe de Estado que, em junho de 1966, instaurou a "Revolução Argentina" pretendia inaugurar uma nova etapa histórica pela remoção definitiva daqueles condicionantes. Para fazer isso, seus dirigentes precisavam avançar em duas frentes: na transformação dos fatores econômicos que condenavam a economia a um comportamento errático e no enquadramento dos setores populares, cujo núcleo eram as organizações sindicais, que detinham forte poder de veto sobre as políticas econômicas de curto prazo e que minavam a legitimidade do poder político pela reafirmação persistente de sua identidade peronista. Na retórica do regime, essas coisas seriam feitas de forma escalonada, com prioridade atribuída inicialmente à modernização econômica. Esta criaria as bases para o desencadeamento posterior do "tempo social" e, logo a seguir, do "tempo político". Na primeira etapa do processo, a gestão dos assuntos políticos deveria estar voltada à consecução de objetivos táticos: evitar – ou derrotar – a mobilização adversa dos interesses contrariados pelo programa econômico. A respeito do caminho a adotar quando este tivesse produzido os efeitos esperados – e sobre a definição operacional de tais efeitos – havia nas Forças Armadas grandes discordâncias.

Esse o segundo elemento a destacar: o caráter problemático da unidade alcançada nas Forças Armadas. Alguns anos antes, o faccionismo militar tinha escalado a tal ponto que *colorados* e *azules* chegaram à troca de tiros. Todos serravam fileiras agora em torno da liderança do general Onganía, mas as diferenças de fundo não se apagavam por esse motivo. No trabalho imponente que dedicou à analise do Estado burocrático autoritário argentino, Guillermo O'Donnell distingue quatro grupos nas Forças Armadas: a) a corrente "paternalista" – encabeçada pelo próprio Onganía, congregava militares católicos tradicionalistas, de origem pequeno-burguesa, que se identificavam com o ditador espanhol Francisco Franco, e combinavam a admiração pela técnica e o apego à moral e à ordem no modelo hierárquico de integração social que pretendiam ver implantado no país; b) a corrente "nacionalista" – igualmente autoritários e corporativistas, os militares dessa tendência almejavam o apoio de amplos movimentos sociais a um projeto de reconstrução nacional sob sua liderança, hostil ao "individualismo liberal" e ao "comunismo"; c) a corrente "liberal autoritária" – muito mais estreitamente vinculados ao universo da grande burguesia e aos meios sociais circundantes, os militares "liberais" identificavam-se ideologicamente com o programa de modernização capitalista e se postavam como defensores da democracia, que deveria ser restaurada oportunamente, expurgada, bem entendido, de seus elementos demagógicos e populistas. O quarto grupo – os "profissionais" – não constituía propriamente uma corrente: majoritários no oficialato, seus integrantes não tinham simpatias maiores pelos liberais, mas observavam a relação de forças entre as correntes para se posicionar nos conflitos.[16]

O terceiro aspecto a considerar tem a ver com o impacto da crise de maio. Alguns meses antes, a hipótese de sua ocorrência soaria de todo implausível. Com efeito, de junho de 1966 a começos de 1969 o regime militar parecia trilhar o bom caminho. No plano econômico, sabemos, o balanço era encorajador: o déficit orçamentário fora sensivelmente reduzido, a posição financeira do país era confortável, a economia continuava crescendo a taxas elevadas (chegam a perto de 5% do PIB *per capita*), e o aumento do custo de vida estava contido. As atividades político-partidárias permaneciam congeladas, e a ação da censura aos costumes era irritante, mas com o tempo, acreditava-se, a "normalidade" voltaria a reinar nos dois planos. Na frente sindical, o quadro se apresentava um tanto confuso. Vencida a fase de namoro com as autoridades militares, os sindicatos peronistas tentaram pressionar o governo com o velho expediente da greve geral e das mobilizações de rua, mas foram derrotados; agora estavam divididos, com as frações mais importantes advogando a aproximação, em diferentes graus, com o regime, sob a crítica de uma "ala rebelde" com presença mais forte nas regiões de industrialização mais recente, entre elas a cidade de Córdoba, coração da indústria automobilística.

A agitação que tomou conta de suas ruas em maio de 1969 foi desencadeada por um incidente menor – a repressão a um movimento de protesto contra o aumento no preço de refeições em restaurantes universitários – ocorrido alhures. Suas consequências, porém, foram desmedidas. De imediato, ela determinou a queda de todo o ministério. No plano mais geral, o *cordobazo* marca o fracasso da experiência burocrático-autoritária na Argentina. A partir de maio, verifica-se uma rápida reativação do espectro político: os partidos aproveitam-se da brecha inesperadamente criada e acumulam críticas ao governo; os sindicatos recuperam, ao menos parcialmente, sua autonomia e seu antigo poder de barganha; demandas contraditórias, em volume e amplitude cada vez maiores, sobrecarregam o governo, que não consegue filtrá-las. Começa a se manifestar então a ameaça da guerrilha urbana, que cedo se tornaria uma presença perturbadora na vida política argentina. Nesse contexto, embora importantes setores, entre os quais a Sociedade Rural – que se opunha, entretanto, à política econômica –, mantenham seu apoio ao regime, este se torna cada vez mais restrito e condicional. E fortalece-se em todos os meios a idéia de que o regime, cuja razão de ser residia em sua suposta capacidade de restabelecer a ordem e

---

[16] Versão livre da apresentação feita em O'Donnell, 1982, p.89 ss.

garantir as condições para o desenvolvimento econômico, havia falhado fragorosamente e devia ceder o lugar a outro arranjo institucional.[17]

Por outro lado, a crise intensifica o conflito entre grupos no aparelho de Estado. Ao perseverar no participacionismo – proposta de integração de inspiração corporativa chamada a operar como peça-chave do modelo de organização política ideado pelos paternalistas –, o governo é levado a fazer concessões e a buscar compromissos, a fim de assegurar o necessário apoio de importantes parcelas do movimento sindical. Mas com isso ele se expõe à crítica cruzada da opinião liberal, que verbera o caráter fascistizante dos Conselhos de Participação, e dos militares, que haviam se comprometido politicamente com a repressão em maio de 1969 e se desgastado com ela. Para agravar as coisas, dois fatores conjunturais – a deterioração das contas externas e o aumento de preços provocado pela drástica redução na oferta de carne – tornavam incerto o futuro da economia. Cedo duas posições ganham corpo nas Forças Armadas: uma delas defende o "aprofundamento da revolução", o que implicaria mais repressão e níveis mais elevados de conflito, ao menos em curto prazo; a outra propõe a retirada para as casernas, a convocação de eleições e a entrega do poder a lideranças civis. O seqüestro do ex-presidente Pedro E. Aramburu e sua execução por uma organização armada (os *montoneros*) apenas precipitam um desfecho há algum tempo previsível. Depois de tensas negociações, na madrugada de 9 de julho de 1970, Onganía apresenta sua renúncia e se retira definitivamente da Casa Rosada.

A derrubada de Onganía abre na política argentina um período de transição. A partir daí, intensificam-se os conflitos sociais, amplia-se o raio de ação da guerrilha, generaliza-se em todos os setores a consciência de que qualquer fórmula que vise à manutenção do regime militar e/ou a exclusão do peronismo como ator legítimo do jogo político era um projeto condenado de antemão ao fracasso. O *Gran Acuerdo Nacional* patrocinado pelo general Alejandro Lanusse, que assume a presidência em 26 de março de 1971, é o reconhecimento formal dessa realidade. Com ele, o peronismo recupera seus direitos de cidade e a política argentina entra em uma nova etapa.

No curto interregno entre Onganía e Lanusse, a política econômica ganha um colorido nacionalista, que se tornaria muito mais forte depois, com Perón e seu ministro de Economia, José Ber Gelbard. Nem por isso a ascensão de Perón despertou reações hostis na grande burguesia. Pelo con-

---

[17] Pesquisa realizada na época constatou que a maioria dos empresários industriais entrevistados (62,5%) manifestava-se favoravelmente ao funcionamento dos partidos políticos e do Congresso. Segundo os autores, "os industriais argentinos, embora prefiram uma ditadura elitiva 'desenvolvimentista' estável ..., aceitariam melhor uma democracia parlamentar do que uma ditadura instável, atacada pelos sindicatos e pela guerrilha urbana, incapaz de satisfazer as suas necessidades". Cf. Petras & Cook, 1972.

trário, apesar da reação epidérmica que o nacionalismo econômico provocava nesses círculos, a volta do velho líder foi acolhida com aplausos por eles, pela promessa de restauração da ordem que ela envolvia. É o que transparece no editorial do *La Nación*, venerando órgão do conservadorismo argentino.

> Perón colocou o peronismo no centro... optou ... por uma síntese de programas e uma coalizão de forças, antes que por instaurar um movimento único, excludente, e portanto autoritário.
> Consolidou-se inquestionavelmente um regime pluralista de partidos políticos... O novo, o autenticamente original na política argentina é este sentido ampliado do compromisso.[18]

O significado do juízo sobre a política "centrista" de Perón só se revela para nós quando levamos em conta os extremos dos quais esta se distinguia. Os acontecimentos sangrentos que marcaram, algum tempo antes, a recepção ao líder justicialista no aeroporto de Ezeiza – rajadas de metralhadora disparadas contra os milhares de seguidores que chegavam ao local nas longas colunas organizadas pela Juventude Peronista – dão uma idéia da natureza dos conflitos em curso. O ativismo desencadeado pelo *cordobazo* impugnava muito mais do que o regime militar: ele contestava os padrões de autoridade nas Forças Armadas e no mundo do trabalho que fundamentam a sociedade capitalista. Na classificação de O'Donnell, pode-se dizer que a Argentina viveu no período uma "crise de dominação celular" – crise do Estado em sua condição de "garantia política da dominação social" (O'Donnell, 1982, p.51 ss.). A vitória do peronismo nas eleições de 1973 não a encerra. Pior, com ela a contestação passa a se fazer também a partir do próprio governo. Compreende-se, assim, o elogio ao general proscrito. Esperava-se que ele fosse capaz de domar o impulso subversivo que vinha de dentro e de fora do movimento. E que fizesse isso, de preferência, de maneira polida.

Entretanto, os fatos não confirmaram essas expectativas. Não obstante o peso enorme de sua liderança, a autoridade de Perón não era suficiente para aplacar os conflitos. Eles se tornariam ainda mais intensos quando o falecimento imprevisto do general deixou a Presidência nas mãos despreparadas de sua esposa, Maria Estela Martinez, mais conhecida como Isabelita.

Ao fim desse período conturbado, os liberais estariam de volta. Desta vez, porém, o tom de seu discurso seria outro, e muito distintas seriam as

---

[18] *La Nación*, 3 de agosto e 18 de novembro de 1973 apud Di Tella, 1983, p.116. Tradução de obra escrita na Inglaterra pouco depois do golpe por um autor com experiência direta como membro da equipe econômica do governo peronista, este livro é uma fonte preciosa sobre essa página pungente da vida política argentina.

suas receitas. É aí – com a Junta Militar encabeçada pelo general Jorge Rafael Videla, e com José Alfredo Martínez de Hoz no comando da política econômica – que os liberais puros e duros começariam a saborear a sua revanche.

A ditadura e a primeira onda de reformas

1966-1976. No interregno entre o golpe militar que derrubou Illia e o que forneceu o atestado de óbito ao governo de Isabelita Perón, a Argentina havia mudado. Mas não apenas a Argentina. O mundo também não era mais o mesmo.

Com efeito, quando o governo americano e as instituições financeiras sob seu controle deram o seu aval ao programa de Krieger Vasena, ainda não haviam despontado os primeiros sinais das tensões que levariam cinco anos depois ao colapso do padrão ouro-dólar e do sistema, que nele repousava, montado em Bretton Woods. Na época, o Vietnã ainda era uma terra longínqua, onde os soldados norte-americanos livravam uma batalha, que parecia antecipadamente ganha, em defesa da democracia. Na América Latina, a prioridade continuava sendo a de afastar o mau exemplo da revolução cubana; e os militares locais passavam a ser vistos como gestores eficientes, dignos herdeiros da Aliança para o Progresso. Já eram perceptíveis, é verdade, os indícios de superaquecimento nas economias centrais, e, com eles, as primeiras manifestações de mal-estar social (a reemergência de conflitos de trabalho, na Europa, o movimento pelos direitos civis, nos Estados Unidos). Contudo, esses signos precursores não chegavam a abalar o clima de confiança geral. Para um observador participante – dos mais qualificados, diga-se – os governos ocidentais tinham aprendido a lição do entre-guerras, e sabiam, agora, como espantar o fantasma da crise. Essa a certeza que se expressa na frase "somos todos keynesianos", dita algum tempo depois, a contragosto, pelo republicano Richard Nixon.

Dez anos depois, essa confiança fora reduzida a pó por uma série de eventos. Alguns deles foram mencionados obliquamente no parágrafo anterior: a decisão unilateral do governo Nixon de alterar a paridade do dólar, em 1971, e – na impossibilidade de acordo com seus parceiros do G7 – de declarar a inconversibilidade da moeda-chave, dois anos depois; a transformação da campanha do Vietnã em um verdadeiro inferno, do qual os Estados Unidos saíram dilacerados e à custa de humilhação inédita; a onda de contestação social, que sacudiu a periferia capitalista e atingiu quase todos os países desenvolvidos. Mas não foi só isso. Em conexão com os acontecimentos referidos, houve ainda o choque de preços decretado pela Opep, em 1973, e a descoberta desconcertante de que as receitas consagradas para aplacar os desequilíbrios conjunturais do mercado não surtiam efeito. Queda acentuada nas taxas de crescimento econômico; índices elevados e persistentes de inflação. É nesse quadro sombrio que a pregação dos neoliberais começa a encontrar ouvidos mais atentos, em número crescente. Dois fatos simbolizam a mudança no clima de idéias que então se produzia: a atribuição do prêmio Nobel de Economia a Hayek, em 1974, e a eleição de Margareth Thatcher à liderança do Partido Conservador, no ano seguinte.

Quando os liberais assumiram o controle da política econômica na Argentina, eles tinham boas razões para se sentir em harmonia com o "espírito do tempo". Essa constatação, porém, não deve ofuscar um fato: em 1976, a influência neoliberal era ascendente, mas ainda não se traduzia em políticas de Estado, nem na Inglaterra nem nos Estados Unidos – em ambos os países, as autoridades continuavam manejando os velhos instrumentos para tratar, com efetividade declinante, os novos problemas. Não foi por influência direta desses governos, ou dos organismos internacionais a eles ligados, portanto, que o programa de reformas bateu em terra argentina.

Nem por efeito da crise internacional. Naquele momento, esta parecia ampliar os graus de liberdade dos países em desenvolvimento, muitos dos quais responderam às novas circunstâncias com o aprofundamento do modelo vigente de políticas econômicas, beneficiando-se para tanto das condições excepcionais de crédito que prevaleceram no mercado internacional até o choque de juros decretado, em 1979, pelo Banco Central dos Estados Unidos. Entre os países estudados, foi esse o caso do México, do Brasil, da Coréia e da Turquia. Todos eles foram obrigados a incorrer no custo de ajustes, mais ou menos dolorosos, quando eclodiu a crise da dívida, no início dos anos 1980. Excetuada a Coréia, nesses, e em muitos outros países, a elevação brutal do serviço da dívida em uma economia internacional deprimida teve impacto devastador sobre as finanças públicas. Com isso, aumentou ainda mais o poder de pressão das instituições financeiras multilaterais, que passaram a condicionar, em meados da década, a aprovação de novas linhas de crédito a esses países à disposição demonstrada por eles de aplicar as reformas estruturais previstas na cartilha.

A Argentina – tal como o Chile – também foi severamente castigada pela crise da dívida. Aqui, porém, a relação entre crise e reforma aparece invertida. Se nos países antes citados a crise externa é um dos fatores que contribuem para o contexto que leva às reformas liberais, na Argentina (como no Chile), o endividamento externo é um corolário das reformas já implantadas, que são postas em xeque pelo advento da crise.

Essa relação ficará mais clara se dissermos uma palavra sobre o programa posto em prática pela equipe de Martínez de Hoz. No discurso da política econômica, o objetivo de longo prazo era extirpar o modelo estatista – que estaria na raiz de todas as mazelas da economia argentina –, e criar as bases para a retomada do crescimento com estabilidade mediante a liberação das forças da concorrência. Reduzir o tamanho do Estado, derrubar barreiras ao comércio com outros países, privatizar, eliminar as regulamentações que embaraçavam o livre funcionamento da economia – essas idéias operavam como lugares-comuns nesse discurso. No curto prazo, tratava-se de debelar a inflação, que explodira no final do governo de Isabel Perón, quando a resposta violenta provocada pelo desastrado plano de estabilização do ministro Celestino Rodrigo – 100% de desvalorização cambial; quase duplicação dos preços administrados, e 20% de reajuste de salários – elevara a taxa anualizada de inflação à casa de 17.000%, em março de 1976.

Beneficiado por forte apoio do governo norte-americano e do FMI, os resultados obtidos por Martínez de Hoz no *front* da estabilização podem ser tidos, com favor, como uma meia vitória. Adotando uma estratégia gradualista assentada na liberação dos preços e no congelamento dos salários, ele conseguiu espantar o fantasma do descontrole inflacionário, ainda que à custa de uma brutal redução dos rendimentos dos trabalhadores (o salário real encolhe em mais de 30% no espaço de três meses). Mas, depois de um começo promissor, a inflação voltou a subir, e já atingia a marca de 7% ao mês no início de 1977. Na seqüência, a equipe econômica procedeu por ensaio e erro, adotando sucessivamente uma série de abordagens contraditórias – acordos de preços (início de 1977); controle ortodoxo da oferta monetária e taxas de câmbio corrigidas pela inflação (junho de 1977/abril de 1978); controle rigoroso da moeda e livre flutuação do câmbio (abril a dezembro de 1978); cronograma previamente anunciado de correção cambial embutindo metas declinantes de inflação, a *tablita* (fins de dezembro de 1978 a fevereiro de 1981). Nenhuma dessas tentativas foi particularmente exitosa: com três anos de recessão em seu acervo (–0,2%, em 1976; –3,9%, em 1978, e 0,2%, em 1980), Martínez de Hoz completava os seus longos cinco anos como ministro da Economia deixando o país a braços com uma inflação de três dígitos (100,8%, em 1980) (cf. Gerchunoff & LLach, 2003, p.363-8; Smith, 1989, p.236-42, sobre reviravoltas na política de estabilização no período).

Pela radicalidade de seus efeitos, e por sua duração, a política de Martínez de Hoz foi objeto de inúmeros ensaios interpretativos. Para explicar essa combinação intrigante de instabilidade econômica e estabilidade excepcional dos responsáveis pelo manejo da economia, Schvarzer propõe uma leitura política, segundo a qual a situação de emergência permanente seria condição necessária ao exercício continuado do poder de comando requerido para a realização dos objetivos de longo prazo da equipe (cf. Schvarzer & Hoz, 1983). Esse argumento não é incompatível com o desenvolvido por Adolfo Canitrot em dois artigos muito influentes. No entender do autor, a crítica era de alvo ao mirar o fracasso dos gestores em alcançar suas metas explícitas. Para além desses objetivos, o programa implícito de Martínez de Hoz era eminentemente político, no sentido amplo do termo: tratava-se de romper os parâmetros estruturais da matriz que levara a economia ao colapso e a sociedade argentina às bordas da guerra civil, criando condições para que o mecanismo do mercado submetesse o comportamento de todos (empresários e trabalhadores) à sua disciplina (Canitrot, 1980; idem, 1981). No amplo debate provocado por esses artigos, chama a atenção o comentário de Manuel Mora y Araújo, um "não economista" (Mora y Araújo, 1981). O argumento que ele formula para rejeitar o diagnóstico de Canitrot tem duas faces, uma teórico-metodológica, outra, empírica. A primeira tem escasso interesse – ela gira em torno das questões "essencialmente contestáveis" do significado do conceito de liberalismo e do grau de adequação entre doutrina e prática, necessário para que o conceito possa ser usado legitimamente para qualificar políticas. Ao apontar a timidez da equipe econômica, que não se dispôs a produzir o nível de desemprego (temporário, presume-se) implicado na aplicação conseqüente de suas próprias doutrinas, a segunda face de seu argumento ganha importância aqui, porque nos adverte para os constrangimentos que limitavam os graus de liberdade de Martínez de Hoz e sua equipe.

Um deles já foi aludido: lançados na guerra suja contra as organizações da esquerda armada argentina (Montoneros, PRT-ERP, FAL), os militares estavam decididos a negar a seus inimigos o reforço representado por levas de desempregados – potenciais militantes, ociosos e ressentidos. Mas não era só aí que a agenda dos militares constrangia: ela reservava um certo papel às empresas públicas e contemplava a implantação de grandes projetos, para os quais deveriam ser canalizados generosos subsídios. Em ambas as áreas, a ação da política econômica foi muito comedida: as privatizações ocorreram basicamente sob a forma de transferência de atividades ao setor privado (chamada "privatização periférica") – o que aumentou o espaço para a celebração de contratos de pai para filho entre entes públicos e grupos seletos de grandes empresas –, e os subsídios aumentaram...

A área em que a equipe econômica inovou foi no comércio exterior e, de forma mais incisiva, na financeira.

No tocante à abertura comercial – tema central no discurso da política econômica –, a ação governamental foi pautada pela norma da prudência. As taxas que incidiam sobre a renda do setor exportador foram suprimidas, o que elevava o valor em pesos dos bens exportados e operava como forte incentivo. Ao mesmo tempo, a equipe divulgava um plano escalonado de reduções tarifárias que, se aplicado à risca, aumentaria ordenadamente o grau de exposição do produtor argentino à concorrência internacional. Por dois motivos contraditórios, não foi bem isso o que aconteceu. De um lado, o governo afastou-se de sua proclamada fé livre-cambista ao instituir um "regime especial" para a indústria automobilística, ao aprovar uma "lei de promoção industrial" voltada para indústrias novas e ao manter quase intocado o sistema de licenças prévias às importações (*cupos de importación*). Por outro lado, a política de juros altos conjugada à prolongada sobrevalorização do peso traduziu-se em uma avalanche de importações, com efeitos devastadores sobre vários setores da indústria.

> No sexênio 1974-1980 – informam dois especialistas já citados – a indústria reduziu entre três e quatro pontos sua participação no PIB. Nos ramos têxtil e papel, a combinação de abertura, atraso cambial e baixo crescimento econômico foi tão pronunciada que produziu quedas líquidas em torno de 15% no segundo lustro dos anos 70. (Gerchunoff & Llach, 2003, p.373)

Na área financeira, as mudanças vieram com a reforma de junho de 1977. Até então, o mercado de capitais na Argentina operava sob forte controle do governo, que se valia de três mecanismos básicos – fechamento externo, fixação de taxas de juro no sistema bancário, e racionamento do crédito – para efetuar as transferências de renda requeridas por suas políticas. Esse sistema não eliminava inteiramente a concorrência: embora obrigados a trabalhar com taxas e cotas fixadas pelo governo, os bancos tinham liberdade de contratação no relacionamento com seus clientes – companhias financeiras, cooperativas de crédito, sociedades de poupança e crédito, pessoas físicas e jurídicas. Nas condições de crise em que a Argentina conheceu em meados da década de 1970, as distorções desse sistema tornaram-se gritantes. Com a aceleração do ritmo inflacionário, desencadeou-se um surto especulativo, alimentado pelos juros fortemente negativos que os bancos canalizavam a clientes preferenciais mediante financeiras (cf. Canitrot, 1981, p.142-3).

O núcleo dessa reforma foram a liberação das taxas de juro bancárias e a "desnacionalização" dos depósitos – eliminação da exigência de 100% de encaixe, que tornava os bancos meros intermediários do Banco Central. Com essas medidas, que condicionavam a atividade creditícia dos bancos à sua capacidade de captar depósitos, esperava-se romper a lógica de curto prazo prevalente, e avançar em direção a um sistema moderno, capaz de prover fundos necessários a investimentos de longo prazo. Supunha-se que as taxas reais positivas incentivariam a poupança, e que o custo mais elevado dos empréstimos desestimularia as aplicações improdutivas. O resultado obtido, porém, foi muito distinto. Preservado o dispositivo que dava ampla garantia pública aos depósitos – ausente um sistema eficaz de supervisão bancária –, os bancos passaram a oferecer taxas de juros crescentes na competição feroz pela captação de fundos, financiando essas operações pouco ortodoxas com empréstimos a clientes em dificuldade, a taxas ainda mais altas. E a pressão sobre as taxas de juro foi aumentada pela entrada no mercado, como demandantes de crédito, das empresas públicas, que ganharam autonomia financeira em 1977.

O efeito conjugado de mercado financeiro especulativo, aperto monetário e sobrevalorização cambial foi uma crise de enormes proporções. Seus primeiros indícios surgiram já em 1979, com o aumento do número de falências, que quase dobraram em relação ao ano anterior. Todavia, o estouro se deu em abril de 1980, com a liquidação do Banco de Intercambio Regional. A intervenção do Banco Central nesta entidade, que chegara a ser o maior banco do país, desencadearia uma sucessão de quebras. Levando de roldão outros bancos de grande porte, a crise terminou por afetar todo o sistema financeiro: no final do ano, o Banco Central tinha sob seu controle cerca de sessenta instituições (cf. Gerchunoff & Llach, 2003, p.361). E como sempre acontece, a ruptura dos circuitos de crédito tem sobre a economia empresarial um efeito devastador. Assim, os ativos de empresas falidas, que em 1978 totalizaram pouco mais de 265 milhões de dólares, elevaram-se a 1.050 milhões, em 1980 (cf. Lewis, 1990, p.463).

A outra face da crise foi o crescente endividamento externo da Argentina. Sobre ela, vale a pena ler o comentário de dois especialistas.

> Na verdade, o forte endividamento do país esteve vinculado em grande medida a fenômenos de natureza financeira, mais do que à geração de níveis de absorção superiores à renda nacional. No princípio, ele teve origem em movimentos especulativos dos portfólios privados durante a vigência do plano de estabilização aplicado desde fins de 1978, e na substituição de crédito interno por crédito externo por parte de empresas e organismos públicos. Posteriormente, o aumento da dívida líquida foi alimentado pelas fugas em massa de capitais que se seguiram à crise deste programa. (Damill & Fanelli, 1994, p.64)

Outubro de 1980. A essa altura, o governo Videla estava no fim, e já se conhecia o nome de seu sucessor. Tendo perdido inteiramente o controle da situação, Martínez de Hoz foi incapaz de colocar o seu preferido no comando da política econômica. Pior, em coordenação com a equipe do general Roberto Viola, foi compelido a desvalorizar o peso, em 2 de fevereiro de 1981, quando a fuga de capitais e a sucessão de falências pareciam irreprimíveis. Foi a primeira de uma série. A desvalorização não acalmou os mercados. Ao contrário. Dois meses depois, Lorenzo Sigaut, o novo ministro de Economia, anunciava uma segunda *tablita* e uma nova desvalorização, de 30% dessa vez (cf. Ruiz, 2005, p.72). Não foi a última. O quadro econômico continuava degradando-se, e a situação política começava a escapar ao controle igualmente. Desde o ano anterior, setores empresariais pediam mudanças na política econômica. No início de 1981, ganhava corpo a Multipartidária, organismo integrado pelos cinco principais partidos argentinos – radicais, peronistas, democrata-cristãos, *desarrollistas* e intransigentes –, com a tarefa de pressionar pela convocação de eleições no prazo mais breve possível (Luna, 1985, p.160). Em dezembro, a cúpula das Forças Armadas decide remover o general Viola, e entregar a

Presidência a seu colega Leopoldo Galtieri. Em 30 de março de 1982, os sindicatos promovem um dia de protesto contra o desemprego nas principais cidades do país, e são reprimidos com dose variável de violência. Três dias depois, a comoção provocada pela notícia da ocupação militar das ilhas Malvinas (ibidem, p.162).

A guerra das Malvinas foi uma aventura desastrosa, mas rápida. O pior da crise econômica, porém, ainda estava por vir.

> As desvalorizações produziram uma queda importante do produto, de quase 9% no biênio 1981-82, contribuindo para a redução do fluxo de importações. Em 1982, a situação da Argentina mudou radicalmente, antes da crise mexicana, como resultado do conflito bélico pelas Malvinas. O crédito externo voluntário desapareceu, restabeleceu-se o controle de câmbio e numerosas restrições à importação foram aplicadas. As desvalorizações pesadas continuaram. A cotação média do câmbio de 1983 era quase três vezes maior, em termos reais, do que a vigente em 1990. Ao preço de uma forte aceleração inflacionária e da recessão, nesta fase de "ajuste caótico", que se estendeu até 1984, conseguiu-se alterar significativamente o resultado do comércio com o resto do mundo. (Damill & Fanelli, 1994, p.23)

Crise externa, intervalo heterodoxo e apoteose do neoliberalismo

Como no Brasil – mas não na Coréia, ou no México –, a crise da dívida coincidiu com a desagregação dos regimes autoritários vigentes (a Turquia é um caso à parte: lá a crise externa foi um dos condicionantes básicos do golpe de Estado que instaurou o regime militar). Como ocorreu em todos esses países – com exceção da Coréia – a crise da dívida teve efeitos prolongados, que mantiveram em xeque, por muito tempo, os seus governantes. As respostas formuladas pelo governo Raúl Alfonsín para fazer face a eles são conhecidos. Política gradualista de combate à inflação e negociação política da dívida, com o ministro Bernardo Grinspun; ataque simultâneo à inflação inercial e ao déficit das contas públicas, por meio do congelamento de preços e do câmbio e de uma ampla reforma monetária – o Plano Austral, de 14 de junho de 1985, desenhado pela equipe do ministro Juan Sourrouille. Sabemos também dos acidentes de percurso que levaram ao recrudescimento das pressões inflacionárias em 1988, e ao paroxismo da hiperinflação, em 1989, no longo interregno previsto entre a eleição de Menem e sua investidura como presidente, que acabou antecipada em meio aos distúrbios ocasionados pela crise. Conhecemos, finalmente, o rumo dado à política econômica por Menem.

Não vamos nos deter nesses acontecimentos. Em vez disso, refletiremos neste tópico sobre o seguinte problema. Em 1983, depois do fiasco da guerra das Malvinas e do agravamento dramático da crise econômica, a ditadura estava duplamente desacreditada: expostos à execração pública estavam os generais, que, além de perversos, se demonstraram sumamente incompetentes; desmoralizados também se encontravam os tecnocratas que lhes prestaram serviço, pelo desastre econômico perpetrado e pelo tamanho de sua obstinada arrogância – ainda em fins de 1981, era corrente entre eles a idéia de que a ditadura ainda precisaria de vários anos para completar a tarefa auto-atribuída de "reverter a política estatizante" (cf. Ruiz, 2005, p.93). Não surpreende, assim, que o governo democrático de Alfonsín fosse inaugurado sob o signo de uma dupla plataforma: a restauração da democracia, com as mudanças institucionais e culturais necessárias a esse fim; e uma mudança de rumo no campo da política econômica. Qual e como, exatamente, seria promovida essa mudança não estava muito claro – como poderia estar? Se, porém, podemos nos fiar no relato de Fernando Ruiz, o sentido geral da transformação desejada estava nitidamente estampado no discurso consensual nas forças de oposição, reunidas na "Multipartidária". Segundo o autor, ele girava em torno de cinco idéias-chave: revalorização do papel do Estado; prioridade à reativação econômica, mais do que à estabilidade monetária; garantia estatal dos depósitos bancários, aliada a uma reforma financeira que controlasse as taxas de juro, orientando o crédito para o financiamento da produção; criação de seguro desemprego; questionamento da dívida externa e negociação política das condições de seu pagamento (Ruiz, 2005, p.113-4).

Para levar à prática o programa implícito nessas diretrizes, a equipe montada por Alfonsín combinava quadros históricos do Partido Radical, e economistas mais jovens, muito bem equipados intelectualmente, de orientação estruturalista. Titular do Conade, secretário de gabinete, diretor do Banco Central e secretário de Comércio no governo Illia (1963-66), o ministro de Economia, Bernardo Grinspun, é bastante representativo do primeiro grupo. O presidente do *Banco Nacional de Desarrollo* (1983-84) e secretário da Fazenda do Ministério de Economia (1985-86), Mario Brodersohn, tipifica bem o segundo. Tendo se doutorado em Economia pela Universidade de Harvard, em 1965, Brodersohn respondeu pela cadeira de Macroeconomia da Universidade Católica Argentina, foi diretor do Centro de Investigações Econômicas do Instituto Torcuato Di Tella, e esteve vinculado à Universidade da Califórnia e ao *Brookings Institute* antes de assumir suas funções no governo Alfonsín. Com perfis diferentes, os integrantes desses dois grupos situavam-se – pelas idéias que sustentavam e pelas conexões que mantinham – em um quadrante estranho ao ocupado pelos economistas neoliberais que serviram à ditadura.[19]

---

[19] Para uma caracterização mais detalhada da equipe responsável pelo Plano Austral, cf. Neiburg, 2006.

No final do governo Alfonsín eles partilhavam, todos, a experiência da derrota. Mas o insucesso de uns e de outros não explica por que a vitória foi colhida pelos neoliberais. Nem por que ela lhes chega às mãos, inesperadamente, por meio do peronismo.

Para entendermos esse desfecho, precisamos levar em conta, pelo menos, três ordens de fatores:

1) O efeito de desagregação produzido pelas políticas da ditadura militar e a reestruturação por elas induzida na economia e na sociedade argentinas

Os dados avançados até o momento já nos permitiam formar uma impressão vaga da extensão desse processo. Ela fica mais nítida quando levamos em conta algumas informações adicionais.

Tomemos, para iniciar, os indicadores relativos à evolução do produto. Como se pode ver na Tabela 53, nos quase oito anos da ditadura, a economia argentina teve um comportamento ciclotímico, marcado pela sucessão de rápidos repiques e quedas profundas e mais prolongadas no nível de atividade, tudo resultando em uma taxa acumulada de crescimento quase nula. Crise permanente, mas que não atingiu igualmente todos os setores da economia. Quando observamos os dados desagregados, percebemos facilmente que o castigo maior recaiu sobre a indústria.

Tabela 53 – Crescimento econômico, 1974-1983

Ano	PIB (%)	Agricultura	Indústria
1974	6,5	3,8	6,8
1975	–0,9	–3,2	–3,0
1976	–0,2	4,2	–2,0
1977	6,0	3,4	5,9
1978	–3,9	1,3	–10,9
1979	6,8	3,6	9,1
1980	0,7	–2,8	–3,8
1981	–6,2	2,4	–16
1982	–5,2	7,3	–4,7
1983	3,1	0,7	10,8

Fonte: "Estimaciones trimestrals sobre oferta y demanda global", BCRA, 1982 e 1985 apud Di Tella & Rodríguez Braun, 1990, p.205.

No período considerado, o produto industrial argentino decresce, em termos absolutos. Mas essa não é a única expressão da crise: mais eloqüente ainda é a queda vertical dos trabalhadores empregados no setor.

Tabela 54 – Emprego industrial (números-índices)

Ano	Trabalhadores ocupados
1974	100,0
1975	103,8
1976	100,4
1977	94,3
1978	85,1
1979	83,3
1980	76,8
1981	67,2
1982	63,6
1983	65,7

Fonte: Azpiazu, Basual, Khavisse, 2004, p.96. Elaboração dos autores com base em dados do Indec.

Entre 1974 e 1983, a participação da indústria no PIB cai de 37,8% para 24,2%. Não parece exagerado, portanto, falar em desindustrialização no período. Essa afirmativa, porém, requer duas qualificações.

Em primeiro lugar, embora as políticas da ditadura tivessem tido efeito devastador sobre a indústria, levando à bancarrota milhares de pequenas e médias empresas, assim como vários grupos econômicos tradicionais, alguns ramos da indústria foram relativamente menos afetados, e vários grupos empresariais, com forte presença na indústria, obtiveram daquelas políticas o passaporte para as posições superiores na escala do poder econômico. Ambos os aspectos aparecem com destaque nas conclusões de um estudo importante sobre o tema.

> No plano setorial esta etapa ... deixou como herança um aumento na concentração econômica; novos padrões de diversificação interindustrial de grupos empresariais doméstico que cresceram amparados nos regimes especiais de proteção outorgados pelo Estado ... no tocante ao conjunto do setor industrial, a década recente deixa como seqüela ... uma mudança fundamental no peso relativo dos distintos setores da indústria dentro agregado: perdem terreno os ramos metal e eletromecânicos e a fabricação de bens de capital – setores relativamente mais intensivos em valor agregado doméstico e em engenharia de desenho de produtos e de organização de métodos de produção – e ganham posições relativas os setores produtores de insumos intermediários de uso generalizado como siderurgia, petroquímica, alumínio... (Katz & Kosacoff, 1989, p.66)

Em segundo lugar, não foram apenas o peso da indústria, as posições relativas de seus segmentos, ou a hierarquia dos grupos empresariais que se alteraram durante a ditadura. Tão ou mais significativa do que essas foi a mudança operada na lógica dos agentes econômicos provocada pela reforma financeira, nas condições em que ela foi produzida. Já vimos que, do ponto de vista de seus objetivos explícitos, essa reforma foi um fracasso rotundo. No lugar de estimular a poupança e criar condições mais favoráveis ao financiamento de longo prazo ao investimento produtivo, ela detonou uma febre especulativa que culminou na quebradeira geral de 1981. Como sói acontecer, a euforia criada pela antecipação de lucros fáceis foi alimentada por uma infinidade de agentes – bancos, velhos e novos, corretores de títulos e valores, consultores... Mais do que isso, ela deu origem a um personagem novo na paisagem argentina: "os investidores financeiros de alta liquidez, sobre cujas expectativas repousava agora não só a continuidade do programa, mas o funcionamento mesmo da economia local" (Heredia, 2004, p.364)

O que distingue esses "investidores" não é nenhum atributo material assinalável, mas a detenção de ativos de alta liquidez e a disposição de aplicá-los no mercado financeiro como forma privilegiada de acumulação de capital. Investidores, nesse sentido, podem ser indivíduos ou famílias de grande fortuna, instituições de diferente natureza, empresas. A dimensão financeira é inerente à atividade capitalista, mas adquiriu uma proeminência muito maior em todo o mundo, com a reestruturação neoliberal ocorrida na década de 1980. A Argentina, como o Chile, esteve na linha de frente desse movimento. Nas condições de elevada incerteza que predominaram nos anos da ditadura, em face da ameaça sempre presente de mudanças bruscas no comportamento dos mercados, com impacto significativo sobre a rentabilidade de investimentos de retorno mais longo, as empresas industriais – especialmente as mais importantes – tenderam a deslocar o seu foco da produção e das atividade tecnológicas a ela associadas, dando prioridade crescente às aplicações financeiras – arbitragens com moedas e títulos, tomada de empréstimos e remessas de capital ao exterior – que ofereciam oportunidades de lucros apetitosos, e admitiam a adoção de estratégias de redução de risco supostamente seguras. A informação a seguir dá uma idéia aproximada da amplitude desse movimento: no início da década de 1980, os ativos financeiros representavam cerca de 50% dos ativos totais das maiores empresas industriais argentinas.[20]

Ampla recomposição da burguesia, pois. Esta, porém, é apenas uma face da moeda. A outra é o efeito de desorganização produzido pelas políticas da ditadura sobre os setores populares. Não é difícil entendê-lo. Aliada à insegurança provocada pelas condições precárias do mercado de trabalho, o clima de medo gerado pela ameaça permanente da violência repressiva abatia o ânimo dos trabalhadores, que viam muitas vezes companheiros mais ativos desaparecer de seu convívio na fábrica, sem que pudessem

---

[20] Extraída da Encuesta Nacional a Grandes Empresas realizada pelo Indec, a informação é fornecida por Schorr, 2004, p.85. Sobre esse aspecto, cf. também Notcheff, 1994.

esboçar a menor reação. O relato da maneira como o Estado lidou com a greve da Segba, empresa pública responsável pelo abastecimento de eletricidade à cidade de Buenos Aires, é ilustrativo a esse respeito. Convocada em outubro de 1976 pela federação dos eletricitários (Luz y Fuerza) em protesto contra medidas da administração que eliminavam benefícios adquiridos (uma delas estendia a jornada de trabalho de 35 para 42 horas), a greve terminou em janeiro, uma semana depois do seqüestro do dirigente sindical Oscar Smith, cujo corpo jamais foi encontrado. Igualmente instrutivo é o caso da greve dos trabalhadores da empresa telefônica Entel, que se lançaram mais ou menos na mesma época em duro movimento de resistência contra o mesmo gênero de medidas e foram derrotados ao custo de oito mil demissões, aproximadamente (Lewis, 1990, p.473).

O impacto dessas duas circunstâncias sobre a relação de forças sociais pode ser vislumbrado nos dados reunidos na Tabela 55. Problemáticas como possam ser algumas das estimativas neles embutidas, esses números indicam de forma clara o tamanho das perdas incorridas pelos trabalhadores industriais no período e a debilidade da posição defensiva à qual eles foram condenados.

Tabela 55 – Evolução de alguns indicadores da indústria, 1974-1983 (números-índices)

	Volume físico da produção	Trabalhadores ocupados	Produtividade da mão-de-obra	Salário real
	I	II	III = I/II	VII
1974	100,0	100,0	100,0	100,0
1975	96,5	103,8	92,9	96,6
1976	93,6	100,4	93,3	65,0
1977	98,9	94,3	105,0	64,1
1978	88,1	85,1	103,5	63,2
1979	102,0	83,3	122,5	72,2
1980	99,7	76,8	129,7	80,4
1981	83,8	67,2	124,7	72,2
1982	83,0	63,6	130,6	65,9
1983	90,4	65,7	137,6	82,7

Fonte: Azpiazu; Basual, Khavisse, 2004, p.96. Elaboração dos autores com base em dados do Indec.

Escrevendo alguns meses depois de iniciado o processo tenebroso de reorganização promovido pela ditadura, Guillermo O'Donnell encerrou o ensaio sobre alianças de classe na Argentina, que comentamos na primeira parte deste estudo, com a clarividência destas palavras.

> O grande triunfo da aliança defensiva conduziu, em síntese, ao paroxismo da crise política e econômica, ao refluxo da ideologia nacionalista, à implantação de

um novo Estado e à dissolução ou intervenção nas principais organizações do setor popular e da burguesia local. Com isso, pela primeira vez, os suportes políticos da aliança defensiva foram postos ente parênteses.

O governo atual das Forças Armadas inaugurou-se anunciando o término do período iniciado na década de 1950. O mesmo foi dito por todos os governos, mas é a primeira vez que é possível que seja assim. Neste caso, a história não se terá detido, mas os conflitos que a tecem já não serão os que analisamos aqui. (O'Donnell, 1977, p.554)[21]

Ninguém – nem o mais arguto dos analistas – poderia prever, em 1976, os caminhos precisos da política econômica nos anos de chumbo da ditadura, nem o enorme desastre a que iriam levar. No atacado, porém, o cenário desenhado por O'Donnell foi confirmado. Aos trancos e barrancos, com uma brutalidade sem par, os militares e os tecnocratas que os secundavam promoveram uma transformação estrutural no capitalismo argentino e os resultados dela favoreciam fortemente os defensores do projeto neoliberal.

2) O segundo elemento a considerar relaciona-se, precisamente, com a centralidade continuada desses atores, e as mudanças recentemente ocorridas em seu universo

Apesar da hecatombe que tinham produzido e da total insignificância político-eleitoral a que estavam condenados (Alfonsín foi eleito, em 1983, com 52% dos votos, contra 39% de seu principal concorrente, o peronista Italo Luder; na Câmara, a UCR ficou com 129 cadeiras, enquanto o Partido Justicialista conquistou 111, os catorze lugares restantes foram partilhados pelos partidos menores), os porta-vozes do neoliberalismo na Argentina não se encontravam dispersos, ou silenciados. A rigor, para eles a experiência da marginalidade no espaço da representação partidária não era uma novidade. Desde o fim da hegemonia conservadora em 1943 não houve na Argentina um partido que defendesse as bandeiras liberal-conservadoras com alguma chance de sucesso eleitoral. A projeção pública dessas idéias se devia à ação dos jornais tradicionais (*La Prensa*, *La Nación*) que as defendiam com grande afinco e zelo exemplar. Como observa o autor de um estudo já várias vezes citado aqui,

> a grande empresa junto com a grande imprensa conformaram uma espécie de "terceiro partido" que durante quatro décadas oscilou entre o apoio a regimes militares e o apoio precário e de pouca duração – e inclusive com escassa convicção – às sucessivas experiências democráticas ou semidemocráticas que foram tentadas. (Ruiz, 2005, p.119)

---

[21] O artigo foi apresentado originalmente em um seminário em Cambridge, entre 12 e 16 de dezembro de 1976.

O vínculo grande empresa/imprensa não se quebrou com o colapso da ditadura. Pelo contrário. Ele surgia agora, mais fortalecido ainda pela emergência de uma nova figura: a imprensa diária de negócios, da qual o jornal *Âmbito Financiero* parece ter sido a expressão mais característica.

Fundado em 1976 por um grupo de jornalistas talentosos, mas de parcos recursos, este órgão teve uma trajetória meteórica nos anos da ditadura. O sucesso excepcional se explica, em parte, pelas inovações que introduziu. A outra parte, naturalmente, corre por conta da demanda de informação qualificada e de instrumentos hábeis de interpretação que os órgãos mais tradicionais não atendiam. Seja como for, a se crer no relato de Ruiz, no início dos anos 1980, *Âmbito Financiero* firmara-se como o mais importante jornal de negócios argentino, leitura obrigatória para empresários, investidores, consultores e quejandos, canal privilegiado pelo qual as autoridades econômicas passavam a comunicar ao "mercado" o significado preciso de suas medidas e as razões que as justificavam.

Duas particularidades dessa imprensa com foco voltado para as peripécias do dinheiro, nas múltiplas formas que ele adquire, são relevantes para a análise esboçada aqui. Uma delas já foi aludida: a oferta de produtos novos – índices, tabelas, comentários especializados –, que passavam a ser imediatamente consumidos pelos "agentes do mercado", mas também, em escala crescente, pelas pessoas comuns, senhores e senhoras da classe média, que precisavam desses artefatos para se orientar em um ambiente de inflação alta e definir, nesse contexto sobremaneira instável, estratégias de defesa mais próprias a assegurar suas oportunidades de vida. Só que, ao fazer isso, a imprensa não se limitava a "prestar um serviço", a satisfazer o consumidor em uma necessidade previamente dada: ela moldava a percepção de segmentos importantes da população, conformava seu comportamento e, nessa medida mesmo, reforçava a lógica pervertida que tomara conta dos mercados. Essa a hipótese que Frederico Neiburg desenvolve em programa de pesquisa cujos frutos já começam a brotar:

> os economistas sempre contribuíram de maneira decisiva para a construção do fato social e cultural da instabilidade monetária mediante um intercâmbio complexo e dinâmico entre a produção de suas teorias (e a aplicação dos dispositivos de política econômica) e as culturas econômicas das populações submetidas a essas políticas e que tendem a transformar. (Neiburg, 2006, p.612)

Se os economistas funcionam assim, como "pedagogos da economia inflacionária", os jornais de negócios (bem como as seções financeiras dos jornais tradicionais) são salas de aula. Mas quem são os professores que lecionam nelas? No caso de *Âmbito Financiero*, a resposta parece fácil: com espaço aberto a economistas de variada persuasão – Ruiz menciona, entre seus colaboradores eventuais, vários heterodoxos –, é nítido o predomínio liberal em seu "corpo docente".

Economistas liberais, mas de um tipo muito diferente dos grandes senhores que representaram o liberalismo na Argentina em épocas passadas. De origem social bem mais modesta – eles provêm tipicamente da classe média, e muitos são filhos ou netos de imigrantes –, oriundos freqüentemente de regiões periféricas, esses economistas se distinguem por sua formação profissional especializada, adquirida em universidades norte-americanas, e pela definição mais circunscrita do papel que lhes corresponde. Fundando sua demanda de reconhecimento social na detenção de um saber supostamente objetivo, esses economistas participaram ativamente do governo militar, mas na condição de técnicos, não de ideólogos, como faziam os "notáveis" que lhes abriram o caminho. E agora, desalojados das posições de mando, é a autoridade advinda dessa condição esotérica que eles invocam para criticar os economistas do governo e propor "soluções de mercado" a seus problemas.

Entre os autores do Plano Austral e seus críticos liberais a diferença não reside tanto no perfil social, ou no nível de formação acadêmica. Ao caracterizar os dois grupos que compunham a equipe econômica de Alfonsín, salientamos o preparo técnico dos colaboradores do ministro Sourrouille, muitos dos quais completaram seus estudos e tiveram experiências de trabalho em universidades dos Estados Unidos. A "americanização" da economia, como comunidade profissional, é um fenômeno muito amplo, que observamos na maioria dos países contemplados neste estudo. Na Argentina, ele ganhou ímpeto no final do anos 1950, com a criação do Centro de Investigaciones Econômicas do Instituto Torcuato Di Tella, cedo transformado em matriz para várias outras criações institucionais. Em todas elas, a presença desse elemento: o apoio de fundações privadas norte-americanas, e o estabelecimento de convênios para a formação pós-graduada de pesquisadores nos Estados Unidos. Em trabalho já referido aqui, Mariana Heredia assinala o progressivo deslocamento dos economistas formados exclusivamente na Argentina por seus colegas que passavam a disputar os postos mais cobiçados com o prestígio dos títulos alcançados no mundo anglo-saxão (cf. Heredia, 2004, p.327). Os dois grupos considerados neste parágrafo são representativos dessa tendência. O que os distingue não é a inserção em circuitos internacionais, mas a natureza dos circuitos em que se movem, os vínculos que mantêm com os setores sociais e as experiências políticas vividas no país de origem.

Duas indicações rápidas ilustram a afirmativa: de um lado, o contraste entre Daniel Heymann, o mais jovem na equipe do Austral, que fez seu doutorado na UCLA, sob a orientação de um neokeynesiano de grande renome (cf. Neirburg, 2006, p.617), e Carlos Rodrigues, um dos mentores da política de prefixação da taxa de câmbio sob Martínez de Hoz, que chegou a Buenos Aires com seu doutorado em Chicago para assumir a presidência do *Centro de Estudios Macroeconómicos de Argentina* (Cema), principal expressão organizacional do fundamentalismo de mercado na Argentina (Heredia, 2004, p.328-9; Natanson, 2005, p.30-1); de outro, o contraste entre Domingo Cavallo, líder intelectual da Fundación Mediterránea, que regressou ao país com um doutorado de Harvard e foi presidente do Banco Central no período final da ditadura, e o ministro de Economia de Alfonsín, Juan Sourrouille, ex-funcionário da Cepal, que esteve vinculado durante algum tempo à Universidade de Harvard, e presidiu o Ides – centro criado nos anos 1960 pelo nacionalista Aldo Ferrer – quando este se converteu em trincheira para economistas de oposição (Neiburg, 2006, p.617-8).

No jogo de forças entre as duas vertentes, os tecnocratas liberais eram favorecidos por suas conexões com o universo dos grandes grupos econômico-financeiros e por sua presença privilegiada na mídia. Contudo, não apenas por isso. A convergência entre a sua prédica e as orientações emanadas dos centros de poder em escala mundial tinha um peso decisivo.

Essa observação nos remete ao último dos elementos a destacar, a saber:

3) A plena vitória alcançada pelos defensores da reestruturação neoliberal do capitalismo, com eleição de Margareth Thatcher, em 1979, e no final do ano seguinte, de Ronald Reagan

A partir daí, o que era uma atmosfera intelectual dominante nesses países converte-se em política de Estado e passa a ser transmitida a todo o mundo por meio do efeito de emulação que suscitam (rodadas sucessivas de liberalizações nos países centrais para aumentar a competitividade de suas respectivas praças financeiras, por exemplo) (cf. Helleiner, 2005), e da campanha sistemática visando a dois objetivos complementares: a mudança das regras do jogo no comércio internacional – que levaria à abertura da rodada Uruguai do Gatt, em 1986 – e a imposição de programas de "ajuste estrutural" abrangentes aos países em desenvolvimento, em particular àqueles mais severamente atingidos pela crise da dívida.

Presentes desde o início no programa estratégico do governo Reagan, em meados da década de 1980 esses objetivos passaram a ser definidos como prioridades de curto prazo, a serem incorporadas no processo de negociação da dívida. Essa mudança de perspectiva foi induzida pelos desequilíbrios macroeconômicos que se manifestaram de forma gritante no final de seu primeiro mandato. Com efeito, depois de dois anos de recessão, a partir do último trimestre de 1982 a economia norte-americana se via lançada numa trajetória de crescimento acelerado, sob o impulso de uma política fiscal fortemente expansionista. A euforia que acompanhou esse *boom* tinha, contudo, duas contrapartidas perturbadoras: o aumento vertiginoso do déficit fiscal, financiado por um crescente endividamento público, e a extraordinária sobrevalorização do dólar, que deixava a indústria doméstica em posição de extrema vulnerabilidade e se traduzia em déficits comerciais crescentes. Foi a pressão cada dia maior dos *lobbies* empresariais no Congresso que forçou a administração Reagan a mudar as diretrizes de sua política econômica externa. Uma das manifestações imediatas dessa nova posição foi a articulação do Grupo dos Cinco (Estados Unidos, Japão, Alemanha, França e Inglaterra), em setembro de 1985, para administrar conjuntamente a desvalorização do dólar; a outra, foi a proposta que James Baker, novo secretário do Tesouro dos Estados Unidos, apresentou, na reunião conjunta do FMI/Bird, em outubro do mesmo ano, aos grandes devedores do Terceiro Mundo.

Sem romper com as orientações mais gerais do primeiro mandato de Reagan, o Plano Baker introduz duas alterações de grande significado para as opções da política econômica nos países endividados, como a Argentina: na mesma medida em que reconhece o caráter global do problema da dívida e acena com a perspectiva de um tratamento mais brando para os devedores, ele traz para a mesa de negociação os temas da agenda de longo prazo, cobrando daqueles países a implementação de "reformas estruturais" – liberalização do comércio exterior, desregulamentação da atividade empresarial, privatização de empresas públicas e outras medidas para atrair capitais externos de risco e empréstimo. A chave para operar as transformações requeridas eram os assim chamados programas de conversão da dívida, que previam a quitação das obrigações externas mediante a transferência de ativos fixos, e não de divisas.

Como observa um analista crítico, desde meados de 1987 o diagnóstico oficial das dificuldades em que se debatia a economia argentina mudou drasticamente. Quando da elaboração do plano Austral, considerava-se que a principal restrição ao crescimento era de natureza externa, e que ela podia ser contornada pela retomada do investimento e um forte desempenho exportador. Dois anos depois, as tendências inflacionárias e os obstáculos ao crescimento passaram a ser atribuídos à crise do modelo populista, fechado, centralizado e estatista.

> A saída então – conclui o autor – consistia agora em reestruturar o Estado, especialmente mediante a privatização das empresas públicas, e encarar a abertura importadora da economia argentina. No começo de 1988, o governo lança um plano de privatização das empresas públicas que foi rechaçado no Congresso Nacional pela oposição do peronista Partido Justicialista. (Basualdo, 2001, p.50)

É verdade, nessa ocasião, o plano Austral já fazia água, e a equipe econômica lutava para impedir que a inflação chegasse à casa dos dois dígitos mensais. No entanto, a harmonia entre seu novo discurso e a orientação recente da política econômica externa dos Estados Unidos não é mera coincidência.

O fato é que na campanha presidencial de 1989 o Partido Radical apresentou-se com uma plataforma que salientava a austeridade financeira e as reformas para o mercado, enquanto seu adversário prometia uma vaga "revolução produtiva" para seduzir o votante. A vitória peronista precipitaria a explosão hiperinflacionária, com a valiosa contribuição do governo dos Estados Unidos, que se recusou a apoiar um empréstimo do FMI, indispensável naquelas circunstâncias para manter sob relativo controle a situação.

A renúncia de Alfonsín antecipa a posse do presidente eleito, cujas primeiras medidas provocam enorme espanto, por representarem um desmentido cabal de suas promessas de campanha e uma ruptura brutal com a tradição política encarnada em sua liderança. Esses temas serão estudados na próxima seção.

RADICALISMO DE MERCADO: ÊXITOS, CATÁSTROFE... UM NOVO PADRÃO DE DESENVOLVIMENTO?

A característica mais saliente – de resto, a mais dramática – da hiperinflação é a fuga da moeda nacional pelo conjunto dos agentes econômicos. Anulada em suas funções de reserva de valor e unidade de medida em rodadas prévias de depreciação, a moeda acaba por perder também o seu papel como instrumento de troca e meio de pagamento. Em geral, a passagem a esse estado é marcada por acontecimentos fortuitos que detonam o pânico e provocam a explosão desordenada dos preços. Com a desvalorização diária dos haveres monetários, o crédito comercial desaparece: as operações de compra e venda passam a se efetuar à vista, sob a condição de que o vendedor tenha como converter a soma recebida em moeda segura, ou proceder à imediata reposição da mercadoria. Não sendo isso sempre factível, e tendo em vista os riscos inerentes a tais operações, as empresas contraem atividades, dispensam funcionários e reduzem dramaticamente a produção. No limite, o vendedor rejeita o pagamento em dinheiro e as trocas mercantis assumem a forma primitiva do escambo. No quadro de desorganização resultante, o acesso a bens de primeira necessidade torna-se cada vez mais difícil para muitos, o que dá origem a conflitos dispersos e violentos.

No segundo trimestre de 1989, a Argentina conheceu uma situação dessa natureza.

Em agosto do ano anterior, com o Austral em estágio avançado de crise, o governo Alfonsin improvisara um programa a fim de conter a arremetida dos preços e criar condições para a vitória do candidato Radical nas eleições presidenciais que se avizinhavam. Conhecido como Plano Primavera, o pacote continha dois ingredientes principais: 1) um acordo de desindexação de preços, que supunha a estabilização do câmbio em virtude da importância adquirida pelo dólar no cálculo das empresa; 2) o estabelecimento de um novo regime cambial, baseado na divisão do mercado em dois segmentos (o "mercado oficial", em que o Estado comprava divisas dos exportadores a taxas administradas, e o "mercado livre", no qual as taxas eram reguladas pelo mecanismo da oferta e procura de divisas, mas estavam sujeitas à intervenção do Banco Central mediante "leilões de câmbio") e no compromisso do governo de manter estável a defasagem entre as taxas praticadas nesses segmentos. Costurando esses dois elementos, uma política de juros altos, que ao atrair o investimento externo em papéis argentinos aumentava momentaneamente as reservas do país e dava fôlego às autoridades monetárias em seu empenho para cumprir aquele compromisso.

Embora apresentasse sinais claros de fragilidade, até o final do ano o Plano obteve relativo sucesso (mesmo em dezembro, a inflação continuou aquém dos dois dígitos). Em janeiro, porém, ele seria abalado por dois eventos políticos: a tomada de um quartel do Exército por remanescentes de uma organização armada que se imaginava extinta e o favoritismo persistente na corrida eleitoral do candidato peronista. Em um quadro de incertezas crescentes, a idéia firmou-se nos mercados financeiros de que o governo seria forçado a abandonar o regime cambial. Em janeiro de 1989, o governo endureceu a política monetária para enfrentar uma crescente demanda de divisas. Inutilmente. No mês seguinte, as reservas quase exauridas, as autoridades jogaram a toalha e desistiram de intervir no segmento livre do mercado de câmbio.

Começa, então, a descida ao inferno. A volatilidade do câmbio transmite-se rapidamente ao mercado de bens – direta ou indiretamente, pela generalização do uso da cotação do dólar como parâmetro para a fixação de preços. Nesse contexto, a inflação acelera-se exponencialmente: o índice de preços ao consumidor duplica a cada mês, entre fevereiro e julho. Não obstante a redução dos salários reais e dos investimentos, o déficit fiscal aumenta sem cessar, devido ao encolhimento da arrecadação e ao atraso das tarifas públicas. Por outro lado, a escalada dos juros eleva a carga da dívida pública, que sofre ainda com a desvalorização cambial dado o peso dos títulos com cláusula de ajuste pelo preço das divisas. Enquanto isso, assiste-se a uma queda sensível no nível de atividade e – a despeito dos reajustes dos salários nominais – a uma brusca redução no poder de compra das remunerações. *Pari passu*, a incerteza sobre os valores de reposição leva as empresas a contrair o crédito e mesmo a recusar oportunidades de venda. Na descrição de um observador atento,

> Nesse ambiente de restrição generalizado do lado da oferta as práticas de compra mudam completamente. Os setores politicamente sensíveis como o abastecimento de alimentos, à medida que se restringia a oferta e os vendedores desapa-

reciam,... eram obrigados a correr atrás dos fabricantes e dos atacadistas com caminhões e carro-forte carregados de dinheiro vivo. ... As vendas para o interior também sofreram forte contração, pois um ou dois dias a mais perdidos no transporte da mercadoria tornavam praticamente impossível a fixação do seu preço de venda. (Nakano & Tokeshi, 1990, p.56) [22]

Em 14 de maio, a vitória de Carlos Saúl Menem – cuja plataforma eleitoral falava em "revolução produtiva" e prometia um "salariazo" – agrava ainda mais o quadro de incertezas. Em meio a saques de supermercados e a uma situação social cada vez mais explosiva, Alfonsin troca sua equipe econômica. Em 30 de maio, decreta Estado de sítio. Mas a essa altura, no início de um interregno infindável (incríveis oito meses, nos termos da Constituição em vigor), sua autoridade estava reduzida a pó. Em 8 de julho de 1989, ele transmitia antecipadamente o cargo de presidente a seu sucessor.

O mandato que Carlos Menem recebia nessas circunstâncias não tinha nada de comum. Com efeito, não se esperava dele uma gestão eficiente, mas o comando de algo próximo de um governo de salvação nacional. Sua missão estava claramente designada: ele devia agir imediata e incisivamente para restaurar a ordem e restabelecer as condições para o funcionamento normal da economia. No entanto, para fazer isso suas decisões não poderiam estar subordinadas às formalidades e ao tempo próprio dos trâmites legislativos. Não surpreende, assim, que semanas depois de sua posse Menem tenha obtido do Congresso ampla delegação de poderes, com a anuência do partido Radical, que inaugurava sua passagem à oposição com esse atestado explícito de impotência – além dessa prerrogativa, Menem obteve do Congresso, na mesma época, autorização para ampliar o número de membros da Corte Suprema, o que lhe garantiu a maioria necessária para espantar qualquer risco de impugnação judicial a suas medidas.

Em linhas gerais, o comportamento de Menem diante dessa posição de força excepcional é bem conhecido. Ele entregou o manejo da política econômica ao grupo Bunge & Born, o mais antigo e um dos maiores grupos econômicos argentinos (a natureza organizacional da atribuição ficou evidenciada pela substituição de Miguel Roig, falecido menos de uma semana após o anúncio de seu nome para o Ministério de Economia, por Néstor Rapanelli, que tinha exercido como ele o cargo de vice-presidente daquela multinacional), e se lançou em uma pregação cerrada contra o estatismo nacional-desenvolvimentista, apresentado como o principal responsável pelas mazelas do país. Era uma reversão completa de tudo que os peronistas tinham defendido ao longo de décadas e um abandono claro do discurso de sua própria campanha. Com esses gestos, Menem cortejava a comuni-

---

[22] Além deste artigo, para esta apresentação sintética do episódio hiperinflacionário usamos também o texto da Cepal, 1990.

dade financeira, buscando dar provas de austeridade e de plena identificação com seus pontos de vista. E reforçava esse pleito ao transformar Álvaro Alsogaray, o decano do liberalismo econômico argentino, em seu conselheiro dileto e ao conferir à filha deste a responsabilidade pela gestão de uma área-chave de seu governo.

Não se tratava de mera gesticulação simbólica. Nas semanas seguintes, eram promulgadas duas leis que alteravam radicalmente as regras do jogo econômico e redefiniam as relações entre Estado e Sociedade segundo o modelo prescrito desde sempre pelos luminares do liberalismo argentino. Logo voltaremos a elas. Por ora, precisamos dizer uma palavra sobre a opção feita por Menem nesse momento crítico e sobre a autonomia excepcional de que desfrutou ao seguir no rumo escolhido.

Quanto ao primeiro tema, parece haver um consenso entre os analistas de que, ao tomar o caminho das reformas para o mercado e ao abraçar, no seu modo burlesco, a causa do liberalismo econômico, Menem era movido pelo pragmatismo, não pela força da convicção. Com o sentido de oportunidade cuidadosamente cultivado pela tradição política em que se formou, Menem percebeu num átimo que, embora reduzisse drasticamente seus graus de liberdade, a crise catastrófica punha um campo novo de possibilidades ao alcance de sua mão. É nessa dupla condição que a aliança com o grande capital e o realinhamento político – doméstico e externo – promovido por ele ganham sentido. No auge da crise, não restava outra alternativa; e a alternativa que restava abria a passagem para um novo tempo, uma nova forma de vida.

Essa observação nos dá uma das chaves de que necessitamos para entender a sua autonomia. Ela provém diretamente da crise, e isso por duas vias: pela expectativa generalizada na população de que o novo governante tomasse medidas drásticas para vencer o caos, e pelo apoio com que Menem passa a contar quando indica de que maneira pretende fazer isso. Esse apoio não deriva tanto da disposição manifestada (afinal de contas, nos últimos anos, a equipe econômica de Alfonsin tinha procurado avançar na mesma direção e o candidato radical Eduardo Angeloz reforçava em sua malograda campanha esse compromisso), mas da percepção na comunidade de negócios de que Menem seria capaz de vencer os obstáculos que porventura encontrasse no caminho.

No passado próximo, os obstáculos às propostas de reforma para o mercado tinham surgido precisamente no Partido Justicialista. Foi a sua bancada que bloqueou no Congresso o tímido programa de privatização do governo Alfonsin, e foram as centrais sindicais a ele vinculadas que ameaçaram o governo com greves de grande amplitude em protesto contra tal iniciativa. A virada liberal de Menem pode ter sido acolhida com aplausos por vários setores da população argentina, mas esse fato não explica como e por que Menem pôde vencer resistências internas e obter o respaldo de seu partido até para as mais radicais de suas políticas. Seria mais fácil entender esse resultado se Menem fosse dirigente de um partido de notáveis. Mas peronismo é um movimento profundamente arraigado nos setores populares da sociedade argentina. Como entender que ele tivesse procedido a uma reorientação ideológica tão brusca na ausência de um cisma, ou mesmo de maiores contestações?

Ou será que não houve tal reorientação? A julgar pelos resultados de pesquisa de opinião realizada em 1997, com dirigentes partidários e sindicais, sobre o programa econômico do governo Menem, a resposta a essa pergunta parece ser claramente negativa. Instados a escolher entre quatro enunciados – "as reformas de Menem eram necessárias e devem continuar", "as reformas foram necessárias no começo, mas superada a crise econômica deveriam ter sido modificadas", "algumas reformas eram necessárias, mas Menem implantou-as muito rápido ou em medida exagerada", e "as reformas não deveriam ter sido efetuadas" –, a maioria esmagadora dos dirigentes sindicais (nacionais e locais) ouvidos optou pelos dois últimos enunciados, que expressam nítida discordância em relação àquela política, posicionamento mais crítico do que o manifestado pelos dirigentes políticos, que tampouco expressaram grau elevado de identificação com ela. Na classificação feita com base naqueles enunciados – "neoliberais", "pragmáticos", "críticos" e "opositores" –, observa-se uma concentração maior de políticos nacionais na segunda delas, ao passo que a ampla maioria de dirigentes sindicais e políticos locais situa-se na terceira (Levtsky, 20003, p.142).

Esses dados são extraídos de um estudo minucioso sobre as transformações do peronismo. *La transformación del Justicialismo. Del partido sindical al partido clientelista*: o título da edição argentina do livro resume bem o núcleo do argumento desenvolvido pelo autor.

> No início da era neoliberal, o PJ era um partido populista de massas – e baseado no trabalho... Mas o PJ diferia de muitos outros partidos de classe trabalhadora estabelecidos em que sua organização de massas era informal e debilmente rotinizada.
> ... a débil rotinização do PJ permitiu que líderes reformistas fizessem mudanças rápidas e amplas na estrutura e estratégia do partido no final da década de 1980 e começo da de 90. Mudanças na estrutura organizacional permitiram que o PJ se adaptasse em termos de coalizões reduzindo substancialmente a influência sindical no partido.
> A baixa rotinização também facilitou mudanças na estratégia partidária, que permitiram a adoção de um programa orientado ao mercado nos anos 1990. Embora as audaciosas estratégias e habilidosa liderança do presidente Menem tivessem sido críticas para o sucesso dessa mudança programática, tais estratégias não teriam sido possíveis se não fosse pela estrutura partidária que lhe assegurou espaço de manobra substancial. (ibidem, p.24-5)

Facilitado pelas características específicas de sua organização interna, esse resultado foi fortemente condicionado ainda por um fator externo que o autor destaca e examina longamente, a saber, o enorme enfraquecimento dos trabalhadores organizados pelo impacto das políticas econômicas e da repressão levadas a efeito durante a ditadura.

Como quer que seja, a autonomia de Menem não teria durado muito caso a ação desenvolvida por ele em seu exercício tivesse redundado em fracasso gritante. E, por mais de um ano, ela pareceu estar fadada a esse desfecho. Não obstante a boa receptividade que suas políticas encontravam na comunidade de negócios, elas não se mostravam capazes de domar duradouramente a hidra inflacionária, e em dezembro de 1989, a experiência da hiperinflação voltava a marcar o cotidiano dos argentinos. O fiasco provoca a queda do ministro de Economia, que é substituído por Erman González, um economista obscuro de estrita confiança de Menem, sem vínculos, diretos ou indiretos, com o Bunge & Born ou nenhum outro grupo econômico. Nova equipe, novos instrumentos de ataque, mas sem resultados muito melhores, aparentemente (a taxa de inflação em 1990 superou a casa dos 2.300%) (Smith, 1991, p.62).

Aparentemente, apenas. Quando Erman González assumiu o Ministério da Economia deparou com uma situação fiscal desesperadora, que se traduzia em uma dívida interna gigantesca, alimentada diariamente por emissões de títulos públicos negociados a juros escorchantes, insuficientes, contudo, para o pagamento dos débitos que o Estado acumulava com provedores, contratantes de obras e correntistas do sistema de seguridade. Diante desse quadro, o novo ministro adotou uma medida contundente. Lançado em janeiro de 1990, o plano Bonex reestruturava unilateralmente a dívida, promovendo a conversão compulsória dos depósitos a prazo fixo, dos recursos em cadernetas de poupança e dos títulos da dívida interna do Estado por títulos públicos denominados em dólares, com maturação de dez anos. Trazendo um alívio imediato ao Banco Central ao reduzir a carga extremamente onerosa de suas obrigações de curto prazo com os bancos – ainda que ao preço de uma profunda recessão –, o Bonex teve um efeito indireto de grandes conseqüências: ele disseminou ainda mais o uso já bastante generalizado da moeda norte-americana como denominação de ativos e parâmetro para as relações contratuais dos agentes econômicos.

Consolidava-se, assim, uma das condições essenciais ao sucesso do plano de estabilização implementado a partir de abril de 1991 pelo novo ministro de Economia, Domingo Cavallo. O núcleo do programa era a âncora cambial: a definição de uma paridade fixa entre o peso e o dólar e a exigência legal de lastro em divisa para toda a moeda em circulação no país. Com a lei de Conversibilidade, de 27 de março de 1991, o Estado argentino abria mão de sua faculdade de manipular os instrumentos de política monetária, e deixava que a criação e absorção de moeda fossem rigidamente determinadas pela entrada e saída de divisas. Um sacrifício alto, mas com resultados para lá de compensadores, pois no Plano de Conversibilidade Menem encontrou a fórmula para o sucesso de seu governo.

Aos ouvidos do leitor informado, a afirmativa pode soar estranha. Como falar de êxito quando o modelo de política econômica adotado na época culminou, anos mais tarde, no desastre com as proporções que todos conhecemos? Mas é preciso evitar a tentação do anacronismo. Com a aplicação do programa as taxas de inflação caíram verticalmente (em 1994 a taxa acumulada ficou pouco acima dos 10%). E com a estabilidade monetária vieram os efeitos virtuosos. O fim do imposto inflacionário provocou um salto na demanda interna; e a reativação do consumo estimulou a retomada das atividades, levando a uma melhoria geral das expectativas. Por outro lado, a eliminação das incertezas de curto prazo associadas à alta inflação simplificou as decisões sobre quantidades e preços, ampliando o horizonte temporal dos agentes. Na confluência desses dois movimentos, um aumento significativo da oferta agregada e uma sensível recuperação dos investimentos.

Tabela 56 – Indicadores econômicos – 1986-1994

Ano	PIB	Inflação	Investimento
1986	7,3	90,1	17,5
1987	2,6	133,3	19,5
1988	–1,9	343,0	19,5
1989	–6,2	3079,5	15,7
1990	0,1	2314,0	14,2
1991	8,9	171,7	16,3
1992	8,7	24,9	19,6
1993	6,0	10,6	21,1
1994	7,1	4,2	23,2

Fonte: Gerchunoff & Torre, 1996, p.758.

Esses resultados foram produzidos sob a vigência do Plano de Conversibilidade, mas não se explicam por ele. Com efeito, a própria viabilidade do mecanismo cambial que era a sua coluna mestra seria incompreensível se elementos externos ao plano não estivessem presentes.

O primeiro já foi aludido. Trata-se da tendência, reforçada pela experiência do Bonex, de os agentes econômicos adotarem o dólar como referência básica em suas transações privadas. O plano fixava legalmente a cotação do peso. Contudo, a verdadeira "âncora cambial" não estava nesse dispositivo (afinal, quantas normas legais não tinham sido criadas e revogadas nos últimos anos?), mas na efetiva dolarização prévia dos contratos, que a Lei de Conversibilidade validava e projetava como elemento do ambiente econômico futuro. Essa é a tese sustentada com brilho por Daniel Heymann e que aparece de forma sintética na passagem que transcrevemos a seguir.

> seria possível afirmar que os "custos de saída" do esquema do câmbio fixo afiguravam-se muito altos não tanto pela existência de restrições institucionais ..., nem tampouco por uma atitude de privilegiar incondicionalmente a estabilidade nominal de preços perante a outros objetivos, mas porque esses custos percebidos resultavam da dolarização das dívidas.
> ... durante o período pareceu claro que, a se produzir uma desvalorização, podiam gerar-se situações altamente conflituosas a respeito do cumprimento dos contratos financeiros ... A perspectiva de que uma desvalorização pusesse os devedores em graves dificuldades e provocasse intensos efeitos recessivos por meio de seu impacto nos mercados financeiros esteve presente na atenção pública, sobretudo em momentos incerteza a respeito da evolução da economia. (Heymann & Kosacoff, 2000, p.17)

O segundo elemento decisivo para o êxito do plano, de todo alheio à vontade de seus formuladores, era a situação extremamente favorável que prevalecia então nos mercados financeiros internacionais. Com a redução da taxa básica de juros determinada pelo FED para debelar o quadro recessivo que se formara na economia norte-americana, os capitais voláteis saíam à busca de melhores oportunidades nos então descobertos "mercados emergentes". E quando deu provas de que "a casa estava sendo arrumada", a Argentina cedo se transformou em um campeão entre eles. O equacionamento do problema de sua dívida externa, com sua entrada no "Plano Brady", em 7 de abril de 1992, representa um marco decisivo nessa transição. Garantida com bônus do Tesouro dos Estados Unidos, a operação permitiu a reestruturação da dívida com os bancos privados, com extensão significativa dos prazos para o pagamento do principal e dos juros (Rapoport, 2003, p.984).

O terceiro elemento externo ao plano, mas não à conduta dos governantes argentinos, é dado pelo andamento das reformas estruturais desencadeadas já na abertura do mandato de Menem com as duas leis já referidas: a Lei de Reforma do Estado (Lei n. 23.696), de 10 de agosto de 1989 e a Lei de Emergência Econômica (Lei n. 23.697), de 1º de setembro. Sendo esse o nosso tema específico, vamos considerá-lo com mais vagar.

Comecemos com a reforma do comércio exterior. Como se deu no Brasil, na conturbação dos anos 1980, as autoridades argentinas foram levadas a adotar expedientes de ocasião para minorar problemas no balanço de pagamentos, daí resultando um regime de importação complexo, marcado pelo elevado nível das barreiras tarifárias, pela dispersão das tarifas e pela multiplicação dos controles administrativos. Ao contrário do verificado na Índia, ou na Coréia, esse regime não se articulava com nenhuma estratégia de desenvolvimento industrial, nem se baseava em nenhuma consideração de ordem geral: tratava-se de um produto distorcido da crise.

Na segunda metade da década, os entraves mais aberrantes começam a ser removidos, e em 1988, no contexto de um acordo com o Banco Mundial, o governo argentino anuncia um programa amplo de reforma do comércio exterior. Todavia, no ambiente criado pela crise do Plano Primavera as medidas divulgadas não surtem nenhum efeito visível. A mudança do regime tem início com Menem, no segundo semestre de 1989. Prevista para se desenrolar em etapas, dentro de um cronograma de quatro anos, a reforma começa com a redução da tarifa máxima para 30% e a eliminação da exigência de consulta prévia para a importação de diversos artigos. Em 1990, novas rodadas de liberalização reduzem a tarifa máxima para 24%, eliminam sobretaxas e trazem a tarifa média para cerca de 17%; no fim do ano, as barreiras quantitativas estavam quase inteiramente extintas. Em 1991, em conexão com o Plano de Conversibilidade, o governo adota medida mais abrangente, com a estruturação do regime de importação em quatro faixas tarifárias, favorecendo a importação de insumos e equipamentos, que passam a se efetuar com tarifa zero, e penalizando com tarifa máxima (35%) a importação de artigos eletrônicos. Com essa medida, a tarifa média cai para a faixa de 10%. Como complemento à política de liberalização comercial, são praticamente eliminados os gravames que incidiam sobre as exportações.

Duas observações rápidas sobre o encaminhamento dessa reforma: 1) a importância que cedo vêm assumir as negociações do projeto de integração regional que culminarão na criação da Tarifa Externa Comum do Mercosul (em vigor desde janeiro de 1995, o sistema autorizava a apresentação por cada país-membro de uma lista provisória de exceções, e deixava de fora o comércio de bens em setores particularmente sensíveis, como siderurgia, açúcar e automóveis, que seriam regidos por regimes especiais, ao longo de período predefinido); 2) o recurso a regras casuísticas: aferradas à regra da paridade cambial, à medida que os problemas decorrentes da apreciação do peso se manifestam as autoridades argentinas recorrem a uma série de mecanismos alternativos para compensar os produtores internos (desregulamentação de vários mercados, redução ou anulação de impostos específicos e trabalhistas, e a eliminação de tarifas de importação).

E um comentário de caráter geral. No discurso das autoridades, na Argentina e alhures, a liberalização comercial aparece como um requisito racional, um passo obrigatório na construção da boa ordem econômica. Na verdade, ela foi conduzida na Argentina – mais do que no Brasil – sob os ditames da luta antiinflacionária, que punham no topo das prioridades a credibilidade perante a comunidade financeira, local e internacional, e a exposição do produtor doméstico à concorrência do produto importado, como mecanismo disciplinador do processo de formação de preços. No cruzamento dessas duas prioridades, a segurança do gradualismo inicialmente previsto deu lugar aos sobressaltos que soem acompanhar as ações de afogadilho.[23]

A segunda reforma a considerar é a liberalização financeira. Ela começa já em 1989 com a garantia de total liberdade de entrada e saída de capitais no país e a autorização para a saída irrestrita de fundos a título de *royalties*, juros e dividendos etc. A partir de 1990, o governo argentino passa a desregulamentar as operações em Bolsas e mercados de valores locais, visando a ampliar a oferta de papéis de novas empresas. Cria-se, então, um regime de oferta pública para títulos de empresas (as obrigações negociáveis), que passam a contar com uma fonte de financiamento a menor custo que no mercado bancário. O qual, por sua vez, foi também drasticamente transformado pela eliminação de restrições que vigoravam até então à entrada de bancos estrangeiros e à abertura de novas agências de bancos nacionais. Para garantir a solvência de cada instituição e do sistema bancário em geral, foram estabelecidas novas normas prudenciais, em linha com os padrões recomendados pelo comitê de Basiléia de Supervisão Bancária: requisitos de capital mínimo e encaixes bancários elevados, e eliminação da garantia de depósitos.

Parte importante da reforma veio com a Lei n. 24.144, de setembro de 1992, que alterou a Carta Orgânica do Banco Central. A fim de assegurar sua independência em face dos poderes executivo e legislativo, o presidente e os diretores do Banco Central passavam a ser nomeados pelo presidente da República, o que tornava mais difícil a sua substituição. Nos termos da nova Carta, o Banco Central ficava proibido de financiar governos provinciais, empresas públicas, ou empresas privadas não financeiras. Essa restrição ao papel do Banco Central como emprestador de última instância foi mantida mesmo depois dos abalos provocados, em 1995, pela crise cambial mexicana. A fim de obviar os problemas decorrentes dessa lacuna no sistema, o governo negociou com os bancos internacionais a abertura preventiva de linhas de crédito em moeda forte a serem usadas em situações de emergência (cf. as seguintes fontes: Diaz, 2002, p.46 ss.; Rapoport, 2003, p.997).

Intimamente associada à liberalização financeira, a terceira reforma a destacar é a que se empreendeu no regime de investimentos estrangeiros. Ela já estava esboçada na Lei de Emergência Econômica, que equalizou o tratamento dispensado ao investidor nacional e ao estrangeiro. Revisada em 1990, o regime foi sistematizado pelo Decreto n. 1.852, de setembro de 1993. Nos termos da tal legislação, os investidores externos têm os mesmos direitos e obrigações conferidos pela Constituição argentina e a lei ordinária aos

---

[23] Na apresentação desse tema, baseamo-nos em Gerchunoff & Torre, 1996a, p.741; Heymann, 2000, p.59-62; Gerchunoff & Llach, 2003, p.434 e 41; e em Viguera, 1998.

investidores domésticos. Ficam autorizados, assim, a investir em qualquer atividade econômica (exceto radiodifusão), com dispensa de qualquer tipo de aprovação, podendo ainda repatriar os seus investimentos e remeter lucros para o exterior a qualquer momento, livres de qualquer restrição.

Para reforçar tais garantias, o governo de Menem assinou inúmeros tratados de promoção e proteção recíproca de investimentos com países conhecidos como grandes exportadores de capital (Estados Unidos, Inglaterra, Alemanha, França, Itália, Áustria, Suíça, entre outros). Regidos pela dupla cláusula do "tratamento nacional" e da "nação mais favorecida", além de assegurar a livre transferência de ativos líquidos ao exterior, esses tratados previam a submissão de toda controvérsia porventura surgida entre investidores e países signatários à jurisdição de um tribunal de arbitragem internacional, a critério do investidor (cf. M&M Bomchil, 2000).

Ambas as reformas – a liberalização financeira e o novo regime de investimento estrangeiro – eram condições necessárias ao êxito daquela que pode ser tida como a coluna mestra do projeto, a reforma que soldava todas as demais e lançava a Argentina no primeiro time dos "mercados emergentes": o programa de privatização. Mais do que em qualquer outra, é nessa área que a batalha pela credibilidade perante a comunidade financeira foi decidida. Mas não é só isso: foi a decisão de pôr à venda, em curto lapso de tempo, a quase totalidade do setor público empresarial, sem nenhuma restrição à participação de grupos estrangeiros no processo, que atraiu à Argentina o investimento em moeda forte necessário à cobertura dos déficits comerciais, que se acumularam ao longo de quase todo o período, e à ampliação da oferta monetária em níveis compatíveis com a reativação da atividade econômica e o aquecimento do consumo.

Em 1989, o Estado argentino era proprietário de 236 empresas – setenta nacionais, quatro binacionais e 162 provinciais – espalhadas por grande número de atividades econômicas: exploração de recursos naturais (petróleo, gás, energia elétrica); serviços públicos (água, eletricidade, ferrovias, transporte aéreo); infra-estrutura (portos, vias rodoviárias); indústrias e bancos comerciais. O processo de privatização dessas empresas desdobrou-se em duas etapas.

A primeira, que se estendeu até princípios de 1991, foi marcada por duas operações de grande simbolismo, pois tinham sido objeto de intensa campanha política no final do governo Alfonsin: a privatização da Entel e da Aerolineas Argentinas. Nesse período de aguda incerteza, a preocupação dominante no governo era com a sua credibilidade no "mercado". As privatizações foram conduzidas, assim, com parca atenção aos procedimentos recomendados pela literatura internacional e em ritmo frenético: já em outubro de 1990, quase todas as empresas listadas como "sujeitas à privatização" haviam sido transferidas (Gerchunoff & Torre, 1996a, p.739).

A segunda fase, que coincide com o período de implantação do plano Cavallo (1991-93), distingue-se pelas grandes privatizações do setor de infra-estrutura e serviços públicos: eletricidade, gás, água e saneamento. Ainda nesse período, completa-se a privatização do sistema ferroviário, de áreas de exploração de petróleo remanescentes, de firmas siderúrgicas, além de edifícios públicos e do metrô de Buenos Aires. As operações nessa etapa foram, em regra geral, muito mais complexas, e exigiram do governo decisões de largo alcance sobre a estrutura do capital visada (leilão em bloco da participação majoritária, ou venda fragmentada de ações no mercado de capitais), o marco regulatório de cada setor (metas de qualidade do serviço e de expansão de sua cobertura; padrão setorial de concorrência etc.) e sobre as cláusulas estabelecidas nos contratos de concessão (garantias relativas ao "equilíbrio econômico e financeiro" das empresas, regras de reajuste das tarifas, entre outras). Mesmo assim, a rapidez continuou sendo a tônica do processo argentino: do montante arrecadado pelo governo entre 1990 e 1998, mais de 90% resultaram de privatizações realizadas nos quatro primeiros anos do período (cf. Heymann, 2000, p.55).

Em ambas as etapas do processo de privatização, o papel do capital estrangeiro foi predominante. Isso por razões financeiras (disponibilidade de recursos sob a forma de divisas ou títulos conversíveis da dívida externa), e por razões gerenciais – em vários casos de privatização na área de serviços públicos a presença no grupo controlador de empresa com experiência internacional era exigida na fase de pré-seleção das propostas (ibidem, p.56). Mas a participação dos grupos locais também foi significativa. Na realidade, os grandes conglomerados, que se consolidaram como força econômica preponderante e sede de expressivo poder político durante a ditadura (Tecnit, Pérez Compac, Soldati, Astra, Bridas etc.), estão entre os maiores beneficiários do processo.

Há quem interprete esse fato como o custo que o governo Menem foi obrigado a pagar para garantir a viabilidade política do programa. Os grupos nacionais foram por muito tempo favorecidos nos seus contratos de fornecimento e prestação de serviços com as empresas estatais e constituíam, por isso mesmo, junto com os sindicatos, um dos principais focos de resistência ao programa de privatização. Para remover esse veto, cujos efeitos tinham sido demonstrados claramente em passado próximo, o governo garantiu a esses grupos, por meios formais e informais, o acesso aos ativos privatizados, reservando-lhes uma parte não desprezível do botim (cf. Etchemendy, 2005). Seria possível contra-argumentar sugerindo que as privatizações foram realizadas na Argentina em condições muito vantajosas para os compradores, e que sendo assim não haveria justificativa para deixar de fora os grupos locais. Não importa, seja qual for a interpretação mais pertinente, o fato é que os grandes grupos econômicos argentinos ocuparam um espaço importante no programa de privatização, na maioria dos casos em associação com grupos estrangeiros. A Tabela 57 dá uma idéia da dimensão dessa presença e do peso de cada setor de atividade no conjunto do programa.[24]

Realizadas às pressas, em momento de grande vulnerabilidade, como parte do esforço governamental para reconcentrar instrumentos de poder e reconstruir sua capacidade de gestão política, as reformas econômicas na Argentina – as já aludidas e as demais: reforma fiscal, do sistema de previdência e do regime de relações de trabalho – trazem o timbre do improviso e ficam muito aquém de suas intenções proclamadas. No tocante às privatizações, o governo foi levado a fazer concessões de toda ordem, que resultaram na reconstituição de reservas de mercado e na criação de outras condições geradoras de quase-rendas, que surgem no discurso oficial como justificativa maior da reforma.

Ainda assim, elas cumpriram a função que lhes fora atribuída: asseguraram o êxito do plano de estabilização e possibilitaram a retomada do crescimento em um ritmo do qual os argentinos haviam se desacostumado. O descuido e as distorções são a outra face da moeda. Não há como dissociar esses dois aspectos: a velocidade da mudança era crucial para a saída da crise; e sem a retomada do crescimento não haveria reformas. Na formulação precisa de dois analistas agudos,

Tabela 57 – Privatização argentina por origem do capital das firmas compradoras e setor de atividade, 1991-93

Firma compradora/setor	Participação total*
Firmas argentinas	39,7
Firmas estrangeiras	60,3
Total	100
Serviços telefônicos	21,7
Aviação	5,3
Eletricidade	20,9
Petróleo	21,2
Gás natural	24,6
Indústria	3,2
Outros	1,1
Total	100

*Valor acionário total do lote a ser transferido.

---

[24] Quadro minucioso do programa de privatização, com informações detalhadas sobre as datas de cada uma das operações realizadas, o montante arrecadado e sobre os compradores dos lotes de ações de cada empresa, com especificação sobre a origem do capital, pode ser encontrado em Margheritis, 1999, p.301-37.

parece difícil defender a hipótese contrafactual de um programa de reformas como foi levado a cabo desde 1989 em um contexto de maior austeridade e menor crescimento. Os parlamentares peronistas que votaram as reformas no Congresso e os dirigentes sindicais que os secundaram tinham pouca identidade com o projeto de liberalização econômica de Menem... Se, apesar disso, lhe deram o seu apoio relutante foi porque as decisões de política econômica abriram o caminho para uma bonança cíclica excepcional que permitiu, por um lado, moderar os custos do ajuste e, por outro, abrir espaços de negociação. (Gerchunoff & Torre, 1996a, p.764)

Vencida a crise hiperinflacionária, a economia argentina ingressou em um ciclo de crescimento que superou as melhores expectativas. Esse impulso foi interrompido em 1995, com a brusca recessão provocada pelo choque da crise mexicana. Mas a recuperação foi rápida: já no ano seguinte o PIB voltava a crescer aceleradamente, para atingir a marca invejável de 8,1% em 1997, o que levava a taxa anual média, entre 1991-97, para o patamar de 6,7%, em muito superior ao crescimento médio do conjunto dos países latino-americanos no período. Quando levamos em conta que a taxa média de crescimento da década anterior foi negativa, podemos intuir o efeito desses resultados sobre a sociedade e a política argentinas.

Para a Argentina, esse foi um tempo de grandes transformações. Encolhimento do Estado (sobretudo da administração central, pois muitas das funções antes desempenhadas por este nível foram transferidas aos governos provinciais, cujos quadros de funcionários vão aumentar ao longo do período (cf. Oszlak, 2003)); introdução de novos padrões de gestão na administração pública (cf. López, Corrado, Ouviña, 2005); mudança na organização do sistema de seguridade social; flexibilização dos contratos de trabalho e redução dos entraves à demissão de trabalhadores – concomitantemente às profundas mudanças institucionais introduzidas, observa-se no período uma tendência acentuada à mercantilização das ativida-

Tabela 58 – Taxa de crescimento do PIB

País	1981-90	1991-97	1998
Argentina	–1,3	6,7	3,9
Bolívia	–0,4	4,3	5,5
Brasil	2,3	3,1	0,2
Chile	4,0	8,3	3,9
Colômbia	3,4	4,0	0,5
Costa Rica	2,4	4,9	8,4
Equador	2,1	3,2	0,4
México	1,5	2,9	4,9
Peru	0,0	5,3	-0,4
Venezuela	0,3	3,4	0,2
Média	2,0	3,6	3,2

des sociais. E com ela dois processos que nutriram a crítica, mesmo nos momentos mais favoráveis: a sensível deterioração das condições sociais, e a crescente internacionalização da economia argentina.

A degradação da qualidade de vida se expressava no comportamento dos indicadores de pobreza, desemprego e desigualdade de renda. No tocante ao primeiro, o efeito imediato da estabilização não poderia ser mais positivo. No período da hiperinflação, 47,4% da população da região metropolitana de Buenos Aires foi obrigada a viver abaixo da linha de pobreza. Dois anos depois de debelada a inflação, esse índice tinha caído verticalmente, tendo ficado em 16,9%, em 1993, próximo ao nível anterior à crise (15,7, em 1986). Mas não se manteria nesse patamar por muito tempo: em 1996 ele chega a 28%; depois sofre pequena queda, para se situar na casa dos 26% em 1998. Movimento semelhante é descrito pela curva de desemprego: depois de uma redução sensível, que o faz retornar ao nível precedente à crise, o índice de desemprego aberto dá um salto a partir de 1992, atingindo o máximo de 18,4% da População Economicamente Ativa, em 1995. Desde então, verifica-se uma melhoria moderada nas condições do mercado de trabalho, mas em 1998 a taxa de desocupação continuava acima de 13%, duas vezes superior à marca de dez anos atrás. Quanto à desigualdade de renda, esse dado fala por si só: entre 1990 e 1999, a participação dos 30% mais pobres na renda nacional caiu de 9,6% a 8,2%; já a parcela correspondente aos 10% mais ricos subiu de 33,1% a 36,2% no mesmo período (cf. Rapoport, 2003, p.1016 ss.).

Os números relativos à internacionalização da economia não são menos eloquentes. Na década de 1990 o investimento estrangeiro direto na Argentina passou de 2,875 bilhões de dólares anuais, entre 1990 e 1993, para 13,312 bilhões, entre 1997 e 1999 – 2% do fluxo mundial e 7% de IED dirigido aos países em desenvolvimento no período. Com isso, o estoque de capital estrangeiro no país multiplica-se quase quatro vezes: cifrado em 16,303 bilhões de dólares em 1992, ele chegava a 62,979 bilhões em 1999, o equivalente a um salto de 7,7% a 22,2% em relação ao PIB. No entanto, na ponderação do impacto do investimento externo, é preciso levar em conta ainda a modalidade que ele assume. Nesse particular, o que mais chama a atenção do observador é a importância adquirida pelo ingresso de capital em operações de transferências de ativos (empresas privadas e públicas). Quando consideramos que 57% do ingresso total de investimento direto no período se deu por essa via começamos a entender por que a desnacionalização (*estrangeirización*) da economia tornou-se, na época, um tema crítico na Argentina (Chudnovsky & López, 2001, p.49 ss.).

E compreendemos melhor a inquietação expressa nesse debate quando contemplamos o tema da participação do capital estrangeiro na economia em perspectiva comparada, como nos convidam a fazer as informações contidas na Tabela 60.

Tabela 59 – Investimento de Empresas Estrangeiras (IEE) por tipo de operação (1990-99) (milhões de dólares e porcentagens)

	Valor	Porcentagem
Investimentos totais	177.040	100
Total IEN	55.024	31,1
Total IEE	118.938	67,2
Total não determinado	3.078	1,7
Composição do IEE		
Total	118.938	100
Compras	58.308	49,0
Fusões e aquisições	44.085	37,1
Privatização	14,223	11,9
Formação de capital	60.630	51,0
Novos projetos	21.341	17,9
Ampliação	39.239	33,0

Fonte: Chudnovsky & López, 2001, p.56.

Tabela 60 – Comparação internacional da participação das empresas multinacionais no valor agregado e nas vendas do setor manufatureiro (dados de 1997)

Países	Participação no valor agregado	Participação nas vendas
Irlanda	77,1	–
Cingapura	70,4	75,1
Hungria	68,3	66,7
Argentina	79,0	56,5
Malásia	57,2	52,6
Brasil	–	50,0
Hong Kong	20,6	35,7
Reino Unido	32,6	33,2
França	30,4	31,2
República Checa	30,8	31,0
Holanda	28,5	29,7
Suécia	21,8	20,8
Noruega	18,6	18,9
Estados Unidos	–	15,5
Finlândia	13,8	13,7
Turquia	15,4	12,8
Alemanha	–	12,8
Itália	–	11,9
Japão	1,2	1,2

Fonte: Chudnovsky & López, 2001, p.87.

Para o senso comum produzido pelo discurso neoliberal, esses desenvolvimentos não constituíam problema. Eles deviam ser vistos, antes, como sinais de modernidade. A pobreza e o desemprego são fenômenos deploráveis, decerto, mas transitórios. A desigualdade é um traço mais persistente da sociedade de mercado, mas não há nada de essencialmente errado nisso – resultado da liberdade exercida pelos agentes econômicos, ela é um reflexo de seu dinamismo. Nada a lamentar, tampouco, no aprofundamento da internacionalização econômica: trata-se de uma prova a mais de que as miragens de um capitalismo nacional ficaram para trás, e de que a Argentina se encontra agora fortemente integrada à economia global, da qual provém toda sorte de influxos positivos. Por algum tempo, foi como se as prédicas do velho Pinedo tivessem sido ouvidas, e a Argentina houvesse finalmente achado no seu passado glorioso o caminho de volta à prosperidade perdida.

No entanto, mesmo nos melhores momentos da década, havia sinais de que talvez as coisas não fossem tão simples. Como sói acontecer em processos de estabilização análogos, parte do efeito de riqueza que acompanhou a adoção do programa de conversibilidade se devia à sobrevalorização cambial. Fixada a paridade, a inflação residual (muito superior àquela vigente no país emissor da moeda padrão) provoca uma apreciação sensível do câmbio, com os correlatos conhecidos: queda expressiva no preço dos bens comercializáveis, com expulsão freqüente de produtores internos em vários mercados, e aumento exponencial das importações.

Assim, em pouco tempo, a balança comercial, antes superavitária, começa a acumular déficits crescentes: de um saldo de aproximadamente 3,7 bilhões de dólares em 1991, ela passa para déficits de 2,635, 3,696 e 5,751 bilhões de dólares, em 1992, 1993 e 1994, respectivamente.

Nada que não pudesse ser administrado. Admitido o aumento continuado da produtividade a taxas significativas, a manutenção de uma política fiscal responsável e a persistência de um ambiente internacional favorável às exportações argentinas, o problema seria sanado em tempo hábil. À condição de que os capitais externos continuassem ingressando em proporções adequadas, entrementes (cf. Galiani, Heymann & Tommasi, 2003).

Em 1994, as expectativas a esse respeito foram submetidas a uma prova rude, pela elevação da taxa de básica de juros nos Estados Unidos e, no fim do ano, pela crise cambial mexicana. O choque daí decorrente atingiu a Argentina de forma particularmente severa. Com o seu Banco Central impossibilitado de agir como prestamista de última instância pelas exigências do regime de caixa de conversão adotado em 1991, a mudança nas condições de refinanciamento dos débitos contraídos pelas empresas traduziu-se muito rapidamente em uma crise financeira de grandes dimensões, que multiplicou as falências e levou à quebra de vários bancos. A solução que o governo argentino encontrou para lidar com a crise sem abrir mão do câmbio fixo já foi aludida: apoio emergencial do FMI e abertura cautelar de linhas de crédito em bancos internacionais para uso em situações de dificuldades futuras, com adoção simultânea de regras prudenciais mais rígidas. Como sabemos, esses expedientes se revelaram momentaneamente eficazes, e em pouco tempo a economia argentina estava em franca recuperação.

O fato de um choque de tal proporção ter sido absorvido com relativa facilidade justificava na opinião dominante a aposta redobrada no regime da conversibilidade. A hipótese de saída estava de antemão afastada. Em vez disso, novas reformas deveriam ser implantadas para dar à economia o grau de flexibilidade necessário ao bom funcionamento daquele regime.

O clima no país e fora dele, contudo, já não era o mesmo. A crise deixou como saldo uma preocupação latente com o problema da solvência. O aumento da renda tributária dependia do crescimento do produto; como esse não podia se basear em déficits persistentes da conta corrente, a chave para o equilíbrio macroeconômico residia no incremento contínuo das exportações (ibidem, p.23-4), o que vinha se revelando muito difícil – depois de um salto, em 1996, as exportações argentinas ficam praticamente estacionadas nos dois anos seguintes, quando a balança comercial volta a registrar déficits de monta, embora inferiores aos da primeira fase do regime cambial em vigor. Por outro lado, o aumento do desemprego e a multiplicação de escândalos minavam a credibilidade do governo, atingida também pela eclosão de conflitos internos, que levariam à demissão de Domingo Cavallo, carregada de forte simbolismo. Contribuía para a deterioração do quadro político o aparecimento de movimentos sociais novos que introduziam na paisagem argentina esse personagem novo e sob muitos aspectos perturbador: os "piqueteiros". Nesse ambiente, a oposição – renovada agora pelo surgimento de um partido progressista que reunia dissidentes do justicialismo, do radicalismo e militantes de pequenas organizações de esquerda, a Frepaso – junta suas forças na Aliança pelo Trabalho, a Justiça e a Educação e obtém vitórias importantes nas eleições parlamentares de outubro de 1997.

Profundamente desgastado, Menem foi incapaz de controlar o processo de sua sucessão. Impotente para barrar no justicialismo a candidatura de seu grande rival, o governador da província de Buenos Aires, Eduardo Alberto Duhalde, Menem terá assistido com sentimentos mistos à derrota imposta a seu partido pela Aliança, sob a liderança do prefeito de Buenos Aires, o radical Fernando de la Rúa, escolhido em votações primárias abertas para disputar a Presidência da República.

A essa altura, porém, a Argentina, que saíra relativamente incólume da crise asiática, já tinha sido atingida pela conjugação letal de dois fatos: a moratória russa de agosto de 1998, e a desvalorização do real, em janeiro de 1999. De mãos atadas pelo compromisso reforçado durante a campanha eleitoral de não mexer no regime de conversibilidade, em face da reversão nas condições de crédito para a economia argentina só restava ao governo da Aliança confiar na renovação do suporte financeiro internacional, enquanto ensaiava uma fuga acelerada para a frente na tentativa de superar os problemas. Pelos dois lados, porém, o que resultou do esforço foram crescentes frustrações.

Na frente externa, com o FMI sob o fogo cruzado da crítica pelo tratamento dado à crise asiática, o governo Bush abandona a política clintoniana de socorro aos países emergentes em apuros e resolve deixar a Argentina à deriva.[25] No plano interno, o empenho de sucessivas equipes econômicas em controlar a crise mediante a adoção de medidas de restrição fiscal extremas serve apenas para agravar a situação. O desequilíbrio fiscal argentino não era exagerado; ele só se tornou crítico quando sobreveio a depressão. Nesse contexto, a contenção brutal de gastos – com demissões em massa e corte indiscriminado de despesas correntes – produz os efeitos não desejados de aprofundar a depressão, desorganizar o Estado e exasperar os conflitos sociais, sem aliviar em nada a situação fiscal, que continua deteriorando-se.

No desenrolar da crise, o consenso em torno do regime de conversibilidade começa a se desfazer: se os seus defensores mais ferrenhos se dispõem a dar um último salto e passam a defender a dolarização plena, vozes cada vez mais poderosas articulam publicamente argumentos em favor da depreciação do peso como medida indispensável à preservação do parque produtivo argentino.[26]

O apelo a Domingo Cavallo, em março de 2001, para reassumir o comando da política econômica valeu como o reconhecimento antecipado da falência do governo De la Rúa. No fim do ano, com a unidade da moeda nacional fraturada pelos governos provinciais, que passavam a emitir moedas de curso local para saldar seus compromissos, a crise já se tornara incontrolável. Na terceira semana de dezembro, manifestações de setores marginalizados em várias cidades foram seguidas de amplas mobilizações da classe média portenha. Era o começo do levante popular que precipitou a queda de De la Rúa e desencadeou uma busca frenética no curso da qual a Argentina conheceu quatro presidentes no breve espaço de quinze dias. No meio tempo, a moratória da dívida externa foi declarada alto e bom som, como cumprimento do compromisso maior do governo com o bem-estar do povo argentino.

---

[25] Mais adiante, o governo Bush surpreenderia muitos por sua atitude leniente diante da moratória argentina. Sobre ambos os aspectos, cf. Helleiner, 2005.

[26] Para uma interpretação abrangente da década menemista e de seu final desastroso, com ênfase no comportamento estratégico dos grandes grupos econômicos e nos conflitos em torno da questão do câmbio, cf. Basualdo, 2001, e os comentários ao texto de Guillermo O'Donnell, Claudio Lozano e José Nun, na mesma edição. Sobre as pressões empresariais pela mudança do regime cambial, cf. Gaggero & Wainer, 2004.

O depois é conhecido. A nomeação de Eduardo Duhalde para a Presidência da República permite uma relativa estabilização do quadro político. Nesse contexto um pouco mais favorável, procede-se à "pesificação" dos contratos, abre-se o longo processo de renegociação da dívida, e a Argentina ingressa em uma trajetória de crescimento que se mantém até o presente para inveja de muitos de seus vizinhos.

Rios de tinta já foram gastos em discussões acerbas sobre a solidez desse crescimento e a natureza do modelo econômico que o baliza. Não precisamos nos deter nesse debate. Para nossos propósitos, basta salientar à guisa de conclusão que a Argentina saiu da crise violando francamente muitos princípios sacrossantos do neoliberalismo.

PARTE 3

PROCESSOS NACIONAIS E
SISTEMA-MUNDO

8
Concerto e desconcerto do mundo

Muito diferentes como são, as trajetórias nacionais estudadas se encontram em um ponto: com regimes mais ou menos autoritários, todos os seis países viveram fortes comoções políticas entre meados dos anos 1960 e início da década de 1980.

Dos três casos expostos neste trabalho, a experiência Argentina é a que mais se destaca sob este aspecto: regime militar, em 1966; levante popular, em 1969, seguida de onda de contestação marcada por episódios de intensa violência política; democratização frustrada, novo golpe militar e instauração, em 1976, de uma ditadura profundamente repressiva. Mas a Índia, com as divisões no Partido do Congresso depois do falecimento de Nehru, a radicalização política no governo de Indira Gandhi e a deriva autoritária que o caracterizou não foge à regra. Tampouco a Coréia, cuja vida política – já então bastante restringida – foi sufocada pelo estado de sítio, decretado em janeiro de 1972, que abriu caminho para a implantação do regime de corte nitidamente ditatorial da Constituição Yushin; a Coréia, que conheceu breve abertura democrática depois do assassinato do ditador Park Chung Rhee, em outubro de 1979, foi lançada às trevas alguns meses mais tarde pela repressão desencadeada com o massacre de Yangju, e só ingressaria em um processo de transição democrática sete anos depois, impulsionado por mobilizações sociais de vulto, mas sob a condução firme das forças políticas tradicionais.

Dos três outros casos, o Brasil – com o golpe de 1964, a crise de 1968, o AI-5, e a repressão desenfreada no governo Médici – ocupa uma posição intermediária, entre a Argentina e a Coréia. Ao fim de um ciclo longo de excepcional crescimento econômico, o processo de liberalização política encetado pelo sucessor de Médici ganhou novo impulso e profundidade imprevista com a onda de greves que eclodiu no ABC paulista, em 1978, trazendo para o centro da cena política esse personagem até então ausente: o trabalhador assalariado. Dez anos mais tarde, algo similar ocorreria na Coréia, como vimos. No entanto, os desdobramentos do fato no Brasil foram muito diferentes: aqui, no contexto de uma crise econômica severa, os trabalhadores organizados contaram com apoios externos suficientes para forjar alianças com outros setores sociais e projetar com força a sua identidade política na cena nacional. Ao fim de uma transição negociada, o programa do governo civil instituído em 1985 depois de campanha popular por eleições diretas para a Presidência da República, de amplitude sem precedente na história do país, é tributário do conjunto dessas mobilizações. Nele se conjugam a promessa da democracia e o compromisso com a retomada do crescimento, com distribuição de renda e a afirmação altaneira da soberania nacional. O fracasso do governo no campo econômico, dada sua impotência diante da crise inflacionária cada dia mais grave, pesa decisivamente na conjuntura sucessória: cinco anos depois de encerrado o ciclo militar, sob nova Constituição, ao decidir o destino da Presidência no segundo turno de um processo extraordinariamente polarizado, o eleitorado brasileiro se divide literalmente ao meio, um dos campos tendo à frente o líder de massa que simbolizou o protesto operário dez anos antes.

Visto de longe, o México parece constituir uma exceção. Mas a aparência é enganosa. A crise estudantil de 1968, que culminou no episódio de Tlatelolco – matança perpetrada por forças do Exército e da polícia, com saldo, segundo estimativas independentes, de cerca de trezentas vítimas – abalou profundamente o regime do PRI. Na interpretação de estudiosos da política mexicana, ela estaria na origem do giro à esquerda realizado no mandato do presidente Echeverría (1970-76), ex-ministro do Interior que carregava o fardo da responsabilidade política por aqueles acontecimentos nefastos.[1] A guinada expressou-se no plano da política econômica e no campo das relações externas. Tendo provocado tensões manifestas na elite dirigente e sério estremecimento nas relações entre o regime e a comunidade empresarial, a reorientação aludida deslanchou um ciclo que desaguaria na moratória de 1982 e na subseqüente estatização do sistema bancário.[2]

Inaugurando a década de 1960 com um movimento militar liderado por oficiais de média patente, que depôs um primeiro-ministro de vocação autoritária e lhe cobrou a vida, pelo fracasso de sua política econômica e por seus desmandos políticos,[3] depois de aprovada nova Constituição, em 1961, a Turquia conheceu um período de grande dinamismo econômico e

---

[1] Sobre a crise estudantil, cf. Zermeño, 1978. A interpretação referida é desenvolvida pelo mesmo autor no artigo "Los intelectuales y el Estado en la década perdida", 1990.
[2] Sobre essa quadra decisiva na história política e econômica mexicana, cf. Tello, 1979; Basáñes, 1981; Cordera & Tello, 1981; Peña, 1994; Centeno, 1994.
[3] Com o primeiro-ministro Adnan Menderes, foram condenados à pena capital mais catorze dirigentes do Partido Democrata. Doze dessas sentenças foram comutadas, mas os ministros de Finanças e das Relações Exteriores foram igualmente executados, em 17 de setembro de 1960.

abertura democrática. Mas as bases em que se apoiava o novo regime eram frágeis. Mantidas as prerrogativas das Forças Armadas e seu arraigado conservadorismo social, compartilhado de resto por outros segmentos das elites nacionais, a ativação política das classes subordinadas cedo levaria a um quadro de acentuada polarização e conflitos exacerbados. Alimentavam esse processo dois fenômenos contraditórios e inter-relacionados: o radicalismo da "nova esquerda" emergente, com forte representação no meio estudantil e nos círculos intelectuais, e a organização de um partido de extrema direita, que adota o nome significativo de Partido da Ação Nacionalista, em fevereiro de 1969, quando os seus comandos paramilitares – os "Lobos Cinzentos" – já atuavam com desenvoltura.

Este, um traço mórbido que a Turquia partilha com a Argentina: a escalada da violência política. Em abril de 1971, ela levaria a nova intervenção castrense e a um período de repressão política, que se acentua com o seqüestro seguido do assassinato do cônsul de Israel em Istambul, obra de uma pequena organização de extrema esquerda, em maio do mesmo ano. Entre as vítimas da repressão, os sindicatos combativos e o Partido dos Trabalhadores, organização dirigida por respeitado líder socialista, que conseguira ganhar grande projeção a despeito de sua reduzida expressão parlamentar. Dois anos depois, finda a vigência da lei marcial, a esquerda partidária estava em escombros. O vazio criado por sua ausência fora ocupado por um partido formado por políticos tradicionais – o Partido Republicano do Povo – que se apresentava com uma plataforma de reformas sociais moderadas e de liberalização política. Depois das eleições de outubro de 1973, o dirigente maior desse partido, Bülent Ecevit, forma um governo de coalizão com o partido islâmico, mas as condições que encontra não lhe são favoráveis. Fortemente atingida pela recessão que se abateu sobre as economias centrais em meados da década, a Turquia entrou em fase de desequilíbrios macroeonômicos crescentes, com efeitos deletérios sobre a estabilidade política. Não é necessário acompanhar as sucessivas crises de governo produzidas depois da intervenção turca no Chipre, em fevereiro de 1975. O trecho que transcrevemos a seguir retrata bem o quadro de degradação que antecede o golpe militar de janeiro de 1980 e a instauração do governo encabeçada pelo general Kenan Evren.

> Ao final dos anos 1970, a violência política se tornou um problema real. Diversos grupos jovens e extremistas de esquerda e os Lobos Cinzentos e fundamentalistas de direita lutavam pelo controle das ruas e *campus*. Não tinham dificuldades para recrutar jovens com pouca ou nenhuma perspectiva de carreira devido à crise econômica que atingiu a Turquia na década de 1970 e ao sistema que fazia com que a educação superior fosse disponível para apenas 20% dos duzentos mil estudantes que saíam do ensino médio a cada ano.
>
> A luta entre direita e esquerda era desigual. Durante os governos da "Frente Nacional" entre 1974 e 1977, a polícia e as forças de segurança tornaram-se reser-

vas exclusivas do PAN (Partido da Ação Nacionalista) da Turquia, e mesmo durante o governo de Ecevit, entre 1978 e 1979 continuaram fortemente infiltradas por fascistas que acobertavam e protegiam os Lobos Cinzentos. Os grupos dissidentes da esquerda não contavam com tal proteção.

O número de vítimas da violência política cresceu rapidamente de aproximadamente 230 em 1977 ... para entre 1200 e 1500 dois anos depois. (Zürcher, 1997, p.276; usamos também Ahmad, 1993; idem, 2003)

Forte turbulência política, portanto, nos seis países estudados. Mas não apenas neles. Quando ampliamos o nosso campo de visão e consideramos de novo os demais países constantes de nossa amostra original, observamos facilmente o caráter recorrente do fenômeno. Os casos mais gritantes são os do Chile – com o experimento de transição pacífica ao socialismo de Allende, o golpe de 1973 e a ditadura de Pinochet – e do Irã, com a crise que desemboca na revolução islâmica de 1979. Sob a vigência do pacto político celebrado em 1958 (Punto Fijo) e com a bonança derivada da elevação da renda do petróleo, a alternância pacífica entre a *Acción Democrática* e a Copei na Presidência da República e a regularidade da vida parlamentar colocam a Venezuela numa categoria à parte – ainda que a hipótese de uma reversão provável dos preços do bruto no futuro indicasse, já então, o quanto havia de frágil naquela estabilidade. Seja como for, a Venezuela é uma exceção quase isolada. A esmagadora maioria dos 24 quatro países da lista sofreu profundas perturbações políticas no período em causa.

Seria possível entender esse fato como resultante da posição estruturalmente subordinada desses países no sistema de poder mundial, que se refletiria nos padrões marcadamente desequilibrados de desenvolvimento econômico e social que os caracterizam, e na debilidade intrínseca de suas respectivas ordens jurídicas.[4] No entanto, a convergência temporal de convulsões políticas em países tão diferentes recomenda que o referido sistema seja considerado não apenas em sua estrutura própria, mas no estado que ele assumia naquele período.

Efetuado o exercício, os resultados alcançados podem ser expressos sinteticamente nas proposições que se seguem.

1) Assim como para os países contemplados neste estudo, o período 1970-80 constitui um ponto de inflexão na história do sistema de poder mundial.
2) Em um e outro plano, assistimos a rupturas importantes com o passado. Nem sempre em direções coincidentes: ao passo que em muitos dos países considerados a mudança é progressiva, ao apontar para uma ordem mais includente em que a participação de setores popu-

---

[4] Argumento rigoroso e sistematicamente desenvolvido nessa linha pode ser encontrado em Neves, 1992.

lares na vida política estaria legitimada, no âmbito mundial ela é regressiva, restauradora, contra-revolucionária.
3) Na época, porém, isso não era evidente. Pelo contrário, parecia haver boas razões para esperar que a mudança nesse âmbito viesse a tomar outro rumo.

No restante deste capítulo, procuraremos demonstrar a pertinência dessas afirmações.

***

Para as economias capitalistas avançadas, os anos 1970 marcaram a entrada em uma época de tempos difíceis. Esse fato ficou evidente para todos em 1974, quando as medidas de política econômica adotadas em resposta ao primeiro choque do petróleo jogaram esses países em recessão profunda e sincronizada. Pouco depois – ainda em 1975 – eles voltariam a crescer, sob o impulso das políticas expansivas de governos subitamente assustados com os efeitos imprevistos das decisões recentemente tomadas. Contudo, a recuperação seria medíocre e viria em companhia de fenômenos desconcertantes – como o da ocorrência simultânea de inflação e aumento na capacidade ociosa. O mal-estar persistia. Crescimento, emprego, investimento, preços, ou lucratividade – esse ou aquele, os indicadores econômicos colaboravam para produzir a imagem de um quadro francamente degradado.

Seria um equívoco, porém, atribuir a crise do capitalismo internacional dos anos 1970 à decisão da Opep de elevar politicamente a renda apropriada pelos países produtores de petróleo e de sancionar com um embargo de difícil aplicação os Estados Unidos por seu apoio a Israel na guerra de Yon Kipur. Embora o impacto do choque seja inegável, ele não intervém "de fora", como um fator estranho ao movimento prévio da economia internacional. A própria formação do cartel e o êxito relativo de sua política são incompreensíveis se desconsideradas informações contextuais, como a enorme elevação do consumo mundial de energia (43%, entre 1965 e 1973, ou 4,6% de crescimento anual médio no período), ou a decisão das grandes companhias de explorar as reservas do Alaska e do Mar do Norte, o que já havia levado o governo americano a encorajar a elevação do preço de petróleo do Oriente Médio para compensar o custo mais alto desses novos campos (cf. Cepii, 1983, p.46-7). Por outro lado, nada excluía em princípio a possibilidade de que a majoração, ainda que brutal, desse insumo fosse absorvida por meio do manejo adequado dos instrumentos de política econômica disponíveis. Nessa hipótese, os países consumidores conheceriam uma recessão mais ou menos prolongada, até que o necessário ajuste dos preços relativos fosse efetuado e elas pudessem retomar um ritmo saudável de crescimento. Como sabemos, não foi isso que aconteceu.

Na realidade, a economia internacional já vinha emitindo sinais inquietantes havia algum tempo. Com efeito, desde o final dos anos 1960, aumentam as tensões no sistema monetário internacional e torna-se cada vez mais difícil para o governo americano sustentar a convertibilidade do dólar, coração do sistema de *Bretton Woods*.

A essa altura o problema da escassez de dólares, que tanto transtorno havia provocado no imediato pós-guerra,[5] transformara-se em seu contrário: com os bancos centrais europeus abarrotados de reservas denominadas em dólar, especular contra a moeda americana convertia-se em um esporte cada vez mais difundido. Se em 1959 o ouro guardado em Fort Knox era suficiente para cobrir duas vezes as obrigações oficiais dos Estados Unidos, em 1967 ele alcançava apenas a metade destas (cf. Glyn et al., 1990, p.98).

Por trás da fragilidade do dólar, estava a redução do poder relativo da economia norte-americana – em 1950, ela respondia por 58% da produção total dos países capitalistas avançados, 62% do produto industrial e 33% das exportações de produtos manufaturados realizadas por eles; em 1970 esses números estavam reduzidos a 47%, 44% e 16%, respectivamente (cf. Armstrong, Glyn, Harrison, 1984, p.212). E na origem desta, a competitividade declinante de seu aparelho produtivo.

Vale frisar, a produtividade da indústria americana seguia crescendo, e continuava mais elevada do que a de seus concorrentes. No entanto, a produtividade destes aumentava a um ritmo ainda maior, de forma que as diferenças vinham caindo paulatinamente: entre 1960 e 1968, os ganhos anuais de produtividade na indústria manufatureira, medidos por hora de trabalho, foram, em média, de 3,3% nos Estados Unidos, contra ganhos de 5,8% na Europa e 10% no Japão (cf. Armstrong, Glyn & Harrison, 1984, p.249).[6]

Esse fato, aliado à liberalização das trocas internacionais produzida por sucessivas rodadas do Gatt – seis ao todo, até a rodada Kennedy (1963-67) –, traduziu-se na deterioração da balança comercial americana, que amargou, em 1968, o seu primeiro déficit em quase noventa anos.

---

[5] Em um sistema baseado no dólar, o problema da geração de liquidez internacional necessária para financiar os déficits comerciais incontornáveis das economias devastadas pela guerra no período de reconstrução foi agudo, e levou mesmo a que economistas de mente teórica localizassem nesse ponto a presença de uma contradição insanável no sistema monetário montado em Bretton Woods. De acordo com esse argumento – o "dilema Triffin", como passou a ser conhecido – a única forma de gerar a liquidez requerida para a expansão da atividade econômica em escala internacional seria a ocorrência reiterada de déficits na balança comercial norte-americana; mas isso levaria à quebra de confiança no dólar e a seu questionamento como reserva de valor universal. Cf. Marglin, 1990.

[6] Os dados de Maddison sobre ganhos de produtividade global nessas economias confirmam a tendência apontada. Cf. Maddison, 1982, p.98. Para uma discussão, do ponto de vista americano, sobre o significado de longo prazo dessa evolução, cf. Baumol, Blackman, Wolff, 1994.

Mas as dificuldades do dólar não resultavam do movimento da balança comercial norte-americana, já que o déficit nessa conta era mais do que compensado pelas entradas a título de juros e dividendos. O que desequilibrava o balanço de pagamentos, levando a perdas constantes de reserva, era a conjunção entre saída de dólares sob a forma de investimento de longo prazo no exterior, sobretudo na Europa, e o que poderíamos chamar de despesas de hegemonia – transações militares e ajuda externa (cf. Armstrong et al., 1984, p.229).

As pressões contra do dólar começaram moderadamente já em 1960, sendo respondidas pelos Estados Unidos com a solicitação de que seus parceiros se abstivessem de exercer seu direito de converter dólares em ouro. No ano seguinte, era criado um mecanismo (o *golden pool*) pelo qual os principais países capitalistas partilhavam com os Estados Unidos a responsabilidade de estabilizar o mercado privado do metal. Com o dólar agora sob forte ataque especulativo, em 1967 a maioria deles seguia a Alemanha, que tornara pública a decisão de não adquirir ouro (a França foi a exceção.) Inútil. Em 1968, o *golden pool* foi dissolvido, e o mercado privado de ouro passou a flutuar livremente. A partir daí, a queda do dólar, com o conseqüente desmonte do sistema de *Bretton Woods*, era uma questão de tempo.

Ela veio em duas etapas. Em 15 de agosto de 1971, quando Nixon anunciou o fim unilateral da convertibilidade (além de outras medidas, num pacote que incluía restrições comerciais e um congelamento temporário de preços e salários). E entre fevereiro e março de 1973, quando novo e mais poderoso ataque especulativo explodiu o sistema de paridades fixas criado pelo Acordo Smithsoniano em dezembro de 1971. O dólar, que já fora depreciado em 9% como resultado dessa negociação, volta a ser desvalorizado várias vezes, até que em 19 de março de 1973 os bancos centrais dos grandes países capitalistas lançam a toalha, conformados que já estavam com a idéia de conviver pacificamente com as flutuações do câmbio e os ganhos especulativos que elas propiciam.

Essa história é conhecida, mas convém recontá-la porque ela ajuda a compreender um fato decisivo: nos anos 1960, as economias capitalistas avançadas operavam em condições de reduzida constrição monetária. Ora, como bem o sabemos, dinheiro fácil vai com freqüência (mas não necessariamente) de mãos dadas com aceleração da atividade econômica. Pois era o que acontecia nesse período: com altos (muito altos) e baixos (relativamente suaves), as economia capitalistas avançadas crescem nessa quadra a um ritmo sem paralelo (entre 1950 e 1973, em média 4,9% ao ano) (Glyn et al, 1990, p.42).

Esse crescimento impetuoso e sua prolongada duração é que permitem falar desse período como a "época de ouro do capitalismo" – embora não dos capitalistas. É impressionante o rol de mudanças que ela acarretou na organização e no modo de vida das sociedades envolvidas: urbanização acelerada, com o conseqüente esvaziamento do campo; ampliação pronunciada do emprego na indústria e nos serviços ligados à produção; incorporação maciça de mulheres no mercado de trabalho; elevação dos níveis de escolaridade; acesso generalizado a bens de consumo duráveis, com ênfase para eletrodomésticos, automóveis e aparelhos de televisão; diminuição da jornada de trabalho; ampliação do tempo dedicado ao lazer.[7]

Salientando aspectos distintos dessas formas sociais emergentes os sociólogos cunharam as expressões não muito felizes de "sociedades de massa" e "sociedades de consumo". Na verdade, o dinamismo das economias capitalistas avançadas nesse período repousava em um conjunto de pressupostos, um dos quais era o ordenamento internacional já aludido; outro era o predomínio tendencial do conjunto de normas associadas ao modelo de produção conhecido por "fordismo". Soldando os dois, distintas variantes nacionais de uma sorte de "pacto social" que combinava ampla franquia política (universalização do voto, direito de organização política e sindical) e dispositivos institucionais que protegiam os trabalhadores das mazelas ocasionadas pelo avatares do mercado. Compromisso social-democrático; Estado de Bem-Estar – duas fórmulas correntes para designar essa configuração *sui generis*. Para ressaltar a complementariedade entre a face nacional e internacional desta e o papel dos Estados Unidos em sua gestação, alguém sugeriu que a expressão "liberalismo embutido" (*embedded liberalism*) seria a expressão mais adequada (cf. Ruggie, 1989. Na mesma linha, cf. Gold, 1978, e Maier, 1978).

Entre 1955 e 1976, o dispêndio dos países da OCDE em subsídio e transferências às famílias quase duplicou (8,8% a 16,1% do PIB) (cf. Glyn et al., 1990, p.96); boa parte desse aumento terá se traduzido em vantagens sensíveis para os trabalhadores. Mas os benefícios sociais não contam toda a história. Além dos ganhos envolvidos na regulamentação mais favorável (redução da jornada, melhores condições de trabalho) e na oferta maior de emprego, os trabalhadores nesses países puderam desfrutar também de ganhos salariais significativos: entre 1968 e 1973, os salários reais cresceram em média 4,5% ao ano (Armstrong et al., 1984, p.260).

Esse resultado – bem superior ao registrado no qüinqüênio anterior – explica-se em parte pela intensa onda de greves que sacudiu a Europa no

---

[7] Esta caracterização vale sobretudo para a Europa continental; os Estados Unidos haviam passado por processo análogo algumas décadas antes, e alguns dos aspectos referidos já estavam bem salientes na Inglaterra no final do século passado. Apresentação detalhada das mudanças que marcaram o período em consideração neste artigo pode ser encontrada no alentado livro de Therborn, 1995. Para uma fenomenologia dessas mudanças nos Estados Unidos, cf. Allen, 1952. Sobre as transformações sociais na Inglaterra Vitoriana, cf. Trevelyan, 1967, e Bédarida, 1976.

final dos anos 1960. Desta, o episódio de maior carga simbólica foi a greve geral com ocupação de fábricas e a acolhida que os operários da Renault, contrariando a vontade dos dirigentes comunistas da CGT, deram em seus locais de trabalho aos estudantes que para lá marchavam, vindos da Sorbone, no maio de 68 francês. No entanto, o impacto do "outono quente" italiano, no ano seguinte, não ficou muito atrás. Quase em simultâneo, na Alemanha e na Inglaterra também, trabalhadores lançavam-se em greves "selvagens", rompendo contratos de longo prazo firmados por lideranças sindicais, que acabavam, muitas vezes, por encampar o movimento. Em todos os casos nacionais, as greves desembocaram em negociações de grande amplitude em que a "paz social" foi comprada pelo Estado e pelos empresários ao custo de concessões expressivas. Na França, os acordos de Grenelle de maio/junho de 1968; na Itália, o acordo dos metalúrgicos de dezembro de 1969; na Alemanha, de novo os metalúrgicos, em setembro de 1969; no final desse ano, os acordos do setor público na Grã- Bretanha.

Há uma conexão forte entre a militância operária e o vigoroso crescimento econômico nesse período: a intensificação da atividade pressiona os mercados de trabalho e faz a correlação de forças pender para o lado dos trabalhadores. Contudo, ela não é direta nem inequívoca. A vitalidade da economia não explica, por exemplo, as características próprias a esses movimentos: greves envolvendo sobretudo trabalhadores pouco qualificados, desencadeadas à revelia das direções sindicais, vocalizando reivindicações novas (ditas "qualitativas") e lançando mão de formas de luta agressivas – ocupações de fábrica, contestação aberta e larvar da autoridade do capital no chão da fábrica. Para entendê-las, seria preciso ver esses movimentos, também, como reações diferidas às estratégias de racionalização (fusão de empresas, com desativação de estabelecimentos e perdas de postos de trabalho; adoção de controles mais estritos sobre o uso do tempo; definição de novas rotinas; disciplina mais rígida no chão da fábrica) adotadas pelas empresas em cada um desses países no período precedente.[8]

Em sua contundência e sua envergadura, a onda de greves que percorreu a Europa insere-se em um movimento mais amplo de contestação dos subentendidos culturais e políticos que davam forma histórica particular ao capitalismo nesse período. A contestação estudantil na França, com seu papel na detonação das greves operárias, é exemplar. Menos espetacular e menos decisivo, esse elemento – a influência sobre categorias mobilizadas de trabalhadores do proselitismo organizado ultra-esquerdista – não é estranho ao caso italiano e inglês. Em todos eles, a mobilização dos traba-

---

[8] Sigo de perto, em toda esta parte, a análise desenvolvida por Soskice, 1978.

lhadores coincide com a ativação de outros setores, numa pletora de movimentos díspares.[9]

Em boa medida, a observação vale também para os Estados Unidos. Aqui não vamos observar a ocorrência de uma onda de greves, nem a irradiação de idéias de esquerda no universo do sindicalismo. Muito pelo contrário, fiéis aos compromissos selados no início da Guerra Fria e empedernidos em seu anticomunismo, os líderes da AFL-CIO (organização de cúpula dos sindicatos americanos) reiteram sua opção conservadora e mantêm até o fim apoio ativo à brutalidade da agressão ao povo vietnamita. O que abalava a ordem estabelecida nesse país era, em primeiro lugar, a revolta negra, que explodia repetidamente em motins – como em Watts, 1965 (35 mortos), ou Detroit, 1967 (43 vítimas), ou Washington, em 1968.[10] Em segundo lugar, a radicalização de parcelas significativas de jovens brancos de classe média, que tendo feito sua iniciação política nos enfrentamentos que marcaram o movimento dos direitos civis no início da década, expressavam agora seu repúdio à Guerra do Vietnã e aos valores dominantes na sociedade americana em discursos em que se mesclavam o repertório da Nova Esquerda e da Contracultura.[11]

Os Estados Unidos são um país cujos movimentos costumam ter significado de alcance universal. Mas é preciso reprimir a tentação de olhar mais demoradamente o que aconteceu na sociedade norte-americana nesses anos conturbados. Para fins do argumento que está sendo construído aqui, importa é assinalar o caráter exemplar das mobilizações aludidas – logo emuladas por inúmeros grupos, como trabalhadores agrícolas de origem hispânica, professores de escola pública, mulheres e idosos – e o fato de que a resposta governamental ao conjunto dessas pressões foi o lançamento, em curto espaço de tempo, de uma vasta gama de programas sociais. "Grande Sociedade"; Medcaid, ajuda federal ao ensino secundário e superior, Departamento de Habitação e Desenvolvimento Urbano, "Guerra à Pobreza" – essas iniciativas, todas do governo Johnson (1964-68), criariam nos Estados Unidos o sucedâneo de Estado de Bem-Estar demonizado pelos neoliberais.

O caráter polêmico das iniciativas teria sido uma das causas do déficit no balanço de pagamentos dos Estados Unidos e das pressões inflacioná-

---

[9] Sobre o papel desses movimentos na ativação política dos empresários nesses países, cf. Useem, 1983.

[10] Entre junho e setembro de 1967, houve levantes de guetos em mais de cem cidades nos Estados Unidos. Cf. Mermelstein, 1975.

[11] Embora o autor seja prejudicado em vários momentos pelo preconceito e pela memória desagradável de experiências vividas, é possível formar uma idéia do processo dessa radicalização pelo livro de Diggins, 1992. Interpretação ampla (de um ponto de vista conservador), das mutações culturais e políticas do período pode ser encontrada em Huntington, 1981.

rias decorrentes, dada a recusa do Congresso em aprovar aumentos de impostos para custear a Guerra do Vietnã se o gasto com os programas sociais não fossem reduzidos (cf. Eichengreen & Kenen, 1994, p.35).

Seja como for, aqui e ali, na Europa e nos Estados Unidos, a combinação dos fenômenos até o momento referidos produziu dois resultados pouco animadores para as empresas: de um lado, o aumento das taxas de inflação e, de outro, uma expressiva queda em sua lucratividade – entre 1965 e 1973, os índices de preços nas economias capitalistas avançadas saltaram de 3% a 7,8% ao ano, em média (Armstrong et al., 1984, p.264), ao passo que a taxa média de lucro na indústria de transformação, situada no patamar de 28,8% no início dos anos 1960, caía para 20,4% em princípios da outra década (Glyn et al., 1990, p.80). Esses índices pioraram muito mais ainda depois de 1973. Não importa. Aliados às informações sobre as tensões no sistema monetário internacional, eles ajudam a entender por que as economias capitalistas avançadas não conseguiram absorver o impacto do primeiro choque do petróleo, e por que se disseminou rapidamente nelas o sentimento de que algo muito grave se passava, que os problemas não eram conjunturais, que o fantasma da crise, desmentindo todas as expectativas, estava de volta.

Como no passado, essa crise era eminentemente internacional. Mas como de outras vezes também, o seu impacto sobre distintos setores e regiões da economia mundo era muito desigual. Não seria o caso de precisar esta afirmativa, examinando pormenorizadamente o comportamento de cada um desses segmentos. Mas é indispensável salientar este fato decisivo: a crise nos anos 1970 foi, sobretudo, uma crise dos capitalismos centrais. Um rápido passar de olhos nos números que se seguem será o bastante para que o leitor se convença disso.

Tabela 61 – Taxas de crescimento do PIB (médias anuais)

	1960-1970	1970-1980
Países em desenvolvimento	5,6	6,0
Países capitalistas desenvolvidos	5,1	3,2

Fonte: UNIDO, 1985 apud Glyn et al., 1990, p.111.

Tabela 62 – Participação do PIB de grupos de países na produção mundial

	1960	1970	1980
América Latina	6,63	6,80	8,11
Total dos países em desenvolvimento	21,16	21,78	24,77
Novos países industrializados	4,1	4,78	6,77

Fonte: Rapport du CEPII, 1983, p.228.

Enquanto as economias capitalistas avançadas põem o pé no freio, os países em desenvolvimento seguem crescendo celeremente por toda a década; e um grupo seleto deles (que inclui o Brasil, o México, Taiwan e a Coréia do Sul) chega a ampliar em mais de 40% sua participação no produto mundial. O segredo dessa discrepância se desfaz em parte quando lembramos que na época esses países contaram com o crédito abundante a eles oferecido a preços irrisórios pelos bancos internacionais, encarregados de reciclar as montanhas de dólares em que se cifrava a renda petrolífera.

Entretanto, não é apenas nesse terreno que os países do então chamado Terceiro Mundo pareciam avançar. Juntamente com aumento relativo de seu poderio econômico, eles conquistavam novas posições, também, na arena da diplomática.

Mais antigo, os marcos simbólicos desse processo são bem conhecidos: a criação do Movimento dos Países Não Alinhados, na conferência de Bandung, em 1955; a nacionalização do Canal de Suez, em julho do ano seguinte, com a reação militar anglo-francesa que ela desencadeia e acordo patrocinado pelo governo americano consagrando a vitória da causa egípcia; na esteira da Revolução Cubana – o discurso de Kennedy na 16ª Assembléia Geral da ONU, em 1960, tendo por mote "A Década do Desenvolvimento das Nações Unidas", e as iniciativas subseqüentes de seu governo – a Aliança para o Progresso, os *Peace Corps*, entre outras; em 1962, a Conferência do Cairo sobre o Problema dos Países em Desenvolvimento; a Declaração Conjunta dos Países em Desenvolvimento", na 18ª Assembléia Geral da ONU, em 1963, com a formação do "Grupo dos 77"; e, entre março e junho de 1964, a Conferência das Nações Unidas sobre Comércio e Desenvolvimento, que viria a se transformar em organização permanente (a Unctad), sob a liderança intelectual de Raúl Prebisch.

A Opep – cuja criação data de 1960 – e seu lance espetacular, no final de 1973, inscrevem-se nesse processo de afirmação política de países em desenvolvimento, alguns dos quais ainda há pouco se debatiam para livrar-se do estatuto de colônia. Entre uma data e outra, os países produtores percorreram um longo caminho na tentativa de redefinir os termos de suas relações com o oligopólio das "sete irmãs" e com os grandes consumidores. Espaço privilegiado para troca de informações entre eles e reflexão conjunta sobre experiências respectivas, a partir de 1968 a Opep começa a pressionar mais fortemente por mudanças, encorajada pelo exemplo da Líbia, cujo governo revolucionário sob a liderança de Kadhafi acabava de enfrentar com sucesso as companhias petrolíferas. Aberta a rodada de negociações, elas levariam ao Acordo de Teerã, que elevava o preço do óleo e previa reajustes futuros para acompanhar a inflação (cf. Adams, 1993, p.112 ss.).

Do ponto de vista simbólico, o ponto culminante desse questionamento da arquitetura das relações econômicas internacionais foi a aprovação, por unanimidade, do projeto de Declaração e Programa de Ação sobre a Nova

Ordem Econômica Internacional proposto pelos países em desenvolvimento na sexta Sessão Especial da Assembléia Geral da ONU. Convocada sob pressão do Movimento dos Não Alinhados no auge da crise, o notável nesse conclave é a extrema cautela na conduta dos representantes dos Estados Unidos. De fato, foi a ação moderadora de Kissinger que venceu a resistência de muitos dos países industrializados e permitiu a incorporação no discurso oficial da ONU de um conjunto de princípios e idéias que, se realmente aplicados, acarretariam mudanças significativas na estrutura das relações econômicas internacionais.[12]

O contraste era patente. De um lado, economias capitalistas avançadas impotentes diante da combinação perversa de inflação, desemprego e baixo crescimento, fechando-se, cada vez mais, em reações defensivas; de outro, países da periferia e da semiperiferia capitalista, que cresciam na crise e viam nesta a oportunidade de dar um grande salto. Para citar um exemplo caseiro, essa é um das idéias centrais na apresentação dos programas enfeixados no II PND do governo Geisel: como na década de 1930, a crise nos obriga a realizar agora grandes investimentos e torna esse feito possível. Os generais que nos governavam à época e os economistas que os assistiam foram (e continuam a ser) muito atacados por esse cálculo. Boa parte das críticas correntes não tem fundamento sério, mas não é esse o lugar para discuti-las. Basta chamar a atenção para o seu anacronismo: em meados dos anos 1970, parecia estar em curso um relativo "descongelamento" das hierarquias do poder econômico internacional. É o reconhecimento desse fato que permite entender a ocorrência quase simultânea de cálculos análogos aos dos nossos tecnocratas em diferentes partes do mundo.

Muito mais avançado, porém, era o "descongelamento" que estava se operando na dimensão político-militar do sistema interestatal. Com efeito, os anos 1970 são marcados por dois fenômenos portentosos: a derrota americana na Guerra do Vietnã, e a política de *détente*, inaugurada no primeiro governo de Nixon (1969-72), que relaxa as tensões entre as duas superpotências e reintroduz a China no proscênio da política mundial. Existe uma íntima conexão entre elas. Ela fica evidente quando avaliamos o impacto da guerra no debate sobre a política externa em curso nos Estados Unidos.

Para esse país, a conseqüência mais importante da Guerra do Vietnã foi a ruptura do consenso nacional em torno da política externa. Continuamente reafirmado desde a vitória republicana nas eleições legislativas de novembro de 1946 e o anúncio, em março do ano seguinte, da Doutrina Truman – que oficializava a Guerra Fria –, esse consenso não excluía a competição, nem eliminava as divergências entre os dois partidos. Contu-

---

[12] Sobre o conteúdo dessas propostas e o desfecho melancólico de todo esse episódio, cf. Adams, 1993, p.119-41.

do, retirava de cena o entrechoque de princípios (por exemplo, a oposição até pouco tempo antes tão viva entre "internacionalismo" e "isolacionismo") e moldava o debate em termos tais que reforçavam as idéias básicas que lhe serviam de fundo.

A linha mestra da "grande estratégia" ditada pelo referido consenso estava sintetizada na palavra de ordem: *containment* – conter o avanço comunista. Ela se apoiava em quatro pressupostos claramente enunciados por George Kennan, pai fundador da doutrina, a saber: 1) ao contrário da Alemanha nazista, o poder soviético não tem nada de aventureiro; ao deparar com forte resistência, ele recua; 2) comparada com o Ocidente, como um todo, a União Soviética continua sendo muito mais fraca; 3) o sucesso do sistema soviético, do ponto de vista interno, é muito duvidoso; 4) fora de sua esfera própria de segurança, a propaganda soviética não tem nada de positivo a oferecer: ela é eminentemente destrutiva.[13] E se traduzia, em termos práticos, em duas grandes diretivas: a) reconstruir as economias devastadas pela guerra, zelando pelo equilíbrio dessas sociedades, a fim de assegurar condições para a expansão do capitalismo em escala global e para o combate eficaz da propaganda comunista; b) barrar – pela persuasão, sempre que possível; pela força, sempre que necessário – qualquer tentativa do poder soviético, ou de forças internas a ele associadas, de alterar o quadro geopolítico cristalizado nas negociações que assistiram ao fim da Segunda Guerra Mundial.

Em sua face "positiva", essa grande estratégia materializou-se em iniciativas "generosas" como, por exemplo, o Plano Marshall e o apoio ativo à criação da Comunidade Econômica Européia; ou ainda os diversos programas de ajuda canalizados para o Japão, a Coréia do Sul e Taiwan, bem como na tolerância notável dos Estados Unidos diante das práticas muito pouco convencionais dos respectivos governos no campo da economia –

---

[13] Cf. "George Kennan's 'Practical Deductions' from the Analysis in His 'Long Cable' of February 1946", em Rostow, 1981, Apendix D, p.134-37. Em seu volumoso trabalho sobre a diplomacia norte-americana no imediato pós-guerra, Joyce e Gabriel Kolko minimizam o papel de Kennan na gestação dessa doutrina, indicando que os seus elementos básicos já estavam presentes em discursos de altas autoridades americanas, como o senador Arthur H. Vandenberg e o secretário de Estado James F. Byrnes, preparados dias antes da chegada do "Longo Telegrama" de Kennan, o qual não teria tido grande importância na formulação da política norte-americana. Os autores, contudo, esclarecem que o referido documento circulou imediatamente em centenas de cópias, sendo considerado leitura obrigatória por James Forrestal, secretário da Marinha e figura-chave na discussão dos grandes temas de política externa na época. Não terá sido por acaso. Ao expressar sistematicamente idéias que estavam por se tornar lugares comuns (mas ainda não eram, pois a tendência esposada por Forrestal encontrava resistências no Departamento de Estado e na pessoa de W. Averrel Harriman, então embaixador americano em Moscou), Kennan cria um fato novo e marca com o seu timbre a referida doutrina. Cf. Kolko, Joyce & Gabriel, 1972, p.42 ss. Publicado em julho de 1947 sob o título "X (George Kennan), The sources of Soviet Conduct" pela fervista *Foreign Affairs*, o lendário documento foi recentemente republicado na coletânea editada por Hage & Zakaria, 1998.

intervencionismo estatal, protecionismo, discriminação declarada contra investidores externos.[14] Expressava-se ainda na montagem de um complexo de organizações internacionais com foco no tema do desenvolvimento – o Banco Mundial, o BID, a Cepal etc.

A outra, a face sombria da grande estratégia, aparece no permanente esforço armamentista, na criação de organizações internacionais de defesa – como a Otan; o Pacto do Pacífico Sul (Austrália, Nova Zelândia e Estados Unidos, de 1952); o Tratado da Ásia Sul Oriental (Otsea), de 1954, e o Pacto de Bagdad, de 1955, que deu origem à Organização do Tratado Central (Otcen) –, bem como na seqüência de guerras, intervenções militares, ações abertas ou veladas para desestabilizar governos hostis ou simplesmente desabusados, em que os Estados Unidos estiveram envolvidos no decorrer dessas décadas: da Coréia à República Dominicana, passando por Cuba, na Baía dos Porcos; do Irã de Mossadeq (primeiro-ministro derrubado, em 1953, por golpe de estado patrocinado pela CIA, pela ousadia de desafiar os interesses do cartel do petróleo), à Guatemala de Jacobo Arbens.

Em sua dupla face, essa estratégia contemplava gregos e troianos, "realistas" e "idealistas" na comunidade da política externa. E, ao contrapor à brutalidade do inimigo – que se manifestava na repressão interna e na violência empregada para sufocar movimentos de rebeldia em países de sua esfera[15] – a bandeira da democracia e de um capitalismo "humanizado", ela contribuía para gerar na opinião pública o apoio necessário para que os gestores da política exterior norte-americana se entregassem, autoconfiantes, a seu trabalho. Quando os dirigentes sindicais norte-americanos abandonam antigas veleidades reformistas, expurgam de suas fileiras militantes comunistas e se lançam na arena internacional como peões desse esforço peculiar de guerra, é a esse consenso que eles aderem.[16]

Como todo consenso, esse tampouco deixou de ser contestado. Podemos ignorar os protestos que partiam da esquerda, porque depois da tentativa fracassada de apresentar-se como força diferenciada na arena política nas eleições presidenciais de 1948, com o pequeno Partido Progressista e seu candidato Henry Wallace, a esquerda foi literalmente dizimada durante o delírio persecutório desatado pelo macarthismo. A esquerda, ou melhor, o que restou dela, porque as defecções, as apostasias foram incontáveis e espetaculares nessa época. Mas é indispensável dizer uma palavra sobre a dissidência conservadora, as distintas variantes da direita antiliberal e anticomunista. Não nos referimos aos desvarios dos fanáticos da *John Birch*

---

[14] No que toca à Coréia do Sul, o leitor pode formar uma idéia de até onde ia a leniência americana até a década de 1980 pelo artigo de Mardon, 1990.

[15] Berlim, 1953; Polônia e Hungria, três anos mais tarde.

[16] Sobre essa reorientação do sindicalismo norte-americano, cf. Renshaw, 1991, especialmente caps. 5 e 6, "Purging the communists" e "The emergence of corporate consensus", p.100-51.

Society e de quantos viam Washington como uma cidadela do comunismo, mas da crítica dura, coerente, poderosamente argumentada que foi ininterruptamente lançada contra a estratégia da contenção por intelectuais de alto calibre, muitos deles europeus imigrados, e quase todos com respeitável passado de esquerda (socialista, stalinista e trotskista). William Bucley Jr., James Burnham, Max Eastman, Frank Meyer – apenas alguns dos nomes mais representativos. Eles não são muito conhecidos do público brasileiro, o que é lamentável, porque chegariam a ter forte influência na definição das políticas que nos dizem muito de perto.

O que pensavam esses intelectuais? Qual a substância de sua crítica ao consenso liberal-internacionalista que informava a política externa norte-americana nesse período? Para resumir numa palavra, eles rejeitavam cabalmente a idéia de conviver com a realidade da União Soviética e do bloco socialista. No seu entender, a paz era fictícia: o inimigo mantinha-se, por sua própria natureza, em estado de permanente beligerância; o mundo estava lançado na Terceira Guerra, que nem por estar sendo travada momentaneamente por outros meios era menos total, menos "absoluta". Ao não admitir esse fato, ao legitimar a pretensão do Estado comunista de ser tratado como um membro proeminente da comunidade internacional, os liberais insistiam num caminho que os deixava nas cercanias da pura e simples traição. Ao princípio norteador do *"containment"*, esses intelectuais contrapunham o conceito de "liberação". Não se trata – repisavam – de impedir a progressão do jugo comunista, como se fosse possível conter o impulso expansivo que lhe é inerente. Não existe alternativa política ou moralmente defensável: há que derrotar o comunismo, libertar os povos submetidos à sua tirania, construir a paz verdadeira – mesmo que, para isso, seja necessário aceitar a possibilidade da guerra nuclear. Nas palavras de um dos mais influentes deles:

> mesmo aceitando as mais horrendas estimativas dos efeitos de seu uso, a preservação da vida humana como fenômeno biológico é um fim que está abaixo da defesa da liberdade, do direito e da verdade. Esses seriam destruídos pela vitória do Comunismo. É nosso dever defendê-los a todo custo. (Meyer, 12.2.1963 apud Nash, 1996, p.242)

Com base nessas premissas, os conservadores responsabilizavam seus antagonistas pela "perda da China", em 1949, pela passividade diante da repressão em Berlim, em 1953, e da invasão da Hungria pelas tropas soviéticas, três anos mais tarde. Em sua perspectiva, não eram casos isolados: eles se repetiam regularmente, segundo um padrão bem claro: "Os comunistas não estão de fato vencendo a Guerra Fria; nós a estamos perdendo. Sob uma variedade de pretextos, estamos entregando o mundo ao inimigo..." (Evans, 1966, p.21 apud Nash, 1996, p.244).

Tendo alcançado larga audiência no período áureo do macarthismo, os intelectuais militantes da causa anticomunista saíram derrotados desse episódio e foram lançados ao ostracismo. Na época, não formavam um grupo coeso, ou mesmo um campo mais ou menos estruturado. Sua marginalidade política fica evidenciada no desarvoramento de sua atitude diante da "traição" de Nixon, que entronizou o liberal-internacionalismo no Partido Republicano ao aceitar a candidatura à vice-presidência na chapa do general Eisenhower, nas eleições de novembro de 1956. Nos anos seguintes, eles se entregariam a um trabalho intenso com vistas à sua transformação, de um grupo virtual definido por relações de afinidades, em um verdadeiro movimento ideológico e político. Papel de relevo nesse processo de transmutação coube ao semanário *National Review*, criado, em 1956, sob a liderança de William Bucley Jr. Ao longo do percurso – e como condição para realizá-lo com êxito – esses intelectuais conservadores, ciosos das virtudes tradicionais e votados a uma concepção moral da política, combateram sua aversão aos amantes do mercado à la Milton Friedman, a fim de prepararem em conjunto o assalto ao inimigo comum: o liberalismo, com todas as ressonâncias que nos Estados Unidos tem esse termo. O primeiro grande enfrentamento se deu em 1964, com a vitória de Goldwater na convenção que escolheu o candidato presidencial republicano. Não foram poucos, na época, os que viram na fragorosa derrota eleitoral que sofreram a demonstração da inviabilidade política de seu extremismo (além de defender o uso ilimitado do poder militar como solução para a crise do Vietnã, Goldwater impugnava todo o legado do *New Deal* em nome do princípio do Estado mínimo). Mais acurado me parece o ponto de vista de Mike Davis, para quem a campanha de Goldwater operou, fundamentalmente, como o "toque de reunir" que deu alcance nacional ao movimento conservador, abrindo o caminho que o levaria finalmente ao poder, com Ronald Reagan (cf. Davis, 1981). Não importa; em 1964 esses efeitos eram incertos, e se situavam em futuro longínquo. No presente, o que contava era a reafirmação do consenso, bem expressa na vitória esmagadora de Lyndon Johnson, ex-vice de Kennedy e herdeiro legítimo de Franklin Roosevelt.

Pois bem, poucos anos depois, esse consenso fora estilhaçado pela violência da Guerra no Vietnã. As razões obscuras do conflito; as imagens pungentes que invadiam os lares pelas telas da TV; o ritual fúnebre de recepção dos mortos em combate; todos aqueles jovens com os corpos feridos e as vidas estragadas; a possibilidade de vir a se tornar um deles... Para uma parcela muito grande da opinião pública norte-americana, a insanidade dessa guerra se tornava cada vez menos suportável. No juízo de muitos outros, inaceitável era a autocontenção norte-americana, que prolongava o conflito e ceifava vidas preciosas; criminosa era a covardia dessa política de meio-termo, que se recusava a desferir golpes mais contundentes, vedando toda perspectiva de vitória. Esse conflito atravessava a sociedade norte-americana, de alto a baixo, reproduzindo-se também no corpo dos especialistas em política externa. O quadro criado por essa divisão é evocado em termos vivos no relato que se segue:

> a infindável e aparentemente desesperada agonia da Guerra do Vietnã destruiu o consenso, deslocou o poder do centro para os extremos, e tornou a construção de maiorias uma tarefa penosa. Moderados e liberais se juntaram aos herdeiros da tradição de Henry Wallace numa coalizão de esquerda que, pela primeira vez, desfrutou de poder político real ... Os liberais, conservadores e direitistas que continuaram a apoiar a guerra viam a defecção dos liberais e moderados como nada menos que traição.
>
> Por volta de 1965, o colapso sistemático do sistema de política externa norte-americano tinha começado, e cinco anos depois estava bem avançado. O centro, lastro da maioria e do consenso, estava estilhaçado. Os extremos tinham agora a preponderância no poder. (Destler, Gelb, Lake, 1988, p.22)

Em sua face interna, a estratégia da *détente* era uma tentativa de escapar a esse impasse. Reconhecendo a impossibilidade da vitória, mas insistindo em impor condições, ela procurava remover esse grande fator de dissenso na política doméstica que era a Guerra do Vietnã, minimizando, tanto quanto possível, o custo simbólico da saída. Ao mesmo tempo, redesenhando o mapa da política mundial – ao reconhecer a paridade militar, abrindo amplo processo de negociação com a União Soviética (acordos Salt I e II), e ao normalizar as relações diplomáticas com a China – a *détente* esvaziava de significado estratégico a derrota sofrida no teatro indochinês.[17]

Mas a *détente* não é uma criação da vontade política sediada no Executivo americano. Antes de mais nada, ela é o reconhecimento tardio de oportunidades novas criadas por fenômenos inteiramente fora de seu controle que emergiam na arena internacional. O principal deles, naturalmente, era o conflito sino-soviético. Kissinger atribui a Adenauer e a De Gaulle o mérito de terem detectado antes de todos (já em fins da década de 1950) os primeiros sinais de mal-estar entre a China e a União Soviética, e de terem extraído desse reconhecimento as implicações políticas pertinentes – o primeiro, sem liberdade de movimentos nesse terreno, incapaz de agir em conseqüência; o segundo, sendo De Gaulle, com audácia necessária para propor um padrão mais cooperativo de relacionamento com a União Soviética, ainda que sem força bastante para ser ouvido (cf. Kissinger, 1994, p.720). Ora, o que faltava à França gaullista sobrava aos Estados Unidos. Assim, em um momento especialmente crítico das relações entre os dois grandes do bloco socialista, quando um conflito militar de grandes propor-

---

[17] Com toda cautela que deve ser reservada ao depoimento de um protagonista, cabe observar que o relato de Kissinger sobre esse episódio confirma, em linhas gerais, a interpretação esboçada aqui. Cf. Kissinger, 1994, especialmente o capítulo XXIV, "Foreign policy as geopolitics: Nixon's triangular diplomacy", p.703-32.

ções parecia estar em marcha, comunicado cheio de subentendidos autorizado por Nixon[18] aliviava a tensão e abria o caminho para as gestões diplomáticas que culminariam na seqüência de lances espetaculares: a surpresa das fotos de Kissinger em Pequim, na viagem que preparou o encontro de Nixon com Mao Tsé Tung na China, em fevereiro de 1972; o encontro de Nixon com Brezhnev, três meses depois, na primeira visita feita a Moscou por um presidente dos Estados Unidos. Com eles, a opinião pública – e as chancelarias, por toda parte – tomavam conhecimento de que as regras passavam a ser outras, que o jogo da política mundial estava mudado.

Translação conscientemente efetuada para um quadro multipolar, a *détente* traduziu-se em inúmeras iniciativas que produziram significativo relaxamento das tensões no sistema internacional: a normalização progressiva das relações com a China – que supunha a definição de uma fórmula para o problema de Taiwan aceitável para ambas as partes,[19] e que foi coroada simbolicamente pela admissão da China Continental na ONU, com assento permanente no Conselho de Segurança dessa entidade; a conclusão da primeira rodada de negociações entre a União Soviética e os Estados Unidos sobre a limitação do arsenal estratégico (Salt I);[20] a consolidação de regras de convivência a serem observadas em Berlim, com o Acordo de Berlim de junho de 1972, que envolveu ainda o reconhecimento pelos Estados Unidos da Alemanha Oriental (as relações diplomáticas entre os dois países seriam estabelecidas em 1974); finalmente, os Acordos de Helsinki, cujo documento final foi assinado, em julho de 1975, por Gerald Ford, Brezhnev, representantes dos governos europeus e ainda do Canadá, cobrindo ampla gama de temas relativos à segurança, cooperação econômica e – grande novidade – a direitos humanos fundamentais.

As mudanças que davam substância à *détente* permitiram também a abertura dos países do bloco socialista ao investimento do capital privado europeu e americano, e contribuíram para mitigar as dificuldades econômicas nos Estados Unidos ao diminuir a pressão sobre o orçamento militar (entre 1968 e 1973 o governo Nixon reduziu de 3,5 milhões para 2,3 milhões os efetivos de suas Forças Armadas (cf. McCormick, 1995, p.170)). Mas não produziram o equilíbrio estável, "a ordem restaurada" que parece ter habitado os sonhos do discípulo de Metternich.

---

[18] Kissinger relata o episódio e tece sobre ele finos comentários. Cf. Kissinger, 1994, p.723.
[19] Os Estados Unidos reconhecem que Formosa é parte da China, enquanto o governo chinês deixa claro que não usará da força para fazer valer a sua soberania sobre essa parte de seu território.
[20] Do inglês *Strategic Arms Limitations Talks*. Previstos desde a assinatura do Tratado de Não Proliferação Nuclear, em julho de 1968, o primeiro acordo foi celebrado durante a Cúpula de Moscou, em maio de 1972. Com duração de cinco anos, o Salt I previa a limitação de mísseis antibalísticos (ABM, sigla em inglês), e de mísseis ofensivos intercontinentais.

Ao contrário, ainda sob o impacto do Grande Embargo decretado pela Opep em fins de 1973 – ele próprio inconcebível no contexto geopolítico prévio à *détente* –, a segunda metade da década de 1970 seria abalada por uma série de acontecimentos alarmantes, do ponto de vista americano.

Pensamos, antes de mais nada, na onda de revoluções que sacudiram a África Subsaariana; no processo de descolonização da África portuguesa (Angola, Moçambique, São Tomé e Cabo Verde), mas também – e até certo ponto com ênfase maior – na ruptura política verificada em um país menos familiar para nós, mas de elevada significação estratégica: a Etiópia.

Antiga aliada dos Estados Unidos, a Etiópia de Halie Selassie entrava nos anos 1970 mergulhada em profunda crise política. Em setembro de 1974, essa crise vai ser resolvida com a tomada do poder por oficiais do Exército, que buscam o apoio soviético para o regime marxista-leninista que se dispunham a construir. Abre-se, então, um capítulo que iria evoluir para um teste de força entre os dois protagonistas da *détente*. Resumindo em poucas linhas uma história longa, a Somália, antigo Estado cliente da União Soviética e inimiga tradicional da Etiópia, responde à nova configuração produzida na região com esse realinhamento denunciando, em novembro de 1977, o tratado com o antigo protetor e invadindo o país vizinho com apoio dos Estados Unidos. Esse lance, por sua vez, acarretaria a intervenção de forças cubanas e o abastecimento de armas soviéticas em favor do governo etíope.

Tratava-se de uma manifestação a mais desse fenômeno inquietante: a intervenção direta da União Soviética e aliados em conflitos militares travados a enorme distância de suas fronteiras. A novidade fora introduzida dois anos antes, quando aviões soviéticos transportaram milhares de soldados cubanos a Angola para combater ao lado do MPLA de Agostinho Neto, que resistia aos ataques da Unita e da FLNA, organizações apoiadas pela África do Sul e os Estados Unidos.

É possível ver a presença ativa da União Soviética na África Subsaariana como uma tentativa de compensar as perdas decorrentes do rompimento com o antigo aliado egípcio e da conseqüente anulação de sua influência no encaminhamento dos conflitos no Oriente Médio. Essa conexão não escapava à atenção de analistas mais finos, mesmo que de direita (cf. d'Encausse, 1982). Mas isso não tinha grande importância. Para os críticos da *détente* nos Estados Unidos, para a grande imprensa, para o público em geral, o que ficava era o desconcerto causado pela transgressão da regra tácita segundo a qual apenas os Estados Unidos podiam intervir em qualquer canto do planeta.

Implícita nessa reação – e nos fatos que a causavam – estava uma ambigüidade intrínseca à *détente*, como manobra estratégica de grande envergadura. A *détente* expressava a disposição dos Estados Unidos de redefinir os termos de seu relacionamento com a União Soviética, de forma tal a reduzir focos de tensão e permitir a cooperação entre os dois países na busca de soluções para problemas comuns. Havendo amplo acordo em torno desses objetivos, a *détente* ganhou corpo num conjunto de regras que asseguravam um *modus vivendi* entre as duas superpotências e pareciam eliminar o risco, até então sempre presente, de conflagração nuclear. O problema é que as partes envolvidas não atribuíam o mesmo significado aos termos desse entendimento.

Para o governo norte-americano, a *détente* implicava a admissão da paridade militar da União Soviética e o reconhecimento de seu domínio na Europa Oriental. Mas não envolvia o congelamento da relação de forças entre os dois países (o governo Nixon dá início a projetos militares de grande vulto em áreas não cobertas pelos acordos Salt),[21] e muito menos a noção de paridade política. Pelo contrário, a assimetria nesse terreno era inerente à barganha proposta, que previa a autocontenção do interlocutor em áreas externas a seu raio próprio de influência. Essa vinculação – o toma-lá-dá-cá da perspectiva americana – era consagrada na noção de *linkage*: "nós distendemos, mas em troca vocês se comportam".

Do ponto de vista soviético, porém, o significado da *détente* era outro: ela assinalaria a passagem para uma nova fase histórica, na qual a antiga predominância dos Estados Unidos daria lugar a uma liderança mundial compartilhada. Nesse sentido, a União Soviética esperava ser reconhecida como influência determinante nas regiões em que, juntamente com os Estados Unidos, tivesse importantes interesses nacionais (por exemplo, o Oriente Médio); imaginava igualmente ver aceita a legitimidade da competição entre capitalismo e socialismo nas partes da periferia onde seus interesses eram menos marcados – como a África, ou a América Latina.

O mal-entendido era incontornável. Ele já podia ser constatado, em outubro de 1973, quando da ameaça soviética de intervir unilateralmente caso os Estados Unidos não cooperassem para impor o cessar-fogo patrocinado pela ONU às forças israelenses, que ameaçavam cercar o Terceiro Exército egípcio no Deserto do Sinai – resposta do governo americano: anunciar o estado de prontidão mundial de suas Forças Armadas. E ficava patente agora, nas reações que se manifestavam diante da desinibição com que a União Soviética e seu aliado cubano movimentavam-se na África.

Os dissabores, porém, para as autoridades norte-americanas, não decorriam apenas da ação soviética, nem se restringiam à África. Na Europa, mesmo, houve a Revolução Portuguesa, a crise do regime franquista, a derrocada da ditadura dos Coronéis na Grécia, o avanço eleitoral do Partido Comunista e a possibilidade de este de vir a integrar o governo italiano

---

[21] O submarino Trident, o míssil MX, o bombardeiro B-1 e o míssil Cruise. O desenvolvimento desses programas foi obstado por dificuldades políticas internas, mas a maior parte deles seria implementada mais tarde. Cf. Halliday, F., 1986, p.206.

no quadro de um Compromisso Histórico em meados de 1976. Embora, subseqüentemente, tenham sido assimilados sem maiores traumas, esses fenômenos causaram inquietação e indisfarçável perplexidade. Havia ainda a tensão crescente na América Central e no Oriente Médio. Aberta sob o signo do fiasco no Vietnã, a década de 1970 encerrava-se com a vitória do sandinismo na Nicarágua e com a revolução iraniana, que abatia um aliado estratégico, levava a um segundo "choque do petróleo" e culminava com a tomada da Embaixada dos Estados Unidos em Teerã, obra de estudantes radicalizados que arrastariam o governo da superpotência a negociações humilhantes para libertar cidadãos seus mantidos por mais de um ano como reféns.[22]

A observação acima nos remete ao início deste livro. No final dos anos 1970, o mundo estava imerso em crise. Equilíbrios antigos se rompiam. As mudanças em curso pareciam abalar as estruturas de poder vigente e abrir novo campo de possibilidades aos países periféricos.

Sabemos que não foi bem assim. A crise, certamente, era profunda, mas a reestruturação dela resultante acabou por reforçar as hierarquias de poder, criando um quadro incomparavelmente mais restritivo para aqueles países, os quais, um a um, foram sendo compelidos a sacrificar suas veleidades de desenvolvimento nacional autônomo e a enquadrar-se na disciplina ditada pelos protagonistas da economia capitalista mundial.

Não caberia reconstituir aqui o processo dessa reviravolta. Ela resultou de mudanças "moleculares" em países-chave – os Estados Unidos, sobretudo, mas na Inglaterra também, onde elas levaram a uma ruptura política de grande estridência. Digamos uma palavra sobre este país, que tomou a dianteira no processo de reconversão neoliberal, e foi muito pouco contemplado neste estudo.

A Inglaterra ocupa um lugar de destaque na história do *Welfare State*. Não é por acaso que o nome de batismo da política econômica associada ao complexo sociopolítico vagamente denominado por essa expressão é inglês. No campo das políticas sociais também, desde a Segunda Guerra Mundial a Inglaterra foi palco de experiências avançadas, das quais o sistema público de saúde talvez seja a mais conhecida. Em outro plano, amparado em uma central sindical forte, o TUC (*Trade Union Congress*), ao conquistar o governo nas primeiras eleições gerais depois de derrotada a Alemanha nazista, quando venceu a lista conservadora encabeçada por Churchil, o Partido Trabalhista promoveu amplo programa de nacionalizações, sob a bandeira do socialismo democrático. Apesar das privatizações ocorridas quando os conservadores voltaram ao governo, a forte presença estatal na economia não foi revertida, e chegou a aumentar em

---

[22] Em janeiro de 1981, os reféns norte-americanos foram libertados em troca da suspensão do bloqueio dos ativos iranianos em bancos ocidentais.

algumas áreas, como na habitação popular, uma das prioridades do governo Macmillan.

Nem por isso a trajetória econômica da Inglaterra foi das mais bem-sucedidas. Pioneira na revolução industrial, não tendo experimentado em seu território os efeitos "criativamente destrutivos" da guerra, a Inglaterra saía do conflito com um sistema produtivo envelhecido e uma estrutura empresarial pouco ajustada aos desafios da concorrência internacional mais intensa, após a descolonização e a liberalização do comércio internacional sob o regime do Gatt.

Ao longo do período, vários programas de política industrial visando à superação desses óbices foram ensaiados, mas – ao contrário do que se verificou no "Continente", onde, por diferentes vias, foi lograda a conexão finanças-indústria requerida para sustentar os grandes investimentos implicados no projeto de modernização econômica em curso –, na Inglaterra o consenso em torno do que denominaríamos hoje "finanças industrializantes" nunca chegou a se realizar. É o que demonstra o trabalho de John Zysman: na Inglaterra, a política industrial foi bloqueada sempre pelo dissenso predominante em torno de seus objetivos e métodos (Zysman, 1987).

Subjacente a este impasse, outra herança dos velhos tempos de glória: a posição secularmente mantida pela City de Londres como principal empório e praça financeira do mundo.[23] Além de bloquear o referido consenso, o esforço para preservar essa condição – ou algo próximo a ela – teve duas conseqüências relevantes para o tema deste estudo:

1) Induziu ao relaxamento das regulações que pesavam sobre as operações financeiras como medida necessária à atração dos dólares que acompanharam o fluxo de investimentos diretos norte-americanos na Europa, levando à constituição do chamado "mercado de eurodólares", um dos antecedentes mais importantes da liberalização financeira que está no coração do processo de reestruturação econômica mundial sob o signo do neoliberalismo.

2) Transformou a Inglaterra, desde a década de 1950, em posto avançado da crítica teórica e prática das políticas do Estado de Bem-Estar, com seu pendor intervencionista. Com as posições que detinham no sistema acadêmico e na imprensa especializada, com os *think tanks* criados com o propósito preciso de servir como "órgãos de luta", os neoliberais transformaram Londres no quartel-general da cruzada que

---

[23] O tema da hegemonia da City, da primazia de seus interesses vinculados a seu papel internacional e a desconexão correspondente entre fianças e indústria foi objeto de intenso debate na Inglaterra. Para uma ampla reconstrução e uma análise histórica de fôlego sobre o problema em todos os seus aspectos, cf. a obra de Ingham, 1984.

lançaram ainda em plena guerra contra o predomínio das idéias "coletivistas". Nada disso seria possível sem o decidido apoio que receberam dos interesses sediados na City.[24]

Condicionado por esses elementos, que se conjugavam e se reforçavam mutuamente, a economia inglesa exibiu no período um desempenho medíocre, cuja expressão mais patente era o padrão de crescimento errático sugerido pela fórmula do *"stop and go"*.

Em meados da década de 1970, essa configuração estava prestes a explodir. Na época, o Partido Trabalhista estava novamente no governo, sob a liderança, mais uma vez, de Harold Wilson. Mas ao ganhar as eleições de fevereiro de 1974 por pequena margem, os trabalhistas tinham viva na memória o castigo que sofreram pela política de estabilização praticada seis anos antes em defesa da libra esterlina, acossada por fortes ataques especulativos. Na esteira da recessão e do desemprego que o referido programa acarretava, os trabalhistas se dividiram amargamente, enquanto as tensões se acumulavam no relacionamento do governo com sua base sindical. Sete anos de oposição e muito debate interno tinham deslocado o Partido Trabalhista para a esquerda. Agora ele disputava as eleições com uma plataforma, o "Contrato Social", que prometia expansão econômica e geração de empregos como condição necessária para a retomada de investimentos e a reconversão da indústria.

Não durou muito e as condições estruturais antes aludidas faziam-se pesar, expondo à luz do dia as limitações de tal política. Como no passado, o governo trabalhista teve que administrar tensões inflacionárias que alimentavam crescentes pressões contra a libra, e teve que fazer isso dividido. Entretanto, depois de controvérsias acerbas, as posições defendidas pelos sindicatos e pela esquerda do gabinete – proteção tarifária e controles de câmbio – foram definitivamente batidas. Em novembro de 1976, o governo de James Callagham, sucessor de Wilson, comprometia-se a adotar duras medidas de austeridade na carta de intenções que assinava com o FMI. Mais uma vez, entre imperativos domésticos e externos prevaleceram estes últimos (cf. Harmon, 1997, sobre este episódio e seus antecedentes).

Era como se a história se repetisse. Mas a aparência é enganosa. Em contexto radicalmente transformado – pela transição forçada do sistema monetário internacional ao regime de câmbio flutuante; pelos desequilíbrios provocados pelo choque de petróleo, e pela série de experiências de gestão econômica malsucedidas – os efeitos políticos da estabilização recessiva desta vez foram muito distintos. Rompidos os laços que os ligavam à sua representação político-partidária tradicional, os sindicatos, ain-

---

[24] A história intelectual e política do movimento neoliberal na Inglaterra é contada em detalhes na obra imponente de Richard Cockett, 1995.

da poderosos, adotaram uma linha de ação agressivamente corporativa, que lhes custou o apoio de setores expressivos da população. A vitória do projeto neoliberal se deu nessas circunstâncias.

No comando do Partido Conservador desde 1975, ao disputar as eleições em 1979, Margareth Thatcher lança uma cruzada não exatamente contra o governo, mas contra as instituições e as políticas que os trabalhistas e os velhos dirigentes de seu próprio partido administraram conjuntamente nas décadas precedentes. Sob o efeito exasperante de greves prolongadas que paralisavam os serviços públicos, com o sentimento de estarem vivendo um processo de decadência já em fase avançada, os eleitores ingleses foram chamados a escolher entre um programa com fórmulas conhecidas, e uma campanha flamante que prometia a regeneração por meio de um corte radical com o passado. Sabemos todos como termina a história (cf. Hall, Stuart, Jacques, 1983, e Leys, 1989, sobre a crise que abre caminho à vitória de Thatcher).

Mas as mudanças mais profundas e de maior impacto ocorreram, como se pode imaginar, nos Estados Unidos. Devemos aludir a algumas delas, ainda que telegraficamente.

1) Novo ciclo de inovações tecnológicas.

Elas envolvem também os avanços operados no campo da engenharia aeronáutica, mas pensamos, sobretudo, na "mudança de trajetória" ocorrida nas tecnologias de informação com o desenvolvimento dos supercomputadores, de um lado, e, de outro, do mini e do microcomputador – que abrem o caminho para sua disseminação em todas as esferas de atividade econômica e social –, e com a criação da base tecnológica e organizacional necessária à conexão de computadores em sistemas integrados, de onde viria a emergir, em meados da década de 1990, a internet. Sobre o caráter revolucionário dessas inovações, não é necessário dizer nada – elas fazem parte de nossa experiência cotidiana. Tampouco precisamos insistir na enorme vantagem que elas conferiram ao capitalismo norte-americano, *vis-à-vis* o antagonista soviético, e seus parceiros capitalistas. Cabe, porém, ressaltar duas coisas: a) a forte concentração dessas inovações no período que nos concerne neste capítulo – para citar apenas dois exemplo, o primeiro microprocessador foi desenvolvido pela Intel em 1969-70; mais ou menos na mesma época estavam sendo realizados os primeiros ensaios visando à constituição da Arpanet, rede para conectar os diversos laboratórios vinculados ao *Advanced Research Project Agency* (Arpa) do Departamento de Defesa dos Estados Unidos; e b) o papel decisivo – já sugerido no segundo exemplo – que a pesquisa para fins militares desempenhou no desencadeamento do referido ciclo (cf. Vernon, 2006, sobre este tema fascinante).

2) Liberalização financeira.
Condicionada por fatores objetivos – entre eles, a emergência de um mercado livre de capitais (o mercado de eurodólares) em conexão com a crescente internacionalização do capital industrial norte-americano a partir dos anos 1950, e a dificuldade crescente de implementar os controles administrativos em vigor, em face da atividade inovadora incessante dos agentes privados, que se traduzia na criação de novos instrumentos de crédito e novas modalidades de contrato –, a dianteira no processo de desregulação dos mercados financeiros foi tomada pelos Estados Unidos, com a decisão do governo de abolir os controles de capital, em 1974. Cinco anos depois, a Inglaterra de Thatcher faria o mesmo, pondo fim em um dia a um sistema com quase meio século de idade. Buscava-se com isso aumentar a atratividade de Londres como centro financeiro, equiparando-o a Nova York em termos de *status* liberal. Esse tipo de competição teria induzido também a decisão de desregular a Bolsa londrina, em 1986, para colocá-la no mesmo patamar da Bolsa de Nova York, que tinha sido liberalizada em meados da década precedente. A generalização desse movimento emulativo é o fator em conexão mais próxima com a globalização financeira, que constitui um dos traços marcantes da economia mundial hodierna (cf. Helleiner, 1994).

3) Unilateralismo agressivo dos Estados Unidos no campo do comércio internacional e definição de nova agenda com vistas à introdução de mudanças fundamentais no regime vigente.
Como se sabe, a gestão Reagan caracterizou-se nessa área pelo fundamentalismo de mercado; pela denúncia constante de práticas comerciais que, embora validadas pelas regras internacionais vigentes, eram definidas unilateralmente como desleais; pelo uso sistemático de sanções contra parceiros acusados de fazer uso destas – como o Brasil, ou a Coréia, que foram objeto de retaliação pelas políticas de fomento que adotavam na área da informática e em outras indústrias. No plano multilateral, a iniciativa mais ambiciosa desse governo foi a campanha pela abertura de nova rodada de negociações no Gatt, com a incorporação de "novos temas". Já abordamos esse aspecto no início deste livro, e voltaremos a ele no próximo capítulo. Por ora, devemos assinalar que a virada na política comercial norte-americana culmina na posição agressiva do governo Reagan, mas começa bem antes.

Com efeito, as premissas dessa política foram estabelecidas ao longo da década de 1970, com a inflexão na política comercial norte-americana expressa na institucionalização do princípio da defesa contra o "comércio desleal" (*unfair trade*), na Seção 301 da Lei de Comércio, de 1974, e pelo trabalho conceitual e técnico que deu suporte às negociações na Rodada de Tóquio do Gatt sobre as "barreiras não tarifárias" – subsídios, normas técnicas, compras governamentais – que ultrapassavam o âmbito da regulação das transações interfronteiras e passavam a visar às políticas domésticas, tendo como horizonte a sua harmonização. As negociações da Rodada de Tóquio desembocaram na aprovação de códigos voluntários, de implementação duvidosa, que contaram com a adesão de poucos países fora do triângulo Europa, Japão, Estados Unidos. Nessa área, portanto, seus resultados práticos parecem ter sido desprezíveis. Mas seria um equívoco concluir que ela foi uma tentativa frustrada, por esse motivo. Como observa Wingham, autor de estudo exemplar sobre o tema, a Rodada Tóquio contribuiu para evitar o desencadeamento de uma guerra comercial em uma década em que o capitalismo internacional atravessava tempos difíceis. Ademais, ela assentou as bases conceituais e técnicas para as negociações bem mais duras que seriam abertas na Rodada Uruguai do Gatt, em meados da década seguinte (Winham, 1986).[25]

A Rodada de Tóquio foi formalmente encerrada em abril de 1979. Meses depois, sob o comando de seu recém-nomeado presidente, Paul Vocker, o FED (o banco central americano) promove um brutal "choque de juros" para conter uma inflação que atingia a marca de 14% ao ano.

A grande reviravolta na política monetária norte-americana antecede o mandato de Reagan. Mas em outras esferas da política econômica, igualmente muitas das mudanças associadas a seu nome começaram no governo Carter.

> A avaliação da administração das políticas econômicas feita por Schulze ilustra precisamente como a política da produtividade tinha fracassado. Em lugar de enfatizar a demanda dos trabalhadores por maior parte da crescente produtividade, o presidente da CEA enfatizava o controle dos salários, uma política de rendas e proteção dos lucros. Foi preciso uma administração de Reagan para colocar firmemente em seu lugar as políticas econômicas endossadas por Schulze e Kahn e prenunciada em diversas iniciativas do próprio Carter. A administração republicana posterior apressou o declínio econômico e político do trabalho, ajustando a política nacional à influência dominante dos eleitores sulistas, ocidentais, suburbanos e corporativos. (Dubofsky, 1998, p.111)

No plano geopolítico, também, os acontecimentos dramáticos que se produzem na década de 1980 foram preparados por mudanças menos espetaculares – e menos alardeadas – ocorridas no final da década precedente.

Em 1977, depois de duas derrotas sucessivas, o Partido Democrata voltava ao governo dos Estados Unidos com Jimmy Carter, que ficou conhecido como o introdutor do tema dos direitos humanos na agenda da polí-

---

[25] Para um tratamento detalhado do conjunto dos aspectos aludidos neste parágrafo, Vigevani (coord. do eixo), Cepaluni, Mendonça, Oliveira e Silva (pesqs.), 2007.

tica internacional. Todavia, o governo Carter é responsável também pelas medidas que inauguram a chamada "Segunda Guerra Fria".

De certa forma, a "virada" já se anunciava no papel assumido pelo tema dos direitos humanos na condução da política externa americana. Esta bandeira fora levantada por Carter em reação à *real politik* de Nixon-Kissinger, que legitimava o apoio dado pelos Estados Unidos a ditadores amigos no mundo inteiro. Contra o amoralismo dessa posição, a política de direitos humanos reatava com a tradição wilsoniana numa cruzada moral, que deveria exorcizar o sentimento de culpa da opinião liberal com as atrocidades cometidas por seu país no Vietnã. Nesse sentido, a referida política voltava-se contra velhos aliados – entre eles, os generais brasileiros, mais de uma vez irritados com a sensibilidade nova e o zelo impertinente dos responsáveis por aquela política. Isso, porém, não é tudo.

Na época, o debate na comunidade da política externa americana era dominado pela segunda rodada de negociações no quadro dos acordos Salt. Abertas na gestão Gerald Ford, as conversações que preparavam o Salt II estabeleciam limites quantitativos e qualitativos para o arsenal estratégico e previam verificações técnicas. A essas propostas a direita – que vinha arregimentando-se, como vimos, havia anos e já ocupava posições importantes na estrutura de poder, entre as quais o governo da Califórnia – respondia com um rotundo não. Nesse contexto, o tema dos direitos humanos passou a ser sistematicamente usado para minar toda tentativa de entendimento com a União Soviética. Para os grupos contrários à *détente*, o governo Carter estaria moralmente obrigado a aplicar a política de direitos humanos contra a União Soviética pela perseguição aos dissidentes, as constantes violações aos Acordos de Helsinki e, sobretudo, pelo tratamento dispensado aos judeus soviéticos (cf. McCormick, 1995, p.203).

Mas a disputa em torno da direção a ser dada à "arma" dos direitos humanos não era exterior à equipe de Carter. Com efeito, na área da política externa, esta se dividia em duas tendências claramente diferenciadas: de um lado, a vertente liderada pelo secretário de Estado Cyrus Vance, que pregava moderação no trato com a União Soviética e o encaminhamento de reformas para aplacar o conflito Sul–Norte; de outro, a linha advogada pelo conselheiro de Segurança Nacional, Zibignew Brzezinski, aconselhando Carter a levar a sério a ameaça soviética e a explorar a fundo a "carta da China" contra a potência adversária. No início, a predominância parecia estar com o primeiro grupo. Com o passar do tempo, porém, os acontecimentos na África, no golfo pérsico e na América Central, de um lado, e a invasão do Afeganistão pela União Soviética, de outro, provocam uma mudança de rumo, consagrando a supremacia dos "duros" na condução da política externa norte-americana.

Tal deslocamento já se esboçava em meados de 1978, com o compromisso americano de ampliar as forças convencionais da Otan e de criar uma força nuclear na Europa, assumido no encontro de cúpula da aliança realizado em Washington, no final de maio. Ele se tornaria mais perceptível, um ano depois, com a aprovação de ambicioso programa de desenvolvimento de novos mísseis estratégicos (os MX e os Tridents II), e com o projeto de um sistema mirabolante de proteção subterrânea (rede de 4.600 abrigos, conectados por via férrea) para a primeira daquelas armas. Seria confirmado, no final de 1979, quando os mísseis de médio alcance Cruise e Pershing-II começaram a ser instalados na Europa. E dramaticamente proclamado no ritual de leitura da mensagem sobre O Estado da União, na qual o presidente Carter anunciava sua disposição de ir à guerra, se preciso, para defender os interesses nacionais dos Estados Unidos no Golfo Pérsico (a "Doutrina Carter"). Logo em seguida, estava sendo decretado um um pacote de sanções contra a União Soviética – embargo do trigo e de produtos de alta tecnologia e boicote às Olimpíadas de Moscou, entre outras – com vigência condicionada à retirada das tropas soviéticas do Afeganistão.

O desempenho de Reagan como presidente dos Estados Unidos é bem conhecido. Na esfera da segurança internacional, o seu nome estará para sempre associado à enorme elevação do orçamento militar; ao apoio material e financeiro dado aos "Contra", na Nicarágua, e aos fundamentalistas islâmicos no Afeganistão – subitamente revelados ao mundo como "guerrilheiros da liberdade"; à noção da "Guerra nas Estrelas" –, projeto futurista que prometia garantir a segurança do território norte-americano mediante a criação de um sistema de mísseis antibalístico que funcionaria como um "escudo", banindo de vez a ameaça de um ataque nuclear; à retórica belicosa, enfim, que definia o adversário como "o Império do Mal". Com Reagan, as fantasias por tanto tempo alimentadas pela direita anticomunista de que falamos pareciam converter-se em realidade. A *détente* era o passado. A hora da verdade havia chegado. O tempo agora era de luta.

Entretanto, ela não chega com Reagan. Em janeiro de 1981, quando este assume a Presidência dos Estados Unidos, a opção pelo confronto já estava consumada.

O momento não podia ser mais favorável. Com efeito, depois de anos de uma competição *sui generis* em que recursos em escala cada vez maior eram mobilizados na produção de artefatos bélicos cuja principal virtude era a de afastar o risco de fossem usados – corrida armamentista na qual ingressava com base em uma infra-estrutura econômica incomparavelmente mais fraca que a de seu antagonista, e carente de mecanismos que assegurassem a sinergia entre investimento militar e produção civil –, a União Soviética chegava aos anos 1980 com uma economia desbalanceada, acusando evidentes sinais de crise. E não era só isso. Estiolada pelo burocratismo de sua organização político-econômica e arcando com o custo de sua rigidez política – intolerância interna e incapacidade de responder institucionalmente a situações de crise –, a União Soviética perdera quase inteiramente o seu poder de irradiação ideológica e se encontrava, neste plano, em situação claramente defensiva. Ao facilitar o intercâmbio econômico entre os dois blocos, a *détente* tinha para os dirigentes soviéticos o atrativo de instilar maior flexibilidade no sistema, o que se fazia por meio das transações estabelecidas com as economias ocidentais pelos sócios do Comecon. Mas a contrapartida disso era o aumento da vulnerabilidade externa desses países, que se manifestou com força no início dos anos 1980, quando eles mergulharam na crise da dívida junto com os países latino-americanos. A reversão conjuntural resultante não é estranha à crise que estourou em 1980 na Polônia. E esta se somava ao confronto com o fundamentalismo islâmico no Afeganistão para desgastar ainda mais a União Soviética, material e simbolicamente.

No auge da "segunda guerra fria", quando os ideólogos nos dois lados do Atlântico faziam rufar os tambores na grande mobilização de forças contra a ameaça do totalitarismo soviético, um observador arguto da cena internacional escreveu essas palavras sábias sobre a relação de forças entre os dois blocos.

> Já é arriscado confundir as forças militares de um país com as forças mortas de seus arsenais; as armas disponíveis com as capacidades de uso; as últimas com as capacidades de combate das tropas. Estas, com a capacidade geral de mobilização de um país; e os armamentos disponíveis com os armamentos potenciais, aqueles que podem ser fornecidos pelas capacidades plenas de produção, de pesquisa e de desenvolvimento de uma economia reconvertida a esse fim ... Mas, para além dessas confusões técnicas, há o equívoco muito mais grave que consiste em avaliar a força de propulsão de um sistema sociopolítico unicamente por seu potencial militar ... A força cultural americana submerge e contorna os meios militares do Pacto de Varsóvia: ela se exerce todos os dias e por toda parte – inclusive na União Soviética... O poder das armas é apenas uma das armas entre outras da potência, e não a mais rentável no longo prazo. O que denominamos o estado das forças registra apenas, na melhor das hipóteses, a força morta dos Estados, mas não a força viva das economias, das criatividades sociais e das culturas, que detêm em questões de vida e de morte das sociedades a última palavra. (Debray, 1985, p.195)

Conselheiro privado de Mitterrand na época, Régis Debray foi asperamente criticado pela opinião douta, que condenava a ingenuidade de sua avaliação e a superficialidade de seus cálculos estratégicos, comprometidos de antemão pelo antiamericanismo *démodé* de seus preconceitos gaullistas (cf. Hassner, 1985). O livro que contém a passagem citada foi publicado em abril de 1985, coincidentemente, no mesmo mês em que Gorbachev assumia o posto de comando. Um ano depois, o mundo era surpreendido pelo anúncio de sua dupla política: *Perestroika* e *Glasnost*. Três anos mais tarde, a rendição incondicional da União Soviética punha fim à Guerra Fria.

9
REESTRUTURAÇÃO ECONÔMICA MUNDIAL, MUDANÇA GEOPOLÍTICA E REFORMAS NOS PAÍSES PERIFÉRICOS

Nos últimos 25 anos, o sistema internacional foi comovido por dois macroprocessos articulados de mudanças. O primeiro diz respeito à crise e à reestruturação da economia mundial; o segundo, à dissolução do bloco socialista e ao fim da lógica política ditada pela bipolaridade.

Cada um desses processos foi marcado, em pontos determinados do tempo, por ocorrências dramáticas: a transformação econômica, pelos dois choques do petróleo (em 1973 e 1979), e pela elevação brutal da taxa básica de juros nos Estados Unidos, também em 1979; a mudança no quadro geopolítico, pela derrubada do muro de Berlim, dez anos depois, e pela onda subseqüente de contestação que varreu a Europa Central e Oriental, culminando, em 1991, com a derrocada do próprio Estado Soviético.

Mais importantes, porém, que esses fatos emblemáticos são as mudanças parciais e fragmentárias acumuladas ao longo do tempo, cuja combinação dá origem aos dois processos em causa. Em vários aspectos, eles continuam em curso.

GLOBALIZAÇÃO

Desde o início dos anos 1970, a economia mundial atravessa um período de reestruturação profunda, no curso do qual as relações de cooperação e conflito entre empresas e nações estão sendo drasticamente redefinidas. Aspecto dos mais salientes desse processo é a transformação revolucionária sobrevinda no campo da tecnologia, com as inovações combinadas nas áreas de microeletrônica e informática, telecomunicações, transporte, biotecnologia e novos materiais. Na variada gama de suas múltiplas aplicações, esses avanços têm acarretado mudanças significativas na forma de organização e nas pautas de comportamento até então predominantes em diferentes setores de atividade econômica, alterando estruturas de mercado, erodindo fatores tradicionais de vantagens comparativas.

Ao tornar imensamente mais fáceis o acesso e o processamento de informações, ao possibilitar o estabelecimento de contatos eletrônicos instantâneos por todo o globo, ao reduzir dramaticamente o tempo e o custo do transporte a longa distância, as novas tecnologias dão um novo ímpeto à internacionalização do capital, em virtude: a) das elevadas exigências, materiais e humanas, implicadas em seu desenvolvimento; b) da possibilidade que elas oferecem, por meio da automação computatorizada, de combinar simultaneamente flexibilidade e economia de escala, diversificação de produtos e produção em massa (Erns & O´Connor, 1989, p.22; Cohen & Zysman, 1987, p.156 ss.); c) das condições que elas criam para a conformação de um mercado de capitais abrangente, capaz de aglutinar recursos e canalizá-los para aplicações remuneradoras em escala mundial; d) da capacidade que proporcionam às empresas de coordenar estritamente suas atividades, configurando-as espacialmente em função de estratégias compreensivas que tendem a apagar as diferenças entre espaços domésticos e externos.

Este ponto é decisivo. Até o fim dos anos 1960, a economia mundial podia ser esquematicamente representada como um conjunto de mercados nacionais discretos, embora interligados, nos quais as empresas – locais ou internacionais – se confrontavam com base nas condições vigentes em cada um deles, escassamente afetadas que eram pelo resultado da concorrência inter-setorial em outros países. No quadro das transformações antes referidas, essa imagem se desfaz: para muitas indústrias, as fronteiras nacionais se diluem, os mercados interpenetram-se, o resultado da concorrência em qualquer um deles passa a ser condicionado pela evolução das disputas travadas nos demais, e a rivalidade entre os contendores passa a ser perseguida em termos verdadeiramente globais (cf. Porter, 1986).

A mudança tecnológica, porém, não explica por si só esses desenvolvimentos. E não se esgota neles a reestruturação de que temos falado. Em nível mais profundo, o que foi posto em questão nesse processo é o conjunto de regularidades que, depois da Segunda Guerra Mundial, conferiram aos capitalismos centrais sua fisionomia própria e por quase trinta anos asseguraram às suas economias um dinamismo sem paralelo na história, como vimos no capítulo precedente.

A campanha desencadeada pelo governo dos Estados Unidos, no início da década de 1980, por uma nova rodada de negociações no âmbito do Gatt inscreve-se nesse movimento. Aberta em setembro de 1986 em conseqüência de um acordo que permitiu a negociação paralela do tema dos serviços, a Rodada Uruguai avançou mais celeremente a partir de abril de 1989, com a aceitação brasileira e indiana de negociar o tema da propriedade intelectual nos termos propostos pelos Estados Unidos e seus aliados.[1]

---

[1] "Up through the Montreal id-term ministerial in December 1988, there was minimal progress in resolving wide divergences in perspective among the developed and developing

Neste momento, definitivamente batido o adversário socialista e desacreditados os modelos de desenvolvimento centrados no papel dirigente do Estado, as novas oportunidades criadas com a incorporação de economias inteiras e de amplos setores de atividade econômica – nos mais diversos países – ao espaço da acumulação privada transmitiam aos mercados um sentimento de exaltação confiante, que o ritmo acelerado das inovações tecnológicas só fazia aumentar. É nesse contexto que se cristaliza a crença de que a economia mundial estava fadada a integrar-se, de forma cada vez mais profunda, em um movimento inexorável, cujo limite seria a completa dissolução dos sistemas produtivos nacionais.

Para uma economia que se globaliza, normas globais. Essa a idéia reguladora que parecia informar os trabalhos na Rodada Uruguai do Gatt. As dificuldades de avançar satisfatoriamente no terreno pedregoso da negociação agrícola prolongaram a rodada por vários anos ainda. Mas ela chegou a termo, e seu resultado já foi definido como uma verdadeira reforma constitucional.

Uma referência rápida a dois de seus elementos é o bastante para confirmar o acerto dessa avaliação. A primeira, sobre o acordo alcançado na área de propriedade intelectual. Seus dispositivos envolvem não apenas padrões gerais a serem observados pelas legislações nacionais, mas disposições detalhadas sobre os procedimentos que deverão ser aplicados para sancionar direitos individuais (e corporativos) de propriedade. Esse traço exemplifica um fenômeno geral: o deslocamento do foco do regime de comércio, cujas disciplinas, mais do que limitar as práticas restritivas dos governos, passam a incidir diretamente sobre políticas nacionais (cf. Ostry, 2002).

A segunda, sobre a criação da OMC, com o mecanismo judicial de que ela é dotada. O Gatt também dispunha de um mecanismo institucional de resolução de disputas, mas sua importância ficava extremamente reduzida pela exigência de consenso que devia ser atendida para que ele fosse acionado. Como o país responsável em situação irregular podia bloquear a abertura de painéis, o funcionamento do sistema favorecia fortemente a busca de soluções negociadas mediante barganhas em que falava mais alto, evidentemente, a voz do mais forte. Esses incentivos não desapareceram de todo na OMC – a fase de consulta e mediação continua sendo

---

country blocs on TRIPS. Brazil and India led developing country opposition, and heading to the 1988 ministerial had not commited to negotiating minimum substantive standards of IP protection. No significant progress was made on TRIPS at the Montreal ministerial, but in April 1989 a Senior Officials' meeting was convened in Geneva. The meeting resulted in the announcement of a frameword text that would provide the basis for substantive negotiations on TRIPS, while reserving the question of the mechanism for institutional implementation." Abbott, 2002, p.314. Para uma avaliação do episódio, na perspectiva indiana, cf. Schukla, 2002, p.264-5.

o primeiro estágio no processo de resolução de controvérsias. Agora, porém, a possibilidade de bloquear um painel não mais existe. Ultrapassado um limite fixo de tempo (sessenta dias), se as partes não tiverem resolvido a pendência, o Organismo de Resolução de Controvérsias (*Dispute Settlement Body*) pode solicitar o estabelecimento de um painel, o que se dá automaticamente. Concluído o trabalho dos árbitros, que devem observar igualmente prazos predeterminados, se a parte perdedora considerar inaceitável o seu veredicto, ela pode impetrar um recurso em a uma corte permanente de apelação, que dará a palavra final. Caso as recomendações não sejam implementadas, depois de esgotadas as tentativas de acordo sobre compensações devidas, a parte demandante pode pedir autorização para retaliar (cf. Hoeckman & Kostecki, 1995, p.47). Como a diferença entre geração e interpretação de normas é sabidamente fluida, a operação desse mecanismo tem resultado em um processo legal que já há algum tempo vem sendo objeto de estudo como um aspecto relevante do processo mais amplo de jurisdização (*Verrechtlihung*) das relações econômicas internacionais.[2]

Reforma constitucional, mas incompleta. Com efeito, o balanço das realizações da Rodada Uruguai acusava ganhos limitados em várias áreas – como "serviços" e "medidas comerciais relacionadas a investimentos", por exemplo – e áreas inteiramente descobertas – caso, entre outros, de compras governamentais. Não surpreende, pois, que a disposição de manter o ímpeto reformista tenha sobrevivido a ela. E que continuasse a gerar viva controvérsia – como a que se acendeu na reunião ministerial de Cingapura, em 1996, e terminou na decisão salomônica de criar grupos de trabalho com a missão de estudar quatro novos temas ("investimentos", "política de concorrência", "compras governamentais" e "facilitação de comércio"), com vistas a sua incorporação eventual na agenda de negociações de uma futura rodada. Havia ainda a intenção proclamada de trazer para o fórum da OMC os temas sensíveis dos direitos trabalhistas e da proteção ambiental – o que provocava, na maior parte dos países em desenvolvimento, Brasil incluso, reações indignadas.

Nos últimos anos da década passada, porém, dois eventos abalaram as certezas e aconselharam a adoção de uma atitude mais sóbria.

Um deles foi a seqüência estonteante de crises cambiais e bancárias que varreu a Ásia entre 1997, passou pela Rússia em meados do ano seguinte, bateu no Brasil em setembro, e atingiu o centro nervoso do sistema com a

---

[2] A bibliografia sobre o tema é enorme. Para ficar em alguns títulos, cf. os artigos reunidos por Judith Goldstein, Miles Kahler, Robert O. Keohane e Anne-Marie-Slaughter, no número temático sobre esse tema da revista *International Organization*, v.54, n.3, 2000. Teubner, 1997; idem, 2003/04; Albert, 26/10/2001; idem, 2002; Appelbaum, Felstiner e Gessner; Byers e Nolte, 2001.

insolvência da firma de capital de risco *Long-Term Capital Management*, forçando a autoridade monetária norte-americana a organizar uma operação urgente e nada ortodoxa de resgate. A volatilidade dos mercados financeiros não era uma novidade no capitalismo *fin de siècle*. Antes dos episódios que mencionamos, houve os ataques especulativos que levaram à desvalorização da lira e da libra esterlina, em 1992, e depois o colapso do peso mexicano, no final de 1994. Mas a impressão causada por esses acontecimentos foi passageira: vencido o susto, os agentes voltaram a sua rotina e continuaram a operar com tranqüilidade. O choque produzido pela *débâcle* das economias asiáticas foi de outra ordem. Não apenas pela reação em cadeia que provocou, mas também por ter atingido países que até dias antes eram apresentados pelos donos do saber e do dinheiro como casos exemplares de economias saudáveis. Por ambos os motivos, as crises desse período abriram um debate áspero sobre o papel das instituições multilaterais (em especial, do FMI) e, em termos mais amplos, sobre a arquitetura do sistema financeiro internacional.

O outro evento foi o fracasso estrepitoso da conferência ministerial da OMC, que se realizou em novembro de 1999, na cidade de Seattle. Ele ficará na história por seu aspecto espetacular: as manifestações de protesto, que mobilizaram mais de setenta mil pessoas, perturbaram significativamente os trabalhos dos negociadores e garantiram ao chamado movimento antiglobalização, em todo o mundo, um espaço reservado nas manchetes dos jornais. A partir desse momento, não havia mais como desconhecer a presença de atores sociais – de algumas ONGs, em particular – nos processos de negociação de acordos econômicos. Eles vieram para ficar.

Contudo, não foram os responsáveis pelo impasse em Seattle, nem representam o aspecto mais importante do que se passou naquele local. Prejudicada por erros bisonhos de condução, o malogro da conferência se deveu, fundamentalmente, às discordâncias profundas que dividiam seus participantes oficiais. Diferenças entre as posições defendidas pelos Estados Unidos e pela União Européia na questão agrícola, o que estava longe de constituir uma novidade; diferenças entre ambos e os países em desenvolvimento, que sustentavam seus pontos de vista com firmeza e preparo insuspeitados (cf. Odell, 2002; House, 2002; Ostry, 2002).

Este o ponto que desejamos destacar: a atuação incisiva dos países em desenvolvimento. Ela se manifestou mais uma vez em Doha, e, de maneira muito mais articulada, na conferência ministerial de Cancún, em setembro de 2003. Este último episódio adquire significado especial, pelo grau de mobilização desses países, que se articularam em um conjunto muito diversificado de alianças (cf. Narlikar & Tussie, 2004; Odell, 2003; Centre for Global Agreements, 2003), pelo caráter abrangente destas, e por seu objeto: o velho tema da agricultura, e os chamados "temas de Cingapura", definitivamente excluídos da Rodada com o fracasso do conclave.

O contraste entre a primeira rodada de negociações da OMC e a Rodada Uruguai do Gatt não poderia ser mais gritante. Nos dois casos, o processo de pré-negociação foi longo – de 1982 a 1986, e de 1997 a 2001 – e áspero. Mas as circunstâncias que os cercaram foram muito diversas: a disputa pela abertura de nova rodada do Gatt se desenvolveu em espaços rarefeitos, e terminou com a aceitação a contragosto da agenda norte-americana pelo Brasil e pela Índia, sob o efeito da divisão do grupo que lideravam e de claras ameaças; o processo que leva à abertura da Rodada de Doha foi amplamente ventilado, tendo envolvido um episódio de enorme repercussão pública – os conflitos em Seattle –, e terminou com concessões aos países periféricos – a "agenda do desenvolvimento" –, ainda que de caráter eminentemente simbólico. Aberta a Rodada do Uruguai, três anos se passaram e a resistência oposta pelos países em desenvolvimento à mudança no regime de propriedade intelectual cobrada pelos Estados Unidos e seus aliados estava vencida; mais de cinco anos depois de iniciadas as negociações de Doha, sua agenda definhou e – com a expiração do mandato concedido pelo Congresso ao Executivo norte-americano para celebrar acordos comerciais em junho de 2007 – o seu futuro é dos mais incertos.

Muitas das forças – materiais e ideais – que impulsionaram a tendência à jurisdização das relações econômicas internacionais continuam presentes, e no futuro seguirão produzindo efeito análogo. É, porém, inegável que o ímpeto desse processo sofreu um forte arrefecimento neste início de século, ao mesmo tempo que a sua direção passou a ser muito mais fortemente disputada.

O FIM DA POLÍTICA DE BLOCOS E A NOVA PROBLEMÁTICA DA SEGURANÇA INTERNACIONAL

O processo de todo imprevisto e sem igual na história que leva à decomposição do bloco soviético subverte as coordenadas políticas do mundo e torna subitamente obsoleta boa parte da agenda que vinha concentrando há muito os esforços despendidos pelos especialistas da área de segurança internacional. Com o fim do conflito entre blocos, o espectro da guerra atômica parecia finalmente afastado. E, com a predominância do consenso em torno de modelos de sociedade (economia de mercado e democracia liberal) e de valores fundamentais (direitos humanos), o mundo parecia estar ingressando em uma era radiante de paz e prosperidade.

A Guerra do Golfo e a eclosão quase simultânea dos conflitos étnicos na Europa Central, com os espetáculos de violência brutal a que deram lugar, tornaram rapidamente vetustas aquelas idéias. Não que elas tivessem se demonstrado inteiramente infundadas – apesar de tudo, a guerra entre as grandes potências continuava sendo uma hipótese inteiramente descartada, e a matriz liberal-democrática continuava em vigor como modelo sem rival. O âmbito de sua validade é que fora redefinido. Mais do que pensar em termos de uma marcha unida em direção àquele estado de coisas sumamente bom, caberia reconhecer a persistência prolongada de diferenciações profundas no campo das relações internacionais. Essa a idéia comunicada pela metáfora dos dois mundos: aquele do bem-estar, do consenso liberal e das relações pacíficas (o centro capitalista), e este outro, dilacerado em conflitos crônicos e guerras pouco convencionais (o antigo Terceiro Mundo) (cf. Goldgeier & McFaul, 1992; Snow, 1997. Para uma crítica do ponto de vista que ela expressa, cf. Holsti, 1999).

Não é difícil entender o impacto desse deslocamento no debate sobre o tema da segurança internacional. O mundo que saía da Guerra Fria não estava a salvo de ameaças. Algumas eram antigas, como aquelas envolvidas na proliferação nuclear. Muitas, porém, assumiam um caráter pouco tradicional. Era esse o caso do recurso à violência organizada nas disputas pelo poder em regiões da periferia, que ganhava um significado novo na medida em que não estava mais sobredeterminado pela lógica do conflito Leste–Oeste. Nesse novo contexto, os conflitos tendem a se manifestar sob novas configurações, fragmentando-se e ganhando freqüentemente conotações étnicas e/ou raciais, com seus corolários sombrios: atrocidades sistemáticas contra populações civis, "limpeza étnica", genocídios, movimentação interfronteiras de massas humanas para escapar a esse destino (o problema dos refugiados). E a pôr em questão muitas das categorias com base nas quais o tema da paz foi secularmente pensado – a distinção entre violência privada e violência pública, guerra civil e guerra interestatal.

Não poderemos nos deter no exame dessas novas modalidades de guerra, mas alguns elementos adicionais a respeito delas devem ser mencionados. Ao contrário da guerra clássica, cuja lógica interna empurra os contendores para enfrentamentos dramáticos que redefinem as relações de força e põem fim ao conflito, as guerras sujas de que falamos são fragmentadas, dispersas; a escaramuça é seu traço distintivo, a ofensiva estratégica nelas não tem lugar. Nesse tipo de guerra, a racionalidade derivada da primazia do político – traduzida na pergunta sobre o tipo de paz que se busca alcançar – está ausente: a violência se converte em forma e meio de vida; os combatentes lutam para assegurar sua continuidade. Os recursos que mobilizam para esse fim decorrem de sua própria atividade: sem o amparo de um poder político dotado de capacidade tributária, em grande medida, os elementos de que necessitam para sua reprodução são alcançados por meio do confisco e do saque – reside aí uma das conexões que ligam, com freqüência, os grupos armados envolvidos nesse tipo de conflito e as redes que exploram em bases capitalistas os circuitos do narcotráfico.

Crime transnacional, lavagem de dinheiro, paraísos fiscais – por essa cadeia de relações esses conflitos se vinculam, ainda que indiretamente, aos processos que vêm transformando as bases da economia internacional. Mas não apenas por elas: como esses conflitos expressam em sua origem rivalidades políticas, étnicas e/ou religiosas, os grupos neles envolvidos tendem a se beneficiar de apoio externo, que se manifesta sob a forma de defesa de sua imagem perante a opinião pública, em todos os quadrantes do mundo, e do financiamento direto às suas respectivas "causas" – aqui também o papel dos meios de comunicação eletrônicos e dos circuitos financeiros liberalizados é fundamental. Ele adquire máxima relevância quando deslocamos o foco da análise para outra forma de violência organizada de imenso impacto no mundo do pós-Guerra Fria: o terrorismo fundamentalista transnacional. Constatamos ainda, em ambos os casos, outro efeito perverso do aspecto tecnológico daquele processo: as tendências cruzadas de miniaturização e barateamento dos artefatos bélicos e de sua crescente letalidade.[3]

Em associação com outros temas, que passavam a ser discutidos também sob esse prisma – o problema do desenvolvimento econômico (cf. Ayoob, 1991) e o da preservação do meio ambiente (cf. Mathews, 1989) – a consideração desses conflitos mistos recolocava em outros termos a problemática da segurança internacional. Mudado estava o foco, que não se concentrava mais nas relações entre os Estados, abrindo-se para abarcar um leque de outros temas – as "novas ameaças". Em nível mais profundo, via-se alterada, igualmente, a definição dos "referentes da segurança", isto é, os sujeitos cuja proteção devia ser assegurada. Não se tratava mais de garantir a segurança do Estado – concebido este como expressão da coletividade politicamente organizada e fiador da integridade física e moral de seus integrantes –, mas de proteger essas coletividades mesmas, e os indivíduos que as compõem, de ameaças provenientes de variegadas fontes, incluso de seus respectivos Estados.

Dois aspectos adicionais dessa mudança de perspectiva merecem destaque. O primeiro diz respeito à dimensão militar: ela continua presente (para repelir eventuais agressões de Estados delinqüentes e para pôr fim a violações flagrantes dos direitos humanos em situações de conflito: o tema das intervenções humanitárias), mas perde sua antiga centralidade. O segundo concerne à natureza das relações entre os atores nesse universo. A concepção clássica de segurança é realista: os Estados interagem estrategicamente, constituindo-se, uns para os outros, em fontes potenciais de ameaça. No novo enfoque, embora o conflito interestatal continue sendo levado em conta, naturalmente, a ênfase passa a recair na cooperação

---

[3] Cf. alguns trabalhos importantes sobre esse ponto: Van Creveld, 1991; Kaldor, 2001, e Münkler, 2003; 2006.

necessária à resolução de problemas comuns. No lugar de "defesa nacional", "segurança cooperativa".[4]

Apesar de ter ganhado curso no ambiente geopolítico criado pela derrocada do bloco soviético, a concepção de "segurança cooperativa" não decorre desse fato. Com efeito, ela se constituía em um dos ingredientes do "novo pensamento" articulado pelos membros da equipe de Gorbachev, que se inspiraram neste particular na reflexão desenvolvida por círculos da social-democracia alemã e sueca, cujas idéias foram divulgadas, em 1982, no relatório intitulado Segurança Comum: Um Guia para a Sobrevivência, produzido por uma comissão internacional presidida pelo ex-*premier* sueco Olaf Palme (Reynolds, 2000, p.545).

Embora se expresse em termos universalistas, esta concepção nasce em uma parte do mundo e traz as marcas dessa origem em seu conteúdo e em sua linguagem. Esse ponto tem sido salientado por investigadores de orientações diferentes, que têm buscado analisar a problemática da segurança internacional pelo ângulo dos países periféricos. Não caberia reproduzir aqui as linhas gerais dessa literatura. Para os propósitos da discussão encetada aqui, as duas indicações que se seguem bastam:

a) Falar em novas modalidades de conflito não é de todo adequado. Os problemas que testemunhamos hoje estavam presentes no passado, apenas não entravam em foco. Como observa um especialista,

> Essas guerras, na medida em que são realmente étnicas, não são novas no Terceiro Mundo. Os eritreianos começaram sua longa guerra de secessão em 1961; as guerras domésticas assolaram Myamar desde 1962; o Chipre foi efetivamente dividido em 1964; a Biafra lutou para separar-se da Nigéria em 1967; o Sudão vive em estado de guerra civil desde 1955; o Líbano mergulhou em uma mistura de senhores de guerra e sátrapas sírios em 1976; o movimento de secessão armada tamil começou em 1983, muito antes da queda do muro de Berlim. (Holsti, 1998, p.108)

A baixa visibilidade desses conflitos – que deram lugar, muitos deles, a verdadeiras tragédias humanitárias – se deve ao fato de terem ocorrido em um período no qual todas as atenções, dos membros das "comunidades de segurança" aos militantes dos movimentos pela paz, estavam voltadas para o confronto entre blocos. Distantes do eixo dessa disputa, movidos por razões impertinentes à sua lógica própria, esses conflitos eram registrados como ocorrências lamentáveis, mas desprovidas de maior significado.

b) No contexto gerado pelo fim da Guerra Fria, esses conflitos ingressaram na agenda da política internacional. Nem por isso a solução deles

---

[4] Esses parágrafos aludem de forma muito ligeira a uma história já relativamente longa e sumamente complexa. Para uma primeira aproximação ao tema, cf. Booth, 1999; Krause, 1998; Buzan, 2000; Kolodziej, 2000; Morgan, 2000; Smith, 2000. A coletânea organizada por Sheehan, 2000 reúne algumas das principais intervenções nesse debate. Para uma idéia do impacto deste na América Latina, cf. Hurrel, 1998, e na Europa, cf. Laitinen, 2002.

se tornou mais fácil. É que a problemática da segurança se apresenta muitas vezes em termos contraditórios quando contemplada na perspectiva do centro e das zonas periféricas do sistema internacional. Nestas, os agentes tendem a se ver sob o fogo cruzado de exigências dificilmente conciliáveis: a de implantar, em curto espaço de tempo, modelos de organização socioeconômica e política (que resultam, em seus locais de origem, de processos de evolução lentos, tortuosos e em muitos momentos brutais), e de observarem, ao fazer isso, normas de comportamento compatíveis com os padrões consagrados em escala global, cujo suposto é exatamente a vigência daqueles modelos que se trata de implantar (cf. Ayoob, 1995). Pouca atenção se dá à hipótese de que a violência desatada nesses conflitos derive em boa medida da tentativa desesperada de reproduzir mimeticamente o modelo de organização expresso no Estado nacional em áreas que, por razões históricas e culturais, lhe são inóspitas.[5]

Observável no âmbito dos estudos acadêmicos, bem como no processo de formulação de políticas, o deslocamento representado pela difusão de idéias a respeito da "segurança cooperativa" não se operou sem resistências nem se realizou de forma completa. Embora na defensiva, os "tradicionalistas" continuavam em suas trincheiras disparando argumentos contra a ampliação do conceito de segurança, que acabaria por torná-lo difuso e imprestável. E se a nova abordagem passava a dar o tom em documentos de política de inúmeros países,[6] no desenho da estratégia de segurança nacional dos Estados Unidos os novos temas continuavam claramente subordinados a preocupações e objetivos de natureza tradicional – adequação permanente do aparelho militar para a defesa dos interesses nacionais contra ameaças presentes e futuras de origem externa –, o que se traduzia na importância dada à capacidade de travar guerras simultâneas em dois teatros distantes e na destinação de recursos vultosos para garantir a prontidão dos seus efetivos, renovar os sistemas de armamentos e custear atividades de pesquisa e desenvolvimento de tecnologia bélica. Ela era indispensável para permitir a efetuação de operações militares com número de baixas tendente a zero e para assegurar a superioridade esmagadora dos Estados Unidos sobre qualquer aliança entre possíveis rivais.[7]

---

[5] Esse argumento, que aparece no artigo de Holsti previamente citado, constitui o núcleo da interpretação desenvolvida no livro pungente de Corm, 1999.

[6] Para uma apresentação sintética das tendências predominantes na América Latina, cf. Soriano, 2002.

[7] Sobre o debate em torno da política de segurança nacional nos Estados Unidos, cf. Carter & Perry, 1999; Donnelly, Kagan & Schmitt, 2000 e O'Hanlon, 2001. Para uma visão desse debate na perspectiva de um observador externo, cf. Coqui, 2000; Bermúdez-Torres, 2000, e, de um ponto de vista interpretativo mais amplo, Achcar, 1998.

INTERROGAÇÕES. CONFIGURAÇÕES DO PODER MUNDIAL NO PÓS-GUERRA FRIA

Aberto por dois eventos dramáticos – a Guerra do Golfo e, logo a seguir, o colapso da União Soviética –, o debate sobre a natureza da ordem internacional pós-Guerra Fria ganhou novo impulso com o atentado de 11 de setembro de 2001 e as reações por ele desencadeadas. Seja qual for a caracterização do sistema internacional tida como a mais adequada, no centro da discussão estava, como continua a estar, o papel da superpotência. Vértice de um sistema unipolar? Elemento mais importante, mas com peso desigual nas diversas dimensões de poder envolvidas em um sistema sobremaneira complexo? Expressão proeminente de um ordenamento duradouro, ou traço característico de uma configuração marcadamente instável?

Resposta à exigência prática incontornável de ajustar seus mapas cognitivos às realidades emergentes do mundo pós-Guerra Fria, como condição *sine qua non* para atuar sobre elas com um mínimo de efetividade, o debate em torno daquelas questões envolveu, em primeiro lugar, as chancelarias dos diferentes países e os integrantes das "comunidades de política externa" a elas vinculados. Entre nós, esse esforço de reflexão coletiva deu origem a contribuições significativas, entre as quais cumpre mencionar, pela diversidade de pontos de vista que esposam e por sua representatividade, aquelas produzidas por Gelson Fonseca Jr. e Samuel Pinheiro Guimarães. Um dos resultados principais da análise operada pelo primeiro desses autores está contida nas passagens a seguir.

> É discutível a hipótese de que o unipolarismo se converta necessariamente em multipolarismo. A possibilidade de que o unipolarismo seja um instrumento de agregação de interesse, gerando um processo de aproximação entre as potências, não deve ser descartada. (Fonseca Jr., 1999, p.46)
> Nos dias de hoje, o cerne das preocupações do concerto (organizado em torno da liderança dos Estados Unidos) ainda é a prevenção da guerra. Porém, seus objetivos são mais amplos. Um discurso razoavelmente homogêneo sobre o que é legítimo, sustentado na defesa da democracia, dos direitos humanos, do livre mercado, da segurança coletiva, do desenvolvimento sustentável, é o primeiro ... sinal do concerto. Em seguida, desenha-se a tendência a que se formem regimes com base nesses valores e o melhor exemplo é o que ocorre na área do comércio internacional... (ibidem, p.47)

O contraste fica patente quando cotejamos os trechos que acabamos de ler com a avaliação contida nos enunciados transcritos a seguir.

> O cenário e a dinâmica internacional em que atuam os grandes Estados periféricos não são novos e imparciais, mas se organizam em torno de estruturas hegemônicas de poder político e econômico. Essas estruturas, resultado de um processo histórico, beneficiam os países que as integram e têm como principal objetivo sua própria perpetuação. (Guimarães, 1999, p.25)

No centro das estruturas hegemônicas se encontram as Grandes Potências e, entre elas, a Superpotência – os Estados Unidos da América – o único Estado com interesses econômicos, políticos e militares em todas as áreas da superfície terrestre, na atmosfera e até no espaço sideral, e o grande responsável pela criação das estruturas hegemônicas que lideram.

Diferentes avaliações, que se traduzem em diferentes maneiras de definir, em cada momento, o interesse nacional a perseguir, e diferentes percepções a respeito das oportunidades abertas no sistema internacional para alcançar os objetivos dessa forma fixados.

Quando nos deslocamos do terreno diplomático ao universo mais heterogêneo da academia, vamos observar que o debate em torno das perguntas antes referidas pôs em confronto, ao longo do tempo, posições que atravessam com freqüência as fronteiras entre as principais orientações teóricas que se fazem presentes no campo das relações internacionais. Tome-se, a título de exemplo, a última delas. Para o autor que é tido como o maior expoente do neo-realismo, a resposta à pergunta sobre a permanência do arranjo resultante do fim da Guerra Fria é bem simples: a configuração unipolar é eminentemente instável. A preponderância da superpotência, em todos os planos, traduz-se em insegurança para os demais Estados, que tenderão a adotar, isoladamente, ou em aliança, políticas hábeis para contrabalançá-la (Waltz, 1993a, 1993b, 2002). Mas esse ponto de vista não é consensual entre os realistas. Para outros representantes igualmente destacados dessa corrente, a condição excepcional detida pelos Estados Unidos com a derrocada da União Soviética pode se manter indefinidamente, se o Estado norte-americano seguir um padrão de conduta condizente com esse objetivo (Walt, Mastanduno). Para outros, ainda, ela persistirá porque, dada a disparidade de recursos que a caracteriza, a estrutura unipolar torna muito improvável a ocorrência de movimentos de contrabalanceamento, na medida em que os Estados mais fracos têm boas razões para antecipar os danos que lhes adviria de tal atitude (Wohlforth, 1999). Subjacente à controvérsia estão supostos teóricos distintos sobre o princípio de racionalidade que informa a conduta internacional dos Estados (sobrevivência, ou acúmulo de poder), como os Estados definem o que ameaça sua segurança (para Waltz, a disparidade de poder é em si mesma perturbadora, ao passo que para Walt, a percepção de ameaça depende em medida não desprezível da ação mais ou menos hostil, mais ou menos asseguradora do outro). E avaliações empíricas sobre o poder relativo dos Estados e sobre as tendências no tempo.

Curiosamente, autores representativos de outras orientações teóricas se dividem de forma análoga sobre a mesma questão. Assim, temos no campo da teoria crítica, de um lado, autores como Wallerstein (2003; 2006), Arrighi (2001; 2005), Fiori (2004), os quais, por vias muito distintas, estão de acordo em afirmar o caráter essencialmente instável da configuração presente do poder mundial; no que são contraditados, de outro lado, por analistas igualmente sofisticados, e também formados na mesma tradição de pensamento, como Leo Panitch (1994; Panitch & Gindin, 2005), ou Peter Gowan (2002a; 2002b; 2005). Desencontro análogo observamos no campo do internacionalismo liberal, bastando citar, à guisa de ilustração, as análises desenvolvidas em inúmeros trabalhos por Charles Kupchan, que antecipa a evolução do sistema internacional em direção à multipolaridade, em decorrência do avanço da integração européia e da gradual retração dos comprometimentos globais dos Estados Unidos (Kupchan, 2002; 2003), em clara dissonância com o seu colega e parceiro eventual John Ikenberry, que acentua a convergência no interior da tríade e salienta o papel de liderança desempenhado pelos Estados Unidos, a tal ponto que chega a usar a figura do império para caracterizar a solidez desse padrão de relacionamento – "império da democracia capitalista", em trabalho cuja idéia central está sintetizada nesta passagem:

> O poder norte-americano ficou mais aceitável para o resto do mundo porque o "projeto" dos EUA é congruente com as forças mais profundas da modernização. A questão aqui não é que os EUA tenham forçado outros estados a abraçarem seus objetivos e propósitos, mas que todos os Estados estão operando dentro de um sistema global em transformação – orientado pela modernização, pela industrialização e pela mobilização social. A sincronia entre a ascensão dos EUA como poder global liberal e os imperativos de modernização do sistema como um todo criam uma espécie de "ajuste" funcional entre os EUA e a ordem mundial mais ampla. (Ikenberry, 2001, p.208)

A referência a este último autor vem a calhar porque ela nos permite transitar suavemente à outra questão, vale dizer, a de como caracterizar o sistema no pós-Guerra Fria. Aqui, convém chamar a atenção para um aspecto dos trabalhos de Ikenberry, que ele compartilha com muitos outros autores próximos de sua orientação. Pensamos na ênfase atribuída à convergência de valores, na tríade: Estados Unidos, Europa, Japão. Encontramos o mesmo elemento na obra de uma representante pouco ortodoxo da Escola Inglesa, como Barry Busan, que se vale da distinção estabelecida por Alexander Wendt entre modalidades de relações entre Estados, que variariam em um contínuo, do extremo da inimizade à amizade para qualificar o padrão de relacionamento entre a superpotência e as grandes potências (Europa, Japão, China e Rússia) no presente e nos três cenários alternativos que ele visualiza para o futuro (Buzan, 2004). Vamos reencontrá-lo nas considerações de Robert Jervis sobre a "comunidade de segurança" feitas em seu discurso ao assumir a presidência da Associação Americana de Ciência Política (Jervis, 2000). Podemos constatar sua presença também em trabalhos elaborados por quadros intelectuais da diplomacia brasileira, como no artigo já referido de Gelson Fonseca Jr. Mas, nessa vertente, é a Ikenberry que devemos a formulação mais desenvolvida desse ponto de vista.

Com efeito, desde o final da década de 1980, quando escreveu o seu famoso artigo sobre as origens da hegemonia americana no pós-guerra (Idenberry, 1989), Ikenberry vem ampliando e aprofundando a tese que expôs de forma acabada em seu livro *After victory: institutions, strategic restraint and the rebuilding of order after major wars*. Invertendo a ordem de exposição do autor, podemos dizer que o problema histórico de fundo a que ele procura responder é o seguinte: como entender a persistência, no pós-Guerra Fria, dos vínculos políticos e econômicos que soldaram o Bloco Ocidental – contrariando o prognóstico realista, de que ele se dissolveria rapidamente, na ausência da ameaça comum representada pela União Soviética – e qual o destino que o futuro lhes reserva?

A resposta de Ikenberry assume a forma de um argumento teórico abrangente, que se apóia em rico estudo comparativo, de caráter histórico. O tema geral do trabalho é o da construção da ordem internacional pelo Estado dominante, depois da vitória obtida em uma "grande guerra". Não caberia expor integralmente neste lugar a cadeia do argumento e as formulações subsidiárias em que ele se desdobra. Basta dizer que ele repousa na distinção entre três opções estratégicas que se abrem para tal Estado em circunstâncias dessa natureza: 1) a montagem de um esquema baseado no equilíbrio do poder, que lhe permite evitar a emergência de uma potência rival no horizonte de tempo relevante; 2) a opção pela ordem hegemônica, na qual os Estados mais fracos tornam-se reféns de seus interesses; 3) a criação de uma ordem "constitucional", que liga esse Estado aos demais por meio de uma barganha nos termos da qual ele abdica da capacidade de impor sua vontade contra a resistência dos mais fracos (os derrotados na guerra e o membros da antiga coalizão vencedora) e recebe em troca a aquiescência desses Estados a normas institucionais e a organizações que promovem seus interesses de longo prazo e o preservam na posição de liderança. Neste último caso, o Estado mais forte assegura sua posição predominante mediante o exercício consciente da autocontenção (*self restraint*).

Como na política doméstica, as instituições operam no sentido de reduzir o rendimento do poder, incluindo os mais fracos nos processos decisórios e garantindo que eles não ficarão à mercê dos mais poderosos. Assiste-se, por essa via, no plano internacional a um processo análogo ao da constitucionalização dos vínculos políticos no interior de cada país. Em estágios avançados dele, torna-se inadequado pensar a relação entre os Estados como um sistema estruturado em constelações de interesses. O elevado nível de integração alcançado leva a pensar, antes disso, em uma protocomunidade política.

A idéia de que as relações entre os Estados Unidos e seus aliados principais devam ser concebidas em termos "solidaristas" não é restrita ao internacionalismo neoliberal e a certas linhas da Escola Inglesa. A versão mais radical dessa tese aparece em autores situados em outros quadrantes teóricos. Pensamos em Martin Shaw, sociólogo inglês que rompeu com sua formação marxista, mas não esqueceu por isso algumas lições básicas que aprendeu nessa escola. Em seu livro, *The theory of the global State,* esse autor critica o viés economicista que impregna muito da literatura corrente sobre a globalização, salientando as dimensões culturais desse processo e, sobretudo, sua infra-estrutura política. Nessa linha de raciocínio, ele julga inadequada a noção de bipolaridade para caracterizar a configuração do poder mundial durante a Guerra Fria, sugerindo sua substituição pela noção de "política de blocos" – fenômeno que daria lugar a um período histórico com características inéditas, a mais importante das quais sendo o processo de crescente aglutinação das estruturas estatais no núcleo do bloco ocidental. Com o fim da Guerra Fria, esse processo teria recebido um impulso novo, e se encontraria a tal ponto desenvolvido que no presente seria ilusório pensar a relação entre esses países sob o modo das relações interestatais. Na realidade, com suas cores, línguas e tradições próprias, os diferentes países que integraram o núcleo do bloco ocidental afiguram-se hoje como estruturas "municipais" de uma ordem estatal em fase avançada de formação. Esse Estado não merece o qualificativo de global por abranger todas as unidades políticas existentes no planeta, mas porque as normas e as disciplinas por ele estabelecidas tendem a ganhar vigência em todo o globo – significativamente, mantêm-se fora de sua órbita os grandes Estados da periferia, o Brasil incluso, que são vistos pelo autor como fonte de distúrbio e ameaças latentes à ordem global, e devem ter quebrada sua unidade interna, artificialmente preservada ao preço de doses elevadas de repressão (Shaw, 2000). Abstração feita desse desdobramento, e descontadas as diferenças de tom, tese muito parecida surge na obra de Negri e Hardt, que obteve grande repercussão (Hardt & Negri, 2000). Ou ainda nos trabalhos de William I. Robinson, outro autor que se filia à tradição crítica da economia política (cf. Robinson, 1996; 2004). Para o entendedor, é difícil desconhecer nessas teses ecos do argumento formulado quase cem anos atrás por Karl Kautski sobre o ultra-imperialismo.

Para todos os analistas que salientam a convergência entre EUA e seus aliados, o crescente unilateralismo norte-americano a partir do segundo mandato de Clinton é fator de perplexidade e crescente embaraço. Vemos isso em Ikenberry, que termina o livro no qual explica a solidez da ordem institucionalizada sob a hegemonia americana com uma advertência, inteiramente estranha à lógica de seu argumento, sobre os distúrbios que poderiam ser ocasionados por uma conduta pouco "contida" dos próprios Estados Unidos. E voltamos a ver, muito mais claramente, na obra de Buzan que citamos atrás. Neste livro, de grande densidade analítica, o autor estuda em profundidade o fenômeno da polaridade, introduz uma distinção conceitual entre Superpotência e Grande Potência, e trabalha sistematicamente com ela na elaboração dos três cenários alternativos que visualiza para as próximas duas décadas: a permanência da configuração atual do sistema internacional – "uma superpotência e várias Grandes Potências"; o cenário alternativo mais cogitado: "duas ou três Superpotências, e algumas poucas Grande Potências"; e um cenário até então negligenciado – "Nenhuma Superpotência, e várias Grandes Potências". Explorando as diferenças que surgem em cada um deles quando o exercício passa a incorporar variáveis relativas à identidade dos Estados envolvidos, Buzan tem como mais provável a hipótese que prevê a vigência em futuro mediano do primeiro cenário. Na última parte do livro, contudo, ao deslocar o foco para a análise da política externa dos Estados Unidos – Superpotência cujo comportamento é fator determinante das transformações observáveis nesse sistema – o autor se mostra mais dubitativo, como podemos constatar pela leitura desta passagem.

> A chave para entender como os cenários se desdobram será como as reações dos grandes poderes afetam tanto as políticas dos EUA quanto a estrutura social do mundo com um único superpoder. Se os EUA continuarem no caminho do unilateralismo, do maniqueísmo e da hiper-securitização – será que os outros poderes concordarão...? Ou eventualmente desertarão, começando a ver os EUA como mais ameaçadores do que benignos, e mudarão para uma posição de distanciamento ou mesmo oposição? Não é possível prever quando, ou mesmo se, tal ponto de inflexão ocorrerá. O que se pode dizer é que a questão se torna mais relevante quanto mais durar o curso do liberalismo ofensivo dos EUA, e quanto mais extremos se tornarem seu unilateralismo, maniqueísmo e hiper-securitização. (Buzan, 2004, p.190)

Sintomaticamente, essa parte do livro foi redigida em dezembro de 2003, quando as ilusões alimentadas pela retórica anglo-americana sobre o futuro da "campanha do Iraque" estavam desfeitas e as tensões provocadas por esse episódio no relacionamento interatlântico ainda eram manifestas.

O deslocamento que apontamos no eixo da análise de Buzan não é arbitrário. Como o teórico mais rigoroso do realismo estrutural faz questão de insistir, a estrutura não determina a ação; a lógica sistêmica afeta, mas não explica as estratégias (Waltz, 1979, p.116 ss.). Ora, válida para qualquer unidade política, essa afirmativa adquire significado especial quando aplicada à superpotência de um sistema multipolar. Nesse caso, a separação entre análise estrutural e análise estratégica perde todo sentido, pois a ação da superpotência tem impactos decisivos sobre a estrutura, podendo desagregá-la com o objetivo assumido de forjar estruturas novas.

De nossa parte, entendemos que a questão mais relevante não é a de como caracterizar a configuração das relações de poder, em um momento dado do tempo, mas a de investigar como e em que direção se desenvolve o processo de mudança em curso no sistema de poder mundial. Em consonância com a orientação geral exposta no primeiro capítulo deste trabalho, consideramos ainda que no estudo do problema, ênfase particular deve ser posta na relação de mútua dependência entre estrutura e práticas, entre normas e instituições, de um lado, e, de outro, as ações visando a reforçá-las ou a transformá-las. Essa tomada de posição, por si só, nos afasta de abordagens dedutivistas, colocando-nos no campo da análise histórica, sensível às dimensões normativas e aberta a interrogações prospectivas. Ela nos permite ainda integrar conscientemente, no roteiro de pesquisa, a posição particular que ocupamos, como observadores situados de forma peculiar no campo de forças que pretendemos investigar.

Esta última observação nos devolve ao tema da reestruturação econômica e das reformas nos países da periferia.

MUDANÇA ECONÔMICA, GEOPOLÍTICA E REFORMAS NOS PAÍSES DA PERIFERIA

Visto na perspectiva de dez anos atrás – ocasião em que as primeiras idéias desenvolvidas neste trabalho ganharam forma definida –, o mundo de hoje apresenta inúmeras anomalias. Uma delas surgiu nos estudos de casos. Como salientamos no final do capítulo sobre a Argentina, a crise financeira só foi vencida nesse país e a recuperação de sua economia combalida só foi alcançada à custa de medidas "heróicas", que violavam frontalmente o código de boa conduta do liberalismo econômico. A Argentina, porém, não era a primeira a quebrar as normas de disciplina – antes dela, a Malásia de Mahatir Mohamad tinha causado calafrios ao instituir mecanismos de controle de capital como medida complementar à desvalorização do *ringgit* durante a crise financeira asiática no final dos anos 1990. E não é, nem de longe, a mais "rebelde" – ao contrário, parece ser um exemplo de bom comportamento quando comparada à Venezuela de Chávez, ou à Bolívia de Evo Morales.

No segundo semestre de 2002, quando a campanha presidencial no Brasil começava a tomar ímpeto, George Soros – autor de livros pouco ortodoxos sobre as mazelas da globalização financeira – vestiu a camisa de investidor e anunciou à imprensa da Terra que "o mercado" não permitiria a vitória de Lula. Não há como saber o quanto havia dessa inconformidade na crise cambial que se esboçou logo a seguir. Contudo, o eleitorado brasileiro não prestou muita atenção à advertência: apesar da turbulência deu a vitória àquele candidato, por ampla margem de votos. É verdade, no meio tempo ele tinha assumido o compromisso de respeitar os contratos e zelar pela estabilidade da moeda. É verdade também que, uma vez eleito, seguiu à risca o prometido. Mas nem por isso as políticas de seu governo obedecem ao *script* do neoliberalismo. Elas fogem claramente dele ao pôr um fim ao ciclo das privatizações, ao restaurar em sua condição original o BNDES, ao reabrir o debate em torno das "agências reguladoras", ao revalorizar o ensino universitário público e ao implementar programas sociais de envergadura inédita. Distanciam do figurino ainda mais agora, no segundo mandato, quando o governo se propõe a acelerar o crescimento com um programa fortemente apoiado na retomada do investimento público. Não há nada de muito chocante nessas medidas, mas elas dão aos economistas liberais motivo suficiente para se inquietarem com a possibilidade de mudanças mais acentuadas nos rumos da política econômica.

Brasil, Argentina, Bolívia, Venezuela – experiências diversas, mas nenhuma delas enquadrada em um modelo estritamente definido.

Diversidade, esse o nome da anomalia. Em meados da década passada, quando os escombros do império soviético ainda estavam à vista, parecia que todos estavam forçados a marchar em ordem unida. Na época, a idéia da globalização tornara-se um lugar-comum e surgia no discurso corrente como um demiurgo – uma força impessoal, que se exerce coercitivamente moldando o agir dos sujeitos políticos e econômicos em conformidade com um padrão único. "A globalização modificou o papel do Estado"; "A globalização ... conduz à uniformidade crescente do marco regulatório em todos os países" – frases como estas eram repetidas e não causavam espanto. Conceito hipostasiado, a globalização convertia-se em um ente tão poderoso que nenhum governante conseguiria escapar de suas malhas, por diferentes que fossem seus propósitos. Empurrado pela globalização, o mundo avançaria em direção conhecida: a democracia representativa e a economia de mercado. Esse o rumo inexorável dos acontecimentos. Quem não se ajustasse a ele seria devidamente punido.

Não vamos fazer aqui o inventário dos erros lógicos e empíricos contidos na concepção que evocamos um tanto caricaturalmente no parágrafo acima, nem das ilusões por eles alimentadas.[8] Tampouco vamos inquirir do futuro das "anomalias" apontadas. Quase terminado nosso longo trajeto, esboçaremos nestas últimas páginas um breve comentário cuja função não é a de fechar a interpretação desenvolvida até aqui, mas a de abrir espaço para novas questões e indicar o roteiro para estudá-las.

Salientamos em vários momentos deste trabalho a importância da dimensão geopolítica na conformação dos processos investigados. Essa afirmativa vale tanto para os casos nacionais quanto para as transformações ocorridas no plano da economia mundial. Como indicamos, em todos os países estudados a idéia de que o Estado deveria ser manejado para evitar

---

[8] Apontamos alguns desses problemas em trabalhos anteriores, cf. "As idéias do poder..." e "Democracia e ordem internacional...", 2004. Para uma análise rigorosa das dificuldades envolvidas em diferentes versões da teoria da globalização, cf. Rosenberg, 2000.

crises e criar condições para a implantação de indústrias novas disseminouse por todo o mundo no quadro de turbulência que marcou o interregno entre as duas Grandes Guerras. Deflagrado o segundo conflito, desde 1941 o planejamento da economia de pós-guerra a que se entregaram conjuntamente as potências aliadas tinha por objetivo maior a reconstrução da ordem liberal em bases mais flexíveis, para evitar os dois escolhos tidos como responsáveis pelo naufrágio da velha ordem: as oscilações bruscas e acusadas nos níveis de atividade econômica, e as tensões sociais produzidas inevitavelmente por esses fatos. No plano interno, a ordem reconstruída traduzia-se, nos países capitalistas desenvolvidos, em diferentes modalidades do Estado de Bem-Estar. No plano internacional, ela se erguia sobre dois pilares: o sistema monetário baseado no dólar, e em um regime internacional de comércio fundado no princípio da não-discriminação do qual se derivavam as regras básicas do "tratamento nacional" aos bens importados e da "nação mais favorecida". Nos quadros desse ordenamento, as demandas de desenvolvimento dos países periféricos eram absorvidas por diversos meios: exceções nas disciplinas do regime de comércio internacional; apoio conferido por instituições internacionais – entre elas, o Banco Mundial – a políticas domésticas de fomento econômico centradas no Estado; apoio financeiro externo e tolerância da potência hegemônica em relação a políticas que muitas vezes contrariavam os interesses das firmas sediadas em seu território.

Como vimos no capítulo precedente, nos anos 1970 esse ordenamento encontrava-se em estado de crise declarada. A década seguinte foi palco da grande ofensiva pela reestruturação neoliberal do capitalismo, o que envolvia a redefinição, nos planos doméstico e internacional, das relações de poder – econômico e político. O auge desse processo se dá na década de 1990, quando a idéia da convergência toma conta das imaginações, fazendo a alegria de uns e o pesar amargo de outros tantos.

O que uns e outros pareciam desconhecer era o caráter transitório de algumas das condições de que dependia aquele estado de coisas. Na dobra do século, uma série de eventos levantou a suspeita de que essas condições talvez não fossem tão sólidas: as crises financeiras de 1994 (México), 1997 (Tailândia, Malásia, Hong Kong, Indonésia, Coréia do Sul); 1998 (Rússia, Brasil); 2000-2001 (Turquia, Argentina); a emergência do movimento antiglobalização, e – mais do que qualquer outro – a eclosão na cena internacional, com o atentado de 11 de setembro de 2001, da questão do terrorismo.

Retrospectivamente, é mais fácil notar o entrelaçamento dos planos. Na atmosfera dominada pelo discurso globalista da década de 1990, a premissa tácita era a pacificação do mundo. Naturalmente, na periferia continuariam a existir zonas de conflitos, mais ou menos crônicos, que poderiam se tornar bastante violentos, gerando por vezes crises humanitárias. Nesses casos, os países centrais seriam chamados a intervir com homens e armas. Mas não caberia falar dessas operações como "guerras", a não ser em sentido figurado. A rigor, elas deveriam ser vistas antes como "ações de polícia".[9]

A polícia combate aqueles que violam as leis, respeitando as leis quando realiza o seu ofício. E pode fazer isso porque sua existência – como instituição, não a de cada um de seus membros – não está em risco. Pelo caráter inédito e por sua virulência inaudita, os atentados de 11 de setembro abalaram essa premissa.

É irrelevante discutir aqui se a resposta do Estado norte-americano foi a mais adequada, ou a única possível. O que importa é registrar o fato de que o atentado de 11 de setembro, com as reações por ele desencadeadas, trouxe para o topo das prioridades da superpotência o tema da segurança. E como nesse plano a integração das políticas está longe de ser perfeita, com o tema da segurança ganham centralidade maior na agenda dos Estados as considerações geopolíticas.

O "retorno" da geopolítica, porém, não decorre apenas dessa ordem de fatos. Com a estabilização política relativa e a retomada do crescimento econômico na Rússia; com o fortalecimento crescente da China e sua afirmação cada vez maior como pólo de acumulação regional dotado de poder militar significativo; com a indagação permanente sobre o aprofundamento da integração européia e com a projeção internacional adquirida por alguns dos grandes países da periferia nos últimos tempos – a Índia, certamente, mas, em outro nível, também o Brasil –, o tema da configuração do poder em escala mundial volta à mesa como foco de interrogação acadêmica, e como questão prática.

O tema das reformas econômicas no presente deve ser visto, em nosso entender, sobre este pano de fundo. Quando fazemos isso, duas condições saltam à vista.

A primeira é o esgotamento tendencial do ciclo das reformas. Depois de vinte anos, a questão que se apresenta agora, para governos e organizações internacionais que operam na área, não é mais a de como assegurar a aplicação de receitas certas para males antigos e perfeitamente diagnosticados, mas a de como lidar com os problemas próprios ao estado de coisas produzido pela implementação das receitas aviadas. Esses problemas aparecem como resultados não desejados de iniciativas bem-sucedidas, ou como conseqüências do fracasso na implementação das políticas recomendadas. Num caso e em outro, eles quebram o consenso previamente existente pelo descompasso que mostram entre o futuro prometido e o presente realizado.

---

[9] Para uma apresentação exemplar desse ponto de vista, cf. Habermas, 1998.

A quebra de unidade é visível mesmo ali onde morava antes a ortodoxia. Fala-se em "novo consenso", mas ele não é tão vigoroso, nem tão amplo, quanto o velho "Consenso de Washington". A rigor, o termo é inadequado. Como os estudos de Reginaldo Moraes demonstram, assistimos hoje a um renascer da "economia do desenvolvimento", com a multiplicação de trabalhos que atacam os problemas do presente com formulações teóricas e propostas práticas inspiradas mais ou menos conscientemente na tradição esmagada décadas atrás pelo rolo compressor do neoliberalismo (Moraes, 2007). Nas mais diferentes arenas – internacionais e domésticas –, os argumentos derivados dessa matriz municiam os agentes que se batem para ampliar as margens de liberdade para a adoção de políticas nacionais compatíveis com as demandas generalizadas de crescimento econômico e eqüidade. Mas em toda parte eles são confrontados pelos lugares-comuns dos cultores do mercado, que em linha geral continuam predominantes, em embates cujos resultados não são uniformes nem fixos.

A segunda condição consiste no elevado custo material e simbólico cobrado à superpotência hegemônica nos últimos anos pelos desacertos de suas políticas, que se expressam dramaticamente no desastre do Iraque e nas tensões provocadas pelos programas nucleares do Irã e da Coréia do Norte.

Qualquer juízo fechado sobre o significado desses desenvolvimentos para o processo de reconfiguração das relações de poder em escala mundial seria prematuro. Mas é possível afirmar com certa segurança que a concentração de força efetuada e o desgaste incorrido pela potência hegemônica nesses episódios reduziram significativamente a sua capacidade de disciplinar as políticas domésticas de países, mesmo em uma região tradicionalmente tomada como pertencente à sua esfera de influência direta, como é a América do Sul.

Visto por esta ótica, não há nada de anômalo nas "anomalias" que abrem este tópico. Elas são, antes, expressões de uma normalidade nova, que veio para ficar.

Considerações finais

Chegando ao final do trajeto, convém explicitar alguns subentendidos da análise desenvolvida ao longo do trabalho e apresentar em uma formulação sintética o argumento geral dela resultante.

Partimos da idéia reguladora de que as reformas econômicas nos países da periferia deveriam ser estudadas como aspectos do processo mais amplo de reestruturação econômica mundial em curso desde as últimas décadas do século passado, sem referência ao qual elas não seriam inteligíveis. Ao tomar esse caminho, contávamos, ademais, com uma representação genérica a respeito da forma do referido processo, que tratamos de expor no final do Capítulo 1. Caberia agregar agora que essa "plataforma de lançamento" encontrava apoio na noção singela de que em seu movimento incessante de expansão o capitalismo assume configurações particulares, que variam no tempo e no espaço, às vezes acentuadamente. Falamos em fases, etapas do capitalismo – "competitivo", "monopolista", "neoliberal". Mas falamos também do capitalismo em suas distintas modalidades nacionais – capitalismo inglês, alemão ... norte-americano.

Num caso e no outro, com maior ou menor grau de consciência ou rigor, fazemos uso de procedimentos de tipificação. O fato de não podermos comprovar os resultados desse trabalho intelectual não cria problema. Os tipos não são verdadeiros ou falsos; eles servem instrumentos de análise, cujo valor se mede pelos efeitos de conhecimento que se possa sacar com seu uso. Os problemas desafiadores aparecem quando tratamos de combinar os tipos construídos para organizar mentalmente o mundo que observamos nas duas dimensões.

A estrutura espacialmente hierarquizada do capitalismo é o elemento de conexão que nos permite lidar praticamente com tais problemas. Quando pensamos na periodização do capitalismo internacional, o que se salienta é a difusão de práticas e normas características do centro hegemônico. Na vigência do capitalismo competitivo, esse lugar foi ocupado pela Grã-Bretanha. No período subseqüente, a posição foi preenchida pelos

Estados Unidos. Entre um momento e outro, o longo período de crise travejado pelas duas grandes guerras que ensangüentaram a primeira metade do século XX.

Como vimos, a reconstrução das sociedades devastadas pela guerra envolveu laborioso trabalho de engenharia político-institucional conduzido sob a liderança indiscutível dos Estados Unidos. Esse trabalho se desdobrou em dois planos: em sua face interna, ele se traduziu na institucionalização de mecanismos ditos keynesianos de regulação econômica e na cristalização de compromissos sociais expressos nas diversas modalidades do chamado Welfare State; em sua face externa, ele tomou a forma da reconstituição do sistema monetário e do regime de comércio internacional, em bases compatíveis com a manutenção daqueles compromissos. Liberalismo inserido, uma das fórmulas propostas para designar este novo complexo. Mas a maneira de denominá-lo é de somenos. Importante é assinalar que com ele – e somente com ele – capitalismo passa a rimar com democracia, e que sua montagem constituía um dos eixos da grande estratégia norte-americana de contenção da ameaça comunista.

Não devemos, porém, exagerar a dimensão instrumental desse deslocamento. Muitos aspectos dele representam a generalização de políticas cuja história deita raízes no final do século XIX e que se sedimentaram nos anos sombrios da crise. É o caso, por exemplo, das políticas de proteção social – respostas inicialmente tímidas e reticentes às pressões cada vez mais fortes das classes trabalhadoras –, que se difundiram por todo o mundo na década de 1930, e tomaram nos Estados Unidos de Franklin Roosevelt a forma do *New Deal*.

Algum tempo depois, vamos reencontrar muitos atores desse episódio ímpar na história do capitalismo norte-americano – os *"new dealers"* – nas instituições criadas para gerenciar a reconstrução do "mundo ocidental" depois da hecatombe do nazifascismo e na gestão dos assuntos relativos aos países da periferia.

Esta, a terceira peça da grande estratégia. No que diz respeito à periferia, o mundo que saía da guerra era a expressão acabada da noção da "contemporaneidade do não coetâneo", que Mannheim foi buscar na história da Arte. Sob dois aspectos: do ponto de vista político-jurídico, a maior parte dela encontrava-se ainda na condição de colônia de impérios decadentes (Inglaterra, França, Holanda, Bélgica, Portugal); do ponto de vista ideológico, estavam disseminados por todos os lados os anseios de superação do atraso econômico e de autodeterminação política.

Sem nenhum compromisso com a coerência – haja vista o respaldo dado à França na guerra contra o movimento de libertação nacional no Vietnã –, a política dos Estados Unidos lidou com o segundo desses aspectos por meio do apoio discreto ao processo de descolonização.

Desde o início da década de 1940 – quando Roosevelt e Churchil selaram a aliança do "mundo livre" contra as forças do Eixo –, a administração colonial tinha sido um pomo de discórdia entre os dois países. Nas negociações então entabuladas – que viriam a desaguar na criação da ONU, do FMI, do Gatt e do Bird – o tema do "Sistema Imperial de Preferências" esteve no centro das discussões. Para um país dotado de parque industrial de produtividade sem paralelo, que saía da guerra na condição de centro financeiro claramente hegemônico, a insistência do velho parceiro no acesso privilegiado de seus produtos a mercados que se espalhavam por todo o mundo não fazia nenhum sentido. Contra o protecionismo renitente dos ingleses, a campanha pelo "livre comércio" levada a cabo pelo Departamento de Estado sob o comando de Cordell Hull.

Encerrada a guerra, a transferência do cetro operou-se sem maiores traumas. Incapaz de defender por conta própria suas posições ali onde elas estavam ameaçadas (Grécia, Oriente Médio), a Inglaterra cede lugar aos Estados Unidos, como preço para continuar presente nesses espaços, no exercício de uma influência respeitável, embora diminuída.

No processo de reconfiguração política da periferia, o episódio da guerra de Suez tem um papel emblemático. Ao desautorizar a intervenção militar conjunta da Inglaterra e da França no Egito de Nasser, os Estados Unidos deixavam claro que as regras do jogo haviam mudado, que o tempo da repartição do mundo entre as grandes potências estava findo, e que a ficção da igualdade jurídica era o princípio de organização favorecido pelo novo poder hegemônico.

Quanto aos reclamos de superação do atraso, eles tampouco foram desconhecidos. Manifestação disso encontramos nas exceções criadas para acomodar as demandas dos países pobres no regime do Gatt; na emergência do tema do "desenvolvimento", que deu origem a um subcampo disciplinar dedicado ao estudo das estruturas e da transformação econômica nesses países; na amplitude alcançada pelos programas de "ajuda externa", na ação de instituições internacionais, como o Banco Mundial e algumas entidades que integram o sistema da ONU, como a Cepal e o PNUD.

Chegamos, enfim, ao ponto crucial dos modelos de desenvolvimento e do papel neles reservado ao Estado. Como os casos expostos neste livro mostram à exaustão, os padrões nacionais são muito diferentes, a definição de seus contornos é determinada por fatores de ordem diversa, mas que se expressam conjuntamente nas relações de força entre classes e grupos sociais – aí incluída a alta burocracia estatal – mobilizados, em cada momento, para promover e/ou vetar tal ou qual tipo de política (dos casos estudados, a Argentina e a Coréia são os mais contrastantes).

No período considerado aqui, o contexto internacional incidia sobre as lutas travadas em cada país de forma distinta, mas em suas bases institucionais ele era consideravelmente permissivo. Vimos isso no estudo de caso sobre a Coréia, naturalmente, e sobre a Argentina também, quando assinalamos a "heterodoxia" do plano de Krieger Vasena e a as orientações normativas da Aliança para o Progresso. Teríamos mais a dizer sobre o assunto, se nos detivéssemos no caso mexicano, ou no caso turco, e muito mais ainda se nos debruçássemos sobre o caso brasileiro.

O período de que tratamos se estende por quase três décadas. Trinta anos "gloriosos" em que o capitalismo se mostrou sob uma feição benigna.

Nem tanto – mesmo nos países centrais, o "progressismo" das políticas econômicas e sociais variou muito, e por todo tempo foi alvo de ataques mais ou menos pesados.

Não em toda parte – basta pensar nas regiões entregues à ação predatória de potentados locais e de grupos econômicos externos que delas se serviam (a América Central vem logo à mente); nas intervenções camufladas para depor governos pouco confiáveis e incômodos aos interesses econômicos de grandes grupos, ou nas áreas de fricção entre os dois blocos, em que o embate com o inimigo tomou a forma da guerra convencional, como na Coréia, ou da contraguerrilha.

O Vietnã poderia ser um caso entre outros, mas pelas proporções que tomou constituiu-se em marco divisório entre duas eras.

A transição operou-se na década de 1970. Nessa quadra histórica, a ordem capitalista edificada no pós-guerra estava sendo abalada pela confluência de crises que germinavam no centro de sistema e em suas áreas periféricas.

Essa passagem se deu sob o signo das políticas neoliberais. Com diferenças sensíveis no tocante ao conteúdo, à forma e aos custos sociais das mudanças impostas, num caso e em outro – no centro e na periferia –, essas políticas tinham como norte o reforço dos direitos de propriedade, a remoção de entraves ao "livre" funcionamento dos mercados, a criação de condições propícias à maior lucratividade do capital. Em ambos os casos, aqui como lá, essas políticas envolveram alterações sensíveis na composição das classes sociais e nas relações de força entre elas, fenômeno expresso entre outras coisas no debilitamento sensível do trabalho organizado e na preponderância marcante dos interesses financeiros o âmbito da burguesia. Em toda a parte, tais políticas têm produzido concentração da renda, exclusão, aprofundamento das desigualdades sociais.

Por tudo isso, podemos falar do neoliberalismo como uma "ordem". Seus contornos já estavam desenhados antes, mas sua realização (nunca inteiramente) plena se deu na seqüência do desmoronamento do bloco soviético. Se o mote da ordem construída no pós-guerra era a superação das crises capitalistas, é por meio da instabilidade e das crises financeiras que a ordem neoliberal se propaga. Mas entre as duas há outra diferença importante que deve ser destacada: aquela era flexível e relativamente permissiva, como vimos, ao passo que esta procura enquadrar de forma tão estrita quanto possível tudo e todos em regras de observância geral.

Não é um acaso, portanto, que o tema da convergência entre as economias capitalistas tenha entrado em voga. Qual o destino dos diferentes modelos nacionais – "japonês", "alemão", "coreano"? Vão persistir, ou serão tragados pela tendência à homogeneização, acabando por se render ao padrão "anglo-saxão" de capitalismo patrimonial, com sua exaltação dos direitos do "investidor" e sua preocupação obsessiva com o cálculo de perdas e ganhos no curto prazo?

A interrogação deu origem a uma vasta literatura, mas não teria cabimento discuti-la neste lugar. Basta registrar que os estudos empíricos não parecem comprovar a tese da convergência e identificam, além disso, vários mecanismos capazes de explicar a persistência das particularidades.[1] Esses resultados são compatíveis com os que obtivemos em nossa investigação. Mas entre a literatura referida e o nosso estudo há uma diferença de enfoque.

De maneira geral, esses trabalhos investigam os aspectos genéricos da organização socioeconômica em seus distintos planos – nacionais, setoriais e empresariais – que contribuem para a reprodução das diferenças observadas. Para entendermos as distintas trajetórias nacionais, contudo, devemos dar o devido realce à dimensão histórica. Essa perspectiva nos permite identificar um conjunto de elementos atinentes a cada caso com forte incidência nos respectivos processos de reformas: características da organização socioeconômica; organização do aparelho de Estado em sua relação com a sociedade; grau de relativo de sucesso dos modelos prévios de desenvolvimento; circunstâncias em que se dá a adesão ao pacote de políticas neoliberais, posição de cada país no espaço geopolítico e geoeconômico. Ela traz para o centro do foco, ademais, os conflitos que alimentam esses processos de mudança, desvelando-os em sua inescapável abertura. Nesse sentido, o enfoque adotado nos prepara para entender as condições que levam tantos países na periferia a quebrar a ordem unida, a que ainda há pouco pareciam estar inelutavelmente condenados.

Um dos aspectos mais salientes, nesta perspectiva, é o abismo que separa as promessas do discurso neoliberal e a realidade que as políticas por ele inspiradas instaura. Região da periferia que mais cedo se submeteu a essas receitas e aquela onde o tratamento foi aplicado de forma mais drástica, a América Latina transformou-se em campo de prova. E, 25 anos depois, o balanço da experiência é misto, na melhor das hipóteses.

Com efeito, nos quadros institucionais conformados pelas reformas "para o mercado" rompeu-se o padrão de inflação muito alta, que por muitas décadas caracterizou o modo de operação de grande parte das eco-

---

[1] Cf., a título de ilustração, os trabalhos reunidos em Unger, Brigitte, Waarden, Frans (Orgs.), 1995: *Convergence or Divesrsity? Internationalizationa and Economic Policy Response*. Aldershot, Avebury Ashgate Publishing Ltda., 1995; a coletânea editada por Suzanne Berger e Ronald P. Dore (Eds.), *National Diversity and Global Capitalism*, Ithaca, Cornell University Press, 1996; Garrett, Geoffrey, "Mercados globales y política nacional: ¿colisión inevitable o círculo virtuoso?", *Desarollo Económico*, v.38, n.152, mar. 1999, p.883-924; e Guillén, 2001.

nomias no continente; ampliou-se o fluxo de comércio com o exterior; introduziu-se uma disciplina inédita nos gastos públicos e produziu-se uma modernização importante dos aparelhos produtivos de muitos dos países. Mas, de outra parte, cristalizou-se uma lógica de gestão das políticas econômicas que parece condenar esses mesmos países a conviver com taxas de crescimento relativamente baixas, em economias muito vulneráveis às oscilações da conjuntura internacional.

E não é tudo. Uma lógica que cristaliza em nossas economias padrões de funcionamento muito pouco compatíveis com o sonho de alcançar as condições características das economias desenvolvidas que habita o imaginário de nossas elites, das classes médias e amplos segmentos das classes populares. Em quase todos os países, assistimos neste período a uma acentuada transferência de ativos a grupos estrangeiros; a uma perda importante no peso relativo da indústria, e em alguns deles a uma involução na pauta de exportações, com uma queda paulatina da participação dos bens mais dinâmicos e de maior valor agregado.[2] É como se a América Latina estivesse condenada a buscar sua inserção na nova divisão internacional do trabalho como produtora de bens primários ou, no melhor dos casos, de bens manufaturados mais ou menos dinâmicos, mas de baixo conteúdo nacional.

O contraste com a Ásia do Leste é eloqüente. Não se trata apenas de que o dinamismo econômico destes países seja maior. Com diferenças notáveis, é certo, eles realizam, todos, um movimento de *up grading* em direção à economia de conhecimento. O mesmo não ocorre em nossa região. A simples menção de um dado será suficiente para apoiar esta afirmativa: enquanto a Europa investe em ciência algo em torno de 1,81% de seu PIB, os EUA 2,7% e o Japão mais de 3%, na América Latina e no Caribe, o investimento em ciência mal chega à média de 0,60% do PIB, resultado sustentado basicamente pelo Brasil, que investe muito mais, em termos absolutos e relativos, que os demais países da região.

Contudo, o lado mais sombrio das políticas adotadas na América Latina só aparece quando consideramos o seu impacto sobre as condições sociais.

Aqui, o cenário é tristemente conhecido. Sob muitos aspectos, o que tivemos na região foi uma piora notável de um quadro que já era deplorável de antemão. É verdade, como indicam os dados mais confiáveis, houve no continente alguns avanços – as taxas de analfabetismo caíram; a escolaridade aumentou em todos os níveis; a desnutrição diminuiu e a expectativa de vida ao nascer é por toda parte maior hoje do que no passado. Hou-

---

[2] O México parece ser uma exceção. Como revelam as estatísticas, o peso dos produtos dinâmicos em sua pauta de exportação tem aumentado.... Esses dados, porém, devem ser vistos com extrema cautela. Se eliminadas as duplas entradas, que expressam o elevado grau de integração com a economia dos EUA, os resultados seriam bem mais medíocres.

ve também progressos inegáveis no combate à pobreza e à indigência. Mas estes desenvolvimentos são contrabalançados por outras mudanças que vão em sentido contrário: a desocupação urbana aumentou acentuadamente; também agravou-se a precariedade ocupacional, com uma queda expressiva da proporção do emprego assalariado na população economicamente ativa; os rendimentos médios do trabalho assalariado sofreram uma deterioração clara e a cobertura da proteção social contraiu-se. Ao fim e ao cabo, a América Latina continua como a região mais desigual do mundo, com cerca de 210 milhões de pobres, mais de oitenta milhões de indigentes, e uma diferença obscena entre a renda e os estilos de vida dos 10% mais ricos e aqueles desfrutados pelos dos 10% mais pobres (Cepal, 2006; Panorama Social de América Latina, 2006).

Eticamente inaceitáveis, esses padrões de desigualdade social o são também por seus efeitos corrosivos sobre a estabilidade das frágeis democracias no continente. Não é preciso insistir sobre este ponto, nem sobre as conexões causais implicadas nele. Basta aludir à contradição patente entre o fundo igualitário da ideologia democrática e esta realidade que o infirma cotidianamente.

Desestabilização. Não se trata de um juízo prospectivo. Os conflitos sociais derivados de um tal estado de coisa são endêmicos em quase todos os países e, em alguns deles, traduziram-se em situação de crises políticas agudas e abertas, como na Bolívia, no Equador, na Venezuela e, ainda há pouco, na Argentina. Com variações de graus, por todo o continente resultado desses vinte e tantos anos de reformas neoliberais é um tecido social esgarçado, no qual a lei não alcança os poderosos e não chega a proteger os mais fracos; em que a criminalidade se expande como uma mancha de óleo envolvendo – mesmo nos mais altos níveis – setores dos organismos policiais e judiciais que estão aí para reprimi-la. Sociedades que conseguem manter certo grau de coesão – algumas mais do que outras –, mas que não parecem capazes de oferecer a seus jovens uma imagem inspiradora de futuro. O fenômeno da emigração – novo para muito desses países – (pensamos sobretudo no Brasil, naturalmente) tem muito a ver com este fracasso vergonhoso.

O sentimento de frustração suscitado por tais realidades explica, em grande medida, a mudança de atmosfera que se produziu no continente desde o final da década passada. Mudança cuja expressão mais conspícua é a eleição de governos de esquerda em tantos países. Não cabe examinar de perto suas políticas. Para o argumento esboçado aqui o que importa é assinalar que todos eles surgem em um momento em que as expectativas criadas pelo discurso das reformas – o qual pôde apoiar-se em um primeiro momento nos êxitos alcançados no *front* da estabilidade monetária –, estas expectativas se viam desgraçadamente defraudadas.

Aí está: as políticas aplicadas na América Latina envolviam um discurso geral que denunciava o Estado como fonte de todos os males e apresentava o mercado como panacéia que resolveria todos os problemas. Mas o estado de coisas antes aludido gerou uma onda de críticas que cobriu este discurso de descrédito, senão de opróbio, em todo o continente.

Não se trata, porém, de fenômeno latino-americano. Como sugerimos no capítulo precedente, o projeto neoliberal perdeu o ímpeto e por toda a parte vem sendo contestado.

Podemos falar em crise do neoliberalismo, como doutrina e movimento, mas isso não quer dizer que suas políticas tenham perdido atualidade. Elas estão aí, e vários setores poderosos seguem pressionando permanentemente por seu aprofundamento e pela ampliação de seu raio.

Continuará sendo assim enquanto a ordem que se constituiu sob o signo do projeto neoliberal estiver de pé. Sua longevidade não é garantida. Para além das contradições e do desgaste político, ela é vulnerável a uma crise financeira mais séria que atinja seus centros nevrálgicos. Os graves desequilíbrios de que padece a economia norte-americana levam muitos analistas à conclusão de que tal ocorrência, em horizonte temporal não muito longo, é bem provável.

Não temos como expor suas razões, nem examinar o fundamento delas. Mas isso não é necessário. Ao final deste longo percurso, sabemos que o projeto neoliberal está sendo desafiado, intelectual e politicamente, de vários lados. Embora insuficiente para abalar as bases estruturais da ordem que ele chegou a plasmar, esse trabalho de sapa é decisivo. Não apenas por atenuar os aspectos mais perversos das políticas que provêm dessa matriz, mas por abrir espaço para políticas de natureza diversa.

E não é só isso. O presente é uma condição fugidia que só controlamos quando podemos inserir nossa experiência vivida na cadeia que nos liga ao passado e nos projeta em direção a um futuro sempre incerto, mas que ajudamos a talhar com a nossa ação voluntária. Essa possibilidade – que por um momento pareceu-nos perdida pela vitória avassaladora do neoliberalismo – está restaurada. Com força maior ou menor, outras narrativas e outras concepções de mundo nos interpelam. Bem estruturadas, ou confusas; "realistas", ou "utópicas" – com as forças sociais que nelas se reconhecem essas vozes dissonantes compõem um rico material a ser trabalhado.

Porque nenhuma ordem – e esta da qual falamos muito menos – cai por si própria. Pode entrar em crise e permanecer duradouramente em estado mórbido. Mas só ficará para trás quando for substituída por outra, que encarne princípios distintos e se apóie em outras bases sociais. A elaboração das condições intelectuais e políticas para esse resultado é uma obra coletiva que não tem dono, não se faz em lugar definido, nem obedece a nenhum plano previamente traçado.

Se este livro puder concorrer, ainda que muito modestamente, para essa tarefa, ele estará plenamente justificado.

REFERÊNCIAS BIBLIOGRÁFICAS

A bibliografia a seguir registra os textos citados no corpo do relatório e aqueles efetivamente utilizados na elaboração dos quadros sobre as reformas econômicas. O conjunto dos documentos consultados é bem mais numeroso.

Nas referências a textos obtidos na internet, tomamos a decisão de não indicar o endereço eletrônico exato por dois motivos. Primeiro, freqüentemente o mesmo documento aparece em páginas diferentes, com endereços distintos. Segundo, porque, para o leitor, o endereço é a via menos prática de acesso ao documento, dada a extensão que assume usualmente, e a grande probabilidade de erro daí decorrente. Preferimos nos limitar à indicação do meio, com a recomendação de que o interessado se valha de um programa de busca para localizar mais rapidamente o documento desejado.

ABBOTT, F. M. The TRIPS legality of measures taken to address public health crises: responding to USTR-State-Industry positions that undermine the WTO. In: KENNEDY, D. M., SOUTHWICK, J. D. (Eds.). *The Political Economy of International Trade Law:* Essays in Honour of Robert E. Hudec. Cambridge: Cambridge University Press, 2002.

ACHCAR, G. The strategic triad: the United States, Russia and China. *New Left Review,* n.228, p.91-126, 1998.

ADAMS, N. A. *Worlds Apart:* the North-South Divide and the International System. London/ New Jersey: Zed Books, 1993.

ADDISON, T., GEDA, A. *Ethiopia's new financial sector and its regulation.* United Nations University. World Institute for Development Economics Research. Finance and Development Research Program, Working Papers Series, Paper n.39, 2002.

ADELMAN, J. *Republic of Capita:* Buenos Aires and the Legal Transformation of the Atlantic World. Stanford: Stanford University Press, 1999.

ADLER, E. *The Power of Ideology:* The Quest for Technological Autonomy in Argentina and Brazil. Berkeley/Los Angeles: University of California Press, 1987.

AGLIETTA, M. *Régulation et crise du capitalisme.* Paris: Calman-Levy, 1976.

AGOSIN, M. R., TUSSIE, D. (Eds.). *Trade and Growth:* New Dilemmas in Trade Policy. London: Macmillan, 1993.

AGRAWAL, P. et al. *Economic Restructuring in East Asia and India:* Perspectives on Policy Reform. London/New York: Macmillan/St. Martins, 1995.

AGRAWAL, Pradeep et al. India: crisis and response. In: _____ et al. *Economic restructuring in East Asia and India:* perspectives on policy reform. London/New York: MacMillan/St. Martin, 1996.

AHLUWALIA, I. J. Contribution of planning to Indian industrialization. In: BYRES, T. *The State, Development Planning and Liberalisation in India.* Delhi: Oxford University Press, 1997.

AHLUWALIA, M. S. India's economic reforms: an appraisal. In: SACHS, J., BAJPAI, N. (Eds.). *India in the Era of Economic Reform.* New Delhi: Oxford University Press, 2000.

_____. *Privatization: From Policy Formation to Implementation:* The View From Inside. Fifth Annual Fellow's Lecture 2002. Center for the Advanced Study of India, University of Pennsylvania, 17 abr. 2002. (disponível na www)

_____. Lessons from India's economic reforms. In: AHLUWALIA, M. S. et al. *Development Challenges in the 1990s – Leading Policymakers Speak from Experience.* World Bank and Oxford University Press, 2005. (disponível na www)

AHMAD, F. *The Making of Modern Turkey.* London/New York: Routledge, 1993.

_____. *Turkey:* The Quest for Identity. Oxford: Oneworld, 2003.

AKYÜZ, Y. Special Issue on East Asian Development: New Perspectives. *The Journal of Development Studies,* v.34, n.6, 1998.

ALBERT, M. *Legalisation or Global Law Formation?* On The Evolution of Law in World Society. CENTRAL – Conference on "Transnational Business in the Age of Globalisation", Munster, 26 out. 2001.

_____. *Zur Plitik der Weltgesellschaft:* Identiät und Recht im Kontext internationaler Vergesellschaftung. Weilerswist: Velbrück Wissenchaft, 2002.

ALBURO, F. A. Investments in the Philippines. *Policy adjustments to the global economic environment,* 1998. Disponível em: <www.thaiembassy.org.jp>.

ALÉM, A. C. de. *Abertura comercial e financeira no México nos anos 80 e 90*: primeiros resultados. BNDES, 1996. (Texto para Discussão, 46.)

ALLEN, F. L. *The Big Change:* America Transforms Itself, 1900-1950. New York: Harper & Row, 1952.

ALTAMIRANO, C. *Bajo el signo de la masas (1943-1973).* Buenos Aires: Ariel, 2001.

ALTIMIR, O. Desigualdad, empleo y pobreza en América Latina: efectos del ajuste y del cambio en el estilo de desarrollo. *Desarrollo Económico,* v.37, n.145, 1997.

ALTIMIR, O., SANTAMARÍA, H., SOURROUILLE, J. Los instrumentos de promoción industrial en la post-guerra. *Desarrollo Económico,* v.7, n.27, 1967.

ALVES, L. e S. O México e o regime de investimentos do Nafta. *Política Externa,* v.3, n.4, 1995.

AMSDEN, A. H. *Asia's Next Giant:* South Korea and Late Industrialization. Oxford/New York: Oxford University Press, 1989.

AMSDEN, A. H. The specter of Anglo-Saxonization is hunting South Korea. In: CHOO, L.-J., KIM, Y. H. (Eds.). *Korea's Political Economy:* An Institutional Perspective. Boulder/San Francisco/Oxford: Westview, 1994.

AMSDEN, A. H. South Korea: enterprising groups and entrepreneurial government. In: CHANDLER JR., A. D., AMATORI, F., HIKINO, T. (Eds.). *Big Business and the Wealth of Nations*. Cambridge: Cambridge University Press, 1997.

_____. *The Rise of "The rest":* Challenges to the West from Late-Industrializing economies. Oxford: Oxford University Press, 2001.

ANDERSON, B. *Imagined Communities:* Reflections on the Origins and Spread of Nationalism. London/New York: Verso, 1996.

APPELBAUM, R. P., FELSTINER, W. L. E., GESSNER, V. (Eds.). *Rules and Networks:* the Legal Culture of Global Business Transactions. Oxford: Hart, 2001.

ARMSTRONG, P., GLYN, A., HARRISON, J. *Capitalism Since World War II:* the Making and Breakup of the Great Boom. London: Fontana Paperbacks, 1984.

ARON, R. *Penser la guerre, Clasewitz.* Paris: Gallimard, 1976.

ARRIGHI, G. A estratificação da economia mundial: considerações sobre a zona semiperiférica. In: _____. *A ilusão do desenvolvimento*. Petrópolis: Vozes, 1997 (publicado originalmente na *New Left Review*).

ARRIGHI, G. *Caos e governabilidade*. Rio de Janeiro: Contraponto, 2001.

_____. Hegemony Unravelling. *New Left Review*, n.32, 2005.

ATHREYE, S., KAPUR, S. *Private foreign investment in India*. Manchester School of Management e Birkbeck College/University of London, 1999. Disponível em: <www.econ.bbk.ac.uk/faculty/homepages/kapur/fdi.pdf>.

AYOOB, M. The security problematic of the Third World. *World Politics*, n.43, 1991.

_____. *The Third World Security Predicament:* Sate Making, Regional Conflict, and the International System. Boulder/London: Lynne Rienner, 1995.

AZPIAZU, D., BASUAL, E., KHAVISSE, M. *El nuevo poder económico en la Argentina de los años 80*. Buenos Aires: Siglo Veintiuno, 2004.

BABB, S. *Projeto México*: los economistas del nacionalismo al neoliberdismo. México: Fondo de Cultura Económica, 2003.

BADIE, B. *L'État importé:* l'occidentalisation de l'ordre politique. Paris: Fayard, 1992.

BAGCHI, A. K. Indian economic organizations in a comparative perspective. In: BAGCHI, A. K. (Ed.). *Economy and Organization:* Indian Institutions Under the Neoliberal Regime. New Delhi: Sage, 1999.

BAJPAI, N. Economic reforms in developing countries. Theory and evidence. *Economic and Political Weekly*, 14 jan. 1995.

BALASSA, B. et al. *Development Strategies in Semi-Industrial Economies (A World Bank Research Publication)*. Baltimore/London: Hopkins University Press, 1982.

BALASSA, B. WILLIAMSON, J. *Adjusting to Success:* Balance of Payments Policy in the East Asian NICS. Washington, D.C.: Institute for International Economics, 1987.

BALASUBRAMANYAM, V. N. Foreign direct investment in Turkey. In: TOGAN, S., BALASUBRAMANYAM, V. N. (Orgs.). *The Economy of Turkey Liberalization*. New York: St. Martin Press, 1996.

BARATV, K., YELDM, E. *Turkey:* 1980-2001. Financial liberalization, macroeconomic (in)stability, and patterns of distribution. 2001.

BARDHAN, P. *The Political Economy of Development in India*. New Delhi: Oxford University Press, 1988.

BARKEY, H. J. State autonomy and the crisis of import substitution. *Comparative Political Studies*, v.22, n.3, 1989.

BASÁÑES, M. *La lucha por la hegemonía en México, 1968-1980*. México: Siglo Veintiuno, 1981.
BASUALDO, E. M. *Modelo de acumulación y sistema político en la Argentina:* notas sobre el transformismo argentino durante la valorización financiera (1976-2001). Buenos Aires: Universidad Nacional de Quilmas Ediciones, 2001.
BAUER, P. B. R. Shenoy: stature and impact. *Cato Journal*, v.18, n.1, 1988.
BAUMOL, W. J., BLACKMAN, S. A. B., WOLFF, E. N. *Productivity and American Leadership:* the Long View. Cambridge: The MIT Press, 1994.
BÉDARIDA, F. *La societe anglaise:* 1851-1975. Paris: Librairie Arthaud, 1976.
BEDESKI, R. E. *The Transformation of South Korea:* Reform and Reconstitution in the Six Republic under Roh Tae Woo, 1987-1992. London/New York: Routledge, 1994.
BELLO, W. Is the structural adjustment approach really and truly dead? TNI Fellow. *Business World,* 8 nov. 1999.
_____. Jurassic Fund – Should Developing Countries Push to Decommission the IMF? (disponível na www)
BELTRÁN, G. *Los intelectuales liberales*. Buenos Aires: Libros del Rojas/Eudeba, 2005.
BENAVENTE, J. M. Virajes y derrapajes de la economia venezolana. *Revista de la Cepal*, n.63, 1997.
BERGER, M. T. Old state and new empire in Indonesia: debating the rise and decline of Suharto's New Order. *The Third World Quarterly*, v.18, n.2, 1997.
_____, BEESON, M. Lineages of liberalism and miracles of modernization: The World Bank, the East Asian trajectory and the international development debate. *Third World Quarterly*, v.19, n.3, 1998.
BERGER, S., DORE, R. P. (Eds.). *National Diversity and Global Capitalism.* Ithaca: Cornell University Press, 1996.
BERMÚDEZ-TORRES, L. La seguridad nacional de Estados Unidos: reconceptualización y tendencias. *Revista Mexicana de Política Exterior*, n.59, 2000.
BERNARD, M. Globalisation, the State and financial reform in the East Asian NICs: the cases of Korea and Taiwan. In: UNDERHILL, G. R. D. (Ed.). *The New World Order in International Finance*. Basingstoke: Macmillan, 1997.
BHAGWATI, J. N. *Protectionism*. Cambridge: The MIT Press, 1988.
_____. United States trade policy at the crossroads. *The World Economy*, v.12, n.4, 1989.
BHATTACHERJEE, D. *Organized Labour and Economic Liberalization*. India: Past, Present and Future. International Institute for Labour Studies, Discussion Paper, 105, 1999. (disponível na www)
BIERSTEKER, T. J. The 'triumph' of neoclassical economics in the developing world: policy convergence and bases of governance in the international economic order. In: ROSENAU, J. N., CZEMPIEL, E.-O. *Governance Without Government:* Order and Change in World Politics. Cambridge: Cambridge University Press, 1992.
BISHOP, B. *Foreign Direct Investment in Korea:* the Role of the State. Aldershot: Ashgate, 1997.
BOAS, M. Governance as multilateral development Bank Policy: the cases of the African Development Bank and the Asian Development Bank. *The European Journal of Development Research*, v.10, n.2, 1998.

BOND, P. *Elite Transition:* From Apartheid to Neoliberalism in South Africa. London/Pietermaritizburg: Pluto Press/University of Natal Press, 2000.

BOND, P. Momentum returns to the movements against corporate globalization. 2001. (disponível na www)

_____. Zimbabwe, South Africa, and the power politics of bourgeois democracy. In: _____. *Zimbabwe, South Africa, and the Power of Bourgeois Democracy,* 2002. (disponível na www)

BOOTH, K. Conclusion: security within global transformation? In: _____ (Ed.). *Statecraft and Security:* the Cold War and Beyond. Cambridge: Cambridge University Press, 1999.

BOURDIEU, P. *Esquisse d'une theorie de la pratique.* Geneve/Paris: Librairie Droz, 1972.

_____. *Le sens pratique.* Paris: Éditions de Minuit, 1980.

BOUZAS, R. Mas allá de la estabilización y la reforma? Un ensayo sobre la economía argentina a comienzos de los "90". *Desarrollo Económico,* v.33, n.129, 1993.

BOWIE, A. The dynamics of business-government relations in industrializing Malaysia. In: MACINTYRE, N. (Ed.). *Business and Government in Industrializing Asia.* Ithaca/New York: Cornell University Press, 1994.

BOWMAN, J. R. *Capitalist Collective Action:* Competition, Cooperation and Conflict in the Coal Industry. Cambridge: Cambridge University Press, 1989.

BOYER, R. La crise actuelle: une mise en perspective historique. Quelques reflexions a partir d'une analyse du capitalisme français en longue periode. *Critiques de l'Economie Politique,* n.7/8, 1978.

_____. *La théorie de la régulation:* une analyse critique. Paris: Editions de La Decouverte, 1986.

BRAHMANANDA, P. R. In: BALASUBRAMANYAN, V. N. *Conversations with Indian economists.* Hampshire/New York: Palgrave, 2001.

BRESSER PEREIRA, L. C. *Economic Crisis and State Reform in Brazil:* toward a new interpretation of Latin America. Boulder/London: Lynne Rienner, 1996.

BRODERSOHN, M. S. *Estrategias de industrialización para la Argentina.* Buenos Aires: Editorial del Instituto, 1970.

BROWN, M. B. *Africa's choices:* after thirty years of the World Bank. Boulder, Co.: Westview Press, 1997.

BRUNE, N. et al. *The political economy of capital account liberalization.* 2001 Annual Meeting of the American Political Science Association, San Francisco, 31 Aug. 2001.

BUCHANAN, P. G., NICHOLLS, K. Labour politics and democratic transition in South Korea and Taiwan. *Government and Opposition,* 38 (2), 2003.

BUZAN, B. "Change and insecurity" reconsidered. In: CROFT, S., TERRIF, T. (Eds.). *Critical Reflections on Security and Change.* London: Frank Cass, 2000.

_____. *The United States and the Great Powers:* World Politics in the Twenty-first Century. Cambridge: Polity Press, 2004.

BYERS, M., NOLTE, G. (Eds.). *United States Hegemony and the Foundations of International Law.* Cambridge: Cambridge University Press, 2001.

BYRES, T. *The State, Development Planning and Liberalisation in India.* Delhi: Oxford University Press, 1997.

BYRES, T. (Ed.). *The Indian Economy:* Major Debates Since Independence. New Delhi: Oxford University Press, 1998a.

_____. Introduction. The major debates on the Indian economy since independence: boundaries, context and content. In: _____ (Ed.). *The Indian Economy:* Major Debates Since Independence. New Delhi: Oxford University Press, 1998b.

CAMPBELL, J. L., HOLLINGSWORTH, J. R., LINDBERG, L. (Eds.). *Governance of the American Economy.* Cambridge: Cambridge University Press, 1991.

CANITROT, A. La disciplina como objetivo de la política económica. Un ensayo sobre el programa económico del gobierno argentino desde 1976. *Desarrollo Económico,* v.19, n.76, 1980.

_____. Teoría y práctica del liberalismo. Política anti-inflacionaria y apertura económica en la Argentina, 1976-1981. *Desarrollo Económico,* v.21, n.82, 1981.

CARMODY, P. Constructing alternatives to structural adjustment in Africa. *Review of African Political Economy,* v.25, n.75, 1998.

CARTER, A. B., PERRY, W. J. *Preventive Defense:* a New Security Strategy for America. Washington: Brookings Institution Press, 1999.

CASTILLO, V. G. del. NAFTA and the struggle for neoliberalism: Mexico's elusive quest for first world status. In: OTERO, G. (Ed.). *Neoliberalism Revisited:* Economic Restructuring and Mexico's Political Future. Boulder: Westview Press, 1996.

CAVAROZZI, M. Politics: a key for the long term in South America. In: SMITH, W. C., ACUÑA, C. H., GAMARRA, A. (Eds.). *Latin American Political Economy in the Age of Neoliberal Reform.* New Brunswick/London: Transaction Publishers, 1994.

CENTENO, M. Á. *Democracy Within Reason:* Technocratic Revolution in México. University Park: The Pennsylvania State University Press, 1994.

CEPAL. *Nota sobre la Evolución de la Economía Argentina en 1989.* Buenos Aires, 1990. (Documento de Trabajo n.37.)

_____. *Panorama Social de América Latina.* Santiago: Cepal, 2006.

CEPII. *Rapport du CEPII – Économie mondiale:* la montée des tensions. Paris: Économica, 1983.

CHAKRAVARTY, S. *Development planning:* the Indian experience. Oxford: Clarendon Press, 1987.

CHANDRA, B. et al. *India's Struggle for Independence.* New Delhi: Penguin Books, 1988.

_____. The Indian capitalism class and imperialism before 1947. In: BERBEROGLU, B. (Ed.). *Class, State and Development in India.* New Delhi: Sage, 1992.

CHANDRA, N. K. Planning and foreign investment in Indian manufacturing. In: BYRES, T. J. (Ed.). *The State, Development Planning and Liberalisation in India.* Delhi: Oxford University Press, 1997.

CHANG, H. J. *Kicking Away the Ladder: Policies and Institutions for Economic Development in historical perspective.* London: Anthem Press, 2002. (Anthem World Economics Series.)

CHANG, H. J., GRABEL, I. *Reclaiming Development:* an Alternative Economic Policy Manual. London/New York: Zed Books, 2004.

CHATTOPADHYAY. Raghabendra. Indian Business and Economic Planning (1930-56). In: TRIPATHI Dwijendra, Business and Politics in Índia. A Historical Perspective. New Delhi: Manohar Publications, 1991.

CHASE, R., HILL, E., KENNEDY, P. *The Pivotal States:* a New Framework for U. S. Policy in the Developing World. New York/London: W. W. Norton & Company, 2000.

CHAUDHURY, S. Debates on industrialization. In: BYRES, T. J. *The Indian Economy:* Major Debates Since Independence. New Delhi: Oxford University Press, 1998.

CHATTOPADHYAY, Raghabendra. Indian Business and Economic Planning (1930-56). In: TRIPATHI Dwijendra, Business and Politics in Índia. A Historical Perspective. New Delhi: Manohar Publications, 1991.

CHEGE, M. Review article: the State and economic reform in Africa. (disponível na www)

CHENG, T.-J., HAGGARD, S., KANG, D. Institutions and growth in Korea and Taiwan: the bureaucracy. In: AKYÜZ, Y. Special Issue on East Asian Development: New Perspectives. *The Journal of Development Studies*, v.34, n.6, 1998.

CHO, M. H. The New Student Movement in Korea: Emerging Patterns and ideological orientation in the 1980s. *Korea Observer*, n.20, 1989.

CHOI, J. J. *Labor and the Authoritarian State:* Labor Unions in South Korean manufacturing industries, 1961-1980. Seul: Korea University Press, 1989.

_____. Political cleavages in South Korea. In: KOO, H. (Ed.). *State and Society in Contemporary Korea*. Ithaca/London: Cornell University Press, 1993.

CHOO, L.-J., KIM, Y. H. (Eds.). *Korea's Political Economy:* an Institutional Perspective. Boulder/San Francisco/Oxford: Westview Press, 1994.

CHUDNOVSKY, D., LÓPEZ, A. *La transnacionalización de la economía argentina*. Buenos Aires: Editorial Universitaria de Buenos Aires, 2001.

CHUNG, Y.-I. *Korea Under Siege, 1876-1945:* Capital Formation and Economic Transformation. Oxford: Oxford University Press, 2006.

CLAUSEWITZ, C. von. *On War*. Princeton: Princeton University Press, 1976.

CLIFFORD, M. L. *Troubled Tiger:* Businessmen, Bureaucrats, and Generals in South Korea. New York/London: M. E. Sharpe, 1998.

COELHO, J. C. *Economia, poder e influência externa*: o Grupo Banco Mundial e os Programas de ajustes estruturais na América Latina nos anos oitenta e noventa. Texto para Exame de Qualificação, Doutorado em Ciência Sociais, Unicamp, 2001.

COHEN, M. D., MARCH, J. G., OLSEN, J. P. A garbage can model of organization choice. In: MARCH, J. D. *Decisions and Organizations*. London: Blackwell Publishers, 1989.

COHEN, S. D. *The Making of United States International Economic Policy:* Principles, Problems, and Propositions for Reform. New York: Praeger, 1988.

COHEN, S. S., ZYSMAN, J. *Manufacturing Matters:* The Myth of the Post-Industrial Economy. New York: Basic Books, 1987.

COCKETT, R. *Thinking the Unthinkable:* Think-Tanks and the Economic Counter-Revolution, 1931-1983. London:, Fontana Press, 1995.

COOK, M. L., MIDDLEBROOK, K. J., HORCASITAS, J. M. The politics of economic restructuring in Mexico: actors, sequencing, and coalition change. In: _____ (Eds.). *The Politics of Economic Restructuring:* State-Society Relations and Regime Change in Mexico. San Diego: Center for US-Mexican Studies, University of California, 1994.

COOPER, R. N. Korea's balance of international payments. In: HAGGARD, S. et al. *Macroeconomic Policy and Adjustment in Korea, 1970-1990*. Cambridge: Harvard Institute for International Development, 1994.

COQUI, M. B. La reconceptualización de la seguridad: el debate contemporáneo. *Revista Mexicana de Política Exterior*, n.59, 2000.

CORBO, V., MELO, J. Lessons from the Southern Cone policy reforms. *Research Observer*, v.2, n.2, 1987.

CORDERA, R., TELLO, C. *México:* la disputa por la nación. México: Siglo Veintiuno, 1981.

CORM, G. *L'Europe et l'Orient:* de la balkanisation à la libanisation: histoire d'une modernité inaccomplie. Paris: Éditions la Découverte, 1999.

CORNETT, L. International and domestic causes of economic policy reform: a review essay. *Studies in Comparative International Development*, v.32, n.1, 1997.

CORRALES, J. Contribuyen las crisis económicas a la implementación de reformas de mercado? La Argentina y Venezuela en los "90". *Desarrollo Económico*, v.39, n.153, 1999.

CRISP, A. M. *India Update*: Foreign direct Investment Liberalised Further. Brussels, 2001.

CRISP, B. F. Lessons from economic reform in the Venezuelan democracy. *Latin American Research Review*, v.33, n.1, 1998.

CUMINGS, B. The origins and development of the Northeast Asian political economy: industrial sectors, product cycles, and political consequences. *International Organization*, n.38, v.1, 1984.

_____. The abortive abertura: South Korea in the light of Latin American experience. *New Left Review*, n.173, 1989.

CUMINGS, B. *Korea's Place in the Sun:* a Modern History. New York/London: W. W. Norton & Company, 1997.

_____. *The Origins of the Korean War*, v.I: Liberation and the Emergence of Separate Regimes, 1945-1947). Seoul: Yuksabipyungsa, 2002. (Primeira edição: Princeton: Princeton University Press, 1981).

D'ENCAUSSE, H. C. L'URSS et l'Afrique: de la détente à la 'guerre fraiche'? In: D'ENCAUSSE, H. C., ROSE, F. de. *Après la détente*. Paris: Hachette, 1982.

DAGUSPTA, A. K. *Gandhi's Economic Thought*. London: Routledge, 1996.

DALACOURA, K. Turkey and the Middle East in the 1980s. *Millennium: Journal of International Studies*, v.19, n.2, 1990.

DAMILL, M., FANELLI, J. M. *La macroeconomía de América Latina:* de la crisis de la deuda a las reformas estructurales. Buenos Aires: Cedes, 1994. (Economía n.100.)

DAVIES, J. C. Toward a theory of revolution. In: DAVIES, J. C. *When Men Revolt, and Why*. New York: The Free Press, 1971.

DAVIS, M. The new Right's road to power. *New Left Review*, n.128, 1981.

DEBRAY, R. *Les empires contre l'Europe*. Paris: Éditions Gallimard, 1985.

DERVIS, K. Liberalization, accelerated growth and social cohesion. Morocco's challenge for the 21th century. 1997. (disponível na www)

DESTLER, L. M., GELB, L. H., LAKE, A. Breakdown: the impact of domestic politics on American foreign policy. In: KEGLEY JR., C. W., WITTKOPF, E. R. *The Domestic Sources of American Foreign Policy:* Insights and Evidence. New York: St. Martin's Press, 1988.

DEYO, F. C. *Beneath the Miracle, Labor Subordination in the New Asian Industrialism*. Berkeley/Los Angeles/London: University of California Press, 1989.

DHAR, P. N. Economy under a shadow. Plea for aid. In: _____. *The Evolution of Economic Policy in India: Selected Essays*. New Delhi: Oxford University Press,

2003a. Artigo previamente publicado com o título The Indian economic experiment, *Journal of Development Studies*, v.3, n.1, out. 1966.

DHAR, P. N. Political economy of development in India. In: _____. *The evolution of economic policy in India:* selected essays. New Delhi: Oxford University Press, 2003b.

DI TELLA, G. Criterios para una política de desarrollo industrial. *Desarrollo Económico*, v.7, n.27, out./dez. 1967.

_____. *Perón-Perón, 1973-1976*. Buenos Aires: Editorial Sudamericana, 1983.

DI TELLA, WATT, D. C. *Argentina between the Great Powers, 1939-46*. Oxford: Macmillan, 1989a.

_____. Argentina between the Great Powers, 1939-46: a revisionist summing-up. In: _____. *Argentina between the Great Powers, 1939-46*. Oxford: Macmillan, 1989b.

DI TELLA, WATT, D. C., RODRÍGUEZ BRAUN, Carlos. *Argentina, 1946-83:* the economic ministers speak. New York: St. Martin Press, 1990.

DI TELLA, T. S. Inmobilidad o coexistencia en la Argentina. In: PETRAS, J., ZEITLIN, M. *América Latina:* reforma o revolución? Buenos Aires: Editorial Tiempo Contemporáneo, 1970. v.I.

DIAMAND, M. La estructura productiva desequilibrada argentina y el tipo de cambio. *Desarrollo Económico*, v.12, n.45, 1972.

DIÁZ ALEJANDRO, C. F. *Essays on the Economic History of the Argentine Republic*. New Haven/London: Yale University Press, 1970.

DIÁZ, R. *Prosperidad o ilusión?* Las reformas de los 90 en la Argentina. Buenos Aires: Editorial Ábaco de Rodolfo Depalma, 2002.

DIGGINS, J. P. *The Rise and Fall of the American Left*. New York: W. W. Norton & Company, 1992.

DIXON, J., KOUZMIN, A. The privatization of social security: governance challenges of partnership provision. *Asian Review of Public Administration*, v.XIII, n.1, 2001.

DOBRY, M. Clausewitz et l'"entre-deux', ou de quelques difficultés d'une recherche de paternité légitime. *Révue Française de Sociologie*, v.7, n.4, 1976.

DOMINGUEZ, J I. *Technopols:* Freeing Politics and Markets in Latin America in the 1990s. Pennsylvania: The Pennsylvania State University Press, 1997.

DONNELLY, T., KAGAN, D., SCHMITT, G. *Rebuilding America's Defenses*. Strategy, Forces and Resources for a New Century. A Report of the Project for the New American Century. Washington, 2000.

DORFMAN, A. *Cincuenta años de industrialización en la Argentina, 1930-1980*. Buenos Aires: Ediciones Solar, 1983.

DUBOFSKY, M. Jimmy Carter and the end of the politics of productivity. In: FINK, G. M., GRAHAM, H. D. (Eds.). *The Carter Presidency:* Policy Choices in the Post-New Deal Era. Lawrence: University Press of Kansas, 1998.

DUPAS, G. *O discurso hegemônico do livre mercado e a vulnerabilidade dos grandes países da periferia:* um balanço das décadas 1980-1990. São Paulo: Instituto de Estudos Econômicos e Internacionais (IEEI), 2002.

ECKERT, C. J. *Offspring of empire:* the Koch'Angs Kims and the Colonial Origins of Korean Capitalism, 1876-1945. Seattle/London: University of Washington Press, 1991.

ECKERT, C. J. The South Korean bourgeiosie: a class in search of hegemony. In: KOO, H. (Ed.). *State and Society in Contemporary Korea*. Ithaca/London: Cornell University Press, 1993.

EDDEZ, H. Recent experience in economic reform: the financial sector reform in Morocco. In: *The program on Korea's economic development and crisis management*. 21-29 Oct. 2001.

EDWARDS, S. *Crisis and Reform in Latin America:* From Despair to Hope. New York/Oxford: Oxford University Press, 1995.

EICHENGREEN, B., KENEN, P. B. Managing the world economy under the Bretton Woods System: an overview. In: KENEN, P. B. (Ed.). *Managing the World Economy Fifty Years after Bretton Woods*. Washington: Institute for International Economics, 1994.

ENCARNATION, D. J. *Dislodging Multinations:* India's Strategy in Comparative Perspective. Ithaca/London: Cornell University Press, 1989.

ERDMAN, H. L. *The Swatantra Party and Indian Conservatism*. Cambridge: Cambridge University Press, 1967.

ERNS, D., O'CONNOR, D. *Technology and Global Competition:* the Challenge for Newly Industrializing Economies. OECD, 1989.

ESCUDÉ, C. *La Argentina vs. las grandes potencias*. (El precio del desafio). Buenos Aires: Editorial de Belgrano, 1986.

_____. US political destabilisation and economic boycott of Argentina during the 1940s. In: DI TELLA, G., WATT, D. C. *Argentina between the Great Powers, 1939-46*. Oxford: Macmillan, 1989.

ETCHEMENDY, S. Old actors in new markets. Transforming the populist/industrial coalition in Argentina, 1989-2001. In: LEVITISKY, S., MURILLO, M. V. (Eds.). *Argentine Democracy:* the Politics of Institutional Weakness. University Park PA: The Pennsylvania State University Press, 2005.

EVANS, M. S. *The Politics of Surrender*. New York: Devin-Adair, 1966.

EVANS, P. B. Predatory, developmental, and other apparatuses: a comparative analysis of the Third World State. *Sociological Forum*, n.4, 1989.

EVANS, P. B., JACOBSON, H. K., PUTNAM, R. *Double-edge Diplomacy:* International Bargaining and Domestic Politics. Berkeley, Los Angeles/London: University of California Press, 1993.

EVANS, P. Transferable lessons? Re-examining the institutional prerrequisites of East Asian economic policies. In: AKYÜZ, Y. Special Issue on East Asian Development: New Perspectives. *The Journal of Development Studies*, v.34, n.6, 1998.

FERRER, A. *La economía argentina*. México/Buenos Aires: Fondo de Cultura Económica, 1974.

FIORI, J. L. Formação, expansão e limites do poder global. In: _____ (Org.). *O poder americano*. Petrópolis: Vozes, 2004a.

_____. O poder global dos Estados Unidos: formação, expansão e limites. In: _____ (Org.). *O poder americano*. Petrópolis: Editora Vozes, 2004b.

FODOR, J. Peron's policies for agricultural exports – 1946-1948: dogmatism or commonsense? In: ROCK, D. (Ed.). *Argentina in the Twentieth Century*. Pittsburgh: University of Pittsburgh Press, 1975.

FODOR, J., ABREU, M. de P. Notas para la economía política de la industria argentina. *Boletín Informativo Techint*, n.239, 1985.

FONSECA JR., G. Anotações sobre as condições do sistema internacional no limiar do século XXI: a distribuição dos pólos de poder e a inserção internacional do Brasil. *Política Externa*, v.7, n.4, 1999.

FOXLEY, A. *Experimentos neoliberales en América Latina*. México: Fondo de Cultura Económica, 1988.

FRANKEL, F. R. *India's Political Economy, 1947-2004:* the Gradual Revolution. 2.ed. New Delhi: Oxford University Press, 2005.

FREITAS, M. C. P. de, PRATES, D. M. La experiencia de apertura financiera en Argentina, Brasil y México. *Revista de la Cepal*, 70, 2000.

FRENKEL, R. *Macroeconomic Sustainability and Development Prospects*: the Latin American Performance in the Nineties. Buenos Aires, Documento CEDES/111. (Serie Económica, 1995.)

FRÖBEL, F., HEIRICHS, J., KREYE, O. *The New International Division of Labor*. Cambridge: Cambridge University Press, 1980.

FUJIYAMA, I. The problems of developmental policy in 1990s and transformation of the regime in Indonesia. *International Studies Association 37th Annual Convention*, San Diego, 16-20 Apr. 1996.

GABB, S. *Bank of Sudan Monetary Policy for 1997*. Sudan Foundation, Economic File n.15, 1997.

_____. Exchange rate policy in Sudan. Sudan Foundation, Economic File n.16. (disponível na www)

GAGGERO, A., WAINER, A. Crisis de la convertibilidad: el rol de la UIA y su estrategia para el (tipo de) cambio. *Realidad Económica*, n.204, 2004.

GALIANI, S., HEYMANN, D., TOMMASI, M. Expectativas frustradas: el ciclo de la convertibilidad. *Desarrollo Económico*, v.43, n.169, 2003.

GANDHI, M. *Young India*. 20 Maio 1919.

GARRETT, G. Mercados globales y política nacional: ¿colisión inevitable o círculo virtuoso? *Desarollo Económico*, v.38, n.152, mar. 1999.

GARDNER, R. N. *Sterling-Dollar Diplomacy*. Oxford: Clarendon Press, 1956.

GAZALE, L. Egypt's Privatization Program: an overview. 1995. (disponível na www)

GERCHUNOFF, P., TORRE, J. C. La política de liberalización económica en la administración de Menem. *Desarrollo Económico*, v.36, n.143, 1996a.

_____. *Argentina:* la política de liberalización económica bajo un gobierno de base popular. Buenos Aires: Instituto Torcuato Di Tella, 1996b.

_____. *El ciclo de la ilusión y el desencanto:* un siglo de políticas económicas argentinas. Buenos Aires: Ariel Sociedad Económica, 2003.

GERMANI, Gino. *Estructura social de la Argentina*. Buenos Aires: Raigal, 1955.

_____. *Política y sociedad en una época de transición*. Buenos Aires: Paidós, 1965.

GHOSH, J. Liberalization debates. In: BYRES, T. J. (Ed.). *The Indian Economy:* Major Debates Since Independence. New Delhi: Oxford University Press, 1998.

_____. Development strategy in India: a political economy perspective. In: BOSE, S., JALAL, A. (Eds.). *Nationalism, Democracy & Development*. New Delhi: Oxford University Press, 1999.

GILADA, N. Egypt: Constraints to Privatization. U. S. Dept. of Commerce, *Series International Market Insight* (IMI), 1999.

GILL, S. R. Neo-liberalism and the shift towards a US-Centered transnational hegemony. In: OVERBEECK, H. (Ed.). *Restructuring Hegemony in the Global Political Economy. the rise of transnational in the 1980s*. London/New York: Routledge, 1993.

GILLINGHAM, R., KANDA, D. *Pension Reform in India*. IMF Working Paper, International Monetary Fund, n.125, 2001.
GLYN, A. et al. The rise and fall of the golden age. In: MARGLIN, S. A., SCHOR, J. B. (Eds.). *The Golden Age of Capitalism:* Reinterpreting the Postwar Experience. Oxford: Clarendon Press, 1990.
GOKARN, S. V. Korea: industrial and financial restructuring. In: AGRAWAL, P. et al. *Economic Restructuring in East Asia and India:* Perspectives on Policy Reform. London/New York: MacMillan Press/St. Martin Press, 1995.
GOLD, D. A. *The Rise and Decline of the Keynesian Coalition*. Kapitaliststate: Working Papers on the Capitalist State, 1978.
GOLD, S. Turkey: the Costs of Privatization. 1989. (disponível na www)
GOLDGEIER, J., MCFAUL, M. A tale of two worlds: core and periphery in the post-Cold War era. *International Organization*, n.46, 1992.
GOUREVITCH, P. *Politics in Hard Times:* Comparative Responses to International Economic Crises. Ithaca: Cornell University Press, 1987.
GOWAN, P. Contemporary intra-core relations and world systems theory. 2002a. (disponível na www)
_____. After America? *New Left Review*, n.13, 2002b. (disponível na www)
_____. *Economics and politics within the capitalist core and the debate on the new Imperialism*. Comunicação apresentada no X Encontro Nacional de Economia Política, Unicamp, Campinas, 25-27 maio 2005.
GOYAL, A. Puzzles in Indian performance: Deficits without disasters. In: PARIKH, K. S., RADHAKRISHNA, R. (Eds.). *India Development Report, 2004-2005*. New Delhi: Oxford University Press, 2005.
GUILLÉN, M. *The Limits of Convergence*. Princeton/Oxford: Princeton University Press, 2001.
GUIMARÃES, F. de S. *A Rodada Uruguai do GATT (1986-1994) e a política externa brasileira: acordos assimétricos, coerção e coalizões*. 2005. Dissertação (Mestrado em Relações Internacionais do Programa San Tiago Dantas) – Unesp, Unicamp, PUC-SP, São Paulo.
GUIMARÃES, S. P. *Quinhentos anos de periferia*. Porto Alegre/Rio de Janeiro: Editora da Universidade UFRGS/Contraponto Editora, 1999.
GUPTA, J. D. India: democratic becoming and combined development. In: DIAMOND, L., LINZ, J. J., LIPSET, S. M. *Politics in Developing Countries:* Comparing Experience With Democracies. Boulder, Co.: Lynne Rienner, 1990.
GUPTA, N. *Partial Privatization and Firm Performance: Evidence from India*. The World Bank Group, Transition Newsletter, 2001.
GUSEH, J. S. The public sector, privatization, and development in Sub-Saharan Africa. (disponível na www)
HABERMAS, J. La paix perpétuelle. Le bicentennaire d'une idée kantienne. In: _____. *L'intégration républicaine:* essais de théorie politique. Paris: Fayard, 1998.
HAGGARD, S. *Pathways from the Periphery:* the Politics of Growth in the Newly Industrializing Countries. Ithaca and London: Cornell University Press, 1990.
HAGGARD, S., KAUFMAN, R. R. The politics of stabilization and structural adjustment. In: SACHS, J. D. (Ed.). *Developing Country Debt:* Economic Performance. Chicago: Chicago University Press, 1988.
HAGGARD, S., COOPER, R. N., MOON, C. Policy reform in Korea. In: BATES, R. H., KRUEGER, A. O. (Eds.). *Political and Economic Interactions in Economic Policy Reform:* Evidence From Eight Countries. Cambridge: Blackwell, 1993.

_____. The political economy of adjustment in the 1980's. In: HAGGARD, S. et al. *Macroeconomic Policy and Adjustment in Korea, 1970-1990*. Cambridge: Harvard Institute for International Development, 1994a.

HAGGARD, S., COOPER, R. N., COLLINS, S. Understanding Korea's macroeconomic policy. In: HAGGARD, S. et al. *Macroeconomic Policy and Adjustment in Korea, 1970-1990*. Cambridge: Harvard Institute for International Development, 1994c.

_____. *The Political Economy of the Asian Financial Crisis*. Washington: Institute for International Economics, 2000.

HAGGARD, S. et al. *Macroeconomic policy and adjustment in Korea, 1970-1990*. Cambridge: Harvard Institute for International Development, 1994b.

HALL, R. B. *The discursive demolition of the Asian development model in the Asian financial crisis*. Trabalho apresentado na 43ª Annual Convention of the International Studies Association, New Orleans, 24-27 mar. 2002.

HALL, S., JACQUES, M. (Eds.). *The Politics of Thatcherism*. London: Lawrence and Wishart, 1983.

HALLIDAY, F. *The Making of the Second Cold War*. Londres: Verso Books, 1986.

HALLIDAY, J. *A Political History of Japanese Capitalism*. New York: Pantheon Books, 1975.

_____. Capitalism and socialism in East Asia. *New Left Review*, n.124, 1980.

HANSON, A. H. *The Process of Planning:* a Study of Indian's Five-Year Plans, 1950-1964. London: Oxford University Press, 1966.

HANSON, J. A. Indian banking. Market liberalization and the pressures for institutional and market framework reform. In: KRUEGER, A. O., CHINOY, S. Z. (Eds.). *Reforming India's external, financial and fiscal policies*. Oxford: Oxford University Press, 2004.

HARDT, M., NEGRI, A. *Empire*. Cambridge: Harvard University Press, 2000.

HARMON, M. D. *The British Labour Government and the 1976 IMF Crisis*. London: Macmillan, 1997.

HARRIS, J. Development studies and the development of India: an awkward case? *Oxford Development Studies*, v.26, n.3, 1998.

HASSNER, P. Sur la balançoire des mythes. *Le Monde*, 25 jun. 1985.

HELLEINER, E. *States and the Reemergence of Global Finance:* from Bretton Woods to the 1990s. Ithaca/London: Cornell University Press, 1994.

HELLEINER, E. The strange story of Bush and the Argentine debt crisis. *Third World Quarterly*, v.26, n.6, 2005.

HELLMAN, J. A. *Mexico in crisis*. 2.ed. New York: Holmes & Meier, 1988.

HELMS, R. S. Pluralismo limitado en México. Estudio de un caso de consulta pública sobre la membresía del GATT. *Foro Internacional*, v.XXVI, n.2, 1986.

HENDERSON, G. *Korea:* the Politics of the Vortex. Cambridge: Harvard University Press, 1968.

HENRY, P. B. Stock market liberalization, economic reform, and emerging market equity prices. *The Journal of Finance*, v.60, n.3, 2000.

HEREDIA, M. El proceso como bisagra. Emergencia y consolidación del liberalismo tecnocrático: FIEL, FM y CEMA. In: PUCCIARELLI, A. (Coord.). *Empresarios, tecnocratas y militares:* la trama corporativa de la última dictadura. Buenos Aires: Siglo Veintiuno, 2004.

HEYMANN, D. Políticas de reformas y comportamiento macroeconómico. In: HEYMANN, D., KOSACOFF, B. (Eds.). *Desempeño económico en un contexto de reformas.* Buenos Aires: Eudeba, 2000a. t.I.

HEYMANN, D., KOSACOFF, B. Introducción: comentarios generales sobre el comportamiento de la economía y temas abiertos al finalizar los noventa. In: _____ (Eds.). *Desempeño económico en un contexto de reformas.* Buenos Aires: Eudeba, 2000b. t.I.

HINNEBUSCH, R. The politics of economic reform in Egypt. *Third World Quarterly,* v.14, n.1, 1993.

HODY, C. A. *The Politics of Trade.* American Political Development and Foreign Economic Policy. Hanover/London: University Press of New England, 1996.

HOECKMAN, B., KOSTECKI, M. *The Political Economy of the World Trading System:* from GATT to WTO. Oxford: Oxford University Press, 1995.

HOGE JR., J. F., ZAKARIA, F. *The American Encounter:* the United States and the Making of the Modern World - Essays from 75 years of foreign affairs. New York: Basic Books, 1998.

HOLLINGSWORTH, J. R., SCHMITTER, P., STREECK, W. (Eds.). *Governing Capitalist Economies:* Performance and Control of Economic Sectors. New York/Oxford: Oxford University Press, 1994.

HOLSTI, K. J. International Relations Theory and Domestic War in the Third World. The Limits of Relevance. In: NEUMANN, S. G. *International relations theory and the Third World.* New York: St. Martin Press, 1998.

_____. The coming chaos? Armed conflict in the world's periphery. In: PAUL, T. V., HALL, J. A. *International Order and the Future of World Politics.* Cambridge: Cambridge University Press, 1999.

HOOGVELT, A. *Globalization and the Postcolonial World:* the New Political Economy of Development. London: Macmillan, 1997.

HOPKINS, T. K., WALLERSTEIN, I. The comparative study of national societies. *Social Science Information,* n.6, 1967.

HORA, R. Terratenientes, empresarios industriales y crecimiento industrial en la Argentina: los estancieros y el debate sobre el proteccionismo (1880-1914). *Desarrollo Económico,* n.159, 2000.

_____. *Los terratenientes de la pampa argentina:* una historia social y política, 1860-1945. Buenos Aires: Siglo XXI, 2002.

HOWELL, J. Making civil society from outside – Challenges for donors. *The European Journal of Development Research,* v.12, n.1, 2000.

HOWSE, R. Comment: Trade negotiations and high politics: drawing the right lessons from Seattle. In: KENNEDY, D. M., SOUTHWICK, J. D. (Eds.). *The Political Economy of International Trade Law:* Essays in Honour of Robert E. Hudec. Cambridge: Cambridge University Press, 2002.

HUNEEUS, C. Technocrats and politicians in an authoritarian regime. The "ODELPLAN Boy's" and the "Gremialists" in Pinochet's Chile. *Journal of Latin American Studies,* v.32, 2000.

HUNTINGTON, S. P. *American Politics:* the Promise of Disharmony. Cambridge: Harvard University Press, 1981.

HURREL, A. Seguridad y violencia en América Latina: un análisis conceptual. *Foro Internacional,* v.XXVIII, n.1, 1998.

IKENBERRY, G. J. Rethinking the origins of American hegemony. *Political Science Quarterly*, n.104, 1989.

_____. Creating yesterday's new world order: Keynesian "new thinking" and the Anglo-American postwar settlement. In: GOLDSTEIN, J., KEOHANE, R. O. (Eds.). *Ideas and Foreign Policy*. Ithaca/London: Cornell University Press, 1993.

_____. American power and the empire of capitalist democracy. In: COX, M., DUNNE, T., BOOTH, K. *Empires, Systems and States:* Great Transformations in International Politics. Cambridge: Cambridge University Press, 2001.

IM, H. B. The rise of bureaucratic authoritarianism in South Korea. *World Politics*, v.39, n.2, 1987.

INGHAM, G. *Capitalism Divided?* The City and Industry in British Social Development. Hampshire/London: Macmillan, 1984.

JBILI, A., ENDERS, K., TREICHEL, V. *Financial Sector Reforms in Algeria, Morocco, and Tunisia*: a Preliminary Assessment. IMF Working Paper, International Monetary Fund, 1997.

JENKINS, R. *Democratic Politics and Economic Reform in India*. Cambridge: Cambridge University Press, 1999.

JEROME, R. W. (Ed.). *World Trade at the Crossroads:* the Uruguay Round, GATT, and beyond. Lanham/New York/London: University Press of America, 1992.

JERVIS, R. *System Effects:* Complexity in Political and Social Life. Princeton: Princeton University Press, 1999.

_____. Theories of War in an era of leading-power peace: Presidential address, American Political Science Association, 2001. *American Political Science Review*, v.96, n.1, 2000.

JOHNSON, C. *MITI and the Japanese Miracle:* the Growth of Industrial Policy, 1925-1975. Stanford: Stanford University Press, 1982.

_____. The developmental State: odissey of a concept. In: WOO-CUMINGS, M. (Ed.). *The Developmental State*. Ithaca/London: Cornell University Press, 1999.

JOHNSON, W. A. *The Steel Industry of India*. Cambridge, Mass.: Harvard University Press, 1966.

JONES, L. P., SAKONG, I. *Government, Business, and Entrepreneurship in Economic Development:* the Case of Korea. Cambridge: Harvard University Press, 1980.

KAHLER, M. Orthodoxy and its alternatives: explaining approaches to stabilization and adjustment. In: NELSON, J. M. (Ed.). *Economic Crisis and Policy Choice:* the Politics of Adjustment in the Third World. Princeton: Princeton University Press, 1990.

KALDOR, M. *New & old wars:* Organized Violence in a Global Era. Stanford: Stanford University Press, 2001.

KANAAN, O. Tanzania's experience with trade liberalization. *A quarterly magazine of the IMF*, v.37, n.2, Jun. 2000.

KAPUR, D. Ideas and economic reforms in India: the role of international migration and the Indian diaspora. *India Review*, v.3, n.4, 2004.

KARDA, N. Development approaches and the role of policy advocacy: the case of the World Bank. *World Development*, v.21, n.11, 1993.

KATZ, J., KOSACOFF, B. *El proceso de industrialización en la Argentina:* evolución, retroceso y prospectiva. Buenos Aires: Centro Editor de América Latina/CEPAL, 1989.

_____. Technological learning, institution building and the microeconomics of import substitution. In: CÁRDENAS, E., OCAMPO, J. A., THORP, R. (Eds.). *An economic history of twentieth-century Latin America*. Hampshire/New York: Palgrave, 2000a. v.3.

_____. Import-substituting industrialization in Argentina: its achievements and shortcomings. In: CÁRDENAS, E., OCAMPO, J. A., THORP, R. (Eds.). *An Economic History of Twentieth-Century Latin America*. Hampshire/New York: Palgrave, 2000b. v.3.

KAUFMANN, D., O'CONNELL, S. A. *The Macroeconomics and Delayed Exchange Rate Unification:* Theory and Evidence From Tanzania. World Bank, 1999. (disponível na www)

KAVIRAJ, S. *Dilemmas of Democratic Development in India:* Theory and Practice. Cambridge: Polity Press, 1996.

KENWORTH, E. G. *The formation of Peronist Coalition*. 1970. Dissertação (Ph.D.) — Yale University.

KHAN, Z. Liberalization and economic crisis in Pakistan. In: _____. *Risk to the Challenge in Asia:* a Study of Financial Markets. Manila: Asian Development Bank, 1999. v.9.

KIELY, R. Neoliberalism revised? A critical account of World Bank concepts of good governance and market friendly intervention. *Capital & Class*, n.64, 1998.

KIM, B.-K. The politics of chaebol reform, 1980-1997. In: HAGGARD, S., LIM, W., KIM, E. *Economic Crisis and Corporate Restructuring in Korea:* Reforming the Chaebol. Cambridge: Cambridge University Press, 2003.

KIM, C. Wage policy and labor market development. In: HAGGARD, S. et al. *Macroeconomic Policy and Adjustment in Korea, 1970-1990*. Cambridge: Harvard Institute for International Development, 1994.

KIM, D. J. *Mass-Participatory Economy:* Korea's Road to World Economic Power. Cambridge, MA: Centre for International Affairs, Harvard University, 1996.

KIM, E. M. *Big Business, Strong State:* Collusion and Conflict in South Korean Development, 1960-1990. New York: State University of New York Press, 1997.

KIM, J.-Y. *The IMF-Induced Economic Reform and Limits to Korean Democracy*. Trabalho apresentado na Convenção Anual da International Studies Association (ISA), New Orleans, 24-27 mar. 2002.

KIM, J. *Privatization Policy in Korea:* a Theoretical and Empirical Consideration. 1997. (disponível na www)

KIM, L. Crisis, reform, and national innovation in South Korea. In: KELLER, W. W., SAMUELS, R. J. *Crisis and Innovation in Asian Technology*. Cambridge: Cambridge University Press, 2003.

KIM, S. Korean labor-management relations. In: CHOO, L. J., KIM, Y. H. (Eds.). *Korea's Political Economy:* an Institutional Perspective. Boulder/San Francisco/Oxford: Westview Press, 1994.

KIRBY, S., HARRIS, S. South Korean liberalization since 1993. In: NONNEMAN, G. *Political and Economic Liberalization:* Dynamics and Linkages in Comparative perspective. Boulder, Co.: Lynne Rienner, 1996.

KISSINGER, H. *Diplomacy*. New York: Simon & Schuster, 1994.

KLEIN, E., TOCKMAN, V. La estratificación social bajo tensión en la era de la globalización. *Revista de la Cepal*, n.72, 2000.

KLINKEN, G. (Ed.). Crisis and poverty: how has the economic crisis affected the poor? *Inside Indonesia*. 2002. (disponível na www)

KOCHANEK, S. A. *Business and Politics in India*. Berkeley: University of California Press, 1974.

KOHLI, A. Centralization and powerlessness: India's democracy in a comparative perspective. In: MIGDAL, J. S., KOHLI, A., SHUE, V. (Eds.). *State Power and Social Forces:* Domination and Transformation in the Third World. Cambridge: Cambridge University Press, 1994.

KOLKO, G. *The Triumph of Conservatism:* a Reinterpretation of American History, 1990-1996. New York: The Free Press, 1963.

_____. *The Limits of Power:* the World and United States Foreign Policy, 1945-1954. New York: Harper & Row, 1972.

KOLODZIEJ, E. A. Security studies for the next millennium: quo vadis? In: CROFT, S., TERRIF, T. (Eds.). *Critical Reflections on Security and Change*. London: Frank Cass, 2000.

KONG, T. Y. *The Politics of Economic Reform in South Korea*. London/New York: Routledge, 2000.

KOO, H. Middle classes, democratization, and class formation. The case of South Korea. *Theory and Society*, v.20, n.4, 1991.

_____ (Ed.). *State and Society in Contemporary Korea*. Ithaca/London: Cornell University Press, 1993a.

_____. The State, Minjung, and the working class in South Korea. In: _____ (Ed.). *State and Society in Contemporary Korea*. Ithaca/London: Cornell University Press, 1993b.

_____. *Korean workers*: the Culture and Politics of Class Formation. Ithaca/London: Cornell University Press, 2001.

KRASHE, J. et al. *Bankers with a Mission:* the Presidents of the World Bank, 1946-91. Oxford: Oxford University Press, 1996.

KRASNER, S. S. *Structural Conflict:* the Third World Against Global Liberalism. Berkeley: University of California Press, 1985.

KRAUSE, K. Critical theory and security studies: the research programme of "Critical Security Studies". Cooperation and Conflict. *Nordic Journal of International Studies*, v.33, n.3, 1998.

KRUEGER, A. O. *The Developmental role of Foreign Sector and Aid*. Cambridge: Harvard University Press, 1982.

_____, CHINOY, S. Z. (Eds.). *Reforming India's External, Financial, and Fiscal Policies*. Stanford: Stanford University Press, 2003.

KUMAR, N. *Multinational Enterprises and Industrial Organization*: the Case of India. New Delhi: Sage, 1994.

KUPCHAN, C. A. Hollow hegemony or stable multipolarity? In: IKENBERRY, G. J. (Ed.). *American Unrivaled:* the Future of the Balance of Power. Ithaca/London: Cornell University Press, 2002.

_____. *The End of the American era:* U.S. Foreign Policy and the Geopolitics of the Twenty-First Century. New York: Alfred A. Knopf, 2003.

KURIEN, C. T. *Growth and Justice:* Aspects of India's Development Experience. Madras/Delhi/Bombay/Calcutta: Oxford University Press, 1992.

KURTZ, M. J. Chile's Neo-liberal Revolution: Incremental Decisions and Structural Transformation, 1973-1989. *Journal of Latin American Studies*, n.31, 1999.

KWON, H.-C. *Korea:* income and wealth distribution and government initiatives to reduce disparities. Seoul: KDI, June 1990. (Working Paper 9008.)

KWON, J. K. (Ed.). *Korean Economic Development.* New York: Greenwood Press, 1990.

LA NACIÓN. *Una crisis entre Menem y la gente.* 1996. (disponível na www)

LABASTIDA, J. México: transición democrática y reforma económica. *Revista Mexicana de Sociología,* v.53, n.2, 1991.

LACROIX, B. Ordre politique et ordre social. In: GRAWITZ, M., LECA, J. (Dir.) *Traité de Science Politique, vol 1.* La science politique, science sociale, l'ordre politique. Paris: PUF, 1985.

LAIRD, S., NOGUÉS, J. Trade policies and the highly indebted countries. *The World Bank Economic Review,* v.3, n.2, 1989.

LAITINEN, K. *Europe's security*: a critical reading of current security ideas in Europe. Trabalho apresentado na Conferência Anual da International Studies Association (ISA), New Orleans, mar. 2002.

LANZONA, L. A. *The Social Impact of APEC TILF:* the Philippine Case. Ateneo de Manila University, 1999. (disponível na www)

LAVAGNA, R. Comércio exterior e política comercial no Brasil e na Argentina: uma evolução comparada. In: LLADÓS, J. M., GUIMARÃES, S. P. (Eds.). *Perspectivas Brasil e Argentina.* Brasília: IPRI/Funag, 1999. v.I.

LAVOY, P. R. *Indian great power*: assimilating the pressures of political culture and international competition. Trabalho apresentado na 37ª Convenção Anual da International Studies Association, San Diego, Califórnia, 20 abr. 1996.

LEE, P.-S. *Economic Crisis and Chaebol Reform in Korea.* 2000. (disponível na www)

LEE, S.-J., HAN, T. The demise of "Korea Inc.": paradigm shift in Korea's developmental state. *Journal of Contemporary Asia,* v.36, n.3, 2006.

LEE, Y. K. Conglomeration and business concentration in Korea. In: KWON, J. K. (Ed.). *Korean economic development.* New Cork: Greenwood Press, 1990.

LEVIN, J. *Taxation in Tanzania.* United Nations University, Wider (World Institute for Development Economic Research), Discussion Paper n.2001/80, Sept. 2001.

LEVITSKY, S. *Transforming Labor-Based Parties in Latin America:* Argentine Peronism in Comparative Perspective. Cambridge: Cambridge University Press, 2003.

LEWIS, P. H. *The Crisis of Argentine Capitalism.* Capel Hill/London: The University of North Carolina Press, 1990.

LEYS, C. *Politics in Britain:* from Labourism to Thatcherism. London: Verso Books, 1989.

LICARI, J. *Economic reform in Egypt in a changing global economy.* OECD Development Centre, 1997. (disponível na www)

LIE, J. *Han Unbound:* the Political Economy of South Korea. Stanford: Stanford University Press, 1998.

LIJPHART, A. The comparable-cases strategy in comparative research. *Comparative Political Studies,* v.8, n.2, 1975.

LIM, W., HAGGARD, S., KIM, E. Introduction: the political economy of corporate restructuring. In: HAGGARD, S., LIM, W., KIM, E. (Eds.). *Economic Crisis and Corporate Restructuring in Korea:* Reforming the Chaebol. Cambridge: Cambridge University Press, 2003.

LIPKIN, S. M. Impondo o livre comércio? A política comercial do governo Reagan. *Contexto,* ano 1, n.2, 1985.

LITONJUA, M. D. Outside the Den of Dragons: the Philippines and the NICS of Asia. *Studies in Comparative International Development*, v.28, n.4, 1994.

LLACH, J. J. El Plan Pinedo de 1940, su significado histórico y los orígenes de la economía política del peronismo. *Desarrollo Económico*, v.23, n.92, 1984.

LLANTO, G. M. The Philippines. In: ASIAN DEVELOPMENT BANK. The role of Central Banks in micro finance in Asia and Pacific. *Country Studies*, 2001. v.2.

LLOYD, G. *Indonesia's future prospects:* separatism, decentralization and the survival of the unitary State. Parliament of Australia/Department of the Parliamentary Library, Current Issue Brief 17, 1999-2000.

LÓPEZ, A., CORRADO, A., OUVIÑA, H. Entre el ajuste y la retórica: la administración pública tras veinte años de reformas. In: REY, M. T., LÓPEZ, A. (Eds.). *Entre tecnócratas globalizados y políticos clientelistas:* derrotero del ajuste neoliberal en el Estado argentino. Buenos Aires: Prometeo Libros, 2005.

LORA, E. Reformas para la modernización de la economía colombiana. In: LORA, E. (Ed.). *Apertura y modernización:* las reformas de los noventa. Bogotá: Tercer Mundo Editores, 1991.

_____. Una década de reformas estructurales en América Latina: qué se ha reformado y como medirlo. *Pensamiento Iberoamericano*, 1998.

LUNA, F. El proceso (1976-1982). In: FLORIA, C. (Ed.). *1943-1982, Historia política argentina*. Buenos Aires: Editorial de Belgrano, 1985.

LUNA, M., MILLÁN, R., TIRADO, R. Los empresarios en los inicios del gobierno de Miguel de la Madrid. *Revista Mexicana de Sociología*, v.XLVII, n.4, 1985.

LUNA, M., POZAS, R. H. *Relaciones corporativas en un período de transición*. México: Instituto de Investigaciones Sociales/Unam, 1992.

LUNA, M., PUGA, C. Modernización en México: la propuesta empresarial. *Revista Mexicana de Ciencias Políticas y Sociales*, Unam: Nueva Época, ano 38, n.151, ene./mar. 1997.

M&M BOMCHIL ABOGADOS. *The Argentine Foreign Investment Regime*. Buenos Aires, 2000. (disponível na www)

MADDISON, A. *Phases of Capitalist Development*. Oxford/New York: Oxford University Press, 1982.

MAIER, C. S. The politics of productivity: foundations of American international economic policy after World War II. In: KATZENSTEIN, P. J. (Ed.). *Between Power and Plenty*. Foreign Economic Policies of Advanced Industrial States. Madison: The University of Wisconsin Press, 1978.

MANDE, M. *The Argentine Foreign Investment Regime* .(disponível na www)

MANN, M. The autonomous power of the State. *Archives Européennes de Sociologie*, v.XXV, n.2, 1984.

MARDON, R. The State and the effective control of foreign capital. The case of South Korea. *World Politics*, n.43, 1990.

MARGHERITIS, A. *Ajuste y reforma en Argentina (1989-1995):* la economía política de las privatizaciones. Buenos Aires: Grupo Editor Latinoamericano, 1999.

MARGLIN, S. A. Lessons of the golden age: an overview. In: MARGLIN, S. A., SCHOR, J. B. (Eds.). *The Golden Age of Capitalism:* Reinterpreting the Postwar Experience. Oxford: Clarendon Press, 1990.

MARÍN, G. Privatizaciones y rearticulación de las clases dominantes y el Estado en Chile. Trabalho apresentado no IV Seminário Internacional do GT Empresários y Estado, CLACSO, Santiago, 15-17 nov. 1990.

MARKOVITZ, C. *Indian Business and Nationalist Politics, 1931-39:* the Indigenous Capitalist Class and the Rise of the Congress Party. Cambridge: Cambridge University Press, 1985.

_____. The Congress Party and Indian big business: some salient features of their relationship, 1920-1947. In: SHEPPERSON, M., SIMONS, C. (Orgs.). *The Indian National Congress and the Political Economy of India 1885-1985.* Aldershot: Gower Publishing Company, 1988.

MARTIN, J. L. What is field theory. *American Journal do Sociology,* v.109, n.1, 2003.

MARTÍNEZ, J., DÍAZ, A. *Chile:* the great transformation. Geneva: The United Nations Research Institute for Social Development (UNRISD), 1996.

MATHEWS, J. T. Redefining security. *Foreign Affairs,* v.68, 1989.

MAZUNDAR, D., TRAVEERS, L., TRIKHA, C. International comparisons and GNP Measures. *Economic and Political Weekly,* 24-31 Oct. 1992.

McCORMICK, T. J. *America Half-Century:* United States Foreign Policy in the Cold War and After. Baltimore e Londres: The Johns Hopkins University Press, 1995.

MERMELSTEIN, D. The crisis in historical perspective: an economic chronology. In: _____. *The Economic Crisis Reader.* New York: Vintage Books, 1975.

MEYER, F. S. Just war in the nuclear age. *National Review,* n.14, 12 fev. 1963.

MICHALPOPOLUS, Constantine. Trade policy and Market Access. *Issues for Development Countries,* World Bank, PRWB, n.2214, out. 1999.

MILGROM, P., ROBERTS, J. *Economics, Organization and Management.* Englewood Cliffs, NJ: Prentice Hall, 1992.

MILL, J. S. Dos quatro métodos da pesquisa experimental. *Sistema de Lógica Dedutiva e Indutiva.* São Paulo: Abril, 1984. (Coleção "Os Pensadores".)

MINNS, J. *The Politics of Developmentalism:* the Midas States of Mexico, South Korea and Taiwan. Hampshire/New York: Palgrave Macmillan, 2006.

MITCHEL, Tony. *From a Developing to a Newly Industrialized Country*: The Republic of Korea, 1961-82. Geneva: International Labor Organization, 1988.

MO, J. *The Politics of Economic Reform:* South Korea, 1999. (disponível na www)

MOHAMMED, J. *Globalization and economic development:* an overview of the Ethiopian experience in the 90s. 27 Mar. 2000. (disponível na www)

MONTECINOS, V. *Economists, Politics and the State:* Chile 1958-1994. Amsterdam: CEDLA, 1998.

MOOKHERJEE, D. (Ed.). *Indian Industry:* Policies and Performance. New Delhi: Oxford University Press, 1995.

MORA Y ARAUJO, M. El liberalismo, la política económica y las opciones políticas. A propósito de "Teoría y práctica del liberalismo", de Adolfo Canitrot. *Desarrollo Económico,* v.21, n.83, 1981.

MORAES, R. C. A teoria do desenvolvimento no limiar do século XXI: em busca de um norte, depois do vendaval de programas de ajuste. In: VELASCO E CRUZ, S. C. (Coord.). *Reestruturação econômica mundial e reformas liberalizantes nos países em desenvolvimento.* São Paulo: Unicamp/Cedec/FAPESP, mar. 2007 (Relatório final do projeto temático, v.4).

MORGAN, P. M. Liberalist and realist security studies at 2000: two decades of progress? In: CROFT, S., TERRIF, T. (Eds.). *Critical Reflections on Security and Change.* London: Frank Cass, 2000.

MUNCK, R. South Africa: "The great economic debate". *The Third World Quarterly*, v.15, n.2, 1994.
MÜNKLER, H. *Die Nuen Kriege*. Hamburg: Rowohlt Verlag GmbH, 2003.
MUNNELL, A. H. Reforming social security. The case against individual accounts. *National Tax Journal*, LII(4), Dec. 1999.
MURPHY, E. C. The initiation of economic liberalization in Algeria, 1979-1989. In: NONNEMAN, G. *Political and economic liberalization:* dynamics and linkages in comparative perspective. Boulder, Co.: Lynne Rienner, 1996.
NAKANO, Y., TOKESHI, H. Hiperinflação na Argentina. In: REGO, J. M. (Org.) *Inflação e hiperinflação:* interpretações e retórica. São Paulo: Bienal, 1990.
NARLIKAR, A., TUSSIE, D. Bargaining together in Cancun: developing countries and their evolving coalitions, 2004. COMPLETAR REFERÊNCIA¿
NASH, G. H. *The conservative intellectual movement in America since 1945*. Wilmington: Delaware, Intercollegiate Studies Institute, 1996.
NASR, S. *Issues of social protection in the Arab region:* a four-country overview. 2001. COMPLETAR REFERÊNCIA¿
NATANSON, J. *Buenos muchachos:* vida y obra de los economistas del establishment. Buenos Aires: Libros del Zorzal, 2005.
NATTRASS, N. South Africa: the economic restructuring agenda: a critique of the MERG report. *The Third World Quarterly*, v.15, n.2, 1994.
NAYAR, B. R. *India's mixed economy:* the role of ideology and interest in its development. Bombay: Popular Prakashan, 1989.
_____. *Globalization and nationalism:* the changing balance in India's economic policy, 1950-2000. New Delhi: Sage, 2001.
_____, PAUL, T. V. *India in the World Order:* searching for major-power status. Cambridge: Cambridge University Press, 2003.
NEHRU, J. *The discovery of India*. Calcutta: Signer Press, 1946. Reimpresso pela Oxford University Press, New Delhi, 1981.
NEIBURG, F., PLOTKIN, M. Los economistas. El Instituto Torcuato Di Tella y lãs nuevas elites estatales en los años sesenta. In: NEIBURG, F., PLOTIKIN, M. (Eds.) *Intelectuales y expertos:* la constitución del conocimiento social en la Argentina. Buenos Aires: Paidós, 2004.
NEIBURG, F. Inflation: economists and economic culture in Brazil and Argentina. *Comparative Studies in Society and History*, v.48, n.3, 2006.
NEVES, M. *Verfassung und Positivität des Rechts in der peripheren Moderne*. Eine theoretische Beterachtung und eine Interpretation des Falls Brasilien. Berlin: Dunker&Humblot, 1992.
NOLAND, M. *Korea as a 21st century power*. Trabalho preparado para a Conferência Senior Fellow Institute for International Economics, 3-6 Apr. 2002.
_____. *South Korea's experience with international capital flows*. Institute for International Economics, 2005. COMPLETAR REFERÊNCIA¿
NORMAN, D. (Ed.) *Nehru:* the first sixty years. New York: The John Day Company, 1965. v.I.
NOTCHEFF, H. Los senderos perdidos del desarrollo en la Argentina. In: ASPIAZU, D., NOTCHEFF, H. *El desarrollo ausente:* restricciones al desarrollo, neoconservadurismo y elite económica en la Argentina. Ensayos de Economía Política. Buenos Aires: Editorial Tesis/Norma, 1994.

O'DONNEL, G. Modernización y golpes militares (Teoría, comparación y el caso argentino). *Desarrollo Económico*, v.12, n.47, 1972.

_____. Estado y alianzas en la Argentina, 1956-1976. *Desarrollo Económico*, v.16, n.64, 1977.

_____. *1966-1973. El Estado burocrático autoritario. Triunfos, derrotas y crisis*. Buenos Aires: Editorial Belgrano, 1982.

O'HANLON, M. E. *Defense Policy Choices for the Bush Administration, 2001-2005*. Washington, D.C.: Brookings Institution Press, 2001.

ODELL, J. S. The Seattle impasse and its implications for the world Trade Organization. In: KENNEDY, D. M., SOUTHWICK, J. D. (Eds.). *The political Economy of International Trade Law:* Essays in Honour of Robert E. Hudec. U.K.: Cambridge University Press, 2002.

ODELL, J. S. *Developing countries and the trade negotiation process*. Trabalho preparado para a Conference on Developing Countries and Trade Negotiation Process, organizada pela UNCTAD. Genebra, 6-7 nov. 2003. (disponível na www)

OFFE, C. Vers le capitalisme par construction democratique? La theorie de la democratie et la triple transition en Europe de l'Est. *Revue Francaise de Science Politique*, v.42, n.5, 1992.

OGLE, G. E. *South Korea:* Dissent Within the Economic Miracle. London and New Jersey: Zed Books, 1990.

OH, J. K.-C. *Korean politics:* the Quest for Democratization and Economic development. Ithaca/London: Cornell University Press, 1999.

ÖNIS, Z., WEBB, S. B. Turkey: democratization and adjustment from above. In: HAGGARD, S., WEBB, S. B. *Voting for Reform*: Democracy, Political Liberalization and Economic Adjustment. New York: World Bank/Oxford University Press, 1994.

OSTRY, S. The Uruguay Round North-South Grand Bargain: implications for future negotiations. In: KENNEDY, D. M., SOUTHWICK, J. D. (Eds.). *The Political Economy of International Trade Law:* essays in Honour of Robert E. Hudec. U.K.: Cambridge University Press, 2002.

OSZLAK, O. *La formación del Estado Argentino:* orden, progreso y organización nacional. Buenos Aires: Editorial Planeta Argentina, 1997.

_____. El mito de estado mínimo: una década de reforma estatal en la Argentina. *Desarrollo Económico*, v.42, n.168, 2003.

OTERO, G. Neoliberal reform and politics in Mexico: an overview. In: OTERO, G. (Ed.). *Neoliberalism Revisited:* Economic Restructuring and Mexico's Political Future. Boulder: Westview Press, 1996.

OVERBEEK, H., VAN DER PIJL, K. Restructuring capital and restructuring hegemony: neo-liberalism and the unmaking of the post-war order. In: OVERBEECK, H. (Ed.). *Restructuring Hegemony in the Global Political Economy. the Rise of Transnational in the 1980s*. London/New York: Routledge, 1993.

PAINE, T. *The rights of Man*. Harmondsworth: Penguin Books, 1969.

PALÁCIO, J. M. Jorge Sábato y la historiografía rural pampeana: el problema del otro. *Entrepasados – Revista de Historia*, n.10, 1996.

PANIKKAR, K. M. *A dominação ocidental na Ásia*. Rio de Janeiro: Saga, 1969.

PANITCH, L. Globalization and the State. *Socialist Register*, 1994.

PANITCH, L., GINDIN, S. Superintending global capital. *New Left Review*, n.35, 2005.

PARANJAPE, H. K. New industrial policy: a capitalist Manifesto. *Economic and Political Weekly*, 26 out. 1991.
PARBONI, R. El arma del dólar: de Nixon a Reagan. *Investigación Económica*, v.XLVII, n.183, 1988.
PARIKH, K. S., RADHAKRISHNA, R. (Eds.). *India Development Report, 2004-2005.* New Delhi: Oxford University Press, 2005.
PARK, Y. C. Korea's experience with debt management. In: SMITH, G. W., CUDDINGTON, J. T. (Eds.). *International Debt and the Developing Countries.* Washington, D.C.: The World Bank, 1985.
PATEL, I. G. *Glimpses of Indian Economic Policy:* an Insider's View. New Delhi: Oxford University Press, 2002.
PATNAIK, P. Some Indian debates on planning. In: BYRES, T. J. (Ed.). *The Indian Economy:* Major Debates Since Independence. New Delhi: Oxford University Press, 1998.
PATNAIK, P., CHANDRASEKHAR, C. P. India: dirigism, structural adjustment, and the radical alternative. In: BAKER, D., EPSTEIN, G., POLLIN, R. *Globalization and Progressive Economic Policy.* Cambridge: Cambridge University Press, 1998.
PEÑA, L. M. *Hacia el nuevo Estado:* México, 1920-1994. México: Fondo de Cultura Económica, 1994.
PENROSE, E. T. *La economía del sistema internacional de patentes.* México/Buenos Aires/Madri: Siglo Veintiuno, 1974.
PETERS, E. D. From export-oriented to import-oriented industrialization: changes in Mexico's manufacturing sector, 1988-1994. In: OTERO, G. (Ed.). *Neoliberalism Revisited:* Economic Restructuring and Mexico's Political Future. Boulder: Westview Press, 1996.
PETRAS, J., COOK, T. C. Componentes de la acción política: el ejecutivo industrial argentino. *Desarrollo Económico*, v.12, n.46, 1972.
PIERSON, P., SMITH, M. Bourgeois revolutions? The policy consequences of resurgent conservatism. *Comparative Political Studies*, v.25, n.4, 1993.
PORTER, M. Competition in global industries: a conceptual framework. In: _____ (Ed.). *Competition in Global Industries.* Boston: Harvard Business School Press, 1986.
PREEG, E. H. *Traders in a Brave New World:* the Uruguay Round and the Future of the International Trading System. Chicago: The University of Chicago Press, 1995.
PRZEWORSKI, A., TEUNE, H. *The Logic of Comparative Social Inquire.* New York: Wiley-Interscience, 1970.
PTANAIK, P. International capital and national economic policy. A critique of India's economic reforms. *Economic and Political Weekly*, 19 mar. 1994.
PUTNAM, R. Diplomacy and domestic politics: the logic of Two-Level Games. *International Organization*, v.42, 1988.
RAGIN, C. C. *The Comparative Method:* Moving Beyond Qualitative and Quantitative Strategies. Berkeley: University of California Press, 1989.
RAJAN, S., SEM, R. *Liberalization of International Trade in Financial Services in Southeast Asia: Indonesia, Malaysia, Philippines and Thailand.* Ramkishem University of Adelaide, July 2002.
RAMACHANDRIAH, V. *GATT Accord:* India's Strategic Response. New Delhi: Commonwealth Publishers, 1994.

RANGARAJAN, N. Entrevista. In: BALASUBRAMANYAN, V. N. *Conversations with Indian Economists.* Hampshire/New York: Palgrave, 2001.

RANIS, G. Industrial sector labor absorption. *Economic Development and Cultural Change*, v.21, n.3, 1973.

RAPOPORT, M. El factor político en las relaciones internacionales. Política internacional vs. Teoría de la dependencia? Un comentario. *Desarrollo Económico*, v.23, n.92, 1984.

_____. *Historia económica, política y social de la Argentina (1880-2000).* Buenos Aires: Ediciones Macchi, 2003.

RAVENHILL, J. From national champions to global partners: crisis, globalization, and the Korean auto industry. In: KELLER, W., SAMUELS, R. J. *Crisis and Innovation in Asian Technology.* Cambridge: Cambridge University Press, 2003.

RENSHAW, P. *American Labour and Consensus Capitalism, 1935-1990.* Londres: Macmillan, 1991.

REYNOLDS, D. *One World Divisible:* a Global History Since 1945. New York: W.W. Norton & Company, 2000.

RHEE, J.-C. *The State and Industry in South Korea:* the Limits of the Authoritarian State. London/New York: Routledge, 1994.

RIBEIRO, J. U. Desprotejam-me um pouco. *O Estado de S. Paulo*, 11 nov. 1994.

RICHARDS, A. Containing Algeria's fallout through prosperity. *The Middle East Quarterly*. 1995. (disponível na www)

_____. The global financial crisis and economic reform in the Middle East. *The Middle East Quarterly*, v.VI, n.3, 1999.

ROBINSON, W. I. *Promoting Poliarchy:* Globalization, US Intervention, and Hegemony. Cambridge: Cambridge University Press, 1996.

_____. *A Theory of Global Capitalism:* Production, Class, and State in a Transnational world. Baltimore: The Johns Hopkins University Press, 2004.

ROCCHI, F. En busca del empresariado perdido: Los industriales argentinos y las tesis de Jorge Frederico Sábato. In: PALÁCIO, J. M. Jorge Sábato y la historiografía rural pampeana: el problema del otro. *Entrepasados – Revista de Historia*, n.10, 1996.

RODRÍGUEZ, R. H. La conducta empresarial en el gobierno de la Madrid. *Foro Internacional*, v.XXX, n.4, 1990.

RODRIK, D. Credibility of trade reform: a Policy Maker's Guide. *The World Economy*, v.12, n.1, 1989.

_____. Development strategies for the next century. *Developing Economies in the 21st Century*, Japan: Japan External Trade Organization, 26-27 Jan. 2000.

ROSENBERG, J. *The Follies of Globalization Theory:* Polemical Essays. London/New York: Verso Books, 2000.

ROSTOW, W. W. George Kennan's "Practical Deductions" from the analysis in his 'Long Cable" of February 1946. In: _____. *The Division of Europe After World War II:* 1946. Austin: University of Texas Press, 1981.

ROTHSTEIN, R. Epitaph for a monument to a failed protest? A North-South retrospective. *International Organization*, v.42, n.4, 1988.

ROUGIER, M. *Industria, finanzas e instituciones en la Argentina:* La experiencia del Banco Nacional de Desarrollo, 1967-1976. Buenos Aires: Universidad Nacional de Quilmes Editorial, 2004.

RUDOLPH, L. I., RUDOLPH, S. H. *In Pursuit of Lakshmi:* the Political Economy of the Indian State. Chicago: The University of Chicago Press, 1987.
RUGGIE, J. G. International regimes, transactions, and change: embedded liberalism in the postwar economic order. In: KRASNER, S. D. (Ed.). *International Regimes*. Ithaca: Cornell University Press, 1989.
_____. Embedded liberalism and the postwar economic regimes. In: _____. *Constructing the world polity*. London/New York: Routledge, 1998.
RUIZ, F. *El señor de los mercados*. Ámbito financiero, la city y el poder del peridismo económico de Martínez de Hoz a Cavallo. Buenos Aires: Editorial El Ateneo, 2005.
SÁBATO, J. F. *La clase dominante en la Argentina moderna:* formación y características. Buenos Aires: CISEA/Grupo Editor Latinoamericano, 1988a.
SÁBATO, J. F., SCHVARZER, J. Funcionamiento de la economía y poder político en la Argentina: trabas para la democracia. In: SÁBATO, J. F. *La clase dominante en la Argentina moderna:* formación y características. Buenos Aires: CISEA/Grupo Editor Latinoamericano, 1988b.
_____. Apêndice 1. Ejemplos de "histórias de vida". In: SÁBATO, J. F. *La clase dominante en la Argentina moderna:* formación y características. Buenos Aires: CISEA/Grupo Editor Latinoamericano, 1988c.
SAINZ, P., CALCAGNO, A. En busca de otra modalidad de desarrollo. *Revista de la CEPAL*, n.48, 1992.
SANDESARA, J. C. *Industrial policy and planning, 1947-91:* tendencies, interpretations and issues. New Delhi: Sage, 1992.
SANTOS NETO, O. F. A constituição de mercados competitivos no setor de energia e a problemática da regulação. In: VELASCO E CRUZ, S. C. (Coord.). *Reestruturação econômica mundial e reformas liberalizantes nos países em desenvolvimento*. São Paulo: Unicamp/Cedec/Fapesp, mar. 2007 (Relatório final do projeto temático, v.4).
SARMA, A. Performance of public enterprise in India. In: MOOKEHERJEE, D. *Indian Industry, Policies and Performance*. New Delhi: Oxford University Press, 1995.
SAUTU, R. Poder económico y burguesía industrial en la Argentina — 1930-1954. *Revista Latinoamericana de Sociología*, v.4, n.3, nov. 1968.
SAWERS, L. Agricultura y estructura económica en la Argentina: a propósito de J. F. Sábato. *Ciclos en la Historia, la Economía y la Sociedad*, n.7, 1994.
SCHOONMAKER, S. Regulation theory and the politics of global restructuring. *Current Perspectives in Social Theory*, v.15, 1995.
SCHORR, M. *Industria y nación*. Poder económico, neoliberalismo y alternativas de reindustrialización en la Argentina contemporánea. Buenos Aires: Edhasa/Idaes, 2004.
SCHUKLA, S. P. From the GATT to the WTO and beyond. In: NAYYAR, D. *Governing Globalization:* Issues and Institutions. Oxford: Oxford University Press, 2002.
SCHVARZER, J. Expansión, maduración y perspectivas de las ramas básicas de la industria argentina. Una mirada ex post desde la economía política. *Desarrollo Económico*, v.33, n.131, 1993.
SCHVARZER, J., HOZ, M. de. *La lógica política de la política económica*. Buenos Aires, Ensayos y Tesis Cisea, n.4, 1983.

SCHWART, A., DEMIRGUC-KUNT, A. Taking Stock of Pension Reforms Around the World. *World Bank*, 1996. (disponível na www)

SENDER, H. *The Price of Freedom:* Focus Banking in Asia — South Korea. 2000. (disponível na www)

SHAW, M. *Theory of the Global State*. London: Cambridge University Press, 2000.

SHEEHAN, M. *National and International Security*. Burlington: Ashgate, 2000.

SHENOY, B. R. Note of dissent. *Papers Relating to the Formulation of the Second Five Year Plan*. Delhi: Government of India Planning Commission, 1955.

SHING, J.-S., CHANG, H.-J. *Restructuring Korea Inc*. London and New York: Routledge Curzon, 2003.

SIDDIQI, J. A. GATT: the Indian paradigm. In: RAMACHANDRIAH, V., MUKERJEE, P. (Eds.). *GATT Accord:* India's Strategic Response. New Delhi: Commonwealth Publishers, 1994.

SIDICARO, R. Coaliciones golpistas y dictaduras militares: el "proceso" en perspectiva comparada. In: PUCCIARELLI, A. (Coord.). *Empresarios, tecnocratas y militares:* la trama corporativa de la última dictadura. Buenos Aires: Siglo Veintiuno Editores Argentina, 2004.

SIKKINK, K. *Ideas and Institutions:* Developmentalism in Brazil and Argentina. Cornell University Press, 1991.

SILVA, E. Capitalist regime loyalties and redemocratization in Chile. *Journal of Interamerican Studies and World Affairs*, v.34, n.4, 1992-93.

_____. Capitalist coalitions, the State, and neoliberal economic restructuring: Chile: 1973-88. *World Politics*, v.45, n.4, 1993.

SILVA, P. Intelectuales, tecnócratas y cambio social en Chile: pasado, presente y perspectivas futuras. *Revista Mexicana de Sociologia*, v.54, n.1, 1992.

SING, M. Entrevista. In: BALASUBRAMANYAN, V. N. *Conversations with Indian Economists*. Hampshire/New York: Palgrave, 2001.

SINGH, A. The State and industrialization in India: successes and failures and the lessons for the future. In: CHANG, H.-J., ROWTHIRN, R. (Orgs.). *The Role of the State in Economic Change*. Oxford: Clarendon Press, 1995.

SKUPCH, P. Concentración industrial en la Argentina – 1956-1966. *Desarrollo Económico*, v. 11, n.41, 1971.

SKYNE, U.-W. *The Continuing Economic Transition in Post-Apartheid South Africa*. International Studies Association's Annual Convention, New Orleans, 23-27 Mar. 2002.

SMITH, S. The increasing insecurity of security studies: conceptualizing security in the last twenty years. In: CROFT, S., TERRIF, T. (Eds.). *Critical Reflections on Security and Change*. London: Frank Cass, 2000.

SMITH, W. C. *Authoritarianism and Crisis of the Argentine Political Economy*. Stanford: Stanford University Press, 1989.

_____. Democracy, distributional conflicts and macroeconomic policymaking in Argentina, 1983-89. *Journal of Interamerican Studies and World Affairs*, v.32, n.2, 1990.

_____. State, market and neoliberalism in post-transition Argentina: The Menem experiment. *Journal of Interamerican Studies and World Affairs*, v.33, n.4, 1991.

SNOW, D. M. *Distant Thunder:* Patterns of Conflict in the Developing World. New York: M. E. Sharper, 1997.

SOHN, C.-H. Corporate debt resolution and the role of foreign capital in the post-crisis restructuring of the Republic of Korea. *The Developing Economies*, v.XL, n.4, 2002.
SONG, B.-N. *The Rise of the Korean Economy.* Oxford: Oxford University Press, 2003.
SONI, M. *Understanding Global Political Earthquake:* a Study of Post-Cold War International Systemic Transition and Indo-US Relations. Aldeshot/Dookfield/Singapore/Sydney: Asgate Publishing Company, 1998.
SORIANO, J. P. *Redefinir las instituciones de seguridad en el continente americano.* Publicado pelo Programa das Américas do Interhemispheric Resources Center (IRC), 2002. (disponível na www)
SOSKICE, D. Strike waves and wage explosions, 1968-1970: an economic interpretation. In: CROUCH, C., PIZZORNO, A. (Eds.). *The Resurgence of Class Conflict in Western Europe since 1968.* New York: Holmes & Meier, 1978. v.2.
SRINIVASAN, T. N. Entrevista. In: BALASUBRAMANYAN, V. N. *Conversations with Indian Economists.* Hampshire/New York: Palgrave, 2001.
──────. Integrating India with the world economy. In: KRUEGER, A. O., CHINOY, S. Z. (Eds.). *Reforming India's External, Financial, and Fiscal Policies.* Stanford: Stanford University Press, 2003.
STALLINGS, B. International influence on economic policy: debt, stabilization, and structural reforms. In: HAGGARD, S., KAUFMAN, R. R (Eds.). *The Politics of Economic Adjustment.* Princeton: Princeton University Press, 1992.
STARK, D., BRUSZT, L. *Restructuring networks*: network properties of assets and liabilities in the post-socialist transformations. Comunicação apresentada na Conference on Ethnographies of Transition: The Political and Cultural Dimension of Emergent Market Economies in Russia and Easter Europe, Center for Slavic and East European Studies, University of California, Berkeley, 22-24 mar. 1996.
STAVRIANOS, L. *Global Rift:* the Third World Comes of Age. New York: William Morrow and Company, 1981.
STIGLITZ, J. Thanks for nothing. *Atlantic Monthly*, Oct. 2001.
STREECK, W., SCHMITTER, P. (Eds.). *Private Interest Government*: Beyond Market and State. Beverly Hills/London: Sage, 1985.
SÜBIDEY, T. Trade liberalization and competitive structure in Turkey during the 1980s. In: TOGAN, S., BALASUBRAMANYAM, U. N. (Orgs.). *The Economy of Turkey Liberalization.* New York: St. Martin Press, 1996.
SUBIR, M., GOKARN, V. Korea: industrial and financial restructuring. In: AGRAWAL, P. et al. *Economic Restructuring in East Asia and India, Perspectives on Policy Reform.* London/New York: MacMillan Press/St. Martin Press, 1995.
SZEFTEL, M. Misunderstanding African politics: corruption & the governance agenda. *Review of African Political Economy*, v.25, n.76, 1998.
TAWNEY, R. H. *Equality.* London: Unwin Books, 1964.
TAYLOR, L. Editorial: The revival of the liberal creed — the IMF and the World Bank in a globalized economy. *World Development*, v.25, n.2, 1997.
TAYLOR, M. *Labour reform and the contradictions of 'growth with equity' in post-authoritarian Chile, 1990-2001.* Trabalho apresentado na Convenção Anual da International Studies Association, New Orleans, 24-27 mar. 2002.
TEICHMAN, J. A. *Privatization and Political Change in Mexico.* Pittsburgh/Londres: University of Pittsburgh Press, 1995.

_____. Mexico and Argentina: economic reform and technocratic decision making. *Studies in Comparative International Development,* v.32, n.1, 1997.

TELLO, C. *La política Económica en México, 1970-1976.* México, D. F.: Siglo Veintiuno, 1979.

TEUBNER, G. Global Bukovina: legal pluralism in the world society. In: _____. (Ed.). *Global Law Without a State.* Brockfiel: Dartmouth, 1997.

_____. *Societal Constitutionalism:* Alternatives to State-Centered Constitutional Theory. Yale Law School, Stores Lectures 2003/2004.

THAKURDAS, P. et al. *Memorandum Outlining a Plan of Economic Development for India.* London: Penguin Books, 1945.

THERBORN, G. *European Modernity and Beyond:* the Trajectory of European Societies, 1945-2000. London: Sage, 1995.

TILLY, C. *Big Structures, Large Processes, Huge Comparisons.* New York: Russell Sage Foundation, 1984.

TIPTON, F. B. *The rise of Asia:* Economics, Society, and Politics in Contemporary Asia. Honolulu: University of Hawaii Press, 1998.

OMLINSON, B. R. *The Political Economy of the Raj, 1914-1947:* the Economics of Decolonization in India. London: Macmillan Press, 1979.

TREVELYAN, G. M. *English Social History.* London: Penguin Books, 1967.

TURNER, J. *Social Security Reform Around the World.* Washington: Public Policy Institute, 2001.

TUSSIE, D. The Uruguay Round and the trading system in the balance: dilemmas for developing countries. In: AGOSIN, M. R., TUSSIE, D. (Eds.). *Trade and Growth:* New Dilemmas in Trade Policy. London: The Macmillan Press, 1993.

UNGER, B., WAARDEN, F. (Orgs.). *1995 Convergence or Divesrsity?* Internationalization and Economic Policy Response. Aldershot: Avebury Ashgate Publishing, 1995.

URQUIDI, L. V. The outlook for Mexican economic development in the 1990s. In: COOK, M. L., MIDDLEBROOK, K. J., HORCASITAS, J. M. (Eds.). *The Politics of Economic Restructuring:* State-Society Relations and Regime Change in Mexico. San Diego: Center for US-Mexican Studies, University of California, 1994.

USEEM, M. Business and politics in the United States and United Kingdom. The origins of heightened political activity of large corporations during the 1970s and early 1980s. *Theory and Society,* v.12, n.3, 1983.

VAITSOS, C. V. Radical technological changes and the new 'order' in the world economy. *Review,* v.XII, n.2, 1989.

VALDÉS, J. G. *Pinochet's Economists:* the Chicago School in Chile. Cambridge: Cambridge University Press, 1995.

VAN CREVELD, M. *The Transformation of War.* New York: The Free Press, 1991.

VELASCO E CRUZ, S. C. *Instabilidade política:* o caso argentino, 1955-1971. Rio de Janeiro, 1976. Dissertação (Mestrado) — IUPERJ.

_____. *Estado e economia em tempo de crise:* política industrial e transição política no Brasil nos anos 80. Rio de Janeiro/Campinas: Relume Dumará/Editora da Unicamp, 1997a.

_____. *O impeachment:* uma crise singular. In: _____. *O presente como História – Economia e política no Brasil pós-64.* Campinas: IFCH/Unicamp, 1997b. (Coleção "Trajetórias".)

_____. *Projeto de Auxílio à Pesquisa:* Projeto Temático: Reestruturação Econômica Mundial e Reformas Liberalizantes nos Países em Desenvolvimento. São Paulo: Unicamp/Cedec, 1999.

_____. As idéias do poder. Dependência e globalização no discurso recente de Fernando Henrique Cardoso. In: _____. *Globalização, democracia e ordem internacional:* Ensaios de Teoria e História. São Paulo: Editora Unicamp; Editora UNESP, 2004a.

_____. Democracia e ordem internacional. Reflexões a partir de um país grande semiperiférico. In: _____. *Globalização, democracia e ordem internacional. Ensaios de Teoria e História.* São Paulo: Editora Unicamp e Editora Unesp, 2004b.

VERNON, R. *Is War Necessary for Economic Growth?* Military Procurement and Technology Development. Oxford: Oxford University Press, 2006.

VIGEVANI, T. (Coord. do eixo), CEPALUNI, G., MENDONÇA, F. A., OLIVEIRA, M. F. de, SILVA, T. L. da (Pesqs.) Estados Unidos: política comercial (USTR). In: VELASCO E CRUZ, S. C. (Coord.). *Reestruturação econômica mundial e reformas liberalizantes nos países em desenvolvimento.* São Paulo: Unicamp/Cedec/Fapesp, mar. 2007 (Relatório final do projeto temático, v.2).

VIGUERA, A. *La política de la apertura comercial en la Argentina, 1987-1996.* Trabalho apresentado no Encontro Anual da LASA, Chicago, 24-26 set. 1998.

VILLANUEVA, J. El origen de la industrialización argentina. *Desarrollo Económico,* v.12, n.47, 1972.

WADE, R. *Governing the Market:* Economic Theory and the Role of Government in Taiwan's Industrialization. Princeton: Princeton University Press, 1990.

_____. Japan, the World Bank, and the art of paradigm maintenance: the East Asian miracle in political perspective. *New Left Review,* 217, 1996.

WALLERSTEIN, I. *The Decline of American Power:* the U. S. in a Chaotic World. New York: The New Press, 2003.

_____. The curve of US power. *New Left Review,* n.40, 2006.

WALTZ, K. N. *Theory of International Politics.* New York: McGraw-Hill, 1979.

_____. The emerging structure of international politics. *International Security,* v.18, n.2, 1993a.

_____. The New World Order. *Milennium, Journal of International Studies,* v.22, n.2, 1993b.

_____. Structural realism after the Cold War. In: IKENBERRY, G. J. (Ed.). *American Unrivaled.* The Future of the Balance of Power. Ithaca/London: Cornell University Press, 2002.

WARDHANA, A. Economic reform in Indonesia: the transition from resource dependence to industrial competitiveness. In: ROWEN, H. S. (Ed.). *Behind East Asian Growth.* London/New York: Routledge, 1998.

WARSHOFSKY, F. *The Patent Wars:* The Battle to Own the World's Technology. New York, John Willey & Sons, 1994.

WATERBURY, J. The heart of the matter? Public enterprise and the adjustment process. In: HAGGARD, S., KAUFMAN, R. R. (Eds.). *The Politics of Economic Adjustment.* Princeton: Princeton University Press, 1992.

WATERMAN, P. *Re-inventing the South African labour movement:* making the desirable possible. 2001. (disponível na www)

WELLS, K. M. *South Korea's Minjung Movement:* the Culture and Politics of Dissidence. Honolulu: University of Hawai'I Press, 1995.

WILLIAMS, D. G. Governance and the discipline of development. *The European Journal of Development Research*, v.8, n.2, 1996.

WILLIAMS, D. G., YOUNG, T. Governance, the World Bank and Liberal Theory. *Political Studies*, v.XLII, n.1, 1994.

WILLIS, M. Algeria's troubled road toward political and economic liberalization, 1988-1995. In: NONNEMAN, G. *Political and Economic Liberalization:* Dynamics and Linkages in Comparative Perspective. Boulder, Co.: Lynne Rienner, 1996.

WILLIS, M. Algeria troubled road toward political and Middle East Digest: an on-line resource to know and understand more about Middle East Countries. *Middle East Policy*, v.VIII, n.2, jun. 2001.

WINHAM, G. R. *International Trade and the Tokyo Round Negotiation*. Princeton: Princeton University Press, 1986.

WOHLFORTH, W. C. The stability of a unipolar world. *International Security*, v.24, n.1, 1999.

WOLPERT, S. *A New History of India*. New York: Oxford University Press, 1977.

WOO, J.-E. *Race to Swift:* State and Finance in Korean Industrialization. New York: Columbia University Press, 1991.

WOO, W. T. The art of economic development: markets, politics, and externalities. *International Organization*, v.44, n.3, 1990.

WOO-CUMINGS, M. (Ed.). *The Developmental State*. Ithaca/London: Cornell University Press, 1999a.

_____. Introduction: Chalmer Johnson and the politics of nationalism and development. In: WOO-CUMINGS, M. (Ed.). *The Developmental State*. Ithaca/London: Cornell University Press, 1999b.

WYNIA, G. W. *Argentina in the Postwar Era:* Politics and Economic Policy in a Divided Society. Albuquerque: University of New Mexico Press, 1978.

YOUNG, K. State formation in Southeast Asia. *Thesis Eleven*, n.50, 1997.

ZERMEÑO, S. *México:* una democracia utópica. El movimiento estudiantil del 68. México: Siglo Veintiuno, 1978.

_____. Los intelectuales y el Estado en la década perdida. *Revista Mexicana de Sociología*, v.52, n.3, 1990.

ZHANG, J. *Reform:* Experiences of Selected Southeast Asian Economies. (disponível na www)

ZÜRCHER, E. J. *Turkey:* a Modern History. London/New York: I. B. Tauris, 1997.

ZYSMAN, J. *Governments, Markets, and Growth:* Financial Systems and the Politics of Industrial Change. Ithaca: Cornell University Press, 1987.

INSTITUIÇÕES/*SITES*

About Zambia Privatisation Agency: File n.15.

APEC – Committee on Trade and Investment (2000). Indonesia. Deregulation Report – Indonesia.

Australia and New Zealand Banking Group Limited, Country Brief: Turkey.

Banco Central da Zâmbia.

Bank of America (1996). Country Profile (1996): "Kingdom of Morrocco".

Bureau of Economic and Business Affairs, U. S. Department of State 1995. Country Reports on Economic Policy and Trade Practices: Nigeria.
_____. U. S. Department of State 1997. Country Reports on Economic Policy and Trade Practices: Egypt.
_____. U. S. Department of State 1997. Country Reports on Economic Policy and Trade Practices: Indonesia.
_____. U. S. Department of State 1998. Country Report on Economic Policy and Trade Practices: Malaysia.
_____. U. S, Department of State 1999. Country Reports on Economic Policy and Trade Practices: Egypt.
_____. U. S. Department of State 1999. Country Reports on Economic Policy and Trade Practices: India.
_____. U. S. Department of State 1999. Country Reports on Economic Policy and Trade Practices: Malaysia.
_____. U. S. Department of State 1999. Country Reports on Economic Policy and Trade Practices: Morocco.
_____. U. S. Department of State 1999. Country Report on Economic Policy and Trade Practices: Phillippines.
_____. U. S. Department of State 1999. Country Reports on Economic Policy and Trade Practices: South Africa.
_____. U. S. Department of State 1999. Country Reports on Economic Policy and Trade Practices: Turkey.
_____. U. S. Department of State, 1999. Algeria Country Report on Economic Policy and Trade Practices, Trade Compliance Center.
_____. U. S. Department of State, 1999. 1998 Country Reports on Economic Policy and Trade Practices: Colombia.
_____. U. S. Department of State 2000. Country Report on Economic Policy and Trade Practices: Algeria.
_____. U. S. Department of State 2000. Country Reports on Economic Policy and Trade Practices: Egypt.
_____. U. S. Department of State 2000. Country Reports on Economic Policy and Trade Practices: Pakistan.
_____. U. S. Department of State 2000. Country Reports on Economic Policy and Trade Practices: Philippines.
_____. U. S. Department of State 2000. Country Reports on Economic Policy and Trade Practices: Thailand.
Center for Research and Special Studies and AYC Consultants, Inc. December 1997: Adjustments for global competitiviness (Filipinas).
Central Intelligence Agency. The World Factbook: Zambia, 2002. (disponível na www)
Centre for Global Agreements. Legislation and Trade – TERI. The Doha Round of Negotiations and its Outlook Post-Cancun. Policy Discussion Forum – New Delhi, India, 20-11-2003, (disponível na www)
Economic Reform and Privatization Arab Countries. (disponível na www)
Economist.com. Survey; Egypt. New and Old, 18 March 1999, (disponível na www)
Economist Intelligence Unit. Country Report (India), 4° trimestre 1995.
_____. Country Profile (India), 1995.
_____. Country Report (Venezuela), 1995.

_____. Country Report (Venezuela), 1995.
_____. Country Profile (Venezuela), 1995.
_____. Country Report (Colombia), 1995.
_____. Country Profile (Colombia), 1995.
Federal Research Division of the Library of Congress. Iran – A Country Study. 1987. (disponível na www)
_____. Egypt – A Country Study. 1990. (disponível na www)
_____. Nigeria – A Country Study. 1991. (disponível na www)
_____. Philippines – A Country Study. 1991. (disponível na www)
_____. Ethiopia – A Country Study. 1991. (disponível na www)
_____. Indonesia – A Country Study. 1992. (disponível na www)
_____. Algeria - A Country Study. 1993. (disponível na www)
_____. Colombia - A Country Study. 1993. (disponível na www)
_____. Pakistan – A Country Study. 1994. (disponível na www)
_____. India – A Country Study. 1995. (disponível na www)
_____. Turkey– A Country Study. 1995. (disponível na www)
_____. South Africa – A Country Study. 1996. (disponível na www)
Foreign Policy in focus, Special Report. United States and Africa: Starting Points for a New Policy Framework. (disponível na www)
Heritage Foundation, The. *The Index of Economic Freedom.* 2002. Disponível em: http://cf.heritage.org/index/country.cfm?ID=2.0.
IEDI, 1998. Políticas Industriais em Países Selecionados. São Paulo.
Institute of Retirement Funds of Southern Africa. News & Views. March 2001.
International Monetary Fund. "India: Selected Issues". IMF Staff Country Report n.98/112. Washington, D.C., 1998. www.
_____. Letter of Intent of the Government of Indonesia to the IMF, 16 March 1999.
_____. Memorandum on Economic and financial policies of the federal government of Nigeria for 1999. IMF website.
_____. Annual Report on Exchange arrangements and Exchange Restrictions. Washington, D.C., 2001
Investment Authority – Ministry of Investment. (disponível na www)
KPMG Consulting. *Foreign Direct Investment in Korea.* 2000. (disponível na www)
Links to Business Information Sources on the Philippines, (disponível na www)
Newafrica.com. *Tanzania:* soundness of the banking system & sustainable financing of economic growth source. 15 Feb 1999. (disponível na www)
OCDE Development Center. *Economic reform in Egypt in a changing global economy.* Technical Paper n.129, 1997. (disponível na www)
_____. *Economic Survey of Turkey.* 2001. (disponível na www)
Office of the United States Trade Representative. *National Trade Estimate Report on Foreign Trade Barriers,* 1999. (disponível na www)
Pangaea Partners. *Providing financial services to emerging markets* (disponível na www)
Quarterly Economic Digest. *Major Achievements Since, (B) Privatization.* 1996. (disponível na www)
World Bank. *Trends in Developing Economies.* Washington, D.C., 1995a.
_____. *World Tables.* Baltimore/London: The Johns Hopkins University Press, 1995b.

_____. Trade and foreign exchange policies in Iran: Reform agenda, economic implications and impacts on the poor. Social and Economic Development Group. Middle East and North Africa Region. Report n.22953-IRN, 2001

World Resources Institute. "Basic Economic Indicators", World Resources 1996-97. The Urban Environment. A Guide to the Global Environment, 1998. (disponível na www)

Ziraat Bank. *Banking in Turkey,* (disponível na www)

SOBRE O LIVRO
Formato: 16 x 23
Mancha: 26 x 48,6 paicas
Tipologia: StempelSchneidler 10,5/12,6
Papel: Off-set 75g/m² (miolo)
Supremo 250 g/m² (capa)
1ª edição: 2007

EQUIPE DE REALIZAÇÃO
Edição de Texto
Viviane S. Oshima (Preparação de Original)
Regina Machado (Revisão)

Editoração Eletrônica
Eduardo Seiji Seki